篆字读碑书系

善本碑帖论稿

施安昌 著

上海书画出版社

目　录

石刻所见古代宗教

故宫珍品全集碑帖卷导言

其他

后记

关于石鼓文

乾隆与石鼓文

在2010年故宫博物院举办的“珍秘翰墨——清宫藏善本碑帖特展”上有一件乾隆十四年己巳（1749）拓的石鼓文拓本（图1）。就存字多少而言当然是在年代更早的拓本之下（今还有宋明拓本传世），以往无缘展出，但就其历史价值而言有其他所不能相比之处。

石鼓为十块圆柱形巨石，每石高90厘米，直径67厘米（唯《作原》一鼓被凿去一截作臼），形状若鼓（图2、图3）。每石用大篆体刻四言诗一首，典雅、高古。其中《吾车》一首诗句与《诗经·小雅》中《车攻》、《吉日》两首文句有相同，又有“天子永宁”、“公谓天子”等句。诗的内容记叙君王与贵族游猎，所以也称《猎碣》。关于它的制作年代，历来诸说不一。唐初出土于天兴县（今陕西凤翔），自韦应物、韩愈作《石鼓歌》（见本文附录一）以称颂，而后显于世。经五代之乱曾散佚，宋代郑余庆迁凤翔府夫子庙。宋司马池复辇置府学之门庑下。宋大观（1107—1110）中自凤翔迁于汴京（今开封）辟雍，后入保和殿。金人破宋（1127），辇归燕京（今北京）国子监。历元、明、清至民国，抗日战争时期，将石鼓迁藏四川。1951年再回北京，入藏故宫博物院至今。

图1：乾隆十四年拓石鼓文之一《吾车》

一

乾隆八年癸亥（1743），弘历三十三岁，他命张照、梁诗正等将内府藏书画精品加以著录，编成《秘殿珠林》和《石渠宝笈》初编，前者为佛、道教艺术品。

乾隆十二年丁卯（1747），又谕选内府所藏法书刻成《三希堂石渠宝笈法帖》。

乾隆十四年己巳（1749），弘历三十九岁，他对历史更为悠久、文字深奥的先秦石鼓产生了兴趣。石鼓陈列于国子监，元人潘迪撰写的《石鼓音训碑》和石鼓放在一起。弘历拓得石鼓文一份，参照"音训"，研读铭文。在每个字右边粘上一明黄纸签，标写出释文，便于以后反复诵读，还制作了一只精雕细刻的木匣来装入拓片。他作了一首诗叫《石鼓歌》，称石鼓是"千秋法物"[1]，然后命蒋溥、介福、刘纶、观保、钱维城等大臣各奉和一首，再把诗刻到木匣上（见附录二）（图4）。从此，这套石鼓拓片就一直供奉在乾清宫里，这里为皇帝听政的地方。

这年十一月，敕令梁诗正、蒋溥等对内府庋藏之鼎彝铜器绘图、著录、释文，编为《西清古鉴》。铜器与石鼓同属商周古物，弘历从石鼓文得到启示而决定整理内府藏器。"以游艺之余功，寄鉴古之远思，亦足称升平雅尚。"（《西清古鉴》上谕）透露出同样的思想。

乾隆于文史和艺术本博学多能，涉足石鼓也不奇怪。然而这件事做得如此郑重其事，而且在许久以后的诗文里还一再回忆起来，那自然是另有深意的了。试从他和侍臣以及韩愈的诗里分析。因原诗都长，这里仅作摘录。

图2：石鼓之一《銮车》

图3：石鼓之一《田车》

图4：乾隆十四年石鼓文拓本木匣

韩愈《石鼓歌》（摘）：

张生手持石鼓文，劝我试作石鼓歌。

少陵无人谪仙死，才薄将奈石鼓何。（中略）

濯冠沐浴告祭酒，如此至宝存岂多。（中略）

圣恩若许留太学，诸生讲解得切磋。[2]

弘历《石鼓歌》（摘）：

石鼓之数符天干，千秋法物世已少。（中略）

况乎辟雍所罗列，多士藉以资探讨。（中略）

昌黎建议虽不行，至竟如言见诚蚤。

韩意其然岂其然，吾愿兴贤得真宝。

蒋溥诗（摘）：

圣人真宝怀兴贤，考文亦冠籀篆篇。

我皇武功廓八埏，撰刻不籍猎碣传。

介福诗（摘）：

不惟其物惟其意，中兴伟烈尊周宣。

我皇揽古振异彩，牟尼珠耀萦回旋。

上述韩诗中祭酒是国子监主管。韩愈建议将石鼓自凤翔移长安太学终未实现。至宋徽宗时方移入汴京辟雍。弘历诗中“蚤”通“早”。“岂其然”意“岂止是这样”。

弘历《石鼓歌》表示“吾愿兴贤得真宝”，即借助于石鼓这一真宝，广纳天下贤士，鼓励“稽古右文”的风气。而臣子诗意更明朗：“我皇揽古振异彩”，“中兴伟烈尊周宣”。很明显，弘历《石鼓歌》主旨在于对韩愈迁石鼓至太学正确建议的赞许，并由此获得“吾愿兴贤得真宝”的启示。韩愈“文起八代之衰，而道济天下之溺”（苏轼《潮州韩文公庙碑》），早在乾隆三年（1738）弘历就敕封韩愈三十四代孙韩法祖为翰林院五经博士，其后代子孙世袭其位。

二

乾隆三十七年壬辰（1772）上谕为修纂《四库全书》向各地征书，后又开四库馆。

乾隆四十八年癸卯（1783）仲春，弘历七十三岁，内府得到石鼓的元代拓本十叶，这在当时是石鼓文最早的拓本了。后面还附赵孟頫写的音释，抄录了唐张怀瓘赞语，韩愈、韦应物诗，宋苏轼、周越诗文，元代周伯琦、顾文昭、卢原质、孙经、唐志淳、危素的题跋与诗共六叶。弘历将元拓本与十四年拓本放在一起，每个鼓逐行逐字校对，并写下校碑记录。如“乾隆己巳年摹拓石鼓文。第一鼓即元拓本第八鼓，第三行多‘鹿’字，第六行多‘避’字，共多二字（下略）”。发现元拓本存有三百五十六字，十四年拓本存三百一十字，已少四十六字。（据《石渠宝笈续编》“元拓石鼓文” 条，第561页）弘历在元拓本前写了“籀文神护”四字，于拓本后题七言一首：

己巳拓藏石鼓辞，及存真迹弆珍之。
讶观元代赵家印，重读唐时韩氏诗。
居上后来宁避诮，为雄积健信称奇。
收三百又加旬者，多四十还余六兹。
节化智营二以外，文乎宣也古惟斯。
商彝夏鼎方伯仲，片羽吉光永陆离。
龙爪云中幻隐现，蚪文劫后尚留遗。

渊明甚解不求处，向辟其言用此宜。

癸卯仲春御题。[3]

诗中讲了校碑结果和韩愈诗的重要，指出石鼓是周宣王时物。诗结尾云“渊明甚解不求处，向辟其言用此宜。”陶渊明《五柳先生传》说：“好读书，不求甚解，每有会意，便欣然忘食。”是说对所读的书不执着于字句的讲解。弘历借陶渊明话说出石鼓的难读难解，还说出了对石鼓的难以释怀，意味着他与石鼓的对话仍会继续下去。

随从皇帝观碑的侍从有八位，即和珅、梁国治、刘墉、王杰、董诰、曹文埴、金士松、赵秉冲，也都恭作诗跋。如刘墉诗（摘）：“岐阳石鼓，传二千年。依于宫墙，至今存焉。文或不蚀，其光熤然。夙登内府，如星在躔。帝庸作歌，岁唯己巳。谓兹法物，上征姬氏。兴贤为宝，训垂万祀。神护不毁，以彰古义。皇情眷之，见道于器。”（见《石渠宝笈续编》“元拓石鼓文”条，第562页）这件元拓本石鼓早已遗失，如今故宫保存着一件碧玉册，即癸卯御题诗。

三

乾隆五十四年己酉（1789）八月，弘历七十九岁，他再度关注石鼓文。关于石鼓刻石的时代，以往有几种说法：韦应物、韩愈、欧阳修以为周宣王时（公元前827—公元前782），董逌、程大昌以为周成王时（公元前1042—公元前1021），郑樵以为春秋战国之秦国（公元前770—公元前221），陆发仁以为北魏宣武帝时（502），马定国以为西魏北周宇文氏时（535—581），等等。弘历则赞成周宣王时刻。[4] 关于十个鼓的排序历来也有分歧，弘历则主张以潘迪《石鼓音训》顺序为准。

同年十一、十二月弘历做了三件事：其一，按照潘迪的排序，调整了元拓石鼓文的前后次序。他摘韦应物《石鼓歌》内“喘息逶迤相纠缠，乃是宣王之臣史籀作”十六字，分别写在十六叶之首以辨次第。其二，弘历为元拓本题诗并跋（见附录三），与元拓本一起重新装裱，并把癸卯年写下校碑记录和和珅、刘墉八人跋与诗，也裱入册。其三，筹备重刻石鼓事宜，命赵秉冲为新石鼓写篆文。（赵秉冲篆文见弘历写《集石鼓所有文成十章，制鼓重刻序》。）赵秉冲，乾隆四十七年（1782）钦赐举人，官户部右侍郎，书法四体皆精。

四

乾隆五十五年庚戌（1790），弘历八十岁。

正月十日，进呈王澍（1668—1743）于雍正八年（1730）所临《石鼓文》。王为康熙五十一年进士，官吏部员外郎。同时进呈汪由敦（1692—1758）乾隆四年（1739）所临《石鼓文》。汪是雍正二年进士，官至吏部尚书、协办大学士。这两件作品现收藏在台北故宫博物院。

正月十五日，弘历颁《集石鼓所有文成十章，制鼓重刻序》，该序墨迹今存故宫（图5、图6、图7）。这篇序文有千余字，是弘历有关石鼓文字最长的一篇。分五层意思：

（一）编四库全书和满文译大藏经两件大事虽然举事已晚（在六十岁以后），但现在终于成功了。

（二）今石鼓已漫漶，存不及半，将来终归毁灭。有治世之责的君王，如果视之而弗救，那就不是读书人了。我在耄耋智昏之前，一定要处理好这件事。

（三）韩愈讲石鼓是西周宣王时所刻，因为鼓文与《诗经·小雅》中《车攻》《吉日》两首可以印证。他又认为石鼓宜置国学，成为万世读书人治学的门径。这些都正确，但是他还未考虑到将石鼓永远保存下去的事。

（四）现在用石鼓所存310字，依照原来诗意，重编鼓文十章（弘历亲编首章与末章，其他八章由彭元瑞作），命赵秉冲篆书镌刻于新鼓之鼓面。如此可以仍然保留周宣王之文，成十鼓之全，又非拘于形而泥于古。

（五）旧鼓旧文为千古重器，不可轻动，但置木栅，蔽其风雨，珍重护惜，以永万世。

（六）新鼓与旧鼓并列国子监以公天下，惠后儒。热河文庙为岁岁惠远诘武之地，则亦命置之；以诏来世，使宣王中兴之烈不泯，宣圣牖世之道恒昭。（见附录四之一）这篇序文不仅综括了弘历对石鼓的考证，阐述“述古兴贤”“述古传今”“重道崇文”的思想，还确定了保护复制和安置石鼓的办法。

正月十六日，乾隆题《再题石鼓》（见附录四之二），这首诗涉及石鼓中《作原》一鼓的沿革。该鼓在很早的时候被人凿去了一截，当中凹陷下去成

图5：《集石鼓所有文成十章，制鼓重刻序》引首题字

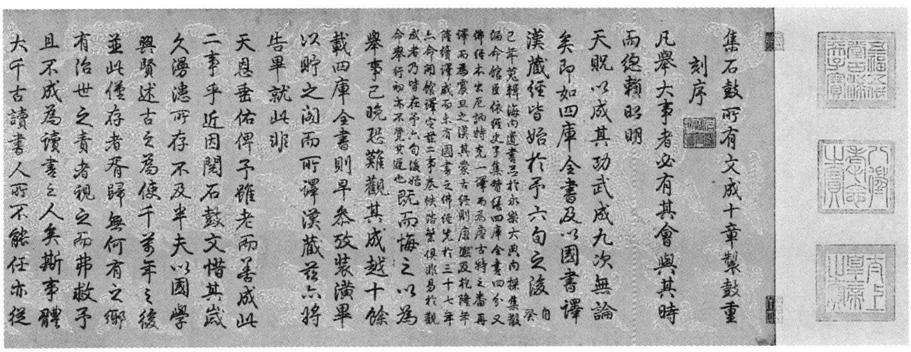

图6：《集石鼓所有文成十章，制鼓重刻序》之一

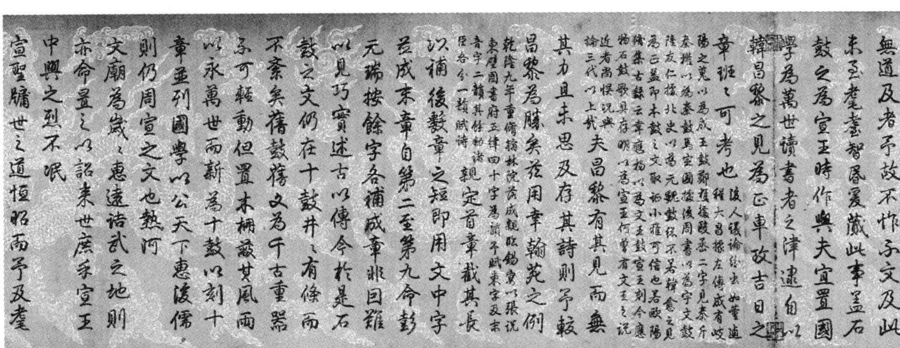

图7：《集石鼓所有文成十章，制鼓重刻序》之二

了舂米的石臼。有一种说法，认为宋代司马池将石鼓从田野移到凤翔府学，当时《作原》鼓的原石已遗失。皇祐四年（1052）向传师留心寻访，才在附近乡间找到，但已为人改凿成臼。也就是说《作原》一鼓在唐代发现时尚完整，后来遗失之后被凿成臼。弘历根据韩愈《石鼓歌》中已有“为我度量掘臼科”的话，认为《作原》鼓在唐代已成为舂米用的石臼，而不是当散失之后才改凿为

石臼的。弘历又把自己的诗文《再题石鼓》书丹于《作原》鼓的口沿上并让人刻出来。

正月中旬，乾隆题《重排石鼓诗得句》（见附录四之三）。

二月，呈张照草书韩愈石鼓歌长卷。乾隆诗题《观张照草书韩愈石鼓歌长卷作歌》（见附录五）。张照（1691—1745），康熙四十八年进士，官吏部尚书，也是弘历的老师。

五月，重刻石鼓功毕，一式二套。一套仍置国子监大成门下（图8、图9），另一套置热河避暑山庄文庙。同时将乾隆的制鼓重刻序与张照书韩愈石鼓歌分别刻作两碑，树立在石鼓旁边，以示典重，晓天下。

与此同时还为原刻石鼓增设屋檐和栅栏以蔽风雨，防损坏。

五月十六日（丙申），“上诣热河文庙行礼，阅视新镌石鼓于戟门”（见《清高宗实录》）。

乾隆五十六年辛亥（1791），弘历着手布置重刻儒家经典十三经。此事到五十九年（1794）完成，一百九十块石碑立于国子监直至今日。弘历在十三经序中说：“石鼓不过周宣王之事，列于文庙之门，以寓兴文，尚俟时其会。若夫十三经，则古圣先贤出诸口以传道授教，其重于石鼓文奚啻倍蓰哉！”很显然，在某种意义上说，重排重刻石鼓正是重刻十三经的前奏。

乾隆五十五年之后，未再见到乾隆为石鼓而写的诗文留下来。

五

在弘历看来，石鼓文是三代遗物，篆书之祖，其诗篇与《诗经》同体同时，讲的是周代礼乐，宣王中兴，理当视为文化传统与儒家道统的象征。乾隆所谓“千秋法物”“以寓兴文”即可由此理解。他对于石鼓文，是下了一番功夫的。

在御制诗文中，从开始的“吾愿兴贤得真宝”（见《石鼓歌》），到后来的“近因阅石鼓文，惜其岁久漫漶所存不及半。夫以国学兴贤述古之为，使千万年之后并此仅存者胥归无何有之乡，有治世之责者视之而弗救，予且不成为读书之人矣！斯事体大”。“非因难以见巧，实述古以传今”。（见《重排石鼓文序》）乾隆思想是前后衔接、逐步发展的。两千年前所刻，一千年前发现的石鼓在乾隆时代独出机杼，成为提倡“述古兴贤”“述古传今”“重道崇文”和珍重护惜文物的真宝与重器。

石鼓在乾隆之世的特别遭际已如上述。[5]

清初，顾炎武、朱彝尊的学术活动已经揭起了清代金石学的序幕，弘历会有所闻。然而弘历从即位初期组织翰林编撰《秘殿珠林》《石渠宝笈》以系统著录历代书画，传拓考证石鼓文奉为千秋法物，著录、图绘内府鼎彝铜器编成《西清古鉴》等一连串举动，无不具有古典考证学的性质。在封建专制政体之下，帝王的好恶影响朝野甚大。上有所好，下必甚焉。以石刻方面来说，至乾隆中期日见全盛，各地方访碑、搜集、编目、著录的普遍展开，保护金石的加强，实与乾隆的“兴贤述古”“述古传今”的倡导相呼应。朝廷自上而下的推动和朝野间互动的作用，在清代古典考证学中是十分重要的原因。从《金石萃编》及其作者王昶即可看

图8：国子监内乾隆重刻石鼓

图9：国子监内乾隆重刻石鼓庚鼓拓本

出倡导的影响。

王昶（1725—1806）乾隆十九年进士，官至刑部右侍郎，精于诗文、金石。嘉庆初编撰成《金石萃编》一百六十卷，为金石学经典著作。该书卷首列石鼓文。王昶在按语中说：石鼓“元明以来久列国学。乾隆五十五年，高宗纯皇帝临雍讲学，见石鼓原刻，惧其岁久漫漶，为立重栏以蔽风雨。别选贞石摹勒石鼓之文，俾海内士人便于椎拓。《御制重刻石鼓文序》从韩愈诗定为宣王时物。洋洋圣谟，昭示万古。臣昶仰蒙恩赉，得瞻全帙，诚熙世之隆规，艺林之盛事也。臣谨敬什袭藏诸家塾，爰以石鼓冠是书之首志荣遇焉”。按语讲“仰蒙恩赉，得瞻全帙”是指乾隆五十五年元月十五日后见到了《御制重刻石鼓文序》的墨迹全卷，“什袭藏诸家塾”是指朝廷将墨迹摹勒刻碑之后的拓本颁赐大臣，王昶得到了一份。此事当为乾隆推动金石学有力的一个明证。

文存石寿。自乾隆十四年至今又二百六十年了。石鼓的元代拓本已不知下落。然而岐阳石鼓、十四年所拓石鼓文、《御制重刻石鼓文序》墨迹及拓本都保存在故宫博物院，重刻石鼓仍置于北京国子监和承德文庙，王澍、汪由敦书石鼓文保存在台北故宫博物院，它们共同见证了乾隆与石鼓的一段因缘。

注释：

1.见《清高宗御制诗》第二集，木匣上并无《石鼓歌》之标题。

2.蘅塘退士编《唐诗三百首》卷三韩愈《石鼓歌》。

3.载《石渠宝笈续编》第580页。

4.近代学者认为石鼓是东周时的秦国刻石。

5.参见侯怡利《圣主明君的形塑与文物的再诠释——论乾隆重刻石鼓》，《故宫学术季刊》第27卷第4期，2010年。

附录：

《石渠宝笈续编》采用上海古籍书店1988年影印本，《清高宗御制诗》采用海南出版社影印本。

附录一：

韩愈《石鼓歌》

张生手持石鼓文，劝我试作石鼓歌。
少陵无人谪仙死，才薄将奈石鼓何。
周纲陵迟四海沸，宣王愤起挥天戈。
大开明堂受朝贺，诸侯剑佩鸣相磨。
搜于岐阳骋雄俊，万里禽兽皆遮罗。
镌功勒成告万世，凿石作鼓隳嵯峨。
从臣才艺咸第一，拣选撰刻留山阿。
雨淋日炙野火燎，鬼物守护烦撝呵。
公从何处得纸本，毫发尽备无差讹。
辞严义密读难晓，字体不类隶与蝌。
年深岂免有缺画，快剑斫断生蛟鼍。
鸾翔凤翥众仙下，珊瑚碧树交枝柯。
金绳铁索锁钮壮，古鼎跃水龙腾梭。
陋儒编《诗》不收入，二《雅》褊迫无委蛇。
孔子西行不到秦，掎摭星宿遗羲娥。
嗟余好古生苦晚，对此涕泪双滂沱。
忆昔初蒙博士征，其年始改称元和。
故人从军在右辅，为我度量掘臼科。
濯冠沐浴告祭酒，如此至宝存岂多。
毡包席裹可立致，十鼓只载数骆驼。
荐诸太庙比郜鼎，光价岂止百倍过？
圣恩若许留太学，诸生讲解得切磋。
观经鸿都尚填咽，坐见举国来奔波。

剜苔剔藓露节角，安置妥帖平不颇。
大厦深檐与盖覆，经历久远期无佗。
中朝大官老于事，讵肯感激徒媕婀。
牧童敲火牛砺角，谁复着手为摩挲。
日销月铄就埋没，六年西顾空吟哦。
羲之俗书趁姿媚，数纸尚可博白鹅。
继周八代争战罢，无人收拾理则那。
方今太平日无事，柄任儒术崇丘轲。
安能以此上论列，愿借辩口如悬河。
石鼓之歌止于此，呜呼吾意其蹉跎。

附录二：

乾隆十四年拓石鼓文后题诗《石鼓歌》

石鼓之数符天干，千秋法物世已少。
况乎辟雍所罗列，多士藉以资探讨。
韩苏杰作遥唱和，近者德潜诗亦好。
濡笔将吟复屡停，蛇足今添笑绝倒。
昌黎建议虽不行，至竟如言见诚蚤。
东坡寓意良独深，新法当时实滋扰。
德潜力欲追二公，横盘硬语抒文藻。
或文或宣辨已纷，穗穗臭臭终莫考。
不独议礼如聚讼，千古訾黄率兹道。
我命金石谱以来，观之参半不能晓。
四马六辔纵仿佛，云中如辨飞龙爪。
点画音训费推寻，刻舟求剑识诚小。
忆昨幸鲁入宫墙，礼器惟见贻金卯。
此鼓上欲埒鼎彝，存羊爱礼洵可表。
大观金填志郑重，金人辇至燕京肇。
韩意其然岂其然，吾愿兴贤得真宝。

（见于故宫博物院藏木匣，另收入《清高宗御制诗》二集）

附录三：

乾隆五十四年冬，再题元拓石鼓文

右元拓石鼓文，赵孟頫音释计十一叶。孟頫篆书，韦应物、韩愈、苏轼诗，周越识语二页。又周伯温赋，顾文昭、卢原质、孙经、唐志淳、危素诗跋三叶，凡十六叶，并重订其次序。因摘韦诗内“喘息逶迤相纠错，乃是宣王之臣史籀作”十六字分书各叶之首以识次第。己酉冬月御笔。

周宣王猎碣十，今在太学戟门下。旁音训一碑，元国子司业潘迪撰，依施宿序次者也。岁己巳曾拓本，题长句，匣储乾清宫。越癸卯得此元拓本，赵孟頫音释，乃依薛尚功序次者也，复题长律，并命儒臣跋于后。兹几暇兼取旧藏太学者相校，则甲乙参互，检阅为艰。思折衷以定一是。夫石鼓之聚讼久矣！苏勖、窦臮、张怀瓘、韩愈、苏轼以为宣王鼓；韦应物以为文王鼓，宣王刻；董逌、程大昌以为成王鼓；郑樵以为秦鼓，马定国以为宇文周鼓。然自元至今，定为宣王鼓无异辞者。以“车攻”“马同”合于《小雅》故也，则“吾车既工，吾马既同”为第一鼓无疑矣。其下曰：“吾车既好，吾马既骀”即《小雅》之“田车既好，四牡孔阜”也。苏轼诗：“我车既攻马亦同，其鱼维鲔贯之柳。”举第一第二鼓之文也。鼓在凤翔荒野，人方取为臼，孰从整齐而行列之。宋在稽古阁，金在王宣抚宅，谁能摩挲而排比之。元皇庆始移国子监。至元间，潘迪作音训，孟頫在迪前，故取薛说。当南宋偏安，举中原而弃之。淳化阁帖购自榷场，定武兰亭辇归金府，薛、郑诸人徒于纸本想象，各以意为之，何如潘迪之亲见兹石为审也。因准迪所次，改订前后，并于孟頫注中标明。今定为第几鼓，俾石墨相符，校雠为易。不没其旧，不戾于今，斯善耳。石鼓三代法物，还取三代雅诗印之。况十鼓具存显显如是，薛、郑何取焉。即儒臣旧跋之叙而不断，亦泥也。不宁惟是，事毋蓄疑，政贵崇实。仿井田封建之制，且取未见井田封建者，如刘歆、王安石所论说，以治天下，其可乎哉。己酉长至御笔重识。

（载《石渠宝笈续编》，第559–561页）

附录四之一：

乾隆五十五年元月《集石鼓所有文成十章制鼓重刻序》

本幅蜡笺本，二幅。前纵一尺一寸二分。横一丈一尺四寸。行书。

凡举大事者，必有其会与其时，而总赖昭明天贶以成其功。武成九次，无论矣。即如《四库全书》及以国书译汉藏经，皆始于六旬之后。（自癸巳年搜辑海内遗书，并于永乐大典内，采辑散编，命馆臣依经史子集，督缮《四库全书》四分。又佛经本出厄讷特克，一译而为唐古特之番，再译而为震旦之汉。其蒙古经，即康熙及乾隆年，陆续译成。而来有国书之佛经，先于三十七年，亦命开馆译定。兹二事卷帙浩繁，俱非易于观成者，乃皆在予六旬始命举行，初亦不觉其迟也。）既而悔之，以为举事已晚，恐难观其成。越十余载，《四库全书》则早参考装潢毕，以贮之阁。而所译汉藏，兹亦将告毕就。此非天恩垂祐，俾予虽老而善成此二事乎。近因阅石鼓文，惜其岁久漫漶，所存不及半。夫以国学兴贤述古之为，使千万年之后，并此仅存者胥归无何有之乡。有治世之责者，视之而弗救，予且不成为读书之人矣！斯事体大。千古读书人所不能任，亦从无道及者，予故不怍不文，及此未至耄耋智昏，爰蒇此事。盖石鼓之为宣王时作。与夫宜置国学，为万世读书者之津逮。自以韩昌黎之见为正，车攻吉日之章，班班可考也。（后人议论纷出，如董逌、程大昌，据《左传》成有岐阳之搜，以为成王鼓。郑樵据"殹丕"二字见秦斤秦权，以为秦鼓。马定国据《后周书》以为宇文鼓。陆友仁据《北史》以为元魏鼓。总不若韩愈之见为正。盖即本鼓之文，取证小雅，可信也。若欧阳修《集古录》云：韦应物以为文王鼓，宣王刻。今应物《石鼓歌》具存，明以为宣王，何曾有文王之说。近者尚误，况与论三代以上哉。）夫昌黎有其见而无其力，且未思及存其诗。则予较昌黎为胜矣。兹用幸翰苑之例（乾隆九年，重修翰林院落成，新临锡宴。以张说《东壁图书府五律》四十字为韵，予赋东字及末音字二韵，其余敕诸臣各分一韵赋诗），亲定首章，截其长以补后数章之短。即用文中字，并成末章。自第二至第九，命彭元瑞按余字各补成章。非因难以见巧，实述古以传今。于是石鼓之文仍在，十鼓井井有条而不紊矣。旧鼓旧文，为千古重器，不可轻动。但置木栅，蔽其风雨，以永万世。而新为十鼓，以刻十章，并列国学以公天下，惠后儒，则仍周宣王之文也。热河文庙为岁岁惠远诘武之地，则亦命置之，以诏来世，庶乎宣王中兴之烈不泯，宣圣牖世之道恒昭。而予及耄耋之年，尚得蒇此崇文之举，孰非会之萃时之合，深蒙昊贶之所致哉。希周家卜世之久，毖皇清重道之规，后世子孙尚慎念之。是为序。

附录四之二：
再题石鼓

石鼓韩歌掘臼科，弗知其意所云何。

兹因考古十之质，爰命图真一有窠。

慨叹曾充舂杵用，伤形已阅岁年多。

言行国学历珍弆，重道崇文功不磨。

命图十鼓形以来，漫漶缺裂，固数千百年物之常。其第十鼓平面则凿为大孔，圆径一尺三寸，深一尺二寸，因恍悟即昌黎之所谓臼科也。科者坎，坎者陷，非俗所谓臼窠乎。则昌黎之语，乃举其实，而其为臼窠自唐时已然矣。呜呼！为此者实庸愚小人不足罪，兹虽珍重护惜，以永厥年，安知数千百年之后，不复遭剥蚀劃凿之灾乎。而重其文以成十鼓之全，又非拘于形而泥于古乎。其幸在兹，其慎亦在兹矣。庚戌正月上元后一日御笔。

附录四之三：
重排石鼓诗得句

就石所有三百十字，分排十章，并凿成十鼓，各泐其面。

十什排成十鼓咸，崇文漫议创非凡。

就其本有差鳞次，弗以所无为雁谗。

潘氏（迪）详诠尚可取，杨家（慎）伪作概从芟。

拈题既复輾然笑，那禁千年后削劖。

庚戌新正月中浣御笔。

载《石渠宝笈续编》，第1452–1456页

附录五：
乾隆五十五年，观张照草书韩愈石鼓歌长卷作歌

昨近考订石鼓文，石鼓文纷不胫走。近阅石鼓文，惜其所存不及半。更应岁久漫漶并此不可复识，因就所有三百十字集成十章。予亲定首章末章，其自第二至第九，命彭元瑞按

余字各补成章，以述古而传今。于是，有以王澍、汪由敦所临石鼓文一再进呈者。

帝王所好可弗慎，讵增惬哉只增丑。

兹阅昌黎之本歌，益奇两出张生手。

岂我独是韩之说，兹大学士和珅进张照草书韩愈石鼓歌长卷。愈歌首句“张生手持石鼓文”，此卷复系照所书，亦一奇也。照学识素称渊懿，非徒工操翰者。观其手书此诗，神采飞舞，自必服膺昌黎。予序中以愈主周宣时之说为正，似照亦有同心也。韩而有灵藉张剖。

行以颜争坐位帖，笔不求佳勃勃洒。《石渠宝笈》中藏照所临颜真卿争坐帖卷，高矮二本。又有节临直幅，乃其醉后所仿，无意求工而妙得天趣。其自跋中亦有“酒气勃勃十指间”语。

物必有双语信乎，长卷直幅责四友。

十鼓十什永周宣，数典韩张碑并寿。旧有十鼓原立于太学戟门之内左右列，为之置栅以蔽风雨。今所集石鼓文十章亦命制石鼓，十镌其文，置于戟门外之左右。并以予所作序及新订音训别刊一碑，树于东楹。今拟于西楹刊予此歌，而以照所书韩诗刻于四周，以冀并寿贞珉云。

（载《清高宗御制诗五集》五十三，卷二，第58页）

（《故宫博物院院刊》，2012年第3期）

两种乾隆时期拓的石鼓文

故宫博物院收藏有乾隆时代所拓的石鼓文两种，一种是乾隆十四年（己巳，1749）拓的，另一种是乾隆五十五年（庚戌，1790）拓的。本文将根据拓本，结合相关御制诗文和《石渠宝笈续编》著录来探讨它们不寻常的来历和对于石鼓文拓本断代研究的价值。

一、乾隆十四年拓本

乾隆十四年（己巳，1749），弘历三十九岁，他对国子监里的先秦石鼓文产生了兴趣。他命人拓得石鼓文一份，同时也拓取了与石鼓文放在一起的元人潘迪撰写的《石鼓音训碑》。尽管石鼓文古奥艰深，弘历仍在文学侍臣帮助下研读铭文。为了便于以后反复诵读，还在每个篆字右边粘上一明黄纸签，写出楷书释文。（图1、图2）

他让人专门制作了一只精雕细刻的木匣装入这套拓片。自己作了一首诗叫《石鼓歌》[1]，命侍臣蒋溥、介福、刘纶、钱维城、观保各奉和一首，再把诗刻在木匣上面。从此，这套石鼓拓本就一直放置在皇帝听政的乾清宫里了。

弘历写的《石鼓歌》是这样的：

石鼓之数符天干，千秋法物世已少。
况乎辟雍所罗列，多士藉以资探讨。
韩苏杰作遥唱和，近者德潜诗亦好。
濡笔将吟复屡停，蛇足今添笑绝倒。
昌黎建议虽不行，至竟如言见诚蚤。
东坡寓意良独深，新法当时实滋扰。
德潜力欲追二公，横盘硬语抒文藻。
或文或宣辨已纷，德德皃皃终莫考。
不独议礼如聚讼，千古訾黄率兹道。
我命金石谱以来，观之参半不能晓。
四马六辔纵仿佛，云中如辨飞龙爪。
点画音训费推寻，刻舟求剑识诚小。

图1：乾隆十四年拓石鼓文之一《吾车》鼓

第一鼓

图2：乾隆十四年拓石鼓文之二《汧殹》鼓

忆昨幸鲁入宫墙，礼器惟见贻金卯。

此鼓上欲埒鼎彝，存羊爱礼洵可表。

大观金填志郑重，金人辇至燕京肇。

韩意其然岂其然，吾愿兴贤得真宝。

此诗中，提到了韩愈、苏东坡和沈德潜所作的《石鼓歌》。很明显，本诗主旨不是诠释石鼓文而是从韩愈《石鼓歌》[2]切入的。韩诗全文如下：

张生手持石鼓文，劝我试作石鼓歌。

少陵无人谪仙死，才薄将奈石鼓何。

周纲陵迟四海沸，宣王愤起挥天戈。

大开明堂受朝贺，诸侯剑佩鸣相磨。

搜于岐阳骋雄俊，万里禽兽皆遮罗。

镌功勒成告万世，凿石作鼓隳嵯峨。

从臣才艺咸第一，拣选撰刻留山阿。

雨淋日炙野火燎，鬼物守护烦抝呵。

公从何处得纸本，毫发尽备无差讹。

辞严义密读难晓，字体不类隶与蝌。

年深岂免有缺画，快剑斫断生蛟鼍。

鸾翔凤翥众仙下，珊瑚碧树交枝柯。

金绳铁索锁钮壮，古鼎跃水龙腾梭。

陋儒编《诗》不收入，二《雅》褊迫无委蛇。

孔子西行不到秦，掎摭星宿遗羲娥。

嗟余好古生苦晚，对此涕泪双滂沱。

忆昔初蒙博士征，其年始改称元和。

故人从军在右辅，为我度量掘臼科。

濯冠沐浴告祭酒，如此至宝存岂多。

毡包席裹可立致，十鼓只载数骆驼。

荐诸太庙比郜鼎，光价岂止百倍过？

圣恩若许留太学，诸生讲解得切磋。

观经鸿都尚填咽，坐见举国来奔波。

剜苔剔藓露节角，安置妥帖平不颇。

大厦深檐与盖覆，经历久远期无佗。
中朝大官老于事，讵肯感激徒媕婀。
牧童敲火牛砺角，谁复着手为摩挲。
日销月铄就埋没，六年西顾空吟哦。
羲之俗书趁姿媚，数纸尚可博白鹅。
继周八代争战罢，无人收拾理则那。
方今太平日无事，柄任儒术崇丘轲。
安能以此上论列，愿借辩口如悬河。
石鼓之歌止于此，呜呼吾意其蹉跎。

韩诗云“圣恩若许留太学，诸生讲解得切磋”，即建议迁石鼓置京城国子监。这件事尽管在唐代没有做到，但是宋徽宗以后还是实现了。弘历赞许韩愈的预见性，并由此得到启示，表示“吾愿兴贤得真宝”，意思是要借石鼓这个真宝，广纳天下贤士，提倡“稽古右文”“述古兴贤”的风气。从侍臣的诗中也可得到佐证。如介福诗云“中兴伟烈尊周宣，我皇揽古振异彩”。弘历认为石鼓是三代遗物，篆书之祖，讲的是周代礼乐，宣王中兴，所以称其为“千秋法物”。

以上讲的是乾隆十四年的拓本。下面再讲乾隆五十五年的拓本。

二、乾隆五十五年以后拓本

先需要说明一下石鼓的形制。石鼓是个圆柱形巨石，每石高度约90厘米，直径约67厘米，形状若鼓。其中只有《作原》一鼓，在很早的时候被人凿去了一截，当中凹陷下去成了舂米的石臼。有一种说法，认为宋代司马池将石鼓从田野移到凤翔府学，当时《作原》鼓的原石已遗失。皇祐四年（1052）向传师留心寻访才在附近乡间找到，但已为人改凿成臼。也就是说《作原》一鼓在唐代发现时尚完整，后来遗失之后被凿成臼。

院藏另一套石鼓拓本包含了鼓文拓片十叶（图3、图4），《石鼓音训碑》两叶，还有一叶是弘历做的《再题石鼓》诗一首[3]（图5），年款是“庚戌正月十六日”，即乾隆五十五年（1790）。那么《再题石鼓》拓本又是怎么回事呢?

乾隆五十四年（1789），弘历看到国子监石鼓岁久漫漶，铭文存不及半，

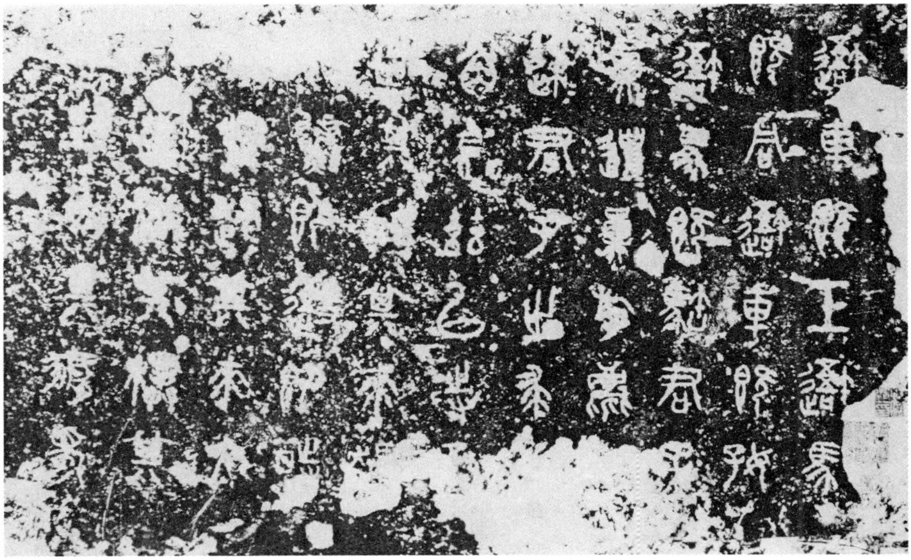

图3：乾隆五十五年后拓石鼓文之一《吾车》鼓

他决定对这千秋法物加强保护，并重刻新的石鼓。计划根据石鼓文所存的三百一十个字，仿照原来的诗意，新编石鼓十章，由赵秉冲篆书，摹刻于新鼓之上。新鼓制作了一式两套，一套放国子监，一套放热河文庙。同时对旧鼓加设木栏以蔽风雨。这样可使石鼓永远存在下去。

乾隆五十五年正月十五日颁发了《集石鼓所有文成十章，制鼓重刻序》和新刻鼓文，告谕天下，付诸实施。[4]四个月后如期完工。

正月十六日，弘历又写了一首诗和一段文字，再次申说重刻石鼓以成石鼓之全的重要性，同时认为：根据韩愈《石鼓歌》中已有“为我度量掘臼科”的话，《作原》鼓（即第十鼓）在唐代已成舂米用的石臼，而不是当散失之后才改凿为石臼的。

弘历的诗与文《再题石鼓》现录如下：

石鼓韩歌掘臼科，弗知其意所云何。

兹因考古十之质，爰命图真一有窠。

慨叹曾充舂杵用，伤形已阅岁年多。

言行国学历珍弆，重道崇文功不磨。

命图十鼓形以来，漫漶缺裂，固数千百年物之常。其第十鼓平面则凿为大孔，圆径一尺三寸，深一尺二寸，因恍悟即昌黎之所谓臼科也。科者坎，坎者陷，非俗所谓臼窠乎。则昌黎之语，乃举其实，而其为臼窠自唐时已然矣。

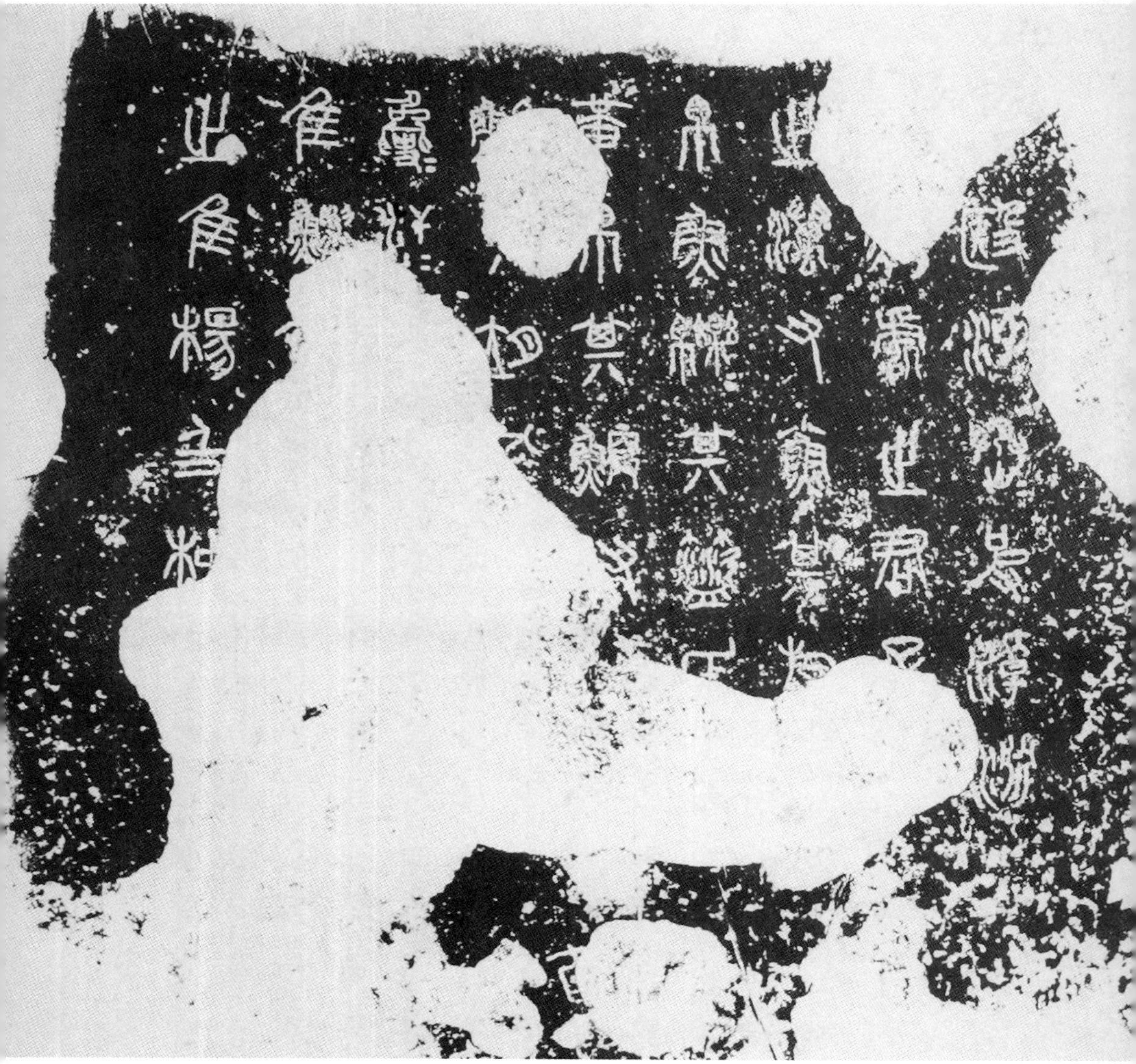

图4：乾隆五十五年后拓石鼓文之二《汧殹》鼓

呜呼！为此者实庸愚小人不足罪，兹虽珍重护惜，以永厥年，安知数千百年之后，不复遭剥蚀割凿之灾乎。而重其文以成十鼓之全，又非拘于形而泥于古乎。其幸在兹，其慎亦在兹矣。庚戊正月上元后一日御笔。

由上可知，弘历既对韩诗作了诠释，又对石鼓的沿革作出考证，否定“唐代以后才凿成臼”的旧说。因此他竟然把自己的诗文径直书丹在《作原》鼓的口沿上并让人刻出来。

图5：弘历题刻《再题石鼓》诗文拓本

这就是我们现在看到的《再题石鼓》诗文拓本的来历。这份包括十三叶的拓本是在乾隆五十五年题刻后至嘉庆年间拓出来的。

三、乾隆拓本的考据

上述两种拓本都有明确的传拓时间，对于石鼓文拓本的断代来说具有标尺的作用。

碑帖的早拓本比晚拓本多存的字或完好的字，晚拓本比早拓本多出现的或者后来逐渐扩大的石花和裂纹，是两个用来鉴定拓本时代早晚的重要依据，被称作考据。根据前人记载和实践经验，对很多碑帖已经发现了一系列的考据，构成考据序列，分别可以作为不同时代拓本的标志。这些考据构成了一个考据序列，记下了碑石面貌的历史变化，就像考古发掘中层位的叠压顺序可以反映出遗址的历史变迁一样。将考据和文字、书法面貌、墨色、纸质、题跋、印鉴、装裱等项结合研究，方能比较全面地作出鉴定。

石鼓文的唐拓本早已不存，自宋以后便有不同时期的拓本留下，清代拓本尤其多。这里只谈乾隆时期的拓本。关于清乾隆时拓本的考据，碑帖鉴定书中多有记载，下边引述第二鼓的考据情况：

《善本碑帖录》：

清初拓本二鼓四、五、六行下部之“氐鲜”、“鱄又”、“之”五字完好。乾隆时御制墨拓本，“氐鲜”等五字已损。[5]

《增补校碑随笔》：

八、清初拓“氐鲜”、“鱄又”、“之”五字不损本；“汧殹”鼓四行，“氐鲜”二字未泐；乾隆时拓“氐”字泐半，“鲜”字泐尽。五行“鱄又”二字未泐；乾隆拓本“鱄”字几难辨认，“又”字泐尽。六行末“之”字未泐；乾隆拓本泐尽。[6]

按：上面三句话中，分号前说的都是清初拓本的情况。

《碑帖鉴定》：

清初至乾隆年所拓之拓本：二鼓“鲤”字泐，“黄帛”二字损，八行“以”字左大半与九行“柳”字右下角均泐。唯四行“氐”字下半未损，“鲜”字未泐。五行“鱄又”二字未泐。六行“之”字未损。四鼓“道”字未泐。如此即称为“氐鲜”未损本。……至清乾隆年以后“氐鲜”已泐，至今日未再大损。[7]

比较三家所言，他们都认为第二鼓的“氐鲜”、“鱄又”、“之”五个字是断代的考据。然而，关于五字损泐与否的时间，判断有所不同。前两家以为五字在清初尚完好，至乾隆时已损或泐。后者认为五字在乾隆时并未损泐。其损泐要在乾隆之后。

我们可以用乾隆十四年与五十五年后两种拓本来检验一下可以看出：

（一）十四年拓本显示“氐鲜”、“鱄又”、“之”五字均没有损泐。

（二）五十五年后拓本“氐”字的上半存，下半和“鲜”字全泐。“鱄又”仅存“鱄”字的右上一角，其余尽泐。“之”字泐。

（三）由此可知五字在乾隆前期尚好，后期才渐损泐的，如能见到这中间拓出又有年代的鼓文，则可以判断出更切近的损泐时间而有助于其他拓本之断代。弘历在位六十年（1736—1795）。

（四）在乾隆五十五年正月以后《作原》鼓上添刻了弘历的诗文。可是传拓石鼓时往往不拓此诗文。

由此，有必要对前贤的记载做一些补正。乾隆时两种石鼓拓本之可贵，即在于此。

校碑的方法与考据的确认是以占有同一种碑帖的多件不同时期的拓本为基础的。拓本多，传拓年代确定，观察仔细，分析合理，方能发现考据，建立起合理的考据序列。这是十分重要的事情。

注释：

1.此诗刻于木匣面，另收入《清高宗御制诗》二集。

2.见蘅塘退士编《唐诗三百首》卷三。

3.见《石渠宝笈续编》，上海古籍书店，1988年影印本，第1452页。

4.见《石渠宝笈续编》，上海古籍书店，1988年影印本，第1454页。

5.张彦生《善本碑帖录》，中华书局1984年，第1页。

6.王壮弘《增补校碑随笔》，上海书画出版社，1984年第2版，第5页。

7.马子云、施安昌《碑帖鉴定》，广西师范大学出版社，1993年，第13页。

（《书法丛刊》，2011年第2期）

著录两本元明间的石鼓文拓本

一

故宫博物院有石鼓文元明间拓本两种，一是朱翼盦先生于20世纪50年代捐献的明孙克弘旧藏的剪裱本，另一是2003年10月收购的整幅裱本。这年秋，河北东光县高氏持石鼓文册到故宫传达室求售。余观确是元明拓，题跋可信。后即报院征购。

石鼓文中十鼓的次序，历来所见有所不同。元至元五年（1339）潘迪撰《石鼓音训》排序如下：（一）吾车，（二）汧殹，（三）田车，（四）銮车，（五）灵雨，（六）作原，（七）而师，（八）马荐，（九）吾水，（十）吴人。《金石萃编》按此排序。

上述两种拓本十鼓次序都同此序。两本考据几乎一样，其差别是前本为割裱，个别残损之字被剪弃。后本墨湿，某些字的笔画被掩。

两本的考据情况：二鼓首行“汧”字，二行“鰋”字均未泐。五行“黄帛”二字未损。六行“鲌其”之“其”字未损。八行“可以”之“以”字尚存左大半。九行“及柳”之“柳”字尚存右下角。四鼓五行“酋车载衍”之“衍”字未泐。九行“多”字尚存大半。十行“允异”二字未损。八鼓，“散”字与“其”字均泐。十鼓七行与八行之间未损，故七行“大”字完好。以后至明中期拓本，则二鼓首行“汧”字，二行“鰋”字已泐，然“黄帛”二字未损，故一般称“黄帛”二字未损为宋拓，非是。这是明初上及元代的考据。

二

下边分别著录各本的题跋、印鉴。

孙克弘旧藏本（图1—图4），剪裱，三十七页，每页墨纸纵28厘米，横15厘米。有翁方纲、吴云、张公玉、沈曾桐、张祖翼、杨守敬等题识，现抄录文字如下：

云间孙克宏，字允执，雪居士其别号也。善书，工分隶，官汉阳太守。此册是其所藏旧本，惜用墨过浓耳。覃溪。（以上第二鼓）

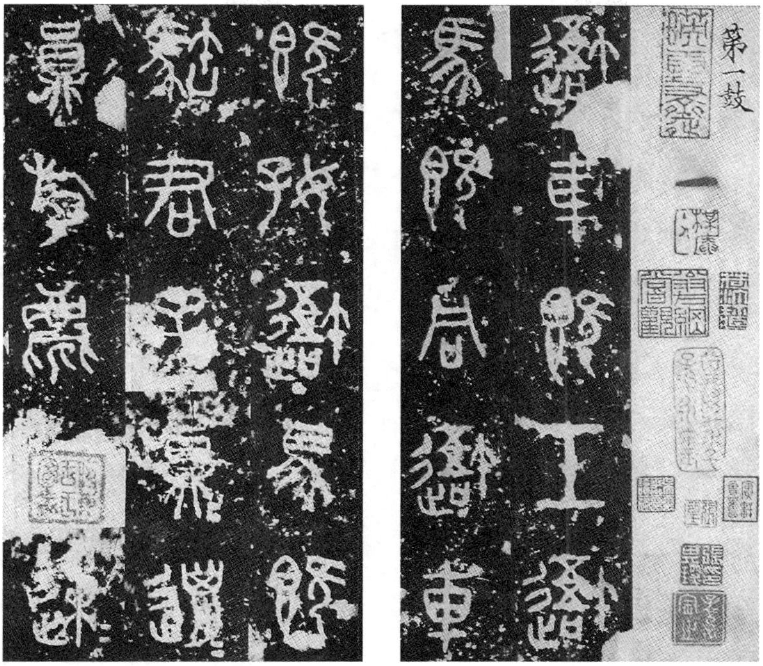

图1：孙克弘旧藏本第一鼓之一

图2：孙克弘旧藏本第一鼓之二

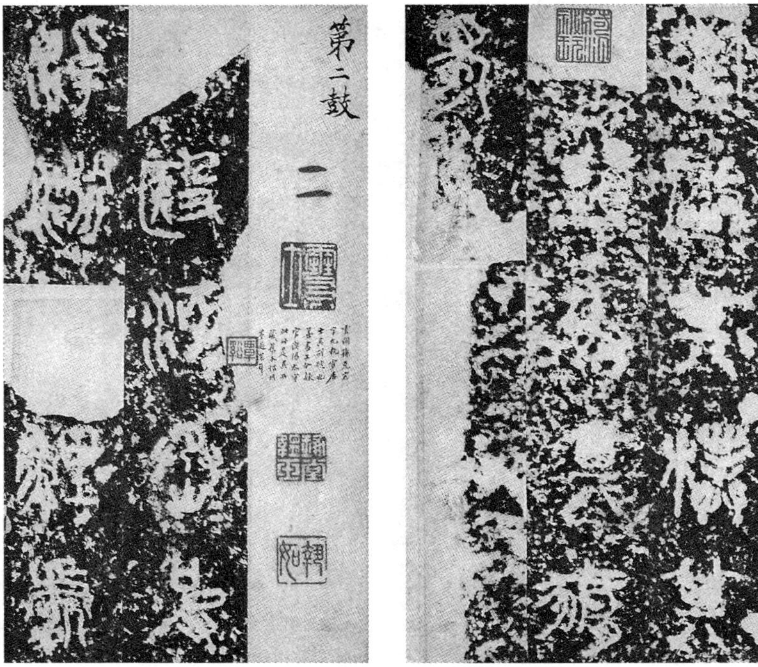

图3：孙克弘旧藏本第二鼓之一

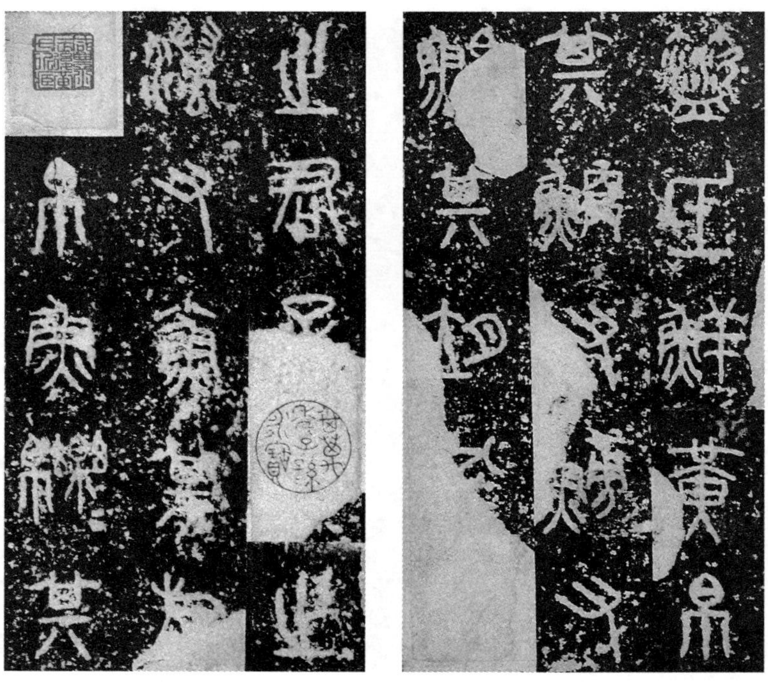

图4：孙克弘旧藏本第二鼓之二

此鼓第九行第二字，当据此拓本以考之也。正展阅间，适得阮芸台、张芑堂皆寄善本来，因识此。覃溪。

百年前拓本“兔”字下“其”字已泐。平斋。（以上第三鼓）

第四鼓末“异”字，牛真谷《金石图》已泐缺。此犹存其半，惜泐处为伧父用墨描填，转失庐山真面，可恨！（有“吴云”、“平斋”二印）（以上第四鼓）

“天”字《金石图》只存末笔。（有“吴云”、“平斋”二印）（以上第七鼓）

第八鼓了无一字。

第八鼓方纲以淡墨手拓，首行尚微见半字，尝以松江顾氏摹本证之益信。

余家藏本第八鼓尚存“敚”字，当是至元己卯（1339）以前所拓也。癸亥（1863）秋日吴云识。（以上第八鼓）

此字下半是其泐势如此耳，芑堂竟以为篆势如此，则未可信。覃溪。

“余”字下半原石中有横泐文，被人填失。平斋。（以上第九鼓）

白玉印瓦纽，纽有“宣和”二字，其文遒汉，今藏于眉公晚香堂。丙寅（天启六年，1626）春记。张公玉。

此丙寅是天启六年，陈眉公年六十九，册有雪居士印，然眉公少于雪居二十六岁，此题皆在孙汉阳收藏之后也。翁方纲识。

孙汉阳收藏又在前，则此是二百年前拓本矣。覃溪。

此册为孙雪居所藏，有陈眉公、徐处柔诸印，视今拓本乙鼓多出四字，丁鼓多出三字，尚惜尔时拓手用墨过浓耳。方纲。每鼓之前一二等红字即是孙雪居手迹也。

孙雪居藏猎碣旧拓本，获观于南昌节署。光绪丁未（1907）九月长水沈曾桐记。

洹阳尚书所藏石鼓第一本，真明初毡腊也。天一阁宋本，世不获见。祖翼生平所见以吴退楼先生藏本为最，第八鼓“敚”字尚存大半，当是元代打本。吴本外仅见此本，虽第八鼓割去，然用墨浓淡合宜，字之精彩涌见纸上。吴本用墨太重，字迹为墨华所掩，虽拓工略胜前，神彩实不如此本远甚。展读再三，爱不能释，谨书数语以志所幸。光绪戊申（三十四年，1908）九月桐城张祖翼拜观记。

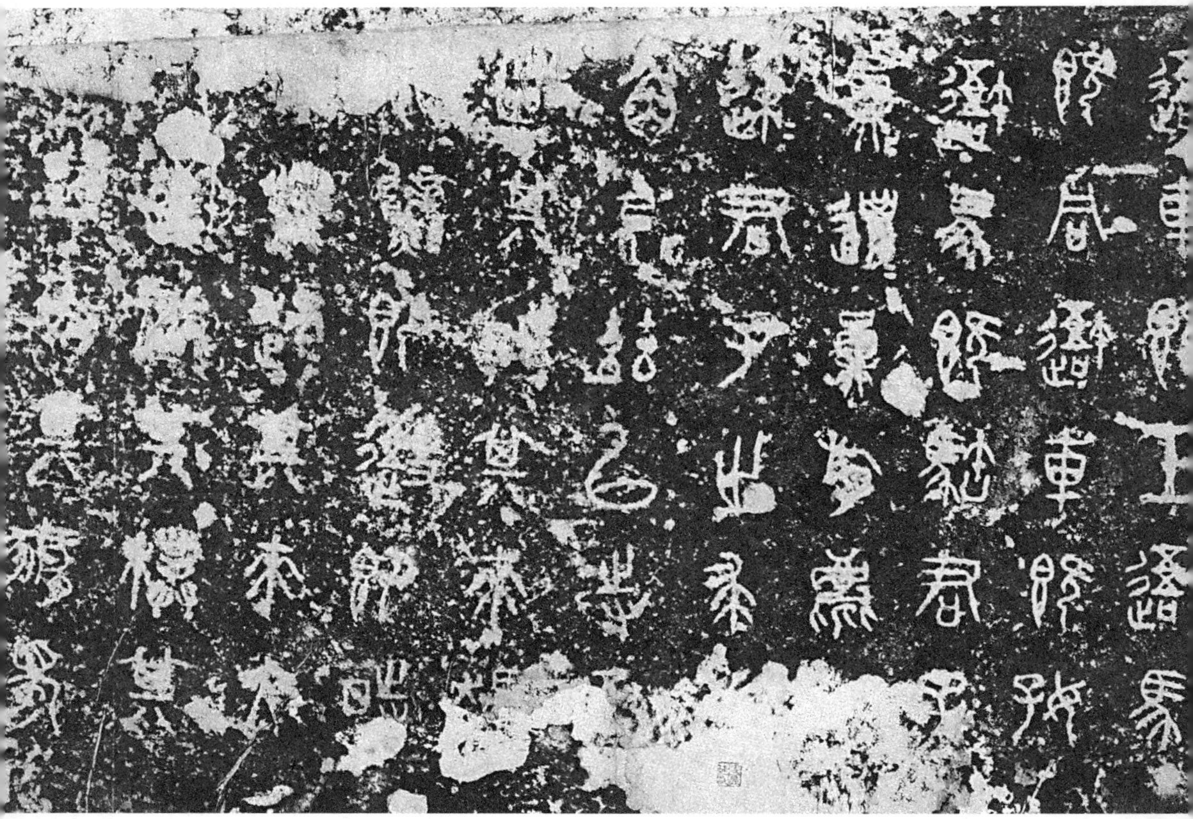

图5：赵宧光旧藏本第一鼓

同治间于京师见灵石杨氏藏本装一长卷，何贞老题首亦称宋拓，杨氏且为之建猎碣亭，额亦贞老书，为诸城王戟门所得。今观此本似与彼在伯仲间。第十鼓有赵子昂一印，后又附周伯温临本，翁覃溪未之及，诸家亦不及之。若皆真耶，则宋拓矣。苦皆伪耶，何以不置一词，而遽定为明初毡腊也？宣统元年（1909）四月杨守敬记。

顷见匋公为言，周伯温临本乃是其所后续入。（下有杨守敬印）

以上是诸家题写。另有："雪居士""映雪斋""汉阳太守章""翁方纲赏观""覃溪""苏斋墨缘""张公玉""吴云平斋曾读过""平斋考定金石文字之印""陈眉公""水香阁主人""乾坤一腐儒""咸丰庚辰后黄氏所藏""黄荷汀秘箧印""周观""琢堂韫玉""赵氏子昂""朱简之印""郑炳宇印""张麐""徐处柔""张翼之""华亭顾正谊仲方氏"等鉴藏印一百三十余方。

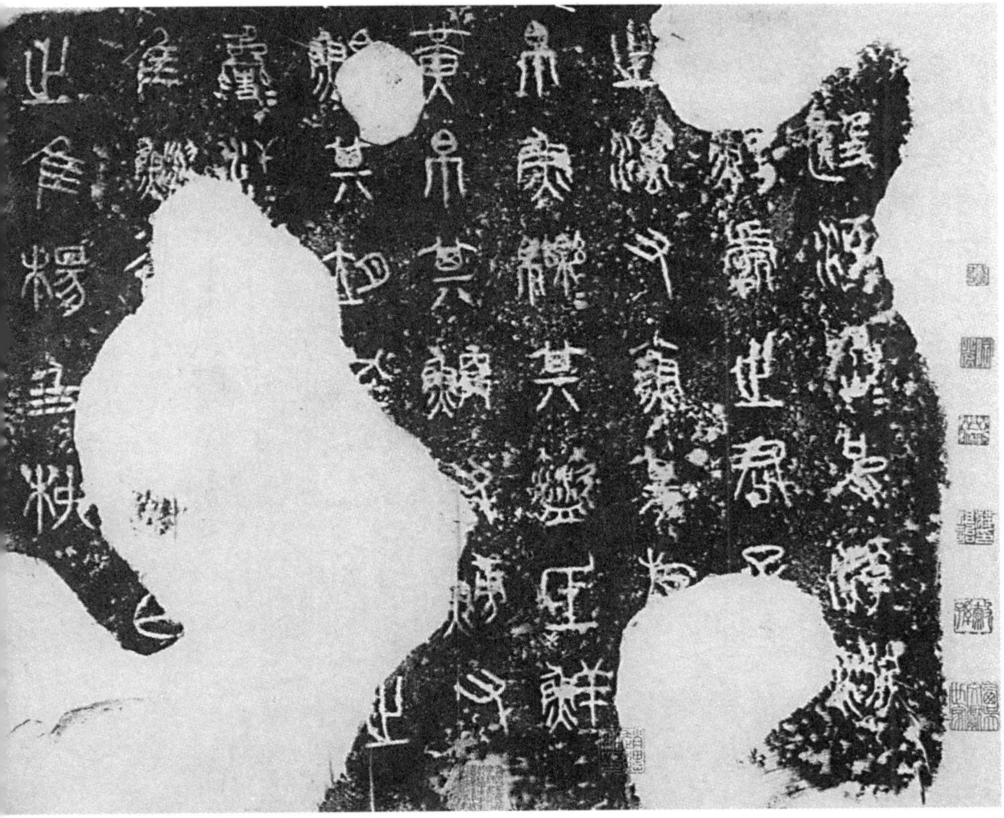

图6：赵宧光旧藏本第二鼓

此拓还附有潘迪《石鼓文音训》墨拓一册，元代周伯温临写石鼓文墨迹一册，合为三册。

三

明赵宧光旧藏本（图5、图6），整裱。

拓本计十开（二十页），每开墨纸纵31厘米，横40厘米。前后附页有赵魏、瞿中溶、僧达受、马衡、陶北溟题跋。

题签：

岐阳石鼓（篆书），寒山旧题散佚后三百年，毗陵陶北溟补之，癸未政冬北溟又记于故都赁庑。

石鼓旧拓近益不可多观。此寒山藏物，的系明初佳拓。前有寒山篆书题首尤令宝墨增重。嘉庆庚辰（1820）十二月八日赵魏，时年七十又五。

道光己丑（1829）冬十月五日嘉定瞿中溶获观于张解元之清仪阁。同观者婿陈瑑，子树辰、树镐。

此三百余年前旧拓本，较近时新拓本多数十字，洵可宝也。道光辛卯（1831）四月十一日过清仪阁得观金石款识，如入万花谷种种应接不暇，海昌六舟达受记。

1948年马衡跋：

石鼓拓本，向皆奉天一阁藏宋拓为不祧之祖。摹刻虽存数本而原本久佚，不可踪迹矣。清末发现明安国所藏宋拓十本，于是吾人眼福突过前人。其中七本与天一阁相伯仲，其余三本号为“先锋”“中权”“后劲”，并宋初拓墨存字独多，今皆有影印本行世。此本虽为明拓，而第二鼓五行“黄帛”二字，六行“其”字皆完整无缺，八行有“以”字，九行“柳”字未泐，第四鼓五行“衍”字未泐，八行“虎”字尚完，是明拓之最早者。北溟先生其宝藏之。卅七年二月，鄞马衡获观并记。

1948年陶北溟跋：

石鼓为传世石刻最古者，砌置国学垂千年。拓本得传旧者绝少。余居京四十年，所见仅两本：一为傅节子藏，由仁和邵氏归诸旌德汪氏。一朱翼盦所藏。虽亦剪裱视傅本差觉完整。此本最后出，整纸未裁，复得清仪竹崦宝素题识，不可谓非后来居上。初非敝帚自享之见也。

安桂坡本即杨升庵据之作石鼓文音释者，阮文达以为不可信。锡山非遐陬僻壤，安氏复藏弆世家，果有宋拓如许，乾嘉诸老不容无所闻见。今安本悉归东海，仅睹印本与泰山刻石泐纹皆不甚自然，未观原拓遂不免怀疑不审。忧患余生，尚有缘一寓目否耳？戊子（1948）四月北溟。

这本石鼓必购回的原因，除了元明间拓，整幅装潢之外，上留马衡先生跋尾也是一条。马先生是故宫博物院的院长，于1931年曾著文《石鼓为秦刻石考》，予石鼓之时代可信的考证，抗战时石鼓随其他古物迁至西南，先生又进而研究拓本写下《明安国藏拓猎石碣跋》。他的篆刻、书法皆从石鼓取法。1950年南迁文物返回北京，自此，十尊石鼓一直收藏在故宫博物院。应当说，这是此拓归宿故宫的特殊意义。

（《全国首届碑帖学术研讨会论文集》，文物出版社，2004年）

碑刻考订

书明拓《张迁碑》（朱翼盦旧藏本）后

一、　汉《张迁碑》

《张迁碑》建于东汉灵帝中平三年（186），明代初期于山东东平（今东平县）重新从地下掘出，移置当地州学，后转泰安岱庙直至今日。明代都穆《金薤琳琅》已著录此碑。碑高315厘米，宽106厘米。碑额篆书题："汉故穀城县荡阴令张君表颂。"碑阳十五行，行四十三字。碑阴三列，上二列各十九行，下列三行。无撰书者名。

其隶书风格，以朴茂雄强著称。写者用笔斩截、丰健。入笔方劲，中节遒缓，收笔雄峻。转折处顿挫分明，因势变化。在间架结构上，内敛多于外纵，平正多于欹侧，再加上取横的体势，愈显得敦厚凝重。有些字又参入篆书结构和屈曲萦回之笔画，增添了古朴的意味。杨守敬说："此碑端整雅练，剥落之痕亦复天然。"又认为："篆书体多长，此额独扁，亦一格也。碑阴犹明晰，而其用笔已开魏晋风气，此源始于《西狭颂》，流为黄初三碑（指《上尊号奏》《受禅表》《孔羡碑》）之折刀头，再变为北魏真书《始平公》等碑。"（《平碑记》）

所见传世《张迁碑》拓本最佳者当是八行"东里润"三字未损的明拓本。故宫博物院藏有一册，乃早先著名碑帖鉴藏家朱翼盦先生所捐献。这本（插图称甲本）曾先后为古物同欣社、商务印书馆、文物出版社、上海书画出版社影印，收入日本二玄社《原色法帖选》，收入《中国美术全集·秦汉书法卷》，由书斋珍秘而广泛流传，其价值自不待言。

二、前贤评述

朱翼盦《欧斋石墨题跋》题汉《张迁碑》景本后：

此沤天阁印氏本也，予购诸庞芝阁家，以付景印。其印氏另一本归于魏默深，湘中屡经兵乱，不知存亡，或已付劫灰矣。北方惟吴子苾家有一本，是"东里润色"不缺者。翁松禅曾有木刻摹本，似不及此。然原物已被六丁取去，此外未闻再有传本，是此拓已不啻硕果之仅存。年来生计日绌，法书名画

图1：甲本 先字钩笔未损，讳字见左右二垂笔

图2：乙本 先字钩笔已损，讳字见左右二垂笔

多以易米，此虽为吾斋至宝，又岂能独为我有乎！俟物力稍充，拟再景印一次，以广流传，庶几不负此碑云耳。[1]

朱文钧（1882—1937），字幼平，号翼盦，浙江萧山人。幼年从师读经史诗文，曾入同文馆学俄文、英文。1902年赴英国牛津大学留学。1908年毕业归国，在度支部任职。辛亥革命后在民国财政部任事。1929年受故宫博物院聘请为专门委员，鉴定书画碑帖。朱氏博学精鉴，有力收罗，所藏多为珍秘之本，如宋拓《九成宫醴泉铭》《皇甫诞碑》《李思训碑》《孙过庭书谱叙帖》等，明拓《张迁碑》《孔宙碑》《崔敦礼碑》《李靖碑》等等。后来都捐献故宫博物院，并著《欧斋石墨题跋》一书，证史鉴碑，淹通博贯。

张彦生《善本碑帖录》：

碑明前无著录，见最旧明拓本，即现故宫藏本最佳（古物同欣社精印本）。首行“先出”，“先”字末笔下完好无损，八行“东里润色”四字完好，九行“颉颃”，“颃”字右下未损。又海丰吴子苾旧藏本最有名，多有记载，俗谓墨有一钱厚，说明是浓墨“东里润色”本。此吴本光绪十八年毁于

图3：丙本 先字钩笔已损

图4：丁本 先字钩笔已损

火。现存有翁同龢双钩摹刻本，与故宫本比较，“东”字吴本“东”中泐，故宫本笔画可见，故宫藏本后有程庭鹭长跋，又翁同龢摹本跋云：“壬辰秋闻吴荚生家火，藏书悉毁，此碑亦烫为灰尘，吾意欲以钩本录镘诸木，留真影与人间也。瓶生。”又跋云：“吴子苾藏本从李印若假得，用油素双钩。丙午正月龢记。”又见翁方纲手钩模，“恩东里润色”五字下题云“从汪容甫本出”。吴子苾本原藏严镇闵氏，又归巴晋堂，再归程让堂，后归吴氏，火毁。所见闻“东里润色”本只此三本。翁方纲钩本与故宫本同。[2]

马子云《碑帖鉴定》书中认为是最早之明拓本。

“东里润色”未损，“颉颃”之“颃”右半未损，首行“讳”字右“韦”部末横笔之左右二垂笔存，而且清晰。[3]

马子云先生以金石传拓名世，鉴碑独具眼光。

上引前贤三种著作都是平日笔札的积累，一直到作者去世之后才刊印成书。评议碑帖无需隐晦事实，溢美护短，曲意奉迎。他们对有些碑帖的看法是有分歧的，但对这一件则完全一致。

图5：甲本 东里润色未损

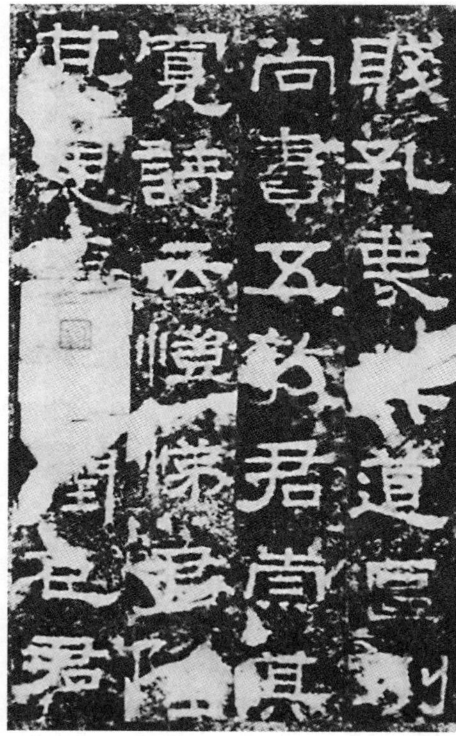

图6：乙本 东里润色已泐

三、拓墨的方法

近年忽然有人将此本与日本书道博物馆藏本（附罗振玉跋）、北京文物商店旧藏本（有翁方纲、桂馥等跋）比较后提出质疑，撰文说：比较过三本之后，得出《故宫本》有三疑点：（一）填墨、涂墨，（二）桂馥、李威的跋文为摹写，（三）“东里润色”四字可信性存疑。至于《文物本》和《书博本》方面，拓调、笔画皆佳。《故宫本》只不过是在稍旧的拓本上嵌蜡、填补翻刻取拓，整体经填墨之后，造成“东里润色”未损的明拓本以盗世。[4]这是不符合实际的。

这本《张迁碑》的墨色基本上分两个层次。一层是浓墨，覆盖了碑面的大部分。另一层墨色稍浅，细审才可看到墨下面的小石花、细纹以及沙眼。为什么会这样呢？让我们结合院藏的另外三件《张迁碑》拓本来说明。（图1—图12）

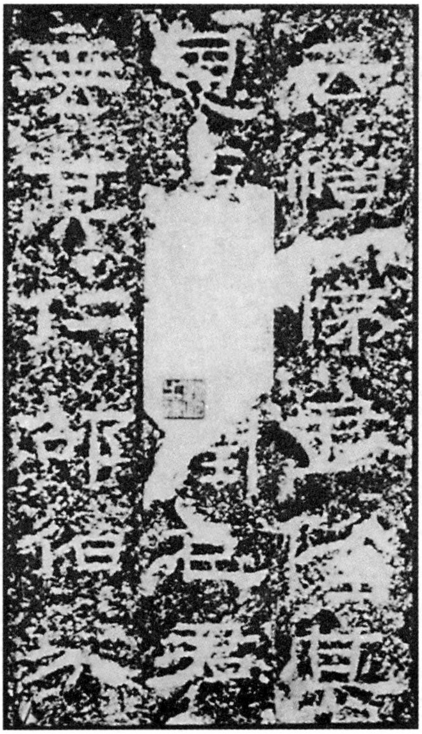

图7：丙本 东里润色已泐

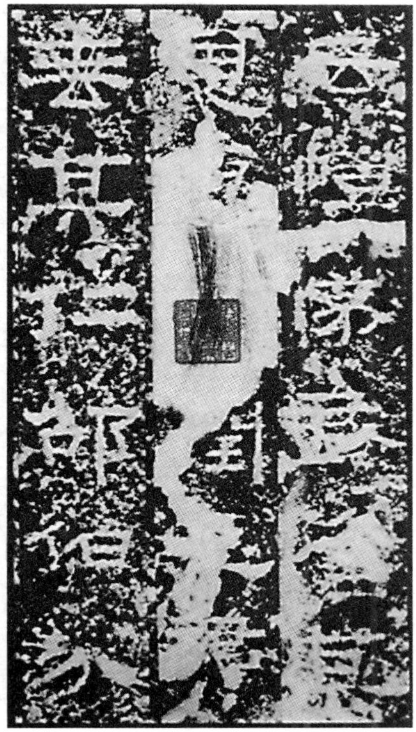

图8：丁本 东里润色已泐

乙本，明末拓本，“东里润”损，“颂”损右半，尚可见。“焕”右上角外有石花。浓墨拓出，墨色亦分深浅两层次。小的石花、石纹以及点点沙眼被浅墨所覆盖，情况同前一本相似。

丁本，清拓本，淡墨拓。字的周围墨较深，其余地方尽露石花、石纹及沙眼，但又透出极淡的湿润的墨色。

丙本，明末拓本，淡墨擦拓，墨色一致，石花、石纹和沙眼完全暴露着，文字笔画如在草莽荆棘中，极不清晰。这样的拓本能够清楚地表现碑石磨蚀损泐的天然面貌，但是对于希望临习书法的人来说是不喜欢的。

拓碑是为了得到好的拓本。好拓本应当是准确反映书法精神面貌，而且字画清朗。因此人们往往更喜欢黑白分明的浓墨精拓，尤其在碑石风蚀严重的情况下，那些流传至今的明代以上的善本当中，淡墨拓为数极少。

拓碑时一般要捶拓三四遍以至多遍，使墨色均匀地逐渐由浅而深，拓到最后又常常在靠近笔画字口处细心扑打上墨，加深墨色，以便达到字画清朗的效果。像朱氏旧藏本和甲本正是采用了这样的拓法，在多遍拓墨过程中，有意

图9：甲本 颁字完好

图10：乙本 颁字右半泐，尚可见

将那些不必要显露的细小的石花、石纹和沙眼掩盖住，在笔画字口周围着力扑拓，同时又避免把涉及笔画的石花、裂纹盖住以存其原貌。宋人拓帖还有一种方法，即字间着墨深，行间着墨浅，给人一条深一条浅的视觉。这也是为了追求同样的效果。质疑者错误地将拓本墨色不匀当成了嵌蜡、填补、填墨，完全是主观臆断。他在对“填墨”的解释中反映出同样的误解。

四、题跋和观款

此本封面宝熙题签，封内存旧签二，署名缺失。前后附页有题识如下：

赏汉碑 香士大雅先生属南沙许诰作。

癸卯正月二十九日褚逢春观。

汉碑旧拓不易得，此本字迹明著，香士用心学之，自与古会。借观数日而归之。道光庚子中秋，憩仙郭绍高志。

辛丑五月香士携此见示，因得饱观，真眼福也。葵青居士石麟记。

图11：丙本 颍字右半泐

图12：丁本 颍字右半泐

辛丑六月立秋后一日，常熟东村村老许告得观于叶氏之楙华庵。

印氏所藏张君表颂凡两册，皆无碑阴，而“东里润色”四字俱存，予于道光庚寅冬得一本，近为魏默深解元易去。香士宗兄出示此本，如逢旧友，不胜快然，因书数语，以志墨缘。弟汝兰。（图13）

此尚是明拓本，故可宝，向藏印氏沤天阁中，转辗落他人手，香士以值购之，属为题识。沤天图籍金石，自石窗逝后，悠忽消散，而此本得归香士，既为之幸，又重慨云。弱庵居士庭鹭。

光绪二十五年九月从少英先生借观累月，因题记。松禅居士翁同龢。

癸卯三月王云观于延真阁。

戊午夏五泉唐汪大燮敬观。

宣统九年十月德化刘廷琛观。（图14）

戊午八月闽陈宝琛观于京师。

由上可以知道自道光起，拓本曾经印石窗（沤天阁）、程汝兰、魏默深、叶道芬（香士）、庞芝阁、朱翼盦等先后收藏。朱氏跋云：“其印氏另一本归于魏默深，湘中屡经兵乱，不知存亡。”此与程汝兰跋所说不同。

五、前人题跋录文

金石拓本后面附入古人题跋的抄件是常见的事。本册裱入前人跋语抄件三段：

（一）

《金石图》云：郃阳褚峻语予曰，《张迁碑》后行刻一“衣”字于“表”字之侧，不知其所谓。峻尝见旧拓本无此侧刻半“表”字，乃知为后人踵设。殆厌碑刻“表”字非隶体，矫而是正其旁，斯为沾沾不胜喜事者耶！

牛氏《图》据褚千峰说，以谓此半“表”字后人所刻，《两汉金石记》云：此半字是原石所有，褚氏、牛氏之说非也。其碑阴下列无字处之末尾有楷

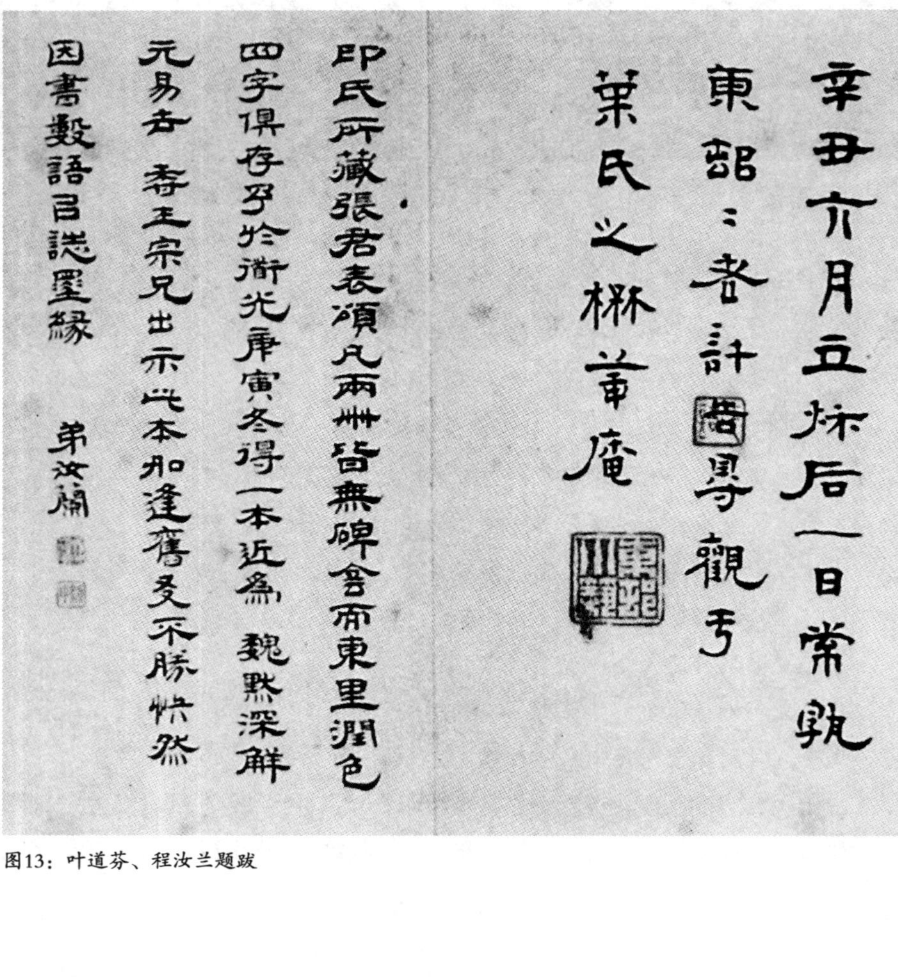

图13：叶道芬、程汝兰题跋

书“付讫”二字，此则后人妄凿，非原碑也。（图15）

这里前一段抄自牛运震《金石图》。亦录于《金石萃编》卷十八《张迁碑》条。后一段抄引翁方纲《两汉金石记》。最后钤朱印“昳果”，是抄写者的名字。

（二）

覽，碑作“覧”。按尧庙碑“博覽众文”，督邮班碑“攬生民之上操”，并从“臨”。知“覧”即“臨”也。盖从“監”之字，隶多变从“臨”。

雙，碑作“雙”。隶体喜填满，故以三点补其空缺，犹“土”，“民”、“文”等字皆加点。芝山新得金寿门所藏《张迁碑》，跋此二段。乙卯九月桂馥书。

陈睦印之“睦”字“土”旁多一画，可证《张迁碑》“城”字非误刻矣。未谷。

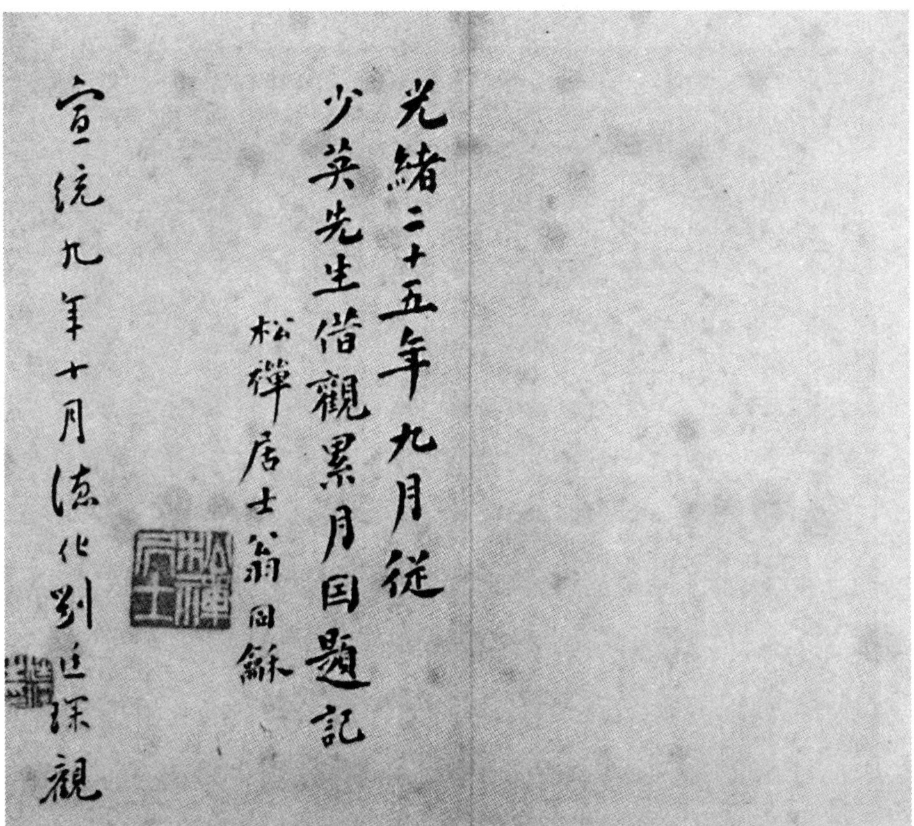

图14：翁同龢、刘廷琛观款

（三）

未谷初疑“城”字“土”旁多一竖为刻误，后见汉印中有陈睦印，亦多一竖，谓可证此碑用笔具有源流，未容轻议也。芝山索题，辄为记之。李威。（图16）

桂、李两跋不知何人临写，何时羼入。从用纸和装潢看，分明不是附页原题而是另纸移入。两人字迹毫无区别，用笔滞钝，只是随意临写而已，并非刻意摹仿伪作，这种情况更与拓本本身之时代没有什么关系，不能作为根据。

碑帖拓本在古代文化生活中的地位和古人对碑帖的重视远远超过今天。传拓技法历史悠久，有许多技巧，往往师徒口耳相传，手把手传授，“得之于手而应于心，口不能言”（《庄子·天道》），并无详细文字记载。直到现代才有人著书讲述。马子云师说他的《传拓技法》只是给培训班讲的入门知识。今人如欲懂得古代传拓、纸墨、装潢的种种真相，只有从较多的古旧拓本全面地细细观察、比较，并了解传拓、装潢过程，向擅长者请教，方能得到切合实际的认识。

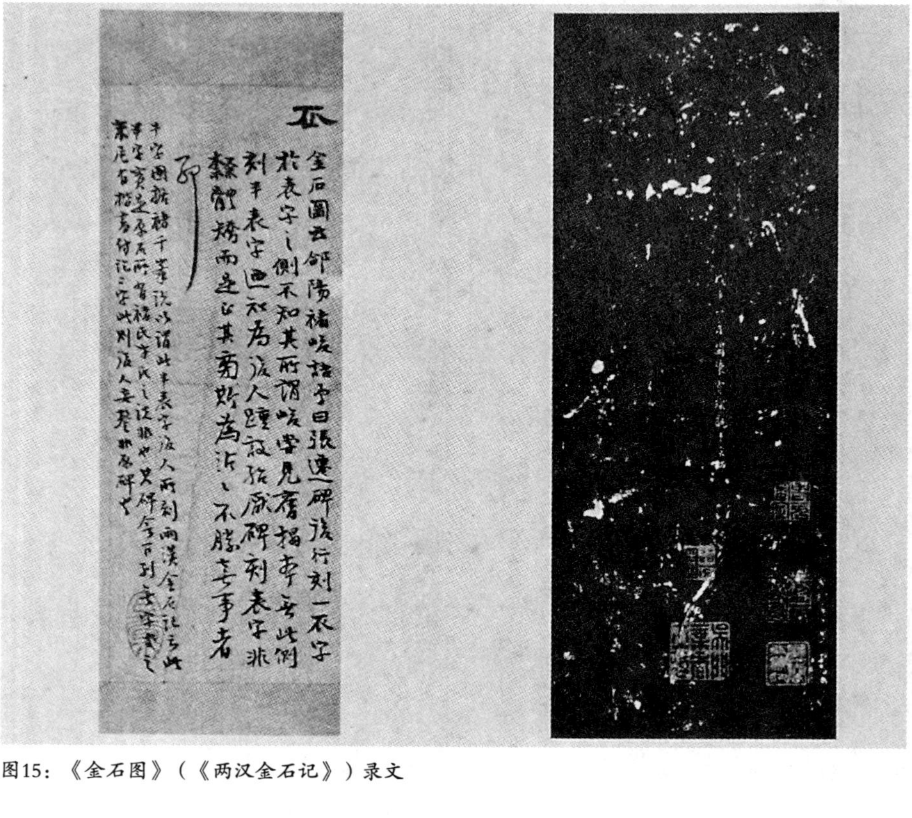

图15：《金石图》（《两汉金石记》）录文

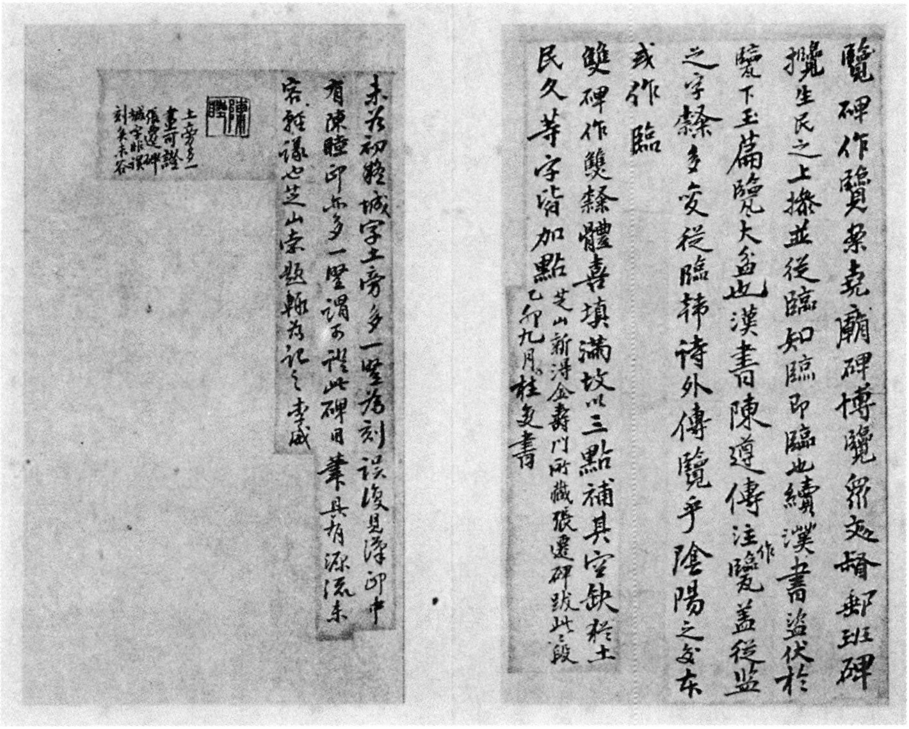

图16：桂馥、李威跋抄文

注释：

1.《欧斋石墨题跋》，书目文献出版社，1990年，第82页。

2.《善本碑帖录》，中华书局，1984年，第33页。

3.《碑帖鉴定》，广西师范大学出版社，1993年，第70页。

4.伊藤滋《故宫藏“东里润色”未损〈张迁碑〉》，《同朋》杂志，一五七号，1991年。后又刊于《墨》一四二号，2000年。《故宫藏〈张迁碑〉“东里润色”未损本辨析》，收入《中国碑帖与书法国际研讨会论文集》，香港中文大学，2001年。

（《书法丛刊》，2003年第2期）

北凉体书迹叙录
——兼谈铭石书与写经书

1993年笔者曾发表《北凉体析——探讨书法的地方体》一文。[1]十年来仍留意此事，所见有北凉体书迹的文物已倍于前文列举的数量，故为本篇，进一步阐明书法地区风格的历史现象。

一、“北凉体”书法风格

从北凉《沮渠安周造佛寺碑》等一批古代书迹分析，北凉体在间架结构和运笔方法上有如下明显特征：字形方扁，在隶楷之间。上窄下宽，往往有一横、撇，或者捺一笔甚长。竖笔往往向外拓展，加强了开张的体势，富于跳跃感。特别是横笔，起笔出锋下顿，收笔有燕尾，中间是下曲或上曲的波势，成两头上翘形式。碑版上尤为突出，可谓“犀利如刀，强劲如弓”。点画峻厚，章法茂密，形成峻拔、犷悍的独特风格。

鉴于此书体在4世纪晚期至5世纪末叶的古凉州及以西地区盛行，又在北凉的书迹中表现最为集中和典型（如《沮渠安周造佛寺碑》），故称之为北凉体。

这里讲的“古凉州”，指魏晋时范围，大致在今甘肃境内黄河以西的武威、张掖、酒泉、敦煌。“以西地区”，从所见有关文物看应到达高昌，即今吐鲁番。

二、十六国河西政局与宗教

北凉体流行，与北凉、西凉的政治和宗教情况关系密切。公元400年，匈奴酋长沮渠蒙逊杀段业，统治北凉，建都张掖。433年，蒙逊死，子茂虔（穆犍）继位。至439年北凉被北魏所灭。

400年凉州大姓李暠据敦煌，建西凉。405年迁都酒泉。417年李暠死，子李歆继位。420年北凉沮渠蒙逊灭西凉。

高昌在今新疆吐鲁番以东。东晋咸和二年（327），前凉设高昌郡，为当地实行郡县制之始。后经前秦、后凉、西凉、北凉数世。北魏太平真君二年（441）沮渠无讳入据高昌。五年，无讳卒。沮渠安周代立为王。和平元年（460），柔然灭沮渠氏，立阚伯周为高昌王，是为高昌王国之始。

魏晋十六国，河西偏安一隅，“秩序安定，经济丰饶。既为中州人士避难之地，复是流民移徙之区。百余年间纷争扰攘固所不免，但较之河北、山东屡经大乱者，略胜一筹”。文人士子以儒家经学及老庄玄学为主，开馆延学，著书立说，文化繁荣。

河西在西晋已盛行佛教，竺法护、竺法乘等著名经师出现于此，“五凉”又有单道开、竺昙猷等高僧修行禅定。同时，大兴建塔立寺，开窟造像之风，炳灵寺、敦煌莫高窟等始创于此。

认识上述政治形势变化和宗教环境，对于了解作为一种文化现象的北凉体是必要的。

出现北凉体的文物所见有四类，即写经、佛塔、造佛寺碑和墓表，下边分别叙说。先按纪年排出文物目录（无纪年者殿后），再谈相关情况和看法。

三、写经

（一）西凉建初十二年（416），律藏初分第三卷，敦煌发现，藏北京图书馆。（图1）

（二）北凉玄始十六年（427），优婆塞戒经，罗振玉《汉晋墨影》影印一段，今中国历史博物馆藏另一段。

（三）北凉承玄二年（429），法华经方便品，令狐及写，新疆鄯善吐峪沟发现，刊印于日本《书苑》。

（四）庚午（定为承玄三年，430），金光明经卷二，1965年吐鲁番安乐城废佛塔出，新疆博物馆藏。

（五）北凉太缘二年（436），佛说首楞严三昧经下，令狐广嗣写于酒泉，载黄文弼《吐鲁番考古记》。[2]

（六）北凉承平十五年（457），佛说菩萨藏经，樊济写，吐鲁番三堡出土，刊于日本《书苑》。

（七）北魏天安二年（467），维摩诘所说经一名不可思议解脱佛国品第一，敦煌研究院藏。

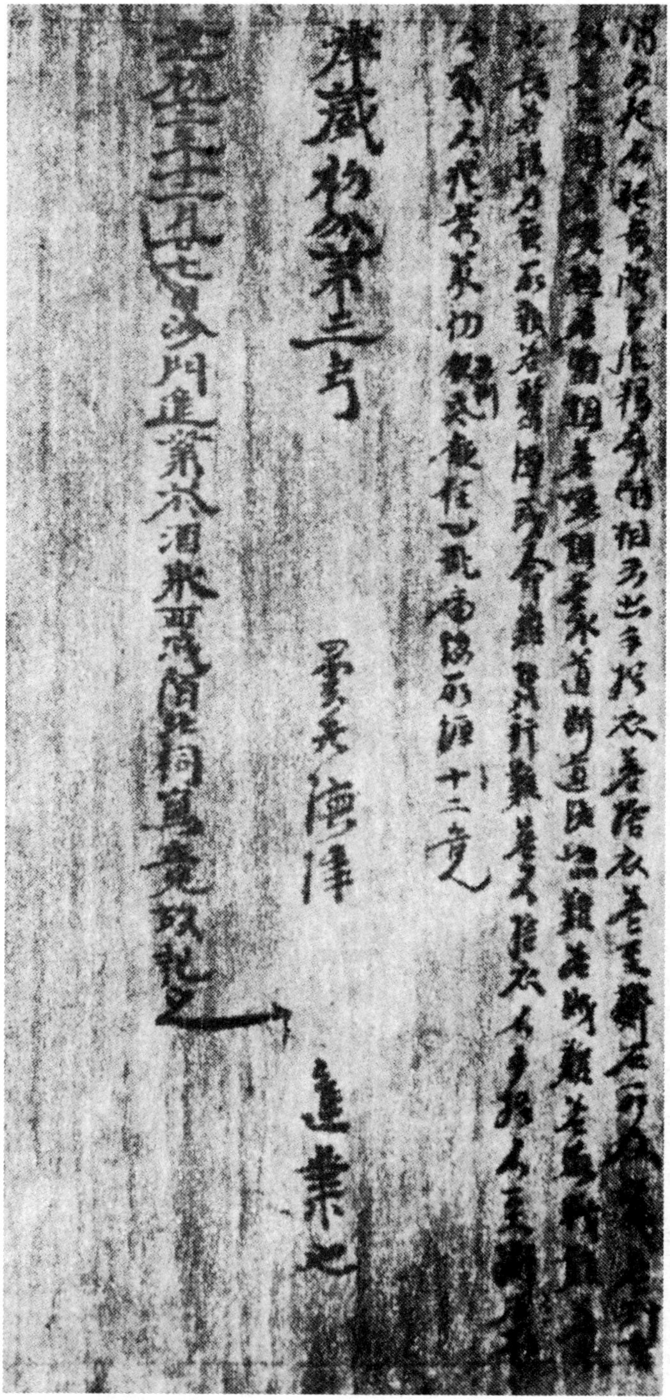

图1：律藏初分第三卷

（八）北凉华严经第廿八，题“凉王大沮渠安周所供养经”，鄯善出土，刊于日本《书苑》。

（九）北凉大智度论五五卷廿八品，题“洁师慧融经比丘安弘嵩写”，故宫博物院藏。

（十）北凉大智度论五九卷卅六品，题“法师帛慧融经比丘安弘嵩写”，大英图书馆藏，编号S2942。

（十一）北凉大智度论三四卷，敦煌研究院藏。

（十二）北凉妙法莲花经一卷序品第一，敦煌研究院藏。

以上写经纪年在西凉建初十二年（416）至北魏天安二年（467）之间，计五十二年。书写地点有敦煌、吐鲁番（鄯善属吐鲁番）、酒泉，以敦煌保存最多。

其中（四）金光明经的经文、标题和尾题都有北凉体特点。尾题曰：“庚午岁八月十三日，于高昌城东胡天南太后祠下，为索将军佛子妻息合家，写此《金光明》一部，断手讫竟。”这里“胡天”即胡天神，是祆神别称。故此经写于祆祠下。

（五）的标题与题记用北凉体写，经文则不用，（七）也只是标题用北凉体。这说明北凉体的特殊地位。因为标题字体总具有典雅庄重的意义，此当古今相通。

写经题记中留下了两位善写北凉体的书手：令狐广嗣和安弘嵩。令狐广嗣见于（五），题记云：“维太缘二年岁在丙子四月中旬令狐广嗣于酒泉劝助为优婆塞史良奴写此经（下略）。”安弘嵩见于（九）、（十），称“经比丘”，即经生。安弘嵩盖出武威安氏，本安息胡人，汉世来归，以国为姓，有安世高、安玄等译经师留名史册。

四、石佛塔

（一）北凉“丙寅”（426），□吉德石塔发愿文、佛经，出土不详，敦煌博物馆藏。[3]

（二）北凉承阳二年（426），马德惠石塔发愿文、佛经，酒泉石佛湾子出土，甘肃博物馆藏。

（三）承玄元年（428），高善穆造塔发愿文、佛经，1969年酒泉城内出土。

（四）承玄二年（429），田弘造塔发愿文、佛经，1955年酒泉文殊山石窟发现。

（五）缘禾三年（434），白双且石塔发愿文、佛经，石佛湾出土，中国历史博物馆藏。

（六）缘禾四年（435），索阿后石塔佛经，美国克利弗兰博物馆藏。

（七）太缘二年（436），程段儿石塔发愿文、佛经，石佛湾子出土，酒泉博物馆藏。

（八）北魏已卯年（499），曹天护石塔发愿文，酒泉果园乡出土，酒泉博物馆藏。

（九）王咒坚石塔刻经，敦煌出土，敦煌博物馆藏。

（十）沙山石塔刻经，敦煌出土，敦煌博物馆藏。

（十一）岷州庙石塔刻经（汉文、婆罗谜文双语），敦煌研究院藏。

（十二）宋庆石塔刻经，吐鲁番出土，德国柏林博物馆藏。

（十三）小石塔刻经，吐鲁番出土，德国柏林博物馆藏。

以上十三件佛塔，纪年在426年至499年之间，计七十四年间，所出地点是酒泉、敦煌、吐鲁番。塔上承阳、缘禾、太缘三个年号均不见史籍，可补史籍之缺。

据学者研究佛塔的造型，认为它是来源于犍陀罗寺院中的供养和舍利覆钵塔。当5世纪初传入河西后融合中国传统文化而形成独特的北凉石塔。塔腹刻佛经和题记是一个特点。值得注意的是，所有的写经、题记都采用了风格一致的北凉体。这表明北凉体的重要性——它已经成为造塔制度的一个部分。

五、造寺碑

北凉《沮渠安周造佛寺碑》（图2），承平三年（445）立高昌。1902年至1903年间德国人格伦威德尔（ALbert Griin-wedel）发现于高昌故城寺院遗址。后收藏于柏林民族学博物馆，不幸毁于二战之中。

光绪三十二年（1906）端方奉使考察欧洲，访德时见到此碑，遂拓而归。现中国历史博物馆收藏一整幅拓本，纵135.2厘米，横85.8厘米，装轴。碑文二十二行，行四十七字，上端略有损缺。首行刻“中书郎中夏侯粲作”，此是

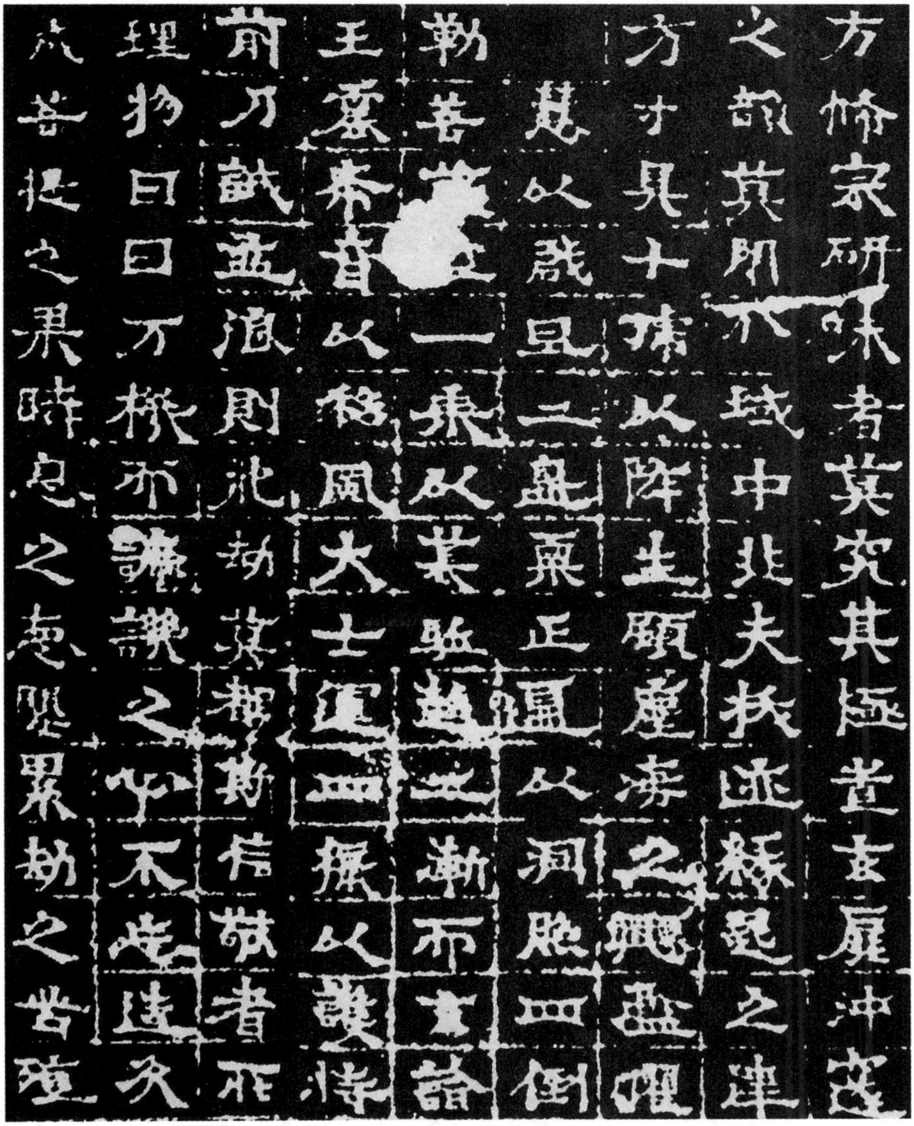

图2：北凉《沮渠安周造佛寺碑》

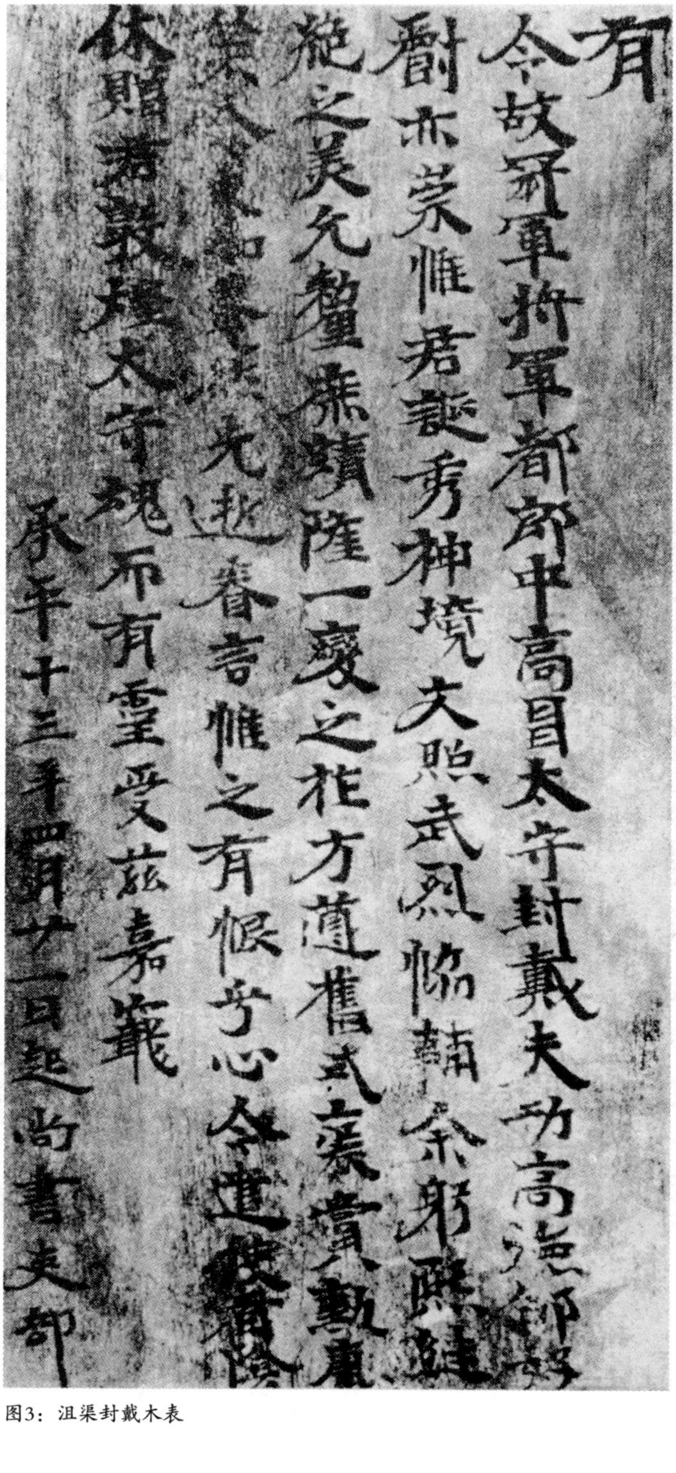

图3：沮渠封戴木表

撰文者。末行结尾刻“监造法师法铠，典作御史索宁”，没有书写人的姓名。

安周取代无讳之后遣使刘宋，宋封他为戊己校尉，河西王，因为高昌本为西汉戊己校尉所屯驻地。此碑就记载安周崇佛，兴建佛寺事。

此碑是北凉体的典型。用笔方圆互用，骨肉兼备，灵活流畅，有自然的节律变化，显然书、刻都出于高手。相比之下，有的石塔刻经和发愿文则多骨少肉，由于过分强调横画两头上翘的特点而给人夸张、刻板的感觉。

六、墓表

（一）北凉承平十三年（455）沮渠封戴墓表和木表（图3），1972年吐鲁番阿斯塔那177号墓出土，新疆博物馆藏。

（二）后凉至西梁，镇军梁府君墓表，1977年甘肃嘉峪关市郊1号墓出土。

墓表的作用和墓志是一样的，记墓主人姓名、籍贯、官职及卒葬年月，藏石圹中以防陵谷变迁。河西、吐鲁番出土者称墓表为多，盖当地习俗。墓表有石的，带座，像碑式，如前秦梁舒墓表，武威出土。也有木的，如上面（一）。最多的是砖的，方形，墨书或朱书墓文，或写后再刻，通常称高昌砖。

七、铭石书和写经体

上面所谈写经十件，石佛塔十三件，造寺碑一件，墓表二件，共二十六件，其书法风格均属北凉体。这是从4世纪至5世纪遗存的众多书迹当中经过比较后挑选出来的。吐鲁番文书占大部分，至于其他书迹各有特色，弥足珍视，只因与本题无关而不再涉及。

在这些古书迹中，大部分是直接用笔写的账契、衣物疏、公私文书和诗文的抄本，但它们都不是北凉体。这就是说，在那个时期的河西、北凉体主要写刻在两种场合：一是碑文，二是佛经（不论经文还是标题）。而不论哪一种都具有郑重、庄严的气氛。北凉体本身具有峻厚、庄重的美感，恰和郑重、庄严的气氛协调一致。

魏晋人把专门用于写碑的书体叫“铭石书”，以区别于章程书（表奏、公文用的书写端正的文字）和行押书（书信，签字用字）。这样的观念，在南朝宋羊欣《采古今能书人名》一文中已讲得明白："钟有三体：一曰铭石之书，最妙者也。二曰章程书，传秘书、教小学者也。三曰行狎书，相闻者也。三法皆世人所善。"因此，北凉体就是河西地区的铭石书。

佛经是圣人之言，抄录圣人之言自然需要恭谨的态度与典雅的书法。各种写经体正是在经生们的笔下创造出来并流行开来的。因此，北凉体也是河西地区的一种写经体。

过去，我们讲"北魏邙山体具有两重性：既是宗室铭石书，又是洛阳地区书风之一种"[4]，那么对于北凉体来说则具有三重性：既是铭石书和写经体，又是河西地区书风之一种。

439年北魏灭北凉，统治河西走廊。460年柔然灭高昌沮渠政权，另立高昌王国，阚伯周为王。至此匈奴沮渠氏贵族统治从河西到高昌已然终结。但是，今见北凉体书迹中尚有纪年467年的写经和499年的石塔发愿文。由此表明：北凉体书风并未因为北凉政治势力的灭亡而消失。作为写经体和铭石书的北凉体，伴随佛教的存在、发展而延续通行了很久的时间。

注释：

1.载《书法丛刊》第36辑，1993年。后收入施安昌《善本碑帖论集》第240页，紫禁城出版社，2002年。

2.黄文弼《吐鲁番考古记》，图版五，中国科学院，1954年。

3.本节参考张宝玺《甘肃佛教石刻造像》，甘肃人民美术出版社，2001年。

4.施安昌《北魏邙山体析》，载《书法丛刊》第38辑，1993年。后收入《善本碑帖论集》第255页，紫禁城出版社，2002年。

（《第五届书法史讨论会文集》，文物出版社，2002年）

关于唐《九成宫醴泉铭》碑拓（明李祺旧藏本）

故宫博物院所藏北宋拓唐《九成宫醴泉铭》（魏徵撰，欧阳询书，贞观六年立石），经明代驸马李祺，清代高士奇、赵怀玉等收藏。今碑石历经剜凿磨蚀，损泐过多，面目全非。

拓本白纸挖镶裱，全册52页（二十六开），前面包括碑额“九成宫醴泉铭”六个篆字，与碑文同时所拓。此拓本中第4页“长廊四起”的“四”字下半未泐（图1），第5页“云霞蔽亏”的“霞蔽亏”三字（图2），第10页“重译来王”的“重”字（图3、图4），第12页“栉风沐雨”的“栉”字未损（图5、图6）。而且较其他宋本多出三十余字。拓工精湛，欧体神韵毕现。

20世纪60年代，这本《九成宫》由文物出版社影印出版，后来又屡屡重印，成为“欧体”字帖中流传最广的一种。20世纪80年代，故宫与日本二玄社合作原色影印若干碑帖与法书名迹时，首选此碑拓，于是又有精美的彩色印本面世而益增其影响。

该拓是由庆云堂主人、碑帖鉴定家张彦生先生售予故宫的，并留下1956年和1961年的两篇跋文。跋文讲了几点：第一，他所见过的其他四种北宋拓本，如胜芳王氏藏本，萧山朱翼盦藏本（上两种今在故宫），梁巘（闻山）藏本（今在中国国家图书馆），以及吴荩忱所藏本。这四种都是“重译来王”的“重”字不损本。第二，认为李祺本锋芒毕露如新，不仅“重”字未损，而且“云霞蔽亏”的后三字未泐，全碑比其他宋拓本多出三十余字，因此该本所拓时间早于其他。第三，简述了所知南宋拓本多种。

后来启功、朱家溍、马子云等先生均曾予以肯定。朱先生还指出其不足之处。即第14页“南逾丹徼”之“丹”字当中横笔末端本该有石花横拖而下，而此本石花与横笔并为一笔，显得横笔过长。第25页“萦带紫房”之“紫”字中间戈勾笔起笔过高，而实则也是与上端石花相连。

本文著录了上述题跋和有关评述，再予分析。并且说明，同时期的拓本由于下面一些条件其面貌会有一定差异，这些条件是：（一）拓前是否洗碑，（二）所用的纸、墨不同，（三）拓工的方法与风格不同。还说明即便是很早的善本，由于局部失拓或者淹墨也会造成某些字上的欠缺。

古代碑石由于风雨剥蚀和人工捶拓，碑文逐渐磨损，文字笔画也就出现

图1：《九成宫醴泉铭》（明李祺旧藏本）之一

图2：《九成宫醴泉铭》（明李祺旧藏本）之二

图3：《九成宫醴泉铭》（明李祺旧藏本）之三

图4：《九成宫醴泉铭》（明李祺旧藏本）之四

图5：《九成宫醴泉铭》（明李祺旧藏本）之五

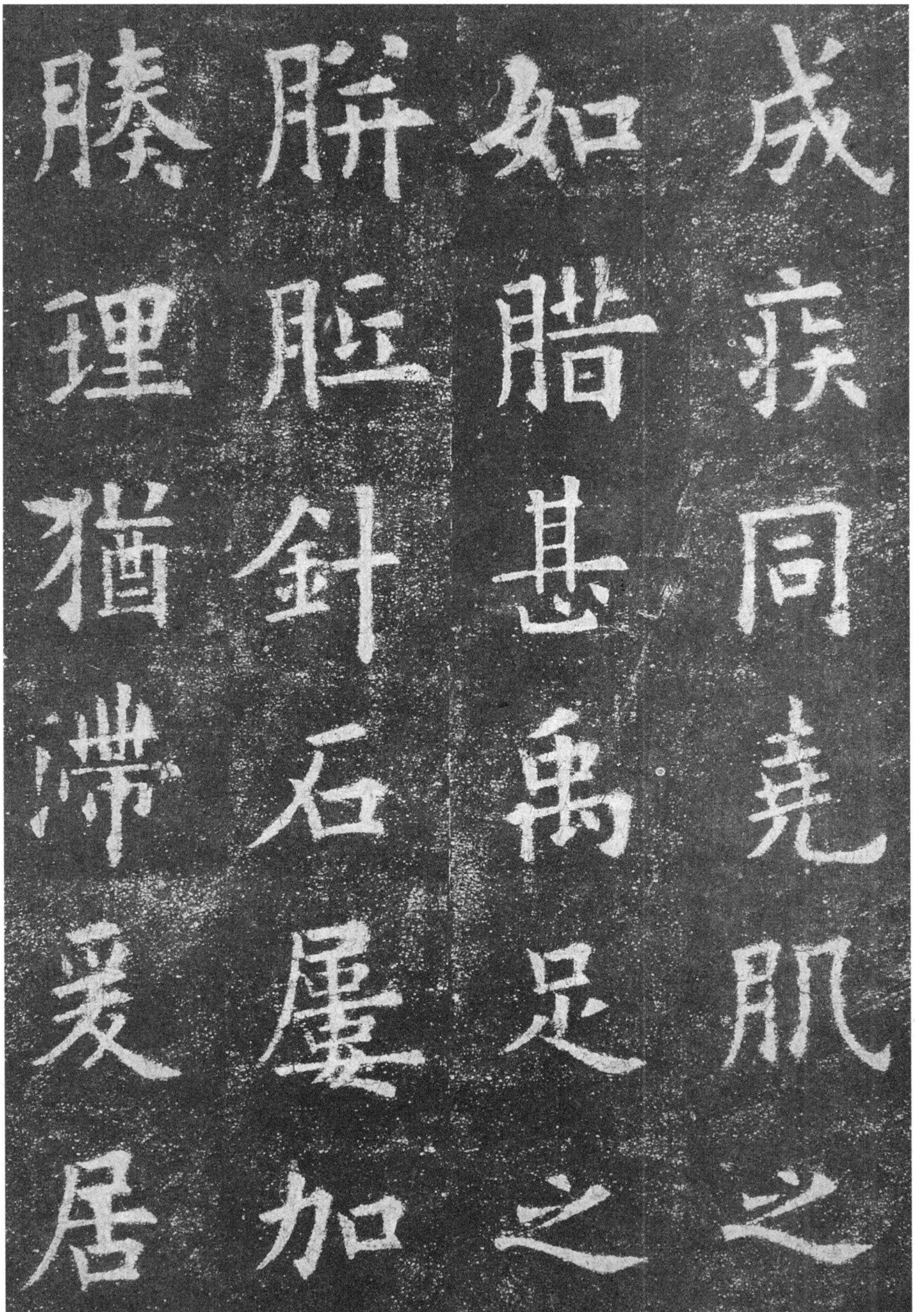

图6：《九成宫醴泉铭》（明李祺旧藏本）之六

逐渐变细的趋势。这是一般规律，《醴泉铭》也不例外。九成宫是皇家禁苑，不会容许随意拓碑，但也总有少量赐拓者。较多传拓当在唐亡以后。我们从宋代不同拓本可以清楚地看到笔画由粗变细的趋势。早拓字肥，晚拓字瘦。

除此以外还要考虑到一个拓本用纸不同的因素。如果纸较细而薄，纸嵌入字口较深，拓出笔画就与字口大小接近；如果纸粗而厚，纸嵌入字口较浅，拓出笔画就比以前者要瘦。李祺本的纸正是相当细而软的。也就是说，当拓本的时间相近时，纸的差异也会影响到字的肥瘦。

张彦生跋敬录如下：

余凡见《九成宫醴泉铭》廿余册，以胜芳王氏藏、虚舟王良常旧藏，后归周寿昌，归毛氏再归王氏本为最。萧山朱氏次之，字略同王本，拓胜。朱本为宋库装，出清宫。

此本与朱氏、王氏二本相较，如“云霞蔽亏”之“霞蔽亏”三字皆损，此本不独三字不损而少损泐卅余字。

又次，称北宋拓本者，旌德吕氏藏梁闻山本，稍有虫蛀，亦佳。吴氏一残破本，与王、朱共为四本，均为“重译”“重”字不损。拓墨四本大同小异。墨淡、草率，大体看反不如无锡秦氏所刻初拓本为快。但字之丰腴非秦本可比，得秦刻作宋拓真本观，不易得也。秦本与翁覃溪跋宋装原册，明党崇雅旧藏，王铎书签，载翁文集。又潍县出郭廷翕跋本。上二本归龚氏。又长洲文氏本文休承书金字两行于后。再南皮张修府藏乾隆御览本与钱大昕跋和氏本，后归朱善旂，（朱题云，见玉泓馆本，“栉”字已损，未知是否硬伤。）再归陶斋藏。以上之本大同小异，除秦本未见原墨本外，余均墨浓字枯不足观。

“重”字已损“栉风”“栉”字不损，亦号称北宋。吴荷屋跋、汪退谷签南宋本云：所见以玉泓馆顾从义为最上，不明此本仍在人间否？闻此本十数年前出天津，不知究竟。杨惺吾为端陶斋跋何氏本云：“所见《醴泉铭》无过之，和顾子山（文彬）藏本其‘蔽亏’二字尚无损坏，出无锡秦刻本之上。而有一病：不知何人将断缺之字以他本字补之。及归子山重装，而去其所补之字，竟各成一方空，是其遗憾也。”不知此仍存顾氏否？另记载与中、日印本摹刻本亦未见有“霞蔽亏”三字不损者。又完颜景氏藏姚惜抱跋为唐拓本，议论纷纭，有此可证其翻无疑。此本不损之字姚本多损，而通身格如新，字无笔法锋芒，纸墨一望而知其为宋代无疑。此本格线多有不显，而字多锋芒毕露如新。此铭印本只有商务出版，钱为和氏跋朱善旂跋云："以赵子固禊帖值得之。"归陶斋本为最佳印本。另无善本，或翻，或涂墨，或年代近，皆不足观。

唐初盛治，书法最胜，以虞、欧为首，虞碑刻无存。欧奉敕书此碑立于九成宫，为太宗所赏识，当时隆重可知，在唐时已拓损泐。今得见此最佳本，无一名之名之曰：唐代铭刻书法墨本之首，或不愧也。一九五六年一月廿五日张彦生灯下记。余既不能文又不能书，错白字尤多，勉书漫作参考。

旧收藏者李祺。程氏《南村帖考·绛帖》内云及明初驸马李子祺又藏《化度寺碑》，李祺当为研究碑帖者。

此《醴泉铭》拓墨精良，无一字剪损泐阙。细审，高江村卅六字印下有数印迹，但字不能辨出，印色似宋。此铭初为明初驸马李子祺所藏。李曾藏《化度寺碑》，有元明人赵孟頫、欧阳玄、周景远、扆里子山等十数家跋。余由海源阁杨氏借出留影，后苏斋题近万言。苏斋文集云：苏斋得跋后用全力遍寻求此原碑，及寻得，翁定为翻刻。近及敦煌出化度寺碑，证明翁氏一生用功之《化度寺碑》正是伪刻。至今又无法再寻此李驸马本，校对真伪。此醴泉为李氏所藏当时定有具眼。后归高江村重装，前有"竹窗"半印可证，又有"清吟堂秘笈"印，在装成后所盖有压痕。又归赵味辛，赵为翁高足，曾为访化度寺者。可怪者李氏无跋，高氏只书一签，赵氏无一字，而由一布衣画家方薰氏书一签。而各藏碑帖家无道及者，或是一系列知为秘宝秘而藏之不示人者。又有金氏者，不知其人，有权自主，足乱盖印。或亦知为秘宝希借帖成名，反为后人所笑。

此较胜芳王氏藏王虚舟长跋本、萧山朱氏宋库装本多出全泐与半泐字卅余。余本"重"字已损，骨已不全，不足校也。如"重"字已损，而"栉"字不损者以秦氏本最上，似拓墨精，翁跋党氏宋装本，潍县出郭廷禽跋本、长州文氏本、南皮张修府藏乾隆御览本及钱跋和氏本拓工如出一手，失墨重，俱洁净如新。"栉"字不损本亦称北宋，"栉"字已损者谓南宋，好古之士率多将年代提高。曾见阳谷熊观民得之海源阁藏成亲王跋半"栉"字本只其一。"栉"字已损本不及备录，兹将所知录此备考。孙退谷收藏碑帖甚富，《销夏记》所书云"草里惊蛇、云间电发"等语作评判，约所见胜芳王氏所藏王虚舟长跋本，墨色略淡之草率本，不然不能有此评语。此《醴泉铭》出前人评判之上，或亦未见此等佳本耳。子明善收此奇品，不欲自私，愿献政府永存。予嘉其意，将历年所见详记于册尾。

一九五六年一月廿六日灯下漫记

敔园翁为七十五老人，自愿为录，余请简录之。党崇雅，字子姜，误作重雅，党与王山史亲家。以其较世所谓北宋本多卅余字，故誉之谓唐拓本，予不敢定之年代。

补记：

2006年故宫博物院编辑出版《名碑十名》，《九成宫醴泉铭》的李祺旧藏本彩色印刷收其中，出版者为香港商务印书馆。该书是《故宫博物院藏文物珍品全集》之一。

《淳化阁帖》研究

清朝内府藏《淳化阁帖》

一、内府遗存的《淳化阁帖》

故宫博物院收藏《淳化阁帖》（下称《阁帖》）六十三种，其中十卷全者五十种。《阁帖》当中有四十二种是清朝内府遗留下来的，占了大部分。

1980年，在马子云先生主持下，我们曾对全部《阁帖》做过比较全面、仔细的校对排比，鉴别分类，才认识到它们的复杂情况。[1]院藏《阁帖》所包括的不同版本大体如下：

（一）宋刻《淳化阁帖》（故字4678号），十卷（图1）纸墨为宋代，底、面包天华锦，封面有驼色皮纸题签："淳化阁帖卷一"等等。每卷首开和末开分别钤"乾隆御览之宝""懋勤殿鉴定章"。第一卷夹有黄纸签条，正书"宋拓淳化阁帖一匣十册　上等"十二字，用御制墨写，惜匣已佚。帖中不见其他印章、题识。

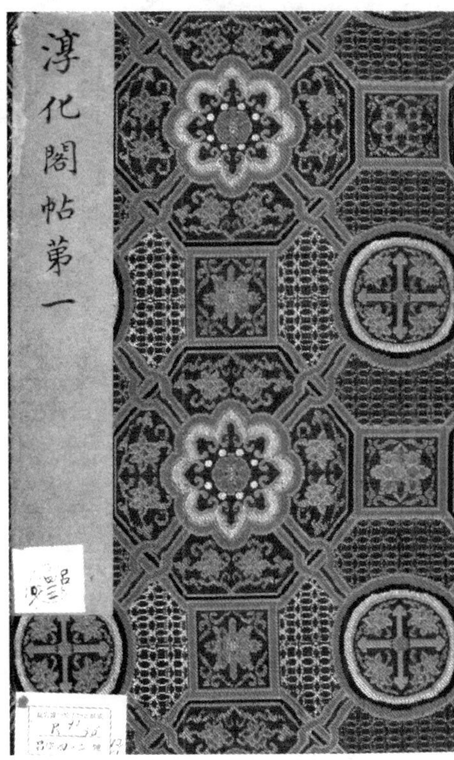

图1a：宋刻《淳化阁帖》（故字4678号）封面

（二）明潘允亮刻本，第一卷首开刻"秋壑"印，十卷末刻"长"字印，"齐周密印章"在"敬祖帖"末。刻至正二十五年（1365）周厚以载跋。

（三）明顾从义刻本，又名《玉泓馆淳化阁帖》，第一卷首开刻"秋壑"印，十卷末刻"长"字印，"齐周密印章"在"淳化三年"尾款上面。又刻"周厚以载"，袁尚之、顾从义、文彭诸跋。存初拓本，首卷前附木刻印的帖目。潘、顾两本，底本相同，顾本稍肥。

（四）明肃府刻本，尾有万历四十三年（1615）款。肃宪王书初

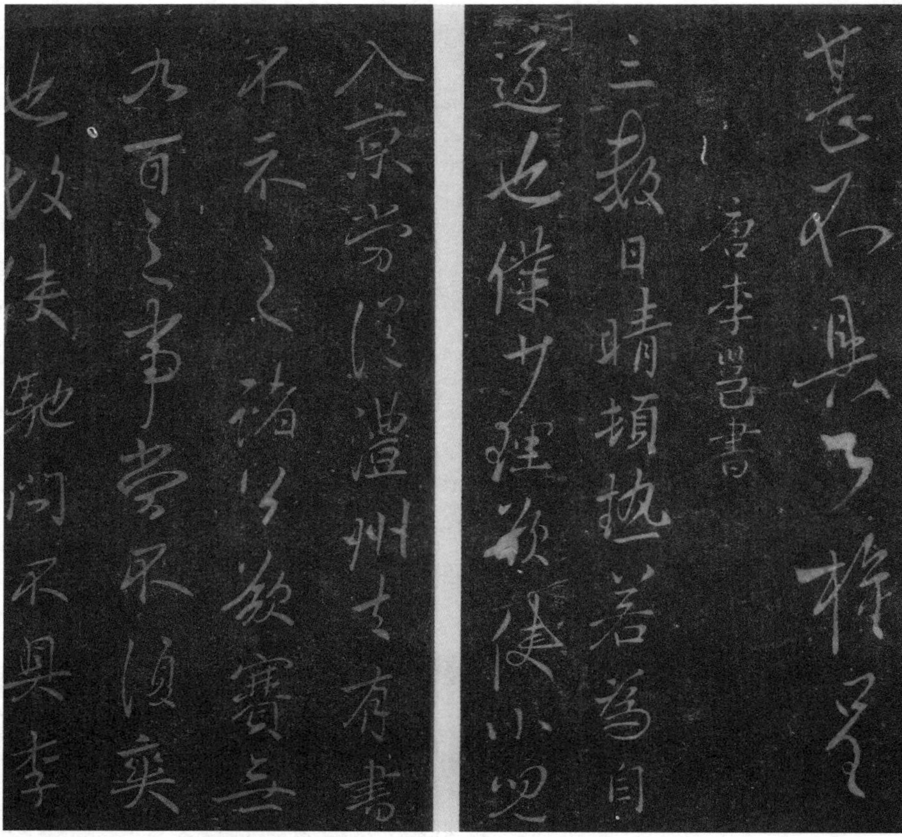

图1b：宋刻《淳化阁帖》（故字4678号）

拓没有，顺治十一年（1654）补石时添刻。有张鸣鹤、王铎、肃世子识鋐跋。

（五）明“王著摹刻”本，首卷标题下加刻“王著摹刻”四字。

（六）清费甲铸刻本，这是肃府本的重刻本，卷末有顺治三年（1646）款。王铎跋被删去。

（七）清薛乃蕴刻本，卷尾有顺治十七年（1660）薛乃蕴刻跋。帖内有银锭，较小，故称“小银锭本”。第二卷加刻王珣《伯远帖》。

（八）清《钦定重刻〈淳化阁帖〉》，乾隆三十四年（1769）刻本，详见下文。

此外，尚有泉州本及其他明、清翻本若干。排比结果认为故字4678号（即懋勤殿本）书刻较好，很多字的结体行笔比较合理，字神精彩，纸墨也古。

内府的《阁帖》钤懋勤殿或避暑山庄印的较多，这一情况值得注意。

二、《阁帖》与乾清宫懋勤殿

《淳化阁帖》多置于懋勤殿，钤懋勤殿印，这在《石渠宝笈续编》中也有反映。

紫禁城三大殿之后是乾清门，内有乾清宫，懋勤殿即为乾清宫西庑靠北的一部分。据乾隆三十四年（1769）鄂尔泰、张廷玉撰定的《国朝宫史》载："乾清宫顺治十二年（1655）建，康熙八年（1669）重建。皇帝召对臣工，引见庶僚皆御焉。宫广九楹，深五楹，正中设宝座，左右列图史、玑衡、彝器。楣间南向，恭悬世祖章皇帝御笔匾曰：'正大光明'"[2]（图2）。

乾清宫之东庑，内臣直庐三楹、端凝殿。再南为旧设自鸣钟处。其南为御药房，再南一室，奉至圣先师及先贤、先儒神位。转而南，向北者为上书房，皇子、皇孙肄业处也。

乾清宫西庑，"与端凝殿相对者为懋勤殿，御笔匾曰：'基命宥密'，圣祖仁皇帝冲龄曾读书于此，今为内廷翰林兼直之所，凡图史翰墨之具皆贮焉。每岁秋谳时，刑科覆奏本上，皇帝御殿亲阅招册，内阁大学士、学士及刑部堂官面承谕旨于此。"[3]

图2：乾清宫宝座

再南为批本处，又南为内奏事房。转而南，向北者为南书房，内廷词臣直庐也。

由此可知，宫内之《阁帖》是供皇帝观摹临写用的。懋勤殿本《阁帖》内夹黄纸签条曰“宋拓淳化阁帖一匣十册　上等”，表明其等级与地位昭然。《阁帖》也是被皇子、皇孙上课习字所用的，多宋、明刻本。

三、弘历临《淳化阁帖》

故宫博物院至今保存着清代帝后书迹数以万计。内中临帖者占很大比例，而临《阁帖》者又相当多。其中有幼稚、笨拙的，也有娴熟、秀丽的，有署名字者，有记日、月者；钩画圈点，间有眉批评骘；显示着书写人用功进步的踪迹。以乾隆与嘉庆二帝所书最多，兹举二例：

例一，弘历临《旃罽帖》《宰相帖》轴，帖见于《淳化阁帖》卷六王羲之书，《宰相》在前、《旃罽》在后。这里有意将二帖连写。己巳是乾隆十四年（1749），时年三十九岁（图3）。

例二，弘历临《钦定重刻阁帖》，此法书共十册，每册临一卷，雕漆封面、封底，五册装一雕漆匣，有两匣。每页以铅笔画丝栏，后再临写。第十册末尾御书题跋，全文如下：

《淳化阁帖》凡临三次。初临略似，再临略不似，三临全不似，然予以全不似者为佳。盖略似者得其形，

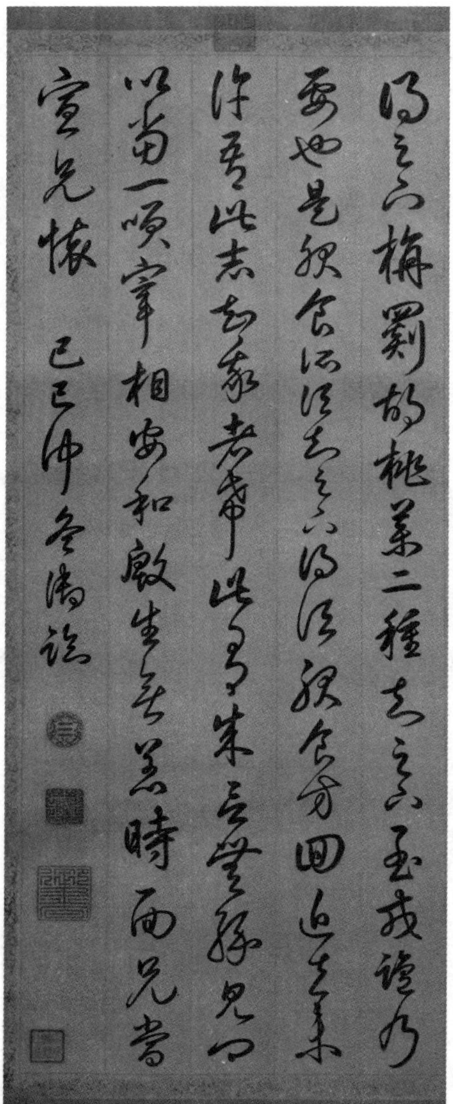

图3：弘历临《旃罽帖》《宰相帖》

略不似者去其形而得其情，全不似者脱其情而契其神。个中甘苦，惟阅历者知之，不足为外人道也。此十册始于中秋后一日热河启跸，越九月四日出木兰临竟。较二次约省十日，而视初次省更倍之。且成于行围后武帐暇晷，计日益少而计功益速。予亦不解其何以若是，或者如俗所云“熟能生巧”乎？标题用隶书，聊以别于前两部，非好异也。　　癸巳秋九月上浣阿穆呼朗图行宫御识。

癸巳是乾隆三十八年（1773），弘历六十三岁。临帖前后钤“含味经籍”、“会心不远”、“淳化轩宝”数印，还有“宣统尊亲之宝”印。由跋推算，弘历初临用时四十天，二临用三十天，三临用二十天。

四、玄烨刻《懋勤殿法帖》

经千余年历史之检验，《淳化阁帖》价值益明。汇集历代书家名人书迹，遴选编次，摹刻拓印，广为传播，堪称丛帖之祖。此其一。综括古代丰富书法资料，分为历代帝王法帖、历代名臣法帖、诸家古法帖和王羲之、王献之法帖四部，前三部以时代为序，创立了一种书法与书法史教科书模式。此其二。《阁帖》的四部分法与排次，有意抬高了帝王法帖的地位，此既适应尊王道统，又提醒统治者对自身书法修养的重视，转而又推动了社会对书法与书家的看重。此其三。对上面的第一点不再赘述，第二、三点则联系清代刻帖加以阐明。

《阁帖》的“历代帝王法帖”只收到唐代高宗李治为止，未敢将宋太祖书帖刻入。而后不久，潘师旦刻《绛帖》，即将赵匡胤四帖作为后十卷之首卷，标题是“大宋帝王书第一”，其次才是“历代帝王书第二”。于是，本朝皇帝书占居法帖之首席。

清康熙二十九年（1690）起，内府用四五年时间刻了《懋勤殿法帖》二十四卷。这部汇帖也是在《阁帖》基础上增删编次的。其前四卷是帝王书（第一、二卷为前代帝王，三、四卷是顺治、康熙御笔，康熙的一部分临古帖书又放入其他卷末尾）。后二十卷为各名家法书和二王书。合计共一百十八家，四百七十七帖，实为宏篇巨制，浩浩荡荡。[4]（图4）

这是清朝建立四十六年以来官刻的头一部大型丛帖。下面，结合御制“序言”看一看刻帖的宗旨。

在昔右文之君，得一名迹，每使当世之能书者排类摹仿，镌诸文石，以

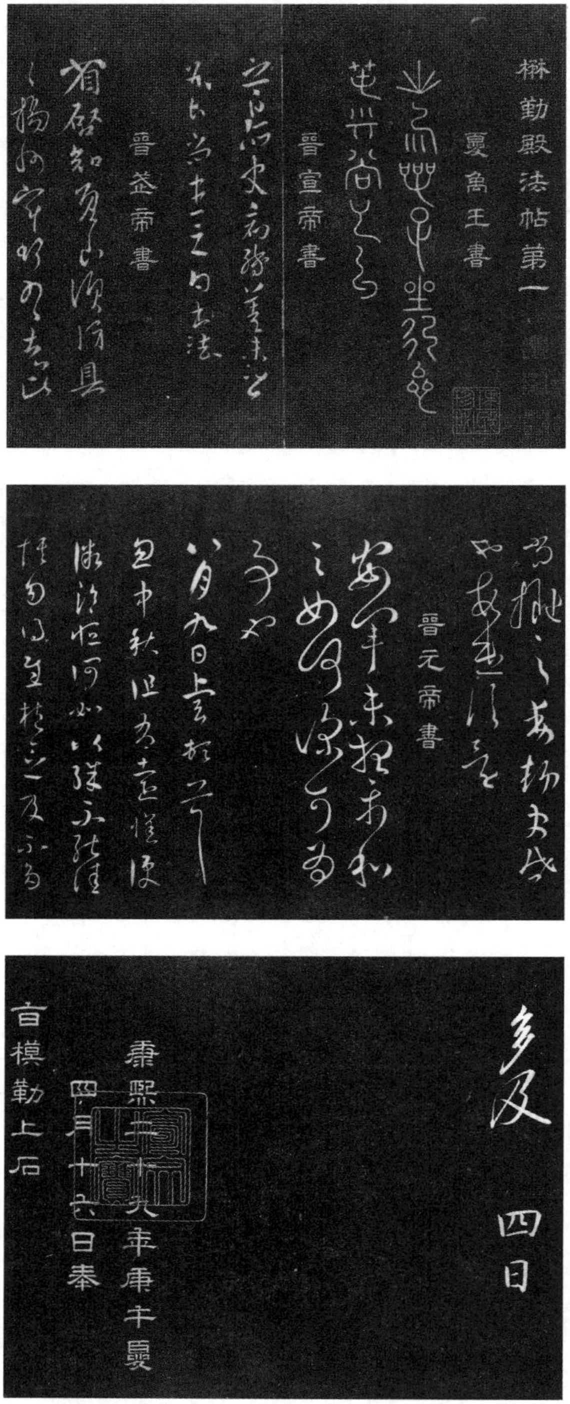

图4：《懋勤殿法帖》

广其流传，为策府艺林之所共宝。如《圣教》《兰亭》，以及《淳化》《淳熙》诸墨刻，皆其最著者也。朕念古帖岁久渐湮，近时转相摹刻者多失其真，因取内府所藏旧拓与名人墨迹，远自上古，以迄本朝，编次模刻，题曰“懋勤殿法帖”凡二十有四卷。

帝王法书，自汉以后，咸在简牍。有明诸帝之善书者，亦搜辑其遗楮，以列于后。洪惟我世祖章皇帝，聪明天亶，深心典学，时洒宸翰。雄奇高古，体格浑成，神采炳焕，洵足卓越前代。谨以登诸琬琰，昭示子孙、臣民，垂诸不朽。

朕自幼习书，毫素在侧，寒暑靡间。历年以来，手书敕谕、诗文、跋语，以及临摹昔人名迹，屡盈笥箧。每思字学渊微，虽精研日久，正欲然未敢自信。缘诸臣敦恳再四，勉从其请，用识嗜古之夙志云尔。

皇太子、皇子亦晨夕侍朕习学，因并附焉，以策励其志。

夫书列六艺之中，兼八体之妙。唐太宗论笔法谓：“欲书之时，当收视返听，绝虑凝神，心正气和，则契于微妙。”昔人评右军书《乐毅论》有忠臣烈士之象，《曹娥碑》有孝子顺孙之象，《逍遥篇》有抱素拔俗之象，《画像赞》有矜庄严肃之象。由是观之道，亦非仅操觚染翰之为，其通于学问性情，有如是哉。[5]

此序说明，为了使古来名人墨迹得到保存和流传，仿《阁帖》而刻《懋勤殿帖》。帖中收入前代帝王法书，以昭示子孙臣民，垂诸不朽。收入康熙自己书作，以表明习书之勤，嗜古之志。还附入太子、皇子作品，以策励其志。书法之道与学问性情相通。这些思想对后来内府屡屡刻帖产生影响。《懋勤殿帖》当时流传不多，现仅存三部。帖石久存武英殿侧屋，房屋渗漏，毁蚀严重，只留下少许残石。

五、弘历《钦定重刻〈淳化阁帖〉》

弘历继位九年（1744）命臣将内府所藏书画著录《石渠宝笈》。乾隆十五年（1750）又敕命编刻《三希堂石渠宝笈法帖》三十二卷。谕曰：

书为游艺之一，前代名迹流传，令人兴怀珍慕。是以好古者恒钩橅镌刻，以垂诸奕祀。宋《淳化阁帖》，其最著矣。厥后《大观》《淳熙》皆有续刻。其他名家摹本，至不可数。我朝秘府，初不以广购博收为尚，而法书真

图5：《钦定重刻〈淳化阁帖〉》

迹，积久颇富。朕曾命儒臣详慎审定，编为《石渠宝笈》一书。因思文人学士得佳迹数种，即钩摹入石，矜为珍玩。今取群玉之秘，寿之贞珉。足为墨宝大观，以公天下。[6]

《三希堂法帖》刻后十九年即乾隆三十四年（1769），弘历又重新刻了一部《淳化阁帖》。这部帖是据赐毕士安本摹刻的，故书家与书帖和《阁帖》相同。然而不同的是：（一）除帝王帖置首卷外，其他帖完全按时代先后排列：第一，历代帝王；第二，上古至晋人；第三、第四、第五，晋王羲之；第六，晋人及王献之；第七，晋王献之；第八，晋至梁人；第九，陈至唐人；第十，唐及无名氏。（二）随文添刻楷书释文。（三）卷末附释文考异和御制题跋。（图5）

这便是《钦定重刻〈淳化阁帖〉》。当时为什么要这样做呢？弘历在帖首自有说法：

朕几余不自暇逸，典学之优，时及临池。曩曾辑内府所藏前人墨迹，刻为《三希堂》《墨妙轩》二帖，广示艺林。复念古帖流传可补墨迹所未备者，惟宋《淳化阁帖》，镌集尤为美富，远出《大观》《太清楼》诸本之上。但惜初拓与赐者绝尠，或云版寻残损，当时已为难得。后来翻刻愈繁，真意寖失。有志追摹者，末由津逮。内府旧藏《淳化阁帖》极多，而此毕士安所得赐本拓最精好。爰特敕选工钩摹上石，冀复旧观。

第王著昧于辨别，其所排类标题，舛陋滋甚，不当听其沿讹，以误后学。因命于敏中等详加考正，以次呈阅，候朕参定，分识各卷。并命搜采诸家释文，依字旁注。其互异者折衷附记于后，以资省览。是于考文稽古之中，兼寓举坠订讹之益，用嘉惠海内操觚之士焉。

特谕。

乾隆三十四年（1769）二月六日，御笔。[7]

结语

在这篇短文中，已经把刻帖的目的和重刻与原帖之不同讲得很明白了。据于敏中跋，刻帖始于三十四年二月，迄于三十六年四月。仿宋拓法得四百部。并构廊列石，因帖名轩，御制《淳化轩记》。这件事从头到尾办得是相当认真，十分周全的了。如今收藏在故宫博物院的二十六部帖，则是二百多年后的遗存。很显然，弘历重刻的不是《阁帖》原典，他要编制一部带有释文和注解的《淳化阁帖》的教学参考书，这是适应了实际需要的。一百五十年后，国内外屡次影印出版的《阁帖》就往往附有释文，直到今天。

清代三百年，书学昌盛，无论在朝在野。披览内府留下的各种法帖，可以清晰地意识到：尽管《淳化阁帖》原石早毁，祖本难辨，但是《淳化阁帖》的历史一直在延续着，可谓一佛化作万千身。

注释：

1.参见马子云《谈校故宫藏宋拓〈淳化〉、〈绛帖〉、〈大观〉三帖》，载《故宫博物院院刊》，1985年第3期（总29期），第95-104页。

2.鄂尔泰、张廷玉等编纂《国朝宫史》卷十二，北京古籍出版社，1987年，第204页。

3.同上注，卷十二，第211页。

4.参见艾志高《懋勤殿法帖》，载《故宫博物院院刊》，1979年第4期（总4期），第54-58页、第86页。

5.同注2，卷三十六，第676页。

6.容庚《丛帖目（一）》，香港中华书局，1980年，第444页。

7.同上注，第39页。

（《秘阁皇风——淳化阁帖刊刻1010年纪念论文集》，香港中文大学文物馆，2003年）

浙江图书馆藏宋刻《淳化阁帖》石考

一、《淳化阁帖》的宋代刻石

《淳化阁帖》是北宋淳化三年（992）太宗赵光义命王著甄选秘阁所藏历代名人法书摹刻的一部十卷帖，刻于河南开封宋内府。卷一为历代帝王，卷二、三、四为历代名臣法帖，卷五为诸家古法帖，卷六、七、八为晋王羲之书，卷九、十为王献之书。书法作者一百零二人，计四百余帖。每卷末刻篆书款《淳化三年壬辰十一月六日奉旨模勒上石》。这是石刻本，同时还有木刻本。大臣初登二府，诏以一本赐之。岁久版毁，公家私家转相传摹，翻刻不绝，南宋已有若干版本。然而法书经典世人珍爱，千年之后仍有宋拓流传，尤幸甚者宋刻帖石尚留人间。

浙江图书馆古籍部位于西湖畔孤山，馆藏《淳化阁帖》帖石被镶在院内碑廊下墙上，同时还有其他刻石（图1），墙外覆有玻璃保护。《阁帖》选石

图1：浙江图书馆古籍部碑廊

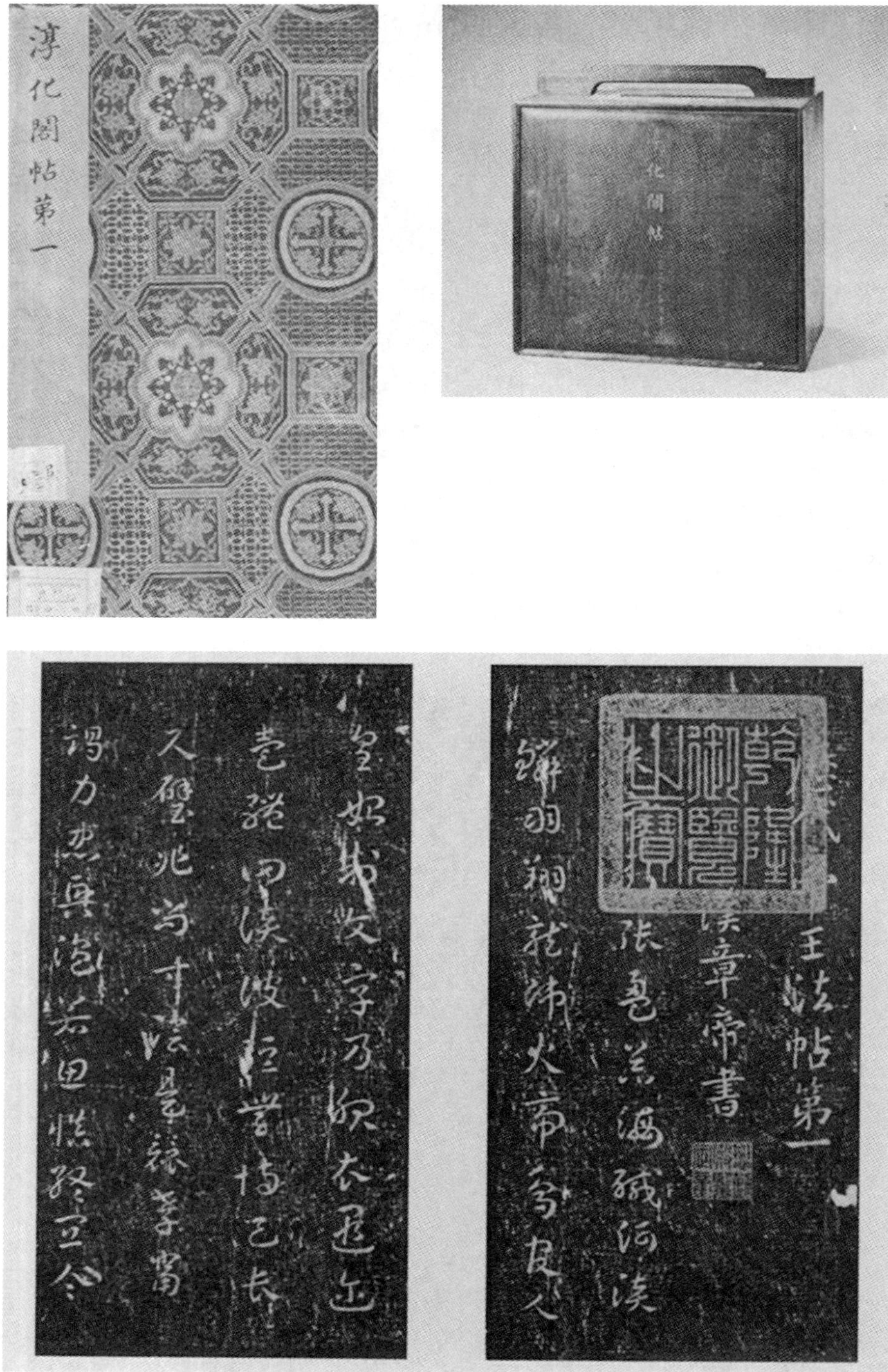

图:2：懋勤殿本《淳化阁帖》和盛帖木匣

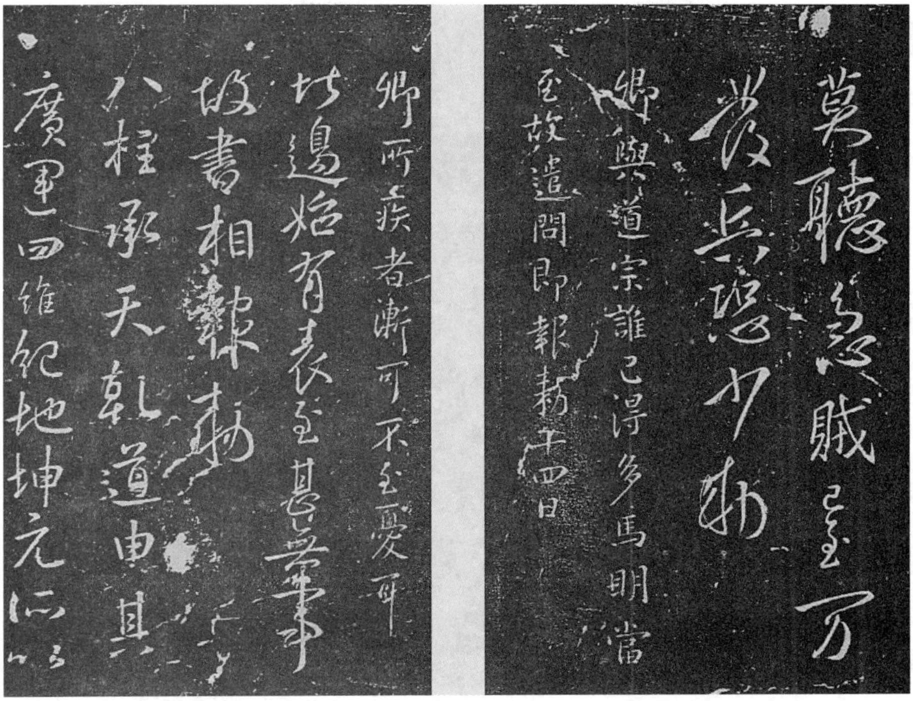

图3a：浙图本《阁帖》唐太宗《所疾帖》

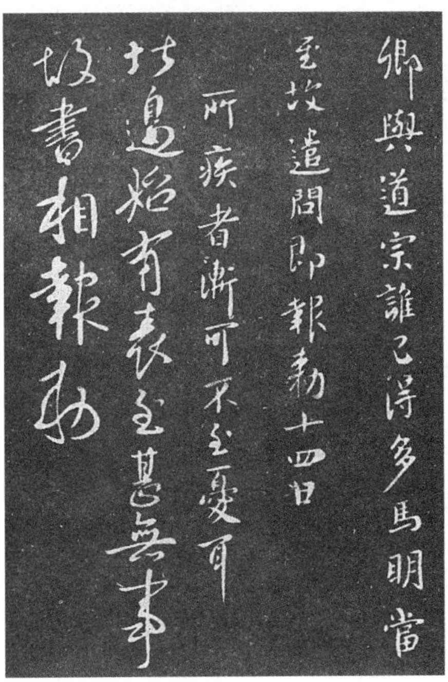

图3b：肃府本《阁帖》唐太宗《所疾帖》

讲究，虽有许多风蚀损裂和墨痕，但仍石面光洁晶莹，铁竖银钩，依然传神。从墙的两侧都可看到帖文。帖石一部分较完整，每石约高30厘米，长者1米，别一部分因断裂成为残石，大小不一。帖石两面有帖文，涉及十卷，六十面，三十四石。然而每面帖石并不都能与墙的另一侧的帖对应起来。因此，究竟是有多少块帖石嵌在墙上，是否每石两面均存帖文，尚不能确定，少数帖石之另一面帖文倒置。王献之《极热帖》一石有《阿姨帖》三行倒书，旁边刻小字注语“补十卷之五前三行”。均反映出宋时刻帖的真实情况，这是从古旧拓本或文献中见不到的。

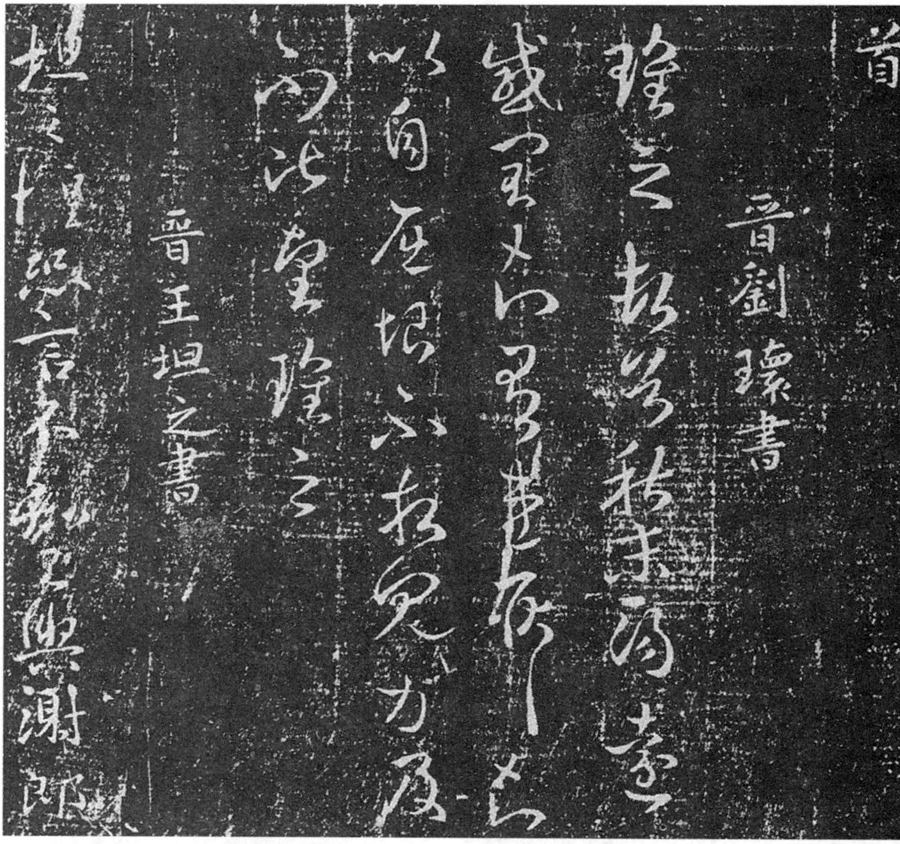

图4a：浙图本《阁帖》刘瓌《感闻帖》

帖石是1933年入藏的。据馆刊载有八十一块，那时还拓了多部拓本。我们细看了保存下来的一部，共十册，每卷一册，共二三八开。包含了《阁帖》中的大部分内容。

从帖石和拓本上还可看到少许编号，刻在石的右端、左瑞和上端（首行帖文上方）。右编号有两个数字，如“三四”，意第三卷第四石。左编号在两个数字间添了一“卷”字，用古体写作“弓”，如“四弓二”。上端编号卷次以天干表示，如“丙四”。刻帖之初应有右端编号，其他两个编号何时刻上，值得推敲。

存世的翻刻《淳化阁帖》帖石尚有肃府本（明万历年间刻）在兰州甘肃省博物馆，关中本（清顺治年间刻）在西安碑林，还有溧阳本（明末刻）在江苏溧阳别桥。孤山的宋刻《阁帖》帖石是最早的，而且帖文清晰。碑廊建于1994年，使帖石得到庇护。

二、校帖情况

经过校帖与研究，从书法笔意、帖文、银锭纹和石花、裂纹状况多方面来看，我们认为浙江图书馆所藏《阁帖》正是故宫博物院所藏的懋勤殿本[1]（图2，以下称懋本），上海博物馆所藏的潘祖纯本[2]（以下称潘本）的宋刻原石。下边分别举例说明：

（一）书法笔意

《阁帖》有多种版本，细加玩索，或肥或瘦，或方或圆，或谨严或松散，或灵动或板滞，一种有一种的面目和韵味。懋本字画近瘦，笔意灵动，少硬截强续之弊。在草书结体、行笔上甚为合理，起讫处、转折处，牵连处一一有笔踪可寻。这三点，浙图帖石完全相同。从石上观，运刀如笔，自由洒脱，笔法与刀工浑然一体，生动微妙。

初次面对浙图所藏帖石，突出的感觉便是字画瘦韧，笔意灵动，书刻俱佳，实胜于明清刻本，与以往见过的明清重刻《阁帖》帖石相比也别具一格。此帖与懋本相近而与其他宋刻本相远。刻帖是书法，帖之关键是辨别书法，其他的特征（如帖文、裂纹）可以摹仿逼真，唯书法之细微处不易。

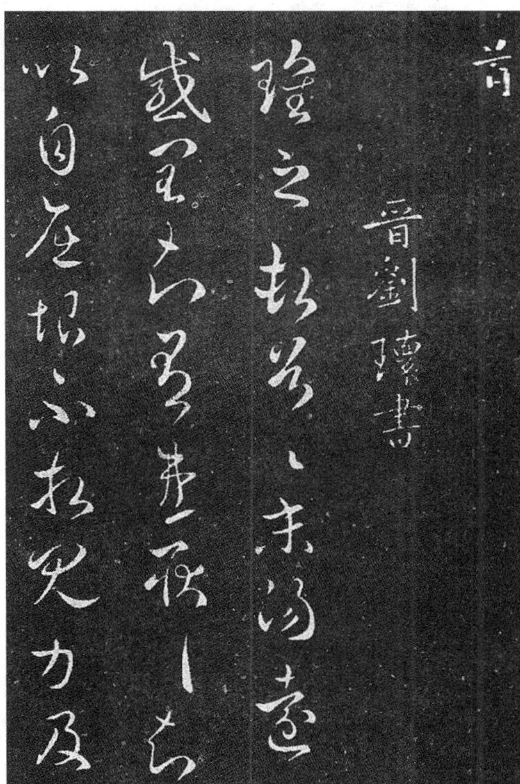

图4b：肃府本《阁帖》刘瓌《感闰帖》

（二）帖文

不同版本的《阁帖》，帖文略有差异。浙图《阁帖》上，卷一唐太宗《所疾帖》（图3）存首字“卿”字，卷二刘瓌《感闰帖》（图4）第二行“顿首”下存“秋”字，卷七王羲之《爱为上帖》（图

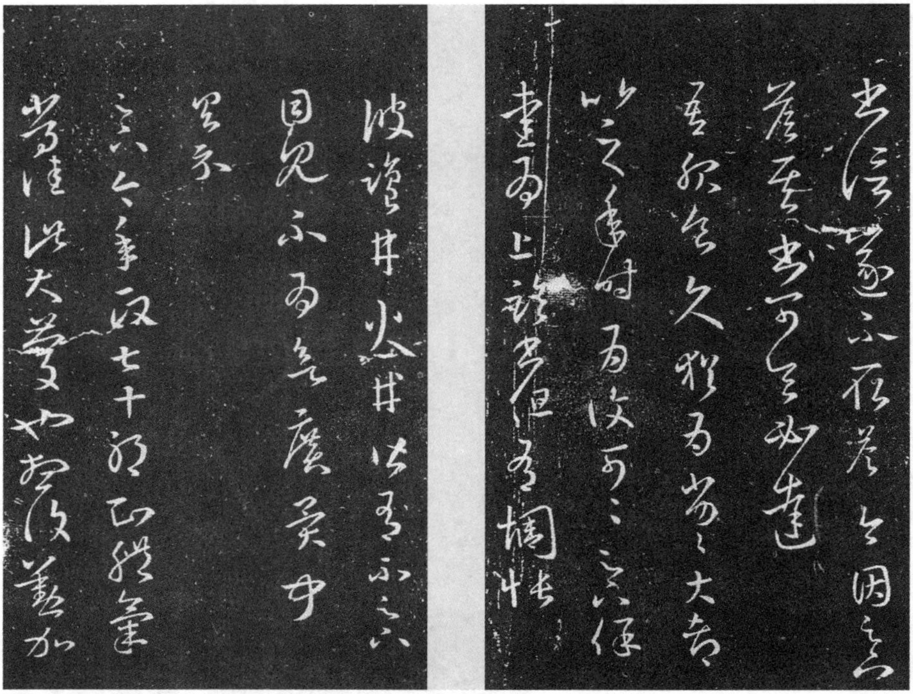

图5a：浙图本《阁帖》王羲之《爱为上帖》

5）存三行。这些都是与懋本、潘本同，其他宋本则缺“卿”字、“秋”字，《爱为上帖》只存两行。

（三）银锭纹

由于帖书曾有《淳化阁帖》板裂一说，从来翻刻者就作伪弄出各色各样的银锭纹来。此帖石上有两个后人摹刻的线刻状的银锭纹，分别在卷七王羲之《得西问帖》和《谢光禄帖》上，卷八王羲之《遣书帖》与《采菊帖》之间。拓本上则多出另外三个锭纹，见于卷四欧阳询《静思帖》有两个（图6），卷十王献之《江东帖》前有一个。此六个锭纹也出现于潘本，位置和形状完全一样。懋勤殿本拓得早，无锭纹。添刻锭纹本来是画蛇添足，无妨帖石之真实，但是伪的银锭纹却可作为辨别版本的佐证。

（四）石花与裂纹

帖石上磨损处，表现到拓片上成为白色的“石花”。帖石出现裂纹以至断缺之后，到拓片上也会有相应的痕迹。检浙图帖石及拓本，有许多石花和裂纹。如卷一唐太宗《昨日帖》的第二、三、四行上方有石花。（图7）陈叔怀《梅发帖》有一道斜裂纹跨六行字。（图8）卷二张华书帖之标题下石缺一角。卷三王徽之书帖标题上有石花一片。类似情况有一几处都存在于懋本的相应位置上，只是石花与裂纹要小一点，在潘本上也同样存在。

考帖的方法，有赖于校帖与文献研究。需要指出的是：如果比较两个时间相近的拓本，较为容易，如果比较宋拓与民国拓本或者比较宋拓本与遗存之帖石，情况则复杂得多，必须将漫长历史中产生的变化都考虑进去，故须慎重对待。

还要说明的是，其一，本文只是从辨别不同版本的角度来分析书法特点，而不是艺术欣赏的角度。其二，一部庞大的丛帖中总会出现有些帖摹刻甚精，有些帖摹刻较差。因此，如果是有人推论出唯懋勤殿本书法最佳的意思，那完全是误解，绝非笔者的想法。

三、清人相关记述

上面谈了浙江图书馆藏《阁帖》帖石与懋勤殿本、潘祖纯本比较的情况，这里再从文献记载来探讨。相应文献可分为两方面：一是乾隆时清人在帖后增刻的题跋，写跋者为梁同书、孔继涑和孙景高；二是清代《西湖志》《杭州府志》和《蕉廊脞录》中的记载。这两方面共有六条。下面分别列出并略加注释。

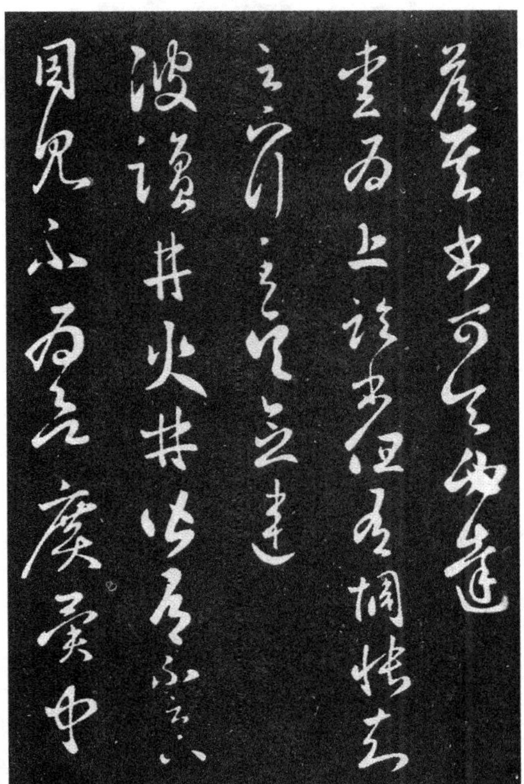

图5a：肃府本《阁帖》王羲之《爱为上帖》

还需要说明的是孙景高是分两次获得帖石的，前一次在乾隆四十六年（1781，辛丑）春，然后请梁同书观看鉴别，于是梁在这年腊月写了题跋。后一次获石在四十七年（1782，壬寅），他又请孔继

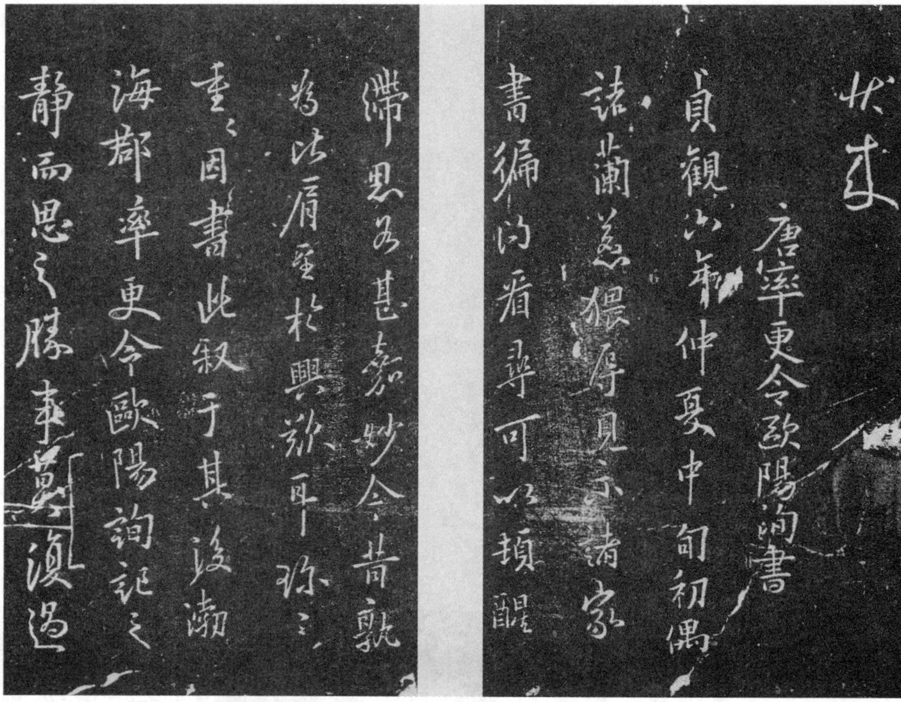

图6：浙图本《阁帖》欧阳询《静思帖》

涑赏鉴，孔在七月写下跋文。此年九月孙景高自己才写了获帖原委，再将三篇文字命工刻石。如今，三跋只能从民国拓本见到，其刻石已不在。

（一）梁同书跋，时在乾隆四十六年腊月

往余于先叔祖深父先生斋头见旧拓《阁帖》石本也，而上有银锭镶纹[3]，相传宋时贾相门客从赐本摹出，故仍棠梨之旧。至今卅余年来所见无逾此者。今春孙君景高偶于西吴旧家购得帖石若干枚，洗剔苔藓，用好手椎拓一本示余，精彩焕发，绝类宿觏。因访觅前帖检勘一过，凡字迹波磔，石片剥蚀之处，无毫发差，殆宋刻原石无疑，可宝也。惟失去钟繇及谢万书数百字耳。或谓宜补完之。余曰：旧刻阙亦何病？况延津合浦，来自有期，宁不可俟之异日耶？再附识之如右。乾隆辛丑腊日山舟梁同书。

梁同书（1723—1815）钱塘人，字元颖，号山舟，晚号不翁，梁诗正子，乾隆十七年（1752）特赐进士，官侍讲，书法师颜柳，变化自然，自立一家，久负盛名。前人书迹过眼能辨真伪，著《频罗庵论书》《频罗庵书画跋》等。

梁跋点出，于先叔祖斋头见旧拓，“凡字迹波磔，石片剥蚀之处，无毫发差，殆宋刻原石无疑”。这就为宋刻帖石找到了早拓本的依据。

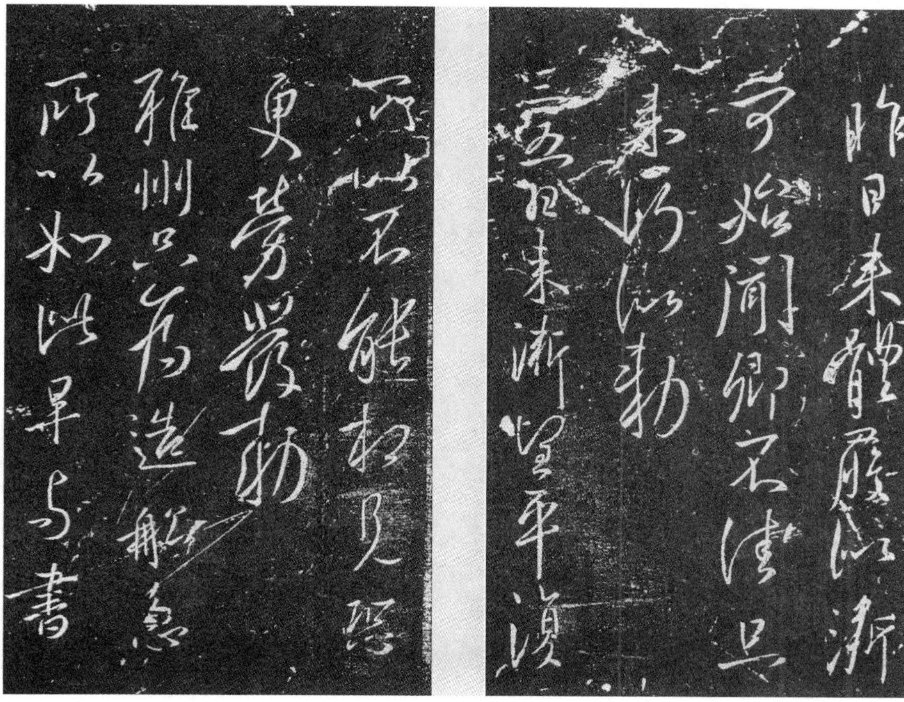

图7：浙图本《阁帖》唐太宗《昨日帖》

（二）孔继涑跋，时在乾隆四十七年九月

宋帖首《淳化》，次《大观》，次《绛帖》。或曰《阁帖》木本，或曰石本。既为内府枣板，乃云上石，无此理也。盖当时木石皆有刻。而好事者又取官帖摹石藏于家，往往有之，此亦其一。董思翁不取《阁帖》，谓其过于圆润，固自有理。然魏晋规模概见于此，操觚之士不可无一善本。近世所行者大率肃藩刻耳。余藏泉州初拓亦不免有漫漶处。景高孙君获宋石于西吴，拓以见赠，精好远过肃本，非好古深思焉通能至此以津逮后学耶？乾隆壬寅秋七月曲阜谷园孔继涑识。

孔继涑（1727—1791），字信夫，号谷园，曲阜人。乾隆三十三年（1768）举人，候补中书。工书，为张照婿，精于鉴别碑版，辑刻《玉虹楼帖》《玉虹鉴真帖》等。孔跋以为《阁帖》初时“木石皆有刻”，甚是。

（三）孙景高跋，乾隆四十七年九月

余素嗜石刻，每见传拓旧本，辄玩不释手，欲仿《宝晋》《停云》之韵事，裒刻一帖以供墨林清赏，而未逮也。友人张君芑堂为余购得《阁帖》旧石若干，校于禾中故家，剜剔苔藓，联缀断裂，椎拓一本，取他本十余种参校，

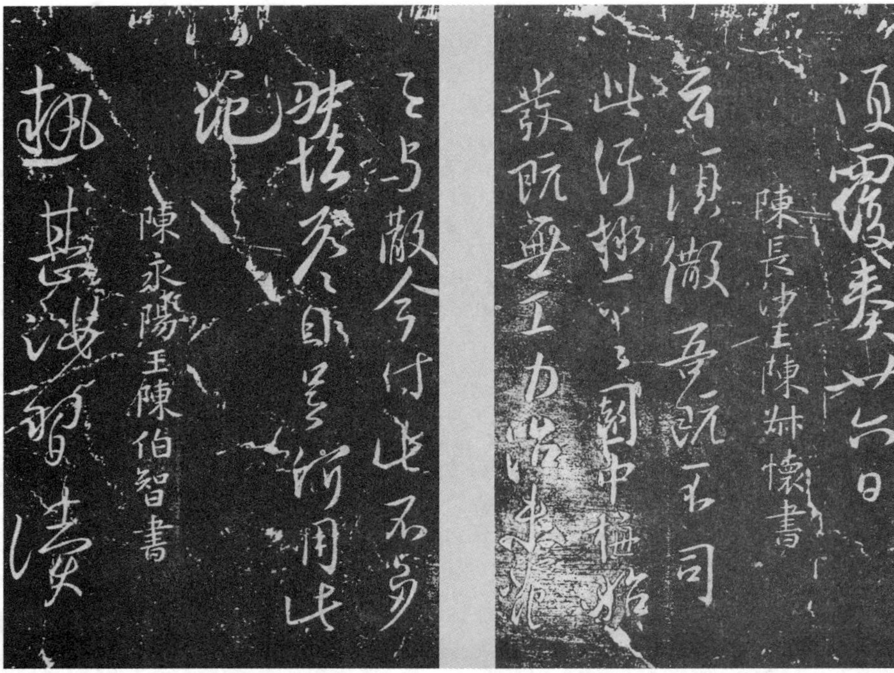

图8：浙图本《阁帖》陈叔怀《梅发帖》

无有同者。汪君天潜出示梁氏所贻深父先生鉴定藏本，校之，纤毫无不吻合，盖即此石原拓也。委弃有年，摹拓绝少，故丰神完美。就中与诸本尤异者，卷三《瓌之顿首》下有"秋"字，卷七《朱处仁帖》后增《服食帖》皆可补诸家释文所未备。初购得时，缺魏钟繇《宣示帖》及谢万收三行。阅数月，芑堂复于原所藏处搜访得之，遂成完璧。欣赏之余，因述其缘起如此，时乾隆壬寅九月既望寿松堂主人孙仰曾。

孙景高，其父宗濂，构寿松堂，父子皆浙江著名藏书家，其传见丁申《武林藏书录》卷下：

孙宗濂，字栗忱，号隐谷，仁和人，乾隆甲子举人，一试春官，即息辙乡里。构堂曰寿松，藏书数万卷，以枕葄为荣。

孙仰曾，字虚白，号景高，宗濂子。岁贡生，仰曾胚胎家学，赓续绪余，宋椠元雕，充牣几架。鼎彝碑版，罗列文厨。梁山舟学士、王梦楼太守相与题评考跋。乾隆癸巳应诏进书数百种，内"乾道临安志"三卷，仰邀御题，并赐《佩文韵府》全部，士林荣之。书目四卷，经乱失去。[4]

张燕昌（1738—1814），字芑堂，号文鱼，又号金粟山人，海灵人。乾隆丁酉（四十三年，1777）优贡生，嘉庆丙辰（元年，1796）荐举孝廉方正。性爱古，所见古书甚多，有《金石契》五卷、《三吴古砖录》。

（四）《西湖志》卷二十七碑碣一：

淳熙重刻《淳化阁帖》，旧在宋南内，凡十卷，卷尾楷书题“淳熙十二年修内司恭奉圣旨模勒上石”，见《法帖谱系》。[5]

（五）《杭州府志》卷九十七，金石三：

《淳化阁帖》十卷，《西湖志》：“旧在南内，卷尾楷书‘淳熙十二年修内司恭奉圣旨模勒上石’。”[6]

（六）吴庆坻《蕉廊脞录》卷六“《淳化阁帖》宋刻原石”：

寿松堂孙氏藏《淳化阁帖》宋刻原石，为孙景高先生仰曾藏，庋置宝石峰下宝石山庄。庄久废，今石存孙仁甫炳奎家，略有断缺。帖从梁山舟学士跋云（略，见上文）。景高自跋云。（略，见上文）。[7]

吴庆坻，字子修，钱塘世家，从乾隆至清末，七代仕宦，三代史官，祖振域，翰林院编修，著《养吉斋丝录》。庆坻年轻时参加修纂《杭州府志》，光绪十二年（1886）进士，改翰林院庶吉士，历官编修、四川学政、湖南提学使等，主持续修《浙江通志》。著有《辛亥殉难记》《补松庐文录》《补松庐诗录》。

四、浙江图书馆馆刊记载

古籍部童正伦主任查找出有关帖石进馆的信息。1933年孙家将帖石捐献浙江图书馆，当年浙江图书馆馆刊曾两次报道此事，兹录于下：

（一）浙江图书馆馆刊第二卷第五期，1933年10月31日，第242页

馆讯鳞爪：孙氏寿松堂藏《淳化阁帖》赠馆

省垣东门直街寿松堂主人孙康侯先生好学笃古，垂老不倦，性复急公好义。既以宋刊名臣碑传《琬琰集》让售本馆，已书如前节云云。嗣又以所藏《淳化阁帖》古石八十一块，深恐传不得人，保存匪易，即又慨以捐馆。业于七月二十四日车运来馆，暂存大学路总馆之地下室。其后先生又以《乾道临安志》石及寿松堂石刻二种与《阁帖》有联带之关系，不容分拆，因复割爱，将此碑石二十五块悉以拱让，于十一月三日连续运到馆。

（二）浙江图书馆馆刊第二卷第六期，1933年12月31日，第1页

浙江省立图书馆宋刻原石精拓《淳化阁帖》发售预约

定价每部二十四元，预约优待每部十六元，预约廿三年四月底截止，廿三年五月底出版，外埠加收寄费每部五角，第一次只拓百部。西关旧家曾藏有该帖石，其后辗转归钱塘寿松堂孙氏所有。乾隆间经梁山舟学士鉴定，谓系宋刻碑石无疑，唯少数石。后寿松堂主人孙仰曾先生且复购得所缺若干石刻，于是益增完备，二百年来，寿松堂虽历经浩劫，而石因保存得宜，幸告无恙。迄今而止依然为艺林之瑰宝。今寿松堂主人孙康侯先生，以石刻私家保藏不易，则慨然举以赠本馆，本馆感荷之余，谨体嘉惠学者之挚意，特觅良手用佳纸精拓。价廉发售，以公同好，艺林君子，盍兴乎来。

由上引材料可以注意以下几点：

一、乾隆四十六年、四十七年，孙氏寿松堂从西吴旧家购得帖石，“西吴旧家”待考。

二、其时帖石比较完整，估计有一百余石。

三、梁、孙据该帖旧拓本校对验明帖石乃宋刻原石。这里的“旧拓”当是明前拓本。旧拓有银锭纹，所拓时间当与潘本相近。

四、帖石在藏书世家的人际环境中呵护一百五十年，未遭逐利而竞相传拓，隐而不显。

五、此《阁帖》刻于宋代何时？有待研究。《西湖志》与《杭州府志》分别修于清代初年与末年，所载修内司刻《阁帖》与寿松堂藏帖有无关系？

六、1933年孙康侯捐献《阁帖》八十一石予浙江图书馆，后六十年间历经搬迁，散失多半，碑廊之外是否另有遗存之帖石？

综前所述。浙江图书馆《阁帖》刻石已获得了两重证据：

其一，找回了清代三篇题跋和民国两则馆讯。内中记述了收藏流转的经历、帖学家的品鉴。

其二，将帖石同两部时间不同，传承有绪的宋拓佳本联系起来并验证了它们的同一性。有此两重证据，《阁帖》宋刻原石应是可信的。

拓本从石刻而出，石刻借拓本而传，拓本、石刻一经分离，便有了各自的经历和价值，始终保持着相互佐证的关系。古刻和古拓的失而复得，隐而复显，彼此契合，往往成为金石史、考古史上的佳话。穿越悠远的历史时空，寿松堂旧藏宋刻《阁帖》与懋勤殿本、潘祖纯本于今契合，将为帖学与书学提供新的材料和思考。而前一次契合发生在乾隆四十六年（1781），距今二百二十五年矣!

附记:

2006年6月1日，我应浙江图书馆邀请去看馆藏碑帖。当参观古籍部院中碑廊时，有幸见到《淳化阁帖》帖石，不胜惊异，感觉与懋勤殿本相近，意识到它的重要价值，我请古籍部童正伦主任查一查帖石的来历。不久查出1933年浙江图书馆馆刊关于寿松堂献石的报道。返京后我请尹一梅副研究馆员参与研究此帖。9月，她去杭州调查帖石及其拓本，拍回了部分照片。她也以为帖石与懋勤殿本一致。我们将照片与懋本仔细校对后认为是同一版本。11月我携懋本影印本至杭州对帖石及拓本作全面校对，排除了可能的反证（个别补石除外）才确定下来。我们向古籍部负责人报告了此事。半年来，承蒙图书馆领导与古籍部童正伦、张素梅、丁红、吴志坚诸君多方帮助，于此谨致谢意。

注释:

1.懋勤殿《阁帖》，存十卷，宋拓石刻本。钤有“乾隆御览之宝”“懋勤殿鉴定章”二印，第一卷夹有清代黄纸签条，正书“宋拓《淳化阁帖》一匣十册，上等”。20世纪70年代被定为一级文物。久藏内府和故宫博物院。清代以来少有提及。1980年在马子云先生主持下，我们用四个月的时间曾对院藏十余种不同版本《阁帖》校对排比，对懋勤殿本的优点与价值又有新的认识，见马子云《谈校故宫藏宋拓〈淳化〉、〈绛帖〉、〈大观〉三帖》，《故宫博物院》1985年第3期。2006年由香港商务印书馆出版《宋拓善本懋勤本〈淳化阁帖〉》，另参见林志钧《〈淳化阁帖〉考三续》，收入林氏著《帖考》重印本。李润恒《〈淳化阁帖〉传世宋本辨》、何碧琪《〈淳化阁帖〉传世版本系统研究》、林业强《〈十七帖〉与〈淳化阁帖〉》、尹一梅《故宫藏懋勤殿本〈阁帖〉研究》、施安昌《清代内府藏〈淳化阁帖〉》，以上五文均收入《秘阁皇风》，香港中文大学文物馆，2003年。

2.潘祖纯本《阁帖》，存十卷，与懋勤殿本同石所出，所拓时间要晚，已出现后刻银锭纹。明代藏于潘天泉家，清代经李宗瀚等处藏，附潘祖纯、方仁宇、查昇、李翊煌、许福昺题跋。其递藏可考者如次：明代，（潘氏）天泉翁（嘉靖中期）——凤洲——先太常——方仁宇；清代，卓庶老——梁国治——（李氏）李宗瀚——联琇——翊煌；现代，许福昺——上海博物馆。张彦生《善本碑帖录》言：“此本刻拓、纸墨具佳。为宋拓佳本。”现藏上海博物馆。1909年出石印本，1935年有珂罗版印本。2001年香港中文大学文物馆“宋拓《淳化阁帖》综合研究”课题组发现潘本与懋本为同石所出之善本。参见上注1中李润恒、何碧琪、林业强和尹一梅诸文。

3. 镶，此字字典未收。这里与锔字意近，指两端弯曲的钉子，用以补接加固有裂缝的器物和木板，因似银锭而称银锭纹，从金，表示用金属做成。该字盖自櫰字变来，櫰，闭门机也，见于宋《集韵》、明《字汇》、清《康熙字典》。

4. 孙宗濂、孙仰曾，张燕昌小传转引自吴晗《江浙藏书家史略》，中华书局，1981年。

5.《西湖志》，雍正十三年修，光绪四年浙江书局重刻本。《法帖谱系》是南宋曹士冕撰。

6.《杭州府志》，光绪二十四年修，民国五年续修，1922年铅印本。

7.《蕉廊脞录》，中华书局刊本，1990年，第173页。

（《书法丛刊》2007年第3期）

《淳化阁帖》懋勤殿本、潘祖纯本和浙江图书馆藏《阁帖》相关资料辑注

杭州孤山路二十八号浙江图书馆古籍部院中长久保存着一批《淳化阁帖》刻石。2006年，经校对发现它们原来是《淳化阁帖》懋勤殿本（藏故宫博物院）和潘祖纯本（藏上海博物馆）两种宋拓本的原石，当然也就是宋代所刻。在研究中，查出相关的三篇乾隆年间刻跋和1933年浙江图书馆馆刊登载之馆讯，均能证明帖石的来源与流传。[1]

有鉴于此，我们一方面需要将刻石与各种拓本进行校对、分析异同变化；另一方面则可以把相关的刻跋、拓本附跋和一切文字资料编集起来，综合研究，本文宗旨就在于后一方面。为了便于阅读，编录时一方面注意到资料时间的先后顺序，另一方面也注意到原本在一起的材料不必拆开。这些资料起于明代，止于1985年。

一、懋勤殿旧藏本

懋勤殿本《阁帖》，存十卷，宋拓石刻本。钤有“乾隆御览之宝”“懋勤殿鉴定章”二印，第一卷夹有清代黄纸签条，正书“宋拓《淳化阁帖》一匣十册　上等”。久藏故宫博物院。20世纪70年代被定为一级文物。清代以来少有提及。1980年在马子云先生主持下，我们曾对院藏十余种不同版本《阁帖》校对排比，对懋勤殿本的优点与价值有新的认识。[2]

林志钧《〈淳化阁帖〉考三续》讲：

故宫博物院曾陈列《淳化阁帖》一部，记是民国廿三年（1934），陈列处系在乾清宫东庑（此帖原在养心殿）。第一册有懋勤殿鉴定印。墨浓，字画近瘦。乾隆重刻《阁帖》所用之内府藏宋毕士安本（此本曾在孙退谷处）则从不展览。

马子云先生在《谈校故宫藏宋拓〈淳化〉、〈绛帖〉、〈大观〉三帖》（1985）内讲：

故宫藏《淳化阁帖》一部十卷，为刻石，非木，宋纸，有懋勤殿与乾隆御览印。自清初至解放之前，并无人谈及，因在大内，难以得见，故无名人题

跋与印章。我们以这部宋拓与其他各明拓本，以及所谓“宋拓”本同时校对，因此，才得出许多以前不知的真实情况。经过校对，认为懋勤殿本是可靠的，以此为准，校出明拓各本的许多错误。今举部分例子于下，即可说明问题。

如第三卷王凝之书“遣不次”之“遣”之“辶”旁，宋拓为草书，其他明拓本皆作草书“忄”旁。又东晋简文帝书“當日”之“當”字，明拓下从“曰”。又王邵书的《夏节帖》之“夏”字，“口”中为一横笔，其他明拓上“口”内作一点。第四卷萧子云书《舜问乎帖》十五行的“譯”字，右上“罒”，肃府本作“田”，其他明拓皆作“罒”。又褚遂良书的《谭府下湿帖》第一行之“时”字，明拓左旁为“口”。第五卷篆书，宋拓各笔画皆细而且末端尖，其他明拓本皆粗，而末端圆。

以上举的例子，说明宋拓懋勤殿本比其他本都正确，实为宋拓《淳化阁帖》罕见之珍品。

二、潘祖纯本的题跋

潘祖纯本《阁帖》，存十卷，与懋勤殿本同石所出，所拓时间要晚，已出现后刻银锭纹。明代藏于潘天泉家，清代经李宗瀚等递藏，附潘祖纯、方仁宇、查昇、李翊煌、许福昺题跋。其递藏可考者如次：明代，（潘氏）天泉翁（嘉靖中期）—凤洲—先太常—方仁宇；清代，卓蔗老—梁国治—（李氏）李宗瀚—联琇—翊煌；现代，许福昺—上海博物馆。张彦生《善本碑帖录》言：“此本刻拓、纸墨具佳，为宋拓佳本。”现藏上海博物馆。[3]

（一）明潘祖纯跋：

《淳化阁帖》宋太宗出内府名迹，令侍中王著辈模刻于淳化阁下。相传谓用澄心堂纸、李廷珪墨所拓。自后传刻如修内司、《绛》、《潭》、利州、长沙、武陵种种，几于聚讼。此帖当是修内司本，向为余伯祖天泉翁家物。亡伯凤洲罹清河绿林之变，帖几煨尽。侍御姚罗浮为之捕治，而此帖得无恙。后为先太常所宝。今不知何以流落人间。余夙慕是帖，幸获展视，若故人重逢，恍然梦寐矣。于戏，人亡琴存，犹愈于人琴俱亡，能不令人三叹。万历丙午（三十四年，1606）六月望日。河阳潘祖纯跋于净因斋。

（二）明方仁宇题跋：

万历庚申（四十八年，1620）季夏，吴兴方仁宇重装于观生堂。

（三）清查昇题跋：

余游历海内，所见《阁帖》善本甚多。然未有如此本者。邗江程子穆倩所藏《阁帖》曾有好事者以千金易之，穆倩靳不肯与，然观其题识，仅真银锭本耳。若此本确是廷珪墨所拓，开卷便有古香，惜不令穆倩见之也。

康熙三十一年（1692）壬申寒食日，为吾友卓子蔗老题。龙山查昇。

按：查昇生于顺治七年（1650），卒于康熙四十六年（1707）。字仲韦，号声山，浙江海宁人。康熙二十七年进士，由翰林官至少詹事。工书法，入直南书房，为康熙帝所重。著有《澹远堂遗集》《扈从南巡五瑞诗》一卷、《静学斋诗集》。

（四）清李翊煌跋（石印本附，原册不载）：

忆弱冠时，先廷尉公展视《阁帖》，翊煌适侍立。先公召之曰："此宋拓《淳化阁帖》也，澄心堂纸，李廷珪墨所印。相传海内有三本，此其一焉。"翊煌谨识之，不敢忘。

及煌官京师，赖礽之太史言曾见浙中有此帖，索价过昂，以力不能购为憾。近游大梁。石丽斋观察言诸城刘氏藏有澄心堂纸、李廷珪墨所印《阁帖》，秘不示人。其后以三百金质亲旧家。岁久不能购。其亲旧携入京师，敞市宣布。有好古者欲以八千金得之，靳弗予。旋倩大刀王五送至沪上，为人以万金易去，不知为谁氏也。惜皆不得一见以印证旧本之精神，拓工之先后，何墨缘之悭也。今春游于沪。潘君燮臣谈次，复及之。知余家藏有此帖，怂臾石印，以广流传，而存国粹。又蒙喻庶三，程稻村、张岘堂、王芰笙诸君子助成之，遂以付印，或亦临池家之一助也。宣统己酉（元年，1909）秋八月，临川李翊煌附识。

按：李宗瀚生于乾隆三十四年（1760），卒于道光十一年（1831）。字公博，一字北溟，号春湖，江西临川人。乾隆五十八年进士，改庶吉士，授编修。嘉庆三年擢左赞善，累迁侍读学士，充日读起居注官。后典福建乡试，督学湖南，历左副都御史。道光八年晋工部侍郎，典试浙江。所著辑为《静娱室偶存稿》二卷，所作多涉书论。宗瀚擅长书法，先宗董其昌，后师王羲之。道光间京师目朝官之善书者，有"李郭何顾"之称，即指李宗瀚及莆田郭尚先、道州何凌汉、吴县顾莼。

李宗瀚于碑帖精鉴别而富收藏，为乾嘉时之翘楚，下面许福昺跋谈及。李言："相传海内有三本，此其一焉。"那么另外两本之一是内府藏懋勤殿本。又下面孙景高跋讲汪天潜手中一本，早先在梁同书家。恰为三本。

（五）民国许福昺跋（原帖附件，又见罗原觉抄本）：

北宋拓《淳化阁帖》十册。丙寅（1926）秋购自临川李氏，乃春湖先生旧藏。每册题签皆先生笔也。先生藏法帖，多海内孤本，如隋丁道护《启法寺碑》、唐虞永兴《庙堂碑》、褚河南《孟法师碑》、魏栖梧《文荡律师碑》最为烜赫。其后裔均斥卖无遗，独守此《阁帖》十册，宝爱不肯割舍。最后经友人和会，余始以重价得之。先生所藏名迹，多有翁覃溪先生题跋，此帖独无。李君筠庵，春湖先生之从曾孙清道人之弟也。闻余得此帖，远道函贺。并抄示先生日记中"得此帖时，惜覃溪已归道山"之语。此所以无翁跋也。

生平所见旧拓本《阁帖》，不下十余部，并以王虚舟先生《阁帖考正》，详加校对，其截然不同之处甚多：

第一册，唐太宗《卿与道宗帖》后，较他本多一"卿"字。《八柱承天帖》内"嶽"下"之"字无阙笔。

第二册，谢太傅安《顿首帖》内"奈何"二字，钩摹无误。

第三册，刘瓌之帖内"顿首"下多一"秋"字，此句为"秋末阳远"，文从字顺，灼然无疑。

第四册，徐峤之帖内"动止"之"止"字无误笔。薄绍之帖内"当成交"之"当"字无误笔。

第六册，王羲之《袁生帖》内"还未"之"未"字，中笔出头，不作"禾"。

第七册，王羲之《省飞白帖》内"省"字无阙笔。《闻亦得万书帖》内"悉"字不误作"米"。《昨见君帖》内"写"字有一折。《知彼清晏帖》内"岁丰"之"丰"不作"无"。又"出"字作"㞢"，不误作"使"。《离不可帖》内前一行多"知足下行至吴会违"八字。《爱为上帖》内前二行多"吾服食"云云二十一字。

第八册，王羲之《伏想清和帖》内"荒"字下、"甚"字上有一横波。《八日羲之顿首帖》内"观望"之"望"字无误笔。《此郡之乐帖》内"自非常才"之"非"字无阙笔。

以上各条，均为此本所独有。且与《大观》改刻诸多符合。苟非出最初毡蜡，安能精审如此。不宁唯是，详加玩索，觉转折处、起讫处、萦带处，一一有笔迹可寻。不啻黄鹤楼头，亲见仙人吹笛。又复墨色入纸，奕奕有光。

十卷完全，毫无残补。幸得藏庋。不可谓非希有胜缘也。

陶兰泉丈精鉴好古，坚嘱将此帖付之影印，公之当世。讲书学者于此求之，或能于晋唐遗法，继续一灯。吾知海内多巨眼，当不目为谰言也。

每帖卷尾均有“联琇世守”之章。联琇字小湖，乃春湖司空之哲嗣。官江苏学使时，先祖资政公应试，卷已被阅者屏弃。乃先生以通场无佳作，亲搜落卷，得先祖文狂喜，拔置第一。试题为“草上风必偃”。此事近八十年，吾乡亲父老传为佳话。是以先生之名，余幼时即知之。孰意先生世守之宝，复展转归余。盖文字因缘，已兆于数十年前矣，岂偶然哉。民国二十四年（1935）六月下浣，许福昺识于淳斋。

三、梁同书、孔继涑、孙景高刻跋

乾隆时清人在此帖石后增刻题跋，写跋者为梁同书、孔继涑和孙景高。需要说明的是孙景高是分两次获得帖石的，前一次在乾隆四十六年（辛丑，1781）春，然后请梁同书观看鉴别，于是梁在这年腊月写了题跋。后一次获石在四十七年（壬寅，1782），他又请孔继涑赏鉴，孔在七月写下跋文。此年九月孙景高自己才写了获帖原委，再将三篇文字命工刻石。如今，三跋只能从民国时拓本上见到，其刻石已不存在。

（一）梁同书跋，时在乾隆四十六年腊日。

往余于先叔祖深父先生斋头见旧拓《阁帖》石本也，而上有银锭镶纹，相传宋时贾相门客从赐本摹出，故仍棠梨之旧。至今卅余年来所见无逾此者。今春孙君景高偶于西吴旧家购得帖石若干枚，洗剔苔藓，用好手椎拓一本示余，精彩焕发，绝类宿覯。因访觅前帖检勘一过，凡字迹波磔、石片剥蚀之处，无毫发差，殆宋刻原石无疑，可宝也。惟失去钟繇及谢万书数百字耳。或谓宜补完之。余曰：旧刻阙亦何病？况延津合浦，来自有期，宁不可俟之异日耶？再附识之如右。乾隆辛丑腊日山舟梁同书。

梁同书（1723—1815）钱塘人，字元颖，号山舟，晚号不翁，梁诗正子。乾隆十七年（1752）特赐进士，官侍讲。书法师颜柳，变化自然，自立一家，负盛名六十年。前人书迹过眼能辨真伪，著《频罗庵论书》《频罗庵书画跋》《频罗庵遗集》等。又检《频罗庵遗集》（嘉庆二十二年仁和陆贞一刊本）内收入此跋。另还有梁为寿松堂收藏法帖书写的题跋若干。又书中云：“叔祖深父先生讳文泓，斋号葎园，康雍间人，善书”。“七十岁外尚日课篆、隶、真，行各数行。”见《跋叔祖深父先生各书体》《跋叔祖深父先生书单幅》。

梁跋点出：于先叔祖斋头见旧拓。“凡字迹波磔，石片剥蚀之处，无毫发差，殆宋刻原石无疑。”这就为宋刻帖石找到了早拓本的依据。镼，此字字典未收。这里与锔字义近，指两端弯曲的钉子，用以补接、加固有裂缝的器物和木板。因似银锭而称银锭镼纹，从金，表示用金属做成。该字盖自檈字变来。檈，闭门机也，见于宋《集韵》，明《字汇》，清《康熙字典》。

（二）孔继涑跋，时在乾隆四十七年九月。

宋帖首《淳化》，次《大观》，次《绛帖》。或曰《阁帖》木本，或曰石本。既为内府枣板乃云上石，无此理也。盖当时木石皆有刻。而好事者又取官帖摹石藏于家，往往有之，此亦其一。董思翁不取《阁帖》，谓其过于圆润，固自有理。然魏晋规模概见于此，操觚之士不可无一善本。近世所行者大率肃藩刻耳。余藏泉州初拓亦不免有漫漶处。景高孙君获宋石于西吴，拓以见赠，精好远过肃本。非好古深思焉能至此以津逮后学耶？乾隆壬寅秋七月曲阜谷园孔继涑识。

按：孔继涑（1727—1791），字信夫，号谷园，曲阜人。乾隆三十三年（1768）举人，候补中书。工书，为张照婿，精于鉴别碑版。辑刻《玉虹楼帖》《玉虹鉴真帖》等。

孔跋以为阁帖初时“木石皆有刻”，甚是。

（三）孙景高跋，乾隆四十七年九月。

余素嗜石刻，每见传拓旧本，辄爱玩不释手，欲仿《宝晋》《停云》之韵事，裒刻一帖以供墨林清赏，而未逮也。友人张君芑堂为余购得《阁帖》旧石若干于禾中故家，剜剔苔藓，联缀断裂，椎拓一本，取他本十余种参校，无有同者。汪君天潜出示梁氏所贻深父先生鉴定藏本，校之，纤毫无不吻合，盖即此石原拓也。委弃有年，摹拓绝少，故丰神完美。就中与诸本尤异者，卷三“瓌之顿首”下有“秋”字，卷七《朱处仁帖》后增《服食帖》三行，皆可补诸家释文所未备。初购得时，缺魏钟繇《宣示帖》及谢万书三行。阅数月，芑堂复于原所藏处搜访得之，遂成完璧。欣赏之余，因述其缘起如此。时乾隆壬寅九月既望寿松堂主人孙仰曾。

按：《宝晋》《停云》是指米芾以王羲之等古人法书摹刻《宝晋斋法帖》。文徵明以家藏历代法帖辑刻《停云馆帖》十二卷。

孙景高，其父宗濂，构寿松堂。父子皆浙江著名藏书家。其传见丁深《武林藏书录》卷下：

孙宗濂，字栗忱，号隐谷，仁和人。乾隆甲子举人。一试春官，即息辙乡里。构堂曰寿松，藏书数万卷，以枕葄为乐。

孙仰曾，字虚白，号景高，宗濂子。岁贡生。仰曾胚胎家学 ，庚续绪余，宋椠元雕，充牣几架。鼎彝碑版，罗列文厨。梁山舟学士、王梦楼太守相与题评考跋。乾隆癸巳应诏进书数百种，内《乾道临安志》三卷，仰邀御题，并赐《佩文韵府》全部，士林荣之。书目四卷，经乱失去。[4]

张燕昌（1738—1814），字芑堂，号文鱼，又号金粟山人，海盐人。乾隆丁酉优贡生，嘉庆丙辰荐举孝廉方正。性爱古，所见古书甚多。有《金石契》五卷、《三吴古砖录》。

四、清人书籍记载

（一）《钱塘县志》卷三十一，金石

淳化阁帖十卷，绛帖二十卷，小字帖十卷俱淳祐间廖莹中翻刻于临安。[5]

按：廖莹中（贾似道门客）翻刻《阁帖》，称世彩堂本。此事王澍《〈淳化阁法帖〉考正》等书谈及。廖刻《绛帖》，不知所据为何。“小字帖十卷”更不知为何帖。志中未写明《阁帖》刻石在何处。是否只是钞录前人著录而已。

（二）《西湖志》卷二十七，碑碣一

淳熙重刻《淳化阁帖》，旧在宋南内，凡十卷，卷尾楷书题“淳熙十二年修内司恭奉圣旨模勒上石”，见《法帖谱系》。[6]

按：言“旧在宋南内”，“南内可能是修内司南库，据临安皇城图位于内府之南。[7]这里似仅钞录前人著录。

（三）《杭州府志》卷九十七，金石三

淳化阁帖十卷，《西湖志》：旧在南内，卷尾楷书“淳熙十二年修内司恭奉圣旨模勒上石”。[8]

（四）吴庆坻《蕉廊脞录》卷六“《淳化阁帖》宋刻原石”[9]

寿松堂孙氏藏《淳化阁帖》宋刻原石，为孙景高先生仰曾藏，庋置宝石峰下宝石山庄。庄久废，今石存孙仁甫炳奎家，略有断缺。帖后梁山舟学士跋云（略，见上文）。景高自跋云：（略，见上文）。"

吴庆坻（？—1924），字子修，钱塘世家，从乾隆至清末，七代仕宦，三代史官。祖振棫，翰林院编修，著《养吉斋丛录》。庆坻年轻时参加修纂《杭州府志》，光绪十二年进士，改翰林院庶吉士，历官编修、四川学政、湖南提学使等，主持续修《浙江通志》。著有《辛亥殉难记》《补松庐文录》《补松庐诗录》。

五、浙江图书馆馆刊报道

1933年寿松堂后人将帖石捐献浙江图书馆，当年浙江图书馆馆刊曾八次报道此事，兹录于下：

（一）浙江图书馆馆刊第二卷第四期（1933年8月27日刊）馆务大事

六月二日　杭绅孙康侯先生为吾浙藏书家，其所藏寿松堂藏书，两经劫火（太平军之役与民国二年之火灾），泰半散失。惟其所雕之《乾道临安志》（系依其家藏宋本影写）现尚完好，可以推见原迹，殊为可贵。本年五月中本馆馆长曾前往访谒，并观其书。今日孙先生来馆，愿以此《乾道临安志》版片捐赠本馆，惟尚须稍加整理。当俟其整理完毕，再行往取。

（二）1933年浙江图书馆馆刊第二卷四期馆务大事

七月十三日　史主任赴东门直街孙康侯（名峻）先生处接洽捐赠本馆宋刻《淳化阁帖》石及《乾道临安志》版片各事，又与孙先生洽商收买孙氏家藏宋版书事宜。

（三）同期又载：

七月廿六日孙康侯先生所捐赠之《淳化阁帖》石，计有八十一块，今日开始搬运至总馆，约两日可以运毕。

（四）1933年浙江图书馆馆刊第二卷第五期（1933年10月31日刊）馆讯

寿松堂赠影宋《乾道临安志》

宋代临安志，以周彦广（淙）乾道志为最古。（略）惟省垣孙氏寿松堂，固尝藏有原刊。乾隆时四库征书，曾予著录。发还时又特需弁宸翰，孙氏因据此影写锓版，俾广流传。逮后寿松堂既遭太平军之劫，民国二年复罹回禄，宋椠元刊，都付劫灰，《乾道临安志》原书亦与其厄。赖兹翻版，犹存典型，不可谓非不幸中之大幸也。

其书初曾印成若干部，分赠海内同好，东邻亦颇有收藏。惟二十年来，久不重印。本馆近经访得版藏孙氏故居，承主人孙康侯先生慨允将该项版片四十四块捐赠本馆，以永保存。惟其版日久蠹蚀，本馆特为之修补完好，开始印行。装潢版片，悉如旧制云。

（五）馆讯鳞爪：孙氏寿松堂藏《淳化阁帖》赠馆

省垣东门直街寿松堂主人孙康侯先生好学笃古，垂老不倦，性复急公好义。既以宋刊名臣碑传《琬琰集》让售本馆，已书如前节云云。嗣又以所藏《淳化阁帖》，古石八十一块，深恐传不得人，保存匪易，即又慨以捐馆。业于七月二十四日车运来馆，暂存大学路总馆之地下室。其后先生又以《乾道临安志御题诗》石及寿松堂石刻二种与《阁帖》有联带之关系，不容分拆，因复割爱，将此碑石二十五块悉以拱让，于十一月三日连续运到馆。

（六）浙江图书馆馆刊第二卷第六期（1933年12月31日刊）馆务大事

十月二十八日孙氏捐赠之《淳化阁帖》于今日拓就若干份。

（七）十一月二日孙氏寿松堂续赠本馆宋石刻二十一块，又《乾道临安志御题诗》石四块，今日派员领运到馆。

（八）第六期并登广告浙江图书馆宋刻原石精拓《淳化阁帖》发售预约

定价每部二十四元，预约优待每部十六元，预约廿三年四月底截止，廿三年五月底出版，外埠加收寄费每部五角，第一次只拓百部。西吴旧家曾藏有该帖石，其后辗转归钱塘寿松堂孙氏所有。乾隆间经梁山舟学士鉴定，谓系宋刻原石无疑，唯少数石。后寿松堂主人孙仰曾先生且复购得所缺若干石刻，于是益增完备。二百年来，寿松堂虽历经浩劫，而石因保存得宜，幸告无恙，迄今面目依然为艺林之瑰宝。今寿松堂主人孙康侯先生，以石刻私家保藏不易，则慨然举以赠本馆。本馆感荷之余，谨体学者嘉惠学者之挚意，特觅良手用佳纸精拓。价廉发售，以公同好，艺林君子，盍兴乎来。

以上从宋拓本题跋、帖后刻跋、清代书籍、馆刊报道四个方面把相关的文字资料汇集起来，构成一个历史的叙述。中间尽管有一些缺环，但是如果与其他宋刻的阁帖拓本相比较，懋勤殿本有助印证的文献资料已很不少了，相信以后还会有资料发掘出来。

最后很有必要说清一个问题。有些人往往以为宋拓的刻帖总会有古人的题跋，如果没有古人题跋就值得怀疑了。其实，这种心理是不对的，为什么呢？

传世至今的宋刻、宋拓法帖已为数不多，但其中有一些就是无一题跋。以近年出版的《中国法帖全集》（启功、王靖宪先生编）来说，书中将今存宋刻丛帖的大部分收进去了，其中就有五种未见古人题跋的，如果把范围扩大到碑刻的宋拓本，那么没有留下前人的题跋的善本数量恐怕还会多出十几倍。此其一。碑帖拓本存有古人题跋要有几个条件：甲，收藏过它的主人自己能够鉴赏，并善于书写。乙，主人喜欢将藏品露出来，出示给擅长鉴赏、书写的友人，并允许别人题写。丙，这样的友人并不是很容易遇到和求到的。丁，在辗转递藏的几百年中，在屡次装裱的过程中，题跋被小心地保存下来而不遭损弃。倘若缺少上面条件，就不会有题跋留传至今了。此其二。有些碑帖长久锁闭宫门之内，尽管被许多人欣赏，但无人敢于题写。如懋勤殿本《阁帖》即是一例。故宫旧藏明代库装本和明驸马李琪旧藏的《九成宫醴泉铭》宋拓本又是两例。此其三。有些碑帖封存秘室数百年之久，隔绝人寰。如光绪末年，从敦煌莫高窟发现的四种唐拓（唐太宗书《温泉铭》，欧阳询书《化度寺邕禅师塔铭》，柳公权书《金刚经》和无名氏写的《陀罗尼大悲咒》），其中除《温泉铭》的裱边留有一行无名的唐人题写（“永徽四年八月三十日围谷府果毅见”）之外别无任何题识。此其四。由此四点，说明宋拓刻帖总会有古人题跋的观念是难以成立的，而没有古人题跋也完全是正常的。相反，对那些拓本上的题跋首先要辨其真伪，只有真实可靠者才能作为拓本真赝与时间的辅助依据。最主要的还是看拓本自身如何。

注释：

1.见施安昌《浙江图书馆藏宋刻〈淳化阁帖〉石考》，尹一梅《浙江图书馆藏〈淳化阁帖〉帖石与懋勤殿本〈阁帖〉》，载《书法丛刊》2007年第3期。

2.见马子云《谈校故宫藏宋拓〈淳化〉、〈绛帖〉、〈大观〉三帖》，《故宫博物院》1985年第3期。2006年由香港商务印书馆影印出版懋勤殿本《阁帖》，另参见林志钧《〈淳化阁帖〉考三续》，收入林志钧著《帖考》重印本。李润恒《〈淳化阁帖〉传世宋本辨》、何碧琪《〈淳化阁帖〉传世版本系统研究》、林业强《〈十七帖〉与〈淳化阁帖〉》、尹一梅《故宫藏懋勤殿本〈阁帖〉研究》、施安昌《清代内府藏〈淳化阁帖〉》，以上五文均收入《秘阁皇风》，香港中文大学文物馆，2003年。何碧琪《佛利尔本〈淳化阁帖〉及其系统研究》，载《美术史研究集刊》第20期，台湾大学，2006年。

3.1909年出石印本，1935年有珂罗版印本。2001年香港中文大学文物馆“宋拓《淳化阁帖》综合研究”课题组发现潘本与懋本为同石所出之善本。参见上注李润恒、何碧琪、林业强和尹一梅诸文。

4.孙宗濂、孙仰曾、张燕昌小传转引自吴晗《江浙藏书家史略》，中华书局，1981年。

5.《钱塘县志》，魏𡺸修，裘琏等纂，康熙五十七年刻本，据《中国地方志集成》，上海古籍出版社，1993年。

6.《西湖志》，雍正十三年修，光绪四年浙江书局重刻本。《法帖谱系》是南宋曹士冕撰。

7.皇城图见于《咸淳临安志》。

8.《杭州府志》，光绪二十四年修，民国五年续修，1922年铅印本。

9.《蕉廊脞录》，中华书局，1990年。

（《第七届中国书法史研讨会论文集》文物出版社，2007年）

碑帖刻石与早期拓本的发现及其相互佐证

古代碑帖的刻石固然有久存一地者和时有迁移者，但也有始存后佚者，有佚而复出者，有隐而复显者。本文要讲的是后三种情况。碑帖拓本有早期与晚近之分，早拓完好而难得，晚拓多见。然而不论早晚都与刻石保持着相互佐证的关系。本文要讨论的是每当发现某刻石之后与早期拓本互相证明，或者是发现某种早期拓本之后与原刻石互相证明的问题。

本题涉及刻石和拓本的流传与研究的历史，涉及碑帖研究的方法。

一、魏《庐江太守范式碑》

《庐江太守范式碑》，三国魏青龙三年（235）刻，隶书。碑在济宁。宋洪适《隶释》著录碑文。碑石久佚，拓本亦无闻。至乾隆年间两者先后复出。先是乾隆四十一年（1776）胶州崔儒眎（墨云）得到碑额于济宁龙门坊水口。四十八年（1783）钱塘黄易（小松）获得泰安赵相国藏宋拓本。至五十二年（1787）李东琪（铁桥）自州学再得碑石上半截并有碑阳、碑阴。《范式碑》的宋拓和原石一时间纷纷发现，成为乾隆时金石学一段佳话。

黄小松旧藏的宋拓，今在故宫博物院，保存完好。内有翁方纲、黄易、李东琪、张埙等金石家的题识。下录当事人李东琪、黄易两则题跋，以证史事。

李东琪跋：

乾隆己酉（1787）暮春，琪督工拓碑于州学。适步棂星门西，见壁根片石甚古，讶为汉物。拂拭之，隐隐有隶书数人名。急掘洗之，乃《范式碑》也，不禁狂喜。遂移与先得之额并列焉。李东琪铁桥记，钱唐黄易助立。

黄易题跋：

右《庐江太守范式碑》与《凉州刺史魏元丕碑》共装一册，签题曰“汉碑　相国泰安赵公所藏。”乾隆癸卯（四十八年，1783）夏王古愚得于济南，割爱见贻，装为二，寄都门翁官詹覃溪题跋。乙巳（五十年，1785）五月知胶州，张荫堂从聂剑光处得灵台、朱龟、谯敏三碑赠易。晴窗展对，与范、魏二碑装池同出一手。修短悉符，延津剑合，不胜狂喜，因共为一函题曰“汉魏五碑”。案：元天历间，幽州梁有九思奉敕历山东、河北拓金石文字三万通汇进，类其副二百卷题《文海英澜》。此碑有元内府“都省书画之印”“济南府印”，或即九思所进，未可知也。李嗣真以此碑为蔡中郎书。吴念湖以郑氏《通志》所载：一庐江太守范式碑，注云蔡邕书，济州；一魏范式碑，注云有碑阴，青龙三年。是范式实有汉魏两碑。李嗣真所指乃蔡邕一碑也。此碑洪释五百二十七字。宋拓本只存三百四十八字。原石久失，崔墨云初得碑额，李铁桥继得断碑有碑阴，俱立于济宁学宫戟门下。宋拓本较新出断碑多一百八十余字，实海内稀有之迹。亟双钩付梓以公同好。乾隆己酉十一月钱唐黄易识于济宁官舍。

黄跋作了一个十年回顾，后来他果然将范式等汉魏五碑双钩刊印，影响深远。《范式碑》宋拓本不及《隶释》所释文字多，但可校勘，有所辩正。《范式碑》石出现还纠正了《隶释》《隶续》中的一个错误。《隶释》卷十九只录有碑文，碑阴阙如。[1]而将碑阴文字误作“鲁峻碑碑阴”收入《隶续》卷十二，同时说：“藏碑者以为鲁君碑阴，虽无所据，度其石之广，适与鲁碑合。”洪适只是看到拓本未见碑石，而碑阴拓本又与碑阳失散。直到碑石出来后人们才查出张冠李戴。可见古碑原石发现的重要性。

二、唐太宗《温泉铭》及“秀岳铭”

宋《淳化阁帖》问世以后，潘师旦在阁帖基础上增添别帖，刻帖前十卷和后十卷，帖在山西绛州，故称《绛帖》。此帖明代已罕见。今故宫博物院珍藏宋拓《绛帖》一部，分十册，每册两卷。后十卷的第二卷内，“唐太宗书”标题下刻五帖，皆无题目，帖书称为“气发帖”、“唱箭帖”、“患痢帖”、“临朝帖”和“秀岳铭”。前四帖阁帖已收，唯第五帖为潘氏增益。此帖起于“岩岩秀岳”，止于“芳流无竭”，共十九行一百二十八字。录文如下：

岩岩秀岳，横基渭滨。滔滔灵水，吐岫神标。古之不旧，今之不新。蠲疴荡瘵，疗俗医民。铄冻霜夕，飞炎雪晨。林寒尚翠，谷暖先春。年序屡易，暄凉几积。其妙难穷，其神靡觌。落花缬岸，轻苔纲石。霞泛朝红，烟腾暮碧。疏檐岭际，抗殿岩阴。柱穿流腹，砌裂泉心。日莹文浅，风幽响深。荡兹瑕秽，濯此虚衿。伟哉灵穴，凝温镜彻。人世有终，芳流无竭。

清道光十年（1830）吴荣光以家藏墨迹及宋帖摹刻《筠清馆帖》六卷。今故宫亦存有一部，第二卷内有“秀岳铭”，书迹、字数与《绛帖》本同。帖后刻吴氏批语：

唐太宗“秀岳铭”仅见《绛帖》，亟宜采之。

故宫所藏《绛帖》有吴荣光题签、跋文及钤印，且翁方纲题跋说明了吴氏获帖原委，故知为吴荷屋旧藏。而《筠清馆帖》内“秀岳铭”即依此摹勒。今摹本与底本并几对观，如复筠清馆旧观。

在吴氏摹后六十六年，敦煌石室被打开，《温泉铭》原石唐拓本出现，世人方知“‘秀岳铭’即摹刻《温泉铭》之后半”[2]。而此距潘氏刻《绛帖》又八百余年了。《温泉铭》出，“秀岳铭”得以正名；“秀岳铭”存世，唐太宗书《温泉铭》可以确证；古人刻帖辑佚，后人以碑证帖：此碑帖互证之一例。

敦煌本与《绛帖》本对校，有如下不同：

（一）帖本锋芒多失，与旧拓《晋祠铭》面貌相近。

（二）帖本字小而行距大。

（三）帖本“疗俗”之“俗”字移到后一行，下边的文字排列位置也就不同于敦煌本了。

（四）帖本“神靡”二字之间多空出一字地位。

（五）筠清馆本“岳”字缺一竖笔。

（六）敦煌本存五十行三百六十二字，《绛帖》本存十九行一百二十八字，不足五分之二。

不同的原因可以这样分析：敦煌本为早拓，锋颖如新；帖本依晚拓摹入，磨失较重。敦煌本是剪字装裱，其行距、字距未必尽同原刻，帖本之底本可能也是这种情况，故两本行气，位置有别。

三、唐怀仁集王书圣教序

唐玄奘去世后八年，高宗咸亨三年（672），弘福寺沙门怀仁集王羲之书，刻成《大唐三藏圣教序碑》。这是长安僧众对玄奘一生取经、译经卓越成就永远的纪念。一千三百年来，此碑留下拓本，近代无论，清拓以上者也难计其数。国内外凡有较多碑帖收藏的单位几乎都可以见到，当然也包括它的各种翻刻本。

此碑自首行“晋右将军”之“晋”字，至末行“文林郎”之“林”字，斜贯一道横向裂纹。于是，碑拓有无裂纹，裂纹之粗细也就成为辨别拓本早晚的一个考据。明代以来，鉴藏家对断裂的时间有各种推测，未断本为宋拓则是其中的主流意见。明前未见记载。

故宫藏一宋拓未断本，即曾经杨大瓢著录的金陵马上舍本，有“上郡马氏珍藏”印。内有明王世懋万历十六年（1588）题跋，言“碑之断在元末国初。故今人得不断本辄谓宋拓宝之”。还有一未断本内有张埙乾隆三十九年（1774）跋，云：“《圣教序记》不断本便为宋拓，人尽知之。”

碑帖鉴定家张彦生对此考辨尤明细，他在《怀仁集王书圣教序拓本概述》[3]中说：

此序碑断年代无确实记载，其说不一，有谓宋绍兴二年（1132），或云元赵孟頫临写《圣教序》每断处缺字，王世懋云断于元末明初，又有云断于天顺（1457—1464），又有云断于嘉靖（1522—1566）；[4]《金石萃编》载，断于明万历乙卯（四十三年,1615）。[5]我认为断碑前与初断本以纸墨拓工论，与其他旧拓本唐碑相比较，碑断当在宋元之间。

此序线断拓本最少见，只见仪堂由沪购来一本，由末行“文”“林”二字间断起，断如线，不伤字，断到前数行似有似无。审纸墨拓工为宋时所拓。

可以看出张氏采用的研究方法是：从众多的《圣教序》拓本中，按照断裂纹由微而显，由细而粗的变化将拓本逐一排序，结合裂纹以外的考据诸字（“慈”“何以”“奥”字等）变化，同时观察拓本纸墨拓工的异同。因为在不同时代拓本的纸墨拓工有其不同的面貌、特点，反过来可以成为裂纹出现的时间依据。

1973年，西安碑林在修整《石台孝经》时意外发现石材缝隙间存有一张《圣教序》整幅未断拓本，它被折叠起来作为衬垫物。细审拓本，首行“晋”与“右”字间起，末行“文”“林”之间，隐约可见细小裂纹，其走向与后来断纹一致。同时发现石材间还遗存女真文书，《东方朔盗桃版画》和五十八枚宋金钱币。其中只有一枚金代“正隆通宝”，该币铸于正隆三年（1158）。这就提示：当年调整、衬垫《孝经》碑石是在正隆三年以后，《圣教序》拓本捶拓在此之前。据此学者以为这是金末未断本，进而得出碑断于金末的结论。这和据拓本纸墨拓工而得出的“碑当断于宋元之间”的判断可互相参证。[6]

此幅《集王圣教》初见裂纹之端倪，比“线断本”要早。它的可贵在于与女真文书、宋金钱币等物相伴出现而可信为金时所拓。

四、宋刻《淳化阁帖》

《淳化阁帖》是北宋淳化三年（992）太宗赵炅命王著甄选秘阁所藏历代名人法书摹刻的一部十卷丛帖，刻于河南开封宋内府。书法作者一百零二人，计四百余帖。每卷末刻篆书款“淳化三年壬辰十一月六日奉旨模勒上石”。这是石刻本，同时还有木刻本。大臣初登二府，诏以一本赐之。岁久版毁，公家私家转相传摹，翻刻不绝，南宋已有若干版本。

2006年6月1日，我应浙江图书馆邀请去看馆藏碑帖，当参观古籍部（位于孤山路廿八号）院中碑廊时，有幸见到嵌在墙上的《淳化阁帖》帖石，不胜惊异，感觉与懋勤殿本相近。此后经数月调查研究，确认其为懋勤殿和潘祖纯本之宋刻原石。

懋勤殿本《阁帖》，存十卷，宋拓石刻本。今有“乾隆御览之宝”“懋勤殿鉴定章”二印，第一卷夹清代黄纸签条，正书“宋拓《淳化阁帖》一匣十册 上等”。20世纪70年代被定为一级文物。久藏内府和故宫博物院。清代以来少有提及。[7]

潘祖纯本《阁帖》，存十卷，与懋勤殿本同石所出，所拓时间要晚，已出现后刻假银锭纹。明代藏于潘天泉家，清代经李宗瀚等递藏，附潘祖纯、方仁宇、查昇、李翊煌、许福昺题跋。其递藏可考者如次：明代，（潘氏）天泉翁（嘉靖中期）—凤洲—先太常—方仁宇；清代，卓蔗老—梁国治—（李氏）李宗瀚—联琇—翊煌；现代，许福昺—上海博物馆。张彦生《善本碑帖录》言：“此本刻拓、纸墨具佳，为宋拓佳本。”现藏上海博物馆。[8]

经过仔细全面的校对，从书法笔意、帖文、银锭纹和石花、裂纹状况多方面看，孤山帖石与懋本、潘本是相同的。如三者之书法都是字画瘦韧，笔意灵动，少硬截强续之敝。在草书结体、行笔上甚为合理，起讫处、转折处。牵连处一一有笔踪可寻。又如卷五仓颉，夏禹、史籀篆书笔画首尾都出尖锋。（图1、图2）但其他版本阁帖是钝笔。再如不同版本的《阁帖》，帖文略有差异。浙江图书馆《阁帖》上，卷一唐太宗《所疾帖》存首字“卿”字，卷二刘瓌之《感闰帖》第二行“顿首”下存“秋”字。卷七王羲之《爱为上帖》存三行。这些都与懋本、潘本同，其他版本则缺“卿”字、“秋”字，《爱为上帖》只存两行。

孤山帖石是杭州著名藏书世家孙氏寿松堂在乾隆四十六年（1781）、四十七年购得入藏的，1933年孙氏后人孙康侯将帖石全部捐献省图书馆。帖石末尾曾增刻清梁同书、孔继涑、孙景高三跋。梁跋云："往余于先叔祖深父先生斋头见旧拓《阁帖》石本也，而上有银锭镶纹，[9]相传宋时贾相门客从赐本摹出，故仍棠梨之旧。至今卅余年来，所见无逾此者。今春孙君景高偶于西吴旧家购得帖石若干枚，洗剔苔藓，用好手椎拓一本示余，精彩焕发，绝类宿觏，因访觅前帖，检勘一过。凡字迹波磔、石片剥蚀之处，无毫发差，殆宋刻原石无疑，可宝也。惟失去钟繇及谢万书数百字耳。或谓宜补完之。余曰：旧刻阙亦何病？况延津合浦，来自有期，宁不可俟之异日耶？再附识之如右。乾隆辛丑（四十六年）腊日山舟梁同书。"按：叔祖名文泓，善书，康雍间人。梁同书、孔继涑都精鉴碑帖法书。

图1：懋勤殿本，笔画细而末端尖

浙江图书馆馆刊第二卷第五期，1933年10月31日，第242页。

馆讯鳞爪：孙氏寿松堂藏《淳化阁帖》赠馆。省垣东门直街寿松堂主人孙康侯先生，好学笃古，垂老不倦，性复急公好义。即以宋刊名臣碑传《琬琰集》让售本馆，已书如前节云云。嗣又以所藏《淳化阁帖》古石八十一块，深恐传不得人，保存匪易，即又慨以捐馆。业于七月二十四日车运来馆，暂存大学路总馆之地下室。

长期以来，帖石有所遗失，一般视为明清以后的《阁帖》翻刻本。也无从进一步考据两种宋拓、清人刻跋和馆刊记载多方面情况证明孤山帖石是宋刻《阁帖》。[10]今宋刻《阁帖》拓本海内外仅遗数种，视若天球。懋、潘二本能与原石契合，相互辉映，益增其重。

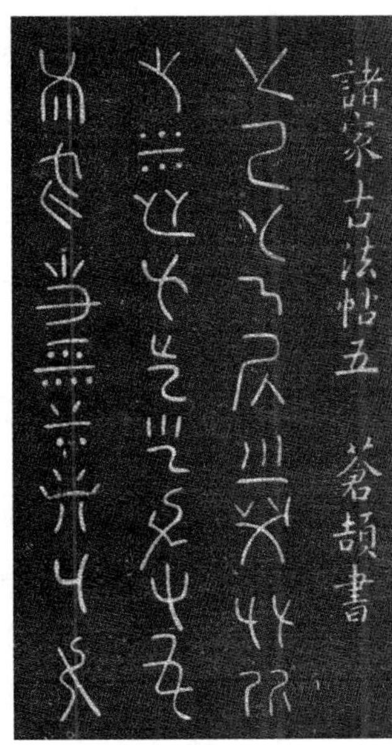

图2：肃府本，笔画粗而末端钝

存世的翻刻《淳化阁帖》石尚有肃府本（明万历年间刻）在兰州甘肃省博物馆，关中本（清顺治年间刻）在西安碑林，还有溧阳本（明末刻）在江苏溧阳别桥。孤山的宋刻《阁帖》帖石是最早的，而且帖文清晰，尤足珍视。人们借此可以接触宋刻帖石获取原始信息。

近来有人讲：既然宋刻《阁帖》如此珍贵，为什么1933年入藏以来没有引起重视呢？原因会有许多，这里只谈一点。1933年孙氏后人捐赠时讲明宋代所刻。但是只有藏家本人一面之辞而未经鉴家研究确认，难以取信他人。尽管帖后增添梁、孔题跋予以肯定，但人们仍会对跋之真伪存疑，何况梁跋内讲到作为依据的深父斋头旧拓《阁帖》早已不在，无从校对证实。如此，也就不能引起社会重视，时间一长便渐渐淡忘了。

以上仅举四事，自知浅陋而不能尽言内中意蕴。要而言之：有鉴于古代碑刻、法帖具有重要的历史文化内容，其刻石与早期拓本的发现自有很高的文物价值，此其一。已知有刻石存，后又发现早期拓本，或者已有早期拓本，后又发现原刻石，都会使对方增加一份历史证物而彼此增重，此其二。即使完全的拓本也只能再现石刻的局部，并不能作全面的立体的再现，故石刻发现必能增加内容上或形制上的信息，修正仅见拓本时的局限和误解，此其三。古刻多有损泐、剜刻乃至断裂，早期拓本往往能重现原貌，增补碑文，为认识刻石历史变化和拓本断代提供证据，此其四。先有据碑铭摹刻的帖本，后又发现碑铭的早期的拓本，于是得以正名、补文、释疑，此其五。

墨拓自石刻而出，石刻借墨拓而传。拓本与石刻起初在一起，转瞬又分离。天南地北，别分两途，其幸与厄，散与聚，焉有数耶？正因如此，古刻古拓的失而复得，隐而复显，彼此契合，实在于因缘凑泊而成为石刻史上幽邃曲折、时续时断的篇章，古往今来每每被称为“石墨因缘”。

注释：

1.据洪氏晦木斋刻本，中华书局1983年影印，第409页。

2.见于王仁俊辑印《敦煌真迹录·甲集上》内影印温泉铭并跋，1909年国粹堂刊印。罗振玉辑印《敦煌石室遗书》内温泉铭跋，1909年诵芬室刊印。宋王钦若等编《册府元龟·帝王部》：“（贞观）二十二年正月帝幸温汤，御制《温汤碑》以示群臣，曰：‘畴昔词人已有此作，朕又为之，可得而比邪？’王公咸曰：‘天文杂奥超象系之表，前代琐琐小词，岂得辄相比，况乃神笔。'自书勒于温井之侧。侍坐王公咸听于碑阴容纪姓名官位。"元代李好文《长安志图》卷上地图标明《温泉铭》立于华清宫昭阳门内。

3.见《文物》1963年第3期，文物出版社。参见张彦生《善本碑帖录》第113页，中华书局，1984年。

4.指嘉靖乙卯（三十四年，1555）关中大地震，持此说者颇多。

5.《金石萃编》卷四十九，王昶按语误作万历乙卯，实为嘉靖乙卯。

6.参见刘最长、朱捷元《西安碑林发现女真文书、南宋拓全幅集王圣教序及版画》，《文物》1979年第5期。启功（章归）《集王羲之书圣教序宋拓整幅的发现兼谈此碑的一些问题》，《文物》1979年第1期。路远《集王圣教序碑断于金末考》，《书法丛刊》2006年第5期（总第93期），该文提出碑断与金末"正大辛卯迁徙"有关的看法。

7.1980年在马子云先生主持下，我们用四个月的时间曾对院藏十余种不同版本阁帖校对排比，对懋勤殿本的特点与价值有新的认识。见马子云《谈校故宫藏宋拓〈淳化〉、〈绛帖〉、〈大观〉三帖》，《故宫博物院院刊》1985年第3期。2006年由香港商务印书馆影印出版《宋拓善本懋勤殿本〈淳化阁帖〉》。另参见林志钧《〈淳化阁帖〉考三续》，收入林氏著《帖考》重印本。李润恒《〈淳化阁帖〉传世宋本辨》、何碧琪《〈淳化阁帖〉传世版本系统研究》、林业强《〈十七帖〉与〈淳化阁帖〉》、尹一梅《故宫藏懋勤殿本〈阁帖〉研究》、施安昌《清代内府藏〈淳化阁帖〉》，以上五文均收入《秘阁皇风》，香港中文大学文物馆，2003年。又何碧琪《弗利尔本〈淳化阁帖〉及其系统研究》载《美术史研究集刊》第20期，台湾大学，2006年。

8.1909年李氏出石印本，1935年许氏有珂罗版印本，2001年香港中文大学文物馆"宋拓《淳化阁帖》综合研究"课题组发现潘本与懋本为同石所出之善本。参见上注中李润恒、何碧琪、林业强和尹一梅诸文。

9.鑲，此字字典未收。这里与锔字意近，指两端弯曲的钉子，用以补接、加固有裂缝的器物和木板。因似银锭而称银锭纹，从金，表示用金属做成。该字自欓字变来，闭门机也，见于宋《集韵》、明《字汇》、清《康熙字典》。相传《淳化阁帖》始刻于枣木板，后木板开裂，用锔子加固，拓到纸上出现银锭般锔纹。因此，南宋人翻刻帖时有意刻出银锭纹，甚至在原来没有银锭纹的《阁帖》帖石上也添上，此皆商贾作伪之迹。孤山帖石上便有假银锭纹若干。

10.关于孤山《阁帖》考证详情，见施安昌《浙江图书馆藏宋刻〈淳化阁帖〉石考》、尹一梅《浙江图书馆藏〈淳化阁帖〉帖石与懋勤殿本〈阁帖〉》，二文收入《书法丛刊》2007年第3期（总97期）。仲威《〈淳化阁帖〉宋代刻石的研究与发现》，《书法》2007第5期。

（《纪念西安碑林920周年华诞国际学术研讨会论文集》，文物出版社，2007年）

宋拓《淳化阁帖》卷四与《绛帖》后七、八卷校后记

上海博物馆新近征得宋拓《淳化阁帖》四卷，其中的第四卷在清代曾为碑帖考鉴学家吴荣光所藏。故宫博物院藏旧《绛帖》二十卷也曾在吴氏斋中。当其时，吴氏曾与其师友翁方纲（1733—1818）一起研究两帖。探索前贤考帖的方法，从中或有所启发。

一、吴荣光获帖经过

在这两种《阁帖》与《绛帖》上有翁、吴的数篇题跋，谈及获帖经过。[1]（两帖可见于启功主编、王靖宪副主编《中国法帖全集》第一、二册，湖北美术出版社，2002年。）据此，摘要如下：

嘉庆十年（乙丑，1805），吴荣光从京师厂肆得《阁帖》第四卷。（见《阁帖》卷四道光二十年跋）

嘉庆十七年十二月（壬申，1812），吴得《绛帖》后九、十两卷。（见《绛帖》后一卷嘉庆二十年六月翁跋）

嘉庆二十年六月（乙亥，1815），吴续得《绛帖》后一至八卷。（《绛帖》后一卷嘉庆二十年六月翁跋）

同年八月，吴氏再获《绛帖》前十卷。（绛帖前一卷翁跋）

道光十五年（乙未，1835），吴氏将《绛帖》让于番禺潘仕成。（《绛帖》后五卷潘仕成跋）

道光十九年（己亥，1839），吴于《阁帖》卷四题跋云，余得此帖“阅三十五年”。

这就是说《绛帖》在吴荣光手中达23年，而《阁帖》卷四则超过35年之久。

吴荣光（1773—1843），广东南海人，字殿垣，一字伯荣，号荷屋，嘉庆四年（1799）进士。官至湖广总督。能绘善书，师法欧阳询、苏轼、精鉴金石。与翁方纲、阮元诸人交游切磋，熏陶濡染具有渊源。编刻《筠清馆法帖》十二卷，著《历代名人年谱》《吾学录》《绿伽南馆诗稿》《帖镜》《辛丑销夏记》《筠清馆金石录》等。

二、《绛帖》版本的辨别

北宋皇祐、嘉祐年间（1049—1063，另有一说为淳化三年，992）潘师旦刻帖于山西绛州，以《淳化阁帖》为基础，益以别帖，全二十卷，名为《绛帖》。潘师旦死后，两子各得十卷。长子置帖于绛州公库，后来绛州太守重刻后十卷以足成之，即所谓“东库本”或“公库本”。并以“日月光天德，山河壮帝居，太平无以报，愿上登封书”二十字作为每卷的字号。（即帖石编序时前面一字，如一卷第一石为“日一”等）次子得后十卷，又重刻前十卷，称“私家本”。（据宋赵希鹄《洞天清录集》二十九，曹士冕《法帖谱系》）到南宋时，原石和东库、私家本已少见。伪本、翻本流传。晚明时文渊阁大学士冯铨择取内府数部旧绛残拓合成二十卷。上钤元初“方一轩印”、明初“三城王图书印”。（据刘体仁《七颂堂识小录》，见《绛帖》前一卷翁方纲跋）此帖先归孙承泽，后即为吴荣光陆续收藏。全帖装成十册，每册含两卷。

吴氏在《绛帖》上留下了近百条眉批，这里只讨论涉及版本辨别的内容。此类批语皆写于每册首开。如：

第一册，此册前一、二卷均是宋以后搀补；

第二册，此册前三、四卷俱是潘师旦原石；

第三册，此册前五、六卷俱是潘师旦原石；

第四册，此册前七卷是潘师旦原石，前八卷是东库私本；

第五册，此册前九、十卷王大令《嫂等》《鄱阳》《鹅群》《仲宗》《黄门》及《江州》后五行，《疾不退》《省前》《书铁石》《知铁石》《元度》《忽动》《庆等帖》俱是潘师旦原石，余是私本；（按：这里罗列的均为帖名，与近时帖书所称多有不同，如《书铁石帖》或称《近与铁石帖》，《元度帖》应为《玄度帖》，清人避圣祖讳。）

第六册，此册后第一、二卷均是东库拓；

第七册，此册后三卷、四卷右军《侍中》《敬豫》《四月》《吾昨》《疾不》《昨得》《知足下》《司州》《太常》《秋中》《适得书》《十五日》《奄至帖》俱是潘师旦原石，余是东库本；

第八册，此册后五、六卷是东库本；

第九册，此册后七、八卷阮研、萧确、王筠、徐峤之及陆柬之、褚遂良前二行、柳公权、薛稷、虞世南、陈逵、薄绍之、沈约俱是潘师旦原石，余是东库本；

第十册，此册后九、十卷均是潘师旦初有段眼时所拓，《千文》末“封”字，《邹游帖》“书三”。（按：在潘师旦二子析帖问题上，吴荣光从《洞天清录集》的说法，故分帖为原石、东库本、私本。）[2]

在批语中区分潘师旦原石本和东库本甚明，遗憾的是没有讲明根据。古人之题跋、眉批往往如此。当其时，吴是否见过其他真《绛本》，他未曾提到。让我们分析一下其他的根据。

该帖前三、四卷，后一、二、三、五、六、七、八、九、十卷内分别出现相应的光、天、太、平、无、报、愿、上、登、封、书十一个字号，其中前三卷“光”字三见，前四卷“天”字两见，后九卷“封”字三见，后十卷“书”字三见，全帖字号共计十八见。这是东库本的特点。

当然不能以为没有字号就不是东库本，因为字号都刻于帖石的边缘，拓本装裱时字号多被裁去。但是靠字号只能检出东库本当中的一小部分，这是很明显的。

检验的主要根据在于《淳化阁帖》，因为赵希鹄讲：“绛州法帖二十卷乃潘舜臣用淳化帖重摹而参入别帖。”而且吴荣光在其他内容的批注中也每每与《阁帖》比较异同。吴氏精研《阁帖》，认为《阁帖》卷四“尚在肃府祖本之前”（嘉庆十年吴跋），那么毫无疑问地会把它作为考证《绛帖》时的主要根据。

三、以《阁帖》校《绛帖》

按照上述分析，笔者曾以《阁帖》卷四校勘《绛帖》中相应之帖。卷四中存十七人三十五帖。在《绛帖》中可以检出对应的十四人二十一帖，分散于后七、八两卷。将阁、绛两帖中的二十一帖逐一比对，其点画、转折、神态、位置之异同均需仔细观察，观察到的结果略记如下：（标出《中国法帖全集》第二册绛帖（上）的所见页码，后标出吴定的版本）

1.王　筠《至节帖》第387页　相同　原石
2.沈　约《今年帖》第393页　相同　原石
3.阮　研《道增帖》第384页　相同　原石

4.萧　确《孝经帖》第385页　相同　原石
5.萧思话《节近帖》第404页　不同　东库
6.陈　逵《岁终帖》第395页　不全同　原石
7.褚遂良《潭府帖》第405页　前两行同前　原石，后面不同　东库
8.虞世南《大运帖》第396页　相同　原石
9.虞世南《去月帖》第398页　相同　原石
10.虞世南《疲朽帖》第395页　不全同　原石
11.虞世南《郑长官帖》第397页　相同　原石
12.虞世南《潘六帖》第397页　相同　原石
13.柳公权《圣慈帖》第400页　相同　原石（图1、图2）
14.柳公权《伏审帖》第401页　相同　原石
15.柳公仅《荣示帖》第403页　相同　原石

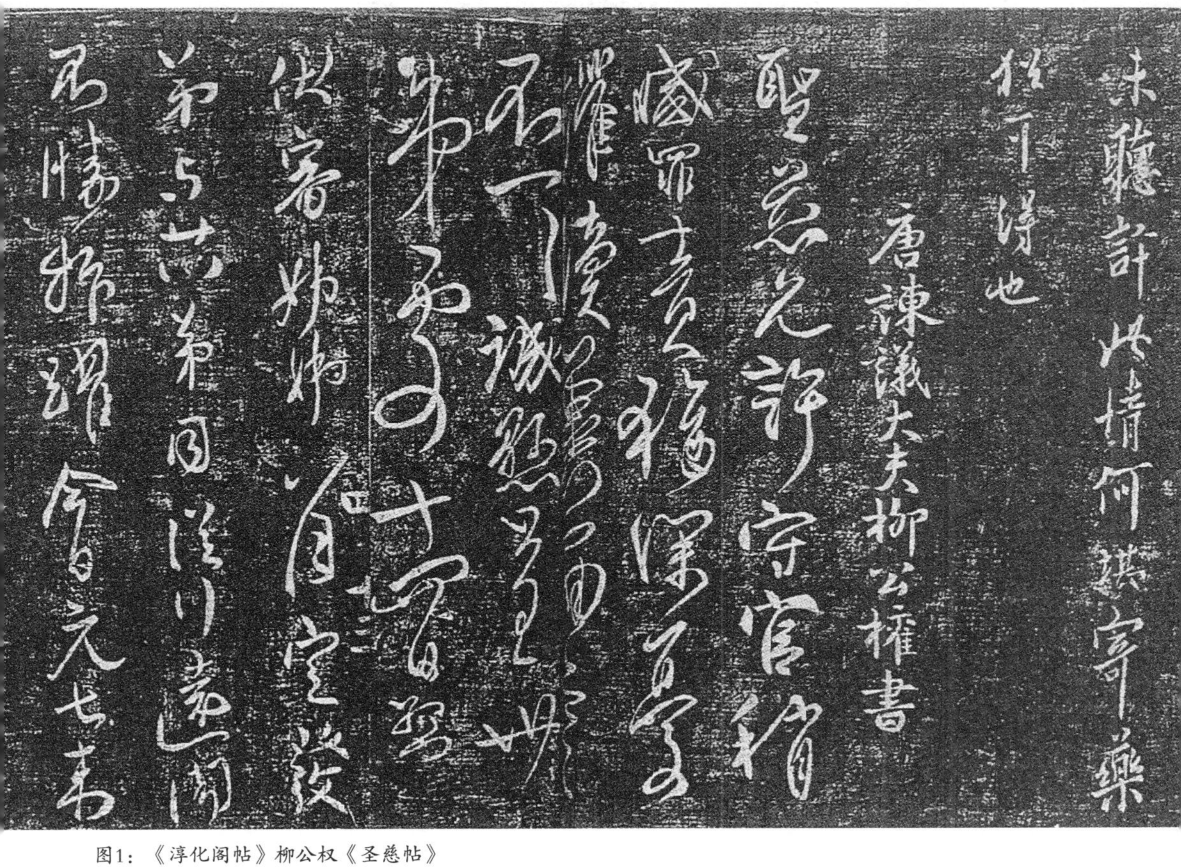

图1：《淳化阁帖》柳公权《圣慈帖》

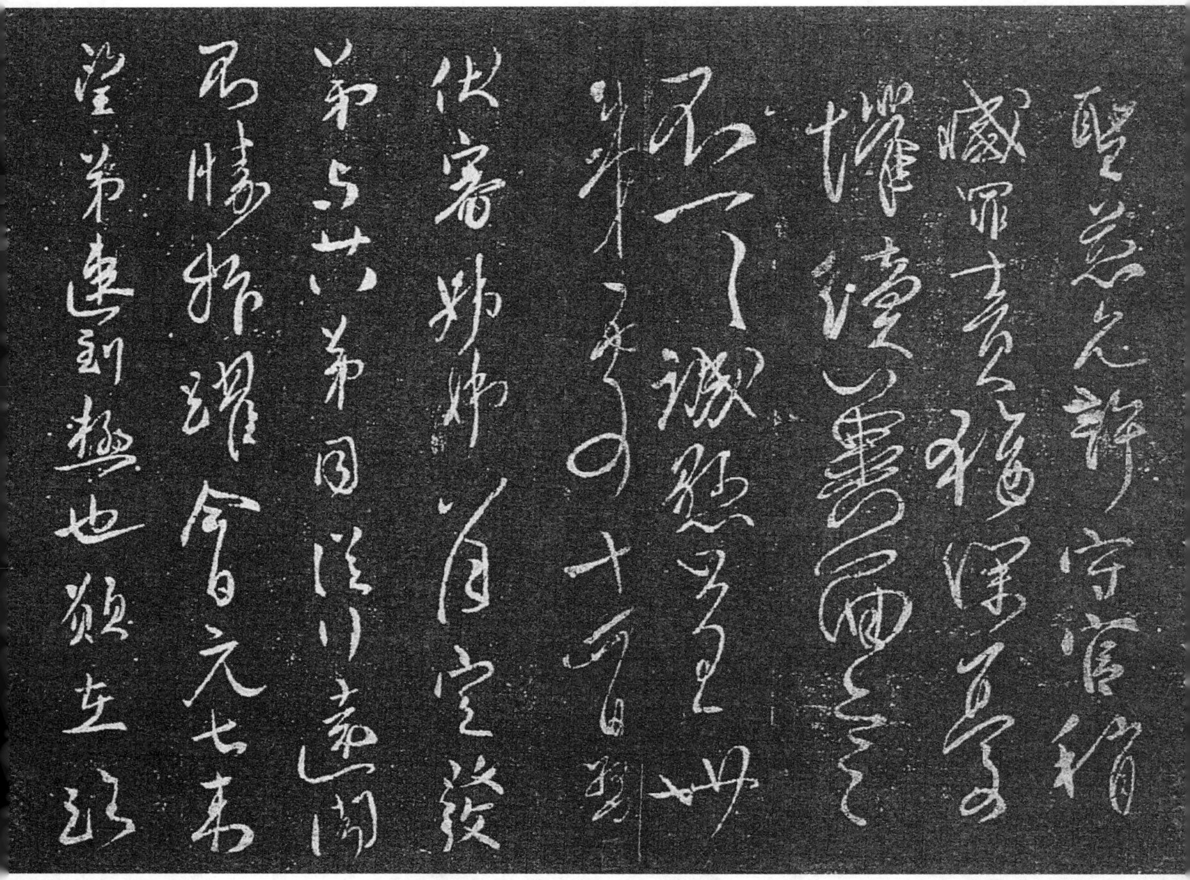

图2：《绛帖》柳公权《圣慈帖》

16.柳公权《十六日帖》第404页	相同	原石
17.褚庭诲《初寒帖》第388页	不同	东库
18.薛　稷《孙权帖》第399页	相同	原石
19.徐峤之《春首帖》第389页	相同	原石
20.陆柬之《得告帖》第408页	相同	原石（图3、图4）
21.薄绍之《回换帖》第392页	相同	原石

需要说明的是，因此两卷《绛帖》捶拓时墨湿渗入字口，使字画显得瘦，如《至节帖》。这种情形只有细审拓本才能分辨，从书上难以看出。

将这个结果再和前引吴荣光对后七、八卷之批语联系起来，对照分析，便可得到第二步结果：

（一）有十六帖绛本与阁本相同，被吴氏定为原石本。

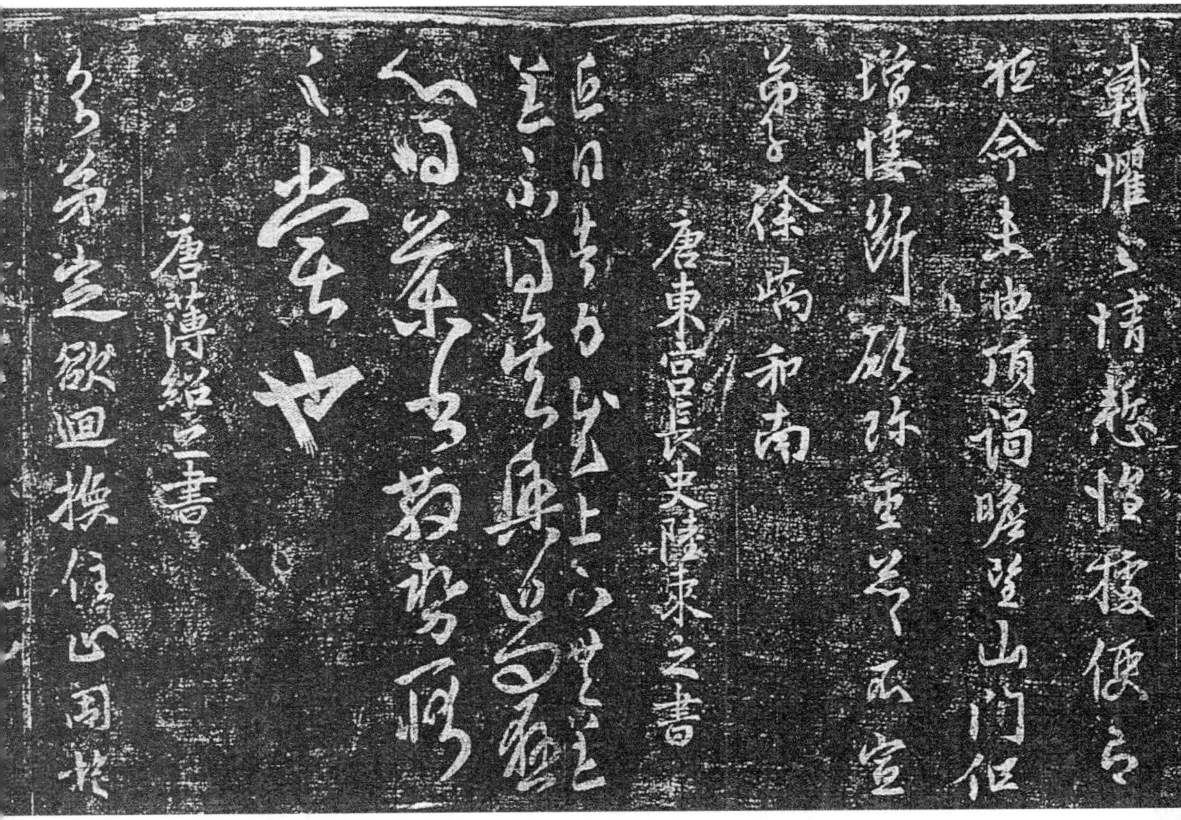

图3：《淳化阁帖》陆柬之《得告帖》

（二）萧思话、褚庭诲两帖绛本与阁本不同，吴氏定为东库本。

（三）褚遂良《潭府帖》前两行绛本与阁本相同，吴氏定为原石本。后十行不同，吴定为东库本。

（四）陈逵《岁终帖》、虞世南《疲朽帖》在阁、绛中不全同，不知吴氏为什么将其定为原石，是另有根据，还是疏忽所致？

在上面两步结果的基础上可以引出如下结论：

这部《绛帖》后七、八卷中的十六帖之底本从《阁帖》卷四摹出。吴荣光鉴别《绛帖》版本时，曾以《阁帖》卷四作为重要依据。

《绛帖》乃《阁帖》之后不久即刻的有影响的民间法帖，善本早已难觅。考订明前古帖犹如寻坠绪于茫茫。新征《阁帖》善本为我们提供了进一步探究帖史的线索，这是至为可贵的。

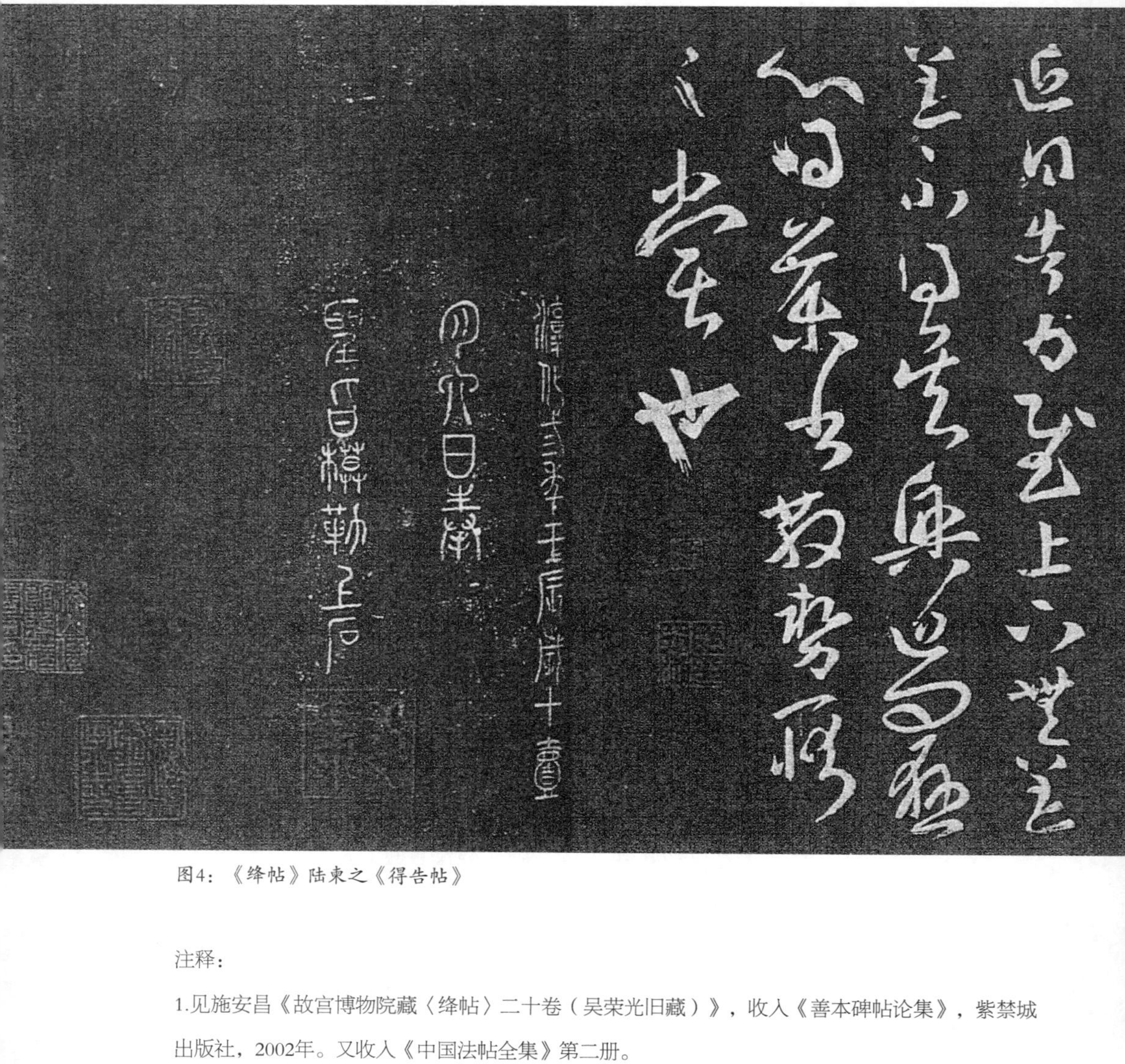

图4：《绛帖》陆柬之《得告帖》

注释：

1.见施安昌《故宫博物院藏〈绛帖〉二十卷（吴荣光旧藏）》，收入《善本碑帖论集》，紫禁城出版社，2002年。又收入《中国法帖全集》第二册。

2.同上。

（《上海文博》，2003年）

刻帖辩证

宋刻《汝帖》与故宫博物院藏宋拓本（翁方纲旧藏）

一、汝帖与王寀

《汝帖》十二卷并附目录于帖前。该帖收录历代各家法书兼及铜器铭文，自苍颉《戊己帖》始，止于五代郭忠恕《尧舜帖》。卷目如下：卷一，三代金石文；卷二，秦汉三国刻书；卷三，晋宋齐梁陈五朝帝王书；卷四，魏晋九人书；卷五，晋渡江三家十七帖；卷六，二王帖并洛神赋；卷七，南朝十臣书；卷八，北朝胡晋十二人书；卷九，唐三朝帝后四人书；卷十，唐欧、虞、褚、薛四家书；卷十一，唐六臣书；卷十二，唐讫五代诸国七人书。据目录和帖文合计书家八十二人，无名氏书十五种。

此帖为王寀刻于北宋大观三年（1109），王寀于帖后自跋云：

寀来汝逾年，吏民习其疏拙，不甚诿以事。闭合萧然，奉亲之外，独念弃日偶得三代而下讫于五季字书百家，冠以仓颉奇古，篆籀隶草真行之法略具，用十二石刻置坐啸堂壁。其论世正名于治乱之际，君子小人之分，每致意焉。识者谓之笔史，盖使小学家流因以博古知义，不特区区近笔研而已。大观三年八月上丁，敷阳王寀记。[1]

帖史上最早的丛帖是北宋内府所刻《淳化阁帖》，刻于淳化三年（992），《汝帖》晚于此一百一十七年。而与《淳化阁帖》之后的另一内府名帖《大观帖》刻于同一年。

王寀，字辅道，号南陔，江州敷阳（今江西德安）人。[2]生于元丰元年（1078）。[3]卒于政和八年（1118），四十一岁。事迹略载于《宋史》卷三二八附《王韶列传》后，其文如下：

寀字辅道。好学，工词章。登第，至校书郎。忽若有所睹，遂感心疾，唯好延道流谈丹砂，神仙事。得郑州书生，托左道，自言天神可祈而下，下则声容与人接。因习行其术，才能什七八，须两人共为乃验。外间欢传，浸淫彻禁庭。

徽宗方崇道教，侍晨林灵素自度技不如，愿与之游，拒弗许。户部尚书刘昺，寀外兄也，久以争进还往。神降寀家，使因昺以达，寀言其故，神曰：“第往与之言，汝某年月日在蔡京后堂谈某事，有之否？”昺惊骇汗洽，不能对，盖所言皆阴中伤人者。乃言之帝，即召。寀风仪既高，又善谈论，应对合上指。帝大喜，约某日即内殿致天神。灵素求与共事，又弗许。或谓灵素，但勿令郑书生偕，寀当立败。即白帝曰："寀父兄昔在西边，密与夏人谋反国。迟至尊候神，且图不轨。"帝疑焉。及是日，寀与书生至东华门，灵素戒阍卒独听寀入。帝斋洁敬待，越三夕无所闻，乃下寀大理，狱成，弃市，曷窜琼州。"

寀父韶为北宋武将，赠金紫光禄大夫。寀为幼子，兄弟十三人。崇宁二年（1103），二十六岁，登进士第，入馆为秘书省著作左郎。崇宁五年（1106）二十九岁，罢秘书省著作左郎，直秘阁。大观三年（1109）三十二岁，知汝州，刻《汝帖》。后孝满，移守陕州。政和二年（1112）三十五岁，坐不觉察盗铸钱，罢知陕川。政和三年（1113）三十六岁，勒停，后知襄州。政和五年（1115）三十八岁，除名勒停。政和六年（1116）三十九岁，任翰林学士、兵部侍郎，游山西紫团山。政和八年（1118）四十一岁，坐降天神事伏诛。至高宗绍兴二年（1132）方予平反，诏王寀追复朝奉大夫。[4]

二、关于帖石的文献记载

在关于汝帖的记述与研究中，帖石的沿革变迁是一个很值得探究的问题。因为近代以来，有学者以为现在汝州的帖石就是宋刻原石。这与相关的文献显然不符。再者，检阅相关文献记载，相互之间也有抵牾。为厘清帖石变迁脉络的现状，需要从文献、历代拓本和帖石现状三个方面考察，将三方面情况综合互证，分析折中，或可以得到一个较合理的认识。

现将地方史志和其他笔记数据涉及帖石存佚的内容，按先后顺序摘引于下：

（一）北宋大观三年（1109）

王寀刻跋：

寀来汝逾年，偶得三代而下讫于五季字书百家，用十二石刻置坐啸堂壁。

（二）金代（1115—1234）以后

据明王雄序本《汝州志》：

《汝帖》十二石改置公廨后圃望嵩楼壁，见元代尚野（兴文署丞）《望嵩楼记》：“……公廨后圃，以望嵩名其楼……今既颓毁几尽，而石刻尚可考。”[5]

（三）明正德元年（1506）

王雄序本《汝州志》：

汝帖碑，计十二刻，皆历代名人所书，见在儒学。[6]

（四）明嘉靖至万历（1522—1620）

明方应选修、张维新纂《汝州志》：

方应选曰，汝无它藏，独石帖为历代名人手笔。王元美先生品跋古刻第之上中。余初拓得之，亦云考之。此中父老则谓，州旧有望嵩楼，制帖极宏敞，亭榭碁置，四壁如屃屃诸帖晗焉。四方游毂至，辄为摹勒，盖石不胜剥，地主殊苦之。嘉靖间诏毁天下淫寺，有司乘此废去，帖瘗马厩，复为祖龙所厄。今其存者，后之好事掇拾煨烬之余也。夫爨下宁有完音，而此中赫虓故不中拓……拓又不如吴手之工，几不并鱼尾碎哉！余尝出吴虓，今装潢洗石，日拓数行，腕迹俨然。傥成、隆间旧物在，定不逊《停云》诸刻，王先生临池赏可知也。[7]

（五）明万历四十年（1612）

李日华《六砚斋二笔》：

神庙壬子（按即明神宗万历四十年，1612），余谪倅汝，及见此帖，凡十二石，横陈于礼房。石皆紫色含润，一石计丈许，厚五六寸。所刻帖东西倒行，亦有零帖，就四隅凑缀者。以拓多，石有裂纹，字皆磨泐。余拊其石极爱之，戏谓汝守刘叔熙曰：帖无藉于如是厚，诚得吴中巧工，解其半以斲砚，盖无上材也，而可得百余研。叔熙笑以为然。而莫名其为何石，意伊洛瀍涧中所潏荡而出，固嵩高之结璘乎。王元美评诸处帖，以汝居上中。余谓必出宋人，非近代所为也。余从汝携二十余本回，无如此本裂少而完多者。其先余而拓，又不知几何岁矣。[8]

（六）清顺治七年（1650）

乾隆《河南通志》：

汝帖碑，在州治内，凡十二刻，寇乱残破，顺治七年，巡道范承祖修整并诗跋十四刻，移置道署宾馆。[9]

（七）白明义重刻《汝帖》跋文：

顺治间观察范承祖掇拾残碣，以诗跋增二石，修辑为十四刻，移置署左寅宾馆壁。[10]

（八）道光六年（1826）

白明义重刻汝帖跋文：

剥落日久，殆无遗迹。道光六年（1826），州牧董大醇择略可辨者四石，从寅宾馆复移署西室壁，颜曰“存古”以名轩焉。[11]

（九）道光十八至廿二年（1838—1841）

白明义跋：

《格古要论》云：“《汝帖》十二卷，摘诸帖字，合而为之。”《金石录》云：“《汝帖》十二石，并无改摹者。”旧藏汝之望嵩楼，明季频遭兵燹，杂瓦砾中。国朝顺治间，观察范承祖掇拾残碣，益以诗跋，增二石，修辑为十四刻，移置署左寅宾馆壁。剥落日久，殆无遗迹。道光六年，州牧董大醇择略可辨识者四石，从寅宾馆复移署西室壁，颜曰存古，以名轩焉。岁戊戌，予来牧是邦，公余搜古，见壁所存者，又漫漶不复识。惟范君附刻诗跋目录，字稍完整，辄感慨系之。嗣购古雒故家藏本，依旧十二刻。其为范君修辑前原拓无疑也。予方纂乘事竣，适有工石刻者，嘱依原本字画存缺，钩摹勒石，两载告成，就“存古轩”左构室藏之。前朝故物不终湮没，文字之劫不终堕一二，考古之士不终患留遗者之寖无考见，亦数也。予固不敢居是功云。道光壬寅孟秋三韩白明义谨志。[12]

清末至五十年代以前帖石散落民间。

三、帖石的现状

最近，我们到汝州观摩调查《汝帖》。据介绍，自50年代起，县文化馆馆长张久益先生等人，便多方查找搜集散失的《汝帖》帖石。终于从不同地方征集到白明义重刻本十六石，另外所缺四石重新摹刻补齐，于1997年一起陈列于文庙大成殿。

今帖石置大成殿西配殿，殿门东开。帖石嵌于北墙，转至西墙，分上、下两排，共二十块。始于帖目，止于白明义跋文，中间按卷次排列。为方便观赏，将帖石拓本展示在石的上方，亦是两排，与帖石对应，墙面罩玻璃保护并设灯光照明。

（一）今用表格形式著录各石的顺序、大小尺寸、帖文的起讫。1997年刻的帖石用“新”字标出。各石的拓本也都收入本书，呈现着书法面貌与帖石损泐的状况。

帖石情况简表：

序号	首行	末行	长	高	备注	序号	首行	末行	长	高	备注
1	帖目 皇颉	王羲之十帖	142	40		11	王羲之 初月	宋王昙首 有余念	131	40	新
2	帖目 王献之三帖	夏禹书帖	142	40		12	羊欣 六月	陈逵 十二月廿五	144	40	
3	夏禹 尚节	史籀 豰州	142	40		13	陈逵 感深	苏绰铭 皇天	146	41	
4	宣尼	程邈 下丐其	131	40	新	14	苏绰铭 巍巍传之	开元皇帝 同气是	140	42	
5	汉西京器刻	梁鹄 天人	142	40		15	开元皇帝 守京职	欧阳询 是最要	131	40	新
6	吴皇象	齐高皇帝 见卿	142	40		16	欧阳询 十二日	薛稷	115	40	
7	齐高皇帝 知卿	向秀	142	40		17	薛稷 正以立身	贺知章	112	40	
8	魏嵇中散康	八行汝刻四	131	40	新	18	贺知章 近日东阳	唐韩退之 少室李君	107	40	
9	晋中兴佐命 王导	郗愔 渐胜	142	40		19	无名氏	郭忠恕 凤鸟	108	40	
10	郗愔 难将适	王羲之 为慰力及	131	40		20	郭忠恕 于是	白明义谨志	111	40	

（二）大部分帖石是道光时白明义重刻的，模刻精湛，仍然保持了“粗漫传神”的特色，损泐处也一一忠实摹勒刻出，确实是“依原本字画存缺钩摹勒石”（白明义跋语）。

（三）第四、八、十一、十五石，是一九九七年刻的新帖石，其刻帖方法并未采取忠实原帖的依旧拓本钩摹上石的办法，只是临仿其笔意，因而不论书法面目还是行款布局与原帖有很大差别。

（四）第十三石是最长的一块，墨绿色，隐含石理花纹，石质与其他帖石都不同。原帖石或白明义刻帖石，每次都应采用石质相同的石料，那么此石又刻于何时，有待进一步研究。

四、传世旧拓本举例

拓本是刻石的忠实再现，在梳理文献和调查现状的同时，还必须研究《汝帖》不同时期的旧拓本。

考察故宫博物院收藏的《汝帖》多种旧拓，根据不同的情况分述于下。前两种为宋刻原石本。

（一）翁方纲旧藏本，（图1、图2、图3）宋浓墨拓，六册（每两卷为一册），木面，白纸挖镶蝴蝶装。帖文共一百三十三页，每页墨纸纵28.1厘米、横19.4厘米。

此部曾经程荔江、翁方纲等收藏，内有翁方纲考跋。木面刻"汝帖"二字并翁大年刻题一段。内签雍正癸丑（1733）周铨题。此帖卷一第三帖标题"商器款识"，第四帖"周器款识"等字完好，明拓有损。

附题跋一册，有容庚、翁方纲、桂馥、程晋芳、张伯英诸家跋文。并有诸家钤印，详见题跋部分。

（二）毕泷旧藏本，锦面，二册。明代浓墨拓，黑纸边托裱，经折装。题签二：毕泷、无名氏。帖前刻楷书目录。拓本钤"毕泷""毕泷鉴赏""毕泷鉴藏""毕涧飞秘籍印""元功之章""广堪斋主""王澍印""石渠宝笈""宝笈三编""嘉庆御览之宝""嘉庆鉴赏""三希堂精鉴玺""宜子孙""若林曾观""王树堂金氏珍藏图书"等印。王澍题跋一段："右汝帖宋本，钖山秦氏旧藏，为文待诏故物。题签犹待诏遗墨也。近来汝刻拓本石面已平，无复形似，此本虽亦已少刓，然字里行间精神故在，纸亦隔麻，真古拓也。余从南沙先生借观，自春徂夏置案间凡四月许，因记岁月于纸尾。康熙五十有九年岁，星次庚子秋七月八日，良常山下人王澍书于京师宣武以西寓斋。"

（三）道光间重刻本，十二卷，两册，蓝绢面，淡墨拓，字皆完好。帖后有白明义刻跋。

五、题跋与批注

本帖除六册帖文之外，还将清人和现代学者的题跋集中装裱一册。题跋是对帖的赏评和鉴识，同时也反映了该帖的流传轨迹，价值很高。题跋作者有翁方纲、桂馥、程晋芳、张伯英和容庚。

翁方纲曾是本帖的收藏者，也是题跋和批注最多的人。翁方纲（1733—1818），顺天大兴人，字正三，一字忠叙，号覃溪，室号苏斋。乾隆十七年（1752）进士，官至内阁学士。长于考证金石，校勘碑帖。书取法颜、欧，当

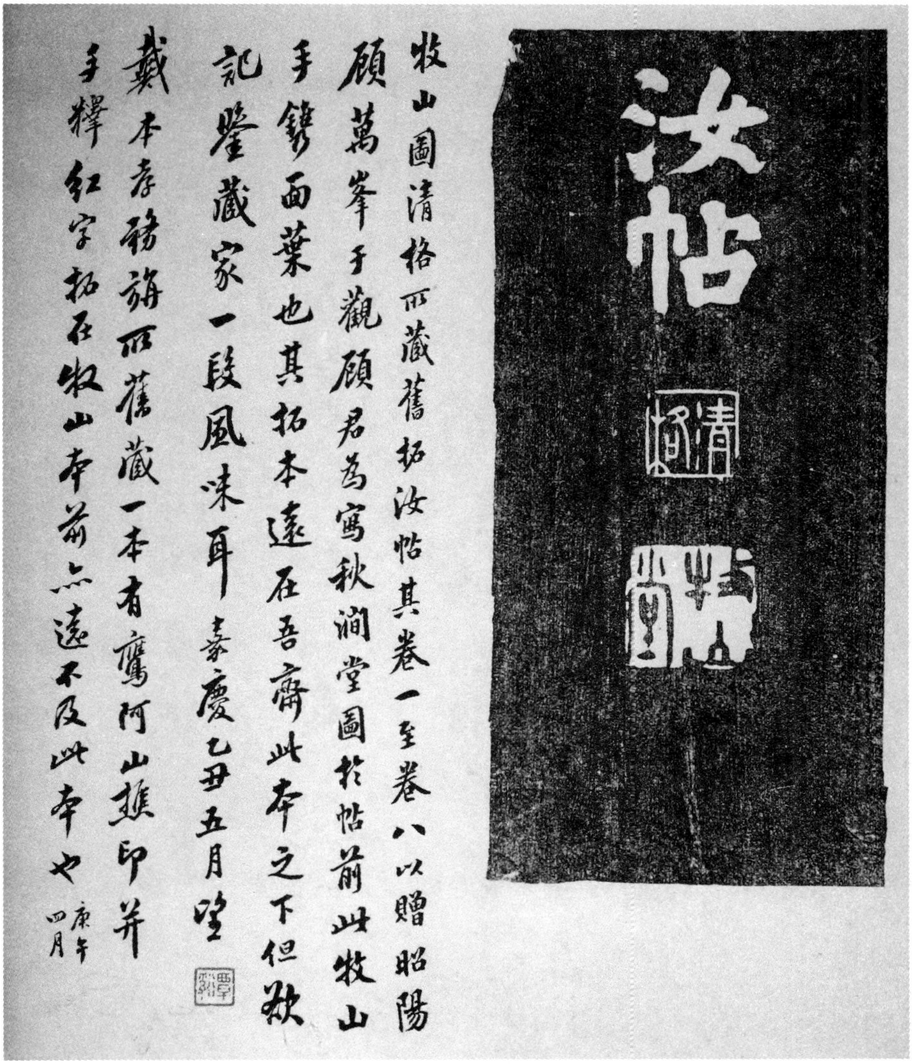

图1：翁方纲旧藏本卷一、二册前附页 翁方纲题

时与刘墉齐名。著有《两汉金石记》《复初斋文集》《苏斋题跋》。

翁氏得此帖于乾隆四十五年（1780）九月二十日，重新装裱于二十二日，时年翁四十八岁。嗣后三十年间题跋十二次。最后题写时间在嘉庆十五年（1810）。他还将前人涉及《汝帖》的评述抄录下来，当然有的不一定是翁氏本人书写而由他人代劳。在获帖之后，翁氏即邀好友桂馥一起来赏帖并题写。

桂馥（1736—1805，或1733—1802），山东曲阜人，字冬卉，一字未谷，号雩门、肃然山外史、老苔。乾隆五十五年（1790）进士，官云南永平知县。

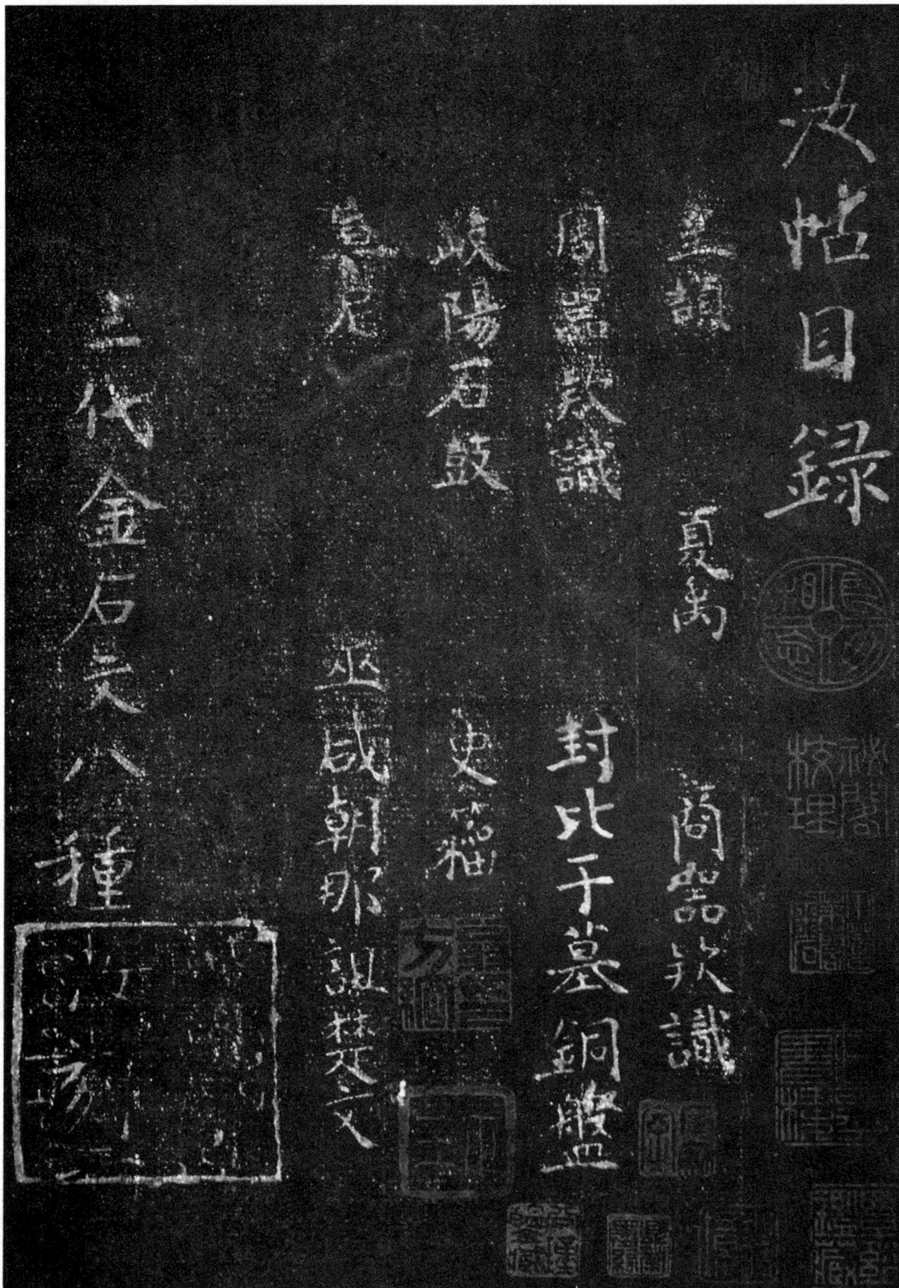

图2：翁方纲旧藏本卷一目录

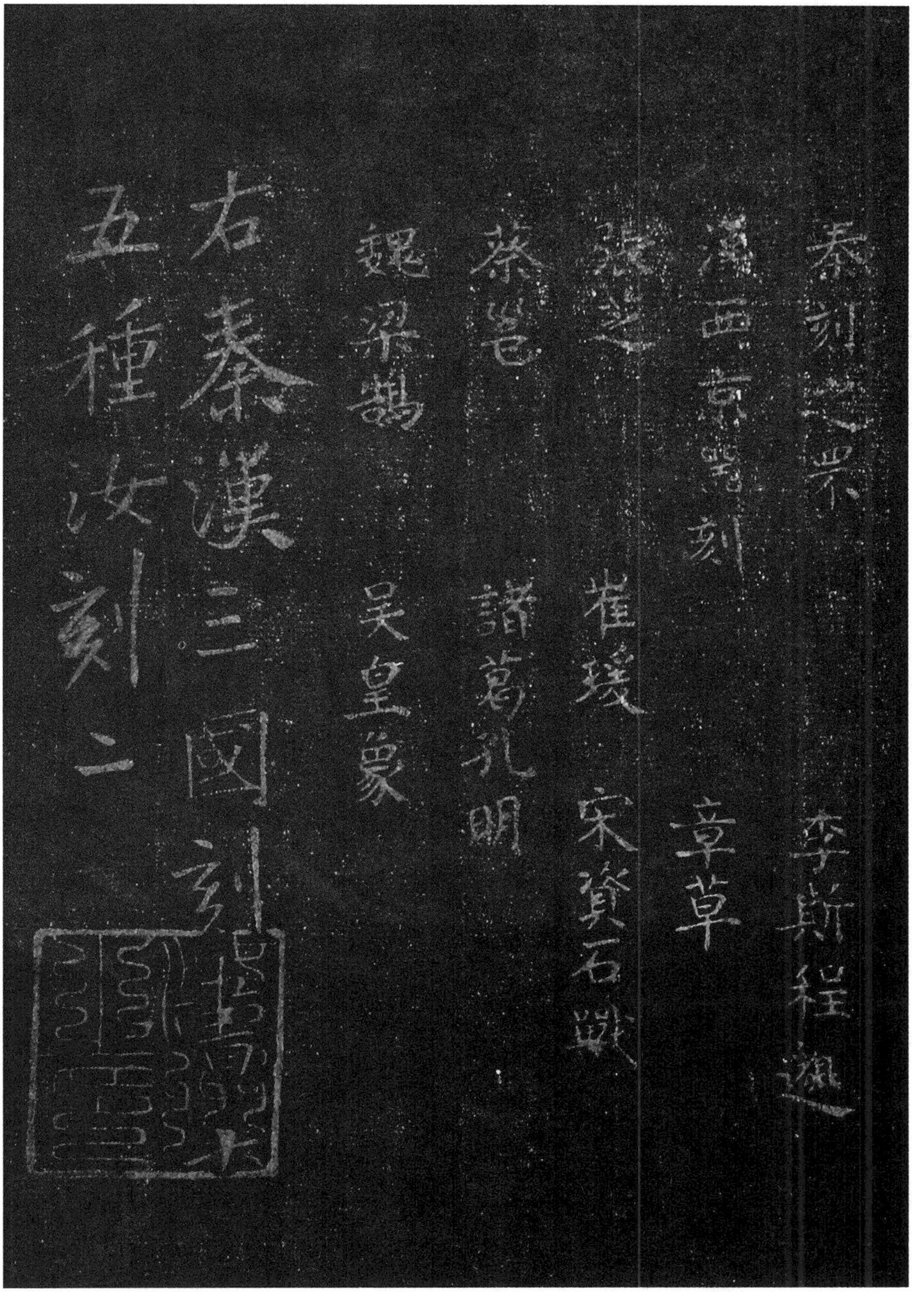

图3：翁方纲旧藏本卷二目录

学问该博，长金石考据学。翁方纲、阮元极推之。篆刻、汉隶及画均负盛名。有《说文义证》《缪篆分韵》《晚学集》《清朝隶品》等。

从两人的题跋中交代出这本《汝帖》早先在程荔江手，然后转卢雅雨运使，再被汪东序买得，两年后汪赠予翁。

程晋芳是程荔江的族弟，也是金石圈中的一位人物。

程晋芳（1718—1784），歙人，初名廷钴，字鱼门，号蕺园。乾隆进士，官吏部主事，授编修，纂《四库全书》。家世殷富，好藏书，有《勉行斋文》《蕺园诗》等。

乾隆四十七年（1782）正月，翁氏邀程观摩汝帖，于是在帖尾留下了合作的《荔江小铜印歌邀鱼门编修同赋》十二首诗中弥漫着对古物的怜惜，对珍护古物的故人的追念。荔江“生于甲戌没甲戌”，即生于康熙三十三年（1694），卒于乾隆十九年（1754），室名“师意斋”，与晋芳同为王澍门人，好收藏古物版本。

张伯英（1871—1949）安徽桐城人，光绪二十八年举恩科举人，曾于段祺瑞政府任秘书，后执教北平成达中学。书法独树一帜，碑帖尤精评审，亦富收藏，有《阅帖百卷》《张伯英碑帖论》。张伯英的第一段跋是为《汝帖》长期所受的贬抑鸣不平，言之有据有理。第三段所言刘仲宝即刘珉。《宣和书谱》云：“珉善草隶，远追羲之，颇得其法，草书益胜。”

容庚（1894—1983）广东东莞人，字希白。北京大学研究所毕业。历任北京大学、岭南大学、中山大学教授。从事于古文字、古器物研究。著作有《金文编》《金文续编》《商周彝器通考》《海外吉金图录》等。

容氏从古文字学家角度指出《汝帖》所收《诅楚文》《之罘刻石》之可信而希见。

再说帖内的批注。翁方纲撰写了长短二十八条批注，内容涉及释文、评书、帖文考辨、与其他本《汝帖》比较等等。少数批注记下干支纪年，应分别在下列年份：1785、1786、1791、1793、1797、1812和1817年。1817年翁氏八十五岁，第二年去世。可以看出他对《汝帖》前前后后仔细地下了许多功夫。

应当指出，收入本帖的题跋和批注绝大部分未见于作者的文集，是集外文，自然十分可贵。有鉴于此，笔者将它们分别辑录标点成两个材料一并刊出以便研究。

六、《汝帖》的价值和影响

若论古代的人与事，都不能离开当时的社会背景和风尚。《汝帖》的价值和影响，后人可从四方面来看。

第一，古代书法史的长卷。《汝帖》包括了篆、隶、真、草各种书体，多种流派。计有三代秦朝金石文字十一种，圆润醇厚，体象卓然。有两汉铭刻十种，隶体端庄遒劲，浑厚质朴；章草波磔变幻，古逸高雅。有王羲之、王献之代表的两晋南朝二十余家，妍美飞动，笔情奔放。又有北朝胡晋笔札与碑版，体势方峻，奇崛雄强。至于唐大宗、武则天、唐玄宗书迹，则豪放天成。初唐欧阳询、虞世南、褚遂良、薛稷，继后的李邕、韩择木、贺知章、颜真卿、李怀琳、韩愈、柳公权、裴休、杨凝式、李煜、钱俶、郭忠恕皆八法精妙，仪态万千。抚帖赏心，足谓书史长卷；博古知义，又岂止笔砚临池。

第二，法帖与金石兼收并蓄。

刻帖兴盛于北宋。从帖的内容看已经互有区别。一类尽收历代名人法书，如《淳化阁帖》《大观帖》《绛帖》《宝晋斋帖》《凤墅帖》《姑孰帖》等。另有一类收名人法书之外兼收古代碑刻、铜器铭文，如《博古堂帖》内有“蔡邕石经遗字”；《甲秀堂法帖》庐山陈氏辑，内有“石鼓文谱”。《汝帖》卷一有“商周款识”“石鼓文”“诅楚文”。卷二有“之罘刻石”“西京器铭”。卷八有“石赵邺祠柱刻”“姚秦像铭”“周纥豆陵腾碑”等。《汝帖》自当归入后一类宋帖。

这样，此帖不仅受到书家之欢迎，而且得到文字学家、篆刻家的青睐。古文字学家容庚跋语具有代表性。

第三，摹刻粗漫传神。

清代王文治《快雨堂题跋》谓：

宋刻诸帖中，评者以《汝帖》为殿。然《绛》《潭》诸刻，赝本至多，眩目特甚。《汝帖》以名轻，独无赝本。今一展玩，其神采迸露，远出世俗所传《绛》《潭》诸刻之上，殆此真而彼赝也。此本为竹痴子所收，今归令兄灵岩尚书。灵岩与竹痴皆具精鉴，此帖洵得所归欤！余尝谓古帖中有以摹拓至精而传神者，亦有以摹拓粗漫而传神者。此帖全以粗漫传神，近时木刻《戏鸿堂》亦然。非鉴古至精如灵岩公者，不敢轻以此语相质也。[13]

粗漫不是粗糙、草率，应是浑脱、豪荡的意思。纵观帖史，至精而传神者多，粗漫而传神者寡。近世张伯英称赞王氏的见解说："此评大有见地，非深于书者不能作是语。"[14]

第四，鉴选取舍有所不当。

这方面宋黄伯思开其端，指责严厉。仅就考辨帖文而言，黄言在理。古人无影印技术，法书靠响拓，临摹而传。辗转之间，节录、颠倒、混淆、误名难以避免，《淳化阁帖》、《绛帖》也都因之受责，又岂独《汝帖》哉。况临池者不必求文全字顺，故张伯英于黄氏辩驳因此而发。

《汝帖》曾经广为流传，前人也有许多记述与研究。本书将帖石现在的拓本和宋刻原石的拓本合璧刊布，并加以讨论，一定会增加世人对于《汝帖》和汝州的了解和兴趣。清人孙灏诗云："望嵩楼高高入云，旧藏《汝帖》天下闻。"大凡文化艺术中的精品，总会世代相传，没而复兴，犹如山高水长而勿论其寒暑隐显也。

注释：

1.原跋不见于帖后，录自陈思《宝刻丛编》卷五。

2.脱脱等《宋史》，中华书局点校本，1977年，卷三二八，列传第八七，第10584页。

3.庄绰《鸡肋篇》卷上，中华书局点校本，第14页。

4.《建炎以来系年要录》卷九十六。参见林业强《〈淳化阁帖〉的流行——〈汝帖〉四题》，收入《书海观澜（二）》，香港中文大学艺术系、香港中文大学文物馆，2008年，第316页。

5.王雄（序）本《汝州志》，《天一阁藏明代方志选刊》，上海古籍出版社，1963，卷八，第8-9页。

6.同上注，卷四，第6页。

7.方应选修、张维新纂《汝州志》，《日本藏中国罕见地方志丛刊》卷一，第26页。

8.李日华《六砚斋二笔》卷三。

9.乾隆《河南通志》卷五十二。

10.11.12.据故宫博物院藏《汝帖》道光重刻本。

13.引自容庚《丛帖目（一）》，香港中华书局，1980年，第118页。

14.同上注，第119页。

（《汝帖》文物出版社，2008年）

故宫藏《绛帖》二十卷（吴荣光旧藏）内的批注与考证浮签

三年前，因《中国法帖全集》要收入故宫所藏的《绛帖》约我写文，遂成《故宫博物院藏〈绛帖〉二十卷（吴荣光旧藏）》一篇（以下简称“前文”）。当时限于编书要求，撰文时不得不舍弃一些理应著录的内容。

去年全集出版，第一册是《淳化阁帖》，第二册即《绛帖》[1]。这部《绛帖》终于从锁闭的内府走到了大众的面前。大家可以面对彩色清晰的影印本来观察、欣赏和思考了。本文在前文基础上补充记识，或对读帖者有所俾益。

一、背景情况

先需交代一下背景情况。《绛帖》二十卷分为前十卷和后十卷。嘉庆十七年（1812）十二月，吴荣光首次获《绛帖》后九、十两卷，嘉庆二十年六月吴氏获后一至八卷，同年七月再得前十卷。这是得帖的经过。

翁方纲与吴荣光久有金石之交，于《绛帖》甚关注。十七年时翁已年届八十岁，吴仅四十岁。吴每获《绛帖》，翁必亲笔题写。两人切磋考鉴，兴致盎然，在上留下种种文字。

翁方纲题识共四次：第一次，嘉庆十七年（壬申，1812）十二月五日吴荣光得后九、十卷时，跋与诗各一篇。第二次，嘉庆二十年（乙亥，1815）六月二十日吴氏续得后一至八卷，跋在后一卷附页。第三次，同年八月六日，因吴氏再获前十卷，翁撰总跋于前一卷（图1）。第四次，同年八月十日翁再跋两段，短者见前九卷，长者见第二次跋后。翁跋详见前文，兹不重复。

二、吴荣光批注录文

吴荣光在此帖的镶边上留下大量批语。前文第四节“吴荣光批注”中按内容不同区分为五类：（一）卷、页次第。（二）鉴别版本（图2）。（三）说明诸帖摹自《淳化阁帖》之何帖并校其异同（如后二卷第三帖东晋元帝书《中秋帖》，批曰：“淳化一之五，第四行多一字余同，末行少一字”。）

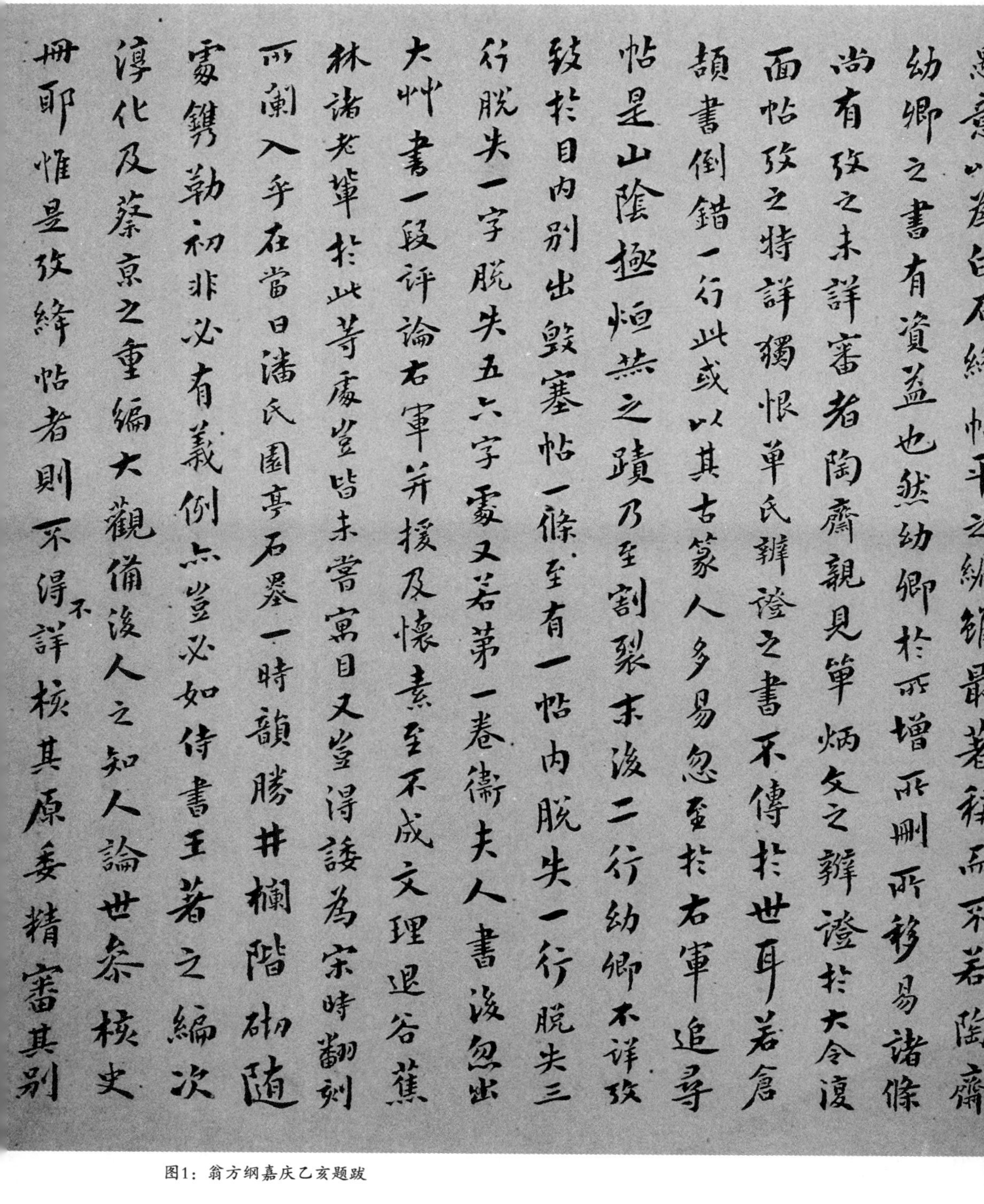

墨意以為白石絲帖平之編雖最著釋而不若陶齋幼卿之書有資益也然幼卿於所增所刪所移易諸條尚有攷之未詳審者陶齋親見單炳文之辨證於大令澒面帖攷之特詳獨恨單氏辨證之書不傳於世耳若倉頡書倒錯一行此或以其古篆人多易忽至於右軍追尋帖是山陰極烜赫之蹟乃至割裂末後二行幼卿不詳攷較於目內別出毀塞帖一條至有一帖內脫失一行脫失三行脫失一字脫失五六字處又若第一卷衛夫人書後忽出大艸書一段評論右軍并援及懷素至不成文理退谷蕉林諸老輩於此等處豈皆未嘗寓目又豈得諉為宋時翻刻所闌入乎在當日潘氏園亭石墨一時韻勝井欄階砌隨處鐫勒初非必有義例亦豈必如侍書王著之編次淳化及蔡京之重編大觀備後人之知人論世參校史冊耶惟是攷絳帖者則不得不詳核其原委精審其別

图1：翁方纲嘉庆乙亥题跋

潁川劉公䣕識小錄云絳帖本馮涿鹿所藏凡二十卷今歸於孫北海每幅有一軒二字印方廣將二寸許元初方一軒也押裝池有三城王圖書印點間有無此二印者紙皆橫簾搨手點精相傳明內府有此數部皆不全馮涿鹿擇取合為此廿卷後有仍存淳化舊題處其後十卷自宋太宗書為始二王書皆割裂大令帖尤偽按劉公䣕此條實此帖之確據孫退谷所記不及此明白故為錄於卷端

攷絳帖者莫詳於姜白石絳帖平及曾陶齋法帖譜系曾幼卿石刻鋪叙至近日絳人韓雨公霖撰絳帖攷則益不足徵矣白石之絳帖平意在品次法書原委然法書之原委自應於淳化大觀卷中詳之絳則有增有刪有前後移易首尾接合錯互之不同又有東庫本新絳本者

（四）评帖。（五）考注。

关于（一），随帖标明，一目了然。关于（二），前文已全部著录了。关于（三）中说明帖的出处的内容不再赘录。关于校其异同的内容，则仍有标点录文的必要。关于（四）、（五）两类批语，依照原帖的先后，标明书中页次，一一著录于下：

前第六卷

136页：此帖一行“疾患小”，二行“写怀”字剥损。

145页：近刻《绛帖》别本亦有此帖，“蜱”误作“蟀”，且“六物”以下颠倒不成文义，足见此本可贵也。至行法则近刻全失之。

前第七卷

150页：此页上方有赵文敏“大雅”印左半之半　已亥十月伯荣记。

前第八卷

180页：脱二、三行，在此卷之第七页，“婢日夕”至“比健”也。

182页：脱四行“妬极”下六行，在此卷八页。

184页：九行下脱“姊性”二行，存此卷第四页。

188页：脱“悲塞”以下四行，在此卷之五页。

195页：首行末脱“之”字。

前第九卷

200页：“面”字缺右转，“悲”字误作“於”，“散”字误“復”，“止”字误“心”，“居”字误“叉”。

前第十卷

243页：书知下脱“情至”以下三行，在此卷后页。

244页：二行“亦不”在前页十二行（施按：见243页末行）。

三行“足下”在前页九行。

后第二卷

270页：第四行多一字，余同。末行少一字。

271页：四行多一字，五行少一字。

273页：四行多一字，末行少一字。

275页：一行多一字。

末行“伯智疏”三字此阙。

末阙“中书门下三品廿七日”九字。

276页：第一行多一字。

278页：前五行分行同。

后五行每行多一二字。

末行少二字。

280页：前二行分行同，三、四、五、六行分行少一二字。

末行连下“两度帖”一字。

281页：首行两字（施按：应是一字，即“奄”字）属上帖末行。

二（施按：“二”下脱“行”字）以下每行多、少一二字不等。

淳化十行，此亦仍作十行。

287页：首行少一字。

后第三卷

295页：曾宏父以为绛增，岂未见□全本耶？

303页：新绛增者误。

306页：首脱“想小大皆佳”三行，谓绛增者误。

后第四卷

310页：“勿杀帖”见澄清刻。

末“平复”二字，许、董重模皆遗其左半，此本多一“尔”字。

313页：是“追寻”之末二行，宏父以为绛增何也？

“隔日帖”汝刻作贺知章。

314页：三行多一字，六行多一字，末行少二字。

新绛增者误。

318页：“近日帖”汝刻作贺知章。

319页：三行少“知”字，与四行“故及宜停宅”五字在此卷八页。

320页：淳化只一行“此以下帖”。

“八日羲之顿首”六字上属此帖为二行。

321页：六行多一字。

七行二字属下帖连刻。

322页：廿四、廿五与廿三三帖上下连属，故行款与淳化异。

323页：“敬和帖”汝刻作贺知章。

此帖本淳化所有，曾宏父以为绛增，误也。

324页：四行多一字。

五行少一字。

二行“转差”上接此卷五页末行“也”字。

卅九、四十两帖连属而刻，行款与淳化异。

以“八日羲之顿首”六字上属顷为此帖，是以改淳化六行为五行。

此帖本淳化所有，宏父以为增亦误。

以淳化十一行为九行，每行或多一、二、三字。

326页：“以便大”三字属上行，故分行异。

327页：四行少一字。

五行多一字。

328页：淳化九行，此趱（施按：此字意赶也。这里是排字紧密的意思。）作八行，每行或多一二字。

后第五卷

335页：以上三帖连属而刻行款与淳化异。

336页：四行多一字。

五行少一字。

337页：首行多一字。

首行属刻上帖之末，每行或多一、二、三字。

341页：二行多一字，三行少一字，谓绛增者误。

342页：足下二字淳化到地。

非“八月”乃“并”。

343页：卅五、六、七、八四帖连属而刻行款与淳化异。

344页：余清斋刻“霜寒帖”乃唐人临本，尚知作“寒”，近刻别本绛帖收“寒”字中误作二横矣，右军此帖仅赖此真绛本以传，可宝之至。

346页：下脱“但有毁塞”二行在后四卷二页。

349页：第二行“王羲之顿首”五字脱，在此页末行，谓绛增者误。

第三行“拨遣之耳”四字在后页。

350页：阙第三行“面王羲之顿首”六字，在前一页。

后第六卷

352页：分行同，为绛增者误。

353页：“告姜道”及“耶为百姓”二帖从澄清堂出。余得万历间所模澄清堂帖第四卷内此二帖。

“告姜道帖”阙首行。

“献之”以下三行另为一帖。

“耶为百姓帖”失后四行。

前第四行失“酒”字。盖二王帖损失割裂由来已久，幸得此宋拓证之。此刻用笔之妙远胜许氏所模，真可宝也。戊戌七月伯荣。（施按：戊戌，道光18年，1838）

358页：“从弟子帖”，《西堂书目》第四十八之二此帖首阙“羲之顿”三字。褚河南《西堂书目》右军《谢范新妇帖》在第八之三，注云十行。然考张彦远《二王书语》，此帖至“不可言”止。文已完当未必有十行，注误耳。

末行“佳不”二字，因前文“佳”误“住”为补正耳。绛刻之不苟如此。

364页：“所复”下脱“及耳”二字。

后第七卷

374页：每行少一二字不等。

淳化末行只一“拜”字。此末行趱入“操之等再”四字。

375页：淳化十一行，此作十行每行多一字。

376页：与淳化十一行同而每行或多一二字或少一二字不等。

379页：与淳化十二行同。第六行以下或增减一二字。

382页：王仲祖书法本出钟太傅，此刻殊有《宣示表》遗意。近日《绛帖》别本十二卷并形似失之，将何以楷模后进耶？古刻之可宝如此。

癸巳七月廿一日。（按：道光十三年，1833）

386页：此帖仅见宋高宗临本，但有上一字，下二字俱脱。

此二行不连属。□帖末一萧字，或景乔、仲正之流耶。辛丑六月伯荣。（按：辛丑，道光二十一年，1841）

后第八卷

394页：此帖出自秦桧家，后有怀充题名，见岳倦翁《宝真斋法书赞》辛丑六月记。

405页：自第三行以下每行少一字。

后第九卷

是张旭草书千字文，前三开注释文。

412页：此第一行“薄”上是“履”字，草势带下之末笔。

414页：晋刻宝贤帖至此。以下晋刻亦阙然，赖其传摹足以印证。

416页： 以上张旭草千文四十三字。

后第十卷

444页：“祝融高坐帖”，米云此书入神，石紫尝刻有六行，未得。

其四行在王洙参政家，帖乃绢本。此刻想模自石氏，衍一为七以就帖式耶。冯氏快雪堂帖将此后十卷全采入，神韵相去远矣！伯荣记。（按：检米芾《书史》：“怀素草书祝融高坐对寒峰绿绢帖　两行，此字最佳，石紫微尝刻石，有六行，今不见前四行。问夷庚，云：与王钦臣家杂色缬绢背以诗代怀帖同轴。今闻王之子为宗室所购。是怀素天下第一好书也。”衍一为七，即衍一行变为七行。批语或漏字。）

三、关于考证浮签

后三、四卷内附有纸签七条，上朱书或墨书考帖文字（见书330、331页），该册封面题签称“考证浮签七条”。同样，在后五、六卷内附有此类签四条。（见书370页）

嘉庆二十年（乙亥）六月，吴荣光得后一至八卷，见三、四、五、六卷内夹着十一条考帖浮签，于是在签的右端记下所夹的卷、页次第，如“后三卷八页原签”等。后来，翁方纲鉴帖时注意到浮签并在上边写下批语。尔后，吴荣光又将浮签按序移粘在后附页上，并在签的右下角标出序号。如此则使浮签长久保存下来了。

下边以330页（一）号签为例（图3），解释浮签的内容。浮签上朱书：“故有　前缺　想小大至转差扶　三行　阁六”。按：“故有”是指后三卷第八开上“故有”二字开头的帖。再指出此帖前缺少“想小大”至“转差扶”三行帖文，此帖见于淳化阁帖卷六，后人帖书称“想宾帖”。翁方纲墨书批语，肯定了朱书考证。吴荣光也写了相同意思的批注。

由此看来，朱书者曾将本绛帖与阁帖相较，以了解各帖在阁帖中的出处，是否完整，分行是否一致，纠正错简等等，随手将情况简要记在签上，夹入帖页以备忘。这便是考证浮签之由来。

吴荣光、翁方纲也吸取了这个考证方法，将二十卷从头到尾考校一遍，加以眉批。之所以这样做是出于同样的思路，第一，宋人讲：绛帖祖阁帖，然多所损益。故欲知如何祖，如何损益，必以绛校阁。第二，刘公甗《识小录》云：冯铨从内府数部残绛择取合成此绛帖二十卷。故欲验证拼合配补情形，亦必以绛校阁。

最后将翁方纲批识分条抄录于下：

（一）此三行绛帖竟脱失，此一帖仅存后五行矣。此红字校对甚精细，宜粘于册不可失去。乙亥七月覃溪记。

（二）此红字一纸校刻甚精细，不可失也，宜粘于帖内。覃溪记。

（三）“知故”以下尚有三行在后页。此红字校核宜存。覃溪记。

（四）此接上“阮公”云云，绛本通作一帖。是此页与下页当移换。

（五）此签说详在下签内，此签并宜存记。覃溪记。

（六）此签申明前签。覃溪记。

（七）此数签甚好，宜粘存。乙亥八月覃溪记。（以上见330、331页）

（八）此帖末“至不”止。以下云“尊夫人”三行另是下一帖，乃连接上“不”字合作一帖。乙亥八月四日覃溪记。

（九）翁按：“由为”一行诸家之说不同，原可另自为帖。此校签依顾氏说也。此条尚可不必纠正。

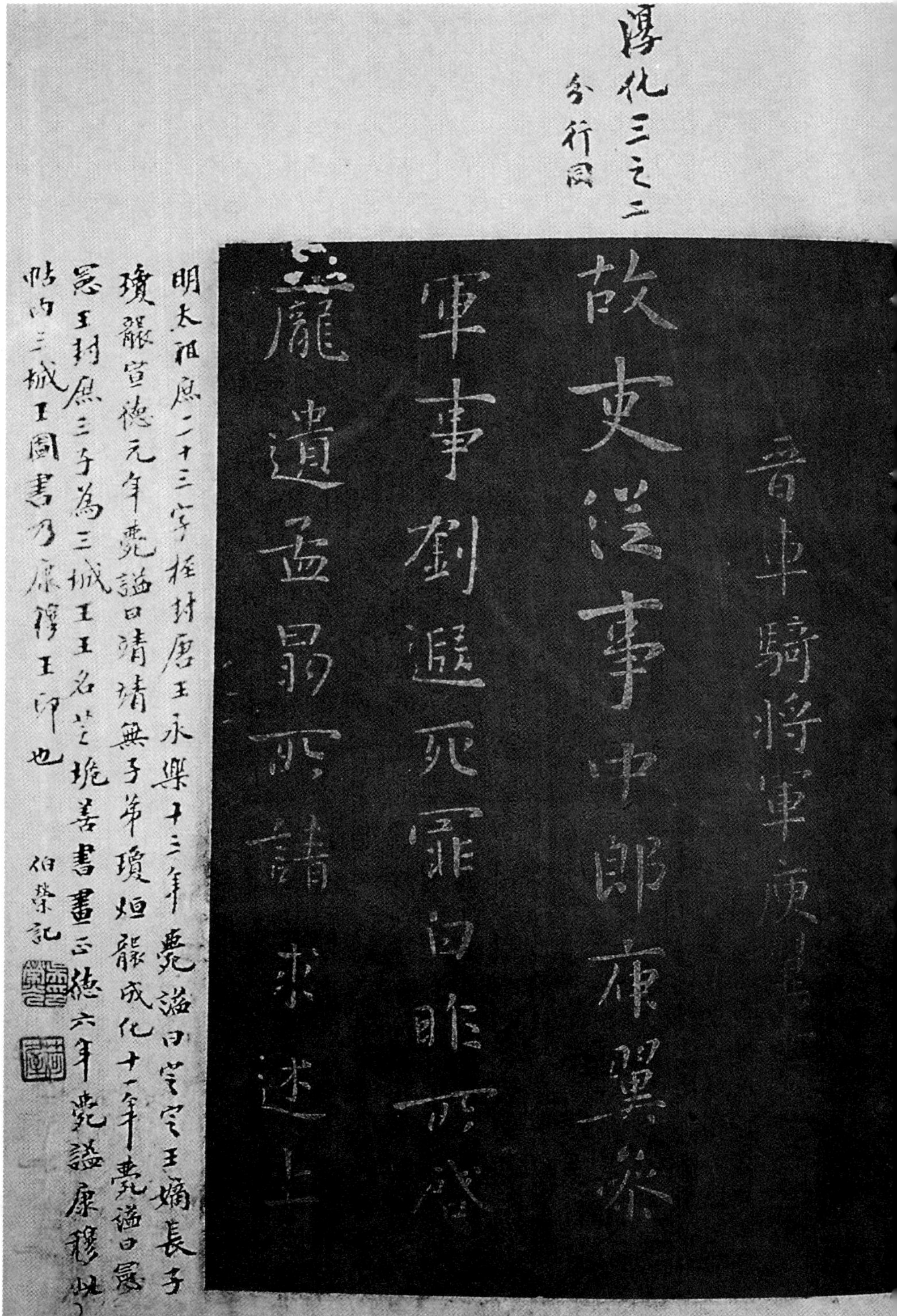

图2：《绛帖》前第三卷首页

此冊前三四字俱是潘師旦原石

前三之一

淳化三之一
分行同

歷代名臣法帖第三

晉太尉庾元亮書

亮白奉告書箱乞
為媞子作樻先以奉
之研今作之支髮扢

（十）已见前条，此可不必纠正。

（十一）此在阁第八卷。（以上见书370页）

四、在岭南的流传

南海吴荣光（1773—1843）久居岭南，嘉庆四年（1799）进士，官至湖广总督。其金石活动也多在此进行。此《绛帖》在吴手二十三年，道光十五年（1835）让予番禺潘仕成。

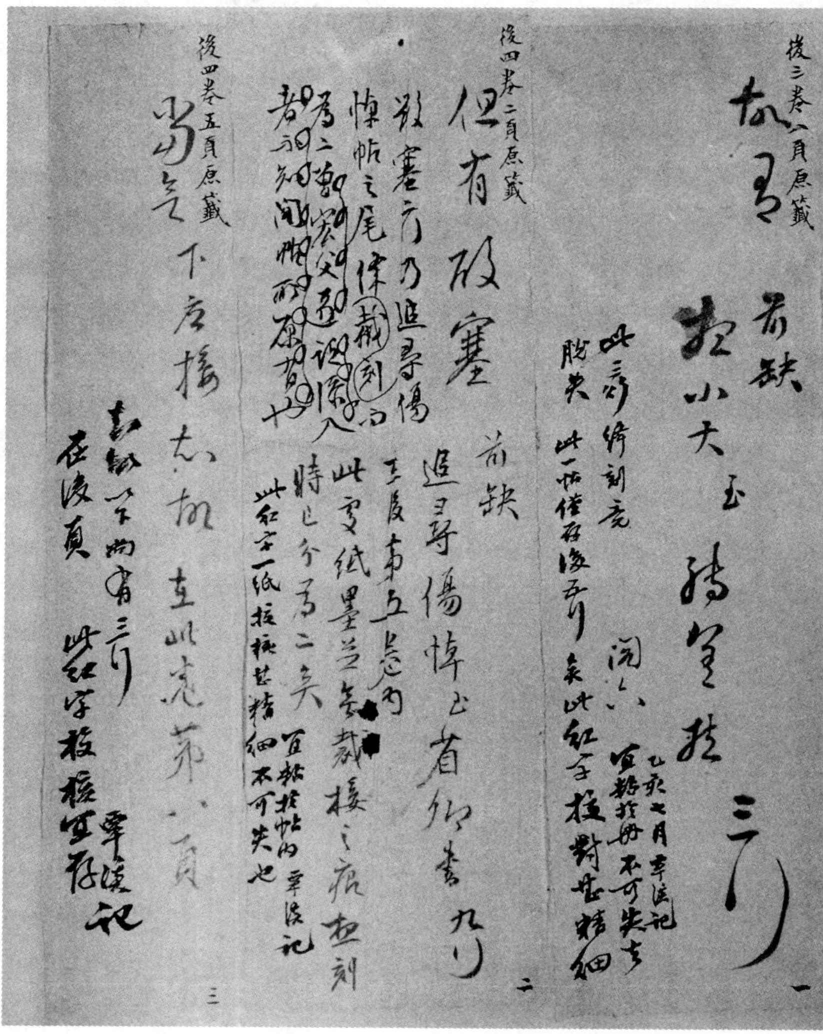

图3：考证浮签（一）（二）（三）条

潘仕成（1804—约1873）在帖上有题跋，云："祖本阁帖海内间有全部者。唯东库《绛帖》即三五本已属昙花偶现。至前后二十册若是之全璧何啻景星庆云为宇宙之祥瑞耶！应有千百神灵呵护其间矣。乙未仲秋归余秘笈以志□幸。海山仙馆主人潘仕成谨记。"钤印有："仕成""德畬""潘氏珍赏之章""潘氏海山仙馆""德畬考藏吉金贞石""海山仙馆鉴藏书画印""海山仙馆珍藏书画"。还有"潘氏仲子""子韶审定"二印，约是潘仕成后人。

潘氏曾请三人在帖上留题。成亲王永瑆跋："嘉庆癸酉（1813）二月香东司农示以荷屋侍御藏宋拓本十册，因识于后。"并辨潘师旦与潘正非一人。道州何绍基于道光十五年写："往年于浙中吴次平处见所藏二王帖四卷，山舟题为宋拓东库本。惜不得今日与此对看。乙未秋绍基记。"（249页）"此两行应移装于此叶之首。"（261页）新会罗天池于道光二十六年两题："吴次平所藏东库二王帖四卷，道光壬寅冬（1842）余与子贞重观于都门，纸墨精良，首尾毫无搀杂，亦无山舟跋语。丙午罗天池记"（248页）此与何绍基对题左同一开，语意相接，故云"重观""亦无"。另题："罗天池借观。道光丙午四月望日"（367页）。

此外尚有："陈其錕印"（陈是番禺人）"金匮孙尔淮平叔氏鉴定之章""蔡氏宝藏""传世之宝""剑光阁""棠溪审定"诸印。

在吴荣光以前曾为孙承泽，梁清标收藏，故钤有"北平孙氏砚山斋图书""古安定梁氏书画印""蕉林书屋"等印。

今距宋七百年。传世可靠之宋帖已是墨林星凤，大多残本。幸赖《中国法帖全集》问世，以存真影。院藏二十卷《绛帖》并非完整的原石拓本，其中补配了部分明刻阁帖，存有错简。可以说是一个集成，反映着明末清初人对"真绛帖"的看法。另一方面，上边翁、吴的批语、题跋，又是清代鉴家精研细审、深思熟虑的记录。两方面合璧，存古和考古之价值兼备矣。

注释：

1.《中国法帖全集》第二册，启功主编，王靖宪副主编，湖北人民美术出版社，2002年。

（《岭南书法研究论文集》广东人民出版社，2004年）

《兰亭序》晋唐文献八篇

翻开《古文观止》，六朝文章只有六篇，其中就有王羲之的《兰亭序》。回顾书法史，成为历代学书人心慕手追而备尽楷模的就是《兰亭序》。

东晋永和九年（353）三月三日，王羲之与谢安、孙绰、谢万等四十一人聚会于会稽兰亭，修祓禊之礼，史称兰亭修禊。这次雅集流传下来的诗文包括二十六人的诗作，王羲之的《兰亭序》和孙绰的《兰亭后序》。唐代初期，关于王羲之写的《兰亭序》原作流传出若干传说、故事，使《兰亭序》得以渲染。

本文选择相关的八种晋唐文献资料，择别版本，无标点者加之，以便读者溯其本原，见其异同，也可减少翻检之劳。可以说，它们是兰亭史迹的出处所在。

一、兰亭序 《晋书》本

《晋书》完成于唐贞观二十二年（648），房玄龄主编。其中“王羲之传”[1]录关于《兰亭序》文如下：

羲之雅好服食养性，不乐在京师，初渡浙江，便有终焉之志。会稽有佳山水，名士多居之，谢安未仕时亦居焉。孙绰、李充、许询、支循等皆以文义冠世，并筑室东土，与羲之同好。尝与同志宴集于会稽山阴之兰亭，羲之自为之序以申其志，曰：

永和九年，岁在癸丑，暮春之初，会于会稽山阴之兰亭，修禊事也。群贤毕至，少长咸集。此地有崇山峻岭，茂林修竹；又有清流激湍，映带左右，引以为流觞曲水，列坐其次。虽无丝竹管弦之盛，一觞一咏，亦足以畅叙幽情。

是日也，天朗气清，惠风和畅，仰观宇宙之大，俯察品类之盛，所以游目骋怀，足以极视听之娱，信可乐也。

夫人之相与，俯仰一世，或取诸怀抱，悟言一室之内；或因寄所托，放浪形骸之外。虽趣舍万殊，静躁不同，当其欣于所遇，暂得于己，快然自足，曾不知老之将至。及其所之既倦，情随事迁，感慨系之矣。向之所欣，俯仰之间，已为陈迹，犹不能不以之兴怀。况修短随化，终期于尽。古人云："死生亦大矣。"岂不痛哉！

每览昔人兴感之由，若合一契，未尝不临文嗟悼，不能喻之于怀。固知一死生为虚诞，齐彭殇[2]为妄作。后之视今，亦犹今之视昔。悲夫！故列叙时人，录其所述，虽世殊事异，所以兴怀，其致一也。后之览者，亦将有感于斯文。

这篇序文记叙了兰亭秀美的山水景致和友朋相聚曲水流觞的欢悦与舒畅；同时对眼前的景物、聚会表示出十分的珍惜流连，惟恐稍纵即逝，光景不再。虽然作者感叹世事变幻，但并不同意庄子"一死生"。"齐彭觞"的说法。

这一文本流传最广，今见几种唐摹本（虞世南、褚遂良、冯承素摹本）和宋以后刻帖，也基本上与此符合。一般认为这是全文本。

二、兰亭序 《艺文类聚》本

《艺文类聚》是唐朝初年欧阳询奉敕主编的类书。《艺文类聚》卷四"三月三日"条下"王羲之三日兰亭诗序"[3]，云：

永和九年，岁在癸丑，暮春之初，会于会稽山阴之兰亭，修禊事也。群贤毕至，少长咸集。此地有崇山峻岭，茂林修竹，又有清流急湍，映带左右，引以为流觞曲水，列坐其次，虽无丝竹管弦之盛，一觞一咏，亦足以畅叙幽情。是日也，天朗气清，惠风和畅，仰观宇宙之大，俯察品类之盛，所以游目骋怀，足以极视听之娱，信足乐也。

此本较《晋书》本缺少"夫人之相与"及以下一百六十七字。

三、兰亭序 《世说新语》本

《世说新语》，南朝宋临川王刘义庆撰，古小说集，内容分德行、言语、政事、文学等三十六门，记载汉代至东晋士大夫的言谈轶事。南朝梁刘孝标为作注释。《世说新语·企羡》[4]云：

王右军得人以《兰亭集序》方《金谷诗序》，又以己敌石崇[5]，甚有欣色。

这里“方”字取比拟义。意思是：有人以《兰亭集序》比拟《金谷诗序》，又说王羲之超过石崇，羲之听了很高兴。

刘孝标注引《临河叙》云：

永和九年，岁在癸丑，暮春之初，会于会稽山阴之兰亭，修禊事也。群贤毕至，少长咸集。此地有崇山峻岭，茂林修竹，又有清流急湍，映带左右。引以为流觞曲水，列坐其次。是日也，天朗气清，惠风和畅，娱目骋怀，信可乐也。虽无丝竹管弦之盛，一觞一咏亦足以畅叙幽情矣。故列叙时人，录其所述。右将军司马太原孙丞公等二十六人，赋诗如左。前余姚令会稽谢胜等十五人，不能赋诗，罚酒各三斗。

此本与《艺文类聚》本相比缺少“仰观宇宙之大，俯察品类之盛”，“足以极视听之娱”十九字，但又多出“故列叙时人，录其所述”以下四十九字。

此本前边比《晋书》本缺少“仰观宇宙之大，俯察品类之盛”，“足以极视听之娱”十九字，又多出“故列叙时人，录其所述”以下四十九字。此文后边又缺少“夫人之相与”及以下的一百六十七字。后人关于兰亭序文真伪之辩也都与这一百六十七字相联系。

《世说新语》本和《艺文类聚》本应是从《兰亭序》删节而成，与两书编撰时取舍有关。多出的“故列叙时人，录其所述”以下四十九字，原是序的结尾，以引起后面的诗作。撰《晋书·王羲之传》时因与传主关系不大而被删去。

这里附带讲讲《金谷诗序》。

西晋惠帝元康六年（296），即兰亭集会前五十七年石崇在金谷园集会，为即将返回长安的征西大将军王翊饯别。与会者各赋诗抒怀，编为《金谷集诗》，石崇作序。该序见《世说新语·品藻》[6]，曰：

余以元康六年（296），从太仆卿出为使持节、监青徐诸军事、征虏将军。有别庐在河南县界金谷涧中，（去城十里。）或高或下，有清泉茂林，众果竹柏，药草之属，（月田十顷，羊二百口，鸡猪鹅鸭之类，）莫不毕备。又有水碓、鱼池、土窟，其为娱目欢心之物备矣。时征西大将军祭酒王翊，当还长安。余与众贤共送往涧中，昼夜游宴，屡迁其坐。或登高临下，或列坐水滨。时琴瑟笙筑，合载车中，道路并作。及住，令与鼓吹递奏，遂各赋诗，以叙中怀。或不能者，罚酒三斗。感性命之不永，惧凋落之无期，故具列时人官号姓名年纪，又写诗著后。后之好事者，其览之哉！凡三十人，吴王师、议郎、关中侯、始平武功苏绍[7]，字世嗣，年五十，为首。

以上引文括弧中文字据严可均《全晋文》卷三十三补入。此序亦为一时传诵之作，然与兰亭序颇异。如钱钟书所言：“《全晋文》卷三三石崇《金谷诗序》修词较洁，写景叙事为主，与《兰亭诗序》异撰。而曰：‘感性命之不永，惧凋落之无期’，又与王《序》戚戚有同心焉。”[8]

四、兰亭诗 桑世昌《兰亭考》本

王羲之和他的朋友、子侄等于三月三日于兰亭修禊，众人饮酒赋诗。其中有十一人各作了两篇诗，有十五人各作了一篇诗，还有十五人没有做成。诗作留存下来，这里录取二十六人的诗如下，据宋桑世昌《兰亭考》卷一[9]：

右将军会稽内史王羲之

代谢鳞次，忽焉以周。欣此暮春，和气载柔。咏彼舞雩，异世同流。乃携齐契，散怀一秋。

仰眺碧天际，俯瞰绿水滨。寥朗无涯观，寓目理自陈。大矣造化功，万殊靡不均。群籁虽参差，适我无非亲（作隣，又作新）。

司徒谢安

伊昔先子，有怀春游。契兹言执，寄傲林丘。森森连岭，茫茫原畴。迥霄垂雾，凝泉散流。

相与欣嘉节，率而同褰裳。薄云罗物景，微风扇轻航。醇醪陶元府，兀若游羲唐。万殊混一象，安复觉彭殇。

司徒左西属谢万

肆眺崇阿，寓目高林。青萝翳岫，修竹冠岑。谷流清响，条鼓鸣音。元萼吐润，飞雾成阴。

元冥卷阴旆，勾芒舒阳旌。灵液披九区，光风扇鲜荣。碧林辉杂英，红芭擢新茎。翔禽抚汗远，腾鳞跃清泠。

左司马孙绰

春咏登台，亦有临流。怀彼伐木，肃此良俦。修竹阴沼，旋濑荣丘。穿池激湍，连泛觞舟。

流风拂枉渚，停云荫九皋。婴羽吟修竹，游鳞戏澜涛。携笔落云藻，微言剖纤毫。时珍岂不甘，忘味在闻韶。

行参军徐丰之

俯挥素波，仰掇芳兰。尚想嘉客，希风永叹。

清响拟丝竹，班荆对绮疏。零觞飞曲津，欢然朱颜舒。

前余姚令孙统

茫茫大造，万化齐轨。罔悟元同，竞异标旨。平勃运谋，黄绮隐儿。凡我仰希，期山期水。

地主观山水，仰寻幽人踪。回沼激中逵，疎竹闲修桐。因流转轻觞，泠风飘落松。时禽吟长涧，万籁吹连峰。

王凝之

庄浪濠津，巢步颖眉。冥心真寄，千载同归。

细缊柔风扇，熙怡和气淳。驾言兴时游，逍遥映通津。

王宿之

在昔暇日，味存林领。今我斯游，神怡心静。

嘉会欣时游，豁尔畅心神。吟咏曲水濑，渌波转素鳞。

王彬之

丹崖竦立，葩藻映林。渌水扬波，载浮载沉。

鲜葩映林薄，游鳞戏清渠。临川欣投钓，得意岂在鱼。

王徽之

散怀山水，萧然忘羁。秀薄粲颖，疎松笼涯。游羽扇霄，鳞跃清池。归目寄叹，心冥二奇。

先师有冥藏，安用羁世罗。未若保冲真，齐契箕山阿。

陈郡袁峤之

人亦有言，意得则欢。嘉宾既臻，相与游盘。微音迭咏，复焉若兰。苟齐一致，遐想揭杆。

四眺华林茂，俯仰清川焕。激泉流芳醪，豁尔累心散。遐想逸民轨，遗音良可玩。古人咏舞雩，今也同斯叹。

以上十一人各成四言五言诗一首

散骑常侍郄昙

温风起东谷，和气振柔条。端坐兴远想，薄言游近郊。

前参军王丰之

肆眄岩岫，临泉濯趾。感兴鱼鸟、安兹幽峙。

前上虞令华茂

林荣其郁，浪激其隈。泛泛轻觞，载兴载怀。

颍川庾友

驰心域表，寥寥远迈。理感则一，冥然元会。

镇军司马虞说

神散宇宙内，形浪濠梁津。寄畅须臾欢，尚想味古人。

郡功曹魏滂

三春陶和气，万物齐一欢。明后欣时康，驾言映清澜，亹亹德音畅，萧萧遗世难。望岩愧脱屣，临川谢揭竿。

郡五官佐谢怿（一作绎）

踪畅任所适，回波萦游鳞。千载同一朝，沐浴陶清尘。

颍川庾蕴

仰怀虚舟说，俯叹世上宾。朝荣虽云乐，夕毙理自因。

前中军参军孙嗣

望岩怀逸许，临流想奇庄。谁云元风绝，千载挹遗芳。

行参军曹茂之

时来谁不怀，寄散山林间。尚想方外宾，超超有余闲。

徐州西平曹华

愿与达人游，解结遨濠梁。狂吟任所适，浪游无何乡。

荥阳桓伟

主人虽无怀，应物寄有尚。宣尼遨沂津，萧然心神王。数子各言志，曾生发奇唱。今我叹斯游，愠情亦暂畅。

王元之

松竹挺岩崖，幽涧激清流。萧散肆情志，酣畅豁滞忧。

王蕴之

散豁情志畅，尘缨忽以捐。仰咏挹遗芳，怡神味重元。

王涣之

去来悠悠子，被褐良足钦。超迹修独往（一作趁足蹈），元契齐古今。

以上一十五人一篇成[10]

又据桑世昌《兰亭考》卷一载参加兰亭修禊而未作诗的有：谢瑰、卞迪、丘髦，王献之、羊模、孔炽、刘密、虞谷、劳夷、后绵（一作泽）、华耆、谢勝（一作滕）、任儗（一作汪假）、吕系、吕本、曹礼（一作䄇），计十六人。

五、孙绰兰亭后序 《艺文类聚》本

据《艺文类聚》卷四：

晋孙绰三日兰亭诗序曰：古人以水喻性，有旨哉斯谈。非以停之则清，混之则浊耶。情因所习而迁移，物触所遇而兴感。故振辔于朝市，则充屈之心生。闲步于林野，则辽落之意兴。仰瞻羲唐，邈已远矣。近咏台尚，顾深增怀。为复于暧昧之中，思萦拂之道。屡借山水，以化其郁结。永一日之足，当百年之溢。以暮春之始，禊于南涧之滨。高岭千寻，长湖万顷，隆屈澄汪之势，可为壮矣。乃席芳草，镜清流，览卉木，观鱼鸟，具物同荣，资生咸畅。于是和以醇醪，齐以达观，泱然兀矣，焉复觉鹏鷃之二物哉。

六、兰亭后序 桑世昌《兰亭考》本

据宋桑世昌《兰亭考》卷一：

古人以水喻性，有旨哉。非所以停之则清，淆之则浊耶。故振辔于朝市，则充屈之心生。闲步于林野，则寥落之意兴。仰瞻羲唐，邈然远矣。近咏台阁，顾深增怀。聊于暧昧之中，期乎萦拂之道。暮春之始，禊于南涧之滨。高岭千寻，长湖万顷。乃籍芳草，鉴清流，览卉物，观鱼鸟，具类同荣，资生咸畅。于是和以醇醪，齐以达观，快然兀矣。复觉鹏鷃之二物哉。耀灵促辔，急景西迈。乐与时去，悲亦系之，往复推移，新故相换。今日之迹，明旦陈矣。感诗人之致兴，谅咏歌之有由。文多不载，大略如此。所赋诗亦裁而缀之，如前四言五言焉。

上述两文本文字多有不同，最主要者是桑本“鹏鷃二物哉”下有“耀灵促辔”等七十六字，前后文意较完整，《艺文类聚》本则缺失。[11]此七十六字说出宴乐而悲，光景不再的感慨，《艺文类聚》引时则删去。这一点与《兰亭序》“夫人之相与”及以后一百六十七字被《艺文类聚》删去相同，联系起来可见编书者的用意。

七、刘悚《隋唐嘉话》卷下王右军兰亭序

《兰亭序》墨迹直到唐代初期方流传出来，声名鹊起。《晋书·王羲之传》收入《兰亭序》全文也是在初唐。此后逐渐生出相关的传说故事来。约在唐玄宗时的何延之《兰亭记》[12]和刘悚《隋唐嘉话》[13]较早地记载了这些传说。

王右军兰亭序，梁乱，出在外。陈天嘉中为僧永所得。至太建中，献之宣帝。隋平陈日，或以献晋王，王不之宝，后僧果从帝借拓。及登极，竟未从索。果师死后，弟子僧辩得之。太宗为秦王日，见拓本惊喜，乃贵价市大王书，兰亭终不至焉。及知在辩师处，使萧翼就越州求得之（一作“乃遣问辩才师，欧阳询就越州求得之”），以武德四年入秦府。贞观十年，乃拓十本以赐近臣。帝崩，中书令褚遂良奏：“兰亭先帝所重，不可留”。遂秘于昭陵。

文中晋王即后来的隋炀帝。刘悚，字鼎卿，史学家刘知几之子。附见两唐书刘子玄传。

八、何延之《兰亭记》

何延之《兰亭记》，原文只有断句，现添加标点；原文不分段，现分段落，全文如下：

兰亭者，晋右将军会稽内史琅琊王羲之字逸少所书之诗序也。右军蝉联美胄，萧散名贤，雅好山水，尤善草隶。以晋穆帝永和九年暮春三月三日，宦游山阴。与太原孙统承公、孙绰兴公、广汉王彬之道生、陈郡谢安安石、高平郄昙重熙、太原王蕴叔仁、释支遁道林，并逸少子凝、徽、操之等四十有一人，修祓禊之礼，挥毫制序，兴乐而书。用蚕茧纸、鼠须笔，遒媚劲健，绝代所无。凡二十八行三百二十四字，有重者皆构别体。就中“之”字最多，乃有二十许个，变转悉异，遂无同者。其时乃有神助，及醒后，他日更书数十百本，无如祓禊所书之者，右军亦自珍爱宝重。

此书留付子孙传掌，至七代孙智永。永即右军第五子徽之之后，安西成王咨议彦祖之孙，庐陵王胄昱之子，陈郡谢少卿之外孙也。与兄孝宾具舍家入道，俗号永禅师。禅师克嗣良裘，精勤此艺，常居永欣寺阁上临书。所退笔

头，置之于大竹簏，簏受一石余，而五簏皆满。凡三十年，于阁上临得真草千文好者八百余本，浙东诸寺各施一本。今有存者，犹值钱数万。孝宾改名惠欣，兄弟初落发时，住会稽嘉祥寺，寺即右军之旧宅也。后以每年拜墓便近，因移此寺。自右军之坟及右军叔荟已下茔域，并置山阴县西南三十一里兰渚山下。梁武帝以欣、永二人皆能崇于释教，故号所住之寺为永欣焉。事见《会稽志》。其临书之阁至今尚在，禅师年近百岁乃终。其遗书并付弟子辩才。

辩才俗姓袁氏，梁司空昂之玄孙。辩才博学工文，琴棋书画，皆得其妙。每临禅师之书，逼真乱本。辩才尝于所寝方丈梁上，凿其暗槛，以储兰亭，保惜贵重，甚于禅师在日。至贞观中，太宗以听政之暇，锐志玩书，临写右军真草书帖，购募备尽，唯未得兰亭。寻讨此书，知在辩才之所。乃降敕追师入内道场供养，恩赉优洽。数日后，因言次乃问及兰亭，方便善诱，无所不至。辩才确称，往日侍奉先师，实尝获见。自禅师殁后，存经丧乱坠失，不知所在。既而不获，遂放归越中。后更推究，不离辩才之处。又敕追辩才入内，重问兰亭，如此者三度，竟靳固不出。

上谓侍臣曰："右军之书，朕所偏宝，就中逸少之迹，莫如兰亭。求见此书，劳于寤寐。此僧耆年，又无所用。若为得一智略之士，以设谋计取之。"尚书右仆射房玄龄奏曰："臣闻监察御史萧翼者，梁元帝之曾孙。今贯魏州莘县，负才艺，多权谋，可充此使，必当见获。"太宗遂召见翼，翼奏曰："若作公使，义无得理。臣请私行诣彼，须得二王杂帖三数通。"太宗依给。翼遂改冠微服，至湘潭。随商人船下，至于越州。又衣黄衫极宽长，潦倒，得山东书生之体。日暮入寺，巡廊以观壁画。过辩才院，止于门前。辩才遥见翼，乃问曰："何处檀越？"翼乃就前礼拜云："弟子是北人，将少许蚕种来卖。历寺纵观，幸遇禅师。"寒温既毕，语议便合。因延入房内，即共围棋抚琴，投壶握槊，谈说文史，意甚相得。乃曰："白头如新，倾盖若旧，今后无形迹也"。便留夜宿。设岗面、药酒、茶果等。江东云岗面，犹河北称瓮头，谓初熟酒也。酣乐之后，请各赋诗。辩才探得"来"字韵，其诗曰："初酝一岗开，新知万里来。披云同落莫，步月共徘徊。夜久孤琴思，风长旅雁哀。非君有秘术，谁照不然灰。"萧翼探得"招"字韵，诗曰："邂逅款良宵，殷勤荷胜招。弥天俄若旧，初地岂成遥。酒蚁倾还泛，心猿躁似调。谁怜失群翼，长苦叶（校：《书苑》《广记》作'业'）风飘。"妍蚩略同，彼此讽味，恨相知之晚。通宵尽欢，明日乃去。辩才云："檀越闲即更来此。"翼乃载酒赴之，兴后作诗。如此者数四，诗酒为务，其俗混然。

遂经旬朔，翼示师梁元帝自画《职贡图》，师嗟赏不已。因谈论翰墨，翼曰："弟子先门皆传二王楷书法，弟子又幼来耽玩，今亦有数帖自随。"辩才欣然曰："明日来，可把此看。"翼依期而往，出其书以示辩才。辩才熟详之，曰："是即是矣，然未佳善。贫道有一真迹，颇亦殊常"。翼曰："何帖？"辩才曰："兰亭。"翼佯笑曰："数经乱离，真迹岂在？必是响拓伪作耳。"辩才曰："禅师在日保惜，临亡之时，亲付于吾。付受有绪，那得参差，可明日来看。"及翼到，师自于屋梁上槛内出之。翼见讫，故驳瑕指类曰："果是响拓书也。"纷竞不定。自示翼之后，更不复安于梁槛上，并萧翼二王诸帖并借留置于几案之间。辩才时年八十余，每日于窗下临学数遍，其老而笃好也如此。自是翼往还既数，童弟等无复猜疑。后辩才出赴灵汜桥南严迁家斋。翼遂私来房前，谓弟子曰："翼遗却帛子在床上。"童子即为开门，翼遂于案上取得兰亭及御府二王书帖，便赴永安驿。告驿长凌愬曰："我是御史，奉敕来此，有墨敕，可报汝都督齐善行。"善行即窦建德之妹婿，在伪夏之时为右仆射，以用吾黄门庐江节公及随黄门侍郎裴矩之策，举国归降我唐。由此不失贵仕，遥授上柱国金印绂绶，封真定县公。于是善行闻之，驰来拜谒。萧翼因宣示敕旨，具告所由。善行走，使人召辩才，辩才仍在严迁家未还寺。骤见追呼，不知所以，又遣散直云，侍御须见。及师来见御史，乃是房中萧生也。萧翼报云："奉敕遣来取兰亭，兰亭今得矣，故唤师来取别。"辩才闻语，身便绝倒，良久始苏。翼便驰驿而发，至都奏御。太宗大悦，以玄龄举得其人，赏锦彩千段。擢拜翼为员外郎，加入五品，赐银瓶一、金镂瓶一、玛瑙碗一，并实以珠。内厩良马两匹兼宝装鞍辔，庄宅各一区。太宗初怒老僧之秘吝，俄以其年耄，不忍加刑。数日后，仍赐物三千段，谷三千石，便敕越州支给。辩才不敢将入己用。回造三层宝塔，塔甚精丽，至今犹存。老僧因惊悸患重，不能强饭，唯啜粥，岁余乃卒。帝命供奉拓书人赵模、韩道政、冯承素、诸葛贞等四人，各拓数本，以赐皇太子诸王近臣。贞观二十三年，圣躬不豫，幸玉华宫含风殿，临崩，谓高宗曰："吾欲从汝求一物，汝诚孝也，岂能违吾心耶，汝意如何？"高宗哽咽流涕，引耳而听受制命。太宗曰："吾所欲得《兰亭》，可与我将去？"及弓剑不遗，同轨毕至，随仙驾入玄宫矣。今赵模等所拓在者，一本尚值钱数万也。人间本亦稀少，代之珍宝，难可再见。

吾尝为左千牛时，随牒适越，航巨海，登会稽，探禹穴，访奇书。名僧处士，犹倍诸郡，固知虞预之著《会稽典录》人物不绝，信而有徵。其辩才弟子玄素，俗姓杨氏，华阴人也。汉太尉之后，六代祖佺期为桓玄所害，子孙避难，潜窜江东，后遂编贯山阴，即吾之外氏近属，今殿中侍御史瑒之族。长安二年，素师已年九十二，视听不衰，犹居永欣寺永禅师之故房，亲向吾说。聊以退食之暇，略疏其始末，庶将来君子，知吾心之所存，付永（彭年）、明（察微）、温（抱直）、超 （令叔）等兄弟。其有好事同志须知者，亦无隐焉。于时岁在甲寅季春之月上巳之日。感前代之修禊，而撰此记。主上每暇隙，留神术艺，迹迈笔圣，偏重兰亭。仆开元十年四月二十七日任均州刺史，蒙恩许拜扫，至都。承访所得委曲。缘病不获诣阙，遣男昭成皇太后挽郎吏部常选骑都尉永写本进，其日奉日曜门宣敕。内出绢三十匹赐永，于是负恩荷泽，手舞足蹈，捧戴周旋，光骇闾里。仆跼天闻命，伏枕怀欣，殊私忽临，沉疴顿减，辄题卷末，以示后代。

上面，《兰亭记》所述同《隋唐嘉话》显然有分歧之处：其一，右军之后，兰亭真迹一直为子孙后代所守，不是梁乱流出在外。其二，真迹由僧智永传交弟子辨才，而非献陈宣帝，后又被僧果所得。其三，贞观中，唐太宗派御史萧翼从辨才处骗得，而非太宗为秦王时派萧翼求得之。其四，贞观二十三年（649）太宗临死前亲自向高宗提出要《兰亭》随葬昭陵，而非褚遂良代为上奏。

明代胡应麟对于传奇小说曾说：“凡变异之谈，盛于六朝，然多是传录讹，末必尽幻设语。至唐人乃作意好奇，假小说以寄笔端。”[14]此处所讲的“作意”“幻设”的意思“则即意识之创造矣”。[15]兰亭墨迹大显于贞观，之后故事迭出，曲折渲染。宋元以下涉及兰亭的书论、题跋何止千万，言及典故的文字不乏意绪秀异，文笔可观者，然而不出上述两篇的范围。因与正史有别，不必强作考证，只能视为史之异流。也应了鲁迅的话:“小说亦如诗，至唐代而一变，虽尚不离于搜奇记逸，然叙述婉转，文辞华艳，与六朝之粗陈梗概者较，演进之迹甚明，而尤显者乃在是时则有意为小说”。[16]

五代以后，兰亭文献内容一变，着意记载摹刻的各种版本及其流传故事。于《兰亭序》本事又隔一间，正因如此，今将晋唐文献特意表出，以申求本讨源之意。

2011年6月21日

注释：

1.《晋书》卷八十王羲之传，中华书局点校本，1974年，第2099页。

2.“一死生”，即把生死看成一回事，见于《庄子·齐物论》：“彼是方生之说也。虽然，方生方死，方死方生。”“齐彭殇”，即把长寿短命等同等看待。彭，彭祖，古代传说中最长寿的人。殇，未成年就死去。此说也见于《庄子·齐物论》：“天下莫大于秋毫之末而大山为小，莫寿于殇子，而彭祖为夭。”

3.欧阳询《艺文类聚》，汪绍楹校，上海古籍出版社，1982年，第71页。

4.刘义庆撰，刘孝标注《世说新语》，上海古籍出版社，1982年，第336页。

5.石崇（249—300）字季伦，西晋渤海南皮人（今河北南皮县）。初历修武令，城阳太守，以伐吴有功封安阳乡侯，累迁散骑常侍，侍中，荆州刺史。任侠无行检，在荆州劫掠客商而成巨富。于洛阳金谷筑园置别馆，与贵戚羊琇、王恺等夸富竟侈，极尽奢靡。《晋书》卷三十三有传。

6.同注4，第289页。

7.苏绍是石崇姐夫。

8.钱钟书《管锥篇》一〇六全晋文卷二六，“欢宴而悲”，第1116页。

9.桑世昌《兰亭序》见《兰亭考 兰亭序考》，据知不足斋丛书本排印，中华书局，1985年，第71页。

10.兰亭诗还见唐抄本（传为柳公权书），包括王羲之、谢安、谢万、孙绰等二十六人诗作及兰亭后序，现藏故宫博物院。2001年香港商务印书馆出《晋唐五代书法》（故宫博物院）藏文物珍品全集第十八卷收入该本。与桑世昌《兰亭考》所收相校，文字也多有出入。

11.唐抄本中的《兰亭后序》文字与本文引的两种各有出入，但“鹏鹦二物哉”下有“耀灵促辔”等七十六字，与桑本相近。

12.何延之《兰亭记》见于张彦远《法书要录》卷三，人民美术出版社，1984年，第124页。

13.刘餗《隋唐嘉话》，中华书局，1979年，第53页。

14.胡应麟《少室山房笔丛》“二酉缀遗中”，上海书店出版社，2009年，第371页。

15.鲁迅《中国小说史略》第八篇“唐之传奇文上”，人民文学出版社，1973年，第54页。

16.同上注。

（《兰亭图典》紫禁城出版社，2011年）

文献与刻帖所见的《出师颂》

历来著录中记载《出师颂》有宣和本和绍兴本两种，现在所见的也分别属于这两类。近来，由于绍兴本墨迹即《隋人书出师颂》帖（图一）复出，人们对它谈得较多，本文就讲讲宣和本的情况，相辅相成，经过比较可以增进对于《出师颂》帖的认识。[1]

一、关于宣和本的文献记载

《宣和书谱》卷一四：

索靖　出师颂　月仪帖。

文嘉《钤山堂书画记》：

索靖出师颂一，宋内府本，前有高宗书签。吾家所藏本也，余兄弟皆有跋。

王世贞《弇州山人续稿》卷一六一：

史孝山《出师颂》，系古章草法。在宋时有两本。天府志索幼安所谓银钩之敏，而人间则盛推萧子云。余旧于文寿承所见一卷，上有祐陵泥金御题“征西司马索靖书”与宣和瓢印，盖天府本也。第黯不甚可别，细玩其行笔处，亦似微蹇涩，往往有枫叶吴江之恨。今年秋，家弟敬美购得一卷，其大小行模相仿佛，而结法特加道密古雅，墨气如新；又有太平公主胡书、王涯仆射“永存珍秘”二印，越国公绍京半印，楮尾米友仁敷文鉴定，以为隋贤书，遂入绍兴内府。余窃谓二迹皆自幼安临出，特绍兴之所入者佳，而宣和之所藏当小次耳。小米不能别所以，而概以隋贤目之，大似暗中摸索。余良幸获再觏此希世之珍，所小不满者，子云奇迹，遂以永绝，令人慨叹。

王世贞《艺苑卮言》：

索靖出师颂，上有宣和记识，考书谱良合。然宋时诸公，极艳称萧子云《出师颂》，而秘殿不收，盖是唐人临得萧子云颂。因见阁帖内靖数行相类，遂鉴定以为靖《出师颂》耳。自永嘉南渡，靖真迹已鲜，梁武湘东鸠集之繁，贞观开元购求之笃，何于兹时寥寥也。

詹东图《东图玄览》卷三：

王太常藏索靖书史孝山《出师颂》，章草，苍郁深厚，古雅天成，不犯斧凿，虽锋锷敛而奇趣妙思，妍态丽情，包举无限。臆此颂幼安必原书有二本，是本则御府本也。后有米友仁跋。友仁题为隋贤，不知何据？其一本则文寿承于都下买得，数年后以七十金售与项元汴，即予前所见者是已。然项本以熟纯毫写，是本则半秃笔写，具丽情妍态，尤难为，更奇也。

董其昌跋，刻入《戏鸿堂帖》卷三，见《容台集》卷二：

太傅书自晋渡江时止传《宣示表》，百余年间妙迹已绝。宁知今世有索靖《出师颂》耶。此书在槜李项子京家，故是甲观。

安岐《墨缘汇观》法书卷上：

考幼安《出师颂》《宣和书谱》曾经记载，《戏鸿堂》为之刻石；南宋王崧刻《云泽法帖》，亦有《出师颂》，为萧子云书。余取二家刻本与此书相对，字划不甚符合，世间别有《出师颂》无疑。此经王敬美所藏，王氏昆仲必有题识，今卷内无存。（按：文中所言“此书”指绍兴本。）

张丑《清河书画舫》卷一下：

索靖章草《出师颂》一卷，用黄麻纸书之，上有宣和印识而朱色如新，且与书谱文合，故文寿承定为真迹，为之刻石行世。评者至谓靖书如飘风忽举，鸷鸟乍飞，又如雪岭孤松，冰河危石，则其结法遒逸，从可知矣。或云颂文盖出萧子云笔，元初藏霍清夫处，见《云烟过眼录》，宋时在钱勰房下，亦见米氏书史，其真是耶？否耶？

据上文献，宣和本墨迹不知何时出内府。《清河书画舫》云宋、元时归钱勰、霍清夫，但不肯定。明时入文彭手，文又售予项元汴。

二、刻帖中的《出师颂》

今所见刻帖内的《出师颂》有以下几种，分别说明其标题、行次、刻印、刻跋及刻帖人、年代。

（一）明拓《戏鸿堂帖》卷三，“晋索靖出师颂”，十四行，“宣和”印在右下角、左下角，“双龙”玺在右上角，“政和”印在左上角。帖末压字钤“文（艺）薮泽”（“艺”字失刻）印，附刻董其昌跋。此帖由董其昌于万历三十一年（1603）编刻（图1）。

（二）明拓《墨池堂帖》卷二，“晋索靖出师颂”，十四行（前四行是

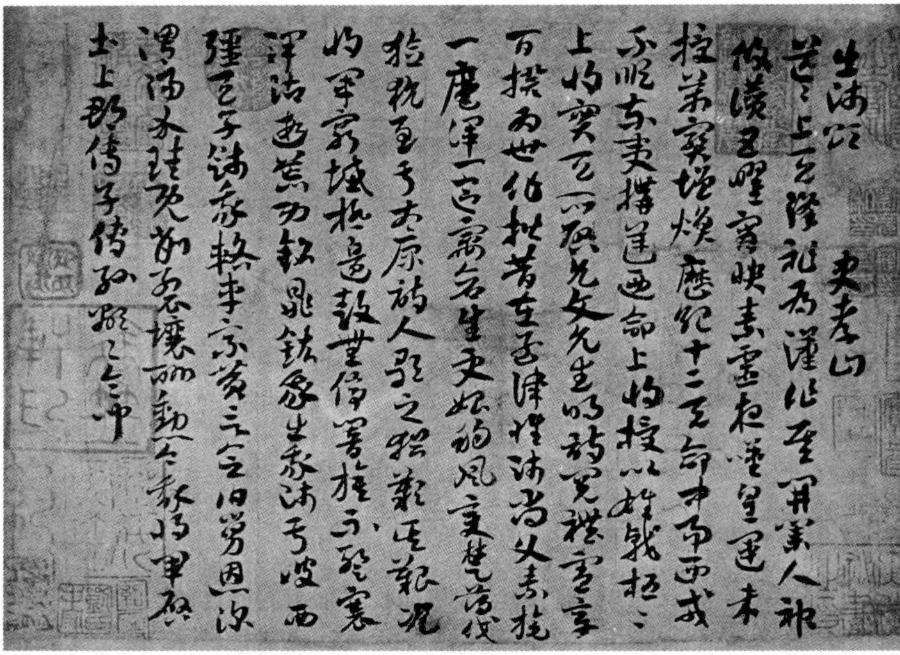

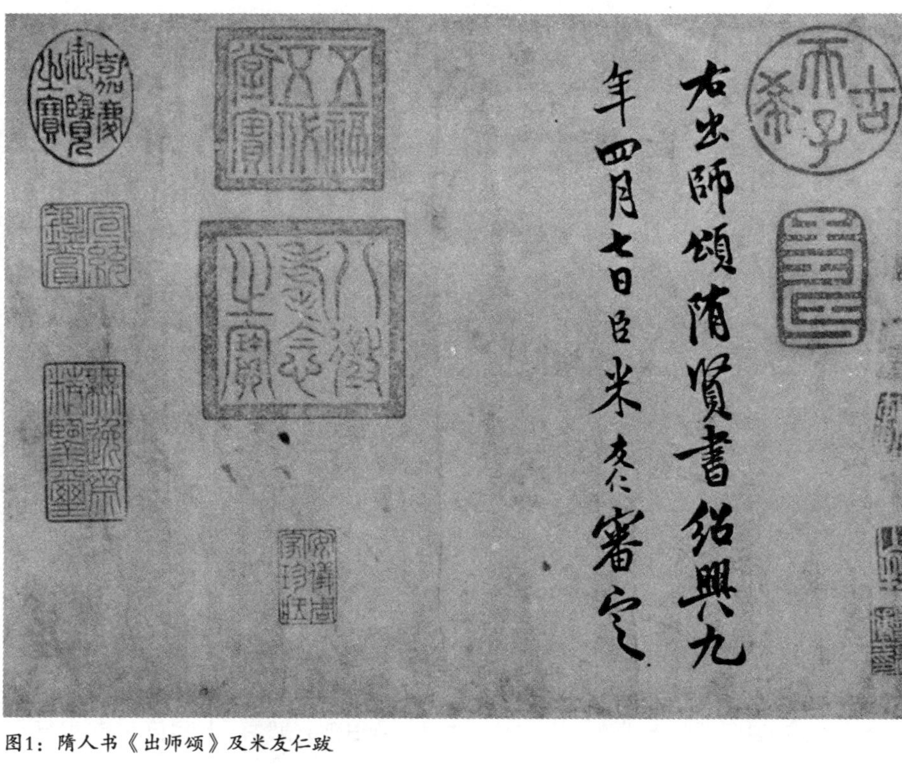

图1：隋人书《出师颂》及米友仁跋

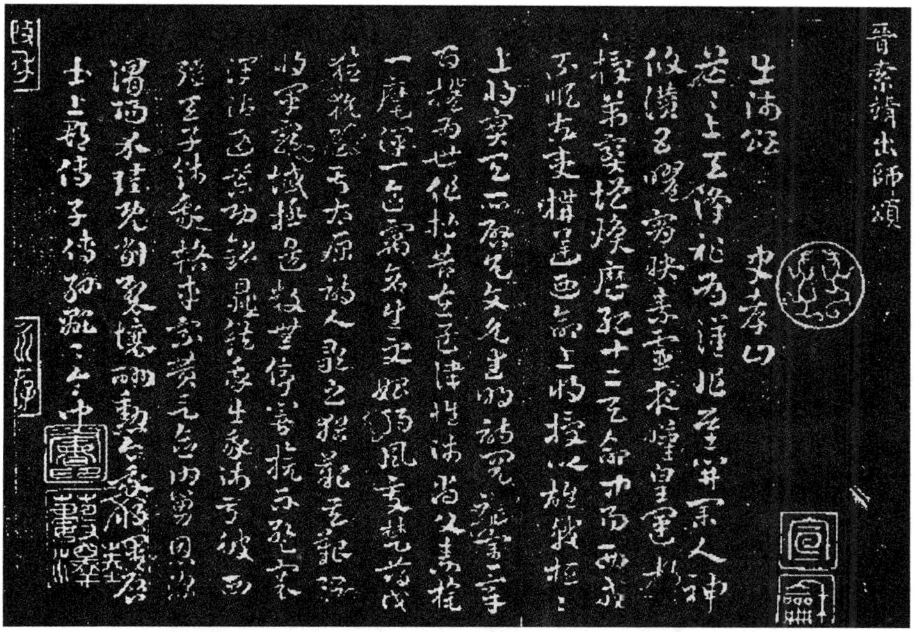

图2：明《墨池堂帖》刻《出师颂》

拓本，自第五行起以张廷济墨笔双钩本补之）。“宣和”“政和”印位置同前帖。“双龙”玺在“史孝山”三字右侧。帖末钤“书印”“文艺数泽”二印，左侧“永存”半印。帖后附刻章藻书刻的小楷释文。此帖刻于万历三十三年（1605），长洲章藻摹勒。故宫藏本自原石拓出，存第二、三卷之一部分，余以双钩补。经海昌马思赞、秀水蒋春雨、张廷济、张伯英旧藏（图2、图3）。

（三）明拓《泼墨斋》卷二，“晋索靖出师颂”，十四行，印记及其位置与《墨池堂帖》皆同。帖后附刻章氏释文、董跋。此帖为明代金坛王秉錞辑、长洲章德懋镌。

（四）明拓《玉烟堂》卷二，前误标“萧子云”三字，十四行，无刻印，亦无释文与跋。此帖为万历四十年（1612）海宁陈瓛撰集，上海吴之骥镌。

（五）清拓单本帖，“晋征西司马索靖书”，十四行，然每行多一字，末尾“闻”字提至行首，甚拙。钤印与《墨池堂帖》同。无章氏释文及跋（图4），后人泥金书释文。

（六）清拓《御制三希堂法帖》卷二，标“隋人书”，十四行。前刻“石渠宝笈”“郎邪王敬美氏收藏图书”二印，后刻“绍兴”“蓑笠轩

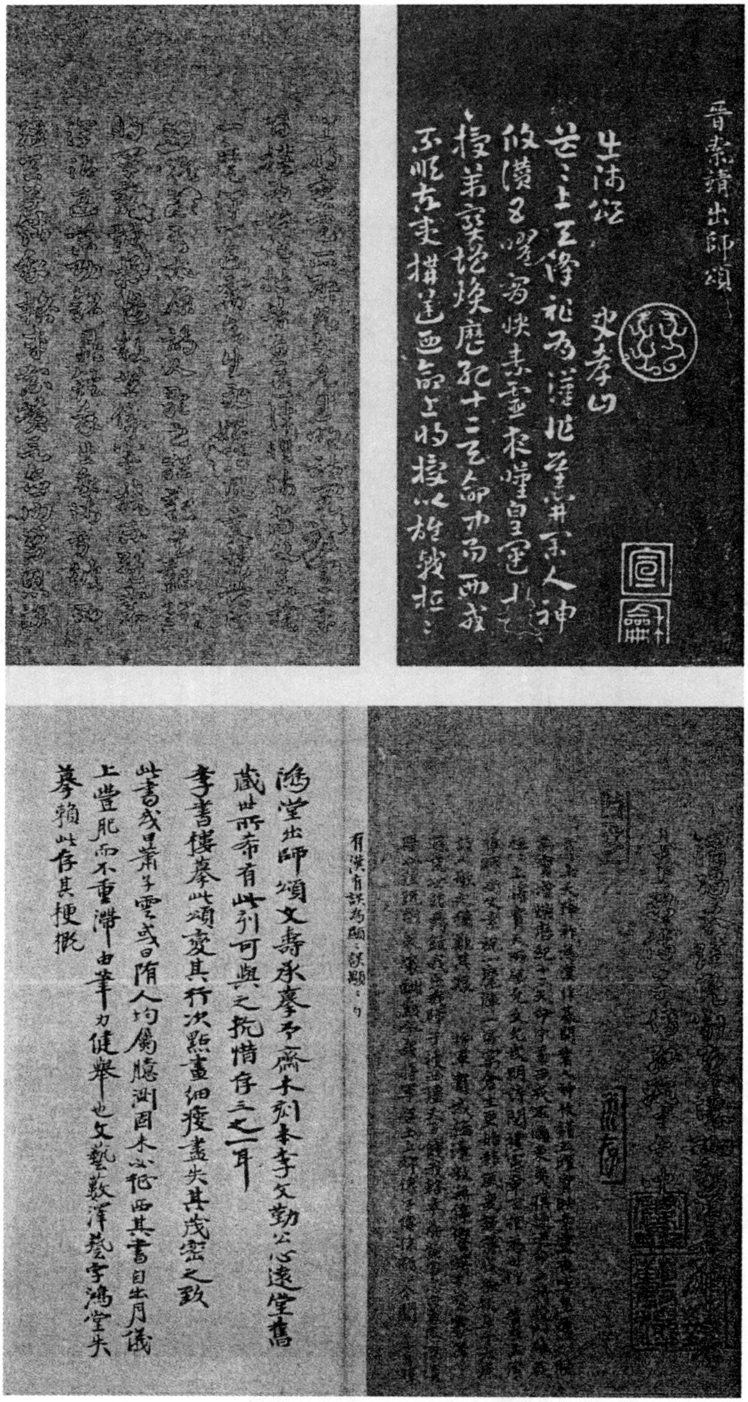

图3：明《墨池堂帖》刻《出师颂》，张廷济旧藏，双钩本补及张伯英跋

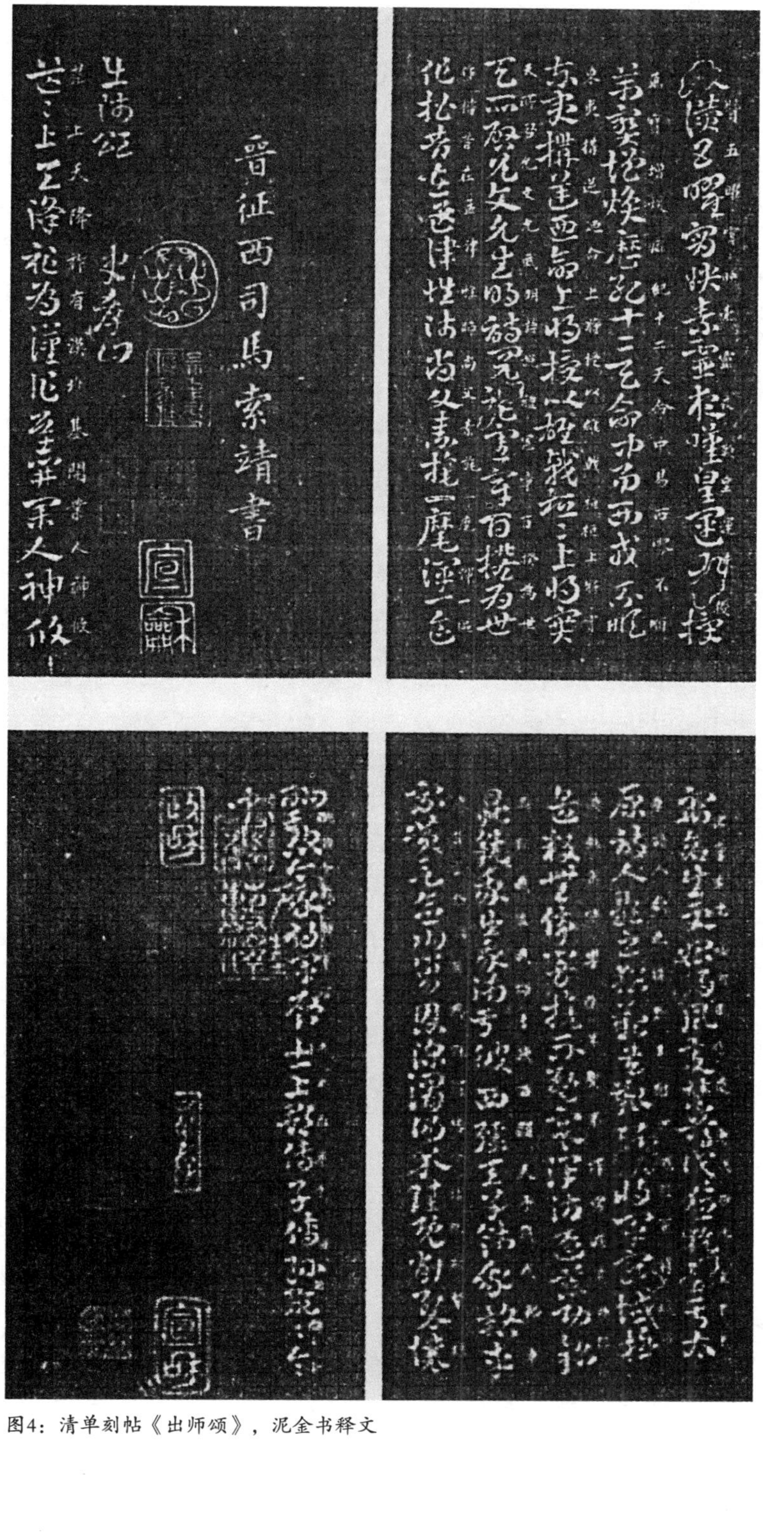

图4：清单刻帖《出师颂》，泥金书释文

印”“刘氏中府”三印。又附刻米友仁绍兴九年（1139）跋，乾隆戊辰年（1748）跋。

此帖于乾隆十二年（1747）由梁诗正等奉敕校刻。

（七）清《岳雪楼鉴真法帖》子册，标题“隋人出师颂”，十四行，章草，笔体与绍兴本近，然拘谨少变化。前有“子固”印，后有“子京所藏”，“松雪斋”“彝斋”诸印。无绍兴本上诸印。附米友仁绍兴九年跋。又孔广陶跋云：“出师颂纯用章草法，原迹久归内府相传。此为南宋末双钩填廓本，亦经二赵及墨林印藏。细勘之如鉴取影，诚下真迹一等耳。

早过洛阳得见，因精摹，归以冠帖首。南海孔广陶题（“少唐翰墨”等印）”。

此帖十二卷，为南海孔广陶撰集，同治五年至光绪六年刻成。

以上七种《出师颂》刻帖，前五种为宣和本（或天府本），第六种即绍兴本。第七种是与绍兴本相近的别本。从字画笔法看宣和本和绍兴本相异，一目了然。而同属宣和本的5帖，肥瘦、方圆、生动与板滞也有差异，但大同小异。明代宣和本系统下有多种本子（墨迹和帖本）流传，刻帖家各有选择，此事不言自明。

三、两本文字的异同

以宣和本与绍兴本校对，其文字上的不同如下：

宣和本损失六字：“皇运来受”之“来”字，“朔风变楚”之“朔”字，“明诗阅礼”之“礼”字，“至于太原”之“至”字，“况我将军”之“况我”二字。皆用细线刻出底本损缺处。

绍兴本中“况我将军”存“况”字，失“我”字，其他五字都有。

再以《文选》本《出师颂》校之则有八字不同，现列出，括号中为《文选》用字：

芒芒（茫茫），作基（兆基），攸讚（攸赞），西戎（西零），区寓（区宇），穷域（穷城），鼎鉉（鼎鉉），令闻（令问）。其中后六字绍兴本佚名宋人跋已指出。

这里用的《文选》为 清胡克家嘉庆十四年（1809）刻本，是据南宋淳熙八年（1181）尤袤刊本校勘重刻的，1977年中华书局影印出版。

上述八字，宣和、绍兴两本相同，表明它们有着某种同出一源的关系。

在丛帖中，另见两种《出师颂》，书者都标明为梁萧子云。

一是汝帖，仅存五行，行约十九字，自“薄伐猃狁”至“显有令闻”，是颂文后半部分。无刻印。北宋大观三年（1109）汝州守王寀刻汝帖于郡廨，凡十二卷。

二是兰亭续帖，十四行，无印。此帖刻于北宋政和初年（1111），据程文荣《南村帖考》），今只遗残本。

两帖均是章草，然笔体不一样，与宣和本及绍兴本也各有不同。上引安仪周所讲的南宋王崧刻入《云泽法帖》者未能见到。它们说明，北宋社会上有着《出师颂》多种帖本，或云索书，或云萧书。这和北宋人的书论帖评中讲的相符合。既然是萧书，面貌当然与索书不同。因此这里对所谓萧书《出师颂》就不细谈了。

近代以来，书法名迹借助于摄影技术和影印出版得到广泛的流传。在古代，一件书法名迹则是经过临本、摹本和刻帖得以流传的，它们之间存在的不同程度的差别远甚于影印本之间的差别。在悠远的年代，一件书法作品的摹本和临本不断地出现；自宋代起，又不断地被刻入帖中，如此便形成了流传史。书法作品以及其摹本、临本、刻帖不断为人们所收藏，散而复得，受到人们的品评、鉴别，或褒或贬，如此便形成鉴藏史。

古法帖《出师颂》同样经历了这样的历史，要了解它，搜集相关的文献资料与图像资料都将是有益的和必要的。

注释：

1.启功《论书绝句》，生活·读书·新知三联书店，1992年，第76页；徐邦达：《古书画过眼要录》，湖南美术出版社，1987年，第49页。

（《故宫博物院院刊》，2003年第6期）

《星凤楼帖》十二卷本再研究

《星凤楼帖》是刻于宋代的一部丛帖，汇集历代名家书迹，颇有影响。明清以后，因原帖少见，别本流行，于是在鉴帖上发生疑问，至今如此，故有再作研讨的必要。

一、宋至清代文献记载

（一）宋赵希弁《读书附志》下：

《星凤楼帖》，右曹文简公彦约家所刻也。

（二）宋赵希鹄《洞天清禄集》：

曹尚书彦约刻《星凤楼帖》于南康军，虽以众帖重摹而精善不苟，并无今人书。

（三）元陈绎曾《翰林要诀》：

《星凤楼帖》曹士冕模刻，工致有余，清而不浓，亚于太清续帖也。

（四）明《文渊阁书目》十三：

曹氏《星凤楼帖》一部一册，阙。

（五）明赵古则《学范》下：

《星凤楼帖》曹士冕模刻，工致有余，清而不浓。

（六）明王佐《新增格古要论》三：

《星凤楼帖》宋尚书赵彦约刻于南康，虽众刻重摹而精善不苟。陈绎曾云：此帖南宋曹士冕模刻，工而有余清而不浓亚于《太清楼续帖》。

（七）明陆深《书辑》下：

《星凤楼帖》曹士冕模刻，工致有余，清而不浓，亚于太清楼之亚也。

（八）明屠隆《考槃余事》一：

《星凤楼帖》宋赵彦约刻于南康，曹士冕重模于南宋。赵刻精善不苟，曹刻清而不浓，亚于《太清楼帖》。

（九）明张应《文清秘藏》下：

《星凤楼帖》宋赵彦约刻于南康，曹士冕重模于南宋。赵刻精善不苟，曹刻清而不浓。

（十）明胡文焕《古今碑帖考》：

宋《星凤楼帖》赵彦约刻于南康。

（十一）明范大徹《碑帖纪证》：

宋《星凤楼帖》宋曹士冕刻，计十卷，极其精妙。余有乐毅论几行及题跋虞永兴夫子庙堂碑，真神品也。袁尚宝家有全帙，归丰南禺。沈复魁云乃渠与售。今不知所在矣。

（十二）明汪珂玉《珊瑚网·法书》二十：

《星凤楼帖》宋尚书赵彦约刻于南康，虽众刻重摹而精善不苟。陈绎曾云：是帖南宋曹士冕模刻，工而有余，清而不浓，亚于《太清楼续帖》。

（十三）明来濬《金石备考》：

《星凤楼帖》宋赵彦约刻于南康，曹士冕重模于南宋。赵刻精善不苟，曹刻清而不浓，亚于太清楼。

（十四）清孙承泽《闲者轩帖考》：

《星凤楼帖》曹尚书彦约刻于南康军，杂取众刻重模精善不苟。元陈绎曾云：此帖清而不浓，亚于《太清楼续帖》。

（十五）清孙国敉《天下金石志补》：

宋《星凤楼帖》赵彦约刻于南康，亚于《太清楼帖》。

（十六）清杨宾《铁函斋书跋》：

《星凤楼帖》本赵彦约刻，又有曹士冕翻刻。屠赤水云：赵刻精善不苟，曹刻清而不浓。此正所谓清而不浓者也。向为及门蒋嵻岷珍藏今归楚江陶者。陶者精于八法有名当世。更得此帖心摹手追而加以变化，能不令人退避三舍耶。[1]

以上是关于《星凤楼帖》文献记载。可以看出：第五、六、七条出自第一、三条。第八、九、十、十二、十三、十四条也是与前人记述完全一样。遗憾的是所言都不具体，也未列举帖目，故难于同存世《星凤楼帖》对照。

二、现代帖家的看法

明清以来，有《星凤楼帖》十二卷本流行。对于十二卷本，多数鉴家持否定或怀疑态度。

张伯英云：

通行本《星凤楼帖》十二卷，篆书标题，《星凤楼帖》以子集丑集分卷十二，尾云"绍圣三年春王正月摹勒上石。"宋赵希鹄《洞天清禄集》云："曹尚书彦约刻《星凤楼帖》于南康军，彦约为士冕之父，士冕曾作《法帖谱系》。"元陈绎曾则云："曹士冕刻帖成于曹氏父子之手，在南宋时。"此本乃北宋年号，其为妄人伪造无疑矣。自明王佐《格古要论》误为赵彦约，后之论帖者遂有赵刻曹翻之谬说。程文荣《帖考》辨之详矣。其书大都采自阁帖及其他宋刻，平原《鹿脯》乃不用宋本而取《戏鸿》《快雪》之伪墨迹，即此一端，足证绍圣年月毫无影响，与伪《绛》、伪《戏鱼堂》同属清代伪造之帖。原本董香光于明时已不得见，盖失传甚久，而今帖肆多有之，其故可知。谬人藏此自矜为北宋拓，语以伪造，彼亦不之信也。[2]

容庚《丛帖目》未将十二卷本《星凤楼帖》放在第一册宋代刻帖当中，而放在明代帖内，标出"伪刻本"。抄录帖目之后只引述了上面张伯英的话。

张、容二先生的看法代表了近百年来的主流意见。

张先生辨伪依据有三：一是《洞天清禄集》讲曹彦约刻帖在南宋，十二卷本刻款是北宋绍圣三年（1096）；二是原刻本董其昌已不得见，而此本帖肆多有之；三是颜真卿《鹿脯帖》不用宋本而用明《戏鸿堂》《快雪堂帖》收的伪本。然此三点不足以证伪。

因为：古帖重刻于帖尾增添年款的事时有，如《绛帖》《戏鱼堂帖》等并非仅此一例。不能因疑款伪而完全否定帖的内容。《鹿脯帖》的戏鸿堂本可能当宋时已经出现了。对于董其昌未见原本，"原本"应指《星凤楼帖》的初刻本。这并不等于明时无宋翻刻本流行。鄙意揣测张、容诸位看到的只是明、清翻本，而无缘见到宋本，故有此言。

此外，程文荣《南林帖考》也表示了对十二卷本的怀疑，他说："董文敏在明季已称不见此帖（《容台别集》三），宜近时绝无传本"。关于刻帖者曹彦约，曹士冕父子，明代王佐《新增格古要论》误写成宋人赵彦约一事，程文荣则加以辨析解疑如下："《星凤楼帖》著录家或作曹彦约刻，或作曹士冕刻，或作赵彦约刻。按曹彦约字简斋，都昌人，淳熙八年（1181）进士，事迹具宋史本传。士冕即其子，字端可。赵彦约宋史无传，惟世系表有二：一为公广子，一为公剬子，皆确有其人。无怪虚舟帖考三说并存而无徒取证也。余尝合诸说推究之，并证以《辍耕录》所载宋理宗兰亭一百十七刻，内有昌谷曹氏本二。而知此帖实曹氏所刻无可疑者。赵希弁、杨士奇、范大徹三家并纪其所藏。赵希鸿、陈绎曾两家其所评骘皆出目睹，且二赵与陈时代较近，断无舛缪。其有彦约、士冕之异者，盖当时本不署名，故附志止称曹彦约家，而诸家或称其父或称其子，固非歧出也。其作赵彦约者始于明之王佐。验其文即袭清录集之说而偶误为赵，后来诸家不特不见《星凤楼帖》，并未见希鹄原书，采王佐之说即以为赵，采绎曾之说又以为曹。两说并采则妄増重模于南宋一语，以为曹翻赵刻。讹以传讹，遂至久无定论。今取诸家之说胪列于前而详辨于此，以俟读购帖者鉴焉。”[3]

三、存世《星凤楼帖》拓本

今所见《星凤楼帖》为数不在少数，都属十二卷本（包括十二卷不全的残帖），以刻帖版本来看情况有所不同。这里只举故宫博物院和湖南省博物馆藏品为例来谈。

故宫藏本：王存善旧藏本，浓墨拓，十二册，木封面，黄纸剪方镶裱，蝴蝶装。

卷首篆书刻“星凤楼帖”名，以十二辰为顺序排卷次，篆书刻“子集”等字样。卷尾篆书刻款二行“绍圣三年（1096）春王正月摹勒上石”。卷一汉魏人帖，卷二至卷七晋人书，卷八宋齐梁陈人书，卷九至卷十二唐人书。细目见容庚《丛帖目》卷四。

此帖原为十卷，有缺帖并次序混乱，收藏者将各卷号码涂去。王存善收藏时将缺帖补齐，另裱成两卷，一卷补一、二、三卷的部分帖，另一卷补三、四、五、六、七、九卷部分帖，两卷皆用双钩补全。后有王存善题跋曰：

此北宋原石宋纸隔麻拓本，世所罕有。哲宗时曹尚书彦约刻，原止十卷，后曹士冕复刻始有十二卷，以十二辰为记，世所行窄行本则又从士冕本复刻。

旧藏宋拓真绛全本二十卷，游丞相兰亭十二种，群玉堂帖四卷，东坡西楼帖七卷，英光堂米帖四卷，皆吴中丞筠清馆物，出以相较，纸质墨色皆同。益证此为宋时毡蜡无疑。此帖来时前后副页均无，当时必有题跋，皆已散轶，可叹惜也。癸卯（光绪二十九年，1903）二月望又记。

钤印：“南浔董氏家藏”“武陵华伯子图书”“邓文原印”“宜围棋子声丁丁然宜投壶矢声铮铮然”“宜鼓琴琴调和畅宜咏诗诗韵清绝”。

另有一套。版本与所选帖大体相同，十二卷，存卷号。清宫旧藏，织锦

图1:《星凤楼帖》(清宫旧藏本)子集封面

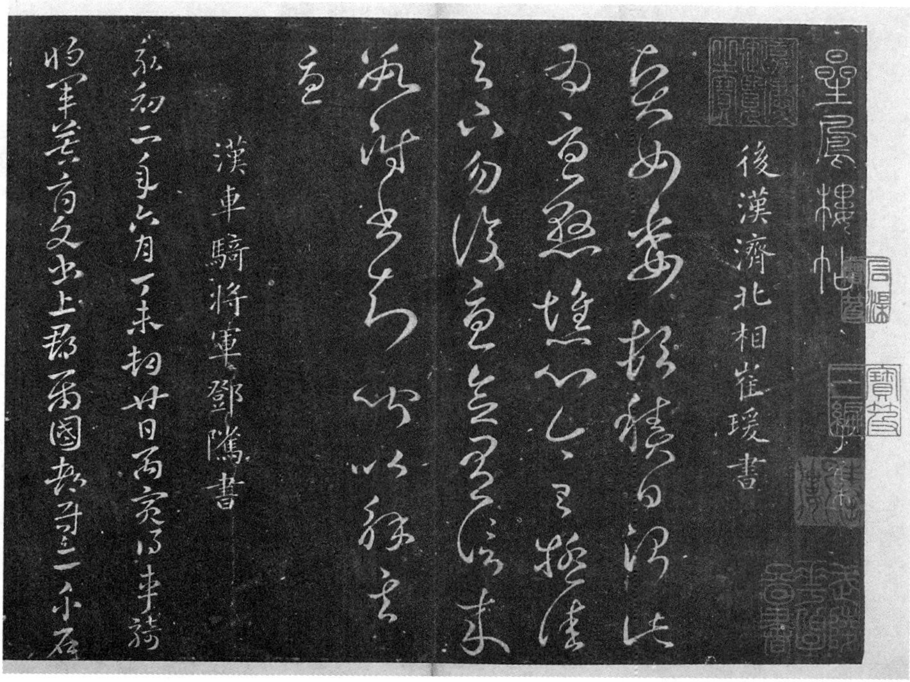

图2：《星凤楼帖》（清宫旧藏本）子集首开

面，黄纸挖镶剪方裱，浓墨擦拓。钤印：“石渠宝笈”“宝笈三编”“三希堂精鉴玺”“宜子孙”“嘉庆御览之宝”“嘉庆鉴赏”“武陵华伯子图书”等。（图1、图2、图3、图4、图5）

另仅存戌集残本，木面，白石雪书签，镶裱，蝴蝶装。钤“宋氏伯子”“宋肇辉”“宋肇辉印”“字曰锦斋”“经筵讲官太子少师建极殿大学士图章”“余清斋图书印”“娄子柔”“有明文靖世家图书”“潞藩鉴赏”等印。

此外另有一种明刻《星凤楼帖》，与上面版本不同。十二卷，硬木镶框织锦面，明代浓墨拓。无名氏题签。黄纸剪方镶裱。“子集”二字比另本高出半字许；丑集帖名与王羲之书标目间距窄，刻帖顺序不同等等。钤印：“八道史氏”“公甫”“俨斋”“马卿云”“北平孙氏砚山斋图书”等。

湖南省博物馆藏本。

2003年我去湖南省博物馆协助整理碑帖，该馆收藏各种碑帖丰富，约有三万余件，善本也多。其来自20世纪50年代入藏。其中见《星凤楼帖》十二册，镌刻工致，书法精彩，纸墨极古雅，装潢也考究，用橘红色防虫纸作裱

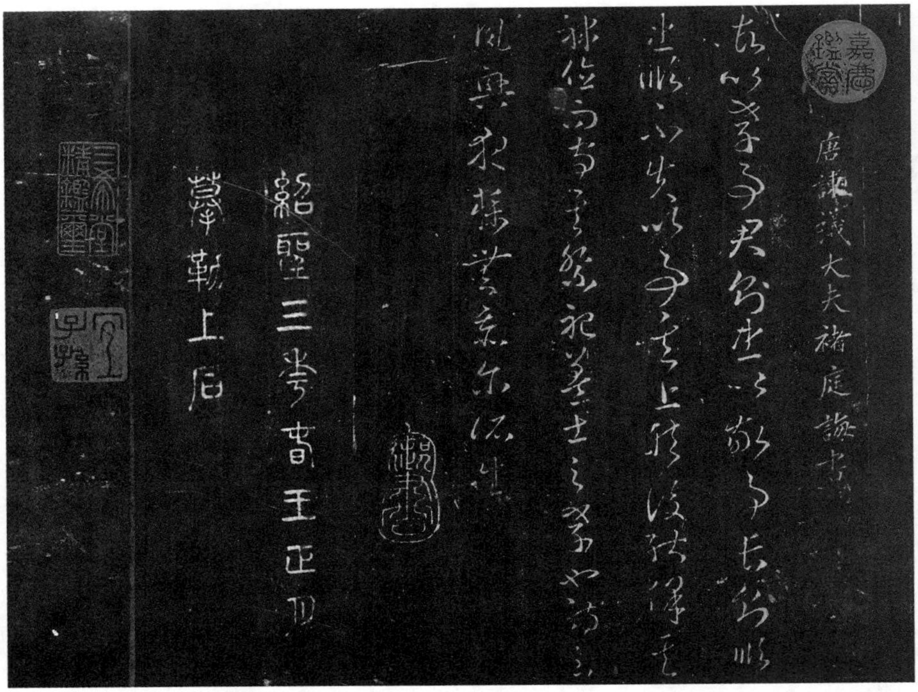

图3：《星凤楼帖》（清宫旧藏本）亥集帖尾刻款

褙。收帖与《丛帖目》接近，另还多出几帖。惜无题跋、印鉴。此应是南宋时刻、拓，今传世十二卷本中罕见者。[4]

碑帖必须通过校勘方能发现价值与问题，校帖是调查研究的主要方法。我一直想有机会将这一套与故宫存的王存善旧藏本、清宫旧藏本并几对观。

四、关于《星凤楼帖》的另一种见解

前面谈了关于该帖的多数意见，但也有分歧的看法。张彦生先生《善本碑帖录》的意见即可代表。其文如下：[5]

"宋《星凤楼帖》。汇帖，十二卷，历代各家书。首标题下刻用十二辰记数，据记载十二卷本是伪刻。

宋曹彦约字简斋，都昌人，与子士冕（字谷中）刻。《南邨帖考》载多无卷数，只《碑帖纪证》载曹士冕刻十卷。其现有十二卷本，不能定其是原宋刻所翻。其所载全帖十卷，按现传本题首下刻有十二时数字，则当知十卷不全。今存本或与原刻本无关，十二卷是伪造。

近出宝晋斋原石拓本内，二卷兰亭后跋云："镵之星凤楼下，与同志共之，嘉熙戊戌（嘉熙二年，1238），士冕敬书"。[6]又《乐毅论》后亦有曹士冕跋，有此亦证明《星凤》为士冕刻本。也可定《星凤帖》在宋嘉熙间所刻。《星凤帖》世传无可信真本，有《宝晋斋帖》可见《星凤帖》一点真面。

此帖自宋著录，所传原刻拓本少，著者以讹传讹。又有谓赵彦约刻者，有谓曹氏翻刻赵本者，今有《宝晋斋帖》证可肯定为曹士冕刻。

《南邨帖考》载较详。曾见《星凤楼帖》十二卷本，系明以前拓本。《李邕帖》，张玮（效彬）有明初拓二卷，名宋拓原石本，是明前刻十二卷本，刻模较佳，其内容与《淳化帖》多不同。另有乾隆间伪刻本和改头换面本。

张氏所论关键处是：（一）宋人记载多无卷数，唯《碑帖纪证》讲"十卷"，不能据此就以为原帖只有十卷。古代丛帖有初刻和续刻，故记载中关于卷数常有差异。（二）从《宝晋斋帖》原石本《兰亭帖》残本后曹士冕跋可知他曾于星凤楼下刻帖，时间在嘉熙戊戌（嘉熙二年，1238）。（三）曾见张效彬的《星凤楼帖》二卷，明初所拓，与十二卷本相符，故是明前刻本。要之，《星凤楼帖》十二卷本有不同刻本，其中有的刻在明代之前。这是比较合乎实际的。

对于古代法帖的认识，依据的是文献记载和存世拓本与帖石。如果已无拓本及刻石存世，那么可以按照文献来说，问题是文献往往语焉不详或者互相歧义。如果还有拓本及帖石存在，那么需要对它们仔细考察，再参验前人记载，分析比较再定其是非，或者存疑。实物是主要根据。

五、第三种见解

故宫的王存善旧藏《星凤楼帖》十册（另补帖两册）上面的王跋，除了上文第三节引用的之外还有一些，现抄录于此：

古刻难觏，覆刻真本尚不得见况尚书原刻乎？真希世之宝，诚如景星凤皇间世一遇者也。原有缺佚，逐条详注于下。存善记。（按：此跋文应接第三节引文"又从士冕本覆刻"之后。）

此帖欲求补全诚不可得，令人远想慨然。昔宋刘文定有化度寺碑缺三行，十年方补成。喜而作诗曰："端平曾缺后三行，淳佑重来为补亡。收拾一碑劳十载，此生凡事不须忙。”南宋时求北宋拓相距不及二百年其难且如此，此时上距绍圣已八百年，茫茫往古，渺渺来今，此愿其何日偿乎！书此志后缘。光绪癸卯正月存善再记 。

有人持曹士冕覆刻残本来，明拓也。检视之则此本所缺什九在焉。别装二册附于此后。又假得归安陆氏窖行本，凡残本所无钩模六种以补之。于是此帖完全无缺。惟前后次序非得尚书原刻全本不能排比，未敢以曹本次序为定。更不敢以世行窖本次序为定也。不将补帖拼入者，存此宋刻宋拓真面目，庶不致真赝错杂以伪乱真。至欲求原石补全之愿仍未知何日偿也。存善再记。曹士冕本已可夺真，特神韵少逊耳。越日又记。

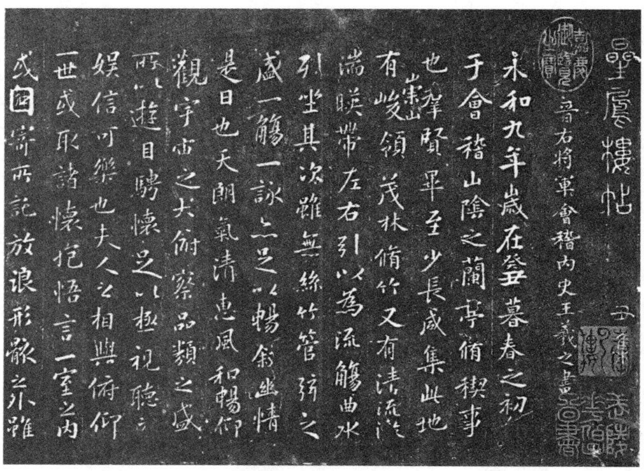

图4：《星凤楼帖》（清宫旧藏本）王羲之《兰亭序》之一

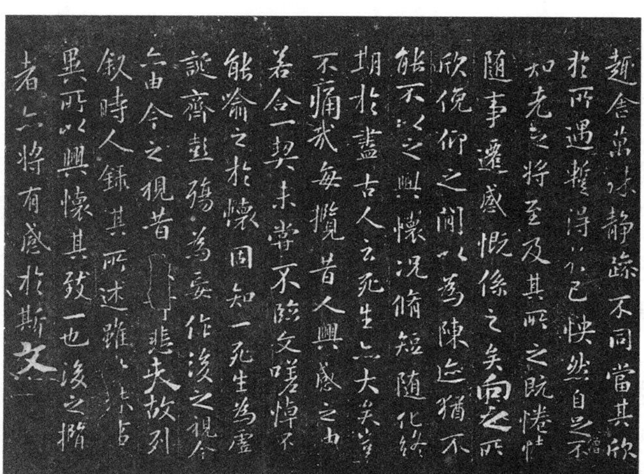

图5：《星凤楼帖》（清宫旧藏本）王羲之《兰亭序》之二

细读王氏题跋，有如下几层意思：

（一）此帖是曹彦约原刻本，宋拓，因缺佚较多是残本。

（二）曾得曹士冕覆刻本的明拓残本，分十二卷。也不易见。

（三）世所通行的窖行本，分十二卷，是据曹士冕刻本又覆刻而来的。

（四）王存善用曹士冕覆刻残本，又从窖行本上双钩六帖，装裱在一起构成两册，作为原刻本的补充。并在原刻本上逐条记下缺帖情况。

（五）曹彦约刻《星凤楼帖》的年代

应在绍圣年间。（按：时间上不同于宋史本传中的曹彦约）。

王存善对《星凤楼帖》的看法比张彦生要明确一些。他归纳出了三种版本，即曹彦约所刻原石拓本，宋拓；曹士冕的覆刻本，宋刻明拓；以及明人再次覆刻的窄行本。这个认识既包含了宋人文献的信息，又综合比较了所见各种拓本实物的情况。王存善（1849—1916），藏碑帖甚夥，精考鉴，与叶昌炽友善。见其所题跋、批注的碑帖，多善本。

六、鉴帖是个历史过程

在此，我们还可以比较一下三位先生的鉴帖。张伯英的拓本根据是“今帖肆多有之”的明清以来的覆刻本，写文之时尚未见到更早的刻本。张彦生除了见过明清覆刻本外，还看到了明前刻本两卷，故认为十二卷本在明以前便流行，并怀疑只有十卷的说法。又因《宝晋斋法帖》于20世纪50年代复出而且影印出版，他据该帖内刻跋提出了关于《星凤楼帖》刻帖时间的又一种看法。王存善所见拓本较其他人多，而且他还将此帖与其他若干宋拓刻帖比对（按：这些宋帖今天还能看到），故归纳出起码有三种版本。又因不知《宝晋斋法帖》内刻跋，便以为绍圣年刻帖。由于王跋没有刊印出来，影响很小。综合来看，对于某种宋刻丛帖的认识有个历史过程，延续至今而不止。分别来看，每个人都是有一定根据的，同时也有局限性。

《星凤楼帖》十二卷所收各代名家作品包括：

子集：崔瑗、邓骘、张芝、诸葛亮、张衡、周纥、曹植、钟繇、崔浩。

丑集、寅集、卯集：王羲之。

辰集：王献之。

巳集：王徽之、王衍、索靖、王廙、王凝之、王荟、王循、王敦、王恬。

午集：王珉、王戎、王蒙、王洽、王导、王操之、王邃、卫夫人、王坦之、阮咸、刘环之、张翼、向秀、陆云、阮籍、卞壶、郗恢、张华。

未集：孔琳之、王弘、王昙、羊欣、薄绍之、樊退、王僧虔、温子升、王慈、王彬、萧思话、沈约、王志、阮研、萧确、毛喜、王桢之、陈逵。

申集：褚遂良、薛稷。

酉集：虞世南、欧阳询、林藻、李商隐、孙思邈、李怀琳、狄仁杰。

戊集：李邕、颜真卿、白居易、柳公权、李德裕。

亥集：怀素、张旭、李白、毕諴、陆柬之、萧瑀、韩择木、韩愈、褚庭诲。（据《从帖目》抄录）宋南康军在今江西庐山附近。

本文是要说明《星凤楼帖》尚有南宋拓本传世，值得珍视。如果它是南宋的刻帖，那么即便不是出自最初的原帖刻石，也是根据原帖拓本（或者大部分是）翻刻而成的，就像宋代翻刻的多种《淳化阁帖》那样，不会很离谱。至于相关的一些问题，如北宋绍圣三年的刻款与南宋曹氏父子摹刻相互矛盾，是原刻还是翻刻，十卷与十二卷的来历等等，仍待研究。

按语：

本文是为明清江南刻帖研究学术讨论会而写的。稿子两月前交出已编入会议论文集。之后又有想法，续写此第五节“第三种见解”，第六节“鉴帖是个历史过程”作为补充，插在前稿末尾一段之前，合为一篇。

注释：

1.参见程文荣《南邨帖考》，学海出版社，1977年，第229页。

2.容庚《丛帖目》，中华书局香港分局，1986年，第1793页。

3.同注1，第232页。

4.刘刚《湖南省博物馆藏碑帖初探》，湖南省博物馆网站，2012年8月。

5.张彦生《善本碑帖录》，中华书局，1984年，第182页。

6.《宝晋斋帖》曹士冕跋原文如下：“定武兰亭残本刻后《定兰审定诀》，其后曹跋：重庆兄作定兰审定诀，未及脱稿，亲戚间遽持去。郑重访求仅得临本，亟请重书，因循弗暇今已矣。恐此文久而失传乃以临本附于卷末，且镵之星凤楼下，与同志共之。兄字鲁可，鲁菴盖其自号云。嘉熙戊戌中元日士冕敬书。”

石刻所见古代宗教

北齐吴莲花法义三十八人造像考

“汉日通晖，像教宣而遐被。”（《唯识述记·序》）佛教传布的同时，以像行世，造像成为布道弘法的重要手段。近年来，人们在研究我国中古时代祆教文物与遗迹时发现其中也有神像，但是所见何神？教徒崇信的圣明又是谁？由于缺乏神像比证和当时的文字记载而常感困惑。再者，对中国的祆教是来自琐罗亚斯德创建之拜火教还是更古老的马兹达教也有不同看法。随着相关材料的发现与积累，疑问会得到逐渐澄清。

本文将对北齐吴莲花合法义三十八人造像作一初步的讨论。

一、造像概况

故宫博物院收藏一件镂空背屏式单体白石造像。（图1、图2）上部是像，下部是扁方基座与题记，通高71厘米，宽59厘米，白大理石雕成。可惜主尊的头部，左手、臂，右手指，以及背屏均已损坏，无法对原物作全面的考察。其像结跏趺坐，着贴身对襟长衫，衣料呈纵向纹。头、身比例合理，体态有曲线美。像座方柱形，五层。在像的两侧二树干擎起背屏，盘龙绕树，龙首翘起作反顾状。树干外侧有二侍立者，现仅存右侍立者之足及座，左侍立者已损缺。背屏下外侧有对称的双鸟蹲在基座上左右两端，鸟头亦损。像座中央刻摩尼珠状或火焰状物，两旁供养人侍立。

造像的座脚扁方形，刊造像记，（图3）背面刻供养人姓名，文字基本完好。

据了解，此造像是20世纪50年代由国家文物局从北京大学文科研究所接受之后调拨故宫博物院，同批调拨的还有其他文物。入藏后被称为“透花螭虎坐像残石”，据造像题记的年款是天统元年（565），定北齐物。

古代定州地区的曲阳白石佛造像是十分著名的。近五十年间陆续发掘出窖藏造像制作精美，共有两千余件。其中镂空背屏式单体佛与双体佛像则是北齐时期特有的风格，与其他地区的佛像有别，如《北齐思维菩萨像》（图4，藏定州市博物馆）。[1]《刘氏造思维菩萨像》（图5）、《天统四年刘遵伯造西方三圣像》[2]（图6，藏故宫博物院）从形制和石料看，吴莲花造像约出定州地区。

图1：吴莲花造像正面

图2：吴莲花造像背面

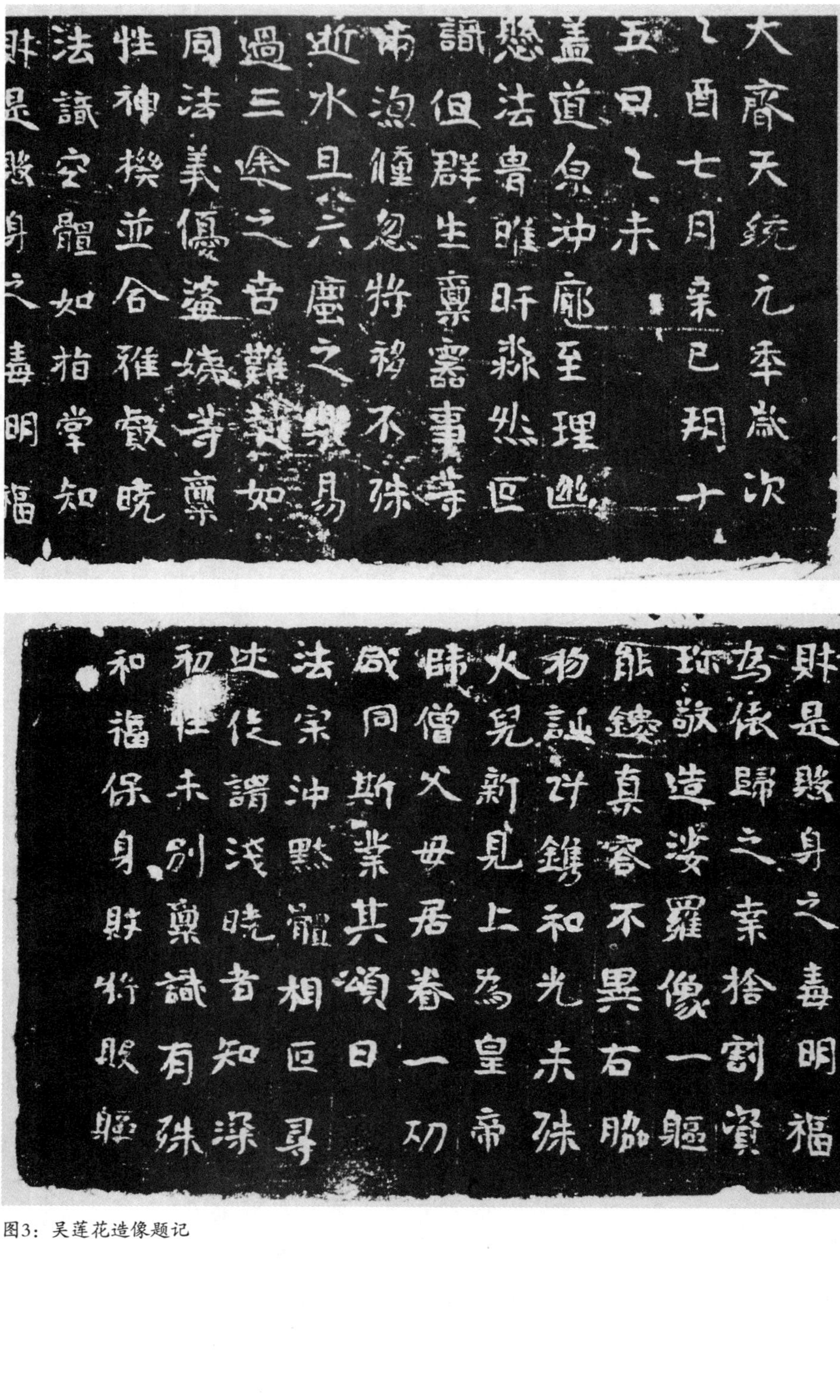

图3：吴莲花造像题记

图4：北齐思维菩萨像

图5：刘氏造思维菩萨像

图6：天统四年刘遵伯造西方三圣像

二、题记释文

题记楷体字形，书写自如而不失端庄、古雅，出于善书者与善刻者之手。为便阅读，以今字抄录于下：

大齐天统元年岁次乙酉七月辛巳朔十五日乙未盖道原冲廓，至理幽悬。法胄睢盱淼然叵识。但群生禀灵，事等两泡。倏忽将移，不殊逝水。且六尘之乐易过，三途之苦难越。如同法义，优婆姨等禀性神机，并合雅睿。晓法识空，体如指掌。知财是败身之毒，明福为依归之幸。舍割资珍，敬造娑罗像一躯。能镂真容，不异右胁初诞。巧镌和光，未殊火儿新见。上为皇帝师僧父母居眷一切咸同斯业。其颂曰：法宗冲默，体相叵寻。述徒谓浅，晓者知深。初性未别，禀识有殊。和福保身，财将败躯。

上文内“幽”下“悬”字，宜作“玄”。

六朝碑版多用俗字（碑别字），造像记尤甚，比比皆是。本造像自不例外，如“辛”“朔”“睢盱”“禀”“灵”“泡”“尘”“苦”“义”“婆”“机”“诞”“巧”“师”“败”等都用俗写。

三、娑罗与火儿

题记讲“敬造娑罗像”，十分罕见。娑罗是谁？结合下文“巧镌和光，未殊火儿新见”，“娑罗”与“火儿”应有联系，那么很可能是指拜火教，即琐罗亚斯德教的创始人与教主琐罗亚斯德（Zoroaster），译名取前两音节简称为“娑罗”。《法华经》第七庄严王菩萨本事品中有娑罗树王佛，但很难与此造像联系。

下面便探讨如何理解“娑罗”和“火儿”的问题。

（一）自古代拜火教入华以来，对先知琐罗亚斯德便有多种不同的译名。宋以前未见记载。如北宋赞宁《大宋僧史略》卷下“大秦末尼”条称“苏鲁支”。清代杨荣志《火祆考原》（见杨氏《景教碑文纪事考证》卷一，光绪二十一年刊）称“祚乐阿士”。陈垣《火祆教入中国考》（1923）称“苏鲁阿士德”。再后，又流行称作“查拉图士特拉”等等，译名无定。此碑记下了6世纪时的译名。

（二）题记在“敬造娑罗像一躯”之后说：“能镂真容，不异右胁初诞。巧镌和光，未殊火儿新见。”显然是取释迦牟尼乘象入胎，右胁初诞之典，借以衬托本尊的火儿同为被尊崇的至高的圣明。佛尊释迦，祆尊娑罗。那么火儿也应是琐罗亚斯德。

（三）在巴列维语的拜火教经典《丁·卡尔特》[3]第七中记下了关于琐罗亚斯德诞生的传说：

琐罗亚斯德降生人世之前，霍尔莫兹德（Hormozd）[4]赐予他的灵光栖息在圣洁的胡麻树上，琐罗亚斯德出生时，灵光便化为火焰，守卫在他的母亲杜格杜娅（Dughduge）家的四周，三天三夜明亮不熄，然后又变成一束光，落在杜格杜娅身上。

杜格杜娅嫁给了普鲁沙斯帕（purshasp），十五岁时生下了琐罗亚斯德。孩子在腹中未降生时，笼罩在杜格杜娅身上的光环越来越耀眼，像月亮一样放射着光芒，使人们诧异不已。

分娩的日子一天天临近。恶神阿赫里曼（Ahriman）[5]派“痛”“热”“风”三个魔鬼各带一百五十名反卒悄悄潜至杜格杜娅家门口，企图将琐罗亚斯德害死于腹中。他们像一阵无影无形的风吹过，杜格杜娅便像受了风寒一样，浑身发热，腹痛不止。杜格杜娅打算去找巫医看看。

她刚出门，霍尔莫兹德派来的天使就将她喊住，说：“不要求助于巫医，她也无能为力。你留在家里，把双手洗净，倒一杯牛油拿到火上煮热，然后喝下去，这样你的孩子就会平安降生了。”

杜格杜娅依言而行，果然止住了腹痛。阿赫里曼不肯就此罢休，他带着魔鬼们倾巢而出，赶到杜格杜娅家，远远地，他们便看见一团亮光罩住了整座屋宇，那亮光灿烂夺目，使阿赫里曼心中一懔，不敢上前。他只好对群魔中最狡猾善变的邪魔乌库曼（Ukuman）说：“我们下不了手，这一次全靠你了。你悄悄潜进琐罗亚斯特脑海里去，叫他背叛霍尔莫兹德，奉我阿赫里曼为至尊。”

无所不知的霍尔莫兹德洞悉阿赫里曼的企图，派至善与和谐之神巴赫曼前来迎战乌库曼。这邪魔乌库曼又称“反行魔”，因为他最爱捉弄人，喜欢做些与人愿望相反的事：人若要他往东他一定往西，人若想去海上他就偏偏让人去山里。世人不了解他的秉性，往往就会上当。但是这一次他碰上了巴赫曼这样的对手，自己反而成了被捉弄的对象。

乌库曼先一步到了杜格杜娅家，杜格杜娅正在分娩，七个巫医围坐在她身旁，谁也没看见隐身匿形的乌库曼。乌库曼暗自得意，正要钻进琐罗亚斯特的脑海，巴赫曼也隐身匿形降临了。他见乌库曼已抢先了一步，马上故意催促他道：“快快进去！”乌库曼一听，心想：“我可不听巴赫曼的话，我偏要出来！”他一缩肩又退了回来。巴赫曼趁此机会马上化入了琐罗亚斯特的脑海。乌库曼这时才明白上当，却已悔之晚矣。

阿赫里曼见最后一招也已落空，无可奈何，只好领着众魔鬼撤走了。

巴赫曼（Bahman）[6]给琐罗亚斯德带来了温暖与安谧，琐罗亚斯德感到无限欢乐，格格笑了起来。他就在笑声中降生了。

屋子里炉火通明。围坐在杜格杜娅身边的巫医门听到了这响亮的笑声，他们大惊失色。向来只知道婴儿都是在啼哭声中呱呱坠地，却从未听说有欢笑着降生的孩子。”[7]

上述经典所述表明：当圣母出生之前和琐罗亚斯德诞生之前，主神霍尔莫兹德都会赐予灵光，使他们身体出现光环，也笼照着整座屋宇。当其诞生之时，灵光又化为火焰，守卫着圣明的降生，三天三夜明亮不熄。

既然琐氏是在这样的情景之中降生的，那么被称为“火儿”就很容易理解了。中国人给婴儿命名（不论大名还是小名）往往同他出生时的自然环境或社会环境联系起来。若出生时大雨滂沱，则叫“雨生”；天降大雪，则叫“雪儿”；生于战火中则叫“战生”。“火儿”之称也由此而来。下文的“新见”，就是诞生、出世的意思，“见”古时同“现”，意为现世。前文的“巧镌和光”，“和光”是指琐氏身上的灵光。虽然只有十个字，却叙述了教主降生的传说。可以说，这是拜火教教义以汉文表达的一例，时间是在公元6世纪。

先知琐罗亚斯德的名字和事迹记载于北齐石刻应是一个重要的历史信息。这在以往所见古代史籍文献和文物上似未曾有过。它是6世纪定州地区祆教传播的一件实证，进而将启发人们对6世纪左右的入华祆教的性质与来源有进一步的认识。

四、关于对鸟

在分析了题记并明确娑罗即琐氏之后，再讨论另一方面。即艺术上的问题。圣像的头、帽冠和背屏都已损缺，于是只能从剩余部分考虑了。在将本像同曲阳的和定州的造像，尤其是镂空背屏式造像仔细对比时，我们注意到有一点比较特殊，值得推敲。

本像的背屏下方外侧有双鸟对称蹲在左右两端，可惜鸟头已损。众所周知，佛造像上往往有护法的双狮，这是惯例。本像出现的双鸟又是什么含义呢？在其他的古代祆教遗存中常有对鸟出现的：如北周安伽墓（579）墓门门楣上绘拜火祭坛和一对祭司鸟神（图7、图8），北周史君墓（580）石椁雕绘火坛与两位祭司鸟神，隋代虞弘墓（592）石椁正面绘火坛与一对祭司鸟神图像。

又阿富汉勒胡姆地区曾发现贵霜伽腻色伽时期的苏尔赫—考塔尔（Surkh-kotae）遗址。在一座寺庙的神殿里有黏土造的高台，其侧面的中央和台角还保留着壁柱，壁柱以鸟神塑像为装饰，遗憾的是鸟的上半身都被毁坏，只有下半身。从高台上面和殿厅上部均有一层灰烬判断，这个高台当初应

图7：安伽墓墓门所绘火坛与祭司鸟神图

图8：北周安伽墓石椁所刻祭司鸟神

是火坛之所在。[8]（图9）

上述中国与外国的事例说明，在中古祆教寺庙遗址、墓葬和其他文物上，鸟是经常出现的重要角色，尽管它们的形状有别。现在，吴莲花合法义造像又雕刻对鸟则再添一例，个中原因有待深入探讨。

图9：贵霜时代苏尔赫—考塔尔寺庙中火坛遗址

五、供养人题名与法义

造像基座背面全刻供养人名，分上下两排，现抄录如下：

（上排）法义吴莲花、法义徐相儒、法义陈方姿、法义续留姜、法义杜要姿 法义主釜贰胜、法义丁始妃、法义郝金妃、法义杨罗姜、法义田绍妃、法义张玉怜、法义王乐胜、法义郝思秀、法义师令妃、法义苏六女、法义侯明姿、法义高祖婉、

（下排）法义张登容、法义王靖云、法义张伯姜、法义史姬女、法义鲁次姜、法义刘双晕、法义孙敬荣、法义丁娇女、法义徐惠利、法义宋婉密、法义冯树生、法义展朱女、法义解罗女、法义孙容晕、法义韩要洛、法义聂神妃、法义张大称、法义张香、法义刘靖姿、维那张众口、维那孟次虎。

上具名的供养人三十八人。其中姓名前称法义者三十六人，称维那者两人。

秦汉时期，乡里已普遍立社，主要活动是春二月和秋八月祭神祈报，聚会饮宴。东晋南北朝时，在北方及南方又广泛出现了由僧尼与在家佛教信徒混合组成，以造像活动为中心的佛教团体，其名称以邑，邑义和法义等为多见。[9]这种组织多依附于寺院，并由寺院僧尼出任教化主（邑师），或劝化主。邑义内负责具体事务的也称维那。从本记看，法义是一种表示邑义成员身份的称谓。因此，法义不仅是团体的概念，同时也是团体中每个成员身份的概念，从人名看有不少女性，题记中讲的优婆姨盖在其中。

图10：茹小策合邑一百人造像碑上主阿胡拉·马兹达

吴莲花造像说明了：法义不仅有佛教团体，而且也有祆教团体。有没有相同性质的案例呢？

西安碑林藏有茹小策合邑一百人造像碑一通，（图10）北魏正光三年（522）建，故宫博物院有该碑的旧拓本，这个碑碑额中心图像是火焰及莲花，两旁有半人半鸟的神灵拱卫。龛下有火坛，坛座刻祆神像。碑阴主尊像为坐于双象座上的大神阿胡拉·马兹达。在该碑的题记中还有下面的话："劝化乡人，月设一龕，复寘心火葴解悟心田。"火葴即火祆。这段话的意思即邑人建祠礼拜火祆。这是一通从题记到图像都具有祆教特征的碑。同时，碑上众多供养人的头衔几乎包括了邑义中的各种角色。如邑师、唯那、但官、邑正、邑老、侍者、香火、典录、典坐、化主、录生、清信士、邑子等，表明着一个完善的民间宗教结社。而信众以茹姓为主又表明着柔然民族的背景。[10]

社邑是源远流长的古代基层社会组织。祆教（琐罗亚斯德教）是外来的文化。关中地区的北魏茹小策合邑一百人造像和定州地区的北齐吴莲花合法义三十八人造娑罗像的发现，反映了祆教流行时曾采用社邑的方式以求融入社会。在此经历中，佛教往往起了示范的作用。

还值得注意的是，本造像三十八位供养人中，有二十七种不同的姓氏。姓氏的分散，可以推测他们是居住在城市里的居民。还可以推测他们的民族成分是多样的。当中的史姬女也许是昭武九姓之史氏。展朱女或是西方辗迟氏之后。也就是说吴莲花等法义是由居住城市，民族不同的祆教信众组成的。这与茹小策合邑一百人造像碑的情况截然相反。

题记写明立碑的时间是天统元年七月十五日。从祆教角度看又如何呢？按照拜火教经典《阿维斯塔》的规定，一年十二个月，每个月都有一位庇护神。每月三十天，每天也有一位庇护神，[11]当信众每天进行祭拜祈祷诵经之时，都需考虑到当月当天的庇护神而有所安排。天统元年七月十五日，七月的庇护神是光明神梅赫尔，十五日的庇护神是霍尔莫兹德。我们还不清楚古人选这一天的用意何在，但选择时日必另有深意。古代波斯和中亚都有各自的历法。祆教东来以后，其信众势必入乡随俗改从中国历法而生活，这和佛教是相似的。

北朝及其以后数百年定州地区盛行佛教，也流行祆教，有碑刻和史籍可证。隋开皇五年《重修定州七帝寺记》（又称《惠郁造像记》）云：“故魏七帝旧寺，后周建德六年（577）破灭大像，僧尼还俗。天元承帝，改为宣政（578），前定州赞治、并州总管府户曹参军，博陵人崔子石，萨甫下司录商人何永康二人，同赎得七帝寺”。[12]可知定州北朝设萨甫（又称萨宝、萨保），为管理胡人聚落政教事务的官吏，亦掌领祆教。萨甫下的司录商人何永康为粟特胡。因此，吴莲花造娑罗像在定州出现并非偶然。

综上所述，故宫博物院收藏的北齐吴莲花合法义三十八人造娑罗像及其题记是一件反映6世纪民众信仰祆教的文物。娑罗即是先知琐罗亚斯德，题记载“火儿新见”讲的是琐罗亚斯德降生的传说故事。吴莲花等三十八人法义是由不同民族的祆教信徒组成的一个团体。

注释：

1.李静杰《石佛选粹》中国世界语出版社，1995年，第111页。

2.冯贺军《曲阳白石造像研究》紫禁城出版社，2005年，第105页、第111页。

3.《丁·卡尔特》（Den-kart），现有十六万九千字，是保存至今篇幅最长的帕拉维语著述，有琐罗亚斯德教“百科全书”的美誉。它由阿图尔·法伦巴格·法鲁赫扎德编定于马蒙哈里发（813-833在位）时期的巴格达。见元文琪《二元神论——古波斯宗教神话研究》，中国社会科学出版社，1997年，第45页。

4.霍尔莫兹德，又称阿胡拉·马兹达，意为至上的智慧之神，是最高的善神，光明世界的统治者。

5.阿赫里曼，意为居心险恶者，是恶神的元凶，黑暗世界的主宰。

6.巴赫曼，在天国代表霍尔莫兹德的智慧和善良，在尘世为动物之神。

7.引自唐孟生主编《东方神话传说　第一卷　希伯来、波斯伊朗神话传说》，北京大学出版社，1999年，第340页，《琐罗亚斯德降生》（王一丹编译）。

8.斯塔维斯基《贵霜时期的巴克特利亚》，莫斯科出版社，1977年，第201页。

9.参见郝春文《魏晋南北朝佛社首领考略》，北京师范学院学报，1991年第3期。

10.施安昌《火坛与祭司鸟神》，紫禁城出版社，2004年，第160页。

11.同注释3，元文琪书，第29页。

12.此刻石民国初年在河北定县料敌塔南出土，现不知下落。故宫博物院藏拓本。参见施安昌：《隋刻重修定州七帝寺记》《故宫博物院院刊》1985年第2期。后收入施安昌《善本碑帖论集》，紫禁城出版社出版，2002年，第155页。

（《艺术》杂志，2009年第3期）

对6世纪前后中国祆教艺术图像的认识

近些年来，人们已经从以往遗存的和新近出土的墓葬及文物中发现了不少与中国古代祆教——琐罗亚斯德教传至中国的宗教形式相关的材料，这些材料包括墓葬，还有墓碑、造像碑、祆祠、石窟等等。[1]

凡是在这方面进行研究的或有所兴趣的人都会思考两个问题，即：这些文物及其图像是否和祆教有关系？中国的祆教徒是否会在墓葬中表达自己的宗教信仰？

问题的产生是很自然的。第一，古代史籍虽然屡屡讲到祆神、胡天，但从未留下关于他们的形像或者宗教仪式的具体描述，故无从对证。第二，中国的祆教是从古代伊朗、中亚传来的，现在发现的祆教文物多出于墓中，而在伊朗、中亚的考古发掘中并未见过像太原隋代虞弘墓[2]、西安北周安伽墓[3]的厚葬情况（有石床、石椁、墓室壁画），故难于比定。

但是经过几年来的探索，学者们毕竟辨认出了某些有关图像、包含祆神像、圣火祆神图，祆教礼仪场景和象征符号。下边举例来谈。

一、关于圣火祆神图

圣火与祆神结合的相对独立的画面，可称圣火祆神图。它是祆教徒（或是深受祆教文化影响者）墓中主题纹饰之一，表示对圣火与善神的崇拜和赞颂，明确显示着祆教性质。应当看到，圣火祆神图并非同一种构图形式。现在所见圣火祆神图起码有 8 个墓，按构图不同可分为四种情况：

（一）西安安伽墓（579）门额（图1），太原虞弘墓（592）石椁（图2），纽约Shelby White和 Leon Levy 收藏的两个石床座[4]：圣火居中，祆神在两侧司祭或司火。

（二）洛阳荀景墓志（529）[5]，茹小策合邑一百人造像碑（522）[6]。纹饰：圣火居中，祆神拱卫于两侧。

（三）南京萧宏墓碑（526）额：圣火和摩尼珠居中，祆神在上边和两侧。[7]

（四）安阳粟特贵族墓（约为北齐）石阙[8]：圣火与祭司在下，祆神在

图1：西安安伽墓石门门额圣火祆神图

上。

再具体看一看虞弘墓情况，石椁基座前侧正中的浮雕是：当中一个灯台形火坛，上部有三层，用莲花瓣装饰，火焰在燃烧。坛座有两级。两侧有两个人首鹰身的神灵相对而立。他们深目高鼻，须髯浓密。头上帽冠后有两条红白二色飘带，身穿红色圆领半袖衫，肩有长披，腰系软带，一副西域胡人装束，红色施彩——火的颜色，他们下半身是鹰，鹰的腿、爪、尾和翅膀。特别的是它们还都戴口罩、手套，一手抚摸着火坛，表现出虔诚地守护火坛的神态。

按照拜火教教义，火是最高神的外表象征，火坛是祭祀的中心，祭祀者正是通过火来和神接近的。教徒们在不同场合（家火、庙火、王火）设置不同的祭火神坛，按照一整套规矩专门进行拜火仪式。负责燃火的祭司要戴上口罩，以免给圣火带来不洁。[9]

石椁上这幅图景和教义是相符合的。

与此相近的图像在西域墓葬中虽未见到，但曾经是波斯萨珊王朝（224—651）钱币背面的主要纹样（图3），在中亚粟特（Sogdiana）地区出土的盛骨瓮上也屡有出现。很显然，它们都是一脉相承的。

它们的不同之处在于石椁上出现的不是祭司而是人首鹰身的神灵，这是更理想化和更艺术化了。在西安安伽墓墓室门楣画中，也可以看到十分相似的图像。我们把这种圣火和祆神结合的相对独立的画面称为圣火祆神图，以区别于另一种礼拜圣火图，即描绘祆教徒在火坛前面祭拜的图像。

二、关于丧礼仪式的图像

日本滋贺县弥弘（Miho）博物馆藏的北朝石浮雕围屏当中有一幅是丧礼仪式。（图4）

在画面上部的中央，一身着长袍的祭司站立，面向正前方，立于一火坛前。祭司面部覆盖着padam，一种白色的口罩，在祆教仪轨中用来防止玷污圣火。后面的人，二跪二立，均手持小刀剺面。再后有五人站着，垂手交叉。

火坛另一面有盘子，盛有团状物，似为食品。在祭司与火坛之间有圆形的中间鼓起的花瓶。远处有二女子，手夹几个小包袱。栏中有三头骆驼，露出后腿。

下部，有二女三男。二男子合手而立，另一男子一手举胸前。妇女后有三匹马向前行。

在石版中央，连接上下两部分的是一只小狗。狗站在祭司的旁边，面朝着火。从服饰可知人物都是胡人。[10]

对于图像的理解有两方面根据：

第一，丧礼中的“剺面截耳”，长期流行于北胡和西胡各族之间，成为古代亚洲内陆殡葬文化的一大特色。关于“剺”字的音义，慧琳《一切经音义》这样解释：“理之反。《考声》：剺，割也，划也”。用刀划面割耳，血泪俱流，原是漠北游牧民族的悼亡仪式，此见于文献：

（一）匈奴：永元三年（91），“匈奴闻秉卒，举国号哭，或梨（梨即剺，古通用）面流血”（《后汉书》卷四九《耿秉传》）。

（二）突厥：“有死者，停尸于帐，子孙及诸亲属男女各杀羊马，陈于帐前，以刀剺面且哭，血泪俱流，如此者七度及止”（《通典》卷一九七《突厥传上》）。

（三）曹魏太和（227—233）年间，敦煌太守仓慈死于任所，“西域诸胡闻慈死，悉共会聚于戊己校尉及长史治下发哀，或有以刀画面以明血诚”（《三国志·仓慈传》）。

（四）北魏神龟二年（519），敦煌人宋云行经于阗，也见到“居丧者剪发剺面，以为哀戚。发长四寸，即就平常”（《洛阳伽蓝记》卷五）。

（五）贞观二十三年（649）五月，唐太宗崩，“四夷之人入仕于朝及来

图2：太原虞弘墓石椁基座中央的圣火祆神图

朝贡者数百人，闻丧皆恸哭，剪发，剺面，割耳，流血洒地”（《资治通鉴》卷一九九）。[11]

第二，祆教教义规定，死者出葬前，尚要进行多次的犬视仪式。

所谓犬视，就是带一只四眼狗到遗体旁巡视。据《阿维斯陀经》（Avesta）的说法，选择生有四只眼睛的黄狗或长有黄耳朵的白狗，把它带到死者旁边，就可以使尸毒飞离死尸。长有四只眼睛的狗是没有的；但照现代帕尔西人的说法，所谓四眼狗，是指双眼上边各有一个斑点的狗。为什么要进行犬视，还有多种解释，其中较可言喻的一种是：帕尔西人认为四眼狗有察觉人体是否真死的能耐。如果生命已完全结束，它就紧盯遗体；如果尚存一息，它一眼也不看。

在为死者穿寿衣时，便进行犬视，以后每隔一段时间，便犬视一次，直到遗体搬离尸房。在第一次犬视后，房里就要点火去毒，用檀香木和乳香燃烧。然后，一位僧侣坐在火前念经，而照看火永燃，直到死尸送往墓地。他人也可在停尸房里诵经，但均应距离死尸至少三步，以免受魔毒危害。[12]

此图清楚说明，居住在中原的胡人在丧事礼中将本民族的“剺面截耳”习俗与拜火教的仪式结合起来了。

三、关于礼拜圣火的图像

故宫博物院藏北魏茹小策合邑一百人造像碑（522）分碑阳和碑侧拓本。

碑侧有题记曰：

诸人识□□□悟心道根。知天堂之可依，地狱之吉叵，就劝化乡人，月设一龕。复寘心火蔵 ，解悟心田。仿学圣迹，刊石圣容。

这里的火蔵应是火祆的别称，乡民设的龕就是祆庙。供养人题名绝大部分姓茹。《元和姓纂·九御》茹氏条："蠕蠕入中国亦为茹氏，音去声。"所以这是内入蠕蠕即柔然人立的祆教造像碑。

碑阳神像虽然失拓，但周围纹饰仍具有祆教特点：

（一）龕楣上边一层应为圣火祆神图像，它与北魏苟景墓志志石一侧的圣火祆神图如出一辙，也与虞弘墓石椁上的相应图像相近。

（二）龕侧两侍者，左者端钵，内盛豪麻汁（haoma）或是石榴汁；右者所捧器物是小的火坛，这都是祭神情景。相似的小火坛出现于北周安伽墓门楣浮雕的两角和中亚品治肯特（Panji-Kent）遗址壁画上。

图3：两枚萨珊波斯朝钱币，正面是沙普尔一世和奥尔米兹德一世像，背面是火坛与祭司

（三）碑上的大火坛在神像之下，教徒们立于两侧和前面，排列有序，构成拜火敬神仪式的场面。同时，也可以联想到波斯时代的钱币纹样，其构图往往是善神在上，火坛在下。当然，这里讲的只是构图的相似，而不是祆神的形象。

（四）坛座所刻正面神首即为冯邕妻元氏墓志上的攫天式神像，此形象不见于佛教造像碑，但屡见于北朝至唐的地下与地上的文物，前者如北魏元谧墓石棺、北周安伽墓石床、后者如肖宏墓碑，巩县石窟。在一些唐三彩骆驼的鞍上也有这种神首纹饰 。[13]无论是造型还是功用，性质都与镇墓兽不同，不应混淆。

茹小策合邑造像碑是北魏流行于民间的祆教造像碑的一种样式，它与佛教造像碑有雷同之处，但又有显著的不同点。

四、研究的方法

图4：弥弘博物馆藏的北朝石床丧葬仪式图，上部有四人剺面割耳，中间有犬

上面只是举了几个例子，要而言之，研究祆教图像的方法大体可以归纳为四个方面：

（一）根据琐罗亚斯德教经典《阿维斯陀经》（Avesta），以及史籍中相关的记载，对文物及其图像进行分析与解读。

（二）取西亚和中亚（主要是粟特【Sogdiana】和巴克特利亚【Bactria】地区）拜火教的遗迹、遗物比较，其相似之处可以类比而认识。

（三）对其比较中出现的相异之处可有两种考虑：一是在西亚、中亚，或在我国古代本有相应之文物及图像，但我们尚未了解到或者考古尚未发现。二是由于胡、汉之间文化风俗的差别而引起的变异；或者由于不同民族的胡人（如粟特、突厥、鲜卑、柔然）之间文化风俗的差别而引起的变异。对这些相异之处，或者从因地制宜的变异给予解释，或者待考。

（四）表现宗教主题的图像和表现西域民族生活风俗的图像往往是融合在一起的，需要结合起来考察。由于我们对古代祆教的实际状况了解不多，对图像的区分只能是粗浅的、相对的。同时，图像也必须和图像依附的文物形制、功用和整个墓葬制度结合起来考察。

有个问题端倪已现，即中国祆教艺术和佛教艺术在历史上的关系。这在我的《圣火祆神图像考》一文（见《善本碑帖论集》）曾提出。

张广达先生的《吐鲁番出土汉语文书中所见伊朗语地区宗教的遗迹》讲到吐鲁番出土的《金光明经》卷题记时说："据题记，该经是在庚午岁（430）为索将军佛子妻息合家抄写于高昌城东胡天南太后祠下。我们不清楚胡天与南太后祠是怎样的关系，但是佛经抄于胡天南太后祠下，可以认为这是胡天信仰与佛教信仰同时存在于高昌的早期证据之一。"[14]此胡天南太后祠内应有神像，至于其他装饰就不好说了。

现在我们见到的祆教文物并能称为艺术品的，其时间上限在南朝天监、北魏正光年间。如肖秀碑是天监十七年（518），冯邕妻元氏墓志和茹小策合邑一百人造像碑，均是正光三年（522）。他们在艺术上的精美与娴熟表明祆教艺术已进入盛期。在此之前，已经历了较长的发展历史。

公元5—6世纪，也是开凿佛教石窟的兴盛之时，敦煌、云岗、龙门诸石窟寺相继而起。甘肃炳灵寺第169窟无量寿佛龛有420年的题记，是较早的记录。

由此看来，在5—6世纪之际，祆与佛两种不同来源的宗教艺术在中国发展起来。它们之间的相互影响和借鉴是不难理解的。然而这并没有妨碍它们各自独立的发展与成熟，乃至今天的人们在接触祆教艺术品时便有别开生面的感觉。

注释：

1.施安昌《6世纪前后中原祆教文物叙录》，在北京大学中国古代史研究中心举办的"古代中外关系：新史料的调查，整理和研究讨论会"发表的论文，2002年11月。

2.山西省考古所《太原隋代虞弘墓清理简报》，《文物》，2001年第1期，第 27–52页。

3.陕西省考古所《西安发现的北周安伽墓》，《文物》，2001年第1期，第4–26页。

4.Martha L. Carter， “Notes on two Chinese Stone Fuerary Bed Bases with Zoroastrian Symbolism”， lran， Questions et Connaissances， Paris， Association pour l’avancement des é tudes iraniennes， 2002， vol. 1， p. 263—287.

5.施安昌《北魏苟景墓志及纹饰考》，《故宫博物院院刊》，1998年第2期。收入作者《善本碑帖论集》，紫禁城出版社，2002年，第359–370页。

6.施安昌《北魏茹小策合邑一百人造像碑考》，《故宫博物院院刊》2002年第4期， 第32–37页。

7.施安昌《南朝梁萧宏墓碑考》。收入作者《善本碑贴论集》，紫禁城出版社，2002年，第390–397页。

8. G. Scaglia， “Central Asians on a Northern Ch’i Gate Shrine”， Artibus Asiae， 21， 1958， p. 9–28.

9.林悟殊《波斯拜火教与古代中国》，台北，新文丰出版公司，1995年，第55页。

10.Judith Lerner， “Central Asians in Sixth Century China: A Zoroastrian Funerary Rite”， Iranica Antiqua， vol. XXX， 1995， p. 179—190.

11.参见蔡鸿生《唐代九姓胡与突厥文化》，中华书局，1998年，第24页。

12.林悟殊，《波斯拜火教与古代中国》，台北，新文丰出版公司，1995年，第98–104页《印度帕尔西人的葬俗》。刻资料据J. J. Modi， The Religions Ceremonies and Customs of the Perses （2nd Edition， Bombay， 1937）译出。

13.姜伯勤《唐安菩墓所出三彩骆驼所见“盛于皮袋”的祆神》，《唐研究》，第七卷，2001年，第55–70页。

14.《敦煌吐鲁番研究》第四卷，北京大学出版社，1999年，第1–16页。

（《法国汉学》第8辑，中华书局2003年）

祆教徒上层葬礼仿效华俗

琐罗亚斯德教源于古代伊朗，因教主叫琐罗亚斯德而得名。这个教崇拜的最高神叫阿胡拉·马兹达，以火为最高神的象征和化身，通过崇拜圣火的仪式就可以与神沟通。所以，这个教又称“拜火教”，奉行经典《阿维斯陀》（Avesta）。早在波斯阿契美尼德王朝（公元前550—330）和萨珊王朝（公元224—651），该教极盛，奉为国教。其时，在中亚地区也广为传播，进而传入中国，在内地影响广泛。史书记载称祆教、火祆或胡天，直到南宋以后典籍才很少提到。历史学家陈垣先生发表于1923年《国学季刊》第一卷第一号的《火祆教入中国考》是研究琐罗亚斯德教在中国传播的重要著作。后来发现的各种涉及祆教的文书、墓志和雕刻，近年来发掘的一系列萨宝墓葬提供了越来越多的实物证明。

史籍、文献和遗址发掘都说明了古代粟特与祆教有着密切的关系。公元前1000年的前半期，在中亚的农耕地带形成了数个文化中心，在阿姆河与锡尔河间的泽拉珊夫河流域形成了粟特（又称索格地亚那，Sogdiana）即是其中之一。这里曾先后被波斯、希腊亚历山大帝国、塞琉古王朝、康居、月氏部、贵霜国、哌哒国等统治。在中国史书上往往称为“昭武九姓”。伊斯兰教传入之前，他们广泛接受琐罗亚斯德教。当然，一种宗教传至不同地区总会出现种种变异。粟特的拜火教既接受了该教的教义教规，又把本民族的信仰和生活习俗融合进去了。

在以往关于祆教的研究中，文献与考古两方面提供的信息表明，祆教东渐是以西域商旅和移民为载体的，教徒又是以粟特人为骨干的。故中土祆教与内入西域人华化两件事就紧密联系着。下面将引证若干相关文物，并从入华祆教葬礼制度转变的角度加以讨论。

一、关于盛骨瓮（拉丁文Ossuarium）

古代中亚地区，在祆教影响下的葬俗是采用盛骨瓮埋葬，盛骨瓮就是用陶作的瓮，再把人的遗骨放在里面，或者叫纳骨器。按照祆教的礼仪，人死后不能直接埋葬免得玷污土地；也不能火葬，因为不能玷污圣火，所以人死

图1：莫拉——库尔干骨瓮，上有火坛与祭司

图2：绘有《哭丧图》的盛骨瓮

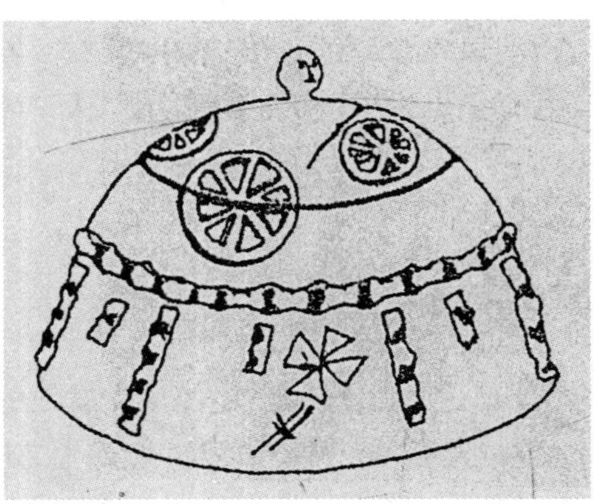

图3：北庭（吉木萨尔）所出盛骨瓮

后放入用砖石砌成的“寂寞之塔”（Dakhmas）内，让鸟来啄食，然后把剩下的余骨再放到陶瓮里面去。在中亚莫拉——库尔干发掘出的一个盛骨瓮，像一个建筑的形状或者说它在模仿建筑的形状，上面有齿形的房檐，下面中间是火坛，烧着火焰，两边是两个侍火的祭司，手里拿着法器，嘴上还戴着口罩，这是他们的规矩，是怕把火弄脏了。骨瓮的尖顶上面是两个神，上端有日轮。这是建筑形的盛骨瓮（图1）。还有一个人体形的盛骨瓮，是一个男人戴着帽子，他的身体就是一个盛骨瓮，他肩背后可以打开把骨骸装进去。有些盛骨瓮上，画着各种人、动物、植物或者其他图案。比如有一幅《哭丧图》，大家都围着死者哭（图2）。所以盛骨瓮的发掘和出现引起了很多学者的兴趣，这是中亚的情况。[1]这里参考了法国考古学家格瑞内（F.Grenet）教授的《从希腊化到伊斯兰时代中亚居民的丧葬风俗》一书（CNRS.1984）。

在中国新疆曾发现过帐篷形的盛骨瓮（图3），它和中亚楚河流域出土的7—8世纪帐篷形盛骨瓮类似。[2]1998年8月12日，我在故宫博物院的库房里发现一盛骨瓮（图4）。它在1957年被当作唐代的明器——陶屋被收购进来，但是实际上就是一个盛骨瓮。上面的盖子是房顶可以打开取掉。房子的正面，有柱子、斗拱。有两扇门，门上有40个门钉，一扇门还半开着，两侧有两个神龛，神龛里的神像已经很模糊了。屋檐上也是带锯齿的，屋顶上还塑有一个小人，这个小人的脸是涂白色的，鼻梁高挺，样子是胡人。房子背面有三根柱子，四个龛。它的侧面画着花朵，这是一个建筑形的盛骨瓮，具有中国建筑的特点，如斗拱、门钉，它的形象就像很庄严的寺庙。2001年5月俄罗斯中亚考古学家马尔夏克（B·I·Marshak），到故宫来看了这件东西，说这是把粟特地区（Sogdiana）和中国汉族地区的两方面的风俗结合起来的盛骨瓮，屋顶和人物都和粟特地区的一样，但是柱上有斗拱，门上有钉，是中国风格的。[3]

图4a：建筑型盛骨瓮（故宫博物院藏）

图4b：盛骨瓮背面

图4c：盛骨瓮侧面

有理由推测，当时在中国，盛骨瓮曾是众多祆教信徒采用的葬具。在祆教流行地区确有成批烧制，其形制类似于中亚的形式，或又结合进中国的建筑和艺术因素，由此则证明了中土祆教和中亚祆教之间的密切关系。为什么现在看到的盛骨瓮甚少呢？起码有两个原因。第一，陶制的盛骨瓮不容易引起重视，也很容易毁坏。第二，从造型看，容易误认为明器。因此，很有可能有的盛骨瓮仍被当作其他随葬品摆在那里，还没有被鉴别出来，有待调查。

二、关于石床和石椁

石床和石椁是中国古代两种葬具。近年发现的粟特人墓葬或者祆教徒墓葬内往往存在这两种葬具。石床的记载见于晋代，如晋人葛洪撰《西京杂记》卷六，略云："魏襄王冢，皆以文石为椁……中有石床、石屏风，宛然周正。"又云："魏王子且渠冢，甚浅狭，无棺柩，但有石床，广六尺，长一丈。石屏风。"[4]又如《晋书·姚兴载记》讲梁国儿到墓里"灵床"上坐着饮酒唱歌，受到周围人的讥笑。因为墓中灵床是放置亡人之灵魂使用的。梁国儿行为十分反常。这是4世纪末与5世纪初的事情。

仿木结构建筑的石椁使用得也很早。山西大同北魏太和元年（477）的宋绍祖墓已经出现石椁。

20世纪早期安阳出土了北齐粟特贵族墓石雕（图5），出土以后它很快流散到国外去了，所以没有完整的墓葬资料。这是墓葬里面的一对石阙，上面有很多人组成祭祀的队伍，这些人手里或者捧着东西或者举着旗子，最后还有牵马的，前面有一个领头的。不拿东西的人双手抚胸，显得很虔诚很恭敬的样子。石阙正面和侧面上部刻有肩上冒火、手足如鸟爪的神像。下面有祭司，穿

图5a：安阳北齐粟特贵族墓左右石阙正面

着窄袖的长袍，长袍是大翻领而且镶着连珠纹的花边。在他的旁边有一个火坛，火在燃烧。他的嘴上戴着口罩，是深目高鼻秃顶的西域人。祭司跟他后面祭祀的队伍结合在一起，[5]说明这是祆庙里的一个祭祀场景。

2003年6月至10月在西安发现北周凉州萨宝史君墓（565），墓中有浮雕装饰的石堂。它的南面有火坛和祭祀鸟神（图6a）。东面画面则有丰富内容（图6b）。左上为一祆神像，有光环环绕，他右手持三叉戟，坐骑是三头牛。神像下方墓主人夫妇跪在地毯上祈祷。画中有自右向左的飞天和两匹有翼的马，显然是来接引墓主人夫妇的。下方是一座长桥，桥头站着两位祭司在奉侍火坛。土坡上跑着两只狗。众多的骆驼与人物通过桥上，桥下水中为两个怪异的水兽。而在翼马前头有一人坠落，水兽正等待着他。画面右端即见墓主人夫妇骑着马正在两个飞天和四个伎乐护卫下升入天国。[6]

上述生动的画景，十分明确地说明祆教教义和葬俗：人死后，他的灵魂离开躯体，到达钦瓦特（Chinwat）桥头，接受祆神的审判和裁决，善者升入天国，恶者坠入地狱。两只狗的出现表示的是丧葬中“犬视”习俗。

现在已经见到的具有西胡风格的石床已有十余件，石椁有2件。其中5件有纪年，时间在6世纪后半叶（565、573、579、579、592）。石床、石椁在中亚都未曾发现。因而可以说，内入的中亚人（或其他胡人）采用石床、石椁是接受中原某些葬俗的表现。按照祆教教义，人死后尸体内有毒，不能直接入土埋葬污染土地。而石床、石椁则可以将尸体与土壤隔开。但在石床、石椁的装饰上加入了西胡生活与宗教崇拜的题材。

还有两点应予解释：

（一）迄今见到具有祆教色彩的墓中有的也设石棺，如北魏元谧墓石棺。又如2005年底发掘的陕西潼关大型石棺，棺盖线刻升仙图中有多位祆神，据说该墓墓主是隋代皇

图5b：双阙侧面

图6a：史君墓石堂南壁的火坛与祭司鸟神

图6b：史君墓石堂东外壁浮雕（线描图）

室。本文中没有涉及石棺，这是因为古代希腊、罗马、埃及、地中海沿岸西亚诸文明中均有石棺遗存，即不能视石棺为中土独有，故祆教徒用石棺葬也就不能视作效仿华俗。

（二）这里讲的石椁是仿木结构殿堂式的葬具，内中无棺。这与古代内棺外椁的形式仍有区别。

三、关于墓志

在晋朝以后墓葬中普遍采用了墓志，记载死者的籍贯、身世及生平。南北朝时（5—6世纪）拥有墓志的墓葬一般为中型以上的砖室墓，墓主身份大多为各级官员与有社会地位的人。墓志通常放在墓的甬道中或墓室内的入口处。

1928年洛阳东徒沟出土的北魏苟景墓志和墓志盖，在墓志盖的四侧都有纹饰，左右两侧同是四尊肩上冒火，手足如鸟爪的神灵。下侧中间是花，花的中间有一个火坛，火在燃烧着，两边各一神（图7）。左边的前半身是公牛，右边的前半身是狗（狗与乾陵懿德太子墓西壁所绘男侍身旁的黄犬极似），它们都有鸟的尾巴和翅膀，属于半兽半鸟的神。墓志上侧中间是盛开的莲花，两边也是神，他们的头和上半身都是人以及鸟的尾巴和翅膀，是半人半鸟的神[7]（图8）。

牛和犬受到祆教特别的尊崇和保护，反映在古经《阿维斯陀》中。这样的神灵图像常见于文物。中亚撒马尔干所发掘的银壶和碗，其纹饰：头是骆

图7：苟景墓志盖下侧（上拓本，下示意图）

图8：苟景墓志盖上侧（上拓本，下示意图）

驼，有鸟的翅膀、尾巴；或者头是母狮，有鸟的翅膀、尾巴；还有狗头鸟身神。这些神叫做Senmurv（“森穆鲁”），它是古代伊朗的神灵，是幸运和富贵的象征，而且往往充当天神和人间的使者。它的到来往往给人带来运气。再说半人半鸟，1999年太原发现隋代虞弘墓（592），墓主人是西域鱼国人，生前为检校萨宝府，管理胡人行政和宗教。墓中石椁雕刻圣火祆神图，即火坛居中，两位半人半鸟的祭司鸟神敬侍两旁。[8]2000年西安接着出土北周同州萨宝安伽墓（579），安氏为昭武九姓之一。墓室门额浮雕彩绘火坛、两侧也有祭司鸟神。[9]事实一再证明，半人半鸟神应属于祆神之列。在中国古代墓志上通常的纹饰是什么样呢？是四神（青龙、白虎、朱雀、玄武）或者十二生肖，或者就是植物纹饰，这是最常见到的，上面的祆神形象是罕见的。

除苟景志外，我们还可举出含有类似图像的墓志，如：冯邕妻元氏墓志（522）、元谧墓志及石棺（524）、元昭墓志（524）、元乂墓志（526）、尔朱袭墓志（529）、侯刚墓志（526）、王悦墓志（533）等。这些墓志主人都是王侯皇族和高官，都葬在都城洛阳。

四、祆教上层丧葬仿效华俗

西域人东迁，首先遇到的是争取生存和适应环境两大问题。而后，他们当中一部分人还要入仕做官。即便是聚族而居，也总要入乡随俗。对于为官者则需要更多地了解和遵从典章制度，驾驭人际关系，否则难以供奉职守，更惶论融入主流社会。

陈垣先生名著《元西域人华化考》详论西域人（包括信仰佛教、基督教、回回教、摩尼教者）迁中土后所遇各种情况及如何应对。其中“西域人丧葬效华俗”一节与本题尤为切近，下边将凯霖一家葬俗从华俗和回教徒也黑迭儿造石像两事摘录于此：[10]

（一）凯霖，改华名曰“和叔”。其祖讳哈只哈心，阿鲁浑氏，西域人，隶王旭列邸。父讳阿散，入赘麦砧哈檐家，西域名族。凯霖仕“宝庆路邵阳县达鲁花赤，移彰德路临漳县，更移安阳。爱其山水，思妥其先，卜地司空村。迁祖考妣、考妣兄以泰定四年（1327）二月葬焉。以公西来而为使也，表之曰‘西使之阡’”。凯霖云：“我元始征西北诸国，西域最先内附，故其国人柄用尤多。（略）居中土也，服食中土也。而惟其国俗为泥也。予非敢变予俗而取摈于同类也，其戾于道者变焉。居是土也，服食是土也，是土之人与居也。予非乐于异吾俗而求合于是也。居是而有见也，亦惟择其是者而从焉。自吾祖为使而入中国，委骨于是。若诗书礼乐其可不从乎？”

此例不仅讲述改俗，而且将改俗者的想法表达十分透彻。前面论述的祆教徒丧葬改俗要早于元代许多。然而同样的历史背景之下，人同此心，心同此理，必可依类而推之。

图9：粟特森穆鲁纹银壶

（二）据欧阳玄撰《马合沙碑》（《圭斋集》卷九）称：马合马沙之父也黑迭儿“以修筑宫城有功，部人凿石作像，髭髯咸肖，设置墓舍。族属见之，谓其非法，谋弃隐处。世祖夜梦也黑迭儿，若有诉事，状如生平。明，发召诘其家，以像事告，亟命止之。”“也黑迭儿为回回教徒，回回教之厌恶偶像，比天主教过无不及，而也黑迭儿之墓舍竟有石像焉。此石像非

图10：萨珊波斯锦，有森穆鲁纹

出于华人，而出于部人，虽出于部人，而其子马合马沙任之，尤奇焉。特原碑所称‘亟命止之’者，止而不设乎？抑止而不弃乎？部人设置之，族属谋弃之，也黑迭儿之示梦取何态度？欧阳玄文不明了。若也黑迭儿不欲弃此石像也，则真死心于中国化者矣；即也黑迭儿而欲弃此石像，然其部人已设置之，亦可表示其部人之中国化。”

也黑迭儿父子是大食国人，世绾元工部事。至元三年修筑大都宫殿，此前又建琼岛北海。此墓内造像不仅是效仿华俗，而且违背回教禁规，故陈垣叹曰：“乃信天下事无奇不有，有非思想所能及者。”

本节引元代西域人事迹和陈先生述论表明：在葬礼这样的民族与家庭之重大礼制上，移民往往要改从当地风俗，甚至会突破原守宗教之禁条，此盖古今皆有的事情。今日侨居欧美之中国人，去世之时家人往往致哀于教堂，祈祷于牧师，岂问生前之信仰乎？此事是：“居是土也，服食是土地，是土之人与居也。予非乐于异吾俗而求合于是也，居是而有见也，亦惟择其是者而从焉。”

现在，我们再将上述不同的内容联系起来看，盛骨瓮应是信仰祆教的平民用的一种普通葬具，合乎中亚地区祆教徒的葬礼，有些瓮的形制又受中原影响。石床、石椁及其墓志是萨宝和有社会地位的祆教徒使用的，合乎中原的葬礼。其墓主人多为有地位的人。而作为上层社会的祆教徒，他们死后也要遵从朝廷规定的礼制。其葬具、墓志和墓内结构与教外人士并无大的差别，这是他们接受华化的一方面。

同时他们要将自己的宗教信念，将本民族的传统的生活与文化通过墓中的雕刻与绘画尽量地表现出来，以建成一个理想的美妙的来世。这又是他们怀恋和保持本民族文化，坚持自己信仰的一方面。

注释：

1.格瑞内（F.Grenet）《从希腊化到伊斯兰时代中亚居民的丧葬风俗》（CNRS.1984）。

2.影山悦子《论新疆出土的Ossuary（琐罗亚斯德教教徒的骨器）》，《东方》第40卷第1号，1997年9月。

3.施安昌《北齐粟特贵族墓石雕考——故宫博物院藏建筑型纳骨器初探》，《故宫博物院院刊》，1999年第2期。

4.魏襄王是战国时魏国国君，名嗣，谥襄，公元前317—前295年。

5.B.I.Marshak：Ie programme iconographique des peintures de la 《salle desanbassadeurs》a Afrasiab（Samarkand）.Arts Asiartiques.Paris.1994.

6.西安市文物保护考古所《西安北周凉州萨保史君墓发掘简报》，《文物》，2005年第5期。

7.施安昌《北魏苟景墓志及纹饰考》，《故宫博物院院刊》，1998年第2期。

8.山西省考古研究所等《太原隋代弘墓清理简报》，《文物》，2001年第一期。

9.陕西省考古研究所《西安发现的北周安伽墓》，《文物》，2001年第一期。

10.陈垣《元西域人华化考》，励耘书屋，1934年，收入《励耘书屋丛刻》，北京师范大学出版社，1982年。

（《艺术》杂志，2008年第8期）

关于祆教文物及其艺术的系统之思考

八年以前，在《火坛与祭司鸟神》的前言中，我曾回顾了以往探索中国古代祆教遗存和相关的艺术的经历，讲述了所采用的研究与证明的方法，包括编制“图像题材整理表”和“相关图像题材类比表”。之所以这样做，是基于系统思想和图像学的启示。这里，我想进一步阐述系统的问题。

做考古研究或者艺术史研究的时候，经常会碰到这样的事情：在甲地某种文物（传世的和考古发掘的）或者文物上的某种图画，与相隔遥远的乙地出现的某种文物或图画很相似。于是人们就会想：两者之间在历史上是否有什么关系？是否反映了某一种文化的传播？传播的过程究竟是从甲地到乙地，还是从乙地到甲地呢？它们所表示的意义是否一样？等等。自英国的柴尔德（Vere Gordon childe）[1]到瑞典的安特生（Johan Gunnar Andersson）[2]，从德国的温克尔曼（Johann Joachim Winckelmann ）[3]到中国的李济[4]，中外学者都曾反反复复地进行过这方面的思考，其思考时而带来一定的结果，时而带来迷茫与怀疑。

这方面的事情，人们常常称为比较研究，这中间需要注意一个问题，即被比较的事物属于个别性的事物，还是互相密切关联的一组事物。

一、个别的事物与系统的事物

如果是个别性的事物，那么就要考察甲地之物和乙地之物虽然在形貌上很像，但它们各自的性质和功用是否相同。若有着相同的性质和功用，那么有可能存在传播关系，若无，则不可能存在传播关系，比较研究就未必合理。

如果被比较的事物是相互密切关联的一组事物，情形就不同了。一组事物包含着不同的层面：

（一）各个不同的事物，每个事物有自己的特性。

（二） 每个事物与其他各个事物之间的关系。

（三）每个事物在该组合当中所处的序位和所起的作用。

（四）一组事物共同的性质和功用。如果一组事物较为复杂，那么也可以视为一种系统，其中的各个事物便是系统内的各个元素。具体来说，就是把与祆教相关的文物及其相附的艺术作为一组事物或者一个系统来看待，《图像题材整理表》的编制是寻找系统内元素及其序位的过程，《相关图像题材类比表》的形成乃是系统与系统之间进行比较参照的过程。

鉴于对历史的了解，可以认为古代波斯的祆教文物及其艺术是一个系统，古代中亚的祆教文物及其艺术也是一个系统。假设中国古代也存在一个祆教文物及其艺术的系统，那么中国系统的相当部分应当是可以与前两个系统相互参比的。即在上述四个层面上有可能找到相应的元素，找到元素之间相应的关系。因为人们对古代波斯的和中亚的祆教文物与艺术两个系统已经了解比较多了，可以拿过来参验中国的情况。

在讲到比较研究时陈寅恪先生说：

比较之方法，必须具有历史演变及系统异同之观念。否则古今中外，人天龙鬼，无一不可取以相与比较，荷马可比屈原，孔子可比歌德，穿凿附会，怪诞百出，莫可追诘，更无所谓研究之可言矣。[5]

这是很重要的，即对有无可比性的确认问题。

当然，中亚的系统不同于波斯系统，中国的系统也不同于中亚系统或者波斯系统。但是，由于古代的中亚与波斯有密切的历史、地缘与宗教文化关系，两个系统相通之处颇多。中国祆教虽流行于波斯和中亚祆教由盛而衰之时，但其教徒之骨干是从中亚与波斯迁徙而来，故其华化的系统势必传承了原来本土的许多元素。这些渊源关系便是我们作系统比较——上溯历史向同时期和早期的情境作比较的前提，也即陈氏所言的“历史演变及系统异同之观念”。

二、“系统”的含义

在此，有必要对“系统”概念作一解释，因为它毕竟不是一个传统的概念，而是现代的概念，还因为它已经在自然科学和社会科学中发生着广泛而重要的影响。系统的理论就是研究现实系统或者可能系统的一般规律和性质的理论。现从含有“系统”词条的百科全书引录文字如下：

解释之一：

系统（System）由元素组成的有机整体，系统一词，在古希腊语中带有组合、整体和有序的涵义。一般说来，现代科学对系统的许多解释都是把组成系统的各个元素理解为具有确定特性的东西，而把在这些东西组成的整体中存在的有序状态视为系统的确定的结构。系统与系统的元素是相对而言的，在一个系统中是元素的东西，在另一个层次上则可以是系统，它们之间存在着整体与部分之间的辩证关系。（摘自《中国大百科全书·哲学》）[6]

解释之二：

由若干个相互联系，相互作用的要素或部分组成，具有一定结构和功能的有机整体。一个系统可以包含若干个更小的系统，而它自又从属于更大的系统。系统的型态和类型也是多种多样的，可以划分为天然系统和人造系统，实体系统和虚拟系统、动态系统和历态系统等等。每个系统都具有整体性、关联性、有序性、动态性和目的性等基本特征。以系统思想为中心的一类新型科学群，称系统科学，在20世纪中叶以来发展很快。（摘自《法国·拉鲁斯百科全书》【Nouveau Larousse Encyclop é dique】第8册）[7]。

笔者借鉴了“系统”理论，运用到祆教艺术的研究当中。即视中国祆教文物及其艺术为一系统，与其他系统（古代波斯的，中亚的）进行比较研究。在这样的比较研究中能够依据系统而非个别事物的分析和论证获得更多信息；借助系统特有的内部结构使证据具有更大的可靠性。在史料中相关的详确描述阙如和汉文祆教经典尚未出现因而无从与文献对证的困境下，这样做或能突破蔽障，打开局面。

我开始关注祆教艺术起因于几方北魏墓志及石棺，奇特的线刻纹饰吸引我去思索它们的宗教意义和社会背景。因此，《北魏冯邕妻元氏墓志纹饰考》里对系统的归纳只涉及到艺术图像方面。后来看到了安阳北齐粟特贵族墓出的围屏石床，才认识到作为图像的载体有着多种不同类型的文物。文物不同，刻绘的内容、题材有所不同。于是觉得文物的情况也必须是系统的一部分。系统既包括文物，又包括附着于文物上的图画，二者浑然一体。当然，文物本身是值得研究的，图画雕刻本身也是值得研究的。但是在当初制作之时，工匠同画匠按照事前的约定与出资人的意愿合作完成了一盒墓志或者一套石床。文物和艺术两个方面是难以分开的。

三、对系统认识的回顾

在关于祆教艺术的长期思考与关注中，系统意识逐渐明朗。两个表（《图像题材整理表》和《相关图像题材类比表》）的采用，使相关的资料积累起来并得到梳理，而不再是时有时无的印象和零乱无序的材料。到1995年和1996年，系统初步形成。此期间写的五篇文章（《北魏冯邕妻元氏墓志纹饰考》《北魏苟景墓志及纹饰考》《北齐粟特贵族墓石刻考》《南朝梁萧宏墓碑考》《祆教礼仪所用植物考》），根据不同的文物论证了系统中的各个部分，并作过下面一些归纳。

《北魏冯邕妻元氏墓志纹饰考》第四节“与有关古物比较”说：

至此，我们可以认识到墓志纹饰的宗教含义：

1. 身披火焰的拓仰诸神是拜火教众多神祇（天神、僚神、守护神）中的成员，他们是鲜卑和汉人心目中的胡天火神。

2. 燃烧的祭坛和火焰纹是墓志与祆教有关的明证。在中国，祭坛的形式与波斯等国不同。

3. 《阿维斯德》讲，胜利之神（或称军神）委雷特拉格纳的经历中有各种化身。在“耶什特”一章中就出现过牡牛、牡羊、黄羊、野猪、骆驼、马、鹰和凤、青年、武士十种化身。墓志纹饰出现种种动物（神化的和写实的），具有象征胜利之神的意味。

至此还可以认识到墓志纹饰对于域外艺术的吸收：

1. 联珠纹样，一种是珠与珠相接，另一种是珠与珠不相接而共同镶嵌在一条带上。

2. 成对的动物图案或几种动物分组对称排列的处理。

3. 以花草树木作对称中轴。

4. 在某种动物身上接合另一种动物的头、翼、尾、足，以达到神化的效果。[8]

上述引文分两段，前段讲的诸题材具有宗教含义，后段讲的是装饰纹样，受到萨珊波斯的影响。

《北齐粟特贵族墓石刻考》第四节“洛阳、邺城的祆教石刻艺术”又讲：

本文是《北魏冯邕妻元氏墓志纹饰考》和《北魏苟景墓志及纹饰考》的续篇。现在打通三考，仅就洛阳、邺都具有胡风的墓葬石刻艺术情况，作一扼要的复述：

1. 墓主人民族不同，有的是粟特人（苟景、尔朱袭、北齐安阳墓主），有的可能是鲜卑或其他中亚人（冯邕妻元氏、元谧、元乂、元昭、侯刚），均属贵族。

2. 石刻分两类，一是刻于墓志和石棺外表的石刻线画，为宗教内容，一是装饰墓室的画像石（弧面浅浮雕方法），为世俗内容，其中也包含宗教活动。

3. 宗教内容出现如下题材：

（1）火焰燃烧的祭坛。

（2）拓仰、擭天诸神像。

（3）半兽半鸟神，即森穆鲁（Senmurv）。

（4）各种带翼动物，为神的化身。这些题材源于祆教和中亚早期信仰和传说。

4. 世俗内容包括胡人生活诸方面，可与同时期其他墓室壁画比较，还可与中亚古遗址壁画比较。祆教祭祀场面为其特有。人物脸型、服饰、器具、乐舞、建筑及其装饰。皆具中亚特征与时代气息。

5. 变幻多样的联珠纹、卷草纹、莲花纹、莨苕纹、生命树纹、对兽对禽纹，有光环、绶带的鸟纹等等，是两类石刻共用的波斯——粟特风格装饰图案。

6. 将宗教神祇绘刻在墓志上的做法，是中亚盛骨瓮绘饰诸神风俗的移植。因为按照祆教葬礼，要祝祷亡者同阿胡拉马兹达及其他天神坐在一起进入极乐天堂，只是中亚盛骨瓮上的神往往穿当地服装或罗马装，而墓志上的神祇则是胡服或汉服。将墓主人生前生活反映于墓室石刻中与汉画像到唐墓壁画的传统相吻合。[9]

以上引文内2、3、4、5条，每条都含若干点，如第2条，讲到三类（墓志、石棺、石床）文物，每一类即一类元素。第3条讲四类图像题材，即四类元素。每一类文物又包含若干元素。

1999年太原隋虞弘墓发现，2000年西安北周安伽墓发现，两墓中墓志和图像并存，共同证实了墓主人的祆教崇拜。墓中文物的高度价值，文物所含元素的丰富多样，验证了中国祆教文物其及艺术系统的假设是符合实际的。2003年我发表的《6世纪前后中国祆教文物叙录》，其第二节“宗教图像概述”讲述如下：

1. 从类别上说，有石床，围屏石床，石阙（墓室内的），石椁（并非内棺外椁的形式），石棺，盛骨瓮，墓志，墓室壁画（含墓门），墓碑，神道石柱。陵墓范围以外的有造像碑，石窟寺等。

2. 从时间讲，包括北魏、东魏、西魏、北齐、北周、南朝梁和隋朝即6世纪前后。

3. 从地域讲，分布于磁县（定州）、青州、安阳（相州、邺城）、巩县、洛阳、太原（并州）、西安（长安）、固原（平高）、天水、南京（建康和丹阳）。

4. 现在了解到具有祆教题材的图像大体分四方面：祆神像、圣火祆神图、祆教礼仪的场景和象征标记。文物上的图像既表现西域民族的生活风俗，又表现宗教信仰和理想，二者往往是交融在一起的。本文注意的是后者。因此一些具有粟特或其他西域民族文化色彩而无祆教文化特点的文物也就没有收入叙录。这样做不尽合理，因为西域民族的生活图景每每与祆教题材相伴而生。但是，当我们专门研究祆教题材而不是研究整个墓葬和石窟时，还是把它们区别开来，以免过于宽泛。

5. 祆教的形象可分为几类：

（1）拟人神，如茹小策合邑一百人造像碑上的阿胡拉马兹达，Miho博物馆藏石雕上的四臂女神（Nana）。

（2）半拟人神，如半人半鸟神、焰肩祆神。

（3）动物神，如半兽半鸟神（Senmurv）。

（4）兽身鱼尾（Kara），以及绶带鸟（Hvamar）。这些神在古代西亚、中亚的遗迹中能找到可以类比的形象。

6. 总是处在重要空间位置上的圣火祆神图，是以圣火祭坛为中心与祆神结合起来的相对独立的画面。它是被艺匠们着力刻画的，表达出信徒对圣火和善神的崇拜与赞颂。这种图像和波斯钱币背面中间火坛两侧祭司守护的纹样，和粟特盛骨瓮上祭司守护火坛图像之间存在某种演变关系。中国出现的圣火祆神图把两侧的祭司变换成半人半鸟或别的神，则是更理想化和艺术化了。

7. 描绘祆民礼拜圣火、乐舞敬祆、丧葬仪式的图景与圣火祆神图不同，它们是表现实际生活的，是写实的。安阳贵族墓石阙上有祆民礼拜圣火的两行队列。Miho博物馆藏围屏画中那幅以娜娜神为中心的乐舞敬祆图表明，在某些敬神仪式上会有音乐歌舞。《隋书·礼仪志》载（北齐）“后主末年，祭非其鬼，至于躬身歌舞，以事胡天”，亦是证明安伽墓室门楣画中，圣火祆神图居中，处主要地位，其左右两端绘出墓主人夫妇礼拜圣火情景，处于次要地位，将写实与想象巧妙地穿插起来了，Miho博物馆藏墓室石雕中的丧葬仪式图说明：居住在中原的胡人在办丧事时将本民族的“剺面截耳”风俗与拜火教的礼仪结合起来了。

8．太阳与新月组成的标记象征对日、月的崇拜，它出现在屋帐的门楣上或人物冠冕的徽标上。这种标记流行于萨珊波斯（224—651）的王冠和建筑装饰上。

中国古代拜火教（即祆教）艺术的问题是近些年提出来的，前面讲到的墓葬和文物是拜火教艺术的载体。所谓宗教艺术，是以宣扬宗教的教理和观念，与宗教仪式相结合，以宗教崇拜为目的的艺术。[10]

需要说明，当写作该文的时候，还未了解到西安大明宫乡北周史君墓的发掘情况。2004年参加“粟特人在中国”会议后对该文做了补充，但只作为事例而没有相应改写“宗教图像概述”一节的内容。史君墓石椁西壁有讲经说法图，东壁有亡灵通过钦瓦特桥接受祆神审判后而升入天堂的表现教义的图景等都应纳入图像系统之中。

以上关于中国祆教文物及其图像思考的回顾表明，系统的认识是一个反复修正，不断补充的过程。关于祆教文物及其艺术系统的研究，实际上还有绘画和雕刻的风格、方法、技巧和文物的材质、制作工艺种种问题。我在研究之初就意识到了，然而对其透彻的了解还需要对实物的仔细接触和广泛的比较。

贾岛有一首五绝《寻隐者不遇》：“松下问童子，言师采药去。只在此山中，云深不知处。”做研究就像诗人到山里去拜访隐者，系统思想就像那个童子的回答，指明了一个范围。而真要能见到隐者，还得自己攀岩登梯，歧路不定，慢慢去寻找。即对人、事、景、物逐一地从文献与考古上求得证明和诠释。

注释：

1.柴尔德（1892–1957），英籍考古学家，以欧洲和近东考古而著称。

2.安特生（1874–1960），瑞典地质学家、考古学家。曾担任中国北洋政府农商部矿政顾问。

3.温克尔曼（1717–1768），德国美术史家。

4.李济（1896–1979），考古学家。曾领导发掘山西夏县西阴村遗址和安阳殷墟。

5.陈寅恪《与刘叔雅论国文试题书》，收入《书信集》，生活·读书·新知三联书店，2001年，第161页。

6.《中国大百科全书·哲学》979页，中国大百科全书出版社，1987年。此处只摘引该词条前面的总述部分。

7.《法国·拉鲁斯百科全书》（Nouveau Larousse Encyclop é dique）第8册，华文出版社，2004年12月，第205页。此处只摘引该词条前面的总述部分。

8.《故宫博物院院刊》1997年第2期，后收入《火坛与祭司鸟神》，紫禁城出版社，2004年，第48页。

9.《故宫博物院院刊》1999年第2期，后收入《火坛与祭司鸟神》，紫禁城出版社，2004年，第99页。

10.荣新江、李孝聪编《中外关系史：新史料和新问题》，科学出版社，2004年，第239页。收入《火坛与祭司鸟神》，第196页。

（《艺术》杂志，2013年第3期）

摩尼七神像石刻拓本考略

摩尼教是公元3世纪中叶波斯人摩尼创立的一个宗教，它在古代世界流行一千余年，传播所及包括亚洲、欧洲、北非。在我国古代从西北到东南沿海也有摩尼教的活动，被称为明教。

一、摩尼教的美术

与其他宗教不一样的是摩尼教在创教之初就紧密地同美术联系在一起了。

摩尼（Mani，215或216—277）生于南巴比伦安息王族家庭。他曾致力于研究美术和表达优雅生活方式的方法，这是其他任何创教者所没有的。摩尼不仅有其自成一格的字体，用这种字体来写他的经典，而且亲自将他的著作加以艺术装饰。他创作过一本《阿达罕》，作为其教义的图解。据历史学家米尔宏（Mirxond，1433—1498）所提供的一个波斯传说讲：摩尼在一个洞窟里度过一年后才将他做好的《图经》显示于世，人们看到这本《图经》无不惊奇；摩尼宣称这是他从天上带来的，是他执行预言使命的信物。[1]

现在人们能看到的摩尼教美术品有发现于吐鲁番的壁画和细画。细画往往作为经典抄本的装饰和插图部分，构图密而笔画细。另外还有印度河上游的阿尔齐（Alchi）即拉达克（Lad ā kh）发现的彩色壁画。如高昌出的经文抄本，标题则有生动的花草图案装饰起来，经文边缘的空白边框也绘花纹，有的还是用美术字写的一段话，诸如祈祷摩尼教的“四大天王”的咒语之类。（图1、图2）就是在经文当中也添加不同颜色（红色，蓝色，淡灰色等）的直线，双行线或圆点，不仅色彩光艳，而且版面活泼。

摩尼教喜欢采用比喻和象征手法来说明教义。如用珍珠、宝珠和宝石来比喻人类的灵魂，或者比喻世上的光明分子，灵魂需要受到保护以防止黑暗势力之抢夺。还如讲载着财物的大船在充满风浪危险的大海上行驶，最后进入光明王国。这里把人类灵魂比喻为财物，宗教的戒律比喻为船，教主摩尼或大智甲便是驾船的人。这些比喻和象征手法同样也出现在图画里。

摩尼教的历史遗迹，无论是经典文献还是艺术作品，近代以来一再地被人们所发现。

二、摩尼七神像石刻

中山大学图书馆收藏一件古代石刻的清代拓本，古淡，浑朴。

石刻为长方体，下有四足 。体长41.5厘米，宽29.5厘米。长的面高35厘米，宽的面高33.5厘米，即石之上缘略有高低，非等高。足高6.5厘米。

石的三面刻神像七尊，用减地与线刻结合的刻法，线条简括、灵活，各像都有榜题。另一面有题记，二十三行，行约十二字。（见题记释文）

长的一面有三尊神，居中者榜题称“摩尼神”，两旁为“树神之像”“山神之像”。摩尼神戴冠，衣冠华丽，双手捧摩尼宝珠于胸前。树神身后为六片树叶，山神手持花坐在山上，身后衬花。这一面应是石的正面，摩尼神位于中央。（图3）

左侧一面（即摩尼神之左）有神像二，榜题称“东　提颐赖”，有背光。按《普曜经》，应称“提头赖”。另一位神称为“南　维睒文”，手中持火焰。二神均有背光。（图4）右侧一面也有神像二，一位称“西　维楼勒”，另一位称“北　拘□□”。二神都有背光。按

图1：高昌所出画有乐师图的经文残片，用粟特回鹘文书写

图2：抄经图，上面乐师图经文背面

图3：摩尼七神像石刻正面

《普曜经》此神应称“拘均罗”。（图5）

这四方神和山神、树神，见于吴·支谦译《太子瑞应本起经下品》，也是见于西晋竺法护译《普曜经（三）》。但佛经内无摩尼神。四方神名应是按梵文音译的。

七神像都作盘坐状，有背光。细观，摩尼与六神颇有不同，摩尼的帽冠华丽，帽沿当中出一向上的尖瓣 ，两侧也各出一瓣。帽顶竖起一个特别的徽标，帽侧还有宝缯环绕。其他神戴的是帽檐上翻的帽子，比较简单。此其一。摩尼神上身有服装，胸前绘出多道曲线表示某些装饰。其他诸神皆裸上身。下身都穿短裙，裹腿。两臂披帛缠绕，在腰下交集后再左右展开、下垂。此其二。摩尼盘交脚坐，甚庄严，其他神则一腿卧，一腿斜撑，较随意。此其三。从上述几方面明显表明摩尼的地位要高于其他六神。绘摩尼手捧宝珠意义有二：以摩尼珠标志摩尼身份。又以宝珠喻人类的灵魂，摩尼捧珠象征对人类灵魂的拯救与保护。

此物上部先内敛，再向外翻出莲瓣。另刻有花草纹、水波纹为装饰。器

图4：摩尼七神像石刻左侧

足画刻有翼神兽与类似力士的形象，盖赋予护法的意义。可以看出摩尼神如释迦佛一般处于主尊位置。此物罕见，所见难有可类比者。从题记文字和神像看，似是摩尼教徒供奉的神坛。也或许是个台座，座上的部分已经散失。如果是这样的话，此台座刻有诸神画像，供人膜拜，虽非古物之全部，仍具有神坛的功用。

图5：摩尼七神像石刻右侧

三、关于题记

题记本有二百六十余字，可惜大部分漫漶。可辨识者仅七十多字。（图6）

题记释文如下：

图6：摩尼七神像石刻题记

23	22	21	20	19	18	17	16	15	14	13	12	11	10	09	08	07	06	05	04	03	02	01
月	思	生		父					菩	行										高	晖	夫
造	永	女		母				妙	萨											肇	既	冥
工								会													掩	源
																			惠	纲	三	冲
癸																		平	以	昏	有	
巳																		弼	陇	暋	沦	而
	岁	口									宝								西	弱	秽	妙
月	次		皎					山						无						丧	用	致
	壬			眷	告			西			六			量						测	使	幽
	辰			属	七		虽				年			寿								邈
	八			朋	世		复		隆												而	两

第十二行有“宝口六年”。历史上，只有五代吴越国的宝正和南宋的宝祐均有六年。题记末讲述造奉此物的时间有“壬辰”“癸巳”，则恰与宝正六年（931）之后两年的干支相合，故此石刻出于五代吴越国一带。陈垣先生云：“摩尼教五代时亦名明教，历宋迄明，其名犹在。福建明教最盛。清源郡者泉州也。泉州之有摩尼，远在唐季矣。”[2]

北朝造像碑题记有一定的体例。一般来说，其内容可分以下几个层次：

（一）感慨世道变迁与宗教哲理的深奥莫测。

（二）追溯信众群体的历史。

（三）申明割资造像的发愿者，造像的时间。

（四）对造像的描述。

（五）祈祷求福。

（六）供养人姓名。因造像题记长短不一而对上述各层次取舍不同。

由此推想，题记第四行"惠以陇西"四字中的"惠"是发愿者姓名之最后一字，"陇西"是发愿者及信众早先居住过的地区，而后来迁至吴越。

此石刻原出何地、今是否仍存在于某处、其信众是什么样的群体等等问题，无人道及，均待进一步考证。[3]

鉴于四方神名与记载于《普曜经》《太子瑞应本起经》内的四方神相合，我们有理由推测一种情况：四方神同山神、树神一样都属于各民族早期崇拜的神灵，并非佛经特有。信众们将早期崇拜和摩尼信仰结合在一起了。四方神名采用了古梵文（也许是中亚其他语言，这里姑且称梵文）的音译，这在文物上罕见。因此，这些信众（或其前辈）是熟悉梵语的。他们很可能是自西域迁陇西再入吴越的使用梵语的民族。

宗教学界认为，摩尼教是一种汇集了多种宗教原理的集大成宗教，摩尼教在其广泛传播的经历中有着很强的应变能力，汉文摩尼教经典大量采用了佛经语言就充分表明了这一点。

四、与其他摩尼像比较

在了解摩尼诸神像石刻的各部分情况，释读残存题记的一些内容之后，还有必要从图像学的角度将此刻与其他古代摩尼教文物加以比较，增加认识。

自上世纪初以来，各国考古学家首先在吐鲁番，尔后又在欧亚其他地区以及北非发现了摩尼教的大量遗物。在这些遗物中，可以确定为教主摩尼形象的应有两处，一在福建泉州（图7），一在新疆吐鲁番（图8）。

泉州晋江华表山有元代摩尼教草庵，正厅奉祀石雕摩尼光佛一尊。佛跏趺坐，发披肩上，下巴有两道长须，面相圆润。身穿宽袖僧衣，无扣。胸前有一饰物为圆圈套打结，两条带下垂至脐部又套在圆圈上部，圆圈下部有两条下

图7：晋江摩尼庵摩尼雕像

垂至跏趺座腿部打蝴蝶结，然后向两侧作八字形下垂。摩尼光佛身后有十八道光线组成的背光。[4]

吐鲁番壁画的摩尼像绘制于8世纪至9世纪，上世纪初发现于高昌回鹘佛殿遗址，今藏柏林印度艺术博物馆。关于该像陈垣先生曾据日本《史学杂志》报导译述如下："画以淡蓝色为之，中间绘一摩尼教高僧，众僧环侍，像长短与生人无异。高僧衣白法衣，胸前有绣纹，左肩缀阔绣带，帽施金绣，颈间系黑纽，面长圆，鼻作鹫形，目小而歪，酷肖中国人描写欧人之手笔。其背光为新月及太阳，新月作黄金色，太阳作淡红色。环列众僧，则各于胸前间以回鹘及摩尼凯亚文字署名。审其貌，确无一亚细亚人也"。[5]需要补充说明的是教主和僧侣都戴特殊的高帽，而且其冠帽因等级不同而有差别。

对于上述两种摩尼像，学者认为前者是以佛教的光环作为背景，采用佛陀的趺坐姿态，取用道士的风貌，即把摩尼形象与佛道融为一体。后者仍以胡人面貌出现，以所崇拜的日月光明作为背景，突出特有的冠帽，更多地保存了中亚摩尼教的面目。[6]

本文讨论的石刻摩尼像则与上述两种又有很大不同。由于人物的五官和背光模糊不明，无从论其是否是胡貌或者背光是否由日月图案构成，然而摩尼身穿胡服，饰以很长的披帛，头戴华丽高耸的冠帽则是确然无疑的。而这一点恰与吐鲁番壁画摩尼像有相通之处。

位于印度河上游阿尔奇（Alchi）的“三层庙”遗址，保存着五如来壁

图8：吐鲁番摩尼像壁画

画，考古家认为是11世纪至12世纪所绘。画之中心有佛，白色的光明十字架悬于侧上方。光明十字架是摩尼教的一个主要标志，它象征着散布于世界之中正在默默受苦的所有光明分子。周围分几层坐着的是各种教徒，他们面朝中央的佛和光明十字架祈祷。在这里，佛与摩尼二教似乎是混合一起了。[7]（图8）

将三层庙壁画和摩尼七神像石刻对照，有几点值得注意。第一，两者的制作年代相近。第二，以壁画中一层而言，主尊居中，信徒列坐两侧，与石刻之构图相似。第三，人像的姿态、穿着也相似。第四，两者都用树木、花叶作陪衬和点缀。此四点表明了石刻与壁画在艺术风格上的关联。而这与上面推测的信众熟悉梵语是相互支持的。阿尔奇在克什米尔的东部。

五、拓本的来历

摩尼七神像石刻拓本为陈寅恪先生旧藏，后捐赠中山大学图书馆。与此拓本放在同一袋内的还有三件别的拓本，并附何士骥先生早年给陈师的一封信，说明拓本情况。信写在陕西考古会用笺上，现照录如下：

寅恪业师钧鉴：

顷与子植、以中二兄晋谒，得领多多指教，欣感至深！兹奉上兴庆宫图（连大明宫图小部分）、太极宫图（暨府寺坊市图）、摩尼诸神像拓片（此系购买）、独孤氏墓志盖（此系发掘兴庆宫图时在屋檐下台阶中所得，文曰“大唐简州长史长孙府君夫人独孤氏墓志铭”，“墓”字在原石较清楚。）共四份，敬乞鉴存。并恳吾师对于唐宫图有问题处能作书面指教，尤深感祷！（因骥晋谒恐吾师有事，或外出也。或赐一电话，骥敬当前往领教也）。诸多烦渎，务请以门下弟子之故而宽恕之，幸甚感甚！敬祝

道安

弟子　何士骥拜上

七月廿日

何士骥（1900—？）浙江诸暨人，字乐夫，毕业于清华大学研究院。间任北京大学、中法大学、北京师范大学讲师，师大研究院编辑、国语大辞典编纂处特约编辑，国立北平研究院研究员。为考古社社员，参加过西安唐大明宫、兴庆宫遗址调查与发掘，著有《部曲考》《南北响堂寺及其附近石刻目录》《古本老子道德经》等。[8]

图9：印度河上游阿尔奇壁画

何士骥给陈师信的时间是“七月廿日”但未写年份。故其写信时间不明。查国立北平研究院1935年编印《考古专报》第一期载《唐大明、兴庆及太极宫图残石发掘报告（国立北平研究院院务汇报，1934年5月4日）》，据此估计这封信的时间不晚于1934年。此时陈师在清华大学任教，1934年时45岁。[9]何小于陈师十岁，为门下弟子。当时可能已在北平研究院供职。

附记

广州中山大学图书馆藏有相当丰富的古代碑刻拓本。其来源有二：其一，该校创建之初，1926年文学院顾颉刚先生从江浙搜罗购回，占绝大部分。其二，近四十年间，本校容庚、商承祚、陈寅恪、岑仲勉诸教授陆续捐赠。两方面总共两万六千余件，堪称南方石刻拓本聚集之重镇。近年，笔者参加了馆藏拓本的整理编目工作。2007年7月，见到摩尼七神像石刻拓本，以为虽未着意教义，仍不失其真朴，为摩尼教美术添一实证。今年6月中大历史系举办“中外交通与网络学术研讨会”，承林悟殊教授鼓励，遂将初稿提交会上发言。后经修改补充而成本文。

2008年7月

注释：

1.参考科林凯特（H.J.Klimkeit）著，林悟殊译《古代摩尼教艺术》，中山大学出版社，1989年，第42–46页。原著："Manichaean Art and Calligraphy" Leiden 1982。

2.陈垣《摩尼教入中国考》第十一章。《陈垣学术论文集》第一集，北京中华书局，1980年，第354页。

3.关于此石刻的文章仅见金申《一方神王浮雕石台座》，《文物天地》，1997年第1期。

4.吴文良《泉州宗教石刻》，北京科学出版社，1957年，第44页。李玉昆：《福建晋江草庵摩尼教遗迹探索》，《世界宗教研究》，1986年第2期，第135页。

5.同注2。引文译自《史学杂志》第20编第八号（1909年8月10日）"海外史坛"栏下，见1919–1920页。原文见A.von Le Coq，"A shot Account of the Origin，Journey，and Results of the Hirst Royal Prussian（Second German）Expedition to Turfan in Chinese Turkistan"，Journal of the Royal Asiatic Society 1909，pp.304–305.

6.林悟殊《泉州草庵摩尼雕像与吐鲁番摩尼画像的比较》，《考古与文物》，2003年第2期。

7.同注1所引书，第73页。

8.陈玉堂编著《中国近现代人物名号大辞典》（全编增订本），浙江古籍出版社，2005年，第508页。

9.参考蒋天枢《陈寅恪先生编年事辑》（增订本），上海古籍出版社，1997年，第83页。

（《故宫博物院院刊》，2008年第6期）

为祖母吕氏敬造神像题记拓本
——对古器物局部拓本的研究

近年，笔者曾看到一种很特别的拓本。它包括两张拓片，拓自某器物的两面，一张的墨拓部分是左右并排的两篇题记（图1），各有六行，每行约八至十字，高24厘米，宽50厘米。另一张是一幅浅浮雕的图画（图2），高24厘米，宽50厘米，人物细部用阴线勾出。两张拓片上无题写，装于同一封套内。

本文将对此拓本的各个部分分别予以介绍和讨论，以请教于方家。

一、两篇题记释文

两篇题记在器物的同一个面上，为楷书，阴文，少数字损泐，基本可读，书法不佳。这里按书写左行习惯先录右文，后录左文。损泐难辨的字用□表示，推定的字放在（ ）里。

右文：始兴七（年）□月十六（日）
祔时□□□祖母吕氏
司太君尚大夫都尉
□史司文玉吕安蕲□
徐永金黄志清余□
元孙司祯玉德□光（立）

左文：丁丑年九月十七日巳时
吉终七代世祖母吕氏
司太君魂归吉仙桥
有（二）仙禽速来迎呰
求仙□□□放走去
徐度仁敬造像一躯

释文还有可推敲的地方：如左文“祖母”上是“七代世”三字，那么右文“祖母”上三个缺字也可能是“七代世”。“尚大夫”之“尚”字，与“上”通，表示尊敬。左文四行末字为“呰”，读zi或ci，《说文解字》：“呰，苛也，从口此声。”又《集韵》：“苛，急也。”在这里的意思是：急

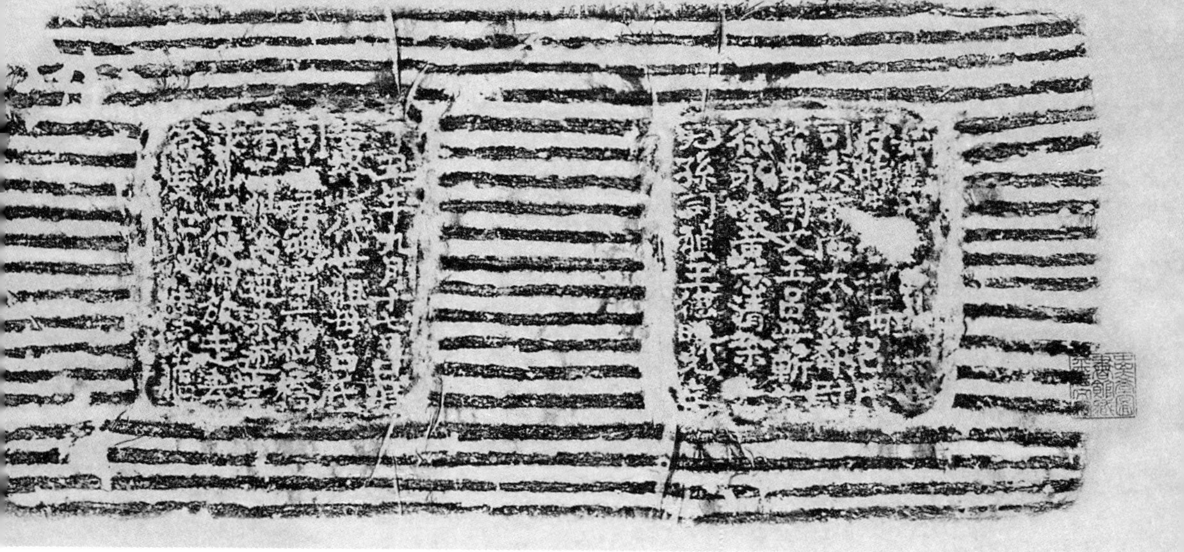

图1a：为祖母吕氏敬造神像题记拓本

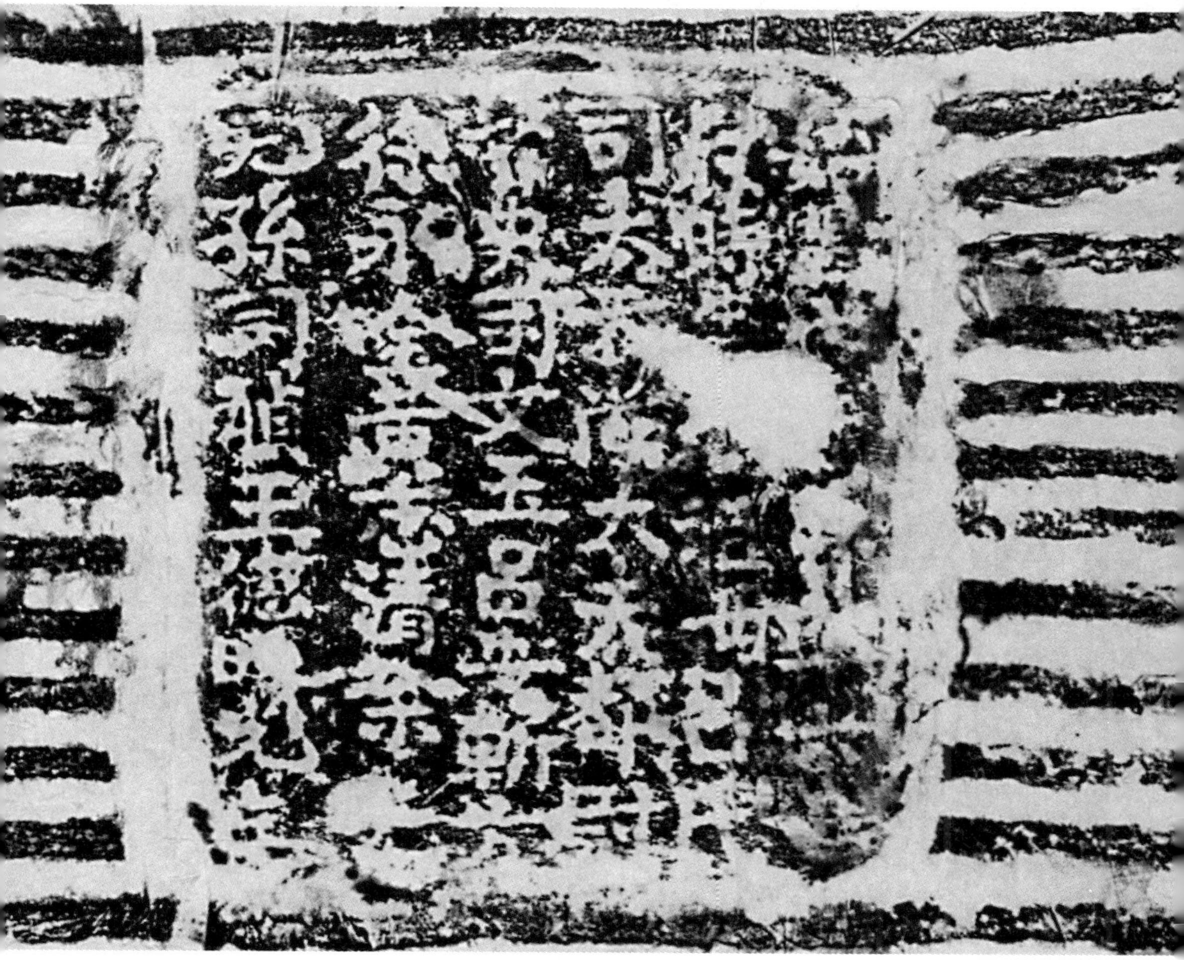

图1b：为祖母吕氏敬造神像题记拓本（右文）

图1c：为祖母吕氏敬造神像题记拓本（左文）

图2：为祖母吕氏敬造神像图画拓本

切求仙□。五行“仙”字下存三字，第二字像“從”或“徒”字。右文六行为孙辈姓名，“司祯玉”后边“德”“□”“光”三字前边都省去了“祯”字。就文体与内容而言，该文和造像题记、墓志两类文献分别有相似的地方。因此，可以两类文献作为参照物来研究。

二、关于七代世祖母吕氏

两文结合起来看，当是后辈为七世祖母吕氏与尚大夫司文玉合葬时祷祝并敬造神像的意思。

亡者是祖母吕氏，因其夫姓司，并称司太君。太君为古时对官员母亲的封号。司文玉有官衔，可惜缺字，难以确知官职与品级。下面的人是其后人：吕安靳、徐永金、黄志清、余□元、孙司祯玉、司祯德、司祯□、司祯光。也可释“元孙”二字修饰“司祯玉”，即长孙司祯玉。

为亡人祈福之文总是写在丧葬或合葬、迁葬之时，这里似属于因合葬刻铭。

除上述外，铭文还着重写了一件事：“七代世祖母吕氏司太君魂归吉仙桥，有二仙禽速来迎，皆求仙□□□放走去。”这样一段文字在古代墓志和佛教造像题记中却是极为罕见的。也正是这三十一个字，使通篇脱离套话，耐人寻味。

联系到中国古代的袄教（琐罗亚斯德教）崇信，联系到相关考古文物的研究，或能有助于认识这一问题。

琐罗亚斯德教主张善恶报应，承认灵魂转世和末日审判。他们相信一个人死后，其灵魂在四天内停留在死者的身上（在头部附近），回忆和检查他毕生所有的思想和行为，到第四天灵魂离开人体，进入“裁判之桥”（Chinvat），如果这个人的灵魂是善的，在那里接待他的是美丽少女。法曹米特拉（Mithra）和两个助手斯罗什（Sraosh）和罗什纽（Rashnu）将对他进行严肃的审判，然后会进入天堂。如果这人的灵魂是恶的，就会从桥上坠入地狱。[1]

琐罗亚斯德教因波斯与中亚胡人的东迁而流入中国，6世纪至7世纪正是兴盛之时，称为胡袄、火袄，即袄教。若将袄教教义的“末日审判”说和本铭文比较，其联系明显。不过是钦瓦特桥写成吉仙桥，美丽少女变成天上飞来的仙禽，桥头的判官密特拉及两位助手便是仙人，相似而不相同。这些变化可否从祆教的归化汉地发生变异来理解呢？

铭文的最后一句“徐度仁敬造像一躯”，这是造像题记常用语言，说明了铭文有着祷祝祈福的性质。另外还有值得推敲之处：其一，按佛教造像记，敬造的是佛与菩萨，那么这里所造的像也是神明。其二，造像与合葬不完全是一件事情，雕刻神像还需要另外出资。题铭说明了出资人应是徐度仁而非其他人。

由此看来，铭文透露着祆教信息，吕祖母很可能是祆教徒。然而究竟是祆教杂糅吸纳了其他信仰，还是相反的情况？“奇文共欣赏，疑义相与析。”

三、关于纪年

文中时间之表示有两处，分别在两文的篇首。“始兴”年号历史上有两次。一是隋代操师乞所立，在大业十三年到十四年（616—617）。二是唐代高开道所立，自武德元年至武德七年（618—624）。器上右文“始兴”下一字，宜作“七”字，铭文纪年应是唐始兴七年（624）。

“丁丑年九月十七日巳时吉终”为吕氏死亡时间，但丁丑是哪一年不好推定。“始兴七年□月六日□时”，这个时间应为后来合葬刻铭时间。

四、铭刻所出地域

关于吕祖母迁葬地点，铭文并未说到，这是不同于墓志铭的。然据始兴年号可推知大概情形。

据《新唐书》卷八十六高开道传载：高开道沧州阳信（山东阳信南）人。盐户出身。骁勇善战。隋末参加豆子冈（在山东惠民）格谦领导的起义军，任将军。格谦战死，他在沿海聚集旧部，发展力量。公元618年底，克北平，攻取渔阳郡，称燕王，年号始兴，建都渔阳（天津蓟县）。旋从高昙晟，被立为齐王，不久杀昙晟，并其众。620年，接受唐北平郡王封爵，任蔚州总管。次年，复自称燕王，起兵引突厥反唐。凡八年，后被叛将张金树所杀。此铭刻于高开道之“始兴七年”，则铭刻原在河北省北部，即内入诸胡世代杂居之地。

五、图像的内容

与铭文相对的另一张拓片上是浅浮雕的图画，图画内容直观描述如下：

画面当中偏右是一只床，两人跽坐床上，两手合胸前作膜拜状，他们着短衣，穿靴戴帽。

床左侧一人侧身站立，着长袍，戴帽，也做膜拜状。

床右侧者身材硕大，鸟首，身体似人，穿靴，有翅膀。

最右边站立一鸟，人首转头向左张望。

结合题记，对图可以做如下的解释：床上坐着的人是祖母吕氏和丈夫。半鸟半人者是受到膜拜的神灵，也就是题记所讲的仙口。左端的鸟是仙禽，它来迎接吕氏与丈夫。

对图画的理解与描述的依据有两个方面。一方面，是器上的铭文，另一方面是6世纪至7世纪其他古迹文物及其所含的图画。既然铭文已显示了祆教色彩，那么涉及祆教的文物古迹就尤其值得借鉴。当然，笔者尚未找到某幅图画与之相同，但是我们可以采用分解考证的方法来解决。也就是说，先将图画分解成各个部分加以分别地考证，然后把几个部分合起来对图画作出整体的解读。

（一）床榻

图中的床榻是在6世纪墓葬内屡屡出现的。有学者专门汇集石床已有十余处之多，其中包括萨保墓和胡人墓所出土的，都有伴出墓志可证。[2]对于墓中床具的解释，论者大同小异，笔者倾向于称“灵床”比较切合。《晋书·姚兴载记》：“时西胡梁国儿于平凉作寿冢。每将妻妾入冢饮宴，酒酣，升灵床而歌。时人或讥之，国儿不以为意。”灵床有两种用处，一是入殓前停放尸体的床铺。二是入墓后置放尸骨，或者是为死者虚设的坐卧之具。

过去出土的石床有西安的北周安伽墓石床[3]，安阳的北齐粟特贵族墓石床[4]，河南沁阳西向粮管所出土北朝石床[5]，甘肃天水隋墓石床[6]，等等。

（二）墓主人祈祷

墓主人夫妇跽坐于床作祈祷的情景，见于安伽墓墓室门额装饰图（见

《北齐吴莲花法义二十八人造像考》图7）。图中央是三匹骆驼承载火坛，火焰熊熊。两侧有半人半鸟形的祭司。在其身后低处便是墓主人夫妇跽坐祈祷。他们面对着各自面前的火坛，同时也朝向三只骆驼承载的中央大火坛。人物情状可与本图相类比。在中亚品治肯特古城遗址发现了内容丰富的壁画，其中Ⅵ.1号区壁画中有宴饮图和人们向火坛跪拜行礼的图画。（图3）

（三）半人半鸟的神明

墓主人夫妇面对的半人半鸟神，身材硕大，正面而立。构图显示他是接受祈祷的神明，墓主人希冀于他，让自己通过最终判决升入天堂。西安北周史君墓石室的西壁浮雕W1和东壁石雕E1刻画着墓主人夫妇面对祆神与火坛虔诚礼拜的场景可以参比。安伽墓、史君墓[7]（图4）、虞弘墓都是萨保墓，有浓厚的祆教色彩，也都出现了护卫圣火的半人半鸟祭司形象。

（四）仙禽

左端的鸟作引颈顾盼状，它也是墓主人祈拜的对象之一。与铭文所言："有二仙禽速来迎"相符。它们将接引亡灵飞升天堂。北魏元谧墓石棺右帮右端[8]和多种石棺上都有墓主人乘仙禽升天的图画。

至于图画右端的站立者，其身份不明。可能是墓主人祈祷时的侍者或者

图3：品治肯特Ⅵ.1区壁画中贵族宴饮和向火坛跪拜行礼

与祈祷仪式有关的某一角色。

这里有一个值得注意的问题，即同一种图像多种含义的现象。在虞弘墓、安伽墓和史君墓中，半人半鸟者侍卫着火坛，戴口罩，持法杖，是作为祭司出现的。在吕祖母葬具上半人半鸟者不是祭司的形象，而是被人祈求敬奉的神明。不同的含义是通过它们的行为和所处情景的差异而表现出来的。后人也只有从那些差异中去理解与解释。如此一图多义的现象，在宗教艺术上并不少见。

由上述几部分综合来看，这是一幅表现为亡灵祈福升天的图画，采用了当时祆教艺术流行的元素，从而具有比较明显的意义。图画成为题记的图解，题记成为图画的书证，相互映发。它在我国6世纪至7世纪的宗教艺术当中是可以获得解释的。中古时代为亡人祈福的佛教造像及其题记遗存数量很多，于龙门石窟尤为著名。吕祖母题记及造像或是祆教华化过程中效法佛教的产物。

图4：西安北周史君墓石堂南壁的浮雕，火坛与半人半鸟的祭司

图5：6世纪中亚比亚那曼的纳骨器，刻有祆教六天使像，50×22×25厘米

六、关于器物的假设

在讨论了铭文和图画之后，再来考虑拓本拓自何物。这个问题是有一定的难度的，因为：

第一，前已讲过，该铭文并无其他内容相似者可以比照。该图画也无其他相似的某一幅图画可以比照。故难以借助其他文物直接比定之。第二，该拓本只有两个面，即只反映器物的两个部分。想来器物应有四个面，另外两面因无文字与纹饰而未拓出。故难以据拓本而知全器，更不知器物所处之环境。考古和博物馆工作中时常会接触到古器物某些局部的拓本，通常是器物的铭文，而见不到原器物；墓葬被损坏、盗掘，而见不到完整墓葬。在这种情况下，如果我们对局部拓本和此类器物相当熟悉，那么便能据拓本而知原器。如果对局部拓本和此类器物知之甚少，那么要知原器就困难了。

鉴于对本器物的铭文与图像涉及祆教的分析，也鉴于墨拓部分的形状和大小，我们假设该器为祖母吕氏的葬具，也可叫纳骨器。

古代中亚流行着一种葬俗，人死后用盛骨瓮（拉丁语Ossuarium，英文Ossuary）作为葬具埋葬。波斯和中亚地区盛行琐罗亚斯德教，中国史籍称祆教。中亚祆教礼仪，人死后不能直接埋葬入土，免得玷污土地；也不能火葬，因为不能玷污圣火。所以人死后放在外面让动物来啄食，然后剩下的遗骨再放入陶瓮，然后再埋入墓地。盛骨瓮也译作纳骨器。这种礼俗的形成，是东伊朗部落两大葬仪，即天葬（陈尸供野兽和鸟啄食）与火葬（收埋骨灰）合流的结果。[9]但是在中亚出土的许多骨瓮上是少有文字留下的。

在伊朗的法尔斯省却有许多7世纪的铭文流传下来，它们多数是墓志，经常镌刻在收藏骨殖的小型岩龛上面，以巴列维文书籍体写成，语辞简短。常见者如："此乃×××所有之墓。并愿他归位于美好的天堂。"[10]

这里推测为盛骨瓮拓本的理由如下。其一，铭文与图画的主题都是纪念亡人并为之祈福，此与盛骨瓮的作用相合。其二，盛骨瓮有不同形状，而长方形体是多见的一类。从拓本观，该器是长方体，画与铭文为前后两面，两侧没有文字与图画故而不拓。该器高过24厘米，宽过50厘米。与中亚出土盛骨瓮比较，其尺寸大小属于通常的范围之内。其三，中亚所出骨瓮也多刻绘图画，如各尊神像以示祈求保佑（图5），如为亡人哭丧，如火坛与祭司，如不同的植物纹样和其他比较简单的纹样等等，以最后一种情况数量为多。

考古发掘所见，中国祆教徒中的贵族和萨保死后，按规制葬入墓中并置石床或石室。祆教的下层教徒有的则采用盛骨瓮的葬俗。新疆曾发现过若干种盛骨瓮，其形状可以同中亚出土的相类比。[11]故宫博物院收藏有一件唐代骨瓮，其形制既有粟特风格又有汉地风格。[12]

七代世祖母吕氏葬具拓本现收藏于中山大学图书馆，笔者在整理馆藏拓本时所见到，编号"容庚285"，封套上原写"旧拓本"三字，是中山大学容庚教授旧藏，晚年捐赠该校，一起捐的石刻拓本有数百种。吕氏葬具制作于一千四百年前，其题记与图画，在以往所见文物和文献记载里不曾遇到。拓本只呈现了文物的局部。因此，拙文仅提出假设，以望引起对相似文物的注意，引发对相关历史情景的兴趣，或不负于前贤墨拓遗珍的心愿。

注释：

1.林悟殊《波斯拜火教与古代中国》，新文丰出版公司，1995年，第85—104页。黄心川主编《世界十大宗教》，东方出版社，1988年，第36页。

2.贺西林《北朝画像石葬具的发现与研究》，载巫鸿编《汉唐之间的视觉文化与物质文化》，第358页，文物出版社，2003年。

3. 陕西考古研究所《西安北周安伽墓》，文物出版社，2003年。

4. Gustina Scaglia，“Central Asians on a Northern Ch’i Gate Shrine”，Artibus Asiae 21.1（1958）：9–28。施安昌《北齐粟特贵族墓石刻考——故宫博物院藏建筑型盛骨瓮初探》，《故宫博物院院刊》1999年第2期。后收入施氏著《火坛与祭司鸟神》，紫禁城出版社，2004年，第89页。

5.邓宏里、蔡金法《沁阳县西向公社粮管所发现北朝墓及画像石棺床》，载《中原文物》1983年第1期。

6.天水市博物馆《天水市发现隋唐石棺床墓》，《考古》1992年第1期。

7.西安市文物保护考古所《西安北周凉州萨保史君墓发掘简报》，载《文物》2005年第3期，第4页。

8.施安昌《火坛与祭司鸟神》，紫禁城出版社，2004年，第150页。

9.蔡鸿生《论突厥事火》载《中亚学刊》第一辑。1983年。其说根据尤・阿・拉波波尔特《花拉子模的盛骨瓮（花拉子模宗教史）》，《苏联民族学》，1962年第4期。关于波斯和中亚的祆教葬俗详情参考林悟殊《波斯拜火教与古代中国》，新文丰出版公司，1995年。

10.张广达《再读苏谅妻马氏双语墓志》。收入张氏著《文本、图像与文化流传》、广西师范大学出版社，2008年，第261页。

11.影山悦子《粟特人在库车：从考古学和图像学角度来研究》，收入荣新江、华澜、张志清主编《粟特人在中国——历史、考古、语言的新探索》（《法国汉学》第十辑）中华书局，2005年12月，第191页。

12.施安昌《北齐粟特贵族墓石刻考——故宫博物院藏建筑型盛骨瓮初探》，《故宫博物院院刊》，1999年第2期。后收入施氏著《火坛与祭司鸟神》，紫禁城出版社，2004年，第89页。

（故宫博物院网站：www.dpm.org.cn学术天地，2012年6月）

北齐静明等修塔造像石刻探讨

6世纪时，北方地区盛行佛教信徒的民间组织叫义邑。由僧尼、信众和义邑管理人员构成。信众被称为邑子，义邑的目的是造佛像、办斋会、修寺塔等善举，同时还刻碑叙事并留名，以志纪念。义邑的人数和存续的时间没有一定。在佛教的包围影响下，道教、祆教信徒也组织义邑而活动。今见于拓本的造像（含造塔、天宫）题记有一千余种。其内容涉及宗教义理、造像缘由、供养人情况、社会生活、民族分布等等。既然都是信佛者言，必有许多相互雷同的语句。但一一细读起来也有语寓微旨，意在禅影梵音之外者，本文即谈一例，试从摩尼教角度解释之，并就正于方家。静明等修塔造像石刻，北齐天保八年（557）十一月二十九日刻立，石在河南嵩山。刻石形制为背屏式造像，正面是像，题记和题名在雕像背屏后面，背屏两侧也有题名。石刻有拓本流传，拓本只拓有文字部分即背屏后面与左右两侧，后面墨纸宽84厘米，墨纸高153厘米，每侧宽10厘米（图1、图2）。有的合并裱为一幅。因石像是高浮雕，未见有像的拓本，也因此被人误解为碑，而不知还有像。

记文在拓本上部，正书，字体质厚、雅静，为高齐碑铭书法典型风格之一[1]。29行，每行10字，共286字，首尾完整。记文的下边是题名，分排七列，左右两侧也刻题名，共计题名246人。本文先录记文和题名，次解文意。笔者所见拓本多种，各有缺字。本文主要依据故宫的清代拓本并参以别本录文和讨论。

一、题记和题名

为接近原文，录文采用繁体规范字排印。原文有不少异体字不再一一出注，读者可与拓本图版对照识读。

题记

盖玄宗凝湛，至道冲映。既幽且远，似灭如存。虽复天旋地游，不究空寂之境。日往月来，讵尽微妙之域。至于出入四生，回还六道，无不顾己爱身，视阴昔日。智惠莫之留，神力不能保。而大慈应世，法轮既转。群生于是回向，庶类所以归依。智禅师弟子静明知生生之非有，觉灭灭之为空。思运己于

图1：北齐静明等修塔造像碑阴

图2：北齐静明等修塔造像碑侧

法船，欲澡心于正水。以大齐天保八年岁次丁丑十一月廿九日，劝化邑义等修孙岗上故塔并石像一区。嵩山带其左，神堆侠其右。南临修岭，北眺苌河。擢兹胜地，建此良因。于是名僧慕义，上德依仁。庶以此福，普及群生。使国祚大康，世业永固。合邑诸人，俱升宝舟，同济彼岸。年往如流，时事焉属。唯刊与石，永为不朽。　其词曰：神宗无极，空寂难元。唯见生灭，交互相翻。仁师远识，建此良因。东西劝化，邑义同津。修营故塔，宛丽初新。宝舟共泛，舍伪归真。

邑义僧尼题名表（上下分七列，每列自右至左抄录）

（第一列）邑子垣周　邑子垣世（以下凡“邑子”皆省略，其他头衔仍皆照录）　垣豫珍　唯那垣纂业　垣双鸾　垣景和　垣世遵　垣懿　垣景翼　垣景渊　垣伈伽　垣抱大　垣子嵩　垣子云　皇甫子翼　垣景崇　垣琰之　垣清雀　垣贵和　张庆珍　程黑奴　垣春长　垣秋生　清信卫阿美　清信程思儿　清信程显姿　清信李清休　清信郭丑光　清信王明妃　清信张明月　清信王绿叶　清信李姜

（第二列）唯那佳外　郭仲兴　郭荣兴　唯那郭景安　郭子嵩　郭世标　乐隆　左智标　唯那王明太　刘回周　辅要显　田晕儁　傅奴　王元　郭丰　张遵和　仇显敬　张天扶　尹惠万　刘　系佰　乐甑生　乐始洛　杨显宗　王洪达　赵幼贤　王长嵩　梁市显　李子巖　姜敬贤　郭买　田僡　上官猛略　孙遵

（第三列）大唯那杨昕　梁胡仁　唯那梁买奴　辛景邈　梁雀　梁英略　杨僧简　梁移都　尹思集　梁和宗　梁思庆　席子哲　杨荒　藻程买　梁仲达　梁钝陁　范元尚　梁伯奎　郭虎仁　尹元胜　梁遵岳　杨长猷　清信梁阿好　清信宋岁姬　清信景姬　清信寇仪姬　清信垣阿贵　清信梁客　清信梁独怜　清信张令容　清信张康女

（第四列）梁祖业　梁遗兴　梁遵叔　梁思达　唯那梁广　梁仲孙　鲍元海　姜仲儁　杨广珎　张苌洛　赵景达　鲍元儁　李万洛　鲍子洪　赵苟仁　陈买欢　席景儁　杨仲礼　鲍买　王嵩辨　鲍士达　鲍先　梁砖　李石奴　姜士忿　鲍侯罗　清信姜汉女　清信张令晕　清信韦业颜　清信温元容　清信梁先妃　清信冯暎瑱

（第五列）杨绍　尹荣真　严伏　尹神龙　郭庆遵　陈叔纂　石永兴　杨幼儒　江方胜　严长春　邑主韦广明　梁虎　梁奉恩　梁盛　梁庆恩　梁标

梁胤　梁进　梁铁虎　王昙和　袁宝　垣奴　垣明哲　垣荣贵　唯那赵方成　赵庆达　赵智业　赵俱罗　赵野虫　田永达　崔胡子　支昕茂

（第六列）杨幼略　唯那梁元相　唯那吉璜头　杨回兴　吉清仁　吉元可　吉先华　白　左永康　杨晳　张振达　张世珍　鲍龙　姜叔云　姜石虎　姜虎头　垣始儁　垣嵩宝　垣罗汉　垣沙弥　垣太　垣小倪　垣师子　垣杲獲　羊僧安　羊贵宗　垣略　垣小奴　垣荣世　垣永安　垣长昕

（第七列）杨长琰　郭仲景　姜虎　姜永　尹丰洛　王宜弟　郭盆生　张庆和　阳加奴　杨神宝　阳清和　杨法良　梁仲和　梁仲达　尹聪茂　赵朋远　梁丑奴　秦宝达　傅转兴　孙贵　程洪敬　垣子信　尹怀德　梁琳　梁长儒　尹景季

（像左侧）比丘僧法应　比丘僧僧论　比丘僧道紊　比丘僧僧岳　比丘僧景略　清信女梁定妃　比丘僧思略　比丘僧法迁　比丘僧僧度　比丘僧僧畅　都邑主杨幼简　都维那梁楷　邑中正垣双鸾　都斋主梁庆卌四仁（人）等

（像右侧）比丘尼智朗　比丘尼僧和　比丘尼静渊　比丘尼僧照　比丘尼惠通　比丘尼光辉　比丘尼道香　比丘尼道希　比丘尼惠要　比丘尼惠寿　比丘尼惠宝　天官主龙相府仕曹参军洛州阳城令青州乐安郡太守梁胡仁　妻韦五光

二、题记解意一

古代摩尼教教义被概括为“二宗三际论”。二宗谓光明和黑暗，即善和恶。三际，谓初际、中际和后际，即过去、现在和未来。也就是说，二宗是世界的本原，三际是二宗在过去、现在和将来三个时期的不同表现。

第一层：“盖玄宗凝湛，至道冲映。既幽且远，似灭如存。”“宗”与“道”相对，在此都取“本原”的含义。“玄”，意黑。“凝”，意凝固。“湛”意厚，浓重。“玄宗凝湛”，意暗界漆黑。如《摩尼光佛教法仪略》（第3884页，第109行）“暗亦归于积暗”之“积暗”。“至道”意善界。“冲”意平和，宁静。“映”意鲜明，光亮，读作“换”。[2]“至道冲映”，意善界光明。一如上引“暗亦归于积暗”的上句“明既归于大明”之“大明”。联系这四句话的意思，即：暗界漆黑，善界光明。历史幽远，始终存在。

敦煌本《摩尼光佛教法仪略》（第3884页第96行）“出家仪”云：“求出家者，须知明暗各宗，性情悬隔；若不辨识，何以修为？次明三际：一初际，二中际，三后际。初际者，未有天地，但殊明暗。明性智慧，暗性愚痴。诸所动静，无不相背。”[3]对照经文，可知记文既说出了二宗，又说出三际中的初际。

第二层：“虽复天旋地游，不究空寂之境，日往月来，讵尽微妙之域。”“天旋地游”“日往月来”[4]是古人对天地日月的一般看法。然而“不究空寂之境”“讵尽微妙之域”两句则分别提出质疑。因为摩尼教的创世说同一般看法大相径庭。《京藏摩尼教经》字56第11行至16行：“净风明使以五类魔及五明身，二力和合造成世界，十天八地。”“其彼净风及善母等，以巧方便，安立十天。次置业轮，及日月宫，并下八地、三衣、三轮，乃至三灾、铁围四院、未劳俱孚山及诸小山、大海、江河，作如是等建立世界。”[5]说得极为繁复，奇诡。题记在既不可能细说，又无法概说的情况下，便用“不究空寂之境”和“讵尽微妙之域”两言提出质疑，以虚代实，显出了创世之说的奥妙，而不同于常见的天问式的浩叹。创造天地日月都是在中际所发生的事情。铭文“天旋”之“旋”是异体字，古代字书未收入，只见于东汉《衡方碑》和《贤良方正刻石》。

第三层：“至于出入四生，回还六道，无不顾己爱身，视阴昔日。智惠莫之留，神力不能保。”“四生”和“六道”都是佛教用语。四生指众生有卵生、胎生、湿生和化生四种形态。六道指众生根据生前善恶行为会有六种轮回转生的趋向，即地狱、饿鬼、畜牲、人、天、阿修罗，或称“六趣”。摩尼教也讲轮回转世，然内容与佛教有别。如摩尼教《下部赞》第62行云：“愿我常见慈悲父，更勿轮回生死苦。诸根已净心开悟，更勿昏痴无省觉。”[6]又如《京藏摩尼教经》第51到52行：“惑乱明性，令生暗船，送入地狱，轮回五趣，备受诸苦，足难解脱。”按照摩尼教经义，在中际当中才创造出人间。

“视阴”，观察日影，意味光阴易逝。“昔”，取终了义，昔日即终日。或者借“昔”为“惜”。“视阴昔日”意终日担忧光阴易逝[7]，人生苦短。

“智惠莫之留，神力不能保”有两层意思，既是对人世苦难的感叹，更是大明尊在黑暗王国进攻面前遭遇惨败后的无奈。智慧、神力的主体是大明尊。

作为最高神的大明尊，与光明、大力、智慧并为四位一体，即大明尊具有光明、大力、智慧三种神性。摩尼教《下部赞》（S2659）第146行云："清净光明大力惠，我今至心普称叹，慈父明子净法风，并及一切善法相。"此处因适合七字一句，"惠"前"智"字被省去。

第四层："而大慈应世，法轮既转。群生于是回向，庶类所以归依。"其意为大明尊最后派出摩尼，在他教化下光明终将战胜黑暗，光明与黑暗又恢复了各自的王国，而相互分离。于是世界进入后际。正如《摩尼光佛教法仪略》第8行所言："大慈悯故，应乱魔军，亲受明尊，清净教命，然后化诞。"第37行："转大法轮，说经、戒、律、定、慧等法，乃至三际及二宗门。"第109行："后际者，教化事毕，真妄归根。明既归于大明，暗亦归于积暗。"

上述为记文的前半部，分四层意思：一讲世界分明暗、善恶二宗，二讲创世之奥妙，三讲人世间多苦难，四讲大慈降生，法轮既转。言及二宗及三际，叙事且依次序。而且以"虽复""至于""而"三词关联，转折，都与次序契合。

三、题记解意二

第五层："智禅师弟子静明知生生之非有，觉灭灭之为空。思运已于法船，欲澡心于正水。"这层讲静明受到大慈启迪而觉悟。这里的"生生""灭灭"，都是佛教名词。生，指事物的产生和形成，是佛教四有为相之一。灭，指事物的灭坏，也是四有为相之一。四有为相又称四本相，是指显示诸法的生、住、异、灭等四种状态。住，指事物形成后的相对稳定。异，指事物的变异衰败。按照佛理，四有为相还需另有令其生、住、异、灭之法，即生生、住住、异异、灭灭四者，称为随相。本相与随相彼此作用，相续而永无差误。它们流转于未来、现在、过去三世中而无止境。以上是佛教理念，与摩尼教的二宗三际论当然不同。因此记文予以辩驳说："知生生之非有，觉灭灭之为空。"[8]

摩尼教文献中充满了宗教象征符号，如"医王""妙衣""珍珠”“树”等等，“船”与“船主”也是其一，而且比比皆是。科普特语文献有言：“瞧那，航船已在你的面前，诺亚（noah）已在船上掌舵。此船即是戒律，诺亚即是明心(mind of light)。装上你的宝货，借着清风启航。”[9]《京藏摩尼教经》第48行至51行：“又复净风造二明船，于生死海运渡善子，达于本界，令光明性究竟安乐。怨魔贪主，见此事已生嗔妒心，即造二形雄雌等相，以放（仿）日月二大明船，惑乱明性，令升暗船，送入地狱，轮回五趣。”这里将“船”作了两种不同的比喻。前者喻教会与戒律，后者喻太阳与月亮。摩尼教以为尘世间的光明分子要首先抵达月亮，然后再抵达太阳，经过这两步净化之后方能到达明界。

记文以“船”为喻云：“思运己于法船，欲澡心于正水。”“宝舟初泛，舍伪归真。”这两处同以航船比喻教会与戒律。中间又说：“俱升宝舟，同济彼岸。”宝舟在此则代表了日、月。一篇短文里三喻连用，摩尼教文献特色和教徒诵经歌咏习惯使然。由于摩尼教教会的职责是拯救被囚禁在俗世中的灵魂（相当于光明分子），将它们净化，或者将它们送往净化之地而最终抵达明界。这与航船在茫茫的大海中拯救溺水者，将他们送至陆地的情况十分相像。因此航船也就十分自然的成了摩尼教教会的象征符号。记文言：“宝舟初泛”之“初”字说明那里传播摩尼教时间不久。

“思运己于法船，欲澡心于正水。”“正水”与“法船”相对。摩尼教有用水进行净化的仪式，有时也称“法水”“妙水”。《京藏摩尼教经》结尾第332行称颂大圣（即摩尼）说：“缘此法水，洗濯我等诸尘重垢，令我明性常得清净。”又《下部赞·赞夷数文》第71行，以得救的灵魂向夷数祈祷：“复是大圣新妙衣，卒被魔尘来坌染。唯希法水洗令鲜，得意法身清净体。”可以注释“欲澡心于正水”。这里“大圣”就是夷数，源自基督教的耶稣（Jesus），加以改变而成为摩尼教的十二大神之一。[10]

第六层：“以大齐天保八年岁次丁丑十一月廿九日，劝化义邑等修孙岗上故塔并石像一区。嵩山带其左，神堆侠其右，南临修岭，北眺苌河。擢兹胜地，建此良因。于是名僧慕义，上德依仁。”这层讲率众修故塔，造石像，行善事。这里缺少了“割舍家珍”一类的话，而佛教记文几乎都有，或许反映了摩尼教在集资上的不同办法。“神堆”，堆，意土墩，其何指待考。神堆和孙岗的地址还可从地方文献和田野考古方面做些调查。“苌”与“长”通，多见于北朝碑版。“侠”与“挟”古通。

率众修塔造像的是静明，当是教中有威信和地位的人，善举的领导者。静明是法名，取义“清净”“光明”。古时静与净相通，清静与清净同。就像惠与慧通，智惠与智慧同一样。《京藏摩尼教经》第134行：“《宁万经》云：‘若电那勿[11]具善法者，清净光明，大力智惠，皆备在身。即是新人，功德具足。’”林悟殊先生考证认为这句经文的意思是：“摩尼僧若修持到相当的境界，就具有清净、光明，大力、智惠这些属性。”[12]僧静明之法号恰恰与经义吻合。

静明自称“智禅师弟子”。智禅师的名字与法号都没有出现。禅师是僧侣之尊称。“智”即“智慧”，加深对禅师的敬重。记文赞颂他：“名僧慕义，上德依仁。”“上德”谓得道很深的人，或者是对皇帝的尊称。记文还称其：“仁师远识，建此良因。东西劝化，邑义同津。”愈显钦圣之情，是地位威望都很高的人。

第七层：“庶以此福，普及群生。使国祚大康，事业永固。合邑诸人，俱升宝舟，同济彼岸。年往如流，时事焉属。唯刊与石，永为不朽。”这层讲为民祈福，并刻石记事。

第八层：“其词曰：神宗无极，空寂难元。唯见生灭，交互相翻。仁师远识，建此良因。东西劝化，邑义同津。修营故塔，宛丽初新。宝舟共泛，舍伪归真。”“词曰”是四言韵文，复述前文的某些意思。这种结尾符合此类文章的体例。

约唐宪宗元和九年（814）所立的唐《九姓回鹘可汗碑》对牟羽可汗由洛阳带回摩尼高僧睿息叙述云：“（第八行）帅将睿思等四僧入国，阐扬二祀，洞彻三际。况法师明达妙门，精研七部，才高海岳，辩若悬河，故能开政教于回鹘。”“（接第十行）后□慕阇徒众，东西循环，往来教化。”[13]正与记文“仁师远识，建此良因。东西劝化，邑义同津”四句可以互相印证发明。

上述对记文八层意思分析表明：记文虽然采用了若干佛语，但所讲义理，叙事顺序恰与“二宗三际论”暗合，故与释教似同而实异。“法船”、“正水”则为摩尼教的符号和特别用语。作者还对佛教的“四有为相”提出反驳。倘若此记出于佛门，作为代公众祈福之文，那就很奇怪了。词句可以理解，全文难以贯通。所以很可能属于摩尼教的文字，这样的认识是通过两方面的比较获得的：其一，与北朝佛教、道教题记作比较。其二，与汉文摩尼教三篇经典和其他古语言文献作比较。如此，则逐渐觉得词句可以理解，全文能够贯通。此篇题记曲体物情，伏脉至细，其精心结撰者应是静明等高僧，他们懂佛学，善辞章，或即七部经典汉译之先行者。今见汉文摩尼教经籍均为8世纪后写本，6世纪时如何，不得而见。外国宗教经典翻译写成汉文并为国人读懂，必有传教与译经之经验积累和漫长过程。于是，正如陈寅恪先生说的："译经者固甚难，而读之者复不易也。"[14]

四、摩尼教入中国的早期信息

如果以上所述接近事实，那么还可以做些推想和联系。

洛阳是东汉、曹魏、西晋、北魏四朝都城，是西域商人从事贸易的大都会。杨衒之《洛阳伽蓝记》卷三载："自葱岭以西至于大秦，百国千城，莫不款附。商胡贩客，日奔塞下。所谓尽天地之区已。乐中国土风，因而宅者，不可胜数。是以附化之民，万有余家。"[15]洛阳胡人当有一批摩尼教信奉者，嵩山，五岳之中岳，自古立庙禋祀。魏晋以降，道、佛、祆俱盛。《魏书》卷一三宣武灵皇后胡氏："后幸嵩高山，夫人、九嫔、公主已下从者数百人，升于顶中，废诸淫祀，而胡天神不在其列。"彼时，出现摩尼教信奉活动也在情理之中。

摩尼教的创始人摩尼（Mani,216-274或277）宣称要建立一种世界性宗教。他从琐罗亚斯德教、基督教和佛教的信条中借用了许多内容，而且将这些宗教的先知们作为自己的先驱。于是摩尼教的宣传就比较容易被其他教徒接受。它曾在欧亚、亚非许多国家传播，留下古代十几种语言的经典与史料。中古波斯语、帕蒂亚语和粟特语书写的文书，记载了摩尼传记和早期传教史。摩尼曾派多位传教士前往罗马帝国和埃及。其中有一位重要布道师叫阿达（Adda）,摩尼告诉他"不要带它们（指经书）到更远的地方，就留在那里，要像积聚财富的商人一样"。马·阿莫（Ammo）是摩尼派往东方的主要传播者，他进入中亚阿姆河（Amu Darya）流域，在阿巴尔沙赫尔（Abharshahr）、谋夫（Marv）等城建立教团。至晚到6世纪末，东方教团在撒特—奥尔米兹（Sad—Ohrmizd）领导下，以登那瓦尔（Denawars）的名称宣告独立，与巴比伦总部分裂。这种局面一直持续到8世纪初，[16]才重新接受巴比伦法王米尔（Mihr，约710—740）的领导。

鉴于记文并未说明智禅师在华活动的具体年代，联系摩尼教东渐历史，智禅师这一位高名重的人物有可能是东方教团诸莫阇中的某一位。他在华活动时间应在6世纪上半叶以前。那么马·阿莫或撒特-奥尔米兹皆有可能。洛阳的吸引力无疑是巨大的，时刻存在的。再往前说，公元10世纪阿拉伯作家奈丁（Al—Nadim）在他的《群书类述》（Kitabal—Fihrist）一书中，提到摩尼曾亲自到中国传教。[17]倘若此说有据，那么智禅师有没有可能是摩尼呢？再一方面，在帕蒂亚文和汉文文献里，都称摩尼为大慈降世，又称“具智法王”，故将记文内“智禅师”和“大慈”理解为摩尼，亦非无据。似欠妥当。此事姑且链接于此。

造像的题名中僧与尼共有二十一人（包括静明在内），都用法名。清信男女二十六人。按照《摩尼光佛教法仪略》规定的五级教阶，僧尼当属第四级一切纯善人，即选民。清信男女当属第五级一切净信听者，即听者。只是6世纪中叶尚无音译和意译的独立汉文称谓，于是比附佛教笼统以僧尼相称，并改用法名，以简代繁了。

背光之右侧有比丘尼十一人。最下一列题名为“天宫主龙相府仕曹参军洛州阳城令青州乐安郡太守梁胡仁，妻韦五光等（下缺字）”。太守夫妇是此宗教活动的支持、庇护者。太守梁胡仁，梁姓当为内入西胡，如《晋书》卷一一八姚兴载记下有西胡梁国儿，《周书》卷十七梁御传，卷二十七梁春传。[18]“胡仁”是典型的胡名。同时列出妻子姓名显示出她在此事中的特殊作用。其名也有意思，摩尼教经有“五明”、“五明子”之称，“明”与“光”两字字意相通，“五光”或与之相关。

清代金石家黄易于嘉庆元年（1796）曾往洛阳嵩山地区访碑月余。写下《嵩洛访碑日记》，并自绘《嵩洛访碑廿四图》。其中有标题为《少林寺》的一幅。黄易于画册题云：“少林寺在少室五乳峰下，寺前列峰如屏。于日暮抵寺。少顷月上，忆施愚山‘翠屏横少室，明月正中峰’句，至此始信诗境之真。秉烛扪碑，得天平二年僧洪宝，武平元年冯晖宾，天宝八载僧静明造像。”上述文字表明，当时造像在少林寺中。此石刻还见于以下著录：清代陆耀遹《金石续编》卷二（1874年刊本），陆增祥《八琼室金石补正》卷二十一（1925年嘉业堂刊本）。按语指出铭文中短、荣、岳、猷、贤都用俗写。两书中都认为是佛教造像。大约晚清民国年间石刻不知所在[19]，于是不知雕像面貌，只留下了铭文的拓本。笔者未曾见过清代之前的拓本，估计这件石刻在清代才重新被人注意。

注释：

1.与该造像记书体相似者如窦泰与妻娄黑女两墓志（天保六年，555，安阳出土），宋敬业等造塔颂（天保九年，558，山东益都），徐彻墓志（天保十年，559，安阳），隽敬碑（皇建元年，560，山东泗水）。分别见《北京图书馆藏历代石刻拓本汇编》，中州古籍出版社，1991，第七册，第45、46、72、80、103页。静明修塔造像石刻见于第66页。

2.唐颜元孙撰，颜真卿书《干禄字书》碑去声部有“奐”字，写法与记文相同，定为俗体。见施安昌编《颜真卿书干禄字书》，紫禁城出版社，1992年，第52页。该字字义据《汉语大字典》（袖珍本），四川辞书出版社，湖北人民出版社，1999年，第676页。

3.这段引文见于《摩尼光佛教法仪略》写本的后一部分，现藏法国巴黎国立图书馆。前一部分S·3969现藏英国国家图书馆。两部分均出自敦煌莫高窟。

4.参考（英）李约瑟（Joseph Needham）《中国科学技术史》第四卷·天学，第一分册，科学出版社，1975年，第109页。

5.《京藏摩尼教经》又称波斯教残经，出自敦煌莫高窟，现藏中国国家图书馆，宇字56号。

6.《下部赞》写本出自敦煌莫高窟，现藏伦敦英国国家图书馆，编号S·2659。

7.《汉语大辞典》第十册，汉语大辞典出版社，1992年，第335页。

8.参见慈怡主编《佛光大辞典》，书目文献出版社再版，1989年，第1732页。又任继愈主编《宗教大辞典》，上海辞书出版社，1998年。

9. C·R·C·Allbenny,A Manichaean Psalm—Book(PartⅡ),Stuttgant,1938,157(19−21)。本文引自芮传明《东方摩尼教研究》，上海人民出版社，2009，第261页。

10.马小鹤《摩尼教与古代西域史研究》中《摩尼教宗教符号妙衣研究》一文，人民大学出版社，2008年，第6−13页。

11.公元6世纪，中亚阿姆河地区的摩尼教徒在来自美索不达米亚的领袖撒特—奥尔米兹的领导下组成一个新的教派，号称“纯洁者（Denawar）”，势力日大，遂自成一宗。后世的中文典籍便将其教徒音译作“电那勿”。释见Samuyl N.C.Lieu,Manichaeism,1985，pp,83.179。此处引自芮传明《东方摩尼教研究》，上海人民出版社，2009年，第203页。

12.林悟殊《福建明教石刻十六字偈考释》，《文史》2004年第1辑。

13.陈垣《摩尼教入中国考》，收入《陈垣学术论文集》，中华书局，1980年，第336、337页。

14.陈寅恪《斯坦因Khara—Khoto所获西夏文大般若经考》，见《陈寅恪史学论文选集》1992年，上海古籍出版社，第11页。

15.周祖谟《洛阳伽蓝记校释》，中华书局，1987年，第132页。

16.林悟殊《摩尼教及其东渐》，中华书局，1987，第35页。B.A.李特文斯基（B.A. litvinsky）主编《中亚文明史》第三卷（马小鹤译），中国对外翻译出版公司，2003年，第354－356页。王媛媛《从波斯到中国：摩尼教在中亚和中国的传播》，中华书局，2012年，第20—26，193页。原引自F.C. Andreas & W. B. Henning," Mittelira－nische Manichaica aus Chinesisch－Turkestan Ⅱ", p.301；H.－J.Klimkeit,Gnosis,p.202。与之对应的帕提亚语本为M216c & M1750，相应的粟特语本为So 13，941（T Ⅱ K）& So 14，285（T Ⅱ D136），见W. Sundermann, Mitteliranische manichäische Texte kirchengeschichtlichen Inhalts，pp.25，第34－36页。

17.B · Dodge.The Fihrist of al—Nadim.New youk.1970.P77 笔者未能从该书中查到相关的内容，这里据林悟殊《摩尼教及其东渐》，中华书局，1987，第39页。

18. 姚元薇《北朝胡姓考》，科学出版社，1958年，第60页。

19.清黄易《嵩洛访碑廿四图》现存故宫博物院。据静明等修塔造像题记，此石刻最初和塔在一起，后来迁移。黄易（1744—1802），浙江钱塘（今属杭州）人，号小松、秋盦，又斋号秋景盦、小蓬莱阁等。官兖州府运河同知，癖金石，精篆隶，工丹青，善诗文，生平以诗书画印金石碑版为缘，结交甚广，尤以汉魏碑刻鉴藏而为世人所重。著有《小蓬莱阁金石文字》《小蓬莱阁金石目》《嵩洛访碑日记》《岱岩访古日记》等，另有《小蓬莱阁诗》《秋盦词草》等刊行。

（故宫博物院网站，2014年3月14日初稿，2014年4月1日修订）

《北齐静明等修塔造像石刻探讨》一文补记

《北齐静明等修塔造像石刻探讨》一文的第四节“摩尼教入中国的早期信息”中曾谈到公元10世纪阿拉伯作家奈丁（AL-Nadim）在《群书类述》中讲摩尼曾到中国传教一事。并于注17说明：笔者未能从该书查到相关内容，仅引自林悟殊先生《摩尼教及其东渐》一书。后来承蒙徐文堪先生已将这段文字译出并赐示，译文照录于下：

“阿拉伯文《群书类述》（Kitabal-Fihrist））只是说：沙普尔恩准他所请求的一切，因此，摩尼遂得以向印度、中国以及呼罗珊的居民传教。并且在每一个地区任命一位弟子。”见该书英译本第776页及注149。

按译文内的“他”，即指摩尼。萨珊王沙普尔一世（Shahpur I，241-272年在位）对摩尼教取保护态度。

又承林悟殊先生对拙文来函赐教如下：“摩尼教之正式入华传播，就确切的史料而言，目前只能溯至唐代高宗武后时西域摩尼僧之诣阙；但北齐有其活动的雪泥鸿爪，有其某些信息的传播，则大有可能，若非先在民间扬名，焉能‘引起领导高度重视’，得以觐见圣驾？大作力图揭示该碑拓所蕴藏之摩尼教资讯，很有学术意义，难能可贵。顾各种宗教，多有共性，而摩尼教本来就杂糅了诸多异教成分，入华后更不断涂以佛色，因此，在汉文佛教文献和摩尼教经典中，往往可以找到类同相似者，即似佛似摩的表述。至于要把该等表述定性为孰家，则不得不考虑文献产生的年代背景、文献的主体思想等。窃意如果有人要质疑大作，大概亦只能从这个角度：在6世纪中叶有无可能出现如是充斥摩尼教思想的成块碑文，有无可能出现批量汉人（碑刻落名者恐逾百）接受摩尼教的影响？不过，质疑归质疑，说不定日后还有比这更早更明晰的资料发现，毕竟，很多历史现象是我们意想不到的。”

在此，对林悟殊、徐文堪两位先生深表感谢。

故宫珍品全集碑帖卷导言

延禧宫碑话

中国古代先民在石头上镌刻文字的历史很长。“盖欲以文辞托之不朽之物质，以永其寿命”，也就是想利用石材坚固、不易损坏的特性，使文字所记载的事情得以长久保存。刻石具体兴起于何时，已不可考，目前所见时代最早的刻石遗存有二，一是20世纪30年代，在河北平山县东周城址和墓葬区发现的《公乘德守丘刻石》，其上篆书铭文十九字：监罟尤（囿）臣工公乘德，守丘丌（其）血曼，敢谒后囗贤者。”大意是说：监督管理园囿的名叫公乘德的官和看守陵墓的一个叫曼的武将，共同敬告后世的贤人。二是战国时秦国的石碣，因其状如鼓而称石鼓，存世共十个，其文是十首诗，称《石鼓文》，多描写秦国贵族游猎之事，内容较前者更为丰富。

刻石真正流行，是从秦汉之世开始的，至东汉后期大兴，“碑碣林立，遍布全国”。以至于宋人欧阳修在《集古录》中说道：“自后汉以后始有碑文，欲求前汉时碑文卒不可得。是则冢墓碑自后汉以后始有也。”及至魏晋南北朝，虽政府屡申刻碑禁令，然墓志、摩崖、造像记等形式之刻石仍有发展。隋唐承北朝余风，事无巨细，多刻石以纪。于是，自隋唐以降，刻石又复大盛。近在京畿，远及边陲，石刻文字，几遍中国。其内容博大，品类繁复，传拓广远，承续不绝。究其因缘，文字绵延一贯与讲求书法是两大要素。于是，石刻文字繁衍滋蔓，不仅为后人保留了永久的历史文献，而且为人类贡献了永恒的书法艺术。

一、碑的释义与分类

碑的本意是指方形或长方形竖石，许慎《说文解字》云：“碑，竖石也。”碑的起源，最早见于周代。初始的碑，并无文字，主要用作拴牲畜、测日影计时和墓葬下棺时架辘轳，与后世的刻辞碑有明显差别。《礼记·祭仪》云：“祭之日，君牵牲，穆答君，卿大夫序从。既入庙门，丽于碑。”郑玄注：“丽，犹系也。”此指庙碑，为系牲畜而设。《仪礼·聘礼》云：“上当碑南陈。”郑玄注：“宫必有碑，所以识日影、引阴阳也。”此指宫碑，为测日影计时间而设。《释名·释典艺》云：“碑，被也，墓葬时所设，施辘轳以绳被其上，引以下棺也。”此指墓碑，为葬棺架辘轳而设。蔡邕《郭有道碑》：“于是树碑表墓，昭铭景行。”《新唐书·姚崇传》：“政条简肃，人为纪德于碑。”此指刻辞碑，在竖石上镌刻图案或文辞，记死者生平功德，作为纪念物或标记而设，亦可用以刻文告。本卷所介绍之碑，泛指所有书刻文字之刻石。涵盖了刻辞碑、墓志、石阙铭、摩崖、石经、造像记、题名及诗文题咏等等。下文对其逐一介绍。

刻辞碑按其内容和作用可分为：墓碑、功德碑、宫室庙宇碑。墓碑是用来记载死者生平，病卒和安葬的时间以及家世，并表哀悼之情。如东汉《泰山都尉孔宙碑》《豫州从事尹宙碑》，唐《皇甫诞碑》《道因法师碑》。功德碑范围很广，上至帝王下至良吏、名人建功立德，或者某件重要的事受到颂扬而立石均在其内，如东汉《敦煌太守裴岑纪功碑》，唐《大秦景教流行中国碑》《皇帝巡幸左神策军纪功碑》。宫室庙宇碑立于宫庙院内外，记载该建筑建设的缘由、规模、兴衰历史，主其事者的情况，如东汉《鲁相韩敕造孔庙礼器碑》《西岳华山庙碑》，唐《九成宫醴泉铭》《晋祠铭碑》等等。

墓志是墓碑的变形，埋在地下墓中，其内容与碑文大同小异。墓志滥觞于东汉而流行于魏晋之后，其流行与当时的官府屡申禁止立碑有关。当时禁令之严，迫使一部分人改大碑为小碑，并藏于墓穴，由此逐步形成风气。墓志形式初期是一块长方石，北魏时变为上下两块方石合成的盒状，上面志盖篆题，下面刻志文，并为后世沿袭，如晋《尚书征虏将军幽州刺史城阳简侯石尠墓志》、唐《王之涣墓志》皆属此类。

石阙是指古代宫殿、祠堂或坟墓前所建的高柱形建筑物。通常左右各一，建成高台，台上起楼观，两台之间留有距离以为通道，故名“阙”。徐锴《说文解字系传》云：“盖为台于门外，人君作楼观于上，上圆下方。以其阙然为道，谓之阙；以其上可以远观，谓之观；以其悬法，谓之象魏。”石阙约出现于周，兴盛于汉，隋唐以后较为少见，但其形制遗存今仍可见。初始的阙主要设于宫门两侧，是有实用价值的建筑物。后来逐渐由实用演变为宫门、天门乃至朝廷的象征物，并扩及到庙阙、墓阙等。石阙上多刻铭文与浮雕纹饰，如东汉的《嵩山三石阙》、东晋的《杨府君神道柱》等。

将文字刻在山崖石壁上或为纪念或为观赏，称摩崖。许慎《说文解字》云：“崖，山边也；摩，研也。”清代冯云鹏《金石索》云：“就其山而凿之曰摩崖。”摩崖兴起于汉，北朝多刻佛经，唐以后镌刻山水题咏成为风气，且至今不衰。位于汉中的《鄐君开通褒斜道记》《司隶校尉杨孟文颂》，位于湖南祁阳的颜真卿书《中兴颂摩崖》等，皆属此类。

造像题记兴起于南北朝，是指在石上雕造佛龛佛像，附刻供养人姓名和发愿文。佛像和造像题记或刻于崖壁之上，如泰山东北麓白虎山《千佛崖造像》；或存于石窟之中，如著名的《龙门二十品造像记》；或在石碑之上，如洛阳的北魏《刘根造像及题记》《曹望憘造像及题记》，图像与题记都十分精彩。

将古代经典论著刻在石上借以流传即为石经。儒、释、道三家皆有石经，其中儒家、释家刻经数量庞大，而道家刻经甚少。石经中最著名者，如东汉灵帝熹平四年（175）在洛阳太学刊刻儒家石经，有《周易》《尚书》《鲁诗》《仪礼》《春秋左氏传》《公羊传》《论语》七经，称为“熹平石经”。又如三国魏正始年间（240—249）刊刻的《尚书》《春秋》，用古文、篆书和隶书三体写出，称为“三体石经”或“正始石经”。以及唐文宗开成年间（836—840），刊刻儒家十二部经典，称为“开成石经”。

湖山佳处，林深庙宇，游览所及，率有留题姓名、官职、年、月、事由者，称为题名。其文字虽简，却于考证颇有益。如颜真卿至华岳庙在北周《华岳颂碑》右侧题刻，即《谒金天王祠题记》。另有官吏任职题名和科举题名，唐长安《御史台精舍碑》《雁塔题名》则为重要者。

诗文留于山石，是为诗文题咏，这类铭刻与摩崖、碑记类似，然其重在文字意境与文学价值。如唐薛曜书《夏日游石淙诗并序》《秋日宴石淙诗序》在嵩山崖壁；瞿令问篆书《峿台铭》则在湖南祁阳浯溪，都是文辞优美的佳作。

上述之外的其他石刻文字，如有文字的石堂、井栏、桥柱、神位等，往往被泛称为“刻石”。尤其当所指石刻文字并无特定形制时，习惯称作“刻石”而不称“碑”。如前文所述之《石鼓文》，秦始皇巡游各地纪功石刻如《峄山刻石》《泰山刻石》等，都属此列。但它们作为“碑”之源流、旁支，在碑刻发展史上起到了重要作用，故本卷也加以介绍。

二、碑刻的价值

古代碑刻有着多方面的学术价值和艺术价值，它为历史学、文学、文字学和书法史、美术史都提供了宝贵数据。碑刻之文，多为当时人记当世之事，其中有些内容，是史籍数据所匮乏的，可以用来证史、补史，填补历史空白。诚如清末叶昌炽在《语石》一书中所言："吾辈搜访著录，究以书为主，文为宾。"此外，诗文题咏、墓志碑记等石刻，多为名家撰文，文辞优美，可以作为文学作品来欣赏。更为重要的是，碑刻在书法史上有着特殊的地位，其文往往是历代书法家之大手笔，而他们中许多人已无传世墨迹，碑刻遂成为后世观赏、研习其书法的珍贵资料，故有"书以碑传"之说。在此仅以唐代为例，略述碑刻在书法史上的重要性。

唐代有十二位大书法家，随着时光的流逝，他们的亲笔墨迹早已消失殆尽。其书法风格面貌如何，后人主要是靠传下来的古代摹本和碑刻看到的。特列下表，将各位书家的作品，包括碑刻和墨书摹本分别列出来作个比较，即可发现碑刻于书法之重要。

书家	碑　刻	墨书摹本
虞世南	《孔子庙堂碑》	
欧阳询	《房彦谦碑》《化度寺邕禅师塔铭》《宗圣观记》《九成宫醴泉铭》《虞恭公温彦博碑》《皇甫诞碑》	《仲尼梦奠帖》《卜商帖》《张翰帖》
褚遂良	《伊阙佛龛碑》《房玄龄碑》《孟法师碑》《雁塔圣教序》	《倪宽赞》
薛稷	《信行禅师碑》	
孙过庭		《书谱》
李邕	《任令则碑》《李秀碑》《李思训碑》《端州石室记》《卢正道碑》《麓山寺碑》《灵岩寺碑》	
颜真卿	《八关斋会报德记》《多宝塔感应碑》《元结墓表》《李玄静碑》《东方朔画赞碑》《金天王庙题名》《宋璟碑》《殷府君夫人碑》《郭家庙碑》《离堆记》《麻姑仙坛记》《臧怀恪碑》《颜氏家庙碑》《马璘碑》《郭虚己墓志》	《竹山堂联句》《自书告身》《祭侄文稿》《刘中使帖》
徐浩	《大证禅师碑》《不空和尚碑》《嵩阳观圣德感应记》《张庭珪墓志》	《朱巨川告身》
张旭	《郎官石柱记》	《肚痛帖》
怀素	《圣母帖》《藏真帖》	《自序帖》《苦笋帖》《食鱼帖》《论书帖》
李阳冰	《三坟记》《栖先茔记》《城隍庙碑》《滑台新驿记》《庾贲德政碑》	
柳公权	《玄秘塔碑》《皇帝巡幸左神策军纪功碑》《李晟碑》《苻璘碑》《高元裕碑》《冯宿碑》《魏公先庙碑》《刘沔碑》《金刚经》《回元观钟铭》	《蒙诏帖》

晋、唐书法，乃中国书法史上两座瑰丽耀眼的高峰。从上面唐代书家作品的流传情形看，绝大部分书迹都保存于碑刻之上。正是依靠碑刻，书家方能影响后世，书艺才得以长久继承。

三、碑以拓传

将碑石上镌刻的文字、图案捶拓下来，称为拓本，也可称“碑帖”。有了拓本，观看、临摹、研究都很方便，有利于碑刻文字的广泛流传和长久保存。特别是当许多碑刻因年代久远屡遭风蚀、火灾、战争等灾祸之毁坏，或文字湮灭，或碑石残损，甚至毁佚，拓本的存世，就愈发珍贵，更具特殊的意义。如《石鼓文》为战国刻石，旧散弃于荒野，湮没无闻。唐初在陕西天兴县（今陕西凤翔）被发现，此后千余年间，存放地点屡次更迭，石鼓已受较重的创伤。北宋欧阳修所录仅存四百六十五字，元人潘迪在《石鼓文音训》文中称：“迪自为诸生，往来鼓旁，每抚玩弗忍去，距今才三十余年，昔之所存，今已磨灭数字。”于是，今世所存宋代石鼓拓本，就成了最重要资料。诚如马衡所言：“石鼓拓本，向皆奉天一阁藏宋拓为不祧之祖。摹刻虽存数本而原本久佚，不可踪迹矣。清末发现明安国所藏宋拓十本，于是吾人眼福突过前人。”拓本于碑刻之重要，由此或可见一斑。

对于石刻的研究风气，开端于宋。作为宋代两部集录和考订金石文字的专著——欧阳修的《集古录》和赵明诚的《金石录》都是在搜集、研究了大量刻石拓本之后撰写出的。《集古录》十卷，收入石刻题跋四百余篇。《金石录》三十卷，收铭刻两千种，跋尾五百余篇。前十卷为目录，按时代顺序编排，每一条下注年月和撰书人姓名；后二十卷为跋尾，辨证文字内容。从这些著作也反映出，当时人主要是依据拓本进行研究的。中国的金石学由此而开创，相承发展了近千年，至清乾嘉以后尤炽，还出现了专门研究碑拓的“碑学”。

捶拓碑刻始于何时，有不同说法，然目前公认的最早拓本是清末在敦煌石窟中发现的唐太宗书《温泉铭》。此拓本末尾有唐人题字一行：“永徽四年八月围谷府果毅见（残）。”永徽是唐高宗年号，题字是唐初人亲笔所书，故拓本必在此前。同时发现的拓本还有唐欧阳询的《化度寺邕禅师舍利塔铭》和柳公权的《金刚经》，其纸墨相近，估计传拓时代相近。这几种唐代拓本，拓工颇佳，说明捶拓技术在唐代以前已经产生。这一点，从《隋书·经籍志》中“汉魏石经”条还可得到印证：“后汉镌刻七经，着于石碑，皆蔡邕书。魏正始中，又立三字石经，相承以为‘七经正字’。后魏之末，齐神武执政，自洛阳徙于邺都，行至河阳，值岸崩，遂没于水。其得至邺者，不盈太半。至隋开皇六年，又自邺京载入长安，至于秘书内省，议欲补缉，立于国学。寻属隋乱，事遂寝废。营造之司因用为柱础。贞观初，秘书监臣魏徵，始收聚之，十不存一。其相承传拓之本，犹在秘府。”

这里的“相承传拓之本”，是指石经拓本，那自然是在汉魏之时所拓。其实传拓金石与钤印在技术上是相似的，在历史上两种技术很可能是同时或稍有先后地被人利用。不能因为今天我们所知文献和所见实物的限制而将传拓的出现看得过晚。对这一问题争议的意义不仅在于传拓史，而且还在于拓本的断代。因为按照明清金石家习惯，最旧的拓本就是宋拓善本，唐拓则靠不住。直到敦煌唐拓被发现，才突破了这一传统定论。

特别值得一提的是，捶拓（或称传拓）技术的出现，不但使石刻的文字和艺术得以流传和发展，而且是印刷术发明的前奏。既然可以将石刻上的文字拓印下来，那么采用更易于雕刻的材质镌刻文字，然后大量拓印，就可以省去以往手抄书籍之累了。隋唐时期，工匠们根据拓碑的原理，将书籍抄录在薄纸上，反贴于木板之上，用刀雕刻成文字凸起、其余部分凹下去的阳文，然后采用捶拓的方法把文字复印出来，这就成为最初的印刷术。由于文字是雕刻在木板上的，所以叫雕板印刷。一本书的字数自然是相当多的，所雕的板也不止一块，每一块都照这种方法刷印成文。全部印刷工作完毕，一页一页地装订起来，就成了一本书。有了雕板印刷，就免除了笔札之劳，而且一块雕板可以用许多次，要印多少，就可得到多少，这就大大方便了书籍的生产。

四、拓本的考据与鉴赏

如前文所述，拓本对碑刻而言，意义非比寻常，但一碑往往有多个拓本。捶拓有早晚，拓工有精粗，拓片自石上揭下，便具有独立的文物价值。而且，拓本版本、时间的不同，对研究碑刻而言，价值也不同。捶拓愈早，拓工愈精，其文物价值越高。那么，该如何判断碑的旧拓本捶拓的时间呢？这需要通过校碑的方法。校碑时将同一碑的几个不同时间的拓本并几对观，其风格笔体、字句多少、笔画完缺、石花形状（指碑面磨损表现在拓本上的白色痕迹）等等，都要仔细比较其异同。此法要点有三：一、同一拓本碑的早拓本保存字多，晚拓本保存字少。二、某些字在早拓本中尚且完好而晚拓本已经损泐。

三、晚拓本与早拓本比较，往往出现了石花和裂纹，时间越晚越严重，有的损及文字，有的在字里行间。

早拓本比晚拓本多存的字或完好的字，晚拓本比早拓本多出现的或者后来逐渐扩大的石花和裂纹，是两个用来鉴定拓本时代早晚的重要依据，通常被称作“考据”。这个“考据”的含意即是：借以考察拓本时代的根据。对于不少碑拓，人们在鉴别其时代早晚时，根据前人记载和实践经验，已经发现了一系列的考据，分别可以作为不同时代拓本的标志。这些考据构成了一个考据序列，记下了碑石面貌的历史变化，就像考古发掘中层位的迭压顺序可以反映出遗址的历史变迁一样。将考据和文字书法面貌、墨色、纸质、题跋、印鉴、装裱等项结合研究，使得碑帖版本的鉴定趋于细致、条理和科学。

由上文可知，校碑的方法与考据的确定是以占有同一种碑的多件不同时期的拓本为基础的。拓本多，观察细，分析合理，方能发现考据，建立起考据的序列，此其一。宋、元、明拓的鉴别，有赖于相应时代的考据之掌握，而早期的考据只有从早期拓本上才能发现。因此，搜集明以前的古拓本对于将考据序列向上推进来说就非常重要，此其二。碑帖的面貌与历史变化借拓本得以再现和保存下来，而与捶拓技术高低关系密切。拓工精良（包括纸、墨适宜）者，能够准确、清晰、完全地表现碑帖真实面目；拓工粗劣（模糊、走形、失拓）者，则不能。故欲认真释读、研究碑帖者必依靠精拓本。这一点，人们往往忽视，此其三。

上述三点是碑帖鉴藏者须注意的校碑原则，兹举二例说明。

（一）《司隶校尉鲁峻碑》，《校碑随笔》指出旧拓最早的考据是：“第十二行‘宣尼’二字，第十六行‘遐迩’二字，皆未损。”“若‘遐迩’之‘迩’字末笔完好则第十五行‘允文允武’‘武’字可见。”（清方若《校碑随笔》，西泠印社聚珍本，1914）故宫博物院藏此碑早拓两种，一是明拓“武”字不损本，另一本是丁彦臣同治庚午（1870）所得并跋本。后者不但“宣尼”、“遐迩”等字完好，而且较宋代洪适《隶释》还多第十一行“汝南干商”之“商”字，第十六行“当迁绲职”之“迁”字尚存，故可确认为宋拓。

（二）《卫景武公李靖碑》，《校碑随笔》分析：十二行“断鳌”二字未损，十一行“鼋鼍”二字未损，是明拓早期考据。昔朱翼庵先生先获一明拓，江西刘柊盦旧物。十年后寻得另一本：“此本为程穆倩旧藏，纸墨毡腊俱极精古。碑中后半‘追踪昭伯腾映前猷’之‘猷’字，起首一点，予所见明拓本无不损者，此独完好，为此碑打本在前之证。”（1932年跋，见朱翼盦《欧斋石墨题跋》，书目文献出版社，1990年。）“碑中‘王’字已凿损，是金海陵以后所拓，犹在宋末元初。”（1930年跋，见朱翼盦《欧斋石墨题跋》，书目文献出版社，1990年。）。元拓“猷”字本是朱翼庵首先发现的。六十年以后，马子云先生进而指出：朱翼庵旧藏元明间拓本，为现时所见此碑拓本之冠，较中晚期明拓“断鳌”未损本尚多六十余字。（马子云、施安昌《碑帖鉴定》广西师范大学出版社，1993年，第265页）

需要说明的是，拓本的早晚，捶拓的精粗是两个方面的事情。例如一个拓得很早的拓本，但拓工粗糙，那么不仅书法的神采打了折扣，而且遇到考据之处也会显示不出来，也就失去了其应有的文物价值。所以，在一件碑的众多拓本中，只有捶拓早且拓工精者，方可谓“善本”。

五、碑帖收藏与研究的奠基人

故宫博物院于1955年建立专项库房，碑帖库设在延禧宫，库内储藏宏富，品类全面，总计有碑帖文物两万六千余件。现今存世可见的宋、明拓本大部分聚集于此。在这些藏品中，清朝内府旧藏的古代碑帖（内府镌刻者不在内）很少，大约95%的碑帖文物是在1925年故宫博物院成立后陆续征集入藏的。其中碑刻、墓志、造像碑和造像题记、刻帖、刻经、清代宫廷刻石等不仅数量多，而且包含了各个时期的重要的、有代表性的作品，均可自成系统。这对于故宫博物院形成自己的藏品特色十分重要，对于陈列展览和科学研究来说也是不可或缺的。除此之外，画像石、金石集拓等文物，故宫也有丰富的收藏。历经几十年，故宫博物院逐渐建立起了一座古代金石碑刻的宝库，著名考古学家和金石学家马衡先生便是宝库的奠基之人。

马衡（1881—1955）字叔平，浙江鄞县人，肄业于南洋公学。1922年担任北京大学研究室主任兼导师，并在历史系讲授中国金石学。1925年故宫博物院成立，任古物馆副馆长，1933年改任院长，1952年辞去该职，专任北京文物整理委员会主任委员。马衡先生毕生致力于金石学的研究，在方法上继承了清代乾嘉学派训诂考据的传统，又注意进行出土文物的现场考察。在中国考古学由金石考证到田野发掘的过渡中有推进之功，因而被誉为“中国近代考古学的前驱”。他在学术上的主要成就是：扩大了金石学的研究范围，并对宋元以来的金石研究成果进行了比较系统的总结与提升。从文字的演变和有关铭刻的对比，论定石鼓文是东周时期秦国的刻石。根据新莽嘉量的实际测量，推定王莽时期以至汉唐间的度量衡。率队调查洛阳太学遗址，对汉魏石经资料作了收集、整理和全面研究。著作有《汉石经集存》（1957）、《凡将斋金石丛稿》（1977）等。

马先生毕生搜集石刻拓本九千余件（含少量铜器拓本），其中以清代与民国年间出土和发现的墓志、碑版、造像、石经为主。1955年先生去世之后，家人遵嘱将其悉数捐献故宫博物院。

除马衡先生外，著名的鉴藏家朱文钧、吴兆璜、蒯若木、张伯英、张彦生等，亦曾将珍护多年的碑帖善本转赠故宫博物院。朱文钧（1882—1937年），字幼平，号翼庵，浙江萧山人。幼年从师读经史诗文，曾入同文馆学俄文、英文。1902年赴英国牛津大学留学。1908年毕业归国在度支部任职。辛亥革命后在民国财政部任事。1929年受故宫博物院聘请为专门委员，鉴定书画碑帖。朱氏博学精鉴，有力收罗，所藏碑帖多为珍秘之本，如宋拓《九成宫醴泉铭》《皇甫诞碑》《李思训碑》《孙过庭书谱叙帖》等，明拓《张迁碑》《孔宙碑》《崔敦礼碑》《李靖碑》等等。并著《欧斋石墨题跋》一书，证史鉴碑，淹通博贯。他生前即与马衡院长有约，将所藏全部碑帖归诸国家博物院以免流散。1953年朱家后人举碑帖七百余种捐献故宫，以期先人一生心血所寄不泯失矣。

慧眼巨识，泽被后人。当人们观赏这些文物珍品时是不会忘记他们的。

六、本卷之体例及碑帖五卷简介

本卷是《故宫博物院藏珍品全集》五卷碑帖之一，介绍历代著名碑拓之善本。因篇幅所限，加之部分刻石文物已收入全集《铭刻与雕塑》卷，故本卷只选录先秦、秦汉、隋唐碑刻八十九种，著录这些碑刻的拓本一百零六件（套），主要是宋拓、明拓本和其他早期精拓本。如前文表中所列各碑中，除了张旭《郎官石柱记》、柳公权《皇帝巡幸左神策军纪功碑》《金刚经》之外，故宫博物院都有善本保存，本卷亦选入了大部分。

在文字介绍部分，重点对每件作品说明立石年代、拓本时间、撰文者、书者、书体及书法特点，拓本考据、题跋、印章、并配书影，多选出现考据的部分，兼采鉴藏家题跋。基本吸取了著名金石家马子云先生1976年至1980年间对院藏刻石拓本排比鉴定的研究成果。

《故宫博物院藏珍品全集》（六十卷）中的碑帖共分五卷，除本卷外，其他四卷名称及主要内容分别是：

《名帖善本》著录二百余种宋刻、明刻和重要的清刻法帖善本，著录刻帖年代及拓本时代，卷数、刻帖者，题跋、印章等情况，附有书影。

《名碑十品》遴选十种珍贵碑刻拓本分别影印全本刊出。这十种是：明拓《石鼓文》、元拓《诅楚文》、明拓《泰山刻石》、明拓《礼器碑》、明拓《张猛龙碑》、宋拓《瘞鹤铭》、宋拓欧阳询书《九成宫醴泉铭》、宋拓欧阳询书《虞恭公碑》、宋拓李邕书《李思训碑》、宋拓张从申书《李玄静碑》。

《（懋勤殿本）淳化阁帖》（上、下卷）淳化阁帖为法帖之祖，有多种版本存世。这里将久存清宫内府，外人不易见到的懋勤殿旧藏宋拓本十卷全部影印出来。

此五卷如今已全部出版，是故宫博物院首次对院藏碑帖做全面的展示，不但可供书法爱好者欣赏、临习，而且对碑帖、书法的学术研究而言，亦是不无裨益的。

（《名碑善本》，香港商务印书馆，2008年）

延禧宫帖话

延禧宫始建于明永乐十八年（1420），位于东二长街东侧，初名长寿宫，本是内廷所谓“东六宫”之一，明清两朝均为妃嫔所居之所。嘉靖十四年（1535）改称延祺宫，清初，乃改名为延禧宫。道光二十五年（1845）延禧宫遭遇大火，焚毁殆尽，仅余宫门，由此荒废。宣统元年（1909），清廷决议在其原址兴建一座三层西洋式建筑——水殿。据《清宫词》记载，水殿为有着拜占廷式穹顶，以铜作栋，玻璃为墙，墙之夹层中置水蓄鱼，底层地板亦为玻璃制成，池中游鱼一一可数。人在屋内透过玻璃壁窗可以仰望碧天游云，俯察鱼翔浅底。隆裕太后题匾额曰“灵沼轩”，俗称“水晶宫”。此工程耗资颇多，其时国库空虚，此项修建直至宣统三年（1911）冬尚未完工，随着清帝逊位，遂被迫停建。

1925年故宫博物院成立。1931年，利用延禧宫旧址修建了一座钢筋水泥的文物库房，北楼三层，东西两楼二层。仍然是红墙黄瓦，与周围一切都很和谐。1954年故宫建立文物专库，延禧宫西侧是绘画库，东侧楼上法书库，楼下是碑帖（铭拓）库，北楼则三家共有。自此以后，全部碑帖在此安家达半个世纪，并逐渐扩充到两万九千余号。

2000年起，延禧宫的全部文物开始迁出，转入到新建的地下库房，恰逢近编《故宫博物院藏文物珍品全集》之《名帖善本》卷，选介故宫名帖之余，予所作序言，遂以“延禧宫帖话”名之，以为纪念。

一、刻帖释义

所谓帖，《说文解字》释为“帛书也”。原是指名家写的诗文、信札、帛书等墨迹手书。后来乃有将帖刻于石上或木上，便于学习者传拓，以广流传。这种供习字者作为范本的拓本或影印本，便统称为帖或字帖。未有刻帖之前，复制流传名家手迹，大致不外临摹、双钩廓填、硬黄纸钩摹、响拓四类。

与碑相比，帖有着很多不同。从外观讲，碑是竖石，帖是横石。帖石一般高尺许，宽二尺五六寸，也有木版刻帖的。碑建于墓前、路旁或宫庙院内，帖则置于室内廊下或直接镶在壁上，供人观瞻、传拓。从内容讲，碑一般是记述当代人物与事件，以志纪念。帖则是将古代和前代的名人墨迹（如书札、诗文、文书等等）摹刻上石，拓下来后供临摹书法之用。

帖从编、集体例来看，通常有两类：一是丛帖，即多人书作的汇编或某个人书作的编、集。二是单帖，即某人所书一件作品，单独摹刻而流行。

今天已知道的丛帖有三百五十余种之多。较为著名者有宋《淳化阁帖》《大观帖》《绛帖》《汝帖》《群玉堂帖》《宝晋斋帖》《凤墅帖》，明《东书堂帖》《戏鸿堂帖》《停云馆帖》《真赏斋帖》《快雪堂法书》，清《三希堂法帖》《懋勤殿法帖》。集个人书的丛帖有王羲之《十七帖》，颜真卿《忠义堂帖》，苏东坡《西楼帖》，黄庭坚《黄文节公法书》，米芾《绍兴米帖》《英光堂帖》，蔡襄《蔡忠襄公法书》，赵孟頫《松雪斋帖》等等。通常讲到的单帖则有魏钟繇《宣示表》《荐季直表》，王羲之《兰亭序》《东方朔画赞》《曹娥碑》《乐毅论》《黄庭经》，王献之《洛神赋十三行》，隋智永《真草千字文》，唐孙过庭《书谱》，怀素《圣母帖》《千字文》，钟绍京《灵飞经》，颜真卿《争座位帖》《祭侄文稿》，元赵孟頫《道德经》等等。以上所列都有拓本传世。

二、刻帖源流

勒石为帖，自唐弘文馆《十七帖》始。宋黄伯思《东观余论》："跋《十七帖》后：右王逸少《十七帖》，乃先唐石刻本。今世间有二，其一于卷尾有敕字及褚遂良、解如意校定者，人家或得之。其一即此本也。" 或有以为于丛帖（套帖）则始于南唐，如所谓《升元帖》，元陶宗仪《辍耕录》说："江南李后主命徐铉以古今法帖入石，名《升元帖》。"但原石原拓早已无存。宋人文献中便已无《升元帖》的具体记载。

今天能见到的最早刻帖，是后世称为法帖之祖的《淳化阁帖》。

北宋淳化三年（992），宋太宗命王著甄选秘阁所藏历代名人法书，摹刻成一部十卷丛帖，刻于河南开封宋内府，以李廷珪墨拓出，此即著名的《淳化阁帖》。该帖卷一为历代帝王书，卷二、三、四为历代名臣法帖，卷五为诸家古法帖，卷六、七、八为王羲之书，卷九、十为王献之书。总计书法作者一百零二人，计四百余帖。每卷卷末刻篆书款"淳化三年壬辰十一月六日奉旨模勒上石"。因原拓不多，又因历代名家书迹汇萃一帖之中深得士子青睐，岁久版毁，公家私家转相传摹，翻刻不绝。如哲宗元祐年间（1086—1092）的二王府帖，高宗绍兴十一年（1141）的绍兴国子监刻本，孝宗淳熙十二年（1185）的淳熙修内司帖，还有版本甚多的泉州本等等。故宫收藏多种不同版本的阁帖，本书均有著录。其中懋勤殿旧藏之宋拓本，殊为珍贵，故宫全集已有上下两册单独出版，此处不再赘述。

宋代刻帖从初起到兴盛，三百年不衰。之所以如此，一方面固然是出于宋代国策崇尚文治，嗜好书画为士林风气，而太宗、徽宗、高宗等本身便是书家，上下相尚，遂习字刻帖蔚为潮流。另一方面，也离不开雕版印刷在宋代的发展。有宋一代，刻版印刷技术高度发达。北宋时，中国南北各地均拥有一批雕版高手，较好的雕版材料多用梨木、枣木。因此，对刻印无价值的书，有以“灾及梨枣”的成语来讽刺，意思是白白糟蹋了梨、枣树木，可见当时刻书风行一时。对文化的重视，加之高超的雕版印刷技术，使宋代的书籍刻印质量之高空前绝后。近代藏书家叶德辉在《书林清话》曾说：“藏书以宋刻为善，宋人之书，纸坚刻软，字画如写……用墨稀薄，虽着水湿，燥无湮迹。”“字画刻手古劲而雅，墨气香淡，纸色苍润，展卷便有惊人之处。”所谓墨香纸润，秀雅古劲，宋刻之妙尽矣。刻书与刻帖于技术上差异并不很大。既有文化氛围上下的推赏，则在雕版印书的同时，从京城到地方的刻帖之风也日益盛行。

宋代丛帖数量庞大，从内容上分有历代综合帖、宋代综合帖和个人专帖之不同。可惜其中多数今已不存，现存可见的丛帖分列如下：

历代综合帖：《淳化阁帖》《绛帖》《星凤楼帖》《大观帖》《汝帖》《鼎帖》《甲秀堂帖》《群玉堂帖》《郁孤台法帖》《宝晋斋法帖》《澄清堂帖》《兰亭续帖》。

宋代综合帖：《凤墅帖》《姑孰帖》。

个人专帖：《东坡苏公帖》（或称《西楼苏帖》）《绍兴米帖》《英光堂帖》《松桂堂帖》《忠义堂帖》。

归纳起来，宋代的刻帖有两个特点。其一，刻帖十分普遍，既有官刻又有私刻。官刻指由朝廷和地方各级政府主持的刻帖。私刻范围更广，上至王公、大臣，下到文人、平民、僧侣都有热衷者。宋代帝王重书法，喜欢赐字于臣下，大臣，为表谢恩便将御书摹刻上石，再馈赠他人。如太宗赵炅淳化二年（991）十月，翰林学士苏易简上言：愿以所赐诗刻石。帝为真、行、草三体书各一本，命待诏吴文赏摹勒石以赐。易简乃以百本分赐近臣。[1]其二，刻帖内容广泛多样，收入名家信札、诗词、文赋、儒道经典之外，题字、题名、题额、前代碑版、古器铭文等等各色俱有。

元代刻帖，世存稀少。逮至明代，刻帖的发展表现在嘉靖以后，特别是江、浙地区，经济文化发达，书画家与藏书家又集中于此，遂成为明代刻帖的中心。明前期刻帖较少，多以宗室刻帖闻名，如周宪王朱有燉于永乐十四年（1446）所刻的《东书堂集古法帖》十卷、晋庄王之子朱奇源于弘治九年（1496）所刻的《宝贤堂集古法帖》，此二帖皆仿照《淳化阁帖》的体例，集历代帝王名臣书法，再添加宋、元人书迹摹刻，影响较大。嘉靖以后私家刻帖逐渐兴起。由于辑刻人都为书法家、收藏家和鉴赏家，故选择慎重，摹勒精善。明季刻帖有案可查者有七十余种。其中上乘之帖有：《真赏斋帖》《停云馆帖》《来禽馆帖》《墨池堂选帖》《郁冈斋墨妙》《晚香堂苏帖》《快雪堂帖》等。

明代后期刻帖精良的另一原因是对摹刻的重视。赵宧光曾言："名帖易存，名石难得。非出于书家手勒（按：即将书迹勾摹于石），非名帖也；非出于精工手刻，非名石也。余家近藏《停云馆法帖》贞玟，乃文待诏为之冰鉴，国博（按：文彭）、和州（按：文嘉）两先生为之手勒，温恕、吴鼒、章简甫为之手刻。镂不计工，惟期满志。完不论日，第较精粗。凡此诸公每构真迹古拓，非弥月穷年不轻摹拓。"[2]由此可以看出当时人们对摹刻精益求精的要求。

及至清代，刻帖之风极为盛行，种类和数量远胜于前代。首先是宫廷刻帖出现了繁荣兴盛的局面，清朝统治者虽是满族，却倾心汉族文化，历代帝王对于书画都十分喜爱，其中尤以康熙、乾隆二位皇帝为代表。康熙、乾隆勤于临池之外，还喜好组织刻帖。清代帝王刻帖始于康熙皇帝，他曾敕令摹勒历代名人书迹汇成《懋勤殿法帖》二十四卷和集皇帝自书的《渊鉴斋帖》十卷。乾隆皇帝对书画的热爱超过前辈，乾隆元年，皇帝下令摹勒其父雍正皇帝的书作，成《四宜堂法帖》六卷、《郎吟阁法帖》十六卷。此外，他还将内府庋藏历代法书刻成《御制三希堂石渠宝笈法帖》三十二卷，并于乾隆二十六年（1761），将自己御笔所写的诗、经书以及临摹古代书家名迹摹勒上石，刻成《敬胜斋帖》四十卷，原石现嵌在故宫乐寿堂、颐和轩两廊。后又集刻自己御题诗《怀旧诗帖》四卷。并为《淳化阁帖》配上释文，刻成《钦定重刻淳化阁帖》十卷。这些帖刻成后，大多深藏宫苑，传拓很少，流传在民间更少，所以知者不多。本卷此次出版，将其部分选出，以飨读者。乾隆以后，宫廷刻帖活动逐渐减少。刻帖水平和数量也逐渐下降，难复康乾之势。

除宫廷刻帖之外，清时民间刻帖也呈现鼎盛局面。清代早期的民间刻帖大都是集历代名人书法的丛帖。如卞永誉的《式古堂法帖》虽始于明末，刻成却已到了清代。卞永誉为清初著名收藏家，其所刻法帖，鉴别之精细、刻工之优良，于法帖中可谓一流。至于清代初期集刻个人书法的法帖，以集王铎书法的《拟山园法帖》和集傅山书法的《太原段帖》最为著名。到了清代中后期，刻帖之风更为盛行。出现了很多著名的私家刻帖。像曲阜孔继涑刻有《玉虹楼法帖》《玉虹鉴真帖》《玉虹鉴真续帖》《国朝名人法帖》等。著名书法家钱泳一生刻帖数十部，其中《经训堂帖》《清爱堂帖》《余清斋帖》《写经堂帖》《秦邮帖》《吴兴帖》都是刻帖中的精品。清后期，虽然朝政颓坏，国势日微，但检点刻帖，仍不乏精品。道光年间潘仕成所刻《海山仙馆帖》、伍葆恒所刻《南雪斋藏真》，光绪年间陆心源所刻《穰梨馆历代名人法书》、杨守敬所刻《邻苏园法帖》等，皆可称晚清刻帖之精华。

从刻帖的地域看，康乾时，江浙两地仍为刻帖的中心。本书著录之清帖多为该地区辑刻，不再赘述。乾隆以后广东刻帖勃然兴起，当地的富商巨贾，纷纷附庸风雅，结交文士，搜求法书，竞相摹传。其中著名者有吴荣光《筠清馆法帖》六卷、梁九章《寒香馆藏真帖》六卷、廖甡《观海堂苏帖》一卷、潘仕成《海山仙馆藏真》十六卷、叶应旸《耕霞溪馆法帖》四卷、潘正炜《听颿楼法帖》六卷、伍葆恒《澄观阁摹古帖》四卷及《南雪斋藏真》十二卷、孔广陶《岳雪楼鉴真法帖》十二卷等。

三、刻帖之编排

经过一千年的发展，刻帖已形成了独立而完整的系统，帖学也成为一门专业的学科，有着专业的名词和概念，为方便读者鉴赏阅读，作简单说明。

（一）帖名：帖有名，置于开卷之首，多以隶书或篆书写。但宋代刻帖多不标帖名，因时人习称而得名。如《淳化帖》《大观帖》都以刻帖时之年号而得名。如《绛帖》《汝帖》《潭帖》则都是以刻帖的地点而得名。此外，以刻帖主持人的斋堂号命名者最为普遍，如《阅古堂帖》（韩侂胄）、《宝贤堂帖》（朱奇源）、《东书堂帖》（朱有燉）、《戏鸿堂帖》（董其昌）、《停云馆帖》（文徵明）、《真赏斋帖》（华夏）等等。

（二）卷次：一般而言，帖分卷次，或上、中、下，或一、二、三、四，或子、丑、寅、卯，多标于帖名之下，也有不标卷数者，较少见。特别要指出的是，一部帖通常会裱为若干册，每册习惯也称为一卷，实际上与刻帖时所分的卷次不同。有刻帖结束若干年后，继续再刻者，称该帖的续刻、三刻。

（三）标题 ：帖中标题分两级，卷标题和篇名标题。例如《淳化阁帖》十卷标题如下：历代帝王法帖第一，历代名臣法帖第二，历代名臣法帖第三，历代名臣法帖第四，诸家古法帖第五，法帖第六王羲之书，法帖第七王羲之书二，法帖第八王羲之书三，法帖第九晋王献之一，法帖第十晋王献之二。这类标题是标书家，不标篇名，凡淳化阁系统的帖和在淳化阁基础上增删之帖其标题大体如此。

还有一种标题形式，如《汝帖》十二卷，其标题如下：三代金石文八种汝刻一，秦汉三国刻书十五种汝刻二，晋宋齐梁陈五朝帝王书三十行汝刻三，魏晋九人书四十八行汝刻四，晋渡江三家十七帖四十八行汝刻五，二王帖并洛神赋汝刻六，南朝十臣书汝刻七，北朝胡晋十二人书汝刻八，唐三朝帝后书汝刻九，唐欧虞褚薛书汝刻十，唐六臣书汝刻十一，唐讫五代诸国七人书二百六字汝刻十二。这类标题不在卷首而在卷尾。标题内含时代、书人、品类、篇数、行数、字数等成分，情况不一。

刻帖中大部分帖都不标出篇名，只有少数名篇才标名，如《兰亭序》，再如被统称为“晋唐小楷”当中的《乐毅论》《曹娥碑》《洛神赋十三行》《东方朔画赞》等等。诗文则要有原题的篇名。刻帖中数量最多的是尺牍，尺牍本无篇名，在帖书中往往取尺牍中最初二字或者文中较重要的两个字定名，如王羲之的《上虞帖》《王略帖》，虞世南的《左脚帖》《积时帖》等，皆源于此。

（四）刻款 ：《淳化阁帖》各卷卷末有款“淳化三年壬辰岁十一月六日奉圣旨摹勒上石”。《真赏斋》卷末刻：“嘉靖改元春正月既望真赏斋摹勒上石，长州章简父镌。”此皆刻款，以示刻帖的时间和帖的主人。刻工师姓名，一般用小字另行标出。

帖刻多卷，非一两年能竣工。刻款表示的是开始，还是竣工，还是中间某个时刻，并不明确。长州文徵明刻《停云馆帖》十二卷，各卷尾年款不同，从嘉靖十六年春正月至三十九年夏四月，历时二十三年。

（五）刻跋：指交待与刻帖相关情况的跋文。一般而言，帖之刻跋多在全帖末尾，也有在中间某一卷帖尾。署名有主持刻帖者本人，也有别人代言。如宋代王寀刻汝帖十二卷，在最后一卷末留下题跋申说刻帖缘由：

寀来汝逾年，吏民习其疏拙，不甚诿以事。闭阁萧然，奉亲之外，独念弃日偶得三代而下讫于五季字书百家，冠以仓颉奇古，篆籀隶草真行之法略具，用十二石刻置坐啸堂壁。其论世正名于治乱之际，君子小人之分每致意焉。识者谓之笔史，盖使小学家流因以博古知义，不特区区近笔砚而已。大观三年八月上丁，敷阳王寀记。

四、刻帖之考鉴

法帖的用处主要是临池习书，这是众所周知的。此处想讨论一个问题：帖的好坏取决于什么？这可以从两方面来看。

（一）书法之优劣

对于刻帖来说，好的书法最重要，这有赖于三个因素。第一，刻帖时依据的底本是否可靠，书法好不好。几乎流传下来的每种古法帖都有若干本子，或是原迹，或古摹本，或石本。入帖前必须慎重选取好的本子，这是至为要紧的。第二，要有高手摹勒上石方能逼近原貌，毫发无爽。第三，拓工技术要娴熟精良，可以达到钩魂摄魄的境地。三者结合才能使书法精彩动人，缺一不可。

（二）辨别是原刻还是翻刻，甚至是伪本

此事需从两方面入手：第一，找到可信的原刻本仔细校对，若确定为原刻，还有孰早孰晚的问题。早本完好，晚本则损、泐较多。如果帖的原石仍在，就多了一重可信的证据。第二，查阅有关文献，看情况是否符合前人相关的著录和记载，帖后的题跋也十分重要。翻刻本是依照原帖拓本摹刻出另外一本，名帖往往有翻刻。翻刻精细者近乎原刻本，尚有价值，翻刻粗劣者面目全非。宋帖传本罕见，翻刻佳本仍足珍视。伪刻本一般有两种情况：一种是将甲帖改头换面作乙帖，如把标题、刻款移花接木充作别帖；另一种是古帖早已失传，帖贾据一些记载杜撰拼凑出另一古帖，但当原帖一旦出现，便被揭穿。

于此特举《松桂堂帖》考辨为例加以说明。1995年冬，日本著名书法家宇野雪村将碑帖若干遗赠故宫，内有米芾书残帖一册。此册墨纸三十二开，字行很高，前后有附页，刻手精良，纸墨淳雅，经折装，为明前旧物。[3]封面题签“宋拓宝晋斋帖 雪村题”。前附页存旧签：“宋米芾帖”，明王铎题。另一：“宋名贤帖”，无款。再有成亲王永瑆观款一条。后附页存光绪年间翁同龢跋两则。帖内收藏印有：“明蠡台袁伯应家藏图书”“均斋收藏”“翁同龢印”等，说明此帖明清时曾被袁枢、翁同龢等收藏。帖的内容顺序如下：

篆书“宝晋天下第一法书”八字；米芾篆书“宝晋斋”三字，米友仁跋；米芾书“海岳”二字，米友仁跋，米巨容跋；谢安书八月五日帖；王羲之书王略帖；王献之书十二月割至帖，米巨容跋；米芾书登北山之宇，米巨容跋；米芾书蒋延祖夫人钱氏墓志，向子諲跋，米巨容跋；米芾书净名斋记，米友仁题；米芾书七律一首（“山晚烟栖树”）及题记，米友仁跋；米芾书参赋，米友仁跋，米巨容跋。

前贤为帖起了三个不同的名称，表明帖名难以确定。那么，究竟是什么帖呢？道光、咸丰年间帖学家程文荣（字兰川）的《南村帖考》记载过《松桂堂帖》一事：程得到米芾书残帖二十一页，然无标题。其中“功名”、“董源”、“淮南”三帖后都刻有米芾重孙米巨容跋。此帖字行极高，刻工也好，是明末涿州冯铨旧物，有张照题记。过去程还见过米芾《祷雨灵验诗》，后面巨容跋讲：“岁在戊申，备员庐山仓掾，文简曹公再世孙尊民出示先南宫《祷雨灵验诗》墨迹，百拜敬观，因砻石松桂堂，与好事者共之。”又其跋《墨庄帖》云：“用入宝晋斋以永其传。”据此知皆南宫书迹而刻于庐山之松桂堂也。[4]由此，程文荣遂称所得二十一页米帖为《松桂堂帖》。

故宫的三十二开残帖后面有翁同龢光绪元年（1875）题跋：

是帖不见前人著录，近人程兰川《南村帖考》谓：“藏有二十一页乃涿州冯文安故物，张文敏题记者。”内有《祷雨诗》，巨容跋云：“备员庐山仓掾，因砻石松桂堂，与好事者共之逐日，为《松桂堂帖》。”又谓：“覃溪先生《复初斋集》所称《英光堂帖》五册中《催租》、《墨庄》二帖无倦翁跋而有巨容跋。及《浯溪铭》、《吕表民帖》有温革跋者必皆巨容同时所刻，后人误装入《英光堂帖》耳。”又硖山蒋氏有《相义录》云云。南村所考如此，然终究不知是帖何名，共若干卷也。光绪九年余浮海北行，候风沪上。书贾凌云阁某姓以是册求售。开卷烂然，定为宋拓。乃割五十金得之沪上。

可以看出，翁同龢的印象是“开卷烂然，定为宋拓”。因帖后多有巨容跋，于是将它与程氏讲的《松桂堂帖》联系起来。但此帖内容与程讲的二十一页均不同，故翁氏仍存“终究不知是帖何名，共若干卷”的疑问。

1995年此帖归故宫后，启功甚看重，借回赏析、推敲。归还之时，于帖后添写了一篇题跋，曰：

此米友仁孙巨容刻其曾祖所宝晋贤法书与夫溪堂手泽一册，即谓《松桂堂帖》者也。《松桂堂帖》之名见于近世程氏《南村帖考》。然程氏仅著录畸零二十余页，今亦不得而见。此本实其首册。自“宝晋斋”额，“海岳”榜字，谢安及羲、献三帖，容跋称摹自石本。以下米老各帖，俱不见他刻，是可宝也！功昔得《淮山杂咏》残碑拓本，书五律数首，与此帖所刻皆在英光集外。又得王虚舟临《相义录》一卷，乃米老起草之文，亦不见集中。帖刻不但米书可喜，其文辞并足辑佚焉。昔年，琉璃厂张彦生曾语功曰：《松桂堂帖》目录幸已得见。不知录有副本否也？一九九六年一月廿八日。

启功先生明确肯定残帖就是《松桂堂帖》，根据《南村帖考》应有如下理由：一、宋刻米帖。二、字行极高。三、帖后有巨容跋。四、帖首有“宝晋斋”额，“海岳”榜字，谢安及羲、献三帖。巨容跋称摹自石刻。又《南村帖考》载巨容跋《墨庄帖》云：“用入宝晋斋以永其传。”两方面相符合。因此，启功称“此本实其首册”。

于是，这本米帖就被定为《松桂堂帖》，今二十一页本不知在何处，鉴帖不易。至于《松桂堂帖》共定有几卷，仍有待以后的发现、考证了。

五、本书编撰体例

前文已概述刻帖释义、源流、编排及考鉴等帖学内容，篇幅所限，不再深入。最后，简单介绍一下本卷编撰体例。

（一）所选皆为具有很高书法价值和文献价值的法帖原刻本，已无原刻本存世的宋代刻帖则酌收宋、明翻刻本。

（二）以丛帖为主，兼收少数单帖。由于单帖源流错综复杂，故仅收入若干具有代表性的宋拓本。

（三）每种刻帖著录以下各项：

1.帖名，即帖首标题

2.刻帖年代及拓本年代

3.主持刻帖者、编辑者、摹勒镌刻者

4.帖的卷数、册数及故宫存帖情况

5.装裱形式

6.题跋、批注

7.鉴藏印章（按在帖中出现前后顺序录）

8.同种帖的复本著录从简。

（四）简要介绍各帖损、泐、裂、缺等考据情况，帖石编号情况。

（五）全书分为四编：第一编，宋代丛帖；第二编，宋代单帖；第三编，明代刻帖；第四编，清代刻帖。

有鉴于容庚《丛帖目》录目详尽，该书又十分流行，此处就不再将《丛帖目》所收帖目再作罗列。《丛帖目》未收之帖或帖名虽同但帖目差异颇大者，方将帖目录出。

遵循以上编选原则，本卷只选收了院藏刻帖一百三十七件（套），洵为精华，图文并茂。于刻帖的研究、学习都将起到相当重要的作用。当然，编撰匆忙，其中疏漏之处在所难免，尚有待方家批评指教。

注释：

1.《宋会要辑稿·职官六》，中华书局1957年影印本。

2.容庚编《丛帖目（一）》，香港中华书局，1980年。

3.启功、王靖宪编《中国法帖全集》第12册，湖北人民美术出版社，2002年。

4.程文荣《南村帖考》，学海出版社，1977年影印出版。

（《名帖善本》，香港商务印书馆，2008年）

名碑十品　墨林星凤

清代末年从敦煌莫高窟发现了四种古代碑刻拓本，它们是：唐欧阳询书《化度寺邕禅师舍利塔铭》、唐太宗撰书《温泉铭》、唐柳公权书《金刚般若波罗蜜经》和无名氏书《佛说大悲陀罗尼经》。作为唐拓或传世孤本，这些拓本的历史价值与书法价值自不待言。1916年罗振玉在获得这些拓本的部分照片之后，影印刊出，书名《墨林星凤》，用于说明其珍贵、难得。本卷所收的十种碑帖拓本，同样堪称“墨林星凤”。因为它们不是一般的珍品，而是那些存世稀少的，有很高文化价值的，传拓时代极早，拓工精良的原石拓本。这里包含了五个标准：第一，必是从原碑或原帖上拓下来的；第二，在同一种碑的拓本中应是极早的拓本；第三，拓工精良；第四，具有重要的文化价值；第五，已是稀有之物。

十种碑拓在张彦生先生《善本碑帖录》和马子云先生《石刻见闻录》中都有记载，认为是同碑善本中的上品。两位作者皆是当代鉴碑家之翘楚。

这里只谈三个问题：原石本与重刻、翻刻本的区别，拓本的断代和考据，题跋对于理解和欣赏碑拓的作用等。面对墨色斑烂的古拓，不止悦目怡情，而且会意在心。

一、原石本和重刻、翻刻本

石刻年代久远，由于自然的或人为的种种缘故，石刻损坏或者遗失是很多的。于是人们重刻一碑，重刻时以原石的旧拓善本为依据，将铭文损泐处描补完好，有的还附题跋申明原委。重刻者必是被世人看重的碑帖，有的重刻还不止一次，不止一地。如秦《峄山刻石》唐时已毁，北宋郑文宝根据南唐徐铉摹写本重刻于长安。后来绍兴、浦江、应天府、邹县、蜀中均有重刻。唐人李阳冰篆书《缙云县城隍庙记》，宋宣和五年（1123）周明再刻，附题刻曰：“昨缘寇攘，残缺断裂，殆不可读。偶得纸本于民间，遂命工重勒诸石，庶广其传，亦是以使其不朽也。”原石与重刻显然有很大不同，后代人摹前人书往往是形具神失，相距越远越明显。唐以后人书迹摹刻相对地容易接近，摹唐以前人书就非常难，这是历来书法家、鉴赏家体会到的道理。故世重原刻而轻重刻。然而，三代、秦汉铭刻，后代依摹本复刻使之流传，亦足珍重，收入本卷的元代重刻战国《诅楚文》即为一种。

原石尚在，而依据早拓本另刻一石，拓出来后冒充原石拓本，即为翻刻。重刻是依旧拓另刻一完好的新碑，翻刻则有意模仿旧拓上面的损泐之处。被翻的碑版往往是地处边远，捶拓不易，善拓名贵，遂出翻本。翻刻与重刻的原因、目的和方式都不同。翻刻比重刻多得多。如唐欧阳询书《九成宫醴泉铭》，所见翻刻十几种，其中较好者以南宋拓为底本，从更早拓本翻出者少见。清代乾隆、嘉庆以后龙门造像备受推崇，翻刻也成风气。翻刻与原刻总有不同之处，首先字神差矣，再者石花死板，至于粗制滥造者连字句都会有错误。

二、传拓的时代与考据

在同一种碑的拓本当中，早拓本比晚拓本价值要高。判别拓本之早晚，主要根据拓本上文字损坏多少，也就是依据考据而定。

初刻碑帖，石面平滑，字口分明，铭文完整，初拓可贵而不易得。时隔一久，风雨剥蚀，人为损坏，其碑文漫漶，石表斑驳乃至石面脱落、石碑断裂则是经常的事。因此早拓比晚拓某些字损泐程度轻，存字也多，这些字称为“考据”，校碑方法由此而生。把同一种碑帖的几个拓本放在一起，逐行、逐字、逐笔相互对校，注意其存字多少的不同，字外石花的变化，并依据这些情况可大致定出拓本的先后和时代。

如本卷秦代《泰山刻石》二十九字本是明时所拓，有明代北平许氏在碑上刻的跋文为证。原刻石清乾隆五年（1740）被毁，嘉庆二十年（1815）再出现时石损失大半，只余十字了。

东汉《礼器碑》，明早期拓本第8页“于”字下有石花，但未泐连。第20页“绝思”之“绝”字末笔与下面之石花也未泐连。本卷所选拓本即属这种情况，为明早期拓。“于”“绝”即为考据字。至明末拓本，“于”“绝”二字都与石花泐连，石损愈甚。

又如唐欧阳询书《九成宫醴泉铭》，北宋早期拓本的考据，第5页“钜鹿”之“鹿”字未损；第8页“ 竦阙高阁”之“阙”字，“长廊四起”之“四”字下半未泐；第9页“云霞蔽亏”之“霞蔽亏”三字未损；第14页“重译来王”之“重”字未损；第16页“枿风沐雨”之“枿”字未损。而南宋拓本“长廊四起”之“四”字，和“云霞蔽亏”四字已泐，“重译来王”之“重”字已损，字画已变细瘦。明中期此碑被剜，廿三行“虽休弗休”之“弗”字，误剜作“勿”。因而更显此拓本之珍贵。

启功先生曾讲：

金石拓本亦有二类：其一类，拓石较早，字数偏多，上者可以助读文词，订正史实；次者可夸扬珍异，炫诩收藏。其二类，则捶拓精到，纸墨调和。上者足助学书者判别刀锋，推寻笔迹；次者亦足使披阅者悦目怡神，存精寓赏。此二类各有一当，但视用者之意何居耳。（《启功丛稿·旧拓〈瘗鹤铭〉跋》）本卷所收十碑不仅拓时甚早，而且捶拓精到，皆备两类之美。

三、题跋的旨趣

拓本上的各种题识是前人留下的非常重要的文字数据。中国金石学的开山之作北宋欧阳修的《集古录》和稍后南宋赵明诚的《金石录》，便是集古刻目录及跋尾而成的书。同古代绘画、法书上面的题识相比，碑帖题识又有自己的特点与复杂性，故申论之。

题识应包括以下几类文字：

（一）题签，标明碑帖的名称，立碑的时代和拓本的时代。写在封面上的是外签，封内附页上的是内签。外签磨损或变旧之后，往往被内移，另写外签。重新装治时也会换新签。签中有时留下书写者的名款与年款。

（二）题耑或引首，在前附页上写的大字碑名或赞语，如是手卷则写于引首处。

（三）题跋，附加在拓本前后或镶边上的记事、品评和考证的文字都可称题跋。

（四）观款，仅记观碑者姓名和观碑时间、地点的文字。

（五）批注，书于拓本外围专对某处铭文加以说明的文字，如写在墨拓上则用朱墨或泥金。

在上述五条之外，还有两种后人在拓本上面添加的文字：一、释文，对于草书或篆书碑帖，用泥金或朱墨以小楷注在字旁；二、补文，对损缺或难辨之铭文加以补注，时常用双钩摹写。

题写涉及考证史事，辨析文字，品论书艺，说明流传经过等等，是前人的见闻与心得，当然也含一些应酬之辞。它们对于拓本断代很有帮助，当然首先须断定题记及其印鉴之可靠与否。

本卷各碑均收录了各项题识，反映了拓本的考据及收藏情况。

《石鼓文》第二鼓上，翁方纲批注说明这本石鼓在明朝的收藏者：

云间孙克宏，字允直，雪居士，其别号也。善画，工分隶，官汉阳太守。此册是其所藏旧本，惜用墨过浓耳。

孙克宏为明嘉靖至万历间人，上海松江人，画家、收藏家，经其法眼应为善本。

翁方纲又批：

此鼓第九行第二字，当据此拓本以考之也。正展阅间，适得阮芸台、张芑堂皆寄善本来，因识此。

按：此言九行第二字“鱄”清晰，而阮、张寄来善本不及之。可见校碑的精细及其重要性。

《温彦博碑》后有陈慵和罗振玉跋，前者评欧碑书法的差异，后者跋讲拓工好坏对书法的影响，言皆中肯。陈慵跋：

古人云：欧若狂将，深入时或不利。此语殊不尽然。《醴泉铭》因奉敕书，极见精美，但世少善本，且椎拓既久，未免失真。《皇甫君碑》则寓神明于规矩之中，而字里行间一种茂密之气令人不可追抚。不善学者往往徒取其貌，至于尪羸局促，遂为所累。

罗振玉跋：

欧阳信本书碑中，《温虞公碑》古拓尤罕觏，平生所见以叶东卿所藏宋拓（后入石渠者）为最佳。凡友朋所藏及寒斋所储号宋拓者皆不及也。此本丰腴朗润与天府本正同，而叶本稍细瘦，盖施墨太重，此本毡墨得中，致判肥瘠非有异也。惜此本但存完好之字四百余，其稍残损者皆剪弃为可憾也。往于京国陈弢庵太傅座上，曾见叶氏宋拓之归天府者。今宾谷师又出示此本，眼福可谓不浅，敬识语于后以志忻幸。己未八月上虞罗振玉书于津沽寓斋之四时嘉至轩。

本书收入的《瘗鹤铭》和《张猛龙碑》，一南一北，实南北朝书法杰构。启功先生屡有评析：

自拓本观之，《瘗鹤铭》水激沙砻，锋颖全秃，与《张猛龙碑》之点画方严，一若绝无似处者。自书法结构观之，两刻相重之字若鹤字、禽字、浮字、天字等等，即或偏旁微有不同，而体势毫无差异。乃知南北书派，即使有所不同，固非有鸿沟之判者。今敦煌出现六朝写经墨迹，南北经生遗迹不少，并未见泾渭之分，乃知阮元作“南北书派论”，多见其辞费耳。

在谈到《张猛龙碑》时说：

北朝碑率镌刻粗略，远逊唐碑。其不能详传毫锋转折之态处，反成其古朴生辣之致。此正北朝书人、石人意料所不及者。《张猛龙碑》于北碑中，较龙门造像，自属工致者，但视《刁遵》《敬显儁》等，又略见刀痕。惟其于书丹笔迹在有合有离之间，适得生熟甜辣味外之味，此所以可望而难追也。（《论书绝句》）

以上所言不仅比较了两者书风的同异，且有习书经验。对“南北书派论”的批评，还点出了书法与刻石风化，书法与刀法工拙的关系，精于辨析，发明新义。

四、印鉴的作用

藏家还常常钤盖自家的图章印记在碑帖拓本上。印文有“收藏”、“考藏”、“珍秘”者为收藏印，有“鉴赏”、“审定”或只有姓名、别号、斋堂室名者，就不一定是藏印，也许只是过眼欣赏者。拓本有著名金石家或收藏家的印鉴，自然可以显示出它的可靠性与价值。印鉴往往集中在拓本的首尾两开。有的收藏者在每开都留下印记，为的是散失后仍能知道出处。鉴藏者往往在拓本的考据字旁边盖印，这是拓本所特有的情况。

收入本卷的《九成宫醴泉铭》无一古人题跋。但印章甚多，其中最重要的是“驸马都尉陇西李祺印”，李祺是明朝人，与安国、华夏、项元汴、朱之赤等收藏家齐名。又《石鼓文》上除有明代孙克宏印外，还有翁方纲、吴云、陈眉公、张祖翼、杨守敬诸鉴家印，说明明清以来屡经法眼审定。

传拓之事，石刻之学，由来古矣。谓拓本是铭刻的复制品，非也；谓拓本只有补证经史、赏习书法的用处，也是不够的。这便是编者在本书开头想要讲的，希望读者，尤其是不大接触碑帖拓本的读者能够体会。

（《名碑十品》，香港商务印书馆，2006年）

其他

关于马衡先生的日记

马衡先生是杰出的金石学家和中国考古学的先驱，他曾担任故宫博物院院长十九年，在故宫工作廿七年。当故宫博物院成立八十年之际，编辑出版《马衡日记》，谨志追思。

一、马衡先生的一生

马衡（1881—1955）字叔平（图1），别署无咎，号凡将斋主人，浙江省鄞县人。清光绪七年五月二十四日（6月20日）生。少时随父在沪就读私塾。肄业于南洋公学。在家自学经史、金石、篆刻等，至中年书法、治印皆有盛名。1929年立于清华园的王国维纪念碑，即由陈寅恪、马衡、林治钧、梁思成四位先生分别撰文、篆额、书丹和拟式。

1917年任北京大学附设国史编纂处征集员。1918年任北京大学文学院国文系金石学讲师。1922年北京大学研究所国学门成立，1923年任考古学研究室主任兼导师，并在历史系讲授中国金石学，后又任清华国学研究院讲师。

图1：马衡像（徐悲鸿绘）

1924年11月，清室善后委员会成立，马衡参与点查故宫文物。1925年故宫博物院成立，任古物馆副馆长。1928年10月，为故宫博物院理事会推为理事。1933年担任院长，直至1952年离职，专任北京文物整理委员会主任委员。

抗日战争爆发之际，马衡先生负责将故宫珍藏的重要古物辗转运往西南地区，为保护历史文物作出了可贵贡献。

马衡毕生致力于金石学的研究，在方法上继承了清代乾嘉学派训诂考据的传统，又注意进行出土文物的现场考察。1923年9月，奉北大研究所国学门委托，至河南新郑调查铜器出土地，又往孟津作调查。1924年赴洛阳朱圪档村调查汉魏石经出土地之太学遗址。曾于1930年主持燕下都遗址的考古发掘。在中国考古学由金石考证到田野发掘的过渡中有推进之功，因而被誉为“中国近代考古学的前驱”。

他在学术上的主要成就还表现在：扩大了金石学的研究范围，并对宋代以来的金石研究成果进行了比较系统的总结；从文字的演变和有关铭刻的对比，论定石鼓文是东周时期秦国的刻石；根据新莽嘉量等的实际测量，推定汉唐间的尺度的比率和长度；对汉魏石经资料作了收集、整理和全面研究。他的著作有《汉石经集存》（科学出版社，1957）、《凡将斋金石丛稿》（傅振伦编，中华书局，1977）、《凡将斋印存》（紫禁城出版社，1987）等。

马衡1955年3月26日病逝于北京，享年七十五岁。

同年，他的子女遵嘱将其所藏碑帖拓本一万二千四百余件，图书一千六百余部，以及铜器、书画、工艺品等文物全部捐献故宫。

马衡的父亲马海曙（1826—1895），曾在丹徒、元和、长洲、吴县、金坛、宝山做官，擢升直隶州三品知府，有子女九人。

长子马裕藩（1858—1929）曾任甘肃镇县知县。马裕藻（字幼渔，1878—1945）、马衡、马鉴（字季明，1883—1959）、马准（字绳甫）、马廉（字隅卿，1893—1935）都曾在北京大学和其他学校任教，时有“五马”之誉。

马衡妻叶薇卿，宁波人，其父叶澄衷是著名富商。

二、保存了五十年的日记

马衡手写的日记，自1948年12月13日起到1955年3月24日止，中间没有间断。分装八册。另加1955年1月1日后的14页。先生去世之后，日记同其他遗物一起交归故宫，长期以来作为档案保存，不曾发表过。他在1949年12月13日的日记中写道：“去年今日开始围城，期年之间全国将近解放，破竹之势古今尠见也。”可见现存日记开始于围城。先生于1955年3月26日病逝，日记写到去世前两天。每册封面自题“凡将斋日记”，从日记可以看到作者深厚的书法造诣。

六年三个月的日记大体可分三个阶段：

（一）从1948年12月到1949年6月

在此期间经历了解放军围城到进入北平，中华人民共和国成立，政府代表接收故宫，故宫关闭之后又重新开放，阻止故宫文物运往台湾等事件。

（二）自1949年下半年至1952年1月

这时故宫文物的分类提集，内、外的各种陈列展览，古建筑的修缮都在恢复与展开，《伯远帖》、《中秋帖》等一批国宝回归。

在上面两个时期中，马衡一直处于院长的地位。

（三）1952年1月至日记终结

随着“三反”运动深入开展，故宫的留用人员全部集中到院外隔离审查，马衡也在其中。五个月后，当他返院不久即不再担任院长，而保留了北京市文物整理委员会主任职务，离开故宫，管理北京古建修缮工作。

本书收入的是前两个阶段的日记（约13万字），所以添加了“一九四九年前后的故宫”的标题。

日记是一种很特别的文体。因为是在第一时间或当天记下自己遇到的人或事，所以写得直接和真切。因为较多写下自己的心情和想法，所以比起别的文章更直率，更鲜明地表现出作者的个性和心理。诗文、小说都是为别人做的，虽然艺术上更加精练，也就多了做作的痕迹，虚构的成分。日记则是给自己看的，（当然写了给别人看的例外也有，如清人李慈铭《越缦堂日记》）比较真实，自然。

正因如此，《马衡日记》为故宫乃至文博界提供了许多难能可贵的史料和线索，同时也生动记述了半个世纪前的北平风貌和旧事。

三、翔实的史料

《马衡日记》丰富的史料价值，可以从几方面来看：

第一，记录了人民解放军兵临城下时北平瞬息万变的形势，各种人的反应与心态。再现了中华人民共和国成立、抗美援朝、土地改革、忠诚老实运动等重大事件对位于北京中心的紫禁城的影响。

下引日记两则：

一九四九年一月十三日（星四）。晴。到院始知昨日南池子、南河沿公安局皆曾落弹。韩寿萱来商保护文物事，嘱余参加。余告以呼吁之事请以超然派任之，余负典守之责，愿任正面交涉。下午院来电话，报告传心殿落二弹，玻璃皆震碎，房屋无损失。旋又报告禁城东南角楼亦中弹，已派人调查。战车三团副团长王绶辉（文冲同期同学）两次来访，新闻记者络绎来访。

“余负典守之责”——马衡始终如一的信念。1933年他领导古物南迁，1948年则阻止古物南迁，本意皆出于此。

同年一月廿二日（星六）。晴。报载蒋文告发表后即乘美龄号机赴杭州转奉化扫墓，闻将暂居鼓浪屿。元微之诗云：“昔日戏言身后事，今朝都到眼前来。”似为余之预言而发。徐盈来院参观锡庆门落弹情形，备写通讯稿。星枢来谈。下午访悲鸿，知康同璧代表等访中共谈和，虽受盛大招待而谈及傅作义则认为不可赦之。战犯无对等谈和之资格，并言杜聿明已以战犯罪枪决，傅如不放下武器，将为杜聿明第二。康等不敢告傅，拟托悲鸿转达。悲鸿婉谢之。正谈间，景洛电话来，谓傅约三时开会，并盼亲自出席，同时报告有一〇四师兵士来接洽，欲驻景山备作巷战，请于席上诘之。遂辞悲鸿，往春藕斋，见楚溪春、刘瑶章及各机关首长、国家银行经理等三四十人皆在候。一小时傅始出席，报告和平为人民所要求，军人为人民服务，自应徇人民之请，放下武器，已与中共商谈。自今日上午十时起令各部队开始陆续撤退，并诵读条件十四条。因以景山事诘之，焦言不知，楚言调查，傅亦言不知，谓即使有此事，二三日内亦必撤出城外。

此日上午十时，傅作义将军在停战协议十四条上签字，北平和平解放。

第二，作者曾参与了一系列文物政策的制定和重要的会议。

一九五〇年三月三十日（星四）。阴。昙。时有小雨。下午二时文化部开会，沈部长主席。听全国文物情况及接收报告，讨论《禁运文物图书出口》《保护全国各地公私有古迹文物图书》两法令草案及《珍贵图书禁止出口》《保护有关革命历史文化之建筑物》《古文化遗址及古墓葬之调查发掘》三暂行办法草案。时已六时，尚余两案不及讨论，主席宣告散会，留待下周续开。

五日（星三）。清明节。昙。外交部以古画一大批送文物局，冶秋约往鉴定，无一真者。继思古画例禁出口，外交部不应以此赠送友邦。亟函冶秋、西谛，告以此意，不如征求现代作品储备赠送。

第三，文物的管理、征集与研究，古建修复的调查与实施，陈列展览的筹划与举办（近二十项），保卫工作的问题与措施，延缆人才，国际交往，在马衡院长笔下都讲得十分详确。

一九五〇年四月七日（星五）。晴。俞星枢电话谓梁思成二时来御花园看工程。至时陪往。先看绛雪轩前之天棚，次及于养性斋前，再次看钦安殿两旁小屋。养性斋天棚柱脚已朽，钦安小屋不称，梁皆允拆除，独于绛雪轩天棚则主张保留，取舍标准各异，其说殊不可解。

一九五〇年九月十九日（初八日星二）。晴。马子云拓虢季子白盘全形，历时两月余，今始告成，远望如照相珂罗版，开铜器拓本之新纪元，可谓试验成功。下午正欲赴院，述勤来谈。晚陶北溟来，以汉《芗他君石祠堂记》拓本见赠，记约四百余字，字较《武梁祠画像》题榜尤小，完整无缺，画亦工细，诚汉石中之绝品也。

《日记》以浓墨重彩详述了“二希”（《中秋帖》《伯远帖》）回归的过程。

一九五一年十月廿五日（廿五日星四）。晴。冶秋询“中秋”、“伯远”两帖历史，谓郭昭俊押在香港外人处，本年十一月底即将押绝，郭无力赎取，拟请公家取赎。嘱致函郭沫若，请其设法。

这里第一次讲到“二希”，之后，马衡与王冶秋、徐森玉同赴广州、澳门、香港，完成了这一富于传奇色彩的国宝回归使命，

抗战南迁之文物当胜利后集中在南京，1950年1月返回故宫。下面一则日记写的是全院职工迎接文物自南京返院的情形。

廿六日（星四）。晨霜重雾大。晴。至院。景华见告，顷兆朋由津电告，八时半车自津开，十一时半可到，全院同人莫不兴奋。十一时与冶秋、景华、洪江同赴西车站，职工警皆已到齐。车来尚无确息，因就食堂午餐。车于一时抵和平门，越半小时始入站。共装十一车，卸至半数，余与邦华、冶秋等先返。五时首批到达九龙壁，共装四十六排车，约三百余箱，卸入院中，以备明晨入库。

第四，作者与许多政府要人、上层民主人士、文化界、博物馆、考古界、大学的知名人士有着密切的关系。与周恩来、傅作义、何思源、杭立武、陈叔通、马叙伦、郭沫若、张元济、裴文中、郑振铎、徐悲鸿、郑天挺、唐兰、王冶秋、徐森玉、张珩等人物之交往，均有详载。

第五，先生在北京大学时教授金石学和考古学，当担任故宫院长后则不再参与考古发掘。他从工作需要出发集中精力于铜器、石刻和古书画研究，对此日记中时有反映，从中可以见到他学问的日积月累和治学方法。

可以说在1949年前后的历史大变动中，社会和故宫所经历的各种事情、作者的见闻与思想都真实地记录在日记当中。它不仅使人们回忆起那个风云变幻的年代，而且将先生及其他前辈们的性格、事业和命运点点滴滴地显现出来了。《日记》引导人们从广阔的剧烈变动的社会环境中去了解马衡先生，去了解中国博物馆事业。

今年恭逢故宫博物院建院八十周年，郑欣淼院长建议整理出版马衡先生的遗文，《日记》为其中之一方面。《日记》手稿是行草书，无句逗，需要释读、录文、标点，还有必要添加一些注释，于是我和华宁同志承担了这项任务。我们还根据档案在书后附录中编入五项材料，它们是1948年至1951年这一时期《故宫博物院组织机构简表》《专门委员会名录》《日记所见故宫职工所在部门表》《故宫博物院宫殿平面图》以及《日记人名索引》。相信上述材料将有助于理解日记内容。郑珉中先生提供了不少帮助，冯贺军同志参与了很多工作，于此一并致谢。

五十年过去，今天对于故宫人，对于文博考古界的同仁来说，阅读这部质朴无华的日记时，会觉得虽远犹近，十分亲切，很有启示。

（2005年8月）

关于《马衡诗钞》

马衡先生留下诗钞共有八十七篇旧体诗。创作时间在抗日战争期间，是先生随文物南迁西运到四川时写的，抒亡国之恨、驱敌之志，雄阔悲壮。

其中描写文物南迁途中艰险困苦的篇章有《过七曲山》《剑阁道中》《出剑门关》《过明月峡》《入剑门关》等；与故宫同仁互勉慰问的有《自贵阳归重庆读士远九日绝句依韵和之》《邦华于役雅安，用其〈蜀江夜泊思家〉韵寄诗四首以代书简》；感时抒怀者有《即事》《怀故都兄弟叠前韵再寄五弟香港》《晓起怯寒独坐无俚，菘老以诗见示，次韵和之》《飞机延期得与季明会于渝州，喜而赋此，仍用前韵，兼问李五起居》《对酒书怀》；怀念兄弟故友的诗有《怀故都兄弟叠前韵再寄五弟香港》《怀钱玄同》《次韵酬兼士、兼怀南北兄弟》《钱玄同挽词》《张善子挽词》《郭沫若五十初度诗以寿之》《寿杨遇夫（树达）六十兼贺得孙》《寿顾鼎梅七十》；贺战捷并赞抗日将士的有《次罗尤青（卓英）将军上高会战奏捷韵》《挽张荩忱（自忠）将军》《欣闻日本投降》。先生诗中还有一类为考古论史、切磋学术者，其中如《论鉴别考证之难，次韵答尹默兼简豫卿》（关于唐欧阳询书《化度寺邕禅师塔铭》拓本）、《过七曲山，在梓潼》（录摩崖佛像题记）、《五用“寺”字韵答尹默》（关于古今字义嬗变）、《题唐玄宗告紫盖洞铜简墨本》《题晋宁新出古碑》等。

故宫博物院图书馆保存一份《诗钞》稿本，行草书廿九叶。写作时间是1938年至1944年，计七十七篇。近时见到另一份后来的抄本，写作时间为1938年至1945年。抄本中有十篇是1945年写的，故未见于稿本。稿本中也有五篇，未收入抄本。两本在篇目、文字上互有出入。

本书收的是据稿本做的录文，并附上抄本上的添注和多出的十篇诗。

再说抄本。抄本共四十五叶，末有沈尹默先生于1946年5月2日题跋一段如下：

叔平四兄能为诗而不常为。违难入川，感时兴怀，遂斐然有作。其间与亲故往还之什尤款款见至性。今将东归，写成一册，以余为解诗者属为评点，此事非所敢承。昔欧公与梅宛陵交谊至厚，相知至深，欧每称许梅诗乃不如其意。是以知评诗之难也。读竟率题。尹默。三十五年五月二日。

往岁属和《桃花劫》，竟未能报命，愧对愧对。

沈尹默与马衡笃交。抄本是马衡从四川东归前夕写出，赠尹默并希望得到评点。抄本上仍有涂改，还有的将取舍不定的两句诗并列摆出，（如《集老杜句再用前韵答兼士》），其求教诚意可见。跋中引了欧阳修与梅尧臣的故事。

跋言“叔平四兄能为诗而不常为”，此说确实。在马衡日记中极少谈及作诗，尽管应酬频繁。除了这份抗战诗抄之外，整理遗文时也罕见其他诗稿。由此，诗抄之价值不言自明。

诗抄是首次发表。

编入本书附录的马衡先生的讲演稿《抗日战争期间故宫文物之保管》概述了南迁经历，为《诗钞》提供了时代背景。

（《马衡日记——一九四九年前后的故宫》，紫禁城出版社，2005年）

追思凡将斋

马衡先生1933年任故宫博物院院长，至1952年离开这一职位，1955年去世，至今已过去五十年了。

1962年秋中华书局请傅振伦先生整理马先生遗著，三年后成书，名为《凡将斋金石丛稿》。凡将斋乃先生的室名，《汉书·艺文志》记汉代解释文字的字书有《凡将篇》："武帝时，司马相如作凡将篇，无复字。"后来我在故宫碑帖库房工作，看到先生捐献的碑志、吉金拓本上有不少题跋为丛稿未收。于是与张铭心等同事一起陆续抄录，计五十八篇。此即近时于《故宫学刊》创刊号上发表的《凡将斋金石题跋》。重温前贤遗文，深感其学问的真确可信，历久弥新。凡德业以益人者，人不能忘之。

一、碑帖收藏与捐献

马衡（1881—1955），字叔平，浙江鄞县人。清光绪七年五月二十四日（6月20日）生，1955年3月26日卒于北京。马先生肄业于南洋公学，1922年任北京大学国学门考古学研究室主任兼导师，并在历史系讲授中国金石学。1925年故宫博物院成立，他受聘为古物点查委员会委员，1929年任古物馆副馆长，1933年任院长。1952年，他辞去院长一职，专任北京文物整理委员会主任委员。

马衡毕生致力于金石学的研究，在方法上继承了清代乾嘉学派训诂考据的传统。同时注重对出土文物的现场考察。他曾于1930年主持燕下都遗址的考古发掘。于中国考古学由金石考证到田野发掘的过渡有推进之功。因而被誉为"中国近代考古学的前驱"。抗日战争爆发之际，将故宫珍藏的重要古物辗转运往西南地区，为保护历史文物做出了可贵的贡献。马衡在学术上的主要成就是：扩大了金石学的研究范围，并对宋元以来的金石研究成果进行了比较系统的总结；从文字的演变和有关铭刻的对比，论定石鼓文是东周时期秦国的刻石；根据对新莽嘉量的实际测量，推定王莽时期以至汉唐间的尺度；率队调查洛阳太学遗址，对汉魏石经资料作了收集、整理和全面研究。著作有《汉石经集存》（1957）、《凡将斋金石丛稿》（1977）等。

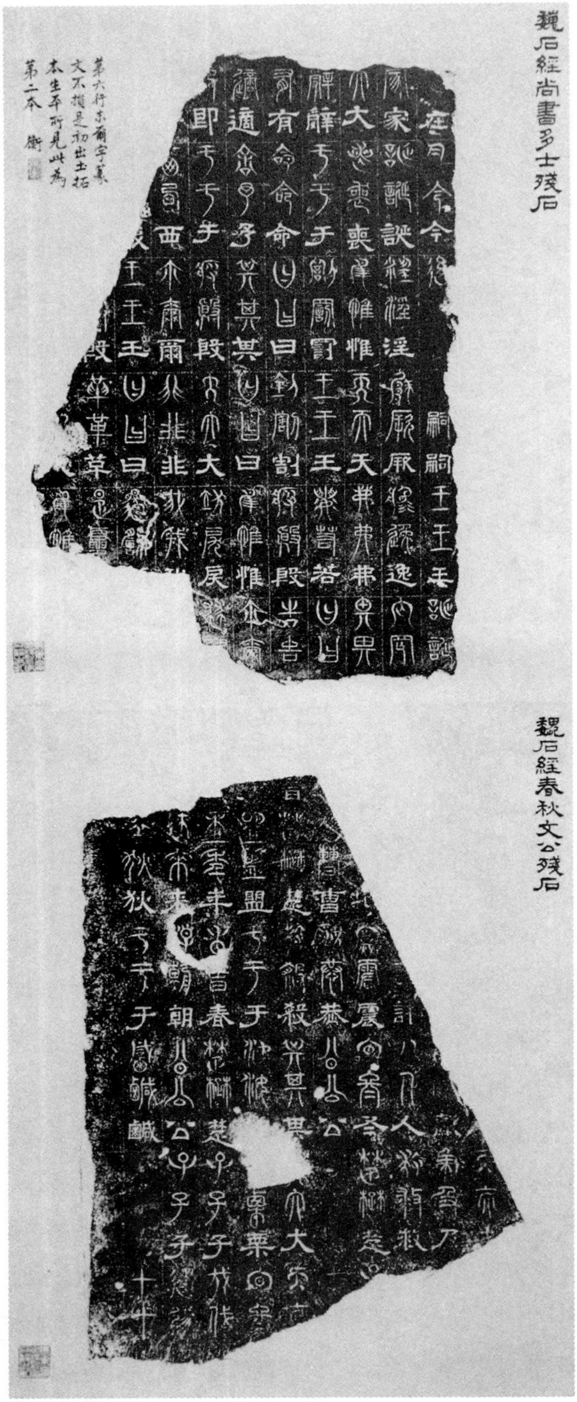

图1：魏正始石经残石拓本（马衡旧藏）

马先生毕生搜集石刻拓本九千余件，其中以清代与民国年间出土和发现的墓志、碑版、造像、石经为主。1955年先生去世之后，家人遵嘱将其悉数捐献故宫博物院。

这部分拓本有着极高的价值，仅举两例说明。

（一）自1922年起洛阳朱圪档村（汉代太学遗址）居民陆续掘得汉熹平石经和魏正始石经的残石。少数有成段文字，多数只有几个字。马衡多次到当地询访、发掘、调查、传拓，得到大量资料。在此基础上系统研究汉、魏两种石经的实际情况，从字体、经数、经本、行数、石数、书写及刻工人名等几方面都获得切实的认识。

至20世纪50年代初，先生完成了《汉石经集存》一书，收入近五百种残石拓本之影印件，并作编次、释文、校勘与论述。该书于1957年由科学出版社出版。先生关于魏石经之研究，见于《魏石经概述》《魏正始石经尚书多士及春秋文公残石跋》《石经词解》三篇文章，后来未及汇编成书。先生所得此两种石经残石的拓本，现都收藏于故宫（图1）。

（二）公元前六百多年，波斯国先知者琐罗亚斯德（Zoroaster）因波斯人拜火旧俗倡导善恶二原之说，言善神创造世界时先从无限光明引火，火生万物，善神清净而光明，恶魔污浊而黑暗，人宜弃恶就善，弃黑暗而趋光明。以火以光表示至善之神并崇拜之，故名拜火教，又称琐罗亚斯德教（Zoroastrianism或Parsism），信奉经典《阿维斯德》（Avesta），又称《波斯古经》。

我国古代曾有波斯和中亚人大量迁入定居，拜火教随之传入。史籍称为“火祆”“祆”和“胡天”。火祆教与摩尼教、景教被史家叫作“三夷教”，有许多研究。陈垣先生于1923年发表的《火祆教入中国考》便是著名一例。院藏北魏的墓志和造像碑当中，有一些与祆教有着密切关系，如：《冯邕妻元氏墓志》（522）、《元谧墓志》和石棺（524）、《元昭墓志》（524）、《元乂墓志》（526）、《侯刚墓志》（526）、《苟景墓志》（529）、《尔朱袭墓志》（529）、河南沁阳北朝墓围屏石床、《茹小策合邑一百人造像碑》（522）。

上述拓本中的大部分正是马先生在20世纪20至30年代搜集起来的。六七十年以后，笔者将它们的铭文和纹饰图像结合研究，才认识到它们与祆教相联系的那一层面。

二、碑帖库房的奠基人

故宫博物院在1925年成立，1955年开始建立文物专项库房，这是管理制度上的一项很大变化。铭拓库或称碑帖库即于此时创立。库房设在延禧宫东配楼下层（上层为法书库）（图2、图3）。一直到2003年，碑帖库迁入新建的地下库房，全部碑帖在延禧宫库房保存了半个世纪。

碑帖库内储藏宏富，品类全面，存世宋、明拓本的大部分聚集于此。碑帖总计两万六千多号。每一号可以是一幅墓志，也可以是一部包括十几册的刻帖，是一个独立的不可分的文物单位。原来清朝内府旧藏的碑帖（清内府镌刻者不在内）很少，可以说现藏95%的碑帖是在1925年故宫博物院成立后陆续征

图2：延禧宫和院内西洋式建筑水晶宫

图3：延禧宫东配楼，下为碑帖库，上为法书库

集入藏的。

院藏碑帖中，碑刻、墓志、石经（儒家刻经）、造像碑和造像题记、刻帖等这几类均可以自成系统。它们不仅数量多，而且包含了各个时期的重要的、有代表性的作品。这对于博物馆形成自己的藏品和陈列特色来说十分重要。对于科学研究来说也是十分重要的。故宫历经几十年逐渐建立起了这座古代刻石拓本的宝库，而著名考古学家和金石学家马衡先生便是宝库的奠基之

人。

碑帖库房内的排架是先分类别，后排时序。按碑刻（含古代刻石摩崖和儒经）、墓志、造像碑和题记、佛经、刻帖、画像石、金石集拓诸类，每类集中在若干柜子中。同一类内，再以刻石年代前后顺次排列。这样一个井然有序的管理方法是马衡先生提出来的，也是同他在《中国金石学概论》里讲的分类法相符合的。

当时担纲碑帖库房的是马子云先生（1903—1986）。他早先在琉璃厂庆云堂兼做传拓金石和鉴别碑帖、铜器之事。马衡先生赏识其才识与技术，于1947年邀其入故宫博物院就职， 也使马子云先生施展才能有了更广阔的天地。

建立起独立的、规范的碑帖库房，在20世纪50年代的博物馆和图书馆中可谓首屈一指。马院长聚沙成塔，惨淡经营，为此确立了良好的根基。五六十年代，一批著名的鉴藏家朱文钧（翼盦）、吴兆璜 、张伯英、张彦生等相继将珍护多年的碑帖善本转归故宫。他们是马衡先生的同事或金石同好。其中朱文钧先生旧藏宋、明拓本尤多，最为著名。

三、革新金石学的思想与实践

清代末年，殷墟甲骨、流沙坠简和敦煌遗书相继发现，唤起了人们对遗址考古的重视。一些外国学者来到中国探险与考古，带来了考古学的方法技术。

20世纪20年代初期，马衡先生在北京大学讲授金石学课（图4）。那时候中外代表团的地质勘测和史前人类遗址发掘刚刚开展起来。

瑞典地质学家、考古学家安特生（J.G.Andersson）于1914年被聘为我国农商部矿业顾问后，与中国地质调查所所长丁文江商议中瑞两国合作采集中国脊椎动物化石，在中国各地进行考古活动。1918年安氏发现周口店中国猿人遗址和仰韶村遗址。1921年，他与袁复礼、日詹斯基（O.Zdansky）在仰韶村开掘，同年发掘锦西县沙锅屯。1922年他与日詹斯基、潭锡畴等赴山东蒙阴，发现中生代恐龙化石，到甘肃庆阳探掘脊椎动物化石，去渑池仰韶村、万召寨、秦王寨等地调查和采集新石器时代遗物。

受到这些活动的启发，马先生不再满足于只在书斋里研究古物了。他积极主动地对古迹做考古发掘，并身体力行之。1923年8月河南新郑县城民居凿

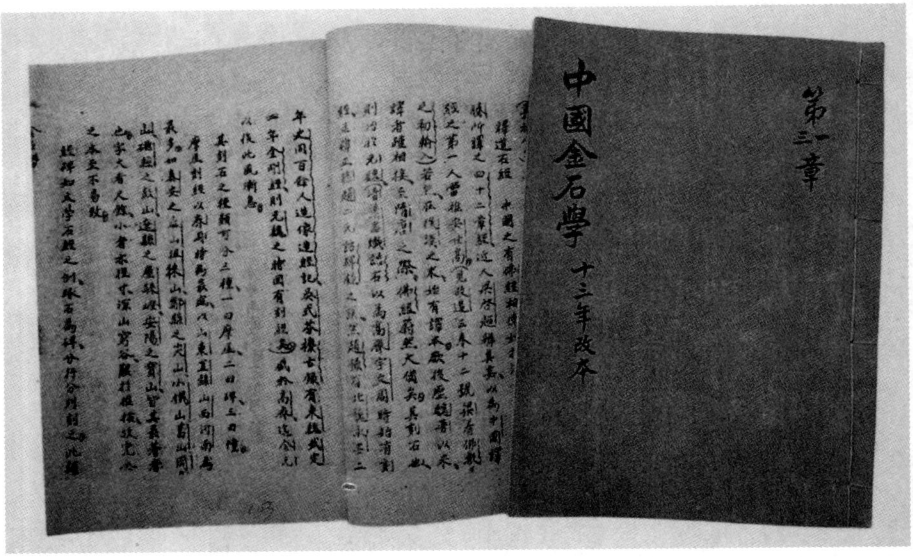

图4：《中国金石学》马衡著

井掘出大量青铜器。闻此讯，马衡即赶到新郑调查记录，后结论为东周时期郑国墓。翌年，他率团前往洛阳考察汉魏石经遗址并发掘石经残石。之后，写出《从实践上窥见汉石经之一斑》等文，最终结集成《汉石经集存》的专著。

马先生在讲课讲义《中国金石学概论》中对“金石”、“金石学”和“中国金石学”三个概念做了如下阐释：“金石者，往古人类之遗文，或一切有意识之作品，赖金石或其他物质以直接流传至于今日者，皆是也。以此种材料作客观的研究以贡献于史学者，谓之金石学。古代人类所遗留之材料，凡与中国史有关者，谓之中国金石学。”

什么是“有意识之作品”？先生又解释道：“凡甲骨刻辞、彝器款识、碑版铭志及一切金石、竹木、砖瓦等之有文字者，皆遗文也。其虽无文而可予吾人以真确之印象者，如手写或雕刻之图画，明器中之人物模型及一切凡具形制之器物等，皆有意识之作品也。”

我们看到，先生已将以往金石学所研究的对象——铜器与石刻改变为包括金石和其他各类物质制作的遗文、图画和器物三个方面，而且归纳为属于人类有意识之作品。这里显然把传统金石学的范围扩大了，并做了明确的界定。

关于“金石学”，他强调了“以此种材料作客观之研究”。何谓“客观”？可以拿他《新郑古物出土调查记》里所言来说明：“窃以为古物既然偶然发现，当于发现之地，集合专家，作有计划之发掘。虽破铜、烂铁、残砖、断壁，亦必记其方位，纤悉靡遗。如此，则一、地点不致谬误，可借以知为古代之某时某地；二、器物之种类、数量、方位不致混淆，可以明各器物之关系及其时之风俗制度；三、建筑物不致有意毁坏，可以觇其时之工艺美术；凡此种种，胥于学术上有所贡献。其价值视寻常无意识之发现，为何如耶？”

马先生关于“中国金石学”的解释，不只是一个简单的推理，还含有这样的意思：中国金石学利用之材料不局限于国内的材料，凡古代人类所遗留的材料都应注意。他有着世界历史的眼界。

由上所述，不难窥到马先生锐意用近代考古学的理论来解说金石学并扩展其内容，又用考古学的方法与技术来改进金石学的原来的方法。

1965年出版的《凡将斋金石丛稿》内《中国金石学概要》一文是不完全的，内缺四章。傅振伦先生在整理检点先生全部遗著时就未能找到。这四章是：

第二章 金石学与史学关系

第六章 前人著录金石之书籍及其考证之得失

第七章 今后研究之方法

一、实验 二、鉴别 三、整理 四、考订 五、阐明

第八章 材料处置之方法

一、搜集 二、保存 三、流传

从标题看，这几章着重讲的是金石学的研究方法和处理材料的方法。若能找到全稿重新印行出版，必将显出作者独到的见识和作者的科学思想，予我们实际工作大有裨益。

后来我曾拜访过马先生之子马彦祥先生，又向各图书馆和多位前辈询问过，但都没有结果，至今引为遗憾而俟将来。

中国一百余年来经历着一个大变动的时代，志士仁人，前赴后继，打破旧制度，创建新世界。马衡先生的一生适当其时，天降大任于斯人也。作为金石学家、考古学家和故宫博物院院长在保护古代遗产和建设近代学术两个方面，他都有着卓越建树，并兼而有之，载入史册。这是值得人们深切追思的。

（《故宫博物院院刊》，2005年第2期）

朱翼盦先生的碑帖收藏
——《欧斋石墨题跋》前言

一

故宫博物院举办朱翼盦先生（图1）旧藏碑帖展览有几次了。当然，那都是在拨乱反正，人们重新认识历史和历史文化遗产之后的事情。

对于古代石刻研究的风气，兴起于宋。对于拓本的品鉴比勘，至清代乾嘉时尤炽。在那时，评骘碑帖形成了一套方法和标准，为许多人懂得，广搜博罗，校订同异。嘉庆元年（1796）七月，翁方纲在汉延熹《华山庙碑》（长垣本）后题跋说："延熹华岳庙碑世所流传烜赫之三本，予皆摹藏之。四明本仅得双钩本耳。长垣本最完而用墨过重，不无稍掩书痕之憾。惟山史本纸墨调匀，古色盎然，虽损失较多而神理最厚，前人题识亦最富，洵名迹也。安得此三本合校而勒之石耶？"这里，翁方纲对几本华山碑拓加以比较，表明衡量优劣有四点：一是存字多少，二是拓工精粗，三是纸墨新旧，四是有无前人题识。由此可知鉴赏之一斑。

什么样的拓本是善本，是一个复杂的问题。概括来讲，善本应当是指那些存世已少的，有很高文化价值的，传拓时代早的原石拓本。这里包括了四个标准：必是从原碑和原帖上拓下来的；在同一种碑帖的拓本中应是很早的拓本，已是稀有之物；具有重要的历史文化价值。此外还可以结合题跋、印鉴等条件综合考虑。

图1：朱翼盦（欧斋）画像

从主要方面来说，欧斋藏碑有三个特点。第一，名碑名帖为多。如两汉碑刻近七十种，当时所见几乎全部收入。唐代碑志数量最多，虞世南、欧阳询、褚遂良、欧阳通、王知敬、李邕、史惟则、苏灵芝、李阳冰、张从申、颜真卿、徐浩、柳公权等名家存世碑版皆囊括其中。第二，善本精拓为多。宋拓二十余种，元拓四种，明拓四十余种，含英咀华，孙承泽难以比肩。第三，有鉴家、学者题识为多。如元拓《石鼓文》，孙克弘故物，附周伯温临《石鼓文》墨迹，翁方纲、吴云、张祖翼、杨守敬等题识。

二

朱氏《欧斋碑帖目录》原稿的体例是这样的：按拓本装裱形式分为册装的碑和帖、裱轴及单张的拓片四个部分。每一部分中依刻碑的时间先后顺序排列，帖一部分则依刻帖的时间先后顺序排列，每一种碑先写碑名并标出刻碑年代，再注明拓本的时代，书家、早先的收藏者，并附题跋者、署签者姓氏，最后说明计件（册、轴、张）数量。对一些重要的跋文，还照录于后。这种体例同众多的石刻著录以统一按时间为序不同，而与欧斋当初庋藏的实际情况是相符的。因为册、轴和拓片分开存放在不同的柜架上，结果就分别造出几个目录来。一目在手，取用方便。

这样的目录是为自己和同好者用的，简明扼要。注明传拓时间和旧藏情况，反映出编者的鉴识，至关重要。摘录前人题跋是为了阅读方便，足见编者善于借鉴，勤于钻研。自王兰泉编定《金石萃编》，革新体例，金石学家奉为圭臬。《欧斋碑帖目录》则是与其不同的私家收藏目录。

三

以校碑来区别拓本早晚的方法是比较合理而有效的。此法要点有三：一是同一碑的早拓本保存字多，晚拓本保存字少。二是某些字在早拓本中尚且完好而晚拓本已经损泐。三是晚拓本与早拓本比较，往往出现了石花和裂纹，时间越晚越严重，有的损及文字，有的在字里行间。

早拓本比晚拓本多存的字或完好的字，晚拓本比早拓本多出现的或者后来逐渐扩大的石花和裂纹，这两方面人们通常称作考据（或考据学）。这个"考据"的含义即是借以考察拓本时代的根据。对于不少碑拓，人们在鉴别其时代早晚时已经发现了一系列的考据，分别可以作为不同时代的标志。这些考据构成了一个考据序列，记下了碑石面貌的历史变化，就像考古发掘中层位的叠压顺序反映出遗址的历史变迁一样。将考据和文字书法面貌、墨色、纸质、题跋、印鉴、装裱等项结合研究，使碑帖版本的鉴定趋于细致、条理和科学。

显然，校碑的方法与考据的确定是以占有同一种碑的多件不同时期的拓本为基础的。拓本多，观察细，分析合理，方能发现考据，建立起考据的序列。此其一。宋、元、明拓的鉴别，有赖于相应时代的考据之掌握，而早期的考据只有从古拓本上才能发现。因此，搜集明以前的古拓本对于将考据序列向上推进来说就非常重要。此其二。碑帖的面貌与历史变化借拓本得以再现和保存下来，而与捶拓技术高低关系密切。拓工精良（包括纸、墨适宜）能够准确、清晰、完全地表现碑帖真实面目，拓工粗劣（模糊、走形、失拓）则不能。故欲认真识读、研究碑帖者必依靠精拓本。这一点，人们往往忽视。此其三。

应当说，上述三点是真正的碑帖鉴藏家必然注意到的，而欧斋主人适称典范。正因如此，其题跋多见卓识，发前人未发之覆。兹举三例。

（一）司隶校尉鲁峻碑：

《校碑随笔》指出旧拓最早的考据是："第十二行'宣尼'二字、第十六行'遐迩'二字，皆未损。""若'遐迩''迩'字末笔完好则第十五行'允文允武''武'字可见。"欧斋收此碑两种，一是明拓"武"字不损本。另一本是丁彦臣同治庚午所得并跋本。后者"宣尼""遐迩"等字完好，而且较洪适《隶释》还多第十一行"汝南干商"之"商"字，第十六行"当迁绲职"之"迁"字尚存，故为北宋拓。

（二）卫景武公李靖碑：

清末方若《校碑随笔》讲：十二行"断鳌"二字未损，十一行"鼋鼍"二字未损是明拓早期考据。欧斋先获一明拓，江西刘柊盦旧物，十年后寻得另一本："此本为程穆倩旧藏，纸墨毡蜡俱极精古。碑中后半'追踪昭伯腾映前猷'之'猷'字，起首一点，余所见明拓本无不损者，此独完好，为此本打本在前之证。"（1932年跋）"碑中'王'字已凿损，是金海陵以后所拓，犹在宋末元初。"（1930年跋）元拓"猷"字本是欧斋首先发现的。又20世纪60年代以后，马子云先生认为：朱翼盦旧藏元明间拓本，为现时所见此碑拓本之冠，较中晚期明拓"断鳌"未损本尚多六十余字。

（三）太仆卿元公夫人姬氏合志，欧斋1920年跋云：

是志习见者，往往锋棱四射，笔画光洁，人咸以为初拓，实则归武进陆氏后搜剔成之，不足贵也。此本尚是陕拓，虽纸与墨均不及陆氏之佳而有一种浑朴之气，未经洗凿犹不失本来面目。世有知者盖不以彼易此矣。

上述（一）（二）两例讲的是发现宋拓的考据，（三）则讲对碑之洗凿前后面貌变化的区别，足见欧斋鉴碑之精审。

四

古碑拓数以万计，各有历史文献价值，又有书法艺术价值。自宋代至清初，学者研究石刻大都为羽翼经史而考证文字内容，至于偶有谈及书法，则简单而不细致，零散而乏条理，对于历代碑刻的书法给予历史观照，前后联系，探究字体沿革，书势演变，这样的研究路子到清初可见端倪，尔后越走越宽。

郭宗昌《金石史》（顺治九年，1652年以后刊印）、钱泳《履园丛话·书学》（作者卒于道光廿四年，1884）、杨守敬《激素飞清阁评碑记、评帖记》（同治七年，1868）、刘熙载《艺概·书概》（同治十二年，1873）、康有为《广艺舟双楫》（清末）等等著作，都是这方面获得的成果，颇有影响。

这些著述中论及许多碑志，尽管评价见仁见智，但由于学者的看重、赏析使其书艺得到肯定，渐渐成为人们心中之名碑，也成为欣赏者和收藏家追求之目标。

清代后期，碑帖搜集蔚然成风。我们注意到，杨守敬《评碑记》所举碑二百八十八种 ，欧斋几乎全部收入。康氏《广艺舟双楫》推荐的搜集碑目（汉晋至隋）二百七十种欧斋基本上也收入了。康氏是“尊魏卑唐”的，但欧斋的唐碑尤为丰富精彩，其观念显然相左。由此，我们可以认识到欧斋鉴藏碑帖的学术渊源和审美取向。

注释：

1.方若《校碑随笔》西泠印社聚珍本，1914年。

2.马子云、施安昌《碑帖鉴定》，广西师范大学出版社，1993年，第265页。

3.同注释1.

4.《杨守敬集》第八册，湖北人民出版社、湖北教育出版社，1995年，第515页。《评碑记评帖记》最早由日本读书会刊印发行。

5.《历代书法论文集》，上海书画出版社，1979年，第748页。

（《欧斋石墨题跋》前言，紫禁城出版社，2005年）

读《欧斋石墨题跋》

朱文钧先生（1882—1937），字幼平，号翼盦，室名欧斋，毕业于北京实业学堂，留学牛津大学读经济学，后供职于民国财政部。为故宫聘为专门委员，负责鉴定书画碑帖，有力收罗碑帖古籍精善之本。

欧斋藏碑的特色有这样三个方面：第一，名碑名帖为多，如两汉碑刻近七十种，当时所能见到的几乎全部收入。唐代碑版数量最多，虞世南、欧阳询、褚遂良、欧阳通、王知敬、李邕、史惟则、苏灵芝、李阳冰、张从申、颜真卿、徐浩、柳公权等名家存世碑拓皆囊括其中。第二，善本精拓为多，宋拓二十余种，元拓四种，明拓四十余种，含英咀华，孙承泽难以比肩。第三，有鉴家、学者题识为多。如元拓《石鼓文》，孙克弘故物，附周伯温临写石鼓文墨迹，翁方纲、吴云、张祖翼、杨守敬等题识。

朱先生在拓本上留下不少考订详明，文笔优雅，书写工秀的跋文，内容或以碑证史，发前人所未发；或评赏书艺，言笔法之承传；或辨析版本早晚优劣，或记述拓本流传经过；旁征博引，论辩精湛。目录与题跋对于藏品，做到了平实的叙述，理性的阐释。

当他去世后半个世纪，经哲嗣整理誊录编成书稿，1990年由书目文献出版社印行，启功先生题为《欧斋石墨题跋》，并由启功、谢国桢先生撰序。2005年紫禁城出版社增图再版，成上下两册。

我开始接触到这本书在1980年，即抄本的复印件，书内还没有序和朱氏昆仲后记，书是启功先生送给书画组学习用的。以前我经常阅读的是《金石萃编》（王昶著）、《八琼室金石补正》（陆增祥著）、《善本碑帖录》（张彦生著）等。在读了《欧斋石墨题跋》后就觉得很不一样。除了上面谈到的内容以外，还有如下印象：作者善于将观察和触摸拓本的敏锐感觉描述出来，此其一；在叙述碑帖的同时，把自己相关的生活经历和思想变化一起说出，使人阅读时别有一种亲切与感染，此其二；再者，作者频繁地对同种碑帖屡屡书跋，让人看到他关注与思考的持久和深细，此其三。这三点是欧斋题跋与其他著作不同的地方，或者说在前人碑跋中少见，在欧斋则几乎成为风格，增加了文章的分量。

下边，结合北宋拓《九成宫醴泉铭》的一段跋文来体会。

《九成宫醴泉铭》贞观六年（632）。欧阳询书。北宋初拓本。明库装。库装本《醴泉铭》，北宋初拓本，予平生所见第一。是本初藏故内，清末帝逊国后，以禁城内前三殿予国人。交接之际，凡所储图籍碑版散失颇多。据地安门市肆估人云，同时鬻于市者，有库装本《宋拓皇甫君碑》及王铎书签《宋拓集王圣教序记》，并此碑而三，皆为品古斋郑姓以贱价得之，郑旋转鬻于厂肆。《皇甫君碑》已入东瀛，《圣教》不知流转何所，是碑由庆云堂曹姓以五百金售诸京师人韩麟阁，乃灵石何景齐为之撮合。当时厂肆业碑版者，皆不识此碑之为《醴泉》初拓，惟何景齐识之。予与景齐素稔，固好古而具眼者也。岁壬申秋，是碑由韩氏再出，经津贾方雨楼复鬻于庆云堂张彦生，彦生持以视予，予三十年来颇蓄汉唐碑版，惟《醴泉》仅一明拓未凿本，求一宋拓稍佳者不可得，忽睹此本，洞心骇目，几疑梦寐。张以重价要予,磋商累日，时予贫甚，不得已乃斥卖藏画，并称贷以予之，乃克成交，此予得碑之始末也。碑之入故内，不知何时，惟有清三百年相与终始，迄未有知之者，直至鼎移社屋，乃与尘秽凌杂粪除以出，落市人之手，抑何其不幸也!然故殿尘封，人迹罕至，非如《石渠宝笈》典守有人，其未经曝晾拂拭者，盖不知几何年，而通体纸墨完洁，如未触手，略无鼠啮虫伤之迹，神物有鬼神呵护，其信然耶?且古迹流传失所，遇庸妄人加以涂抹，钤以劣印，缀以恶札者，往往而是，徒令后之见者咨嗟太息，惜其所遭，虽有佳工不可复改，而此则皆无之，又何其幸也!予生也晚，不获与前辈士大夫周旋，所觏佳本不多，然见闻所及，亦不下十数本，盖未有如此本之早者。如碑中“重译来王”之“重”字，自来传本皆泐其右上角，乾隆间梁溪秦氏本最为烜赫，据其摹本此字亦损，今此“重”字独完。又“南逾丹徼”之“丹”字，横画右出住笔处有石花横拖而下，后乃与横画并为一笔，遂觉长而逾制。又“萦带紫房”之“紫”字乚画，凡所见宋本，皆高出“此”头之中长竖半分许，今此本“紫”字乚画与中长竖笔适平，高出者乃是泐痕，其分界处犹甚分明。此实前贤所未发，盖亦前贤所未见者也。若非宋拓之绝早者，乌能有此?此外，如“长廊四起”之“四”字犹存，“栉风沐雨”之“栉”字俱在，“得礼之宜”之“宜”字末画有分法，“上帝玄符”之“帝”字无泐痕，“绝后承前”之“承”字，向多聚讼，此则匡廓甚明，且中画勾笔，右出波笔，皆显然可见，其亦可以息众喙矣。至其结构峻整，神气浑融，无丝毫婉媚之态，足见率更本色。

翼盦先生为此碑书跋先后多次,此段写于1934年（癸酉）7月5日，时年五十二岁。全文可分为两层，第一层到“又何其幸也”，讲获得库装本经过。得碑在“壬申秋”，即1933年，社会鼎革之世，文物聚散无常。这里对拓本初见状况写得真切，对它们在“故殿尘封”和“流传失所”两种不同境遇，都讲得细致，若非亲历亲见而深知者难有此言。

第二层到“足见率更本色”。指出判断北宋拓的考据，有“重”、“丹”、“紫”、“四”、“栉”、“宜”、“帝”、“承”八个字。其中“重”、“四”、“栉”、“承”四字之前已为鉴家所知，“丹”、“紫”、“宜”三字则“实前贤所未发，盖亦前贤所未见也”。而且后来出现的《醴泉铭》宋拓本仍未见有符合三字考据的。这件事早已引起业内的重视与思索。事实上，同种碑帖的宋元拓本远比清代拓本要少，凭借稀少材料来检测碑石损泐变化的轨迹，有时会发觉中间的缺环，然而这恰恰是引起新的资料观察和验证方法的启迪。此合乎科学史上的通义，也是这件拓本的又一层重要价值。

今值故宫博物院举办萧山朱氏捐赠碑帖特展（第三次），又朱家溍先生百年诞辰，我想应当写一点关于欧斋题跋的心得。朱翼盦先生是一位古物收藏和学术研究兼备令人敬仰的学者，所留下的文化遗产已长久为世人心慕而乐道。

（《欧斋墨缘——故宫藏萧山朱氏碑帖特辑》代序，故宫出版社，2014年）

小蓬莱阁与欧斋

一

黄易（1744—1802），字秋盦，号小松，斋名小蓬莱阁，钱塘人，官运河同知，平生擅书画篆刻，精研金石文字。作为乾嘉时期有影响的金石考古家，访拓、收藏的金石拓本甚巨。[1]有意思的是，一个多世纪之后，黄易的一部分拓本陆续被碑帖鉴藏家朱文钧购藏。朱文钧（1882—1937），字幼平，号翼盦，室名欧斋，毕业于北京实业学堂，留学牛津大学读经济学，后供职于民国财政部。为故宫聘为专门委员，负责鉴定书画碑帖，有力收罗碑帖古籍精善之本。[2]

黄易所收碑帖其中有二十件后来曾转入欧斋，然后于20世纪50年代捐献于故宫。今故宫博物院藏有黄易旧藏的碑拓约八十件。

二

这二十件拓本的刻石年代集中于汉魏间，按时间先后编次如下（图1）：

（一）《颍川太守等题名》，延光四年（125），在嵩山，为太室石阙上的部分铭文，黄易访拓后引起注意。

（二）《敦煌太守裴岑纪功碑》，永和二年（137），在甘肃巴里坤镇西

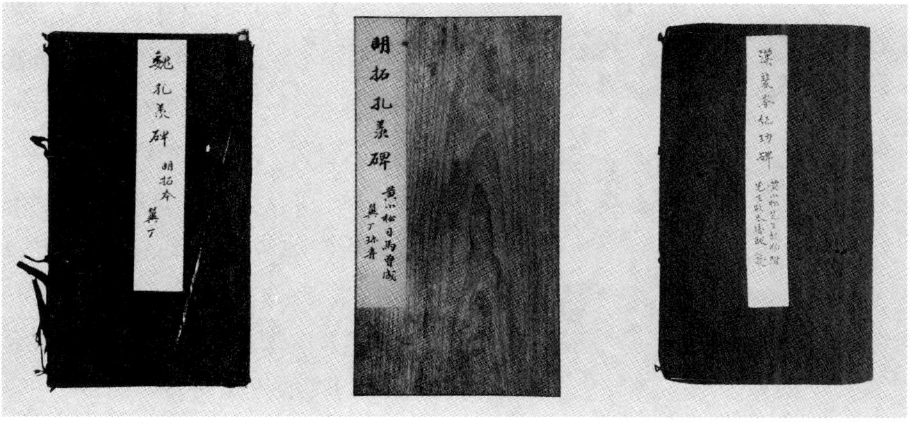

图1：欧斋的黄易旧藏三种拓本

府北关关忠义庙，有三份拓本，其清晰程度与所拓时间不同。乾隆年间拓出，都有小松题识。

（三）武梁祠堂画像题字，按武氏祠纪年为东汉建和元年（147）。此汇集画像题字装成手卷，纵22.5厘米，横1932.5厘米。乾隆五十一年（1786）黄易访得武梁祠后拓之。

（四）《李孟初神祠碑》，东汉永兴二年（154），位于河南南阳府，乾隆年间出土后拓得。

（五）《孔谦墓碑》，东汉永兴二年（154），在曲阜孔庙，孔谦是孔子第二十世孙。

图2：黄易书联

（六）《成阳灵台碑》，东汉建宁五年（172），原石在山东濮州，早佚，此为重刻本。

（七）《堂溪典嵩高山请雨铭》，东汉熹平四年（175），在嵩山开母庙石阙上。乾隆四十九年（1784）拓本。

（八）石人冠顶刻字，仅隶书“马”字，石人在嵩山中岳庙前。

（九）《朱龟碑》，东汉中平二年（185），原石在江南亳州，早佚，此为重刻本。朱龟为汉幽州刺史。

（十）《尉氏令郑季宣碑》，东汉中平三年（186），在济宁州儒学戟门下，乾隆五十一年（1786）升碑后初拓本，今石藏济宁博物馆汉碑室。

（十一）《小黄门谯敏碑》，东汉中平四年（187），原石在直隶枣强县，早佚，此为重刻本。该拓和《成阳灵台碑》《朱龟碑》均是武功张玉树（荫堂）购得赠黄易的。

（十二）《故凉州刺史魏元丕

碑》，东汉光和四年（181），原石在山东莱州，早佚，此为宋拓本。世称孤本。

（十三）《上尊号碑》，三国魏黄初元年（220），在河南临颍县曹魏故城，乾隆四十七年（1782）得拓本。

（十四）《受禅表》，三国魏黄初元年（220），在河南临颍县曹魏故城，明拓本。

（十五）《孔羡碑》，三国黄初二年（221），在曲阜孔庙，明拓本，有宋嘉祐七年张稚圭题字。孔羡是孔子二十一世孙。

（十六）《范式碑》，三国魏青龙三年（235）原石在山东济宁，宋拓本，乾隆四十八年（1783）山东历在王古愚购得赠黄易。

（十七）《鲁相谒孔庙残碑》，首行曰“命□□兴”，碑文未见年月，石在曲阜孔庙，乾隆五十四年（1789）何梦华洗碑拓寄黄易。

（十八）唐李阳冰篆书“听松”二字，石在无锡惠山寺，清雍正年间拓。

上述碑拓中《裴岑纪功碑》有相同的三件拓本，故共计二十件。《魏元丕碑》《范式碑》《成阳灵台碑》《朱龟碑》《谯敏碑》为宋拓，或出原石或后代重刻，称“汉魏五碑”，是名品。二十件上都有黄易藏印，有的还有题识，既是精拓善本，又是来源可信，此正与欧斋的入藏标准相合，于是形成了再次聚藏。

三

黄易当初搜集拓本有三个途径：一是遣工拓取，包括历次访碑沿途所拓，平时命工拓获；二是出资购得；三是友朋馈赠，旧藏中大凡宋明拓本和稀见本，为友朋僚属相赠者居多。（图2）

这里举黄易获《范式碑》等五件宋拓本和他的金石友得到《范式碑》原石为例。

《庐江太守范式碑》，三国魏青龙三年（235）刻，隶书。碑在济宁。宋代洪适《隶释》著录碑文。碑石久佚，拓本亦无闻。至乾隆年间两者先后复出。先是乾隆四十一年（1776）胶州崔儒眎（墨云）得到碑额于济宁龙门坊水口。四十八年（1783）黄易获得泰安赵相国藏宋拓本。至五十四年（1789）李东琪（铁桥）自州学再得碑石上半截并有碑阳、碑阴。《范式碑》的宋拓和原石一时间纷纷发现，成为乾隆时金石学一段佳话。

黄小松所藏的宋拓本，今在故宫博物院保存完好。内有翁方纲、黄易、李东琪、张埙等金石家的题识。下录当事人李东琪、黄易两则题跋，以证史事。

李东琪跋：

乾隆己酉（1789）暮春，琪督工拓碑于州学。适步棂星门西，见壁根片石甚古，讶为汉物。拂拭之，隐隐有隶书数人名。急掘洗之，乃《范式碑》也，不禁狂喜。遂移与先得之额并列焉。李东琪铁桥记，钱唐黄易助立。三碑赠易，晴窗展封，与范、魏二碑装池同出一手，修短悉符，延津剑合，不胜狂喜，因共为一函题曰“汉魏五碑”。案：元天历间幽州梁有九思奉敕历山东、河北拓金石文字三万通汇进，类其副二百卷题《文海英澜》。此碑有元内府“都省书画之印”“济南府印”，或即九思所进未可知也。李嗣真以此碑为蔡中郎书。吴念湖以郑氏（通志）所载：一《庐江太守范式碑》，注云：蔡邕书，济州。一魏《范式碑》，注云有碑阴，青龙三年。是范式实有汉魏两碑。李嗣真所指乃蔡邕一碑也。此碑洪释五百二十七字。宋拓本只存三百四十八字。原石久失，崔墨云初得碑额，李铁桥继得断碑有碑阴，俱立于济宁学宫戟门下。宋拓本较新出断碑多一百八十余字，实海内稀有之迹。亟双钩付梓以公同好。乾隆己酉十一月钱唐黄易识于济宁官舍。（己酉是乾隆五十四年，1789）

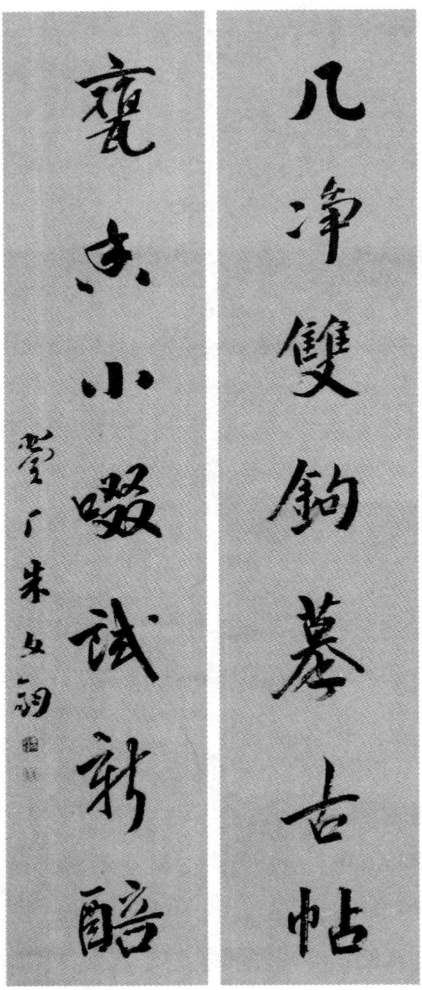
图3：朱翼盦书联

这件事在黄易《小蓬莱阁金石文

字》和《小蓬莱阁金石目》（尚存稿本）中都有记载。

上述二十件拓本中，宋明拓本之外的清代前期碑拓，都是黄易和他的朋友访得或者发掘碑石之后及时拓得的，即是当时得到的新的石刻资料。

可以看出黄氏于石刻研究有这样的特点：对拓本研究与实地调查并重，着力考查记录石刻现存的情况，并在题跋、访碑日记、金石目录和所绘访碑图中如实记下，故真实可靠。有鉴于此，当时金石学家撰文编书时往往采引为据。

四

欧斋藏碑的特色有这样三个方面：第一，名碑名帖为多，如两汉碑刻近七十种，当时所能见到的几乎全部收入。唐代碑版数量最多，虞世南、欧阳询、褚遂良、欧阳通、王知敬、李邕、史惟则、苏灵芝、李阳冰、张从申、颜真卿、徐浩、柳公权等名家存世碑拓皆囊括其中。第二，善本精拓为多，宋拓二十余种，元拓四种，明拓四十余种，含英咀华，孙承泽难以比肩。第三，有鉴家、学者题识为多。如元拓《石鼓文》，孙克弘故物，附周伯温临写《石鼓文》墨迹，翁方纲、吴云、张祖翼、杨守敬等题识。（图3）

在以碑证史，评论书法的同时，欧斋主人十分重视碑帖版本的早晚优劣，同时也注意了解其流传经历，这是他研究碑帖的特点。

朱翼盦先生在拓本后面留下了不少考订精详，多有新解的跋文，皆书写工秀，一丝不苟。后来哲嗣朱家济、家谦、家溍整理誊录之后在1990年由书目文献出版社印行，题为《欧斋石墨题跋》。近年紫禁城出版社增图再版。但仍有集外文出现，如宋拓《李思训碑》后就有跋稿一篇，现敬录于下。集内还有《李思训碑》明拓本题跋，与此相互呼应。

《云麾碑》予凡见六本：一茹古香本，为景朴孙所藏；一毛意香本，为罗叔蕴所藏；一梁茝林本，为颜韵伯所藏；一南丰赵氏本，为明俞氏故物；一建德周氏本；一即此本也。

周氏本先藏谁氏不能记忆，惟当时号称第一本。纸墨拓手洵较景、罗、颜、赵四家所藏都为佳，然亦不免有描失处。且“精虑众艺”之“艺”字泐痕已微粗，与诸本亦仅相伯仲耳，“不能谓非缺陷也”。今此本未经前贤鉴藏，只灵石何子彰藏之数年，于前后遍加印识，不无疥壁之嫌。其帧首一印曰“宝岳云斋”者即指此碑及一南宋本《麓山寺碑》而言。《麓山寺碑》今归其族弟何雅侬。

甲戌暮春，此碑由奉天贾人持来燕市，庆云堂张彦生以善价为予收之。每行凡三十六字（间有三十五字者），通体完洁，若未触手，精神奕奕，刻画如新发于硎，字里行间墨花掩映，直突过所见诸本之上。因不仅以考证完备与他本较一日之长也。

予去年以宋本《天发神谶》及明拓《曹全碑》易富儿之资，及至今懊悔，不意此碑见归，意者墨缘聚散亦因时为消长盈虚乎？抑忽然而来倏然而去。如浮云之过太空其来去固无定踪乎？昔人云“烟云过眼”殆不其然！

麓山善本亦予素所钦迟者，倘天假之缘，翩然莅止，更当以“云麓”颜吾斋。虽不免蹈袭前人，然黄伯思号“云林”，倪迂亦效之，以此为例，何伤哉！昔人有《云麓漫钞》，故“云”非指何碑之实，岳云也。

按题签为粤东梁文忠笔。所谓“意园”为盛伯羲祭酒。梁曾与盛同官京朝，所说当有据。果尔，则可称为意园本矣。沈子培跋吴荷屋本谓“福山王文敏有此碑善本曾见之”。文敏与意园祭酒同时，沈亦曾与周旋者，何不及见此本耶？

此跋前另有张所銮题一行“民国四年六月今颇观于奉天节署，张所銮眼福。

这篇跋文谈的是所见《李思训碑》六种拓本的比较和它们各自的来历、递藏经过。朱翼盦和黄易职业之余皆倾心古碑，孜孜以求，然而学术之侧重与方向颇有差别。“古墨成花字亦香，扪来触指有锋芒”欧斋主人乃是黄小松的异代知音。二人契合，殊非偶然。

注释：

1.翁方纲《复初斋文集·黄秋盦传》卷十三。光绪三年（1877）刊本，第5–7页。

2.朱家溍、朱传荣《中国文博名家画传·朱家溍》，文物出版社，2003年，第8页。

3.故宫博物院《蓬莱宿约——故宫藏黄易旧藏汉魏碑刻展特集》（秦明主编），紫禁城出版社，2010年。

（《紫禁城》，2011年第1期）

黄易，一位值得纪念，有待研究的金石考古家

故宫博物院举办黄易旧藏汉魏碑刻拓本展览，按照黄易访碑的地区分段陈列出了许多汉魏名品和善本、早本，别开生面。同时也帮助人们对清代著名金石考古家与画家黄易（1744—1802）的生平活动做一个回顾。中国文化学术史上乾嘉时期，群星灿烂，黄易位列其中。他是值得后人纪念的，也是有待研究的。

黄易多才多艺，既做官，精究河防事宜；又为学，博及群书，尤笃金石；还从艺，工篆隶，善画山水。在石刻研究方面，有几点是特别值得称道的。

第一，他对石刻做了大量的分区域的实地调查，勘查记录原石情况，升碑、洗碑、拓碑，并写访碑日记，将调查的全过程如实记下（如《嵩洛访碑日记》《岱岩访古日记》），为编目和考证积累了大量第一手资料。翁方纲《两汉金石记》、王昶《金石萃编》等石刻名著都大量采用。

第二，绘访碑图。用山水画的形式，把碑石、摩崖、造像、石窟的形状、位置、环境和所在地点真切地描画出来，一般用广角，取远景。同时以题写加以说明、补充。（图1—图4）与其他画家的访碑、读碑图不同的是，黄易画的是完全纪实的科学图谱式的。

第三，将家藏宋拓《汉石经》残石、武梁祠画像及榜题及《魏元丕碑》《范式碑》和当时罕见的《成阳灵台碑》《朱龟碑》《谯敏碑》《赵君碑》《王稚子阙》《祀三公山碑》拓本双钩（其中武梁祠画像为线摹图）后印成《小蓬莱阁金石文字》五册，并把翁方纲等金石友和作者自己的不同看法附在每碑之后，促进交流。

第四，对汉代武氏祠石刻的发掘、复原与保护。乾隆五十一年（1786），黄易根据《嘉祥县志》所载线索，在嘉祥紫云山主持发掘了东汉武氏墓群的祠堂石刻，先后获得画像石三十余块，《武斑碑》一通，石阙二、断柱一（刻有“武家林”三字）。他将画像石复原为武梁祠和前石室、后石室。此后，黄易又筹资就地建屋，将石刻分别砌于四壁或置于屋内，门额题匾“武氏祠堂”。在周围植树，让村民订规立约世代看守，并“立石存记，为久远之图”（《钱唐黄易修武氏祠堂记略》）。可以说，这是一次有计划的、收获重大的考古发掘，并建立起一座出土文物的保护陈列室，黄易是整个活动的领导者。

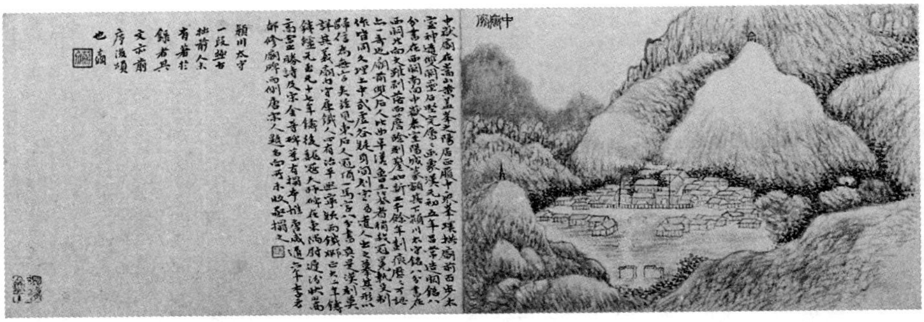

图1：《嵩洛访碑图》之中岳庙

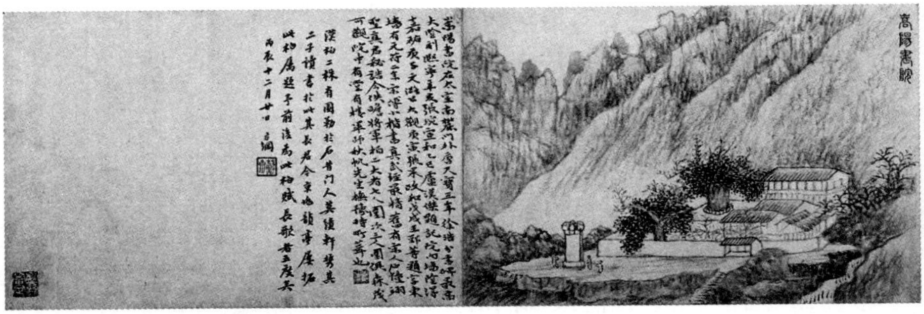

图2：《嵩洛访碑图》之嵩阳书院

上述四端足见黄易金石考古活动的独到之处：即文献、碑拓研究与原地实物调查并重；古物发掘、复原与保护陈列并重；搜求碑拓善本与钩摹刊布并重。翁方纲为黄易写传，说："君北抵燕赵，南游嵩洛，又四方嗜古之士所得奇文石刻无不就正于君，以是所蓄金石甲于一时。"和同时代的学者来比，他确有更多的求本溯源的科学精神和集古为公的公益观念。在他去世后一百多年，近代考古学与博物馆事业相继传入我国并蓬勃发展。追思黄易开风气之先的贡献，令人钦佩。若称金石家，不足，称金石考古家则宜。

关于黄小松还有哪些材料值得注意，又有哪些问题有待探讨呢？下举几例。

一、黄易有数部遗稿尚未刊印。如《小蓬莱阁金石目》，南京图书馆存稿本，共八册；国家图书馆藏抄本，多《金目》而有九册。该目自三代、秦、汉至宋、辽、金、元各朝代，收入石刻与各类器物，每条中注明地点、年代、撰书人，发现情况与访查所见，对于原石存佚和是否重刻也予以注意。

又如《黄小松辑释吉金拓本》共六册，现藏山东省博物馆。此书收帖原拓本四百余张。第一、二册为三代吉金，第三册为汉金文，第四册为魏晋以后金文，第五、六册为镜铭。拓本旁有金石家写的释文与考订文字，小松多有题

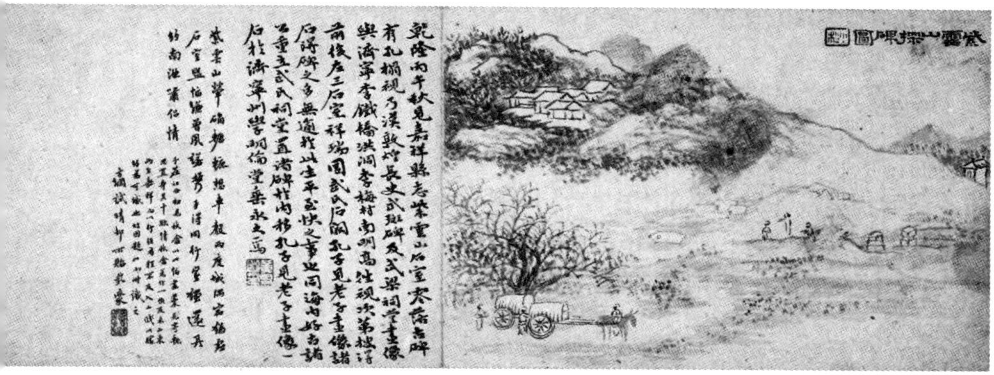

图3：《得碑十二图》之紫云山探碑图

图4：《得碑十二图》之三公山移碑图

识。与此类似的金石集拓书册还会有。

二、黄易有不少书札、书法、绘画作品，还有旧藏的拓本收藏在各地图书馆、博物馆，需要调查、鉴别和编目。

三、在同黄易交往的众多官吏与学者的诗文集中都有一些涉及黄易的篇章文字，如能搜集和整理出来是很有用的。上述三方面皆有助于扩大对黄易，对黄易所联络的金石同好群体的了解。

四、自19世纪末以来，武氏祠引起外国学人的广泛而持久的兴趣。1881年布谢尔（S.w.Bushell）曾将武氏祠画像拓本带回柏林展示于东方协会[1]。1893年法国汉学家沙畹（E.Chavannes）发表了专著《两汉时代的中国石刻》[2]。（图5 ）1907年日本学者关野贞至此，随后发表了名为《后汉的石祠堂及其画像石》的论文。美国的费慰梅（Wilma Farbank）教授于1941年发表了《汉武梁祠建筑原形考》[3]。到20世纪末，关于武氏祠的外文专著与文章约有一百五十余种。

这些研究成果有待选择并翻译介绍，推动交流。

五、关于学术史的问题。还应看到黄易的实践活动是与其他人共同商议、协作办成的。他固然有孤鸣先发的一面，同时也是一个群体——金石家、收藏家的代表人物。在这个群体中有翁方纲、钱大昕、毕沅、阮元、朱筠、王昶、李鹖、李东琪、董元镜、桂馥、吴玉搢、汪雪礓、张埙、郑际唐、孔继涵、孙星衍、江德量、李克正、赵魏、查慎行、潘庭筠、梁同书、赵怀玉、聂剑光、武亿等等。其中多数都有官职。他们经常聚会讨论，观摩品题，访碑寻古，传递书信和拓本，集思广益。钱大昕曾讲："海内精研金石文字与予先后定交者盖廿余家，而嗜之笃而鉴之精则首推钱塘黄君秋盦。"此言可证群体的存在与其中黄易之地位。多年以来，常见有人笼统地批评乾嘉学派是"从文献到文献，关在书斋里做学问"。对照黄易及其群体的所作所为来看并不符合事实。这个问题关乎对于清代学术的看法。

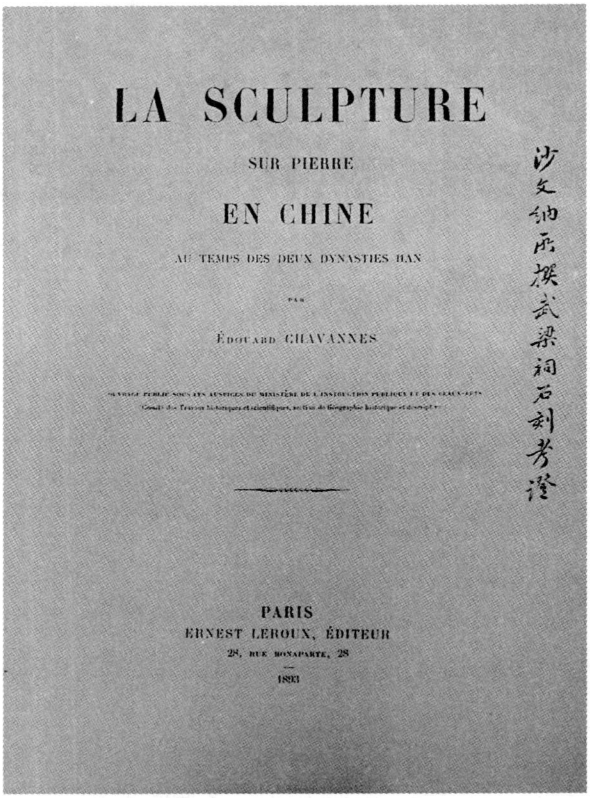

图5：法国沙畹《两汉时代的中国石刻》扉页

六、我们今天能够见到的两汉至南北朝的刻石，如果不计墓志在内，大部分是在清代发现或重新发现的。所谓发现，是指清代之前未见记载、著录过的；所谓重新发现，是指清代以前有过记载，后来曾长久埋没，又被清人发掘或访得，并加以保护、宣扬。由文化人有意识地群起而搜访、发掘刻石之风气则兴起于乾隆时期，并持续下来。它不同于以往的金石学，又在近代考古学开始之前。可以说是介于两者之间的金石考古时期。各地金石志书的编撰是其重要成果。这一活动为金石家、历史家和文字学家提出了许多新鲜课题需要研究，启发书家、文人推陈出新，一改书坛空气，还为收藏者开掘了丰富的资源。这种种方面的详细情况远远没有揭示出来。

和举办展览并行，还出版了本书《蓬莱宿约——故宫藏黄易汉魏碑刻特集》，书中包含了：（一）“黄易的汉魏碑刻鉴藏”，是对黄易生平事迹介绍和访碑、藏碑情况多角度分析的论文；（二）各件展品的详细解说；（三）附录《小蓬莱阁金石目》稿本的三代、秦、汉、魏、吴石刻部分。

在展品的解说中，尽量注明拓本见于《小蓬莱阁金石目》中的相关文字，以及后人的著录，突出了碑拓与访碑活动间的关系，原原本本，也可见本书编撰者、展览主持人秦明先生的功夫所在。《小蓬莱阁金石目》部分节录尚未校订，希望全本不久能够整理刊出。

一次展览的时间是短暂的，有了这本书可以加深展览内涵，延长文化记忆，使之不至日远而日忘，能够温故而知新。

注释：

1. S. W. Bushell, “Chinese Art” Vol. 1, Board of Education, 1910, pp.25；以及戴岳的译本，《中国美术》，商务印书馆，1923年。

2. Edouard Chavannes, “La sculpture sur pierre en Chine au Tempa des Deux Dynasties Han ”, Ernest Leroux, Editeur, Paris, 1893.

3. Wilma Fairbank, “The Offering Shrines of Wu liang Tzu” Harvard Journal of Asiatic Studies 6, 1941, no1.

（《蓬莱宿约——故宫藏黄易汉魏碑刻特辑》代序，紫禁城出版社，2010年）

附记：

一、在展览的筹备期间，有关人员曾赴山东调查碑刻、古物，追寻黄易访碑踪迹。自2009年5月11日启程，21日返京。途经济南、孝堂山郭巨墓、济宁、嘉祥武氏墓、微山两城山、邹城、汶上、兖州、泰安、曲阜。黄易《小蓬莱阁金石目》（八册本）记录的汉代碑刻二十四种及武氏祠、郭巨墓石室、两城山画像石，于今皆有实物存在。6月10日至23日，继续有河北、河南和陕西的访碑之行。

二、在济宁博物馆院内配电室里意外见到清代钱泳临摹汉碑的丛帖《攀云阁临汉碑》。帖刻于嘉庆十三年（1808）至二十三年（1818），钱于帖间题记："嘉庆十有三年春节，临汉魏诸碑计五十余种，俾曰奇、曰祥两儿刻之家塾，为初学者观览。"今室中有五十八块帖石，各用草绳缠绕数匝排放在地。据说市轻纺办还有二十六石。钱梅谿刻帖有盛名，然帖石能保存至今者几稀。钱泳于乾隆五十七年（1792）游历山东与黄易订金石交，得山左诸碑约数十种。二百年后刻帖落脚济宁，岂非"蓬莱宿约"又一奇事?

三、沙畹（1865—1918）在碑铭学方面的头一本书是《两汉时期的中国石刻》。书中收录了著名的武梁祠画像，并编有目录。1891年，当他从泰安碑估手中买到武氏墓刻石拓片后，便翻译了铭文并作研究。他还翻译了中国学者的考证，特别是黄易在乾隆五十一年（1786）以后的新发现。在沙氏书中发表了六十六件石刻，除武梁祠外，还有孝堂山和刘村的。英国汉学家布舍勒（Bushell）曾于1881年为大英博物馆搜集了一批武氏墓的画像石及碑刻拓本。直到沙畹之前，西方汉学家很少研究中国的碑文，他们对石刻艺术与画像更感兴趣。以上据戴仁（Jeanpierre Drege）:《沙畹和法国的中国碑铭学》一文所述。（收入《法国汉学》第六辑，中华书局2002年出版。）

美国芝加哥的费尔德博物馆收藏大量中国碑帖拓本，其中包括全部的武氏祠画像石和碑刻。它们是贝松德·劳弗尔（Berthold Laufer,1874—1934）在1901年至1914年间中国旅行时购买的。1903年，他曾访问了武氏墓地。

2012年2月

马子云先生学术经历片断的回顾

马子云先生，陕西郃阳县人（图1），1903年6月出生于农民家庭，幼入私塾，再进乡学，从师启蒙，读经史词章，聪颖好学。十六岁离乡到北平谋生从业。1918年到1929年在琉璃厂庆云堂，初为学徒，逐渐掌握传拓石刻、甲骨、玉器、铜器立体器形和鉴定碑帖的本领。1929年到1947年离开庆云堂，在家中给收藏家、教授传拓金石，鉴定碑帖、铜器并与他们交游、切磋。

1947年受马衡院长聘请就职于故宫博物院。先在古物馆担任传拓金石与立体器形，兼做抄写陈列说明。任职书记（写字），后改技佐。

1949年到1955年在美工组担任传拓金石，职务是技术员。

1955年到1957年调陈列部铜器组担任鉴定铭刻、铜器并传拓金石，其间曾代理铜器组组长两年。

1957年铭刻组成立，先生在该组担任拓器物、钤玺印的工作。不到一年，铭刻组改金石组，先生留在此组，职务为技术员。

20世纪50年代，故宫博物院分门别类建立文物专库，铭拓库（即碑帖库）也在此时建立，并设三四专人管理，是书画组下一个机构。马先生被调至书画组碑帖库负责整理、鉴定碑帖。此后二十八年他的工作未再调动。

图1：马子云先生

1983年改为博物馆馆员。1983年任副研究馆员。1986年任研究馆员并担任国家文物局文物鉴定委员会委员。

1986年12月28日因病逝世于北京，享年八十四岁。

先生履历略述如上。他一生主要致力于金石传拓和碑帖研究，包括碑帖拓本和刻石两方面。他在自己著作的序言中曾这样回顾："余自青年始便与金石结缘，初则传拓，渐至鉴别研究。"又说："经过三年苦学，得到一般碑帖知识与传拓碑帖之基本技法。以后看到收藏家的一些较好拓本，同时得到许多指导，如此则向前进了一步。"翻阅先生遗文，回忆其生平，可以了解到他独具特色的治学历程。

一、霍去病墓前的石兽

当马子云先生进入碑帖铺庆云堂学徒当店员后，便努力熟悉碑帖知识和传拓技法。当时，将青铜器拓成立体器形受到欢迎，但能拓者甚少。先生四处求教，时常碰壁。通过两年的钻研，终能拓出一般的器形。金石家陈簠斋（名介祺）的《簠斋传古别录》及其传拓作品曾给予他许多教益和帮助，而对古刻与传拓的笃爱使他用功不息，日渐进步。十多年后，已经比其同辈技高一筹了。

古都西安位于北平和郃阳县之间，马先生顺便常常去游览那里的名胜古迹。汉朝名将霍去病墓前的种种石雕，给他的印象特别深。艺高人胆大，这时他萌生了墨拓石雕的念头，尽管这是一件从来没有人做过的事。

霍去病墓位于兴平县。墓前石刻十余种，有怪人、怪兽吃羊、卧象、短口鱼、长口鱼、"左司空"刻石和"平原"刻石。石刻依石拟形，稍加雕凿，手法简练，个性突出，风格浑厚，是中国现存时代最早、保存最完整的一批大型石雕艺术珍品。其中"马踏匈奴"为墓前石刻的主像，长1.9米，高1.68米，为灰白色、细砂石雕凿而成，石马昂首站立，尾长拖

图2：霍去病墓前的石兽拓片

地。马腹下雕手持弓箭匕首者，仰面挣扎，是匈奴人形象。（图2）这组石刻都是将一块整石运用线雕、圆雕和浮雕的手法雕刻而成。材料选择和雕刻手法与形体配合，注重形态，神情各异。

在得到店铺掌柜赞成之后，先生便带着盘缠，只身裹粮直奔西安兴平。经过半个多月的风餐露宿，拓得墓前石兽全图，形神兼备，堪称传拓史上不可无一、不能有二之壮举。这是发生于20世纪30年代的事情了。

到20世纪80年代，马先生再次回到霍去病墓考察，向文管处的同志和学生们回忆往事。他幽默地说："那时候兵荒马乱，盗匪出没，我干这件事，全凭年轻时的胆子壮。"当时拓得三份，带回后不久均被出售。一份现藏于国家图书馆，其他两份不知所向。2000年我应邀到法国做石刻拓本编目研究，意外地在法兰西远东学院发现了先生手拓的另外一份，上有"郃阳马子云手拓"印章，喜出望外。当一幅幅拓片打开时，在场的汉学家们惊叹不已。

二、踏入故宫博物院

金石考古学家马衡先生在1933年至1952年期间担任故宫博物院院长（图3），他对于铜器、石刻精于鉴别，知识渊博，与琉璃厂古玩店交谊甚好。日久天长，对马子云自有所闻与接触。因赏识其才识与技术，于1947年延请其来故宫博物院就职，从事石刻、铜器的传拓和鉴定工作。

在四五十年代，故宫博物院古物馆设有专门进行金石传拓的机构，叫传拓室。拓片或出售，或展览使用，或作为礼品赠送、交流。拓片上盖故宫博物院的印章，也允许盖拓手的印，拓片盛在专制的封套里，封套上印有暗花和古物馆署款。这样的拓片与封套现在国内外不少博物馆、图书馆和私人手里还收藏着。

图3：马衡先生

到故宫之后，先生能够接触到大量的文物藏品，特别是其中的上品，亲眼观察，抚玩琢磨。同时有更多的机会与研究青铜器、石刻的学者交往，对于一位勤勉好学的人来说，自然得益很多。

三、墨拓虢季子白盘

西周虢季子白盘是一重器。此器长方形，四面各有两个兽首衔环。长130.2厘米，宽82.7厘米，高41.3厘米，是迄今所见最大铜盘。铭文一百一十一字，记述虢季子白受周王之命征伐我国西北境内强族猃狁，因有功受到周王赏赐。器之价值极高，该器原藏安徽刘氏，1950年初其后人捐献给国家。国家文物局还在团城为虢盘专门办了展览，然后归藏于故宫博物院。

马衡院长请马子云传拓虢盘，要拓好这么大而精致的器物难度确实很大。从1950年的3月到9月，费了许多心血，克服了种种困难，终于成功地完成了这幅墨拓艺术品。马先生后来每忆及此事都要说，这是他平生所拓最难、要求最高的一件铜器。（图4）

在马衡日记中，记载他七次到现场看望先生拓器，并与其切磋，评价甚高。现摘引几段：

（三月十日）吉君（指来华访问的苏联考古学家C.B.吉谢列夫）于昨日往团城观虢盘，见马子云传拓，极愿学习。谓西伯利亚出土碑刻，不谙拓墨之法。得传此术，庶可流传。

（三月十四日）至团城晤冶秋略谈而李一氓来，余遂至承光殿看马子云拓虢盘。

（四月廿七日）虢季子白盘尚未拓墨，与陈万里、马子云商拓全形，付之石印，请其会同刘鸿奎设计。

（六月二十日）张子厚捐献汉永和五年石羊昨移在文华门下，特往观之。又至古物馆看虢盘素描。

（七月五日）下午雨，晚又雨。冒雨至古物馆看虢盘，透视尚有须修正之处。

图4：虢季子白盘全形拓及铭文拓片

（九月十九日）马子云拓虢季子白盘全形，历时两月有余今始告成。远望如照相珂罗版，开铜器拓本之新纪元，可谓试验成功！

（十月六日）马子云来询北大约其讲授传拓情况，由其谈话中得知厂肆中若干遗闻逸事。

后来，在“伟大祖国的艺术”展览上，虢盘与拓本同时展出。

先生是以整张纸拓器的，其风格特点有三：其一，按照透视规律，使器物的立体视觉十分合理；其二，参考器物的照片，注意光影分布与深浅变化的自然；其三，吸取素描技法，有取有舍，重点部位显出丰富的色调层次感。

四、《金石传拓技法》

清代金石学中颇有兼擅传拓者，如黄易、马起凤、僧达受、潘祖荫、陈介祺等等。马先生对陈介祺佩服之至。他汇集陈氏关于传拓的文字，抄录成一小册，以方便学习。他认为关于传拓的方法、经验和容易发生的弊病陈氏讲得仔细，需要实践中慢慢地体会。缺点是内容尚欠条理、连贯。正是这个想法促使他酝酿写出了《传拓技法》。

20世纪50年代，国家文物局办考古培训班，请马先生讲授传拓。后来他将讲义修改整理写成《传拓技法》一文，1962年发表在《文物》第10期、第11期上。以后被译成日文在日本杂志上刊出。1978年香港《书谱》又将其原文转载。至20世纪80年代中期，先生又予补写，构成两章十二节，即第一章传拓略史：一传拓古今名称，二传拓的开始，三传拓铜器略史，四传拓石刻略史。第二章传拓技法：一上纸法，二上墨法，三选纸和造纸，四选墨和磨墨，五拓图形法，六传拓用具，七传拓必须预防损坏古器，八收藏和装裱拓本。同时配上五十余幅拓片作图版编成一册书，取名《金石传拓技法》，1988年由人民美术出版社出版。（图5）

图5：《金石传拓技法》马子云著

这本书图文结合，详细讲解，十分有用。譬如“商代虎纹石磬”下注解：

此磬浮雕一卧虎，必须把双阴刻线纹，用小扑子拓成黑墨。其他拓成淡墨，黑线不宜肥，白线不可瘦。后爪与前腿之间一段花纹是多余的。拓成淡墨，便与虎的前后腿分开。虎眼的墨要黑一点，可表现虎的威猛精神。（图6）

太平天国李秀成剑下注：

拓此剑与剑均两面上，然剑把与剑鞘花纹精细，而且不平整，拓时将剑垫平，用较小扑子上墨一次不要过浓，否则细花纹不清晰。

商代虢季子白盘下注：

图6：商代虎纹石磬拓本

图7：西汉霍去病墓前石刻拓本

拓时，取半侧视图，拓花纹时，必须注意透视与光线的变化，不能千篇一律。盘上的四兽首与其环，也是如此。

西汉霍去病墓前石刻之一人抱小熊下注：

此石刻是以天然石刻的，故人的双腿、脚为斜坡形。又右腿作跪状，小腿弯于侧面，照相无法照全。拓时，要把人与熊的头部及手、足部拓清楚，得到正面与侧面的比较完整的形象。（图7）

以上谈的是先生金石传拓事迹，下面再谈另一方面，即碑帖研究。

五、考证古碑的存佚——鉴碑之一

什么样的拓本是珍贵的善本？概括来讲，它们应当是指有很高文化价值的，传拓时代早的传世已少的原石拓本。这里包含了四个标准：必是从原碑和原帖拓下来的；在同一种碑帖的拓本中应是很早的拓本，具有重要的文化价值，所存已少。拓本很多，珍贵的善本只是少数。

因此，关于碑石的沿革和存佚情况，关于拓本所拓时间的早晚便是考碑者必须认真探究的重要问题。现举马先生研究二例来谈。

东汉《樊敏碑》的存佚问题，《樊敏碑》于东汉建安十年（205）三月立于四川芦山，息枭书，刘盛刻。碑阴有北宋崇宁元年（1102）邱常口跋和南宋绍兴五年（1135）程勤懋刻跋。此碑在宋赵明诚《金石录》与洪适《隶释》都有记载。但至清代，孙星衍《寰宇访碑录》却讲此碑已佚。方若《校碑随笔》讲："碑估谓此碑重出土，仍在四川芦山。"欧阳辅《集古求真》又讲："原石已佚，今在四川雅州芦山者重刻也。"诸说纷纭。实际情况究竟如何呢？马先生引康熙中顾南原"樊敏碑考"讲："《大明一统志》云弘治己未（1499）偶至碑下，束条帚拂之，字隐隐可见，洗、拓墨本。"这表明该碑明时并未遗失，而院藏明代拓本也可作为证明。碑的嘉道间拓本和清末拓本都可说明《樊敏碑》清时也一直保存当地。既未佚，也未入土后重出或重刻。又据1957年芦山县调查报告，不仅碑石尚好，而且近年还找到了碑旁的两个石阙与石兽。流传至今的《樊敏碑》旧拓本很多，按照前人的观点，如果碑石早已遗失，那么这些拓本就不可信了。但是，比较早晚不同的拓本可以发现其文字书法面貌是完全相同的，损泐情况也是前后一贯，变化有序的，所以必是原碑拓本。

要之，只有考辨清楚碑的沿革，方能确认传世旧拓本的价值。

六、辨别拓本的先后——鉴碑之二

如何判断碑的旧拓本捶拓的时间呢？这需要通过校碑的方法。校碑时将同一种碑的几个不同时间的拓本并几对观，风格笔体、字句多少、笔画完缺、石花形状等等，都要仔细比较其异同。石花，就是碑面磨损表现在拓本上的白色痕迹。早拓本比晚拓本多存的字或完好的字，晚拓本比早拓本多出现的或者后来逐渐扩大的石花和裂纹，这两方面人们通常称作考据。这个"考据"的含意即是：借以考察拓本时代的根据。对于不少碑拓，人们在鉴别其时代早晚时已经发现了一系列的考据，分别可以作为不同时代的拓本的标志。

东汉《华山庙碑》（延熹八年，165年立于陕西华阴）传世四种拓本的断代问题。这也是《石刻见闻录》中重点论述的一篇（并见于1961年《文物》第8期《读三本宋拓华山碑拓本》），其要点如下：

（一）《华山碑》在宋代早期尚完整，到了宋代晚期碑身中间偏右损坏百余字，明嘉靖年间地震，碑被震成碎石。此后也就不再会有原石拓本了。

（二）传世拓本只有四种，即顺德、长垣、华阴、四明四本。其他都是后代的翻刻本。

长垣本以明代长垣王文荪藏得名，后因商丘宋荦获得又称商丘本，现在东京书道博物馆，此本应当是宋代较早的拓本，文字完整，所差者墨深字瘦。

华阴本为明代先后为华阴东肇商和郭宗昌收藏，也称关中本，比长垣、顺德残缺百余字，当是南宋后期所拓，此本拓工最精。

四明本为明时宁波丰熙万卷楼与范钦天一阁曾藏，宁波古称四明。此本比华阴本多损泐六十余字，拓的时间可能在南宋或元初，它是整纸未剪裱的拓本，题额两侧唐宋人题名齐全，是其他三种剪裱本所不及的。

顺德本因清季顺德李文田收藏而得名，又因清初在扬州马曰璐小玲珑山馆，故称小玲珑山馆本。当先生在发表《读三本宋拓华山碑拓本》时并未涉及此本。1980年应邀去香港中文大学讲学，细看了文物馆藏的顺德本，如愿以偿，认为同样是较早的宋代的拓本。

（三）华阴、四明两本都在故宫，先生对三本文字损泐之差异作了细致的比较并编出字表，说明对三本的断代有充分的依据，这是前人没有做过的。嘉庆十五年（1810）阮元曾为四明本题跋说："冬十月朱竹君（筠）先生之子少河名锡庚者归自山西，复相约会于南城龙泉寺。各携山史、四明二本校读竟日，二本盖同时所拓也。"这里的山史本即华阴本，清初在王弘撰（号山史）手中。阮元不会看不出两本的时间差距，只因四明本在自己手中，故有意抬高。马先生据实辩驳，以免阮说继续贻误后人。

七、《石刻见闻录》与《碑帖鉴定浅说》

《石刻见闻录》是马先生主要的专著，出版时改名为《碑帖鉴定》。书中记叙碑碣、墓志、摩崖、造像题记、石经及其他刻石，上起周秦，下至宋元，凡一千二百余种。对每种刻石的年代、地点、撰书人、书法、形制，对于拓本断代的考据，纸墨、题跋、印章、递藏皆予详细著录。兼及自己数十年间见闻掌故，资料备而考辨精。本书在收碑品目方面，不仅传统观念上的名碑悉备，同时还吸收了20世纪50年代以来全国文物普查与考古发掘所得到的大量重要碑志，后者每每引起文物界、史学界关注，譬如天津出土雁门太守《鲜于璜碑》（汉延熹八年），南阳出土《许阿翟画像题字》（汉建宁三年），南京王兴之和命妇宋和之墓志（咸康七年、永和四年），记载长江古代水文情况的白鹤梁石鱼题字及宋人题刻，西安出土汉文、婆罗钵文两种文字的《苏谅妻马氏墓志》（唐咸通十年）等等。

将石刻的编目、校勘、版本、证史与评价书法几方面熔为一炉是《石刻见闻录》的特点，由于作者所见石刻及拓本极多，尽是目验之后的记录，所以与某些碑刻著录书相比避免了抄撮失实的毛病，在许多地方对前人著作有着纠谬补阙的作用。该书于1981年定稿，1993年终被广西师范大学出版社出版，甚受社会重视。八年之后，又被列为高等院校文博、艺术等学科规定教材。

在完成《石刻见闻录》之后，接着写了《碑帖鉴定浅说》。书中细谈碑、帖和墓志的起源、演变，从形式、内容、书体、镌刻功用分析碑与帖的区别，从拓本的用纸、墨色、书法、印鉴，题跋、流传等多方面说明鉴定碑帖的方法、经验。此书与《石刻见闻录》相辅而行，同样是老人一生经验的总结。书于1986年出版，不久又由日本二玄社出了日文版。

八、刻帖考辨

碑碣自先秦已出现。刻帖到北宋方盛行。刻帖与碑大有不同，从外观讲，碑是竖石，帖是横石，帖石一般高尺许，宽二尺五寸，也有木板上刻的。碑建于路旁或宫庙内。帖置于室内或嵌在壁间。从内容讲，碑文记述当代人物、事件以志纪念。帖则将古代或当代名人墨迹（如书札、诗文、文书等）摹刻上石，拓下来后装成书册供临摹书法之用。

与碑拓一样，帖也有拓得早、晚的问题，早本完好，晚本有损泐，字神也差。所不同的是刻帖往往被后人修改或续刻其他内容，是鉴帖需要注意的。

《快雪堂帖》五卷，为崇祯十四年（1641）冯铨刻于涿州。其大部以真迹摹勒，由铁笔名家刘雨若刻，久为世人所重。冯氏之后，州牧黄可润购得全部帖石迁到福建。再后来杨朴园购下并进贡内府。乾隆皇帝喜爱倍加，于北海筑快雪堂藏之。随着快雪堂帖石的两次迁徙，其传拓而得的拓本也有了“涿拓”、“建拓”和“内拓”的区别。这三类拓本故宫都有，前人帖书对它们各有什么特点则未见说明。经过校帖马先生认为：涿拓是刻成后早期拓本，所见墨色较淡，有的字间墨色比行间墨色还淡，其中颜真卿《鹿脯帖》、苏轼《登临观览帖》和米芾《珊瑚帖》刻于木板。建拓是运到福建时的拓本，拓工不精。王献之书《洛神赋》的第十行“游女叹 ”三字，十三行“之倚靡”三字，后面柳公权跋的“子敬”二字左、“宝”字下半，“廿”字左上角皆已损坏，其他同于涿拓。

进入内府后的“内拓”因帖石改刻也有先后分别，其先拓本，三帖木板已换为石刻，《珊瑚帖》中“预名表”之“预”字，改正为“题”字。后来的拓本则有许多改动。如除第一卷标题“快雪堂法书”五字未变外，其他四卷标题都磨去重刻，位置也改了。各帖帖名本无书家姓名，此时也添加了书家姓名等等。内拓用御制墨拓的很精细，前面增加了弘历写的《快雪堂记》。先生写了《快雪堂法帖校后记》，从此三种拓本便可以区分开来，这是以前帖家从未指出的。

九、对碑帖全面地排比、鉴定

当碑帖征集入藏时，必须经过专家鉴选，但是，当有成批碑帖通过上级拨交而来，或者为收藏家所捐献时，鉴定就未必做得很仔细，不免真赝混杂，等级不明。拨交和捐献在20世纪五六十年代较多。尽管至“文革”时，碑帖藏品已有两万余件之多，先生也早有对其做系统的排比鉴别的想法，但这项工作一直没有机会进行。

1972年吴院长到西安，了解到陕西碑林保存石碑也多有损泐，但所存旧拓本寥寥无几。回来后，他考虑将院藏碑志彻底做一鉴定，除院留外，可拨兄弟馆互通有无。

此后在马先生主持下进行了院藏碑帖的全面排比鉴定，其方法是以考据与纸墨为主要依据，以题跋、印鉴为辅助依据，参照《金石萃编》《集古求真》《校碑随笔》等书，对所拓时间的早晚，是原石还是翻刻本以至伪刻一一加以分析研究。给每件拓本定出级别，将翻刻本及伪刻剔出另放。这项工作为此后的编目、陈列和科学研究奠定了良好基础。

故宫博物院对于文物的定级是严格把关的。如对于碑帖一级品及二级甲的定级，院内还听取唐兰、朱家溍先生的意见，同时请院外启功、张彦生、胡介梅、马保山五位专家分别“背靠背”予以鉴定，再综合各家看法议定。

全面排比工作坚持了十年，虽然至今没有实现吴仲超提出的与兄弟馆互通有无的初衷，但达到了对馆藏拓本基本上鉴定一遍的目的。这项成果反映在《故宫博物院藏刻石碑碣拓本目录》中。马先生的《石刻见闻录》（以后收入《碑帖鉴定》一书当中）和《校帖随笔》两书的许多内容，也是记下了这次排比所获得的认识。

在长期的工作与研究中，先生言传身教，诲人不倦，培养出了多位碑帖专业人才而使事业有人接续。20世纪80年代起，其他博物馆屡屡邀请先生传授学问，于是他带着学生到各省市三十多个博物馆、图书馆讲学，考察石刻和鉴定碑帖。既帮助了兄弟馆又推动了社会对于碑帖的重视与保护。

马子云先生的碑帖鉴定和传拓技艺都达到精熟，乃能得心就手，别开境界，成为享有声望的金石学家。在他同时代的人当中，有传拓高手，但未必善鉴；有碑帖鉴家，但未必擅拓，而先生兼得于一身，左右逢源。先生为业用心用力，聚精会神；为学至坚至厚，至朴至臧；成功有赖于此。同时，也应看到其他的条件。

第一，校碑的方法与考据的确定是以占有同一种碑的多件不同时期的拓本为基础的。拓本多，观察细，分析合理，方能发现考据，建立起考据的序列，此其一。宋、元、明拓的鉴别，有赖于相应时代的考据之掌握，而早期的考据只有从早期拓本上才能发现。因此，搜集明以前的古拓本对于将考据序列向上推进来说就非常重要，此其二。碑帖的面貌与历史变化借拓本得以再现和保存下来，而与捶拓技术高低关系密切。拓工精良（包括纸、墨适合）能够准确、清晰、完全地表现碑帖真实面目，拓工粗劣（模糊、走形、失拓）则不能，故欲认真释读、研究碑帖者必依靠精拓本，此其三。20世纪50年代，马衡、朱文钧（翼盦）、吴兆璜、蒯若木、张伯英、张彦生等鉴藏家相继将手中碑帖转归故宫，善本聚集，提供了陈列与研究优越的基础。

第二，马衡是金石学家，与先生志趣相投，惜其才识，引先生入故宫，使他施展才能有了更广阔的天地。《马衡日记》中讲及传拓《虢季子白盘》之事有七条之多，其关切与费心不言而喻。对两万多件碑帖做系统的排比鉴定始于吴仲超院长的提议和部署，因此才能坚持十年，有始有终。故宫前后两任院长的爱护和扶植成全了先生的事业。世有伯乐，而后有千里马。

马子云著述目录：

谈三本宋拓华山碑	《文物》1962年第8期
传拓技法	《文物》1962年第10、11期 后由日本杂志翻译刊登，《书谱》杂志转载
谈汉武梁祠堂画像与黄易拓本	故宫博物院刊1960年第1期
汉池阳令张君残碑问题	故宫博物院刊1979年第1期
秦代篆书与隶书浅谈	故宫博物院刊1980年第4期
碑的概况与碑帖之分	故宫博物院刊1982年第1期
汉狸力兽初探	故宫博物院刊1983年第4期
快雪堂帖校后记	故宫博物院刊1984年第3期
谈校故宫藏宋拓淳化、绛帖、大观三帖	故宫博物院刊六十周年纪念刊
碑帖鉴定浅说	紫禁城出版社，1986年，后由日本二玄社出日文版
金石传拓技法	人民美术出版社，1988年
石刻见闻录（出版时改名《碑帖鉴定》）	广西师范大学出版社，1993年

（《故宫治学之道》，紫禁城出版社，2010年）

故宫新收骨化石铭刻（楔形文字）的情况

1983年夏，国家文物事业管理局委托故宫博物院刘九庵、王南访二同志了解两块马骨化石的铭文内容和价值。这一文物是北京市老中医薛慎微先生长期收藏并准备捐献给国家的。（图1—图5）此物交到了书画组，我认出文字很像楔形文字，于是便和王南访组长一起调查。骨是什么？文字又是什么？我们走访了有关的专家。

中国科学院古脊椎动物研究所所长贾兰坡先生认为："兽骨为马腿骨化石，化石形成于百万年前，而铭文是在化石形成以后很晚才刻上去的。"

一、关于阿卡德语的译释

东北师范大学历史系林志纯教授和中央民族学院王静如教授看了这两块骨化石后，辨认出其上的铭文属楔形文字。这类文字刻在兽骨上十分罕见，尤其是在中国发现，更是难得。经林教授积极协助和推动，请杨炽（在中国社会科学院世界史所古代史室工作）与吴宇虹（林志纯的博士研究生）两位同志试译。

当时杨炽在美国芝加哥大学攻读亚述学博士学位。1984年6月收到杨炽的来信，信中说："从古文字学角度判断应为公元前一千年的阿卡德文书。"杨炽还从铭文中释读出"苏美尔""总督""四方"等词。1986年8月在英国牛津大学学习的吴宇虹参加了于巴黎召开的第三十三届国际亚述学会议，在会上他宣读了题为《北京故宫博物院所藏居鲁士泥圆柱（第18—21行）马骨化石铭文抄本》的论文。东北师范大学古典文明史研究室1986年出版《JOURNAL OF ANCIENT CIVILIZATIONS（世界古典文明史杂志）》创刊号（英文刊），刊载了吴宇虹的论文，对第一块马骨铭文做了音译和释文。

第一块化石上的铭文讲的是前539年居鲁士攻克巴比伦的情形。它与现存大英博物馆的居鲁士泥圆柱上的铭文部分相合。另一块兽骨铭文则尚不能破读。阿卡德语释读成功，这在我国还是第一次。

居鲁士（Kurush或Cyrus）是古波斯帝国国王（前550—前529在位），阿契美尼德王朝的创立者。前550年居鲁士合并米提亚建国。前546年侵入小亚

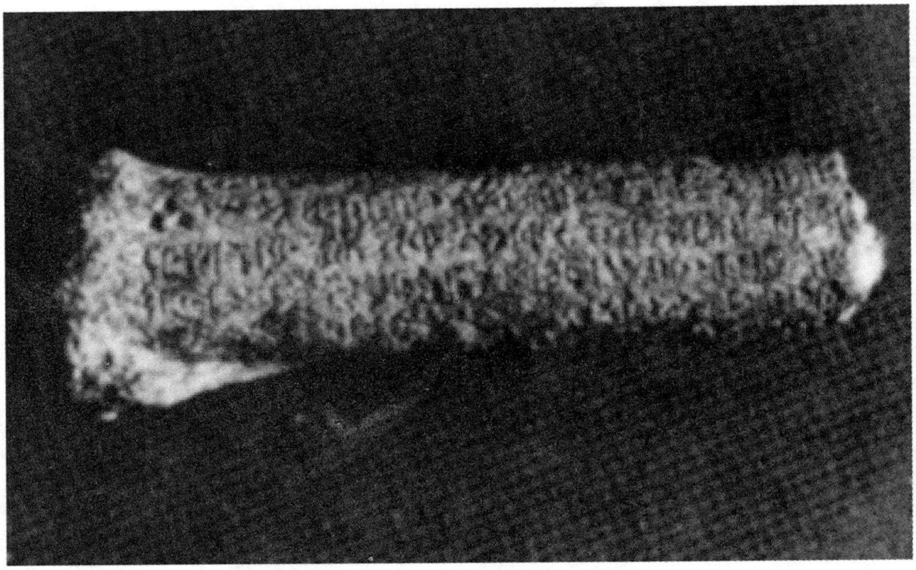

图1：第一块马骨化石

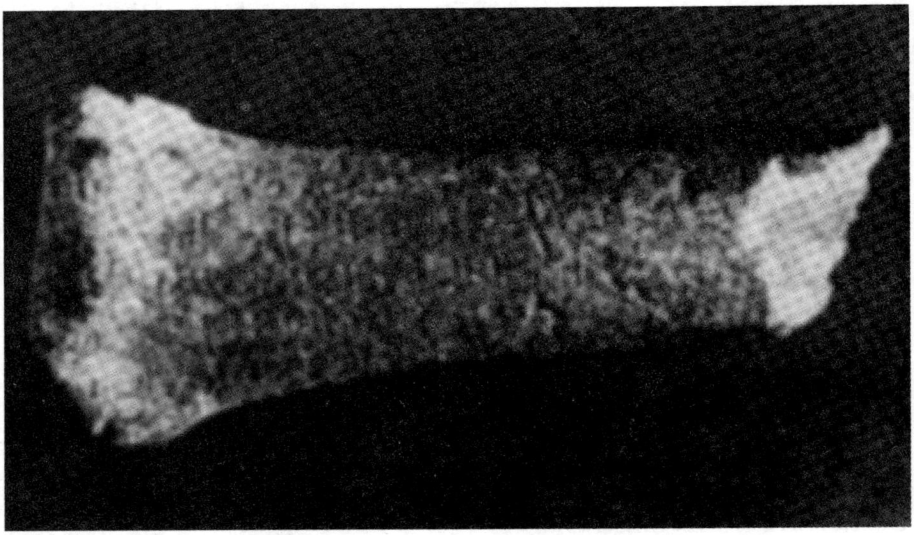

图2：第二块马骨化石

细亚，亡占底亚。公元前538年陷巴比伦城，灭新巴比伦王国，释“巴比伦囚虏”，使之重返巴勒斯坦。后，居鲁士与伊朗高原东部马萨盖特部落作战而被杀。其子冈比西继之。阿卡德文即为那个时代古波斯帝国通行的文字。这种文字属楔形文字，又称“钉头文字”或“箭头字”，都是因字的形象而得名称，是世界最古的文字之一，刻在砖、石、泥板或柱子上。前三千多年此种文字即

图3：第一块马骨化石铭文拓本

已存在，是苏美尔人创造的。后来，巴比伦人、亚述人、赫梯人、波斯人等都使用过。

二、关于骨化石铭文的来历

1985年春，林志纯教授来京，访问了薛慎微老先生。年已八十的薛老虽患病已久，仍述说了有关兽骨的前后情况，并拿出亲笔写的《记骨化石楔形文字崖略》一文。现将全文抄录并标点如下：

一九二八年，予为个人画展东游，就学于罗雪堂先生之门。曾于研讨殷虚书契时启问于先生："若贞卜文字之前，有何文字传世？"先生曰："早居析津，京中厂肆有匝盦者张某，曾持一墨拓照片请译释。问其原物，迟迟不与答。直今往来于胸，求之不可行，亦不知何往，此真殷商以前文字。翌日，出拓片示予，且谓一般所谓楔形文字始于巴比伦诸古国。予忖度此拓片系殷以前之中国文字，以其直行、方框、像形，悉有吻合。然不睹斯物，未经结论。此大事也，讵可臆度？至于楔形乃制文字之工具使之然，汝其为我物色之。"

越八年，予为某姬疗疾，姬居龙泉寺之南坡，得见姬之夫张月岩，室前楹挂有小墨拓镜阑，正予寤寐未忘之楔形文字原本。由是宛转数四，得之于古董商王栋庭。予既获此，持云老友焦玉亭。焦云："此骨原有两枚，其一在柯燕舲家。"乃烦人往，求一见，仅睹照像与拓片。索价高，竟不能璧合。又历

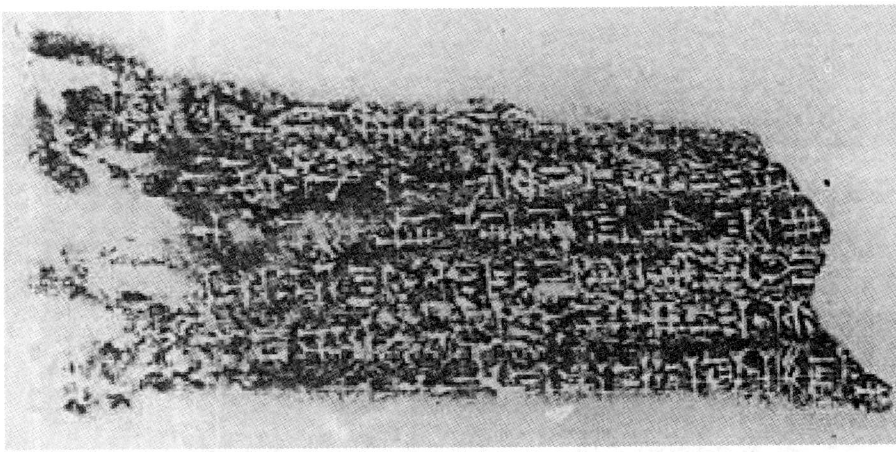

图4：第二块马骨化石铭文拓本之一

图5：第二块马骨化石铭文拓本之二

数载，柯君物故。其夫人委厂商肖寿田持物求售，予以倍价酬之。盖柯君亦雪堂先师及门弟子也。

六六年浩劫中，此物弃置吾院中灰土侧。予正拟拙志时，狂喜俯拾，得以不死。予以八十之年，生活消费，正不可数，今衰老且病，恐将不起。愧此绵薄，些仔贡献于人民，亦可伤也。予病心衰，年来昏昏不能进于事，书不成文，强记如右。

画友侯丕显工北宋山水，曾问画事于予。偶于案头睹楔形文字拓片，谓：其父昔客于苏俄，为药肆中医，有土耳其人送渠化石数块，谓是龙骨，上有文字颇相类。惜为某人持去作研究，迄未见还，已不可追忆其文字形状。六七年侯君暴疾下世，今不可复询矣。

楔形文字骨化石，据售者王某云："出自新疆大西北古尔般附近沙滩内。"焦玉亭云："大西北有红山咀、沙泉子一带，往往有骨化石出现。村人均谓之龙骨，多半售与铃医及药贩，或做拈线工具。此百余年前所习闻，近已辍业久之，茫然也。"

岁甲子雪寒生力疾书于古城南里。

所引为憾者，雪堂老师早归道山，竟不及见。

鉴于薛慎微先生的愿望和要求，经有关上级批准，1985年10月故宫博物院接受了薛老捐献的骨化石铭刻及其他一些文物，并颁发奖状、奖金，以表彰他对文物事业的贡献，赞扬他对祖国文化的一片热忱。不幸的是同年7月老人便谢世了。

现在，马骨化石铭刻已得到我院妥善保存，这对于研究这一文物及有关文化提供便利条件。这里刊登的照片包括两件铭骨其拓片，而英文《世界古典文明史杂志》刊号只登出了第一块铭刻的拓片及释文。宇虹同志论文原为英文，现经美国芝加哥大学亚述学专家S.科尔先生审校，并由东北师范大学才晓颖同志译成中文。

马骨铭文译文，据吴宇虹论文引录于下：

巴比伦的人民，全体人民，苏美尔和阿卡德的全境，诸王公和总督，向他（居鲁士）顿首，吻其双足。他们欢呼他的王权，他们面带着喜悦。主神（马尔都克）伸出援助之手，使濒临死亡的众神复活了，使他们度过了困境，脱离了危险。他们满怀感谢之心，为他祝福，赞美他的名字。我，居鲁士，宇宙之王，伟大的王，万能的王，巴比伦之王，苏美尔和阿卡德之王，四方之王，是伟大的王，安山之王，干比斯之子，安山之王，大王，居鲁士之孙。

（故宫博物院网站，2011年）

欧阳修的《集古录》和《集古录目》

北宋欧阳修（1007—1072）撰《集古录》，也即《集古录跋尾》，共十卷，是现存最早的研究金石铭刻的专著。书内收入周秦至五代的碑版和铜器铭文拓本跋尾四百余篇（版本不同篇数也不尽相同）。据作者自序，书成于嘉祐八年（1063）癸卯。

熙宁二年（1069），欧阳修子棐又编《集古录目》，对家藏千卷金石拓本，分别列出书撰人名氏、官位与立碑年月等，成为另外一书。然此书久佚，今仅见清代黄本骥辑录本为早本。

以上是关于《集古录》《集古录目》的一般看法，见于清以来的多种文献，也见于《中国大百科全书·考古卷》。[1]本文将追溯源流，辨析文献，认为《集古录目》也是欧阳修撰写，其子棐则完成了抄写和刻书，遂流传于世。

（一）

事情还得从欧阳修写的《集古录》的序文说起。该文始见于欧公文集，全文如下：

集古录序。

物常聚于所好，而常得于有力之强。有力而不好，好之而无力，虽近且易，有不能致之。象犀虎豹，蛮夷山海杀人之兽，然其齿角皮革可聚而有也。玉出昆仑流沙万里之外，经十余译乃至乎中国。珠出南海，常生深渊，采者腰絙而入水，形色非人，往往不出则下饱蛟鱼。金矿于山，凿深而穴远，篝火糇粮而后进，其崖崩窟塞则遂𣧩于其中者率常数十百人，其远且难而又多死祸，常如此。然而金玉珠玑世常兼聚而有也。凡物好之而有力，则无不至也。汤盘孔鼎，岐阳之鼓，岱山邹峄会稽之刻石，与夫汉魏已来圣君贤士桓碑彝器，铭诗序记，下至古文、籀篆、分隶诸家之字书，皆三代以来至宝怪奇，伟丽工妙可喜之物，其去人不远，其取之无祸。然而风霜兵火，湮沦磨灭，散弃于山崖墟莽之间未尝收拾者，由世之好者少也。幸而有好之者，又其力或不足，故仅得其一二，而不能使其聚也。夫力莫如好，好莫如一。余性颛而嗜古，凡世人之所贪者，皆无欲于其间，故得一其所好于斯。好之已笃，则力虽未足，犹能致之。故上自周穆王以来，下更秦汉隋唐五代，外至四海九州，名山大泽，穷崖绝谷，荒林破冢，神仙鬼物，诡怪所传，莫不皆有，以为《集古录》。以谓传写失真，故因其石本，轴而藏之。有卷帙次第，而无时世之先后，盖其取多而未已，故随其所得而录之。又以谓聚多而终必散，乃撮其大要别为录目，因并载夫可与史传正其缺谬者，以传后学，庶益于多闻。或讥予曰："物多则其势难聚，聚久而无不散，何必区区于是哉？"予对曰："足吾所好，玩而老焉可也。象犀金玉之聚，其能果不散乎？予固未能以此而易彼也。"庐陵欧阳修序。[2]

昔在洛阳与余游者皆一时豪俊之士也。而陈郡谢希深善评文章，河南尹师鲁辨论精博。余每有所作，二人者必申纸疾读，便得余深意，以示他人，亦或时有所称，皆非余所自得者也。宛陵梅圣俞，善人君子也。与余其处穷约，每见余小有可喜事，欢然若在诸己。自三君之亡，余亦老且疾矣。此序之作既无谢、尹之知音，而集录成书恨圣俞之不见也，悲夫！嘉祐八年岁在癸卯，七月二十四日书。

文中“乃撮其大要别为录目”显然是已写出目录了。又“因载夫可与史传正其缺谬者”指撰写跋尾。“以传后学，庶益于多闻”，则承接以上录目和跋尾二事而言。这是嘉祐八年（1063）欧阳修所写的《集古录序》。同见于书的只是跋尾，碑目部分还没有印出来。

六年后，《集古录目》才刻印成书，前附欧阳棐撰记，记文如下：

欧阳棐目记。《集古录》既成之八年，[3]家君命棐曰："吾集录前世埋没缺落之文，独取世人无用之物而藏之者，岂徒出于嗜好之僻，而以为耳目之玩哉！其为所得亦已多矣，故尝序其说而刻之。又跋于诸卷之尾者二百九十六篇，《序》所谓‘可与史传正其缺谬者’已粗备矣。若撮其大要别为《录目》，则吾未暇，然不可以缺而不备也。"棐退而悉发千卷之藏而考之，曰：呜呼！可谓详矣。盖自文武以来，迄于五代，盛衰得失，贤臣义士，奸雄贼乱之事，可以动人耳目者，至于释氏道家之言，莫不皆有。然分散零落，数千百年而后聚于此，则亦可谓难矣。其聚之既难，则其久也又遂将散而无传，宜公之惜乎此也。于是各取其书撰之人，事迹之始终，所立之时世而著之，为一十卷，以附于跋尾之后。夫事必简而不烦，然后能传于久远。今此千卷之书者，刻之金石，托之山崖，未尝不为无穷之计也。然必待集录而后著者，岂非以其繁而难于尽传哉！故著其大略而不道其详者，公之志也。熙宁二年二月上浣，欧阳棐叔弼記。

棐记复述了父序“若撮其大要别为录目”的话。这里将“乃”字改作“若”字，“若”也有“乃”的意思。[4]又说：“宜公之惜乎此也。于是各取其书撰之人，事迹之始终，所立之时世而著之，为十一卷，以附于跋尾之后。”再次叙述了其父著目的情况。“宜”是应当的意思。

“则吾未暇，然不可以缺而不备也”。这句是说：可是我还没有功夫将目录刻成书，然而缺少目录，则不完备，是不可以的。而不应理解为没有时间编写目录。如果“未暇”后有“付梓”二字，那么就不至于产生歧义了。

欧阳修是史家和文豪，搜集古刻拓本，顺便写出目录乃是轻而易举的事，即“故随其所得而录之”，“录之”便是编目。事实上，凡是喜爱碑刻的文化较高的人，每获一本，就会查考其名称、年代、撰书人及相关的人物史事，并记下简略文字，积以时日，便自成碑目，不必重新编目。需要棐做的是誊写目录，再刻印成书。欧阳棐（1047—1113），修次子，字叔弼，以荫补秘书省正字，后登进士乙科，累官至户部、右司郎中，以直秘阁知蔡州。有著述《尧历》《合朔图》《历代年表》等。写《集古录目记》在熙宁二年（1069），时棐二十二岁，修六十三岁。

（二）

北宋王辟之《渑水燕谈录》卷七记下面一事：

欧阳文忠公，文章道义，天下宗师，凡世俗所嗜，一无留意，独好古石刻。自岐阳石鼓、岱山邹峄之篆，下及汉魏以来碑刻，山崖川谷，荒林破塚，莫不皆取，以为《集古录》。因其石本，轴而藏之。撮其大要，列为目录，并载可以正史学之缺谬者，以传后学。跋尾多公自题，复为之序，请蔡君谟书之，真一代之绝笔也。公之守亳也，余主蒙城簿，尝得阅之。[5]

此书见于《宋史·艺文志》《郡斋读书志》《直斋书录解题》《文献通考》著录。王辟之，字圣涂，山东临淄人，生于仁宗天圣九年，治平四年进士，此后做县官、州官三十多年，绍兴四年致仕忠州任上。书中所载情形，和《集古录·序》相符。重要的是，他是《集古录》成书后的亲见者。治平四年（1067），欧阳修因濮议争端被贬到安徽亳州，王辟之主蒙城[6]簿，有机会往来。此时距写《集古录·序》的嘉祐八年（1063）仅四年，王又是文史有造诣者，书内也写了不少碑版的事，他对《集古录》情形的记载是可信的。还说："跋尾多公自题，复为之序，请蔡君谟书之，真一代之绝笔也。"此事不见他书提及。

（三）

其实，南宋时就有人怀疑欧阳棐为《集古录目》的作者了。四库全书本《集古录目》附宋周必大序，提出质疑云："自今观之，公序明言别为录目，而棐乃记公未暇之语。""不过列碑石所在及其名氏、岁月，初无难者，何未暇之有？是皆可疑。"周必大（1126—1204），字子充，又洪道，号省斋居士，宋吉州庐陵人。高宗绍兴廿一年进士，累官至右丞相。宁宗时以少傅致仕，封益国公。有《玉堂类稿》《玉堂杂记》《平园集》等。

道光十五年（1835）黄本骥从旧抄本宋《宝刻丛编》中摘出《集古录目》五百余则，辑成五卷本。他在后序中讲："欧阳文忠公撰《集古录》既成，命其子叔弼别为《集古录目》，见叔弼自记，是《集古录》与《集古录目》判然二书也。《集古录》止取各碑之有跋者，其无跋者不与焉。《集古录目》则取公家千卷之藏，撮其大要，备列书撰人名，及官位事实与立碑年月，约为十卷以便阅览也。"再次申明了两书两作者的看法。

（四）

欧阳修写的序文在不同的书里曾有不同的篇名，称"序"，称"集古录序"，称"集古录目序"。文初写成必然称"序"。跋尾刻书时仍称"序"。当目录刻书时该改"集古录目序"，并将棐记置后。在欧公其他文集中则冠名"集古录序"，或"集古录目序"。篇名时常被编书人据书的内容而改易。

《集古录》原本一种书，长久被误认为两种书，两位作者的原因盖有二：一方面，跋尾书先出，且流传至今。目录书迟出，且未能久传。后人知跋尾书者众，知目录书者少。如果跋与目同书刊出则不至误会。另一方面，对欧阳棐记中"则吾未暇，然不可以缺而不备也"等句有误解。

本文对"序"与"记"予以辨析，引证《渑水燕谈录》记载，结合碑帖收藏家编目的实际情况，认为：历史上的《集古录》和《集古录目》原本一书，作者即欧阳修一人。这种录目和跋尾相配合的编书结构便成为后来赵明诚《金石录》[7]以及历代金石学著作的重要模式，延续千年之久。

注释：

1.《中国大百科全书·考古卷》，中国大百科全书出版社，1986年，页222。

2.据光绪十年（1887）吴县朱氏《行素堂金石丛书本》，下引欧阳棐目记同。

3.记文中写“八年”，但从嘉祐八年（1063）到熙宁二年（1069）是六年，不知如何计算的。下边“二百九十六篇” 的数字有误，前人已指出。

4.见《辞海·语词分册》，上海辞书出版社，1979年，也543.。

5.王辟之《渑水燕谈录》，中华书局，1981年，页91.。

6.今安徽蒙城。

7.《金石录》，赵明诚（1081—1129），字德父，密州诸城（今山东诸城）人，历官知湖州军州事。是书仿欧阳修《集古录》体例，前十卷拓本目录，书三代铜器和古石刻一千九百余种，后二十卷汇集金石题跋五百零二则。

后 记

2002年拙著《善本碑帖论集》出版（紫禁城出版社），已过去十余年了。本书则汇集了2002年至2014年写的一些东西，编辑的体例与前书相仿，分为“关于石鼓文”“《淳化阁帖》研究”“刻帖辩证”“碑刻考订”“石刻与宗教信仰”等几个部分，主题相对集中。书名也就定为《善本碑帖论稿》。大部分文章过去在刊物、研讨会论文集中发表过。后来再有订补之处则写入附记，依然觉得“言之成理而未彻，持之有故而未周”。

承上海书画出版社王立翔先生的关切与垂询，此书才得以立项，承冯磊先生的精心斧正加工，得以成书。谨此由衷地表示深深的感激。碑帖的欣赏与学术研究，历史绵长，著述薪积，而在清代、民国尤为炽盛。如今仍为世人所重，刻石不断出土，古旧善本时有发现。越是古代的事情，越是现代人想知道的。因此上海书画出版社一直关注推动碑帖方向的工作，实具远见卓识，是令人钦佩的。

施安昌

2016年8月

图书在版编目(CIP)数据
善本碑帖论稿 / 施安昌著. -- 上海 : 上海书画出版社,
2017.1
ISBN 978-7-5479-1381-9
Ⅰ.①善… Ⅱ.①施… Ⅲ.①碑帖－鉴定－中国－古
代－文集 Ⅳ.①K877.424-53
中国版本图书馆CIP数据核字(2016)第289334号

善本碑帖论稿

施安昌 著

责任编辑 冯 磊 崔悠笛
审 读 沈培方
责任校对 郭晓霞
封面设计 王 峥
技术编辑 钱勤毅

出版发行 上 海 世 纪 出 版 集 团
上海书画出版社
地址 上海市延安西路593号 200050
网址 www.ewen.co
www.shshuhua.com
E-mail shcpph@163.com
印刷 上海铁路印刷有限公司
经销 各地新华书店
开本 787×1092 1/18
印张 19.56
版次 2017年1月第1版 2017年6月第2次印刷

书号 ISBN 978-7-5479-1381-9
定价 98.00元

胜之有道

郑和生◎著

吉林出版集团股份有限公司

图书在版编目（CIP）数据

胜之有道 / 郑和生著 . — 长春 : 吉林出版集团股份有限公司 , 2018.7（2024.7 重印）

ISBN 978-7-5581-5212-2

Ⅰ . ① 胜… Ⅱ . ①郑… Ⅲ . ①成功心理 – 通俗读物 Ⅳ . ① B848.4-49

中国版本图书馆 CIP 数据核字（2018）第 134134 号

胜 之 有 道

SHENG ZHI YOU DAO

著　　者 郑和生

责任编辑 曲珊珊

开　　本 710mm × 1000mm　1/16

字　　数 260 千

印　　张 18

版　　次 2018 年 8 月第 1 版

印　　次 2024 年 7 月第 2 次印刷

出　　版 吉林出版集团股份有限公司

电　　话 总编办 : 010-63109269

发行部 : 010-67208886

印　　刷 文永印刷河北有限公司

ISBN 978-7-5581-5212-2　　定价 : 58.00 元

CONTENTS 目录

第一章　斗志满满应对生存

第二章　奋起直追荣耀巅峰

第三章　勇敢挑战走出困境

第四章　全力以赴超越自我

CONTENTS 目录

第七章　持之以恒完善自我

第八章　求同存异出奇制胜

CONTENTS 目录

第一章

斗志满满 应对生存

抱怨是最消耗能量的无益活动，当男人将自己对现实的不满不断地向他人倾诉时，自身的狼性便会逐渐地消失。在这一刻，男人会变得极为脆弱，无心去应对竞争中的各种考验，而只想找一处安乐窝去过自己的逍遥生活。在这一刻，你是否会想起，狼从来不会抱怨，它们只是在日益狭小的世界中最大限度地为自己增加生存的概率。抱怨，只会让它们丧失斗志，而斗志一旦没有了，便意味着它们将会被残酷的大自然所淘汰。

人生充满了无硝烟的战争

现实社会是残酷的，在强者如云的角斗场中，不管谁最终获得胜利，都会遍体鳞伤。当你最终赢得了这场战斗，你还会抱怨曾经受到的伤害和耻辱吗？如果在这个游戏里，你输得一败涂地，那么在接下来的生存中，你会不停地抱怨吗？你会因为失败而颓废消沉吗？俗话说“两虎相斗，必有一伤”，不管是失败者还是胜利者，都应该以更好的心态面对接下来的一切。在狼的世界里，只有不停地竞争、不停地战斗，才能保证不被自然淘汰，不被同伴耻笑。男人就要像狼一样，骨子里充满血性，眼神中布满坚定，把每一场战斗都当作是生命中的最后一次战斗，拼尽全力。获胜后，你就会成为众人眼中的强者；失败的人注定会成为这场游戏的牺牲品。

[狭路相逢勇者胜]

在“打狼运动”的呼啸声中，头狼决定带着残余部下一路往北逃，最好是越过边境，躲过这一次几十年不遇的“浩劫”。一路上，这支原本还有20多只狼的队伍数量越来越少，饿死的有、死在猎枪下的有、落入陷阱中的也有，可是没有一只狼放弃奔跑。它们都知道，这场游戏的结果直接关乎它们的生命安全，放弃的唯一结果就是被猎人的猎枪无情地射杀。尽管前路并不一定会宽阔、安全，可是在头狼的带领下，它们仍然坚定地向前奔跑。

饥饿与恐惧侵蚀着狼群中每一只眼神幽怨的狼。就在这时，头狼发出了停止前进的信号，狼群收到信号后马上匍匐在地，呼吸在这一刻变得炙热。四周死一般的寂静中，两头野猪一前一后进入了狼群的视线。望着头狼眼中的坚定和血性，每一只狼都知道，这将是一场无法避免的战斗，也将是一场你死我活的厮杀。

两头野猪缓慢地走向山涧中，头狼在此时发出了攻击的信号。仅剩的 12 只狼像离弦的箭一般呼啸着冲向了野猪的身后，顿时，两头野猪的臀部都变得鲜血淋漓。在第一回合的战斗中，狼群赢得了暂时的胜利，这种偷袭的战术令敌人无法反抗。在发现遭到狼群的攻击后，野猪选择了决战。仅有 12 只狼，对于野猪来说，胜利的曙光就在前方。野猪身上厚重的皮毛，无疑是它们最有力的铠甲。狼群的数次冲击都只能伤害到它们的表皮，没有一只狼能撕咬到它们的要害部位。

决战陷入了僵局，野猪看着流血的臀部开始决定撤退，因为它们突然发现，这是一群饿狼，这群狼无疑要将它们置于死地。头狼显然看透了野猪的心理，在野猪逃跑的路上突然杀出了四只最为强壮的狼，它们分别以最快的速度准确地咬向了野猪的腹部，极度的疼痛令野猪四处逃窜，企图甩掉身上的饿狼。在它们不住的狂奔中，野猪的腹部逐渐被撕开了一条大口子，其余的狼轰然而上。

群狼撕咬着野猪的尸体，眼中的寒光透露出胜利者的荣耀。

狼群的胜利显然不是侥幸。在这场自杀式的袭击中，它们无疑抱着必死的决心。在草原上，敢向两头野猪同时发动攻击的狼群的确很少见，因为像这样的战斗群狼往往都不会占到多大的便宜，如果不是饿极了，如果不是迫不得已，如果不是狭路相逢，也许这样的战斗永远都不会发生。头狼的聪明绝不亚于人类，它绝不会指引着自己的部下冒如此大的风险，去完成一项根本无法完成的任务。在它发动总攻的时候，也许已经做好了最坏的打算。作为草原上的佼佼者，野猪和狼似乎并不存在任何的交集。然而这场血腥的战斗却真实地发生了，狼群的胜利毋庸置疑。在两强相斗的厮杀中，终要有一方会成为另一方的战利品，这就是强者之间残酷的游戏。“胜者王，败者寇”在自然界中便是唯一的真理。

在男人的世界里，事业无疑是占上风的。每个男人的心中都有一个属于自己的事业理想。在竞争日益激烈的职场中，无论你是小小的职员还是高高在上的领导，都没有一刻可以令你安然度过。强者总是善于积蓄力量、隐藏自己，在最终的决战中才爆发出全部的战斗力。

[成王败寇，强者的游戏]

玄武门之变在中国的封建史上有着无法磨灭的印记，1300 多年来，史学家们对玄武门之变的起因、发展以及其对唐王朝的影响各抒己见。然而对于男人来说，玄武门之变的历史意义远不如成王败寇的结局来得惊心动魄。

原本占上风的太子党，想翦除李世民及其手中的兵权。在他们的眼中，李世民无疑是他们成功路上最大的一块绊脚石。不除他不足以绝后患，不除他不足以实现帝王的梦想。

相比之下，李世民的赫赫战功才是他此次与太子党拼杀的最大资本。他比太子更明白，这是一场胜者为王、败者为寇的游戏。一旦输了，就输了全部，绝对不会再有翻盘的任何可能。在精心策划的玄武门之变中，李世民打头阵，带领三百士兵冲向策马而逃的皇太子李建成和他的弟弟齐王李元吉，并一箭射杀了李建成。

在无情的强者之战中，李世民赢得了胜利、赢得了皇位，这些东西原本并不属于他。面对比自己强大的太子党，为了皇权和生命，他除了进行一场血腥的战斗外，别无他法。

没有任何一个人可以永远站在强者的位置，总有比你更加强大的人向你发起挑战，要想让自己立于不败之地，就要不停地变强，再变强。当一场竞争关乎你的前程、梦想乃至生命的时候，你就要付出所有的努力，发挥男人本性中那种残酷的狼性。置之死地而后生，是每一场角斗中胜利者都有过的心态。

心理小贴士：

在男人的世界中，只有暂时的强者，没有永远的弱者。凡是有血性的男人都不会让自己永远处于被人钳制的状态中，奋起抗击、积蓄能量，不到最后，谁也不能确定输赢双方。每个男人的血液中都流淌着狼的天性，这是偶然也是必然。也许不到绝境之时，你永远都不会发现身体中潜藏的狼性，这是偶然；当你在角斗、厮杀中发挥了狼性，运用了狼的凶狠和智慧时，你会赢得最终的胜利，这就是必然。

不轻言放弃，不畏惧失败

中国自古就有一句名言：“生于忧患，死于安乐。”在现代职场中，竞争是无比残酷的。这种残酷令大多数男人心忧不已，不知道哪天自己的位子就被别人取而代之，更不知道哪天原本属于自己的东西就突然被别人据为己有了。当然也不排除另有一批满足于现状的男人，喜好这种无数危机潜藏下的暂时安乐生活。草原上的狼，没有一只会安于现状，它们比人更清楚，只有不停地变强、不停地前进，才能让自己立于不败之地。在狼的身上，永远都有着一种无法磨灭的忧患意识，男人也应该意识到这一点。任何一个充满狼性的男人，都不会让自己血液中的狼性消失。

[保持忧患意识]

狼是群居的动物，很少有独自活动的。一旦它们落了单，就可能会被其他动物攻击，这种情况在独狼的身上时有发生。

寒风瑟瑟，但是这只狼不得不外出觅食，它要给它的小狼崽找食物，所以它必须到森林中去，伺机捕获猎物。狼不会漫无目的地闲逛，它们有着固定的模式和方法，在狼的世界里，每一次出征都会有所收获，这才配得上是一只真正的狼。

不远处的河边，一只野山羊在低头饮水，水流的声音很好地掩盖了狼急促的呼吸声。狼的双眼一直盯着前方的猎物，一步一步地向它身边挪去。在野山羊猝不及防间，狼便完成了这次完美的攻击，带着战利品，回到了山洞中。喂饱了狼崽，它再次出征，它要再一次猎食——为了自己，也为了孩子。

在狼族的世界里，没有任何一只狼会安于现状。眼前的食物终究会被吃完，它们不会也不可能等到自己饿得走不动时才想到去寻找猎物。在狼的思维里，忧患意识是无比重要的，它要找到足够的食物供自己的狼崽食用。虽然独自猎食的危险非常大，但是它却不会有丝毫的退缩。与其说是狼的母性，还不如说是狼族的狼性。

狼的寿命只有 13 年，但是大多数的狼都活不到这么久，它们一般只能生存 8 ~ 9 年。在草原上，狼是不可侵犯的。它们有着绝对的优势和权威。任何动物都不愿与它们结怨，更不愿在偌大的森林中与它们对峙。狼的嘴下，绝不允许有猎物活着逃出去，即使真的有猎物如此幸运地逃脱了，它也绝不会毫发无损。没有任何一只动物在与狼的斗争中可以安然离去。

狼的天性使它们根本不知道什么是“死于安乐”，它们的意识里只有“生于忧患”这四个字。只要狼还有一口气在，它便会不停地捕食猎物，不给自己偷懒的机会。在大自然的优胜劣汰中，狼族无疑是做得最成功的一个种族。它们绝不会局限于眼前的蝇头小利而放弃对身边猎物的捕杀。狼拥有无上的智慧，在某些方面，狼的智慧甚至超过了人类。它们总会不停地为将来做打算，任何困难的境况在狼的面前都算不上绝境。

社会的发展，令许多人产生了安于现状的想法。可是残酷的现实就摆在眼前。假如今天不努力，明天就要付出双倍的努力。当你拿着一个汉堡准备张嘴去咬的时候，你的周围或许会有许多双眼睛在盯着你。你咬下了第一口，就会有人拼命跑过来跟你争抢第二口、第三口……一直到面包渣都剩不下为止，这就是整个社会的现实状态。竞争太过残酷，永远不要觉得握在你手里的东西就一定是你的。男人的世界，一切皆有可能！

[皮之不存，毛将焉附]

这句话最早出自于《诗经》，后来被海尔前总裁张瑞敏引用。用它来形容现代社会的职场忧患意识的确最为恰当。

张恒是一家公司的部门经理，在开会时，他经常重复《诗经》里的这句话，他还经常对下属说："皮之不存，毛将焉附。"每次开会，他都会说：作为公司的一员，虽然我们无法决定公司的发展方向，可是我们却是公司不可缺少的力量，永远都不要以为自己对公司没有多大的贡献。

曾经有一次，有一个员工工作没有做好，张恒在批评他时，这个员工说："公司里这么多人，又不缺我一个。我做不好，自然有别的人可以做好。"听了他的话，张恒当即就召开了会议，在会议上他再次声明，每一个员工都是公司的一分子，要时刻存在忧患意识。只有这样，公司才会越来越强大，发展才会越来越迅速。如果每个人都安于现状，那么公司是永远不会得到发展的。公司的前景看似和员工没有多大关系，实际上一个企业就像一个巨大的车轮，只有员工们齐心协力才能使它不停地转动，而且越转越快；只有这个轮子转动起来，每个员工的利益才能实现最大化。

在他的一通言论下，每个员工都低下了头。最后张恒又重申了那一句他经常挂在嘴边的话——皮之不存，毛将焉附。正是因为这样，张恒所在的部门每一次年终考核都是第一名，每一次的额外奖金总是会光顾他们部门的员工。也正是这种忧患意识，让张恒带领着他的员工成为了企业的一支生力军。

在职场中，付出与收获往往不成正比，面对这种情况，很多人都会沉不住气，这是人的天性。当你为一件事倾尽了全部的心血，却连一句感谢的话都得不到时，你当然会觉得无比的失落，这是人之常情。但我们不能就此放弃自己的责任。每一个男人，除非是含着金钥匙出生的，否则你就要从双手空空时开始拼搏。你的人生就像一个空袋子，你要不停地往里面填东西，直到填满这个袋子。如果有一天，你的袋子已经被填满，也不要就此停止，因为不知道哪一天，这个袋子里的东西就会消失。所以，你要不停地往袋子里装新东西，这样你就不至于失去所有。这就是所谓的忧患意识。不要以为前方条条大路都能真的通往罗马，那只是自欺欺人的障眼法而已。

心理小贴士：

男人的职场法则往往是永不言败，这是男人的天性，是男人内心里掩藏的狼性。现代社会的男性大多都生活在夹缝之中，事业和家庭、友情和爱情、领导和同事等，所有的关系都要处理得游刃有余，这种游离于职场中的手段不是每个男人都会用的。

每一个职场中的男人，都渴望自己能够坐到领导的位子上，得到同事的尊重，拥有客户的赏识。职场中的厮杀相当于狼群在草原上的角斗。这是一个宽阔的角斗场，每个人都渴望站在里面，渴望获得胜利。失败时，勿言放弃；成功时，勿要得意，得意的人往往容易忘形。失去了忧患意识，你也就失去了站在最高处的资格。

生存是每个人不可逃避的问题

人类生存必不可少的是水和空气。如果你的生命仅靠这两样东西来维持，那么你的人生就像一棵普通的植物一样，除了活着外，没有任何的意义和价值。作为男人，如果靠依附在某个人身上来求生存的话，不仅会被他人所不齿，还会因此丧失男人的本性和最起码的尊严。人活着，首要的目标便是生存，为了生活而存在。只有踏踏实实地生存在这个世界上，才有可能让生活变得更好，才有可能得到更高层次的享受和慰藉。在这方面，狼族无疑是男人的最佳示范。

[活着才是硬道理]

这是狼群与马群激烈战斗的画面。四十多只狼的面前是成百上千的马群。饿了三四天的狼群无意中发现了这个马群，起初它们决定悄然离去，因为不远处牧马人的猎枪就在肩上扛着，几十条牧羊犬也在不停地打量着四周的环境。每一只狼都知道，饥饿已经让它们无力战斗，但是它们却始终一动不动，它们在等待，等待头狼进攻的眼神。头狼的脑筋在猛烈地转动，是拼还是逃？闯进去趁乱也许能偷袭几匹马，可是代价一定会是惨痛的，它们能不能活着逃出来是一个未知数。如果就此离去，又不知道什么时候才能遇到猎物。茫茫草原上，属于它们的猎物已经越来越难找到了。究竟该怎么办？

头狼最终下定决心，进攻！对饥饿的恐慌让它无法做出撤退的命令，狼体内的天性催促着它们奔向马群。不进攻，它们也许会全部饿死在这片草原上；进攻，则还有一线生机。在头狼下达命令的那一刻，身边的狼群箭一般射进了马群，它们准确无误地撕咬马匹的肚子，直到撕开一个豁口才松口，当它们的嘴中叼到一块热气腾腾的马肉时，它们就会主动退出战场，这是头狼的命令，它们不能恋战。

受惊的马群冲散了牧羊犬，也遮挡住了猎手射击的视线。当牧马人将马群整顿好后，狼群已经消失得无影无踪了。在用尽全力急速奔跑到极限时，头狼下达了原地休息的命令。每只狼都匍匐在地上，在确定后方没有追击后，它们才开始分享嘴中的食物，虽然没有吃得很饱，但至少每只狼都不会在短时间内因为饥饿而丧命。在这场生存的博弈中，狼群胜了。

对于马群来说，生命在弹指间就被狼群夺取了。茫茫草原上，它们吃草饮水也只是为了填饱自己的肚子。换句话说，是为了生存。而狼群的突然袭击，也是为了生存，它们闯入马群，看似是侵入者，其实也是被逼无奈。先不说狼的天性如何，单是为了生存，它们这样冒险就是值得的。一般人很难体会面对死亡时的恐惧，可是草原上的狼却无时无刻不在承受着这种恐惧，它们的每一次偷袭、每一次攻击、每一次战败或成功，都是为了生存。不管是群攻还是单独行动，为了生存，狼不惜付出一切代价。在狼的思维中，活着才是硬道理，只有活着，才能继续生存下去。

生活在现实社会里，每个人都在为了生存而奋斗；只有生存下去，才能实现内心的梦想。每个男人，都曾为了梦想而努力，为了生活而拼搏。不管结果怎样，生存是每个人都无法回避的问题。“生死由命”这句话在现实社会里是最不可靠的，尤其是对男人来讲，千万不要用这句话搪塞自己，更不要用这句话熄灭自己对于未来的憧憬。命运永远掌握在自己的手中，在物欲横流的社会中先学会生存，只有生存的问题解决了，你才可以勇往直前！

[竭尽所能，只是为了生存]

一头狮子在草原上已经饿了好几天，它睁大眼睛在附近搜寻着猎物。突然，它发现前方的草地上有一群野牛正在低着头吃草，狮子悄悄地放慢了脚步，尽量压低自己的身体，缓缓靠近了野牛群。

慢慢地，毫无防备的野牛群进入了狮子的猎捕范围，狮子纵身而起，迅速冲进了野牛群中，野牛们在一阵惊慌中四散而逃，狮子紧紧地盯着其中的一头，在其身后紧追不舍。渐渐地，草地上只剩下了它们两个，一前一后在奔驰。野牛为了生存，拼命地跑，狮子在后面也拼命地追，每次狮子将要追上野牛的时候，野牛便会突然拐弯，这样的办法，让它和狮子始终保持着一段距离。可是没有多久，野牛的体力便耗尽了，眼看它们之间的距离越来越近，它突然停住了狂奔的脚步，转过身看着狮子，用头顶的犄角对准狮子的脑袋。狮子被这突如其来的一幕吓得一愣，它不停地寻找进攻的机会，可是野牛的犄角却始终对着它，它们对峙着、僵持着。

就在这时，野牛突然向前迈了一步，随着它的前进，狮子却突然向后退去，然后仰面躺在了地上。它四肢朝天，仿佛是被吓傻了，就像一只受了惊的猫一样可怜无助，可是从它眯起的眼睛中却可以清晰地看到重重的杀机。狮子的行为，迷惑了野牛。它认为狮子已经是自己的囊中之物，于是放松警惕，慢慢靠近它。就在一瞬间，原本倒在地上的狮子毫不犹豫地扑向了野牛。

时间在这一刻静止，就在这一刻，胜负已分，短短的三秒钟而已。原本豪气冲天的野牛慢慢地倒向了地面，摔在地上时它一动不动，它的颈部还残留着狮子咬过的痕迹。

在自然界中，弱肉强食是规律，我们不必为野牛的死亡而悲哀。只是这场战斗中的狮子却让人生出无限感慨，它的利齿无疑在这场战斗中帮了它的大忙，可是那狡黠如狼的智慧才是这场战斗胜利的关键。在它佯装害怕的假象下，野牛毫无顾忌地发动了总攻击，这次踌躇满志的进攻却最终吹响了自己死亡的号角。没有人会为野牛的死亡而叹息，狮子的胜利也绝不是侥幸。每个人，在社会中都有自己固定的角色，当你失败时，没有人会真的为你悲哀；当你成功时，却总有人在你身边挥之不去，这就是生存。当你连生存都成问题的时候，谁会靠近你？谁肯施舍你？

心理小贴士：

狼的生存法则令每个男人都热血沸腾。在狼的思维中，生存才是首要的目标。狼比人更清楚，只有生存下去，才能成为草原上的霸主。男人和狼同样富有血性，每一个男人都渴望像狼一样驰骋在草原上，在刺杀猎物后，仰天长啸。

挑战无处不在，危机也能是转机

危险与机遇往往是并存的，如果能冷静对待、随机应变，便可将危险转化为绝好的机遇；如果在面对危险时，手足无措、徘徊不前，等待你的注定是一败涂地。生活中、工作中、感情中，处处都有危险、处处都有埋伏，一不小心就会触及深埋于此的“地雷阵”。往往一个小小的危机处理不好，便会牵出一串，这就叫作连锁反应。哲学里讲矛盾的双方在一定条件下可以相互转化，所以说危机的出现代表着危险和机遇两种状态，结局不会是一成不变的，不到最后一刻谁都不知道结局会怎样。所以不必在危机刚一出现的时候就唉声叹气、抱怨不已，冷静下来，沉着坦然地应对它，将不利变为有利，让危机变成好运气的开始。

[挑战，为荣誉而战]

狼王独自伫立在山头，寒风习习，身上那层斑秃的皮毛随风摇摆着，它的呼吸是如此的沉重，沉重到久久无法挪动自己的脚步。

这群狼共有 20 多只，是和狼王一起出生入死的弟兄，可是最近狼王明显地感觉到内部危机四伏，它狼王的头衔怕是保不了多久了，一些年轻的狼已经跃跃欲试了。狼王知道，这一战注定是无法避免了，那就来吧，让一切都过来吧！我一定会让所有挑战我的狼都趴在我的爪下，这不仅仅是一个头衔，更是一种荣誉，我不会让这份荣誉被夺去。

年迈的狼王缓慢地走回属于它的那个洞穴。明天，最迟后天，一定会有年轻的狼向它发起挑战。它回头望了望泛着绿光的洞穴，爪子深深地陷进了土里。

这群狼，因为小狼的长大补充了许多新生力量，那些跟着狼王出生入死的狼老的老、死的死。这些小狼都是它们的子孙，然而现在它们却要向狼王发起挑战，年轻好胜的它们都想要得到狼王的头衔，都想要那份令狼群艳羡的荣誉。每一只狼都跃跃欲试，它们丝毫不怀疑自己的实力，它们需要的只是一场漂亮的战斗。

天微亮，狼王便看到了伫立在洞前的四只狼，接着是众多的部下，它们很自觉地围成了一个圈，等待着狼王的出现。所有的狼都知道，这场战斗拉响了。除了一些嗷嗷待哺的幼崽之外，狼群内所有的成员都出现在了角斗场的周围。随着头狼的一声长嚎，它首先向狼王发起了攻击。经验告诉它，先发制人往往可以事半功倍。

长达一个小时的战斗之后，狼王终于将挑战者还冒着热气的尸体叼在了嘴上，坚毅的眼神望着四周。没有谁为失败者哭泣，没有谁同情已经断气的同伴，更没有谁敢再向狼王发起挑战。曾经岌岌可危的狼王的地位在这次完美的战斗中更加稳固了。

狼的世界远比人的世界血腥、残酷。它们为了食物、伴侣、地位同异族厮杀，同伙伴拼抢。它们绝不会向自己的同伴投去同情的目光，这是大自然的法则决定的。大自然决定了它们独特的生存方式，决定了它们在面对死亡和危机时的那份坦然和洒脱。狼王所面对的危机绝不是我们在现实生活中可以体会到的，那是一种随时能够剥夺荣誉乃至生命的危机；它的到来，可以让你瞬间一无所有，包括你的生命。狼王要面对的不仅仅是三五个挑战者，还有来自族群中的不信任和不和谐之声。挑战者敢于向它发起挑战，证明它在狼群的号召力和影响力已经不像先前那般巨大，证明了它的能力已经被大家所质疑。在这种前后夹击的危机中，狼王却始终保持着非常清醒的头脑，它不能逃避、不能退缩、不能露出一点点胆怯的样子。它需要一场胜利，一场压倒性的胜利，这样才能巩固它在狼群中的地位，这样才能让其他的挑战者知难而退。

在男人的世界里，挑战几乎无处不在，危机往往随处可见。一个不小心就掉进了别人精心炮制的陷阱之中，一不留神就踩在了别人挖空心思埋于此处的“地雷阵”上。其实，掉进陷阱并不可怕，照样可以爬出来，所谓见招拆招也不过如此，只要心绪坦然，陷阱也能变天堂；踩上地雷也不一定就会死去，静下心来，坦然应对，你会发现自己其实是一个优秀的“拆弹专家”。

[危机也是转机]

1978 年成立的达利集团于 1992 年在香港上市。这是一个拥有着全亚洲先进生产设备的企业，在丝绸行业里它可谓是龙头老大。然而金融危机的发生，给达利集团带来了巨大的危机，这个以出口为主的企业受到的影响非常大。就在这时，达利集团成立了一个部门——成本控制中心。

面对危机，达利集团决定停下高速扩展的脚步，认真审视自己，利用危机逼迫自己将内功修炼好。集团选择了开源和节流并重的道路，加强了对成本的控制。这样一来虽然出口量同比下降许多，可是利润却一再创出新高。

另外，集团在节能降耗上也下了一番狠功夫，大幅度压缩开支。集团开发部的员工占据了员工总数的五分之一，所以自主品牌的推出也是集团的一大狠招，这样做使利润指标飞速增长，出口利润也达到了历史最高点。自主品牌的研究和开发，也使企业真正做到了“不减薪、不裁员”的承诺。

达利集团的事例非常典型。在经济危机的冲击下，众多企业都面临着倒闭、破产的结局。事实上，全中国每天都在发生着这样的事情。如果达利集团没有坦然地应对这次危机，没有在危机来临之时就制定正确的方案、找到准确的方向，那么它们的结局恐怕和众多的倒闭企业没什么两样。危机可以成为转机，绝路也可以走出光明大道。这些话在达利集团一一被印证了。坦然地面对一切，不胆怯、不哀怨、不慌乱，像狼一样去战斗、去思索、去解决危机。

心理小贴士：

没有任何一种生活可以永远无休止地舒适下去，死于安乐在现在的社会中已经成为了一种常态。不知道什么时候自己就会被淘汰，不知道什么时候就有人冒出来顶替自己的一切，更不知道什么时候你最心爱的东西就成为别人的了。在危机面前，是全力一搏还是就此退缩，完全只在一念之间。如果你是一只狼，就要像狼一样在危机面前展现你的狡黠、智慧、计谋和胆略，在危机中崛起！

随机应变
脱颖而出

狼在世界各地的分布范围很广，这是因为它们有着非常强的随机应变的能力，尤其是它们在捕获猎物的时候。当它们发现一只猎物不可能被它们所捕获时，它们便会随机应变，向另一个目标出发。正是有了这种随机应变的能力，才使它们能够一直生存于地球上。

狼做事一贯灵活，懂得随机应变。其实对于人来说，这种做事的技巧也是不可缺少的。从古至今，在遇到困难的时候，人们都主张随机应变，只有这样才能在千变万化的环境中脱颖而出。

[灵活应变，赢取胜利]

大草原的夏天，阳光明媚。卡尔踏着嫩绿的小草走在温暖的阳光下，还时不时地往四处观望着。现在虽然已到了食物比较丰富的季节，但卡尔还是没能找到可口的食物，它已经两天没有吃到东西了。忽然，它看见不远处的山坡上有一群黄羊在吃草，卡尔的眼中立刻闪过一丝亮光。它找来了其他同伴，朝着黄羊吃草的山坡走去。

在快要接近黄羊所在的山坡时，为了防止机警的黄羊发现它们的行动，它们都匍匐往前移动着。此时的黄羊还在悠闲地吃着草，完全没有发觉危险正在向它们一步步逼近。狼群与羊群之间还有一段距离的时候，狼群突然停了下来，它们不再向前挪动，而是静静地趴在草丛中观察着黄羊群的一举一动。时间就这样一分一秒地过去了，有些黄羊已经把肚子吃得圆滚滚的了。卡尔又开始慢慢向前挪动，狼群中的成员知道马上就会有一顿可口的午餐了。黄羊的跳跃力很强，一般跳跃的高度可达 2.5 米，在平地一个纵跳可达 6 ～ 7 米远，下坡时甚至能跳到 13 米远。除此之外，奔跑也是它们的强项，它们可以以 75 千米的时速足足跑上一个小时。

卡尔非常了解黄羊的特点，因此它绝不会让狼群轻举妄动。卡尔知道黄羊在中午的时候，会以三两只为一个小群体从大群体中分离出来，找一片阴凉的地方反刍，所以它决定在这段时间内进行攻击。但是，机警的黄羊最后还是发现了潜伏在草丛中的狼群。由于它们知道自己奔跑的本领十分出众，所以当它们发现狼群以后，并没有吓得四处逃窜。通常，它们都会先观察一阵，然后奔跑一段距离后停下来，回过头来再观察一番，然后再飞速奔逃，转瞬之间就消失得无影无踪了。眼前的情形发生了变化，卡尔决定改变进攻计划，它下令狼群在这个时候扑进黄羊群，将羊群打散分开；在黄羊飞快地奔跑出一段距离之后，都纷纷回头看着身后的狼群，这个时候，卡尔命令狼群继续追赶，虽然黄羊将狼群远远地甩在了后头，但是众狼依然没有放弃追赶。一个小时过去了，双方都已经筋疲力尽，可是依然坚持着。慢慢地，黄羊群中一些老弱病残者已经快跟不上队伍了，卡尔似乎看到了成功的影子。由于狼群的成员本来就已经饥饿难耐了，经过长时间的奔跑，原本就有些乏力的身体更加疲劳了，卡尔看到这里，脑海中迅速想着接下来应该怎样应对。

只见卡尔一声令下，狼群开始采用接力的方式追赶黄羊群。处于狼群最前面的一只狼用冲刺的速度去追赶黄羊，追赶一段距离之后，第二只狼就紧接着以冲刺的速度追上去，依次进行。这样，前面的狼就可以慢慢地退到队伍后面暂时休息一下。半个小时过去了，黄羊群中有三只渐渐地落在了队伍的最后面。失去群体保护的这三只黄羊更加惊慌失措，脚下的步伐也变得慌乱起来。这时，卡尔又立刻下令让狼群迅速变换队形，由追赶的队形变成捕猎的队形。果然，没过多久，这三只黄羊就被狼群团团围住，惊恐的黄羊无力地叫着，可惜一切都为时已晚了。

卡尔命令三只狼迅速向黄羊扑去，几个小时的追逐最终以短短的几分钟撕咬结束。群狼将黄羊瞬间撕成碎块，然后大口地吞食着……

卡尔懂得根据不同的情况调整战术，直至最后战胜了黄羊，这就是狼的随机应变的能力。人生活的环境在不断地发生着变化，人的思想每时每刻也都在发生变化，所以更加需要随机应变，能够在变化之中把握机遇的人才更容易取得胜利。很多人认为随机应变就是耍小聪明、碰运气，其实这是很片面的理解。随机应变是一种面对抉择时的果断，是一种面对困境而不乱阵脚的智慧。也许随机应变后并不能取得成功，但是它会让你更接近成功。

在生活中，我们应该学会适应环境，随着环境的变化而变化。进化可以说是因为环境的变化、为了适应环境的变化而存在的，也是种族繁衍生存的最必要的能力。人的身体可以说是进化得最成功的一个例子。

不管你在生活中扮演的是何种角色，都离不开环境。如果我们想要在我们的环境中更好地生存，就必须去适应它，并且随着它的改变而改变。否则你迟早会被淘汰，在这个社会中失去立足之地。

心理小贴士：

聪明的人是懂得随着环境的变化而改变自己的。这个世界每时每刻都在发生着变化，不善于随机应变势必会失去很多机会。其实，随机应变已经不仅仅用在战争、商业等方面，现实生活中也需要随机应变。比如与人交往，也要懂得“变”的法则，把握随机应变的分寸。但是随机应变并不是说让大家虚情假意、装腔作势，而是要善于在人际交往中将彼此之间的矛盾随机应变地化解。这样才能逢凶化吉，大事化小，小事化了，如果不善于变通，事情只会越来越糟。

[学习是通往成功之路的路标]

狼算得上是世上最有智慧的动物之一了，它之所以能够成为“常胜将军”，正是它善于不断学习，不断吸收，从而增强了自己的生存能力。

在这个知识与科技发展一日千里的时代，唯有不断学习，不断地充实自己，不断追求成长，才能使自己始终立于不败之地。

[不断学习才能增强能力]

库拉家族已经在这个草原上生活了无数个日日夜夜，这里对于它们来说就是天堂，因为它们在这里大多数时候都能过着自由自在的生活。

天空忽然下起了很大的雪，又一个冬天到来了。“咕咕，咕咕”，山洞中，库拉听到自己的肚子又在唱“空城计”了，它已经好几天没吃东西了，饥饿的感觉一直伴随着它，最近它经常会感到饥饿，这也是所有的狼最近常有的状态。虽然库拉待在山洞里没有外出，但是为了抵抗寒冷也消耗了它不少的体力，此时的它已经饥肠辘辘了。站在洞口看着外面鹅毛般的大雪，一股冷风朝山洞里吹来，穿透了库拉那厚厚的皮毛，它不禁打了个寒战。这样的天气没有一只狼愿意外出觅食，可是饥饿实在是太难以忍受了，库拉不得不顶着外面鹅毛般的大雪去寻找猎物。

雪越下越大，能见度也越来越低，只能看到前方二三十米处。库拉在外面转悠了半天，连猎物的影子也没见到。库拉心想：看来今天又要挨饿了，只能在梦里填饱自己的肚子了。它边想边走，不知不觉中，已经快到洞口了，这时库拉看到了它的同伴巴赫，于是就对巴赫说："这样的冷天你应该在洞里待着保持体力，出来干什么？"巴赫回答说："没必要，我又不缺食物，自己待在洞里没意思，出来透透气。"听完巴赫的话，库拉惊讶得张大了嘴巴，自己已经饿了好几天了，它竟然说自己不缺食物！正在库拉疑惑的时候，巴赫接着说："其实冬天捕食并不是那么困难，只是要看你有没有技巧，如果有的话，自然就不用担心食物问题了。"听了巴赫的话，库拉觉得自己应该向它学习一下这方面的技巧，因为在冬天里这种隔三差五才能吃到食物的生活实在是太难过了。而另一方面，库拉也觉得只有不断地学习，才能提高自己。于是库拉很虚心地向巴赫请教，并表示自己会很认真地学习。

巴赫说："其实下雪是一件好事，我们应该高兴才对，因为下雪时动物在草原上行走会留下它们的足迹，这就为我们提供了线索，让我们轻松地找到它们。另外，这些小动物通常都是结伴而行，最少也有四五只，这样还能一举多得，短时间内就不需要再出来觅食了。"库拉觉得巴赫说得很有道理，它暗暗想：为什么别的狼可以想到，我怎么就不能呢？以后我一定要努力向那些有能力的狼学习，不断提高自己的能力。新的一天来到了，库拉睁开惺忪的睡眼来到洞口，今天和昨天一样，天空还是不断地下着雪，寒风夹杂着雪花不断向洞口吹来。库拉又要出去觅食了，不过这次它很有信心，因为今天的它已经掌握了如何在雪地里觅食的本领。

库拉来到空旷的雪地上，仔细搜寻着小动物们的足迹。没多大工夫，它就发现了一串兔子的足迹。于是它跟随着这一串弯曲的足迹前进着，雪越下越大了，库拉加紧了自己的步伐，因为再晚一会儿的话，雪可能就会将兔子的足迹完全覆盖了。库拉一路小跑，终于找到了兔子的窝，它绷紧了四肢，“嗖”的一下扑向了兔子，凭着它丰富的捕猎经验，它几乎不费吹灰之力就将兔子捕获了。

成功不是随随便便就能得来的，必须要靠自己不断地努力才能获得。学习就是通往成功之路的路标。不断学习行业相关知识和技能，学习管理的经验，学习与合作方及客户的沟通交流技能是成功的基础。不论做任何决定都需要根据你的经验或知识，如果缺乏这种经验或知识，那么你判断的依据就会不足，最后获得的结果自然也不会正确。

心理小贴士：

生存在这个竞争激烈的社会中，学习是十分重要的。从不懂到懂，直到成为行家里手，就是一个不断学习实践的过程。不学习将失去竞争力，在这个“知识经济”时代，我们必须注重自己的学习能力，必须坚持不断学习、终身学习，只有这样才能走在社会的前端。

第二章

奋起直追 荣耀巅峰

狼从来不会用可怜的眼神去求得他人的怜悯，这也是人们将狼视为丛林强者的重要原因。它们在100多万年的生存空间中不断地提升自我生存能力，以此来应对日新月异的世界。抱怨不是强者所为，他们非常明白，与其抱怨，不如奋起直追，付出心血让自己更加靠近荣耀的巅峰。

凡事不抱怨，生活更美满

喜欢抱怨别人是每个人的天性，遇到问题，总是习惯忽略自己的过错而把导致错误发生的原因推到别人身上。除了圣人和智者，大部分的人都不能时刻保持清醒的状态，认识自身的过错和不足。当有负面影响产生时，无休止的“抱怨”就像流感病毒一样迅速席卷人们的每一个细胞，在没搞清楚事情原委的情况下，矛盾就已经升级，到最后甚至完全脱离了事情的本身，演化成人与人之间的相互攻击和彼此之间的怨恨。这实在是一件极为可怕的事情。

[一场特殊的战斗]

哈里斯是草原上最大一群狼的首领，它不但具有领导狼群的风范，还拥有极丰富的战斗经验，当然，智慧是哈里斯最宝贵的财富。可以说，哈里斯是草原狼的神话，所有的狼看到它都会退避三舍。

管理草原上最大的狼群是很费精力的，哈里斯需要一两个助手，这样更有利于狼群的发展和壮大。除了自己的妻子，它只需再挑选一名副手就可以了。

哈里斯绝对权威的地位是经过一次次的决斗换来的。在它领导的狼群中，森达是一名得力战将，它不但勇猛，而且非常霸气，如果不是性格太过急躁，哈里斯会考虑让森达作为自己的助手，但显然，在这个众狼都十分优秀的集体里，哈里斯可以有更好的选择。

为了显示自己超强的战斗能力，森达总是不等哈里斯发出指令，就自作主张地展开行动，追赶猎物的时候，森达也从不顾忌自己的身份，跑到狼王的前面。虽然这并没有影响战斗的结果，但它的这一做法换来的却是哈里斯的责备和警告，毕竟狼群是纪律性很强的队伍。森达的肆意行动显然违背了狼群法则，更挑战了狼王哈里斯的权威。

在一场蓄谋已久的围堵中，一群麋鹿正在悠闲地饮水，完全失去了戒备心理，捕猎行动可以开始了。急于显示自己能力的森达又想提前发动进攻，但这次哈里斯早有防备，严厉制止了森达的蠢蠢欲动，眼神中充满了斥责和不满。这是哈里斯第一次当众对森达发怒，这让森达心中十分不快。“凭借我的能力，完全可以领导一支狼队，而多年的追随不但没有换来狼王的信任和提拔，反而招来了不断的责骂。”森达这样想着。

这次行动之后，哈里斯不再像过去那样和森达交流战术，并讨论下一次怎么做效果会更好，而是一反常态开始和其他几名实力相当的公狼在一起。这让原本心里就十分不快的森达更加愤怒：“凭什么这样对我，我有什么错？如果没有我的帮助和扶持，你会发展得这么强大吗？”森达在心里不停地抱怨。

对哈里斯强烈的不满和深深的抱怨，让森达做出了一个非常不理智的决定：直接向哈里斯提出挑战。当然赌注是胜的一方直接领导狼群，失败者出局。这个举动不但让哈里斯感到意外，就连狼群里其他的狼都觉得有点儿不可思议。哈里斯不想和自己最好的伙伴决斗，它只是为了维持狼群纪律才责备了森达，并没有因此就想和它进行生死之战。可既然森达已经有了决斗的意图，作为一只狼，尤其是狼王，哈里斯没有退缩和逃避的理由。

整个狼群都观看了这场惊心动魄的战斗，森达虽然足够强悍，但怎能敌过智勇双全的狼王哈里斯？几个小时的浴血奋战，森达败下阵来。哈里斯并没有结束森达的性命，毕竟这是他十分欣赏和器重的同伴，森达带着累累伤痕离开了狼群。

其实，森达不知道，哈里斯是在征求其他几只狼的意见，看它们是否同意森达做它的助手，帮助它管理狼群。森达的抱怨和不满显得有些无中生有。

“牢骚太盛防肠断，风物长宜放眼量”就是劝导人们不要抱怨。所有心怀大志、胸怀宽广的人都知道抱怨不但解决不了问题，反而会招来矛盾和麻烦。当问题发生时，不能用片面的眼光和抱怨的情绪看待事物，要把眼光放长远一些，考虑问题全面一些，整体分析，重点把握。不要只领会片面意思，就贸然发表意见，这样往往害人又害己。

[爱抱怨的人难有大作为]

羽凡在一家贸易公司做销售，过去他还有一份比销售更好的工作，可是因为他喜欢抱怨，老板辞退了他，理由是“喜欢抱怨的男人永远不会有什么大作为”。

事情是这样的：羽凡学的是广告设计，毕业后应聘到一家知名企业做宣传策划。由于有专业技能，再加上创新意识比较强，羽凡起初做得很不错。一次，老板交给羽凡一项十分艰巨的任务，并事先说明：“这个任务难度很大，时间又紧迫，你能接受挑战吗？”虽然羽凡十分清楚要想保质保量地完成任务，压力很大，但为了证明自己的能力，给自己一个升职加薪的机会，羽凡还是勉强答应下来。很快，给定的期限到了，虽然羽凡已经很努力了，但还是没能完成任务，老板很生气，并狠狠地批评了羽凡：“我早就说过，时间紧，任务重，你没有能力我可以交给别人。既然答应下来，就应该无条件完成任务。现在你让我怎么办？”最后，老板还给了羽凡一定的经济处罚。

对于这样的处罚，羽凡表现得十分生气。他认为老板这样对待自己太不近人情了，于是他在办公室里当众抱怨道：“老板真是太过分了，这么短的时间，叫我做这么繁重的工作，虽然没有完成，但也应该看到我已经毫无怨言地加班加点，尽自己最大的努力了。他应该有所体谅，居然还扣我钱，太可恶了！”并且在接下来的时间里，羽凡不能安下心来工作，总是不停地向同事抱怨。很快，这些话就传到了老板的耳朵里。

有一天，羽凡被叫到了老板的办公室。老板说道：“没有按时完成任务是你的失职，对你进行处罚也是按制度办事。既然你这么喜欢抱怨，我想这里不适合你。抱怨不是一个男人应该有的行为。”

羽凡虽然离开了原来的企业，但老板的话对他产生了极大的启发。是呀，作为一个男人，遇到事情只会抱怨，永远也看不到自己的不足，这样怎能自我提升，从而得到重用呢？

喜欢抱怨的人，稍不顺心，就会抱怨不休，似乎周围所有的人都和他过不去，生活中全是烦恼和麻烦。聪明的人明白一个道理：抱怨并不能解决任何问题，只有积极面对挫折，善于从自己身上找不足，用全面和发展的眼光看问题，才是最好的方法。

从不抱怨的人，生活中处处都会充满阳光，烦恼也会随之烟消云散。人的一天要如何去过，完全可以由自己来决定。“当你笑时，这个世界和你一起笑；当你哭时，却只有你自己在流眼泪。”其实，所有的人都明白抱怨既不利人又不利己，还会阻碍事情向好的方面发展，但遇到实际问题，总会有人管不住自己的情绪，抱怨也就随之而来。从现在开始，改变自己，不管多苦，多委屈，笑一笑，让抱怨的恶魔永远消失吧！

心理小贴士：

在人类的历史长河中，时间一分一秒记录着每一个人的喜怒哀乐，任何力量都阻挡不了历史车轮前进的脚步。那么，我们为何不让自己的生命中多一点欢笑，多一点宽容，多一点大度呢？凡事不抱怨，每个人只要做到这一点，就会发现，无论是工作还是生活，都会变得如此美好。爱默生曾经说过：“只有把抱怨的心理化为上进的力量，才是成功的保证。”

别拿抱怨当失误的挡箭牌

人生不如意事十之八九。生活中，大多数人遇到挫折和麻烦，总是把焦点集中在外在因素上，在众人的争论不休中，责任永远都与自己无关，抱怨他人的不合作，抱怨别人能力太差，抱怨对方不够细心……甚至会故意制造一些假象来掩盖自己的失误。但是，很多时候，事情之所以没办成，是因为自己判断失误了，注意力不集中了，甚至根本是自己心不在焉造成的。可是大多数人从来不肯承认自己的不足，也从来不承认是自己导致了错误的发生。

[字典里不会有抱怨]

狼是草原上的神话，更是草原上的图腾，可雷傲是一个例外。在草原上，只有强壮和勇猛才能受到尊重，雷傲因为母亲在怀孕期间受到过重创，生下来就有点畸形。天生的残缺并没有让雷傲产生任何抱怨和不满。它知道，身体上的障碍不是决定因素，只要付出比别人更多的努力，它同样能够创造辉煌。

抱着这样坚定的信念，雷傲每一次进食都会尽量地多，因为只有食物才能让它有力气。抢食不是狼的风格，但雷傲却尽可能地多吃一些，再多吃一些。虽然它的这一做法让其他狼有些厌恶，但它只能这么做。因为在它离开狼群独立生活之前，这是唯一可以给自己强大一些的办法。就这样过了半年，雷傲快速成为了狼队中最强壮的一员，它要独立开始捕猎了。

可雷傲的第一次捕猎并不顺利，它轻易地就被一头牛打败了，这真是身为一只狼难以忍受的耻辱。雷傲十分沮丧，但它很快意识到，半年来的大量进食，虽然增强了它的体格，但强大的外表只是一个虚设，真正战斗起来并不会起到实质性的作用。要想战无不胜，奔跑和锻炼才是必需的。

从此，在草原上出现了一只不知疲倦、不断奔跑的畸形狼，它拒绝吃狼群共同捕获的猎物，坚持自己捕猎，一次次的战斗，一次次的失败，一次次的重新站立……雷傲笨拙的捕猎技术甚至遭到了黄羊和猎狗的嘲讽。失败仿佛是雷傲的枷锁，时刻追随在它的左右，挥之不去。不管怎样努力，成功对它来说，就好像海市蜃楼一样遥不可及。但雷傲并没有抱怨命运对它的不公，更没有抱怨自然法则的残酷，而是全力以赴地克服自身的不足。它相信只要自己再努力一点，成功就会靠近它一点，总有一天，它会和成功握手。

又是一年的光阴过去了，雷傲成了草原上最富有战斗力的狼，同伴都为雷傲的不屈精神所感动，所有的草原动物都不敢再小瞧这只其貌不扬的丑狼，因为即使是猎豹也曾败在雷傲勇猛而又智慧的战斗技巧下。整个狼群为雷傲感到骄傲，这才是狼之本色——不抱怨，不放弃，勇敢地面对命运的安排和生活的困境，在逆境中造就神话。

雷傲之所以能够成功，和它积极面对困境的心态是分不开的。如果雷傲一开始就抱怨自己的畸形体貌，并自暴自弃，那么不等它完全成长为一只成年狼，就会死在同伴和其他动物的讥讽和嘲弄之中；面对无数次的失败，如果雷傲放弃，开始抱怨生存环境的恶劣和竞争的残酷，不认真从自身寻找不足，那它永远也不会在草原上立足，更不会成为强者。

抱怨，是人们深陷不快乐的牢笼。它使你的每一天都是灰色的，失去原有的缤纷色彩。快乐因此远离你，幸福也因此与你擦肩而过。一个人的抱怨越多，其负面作用就越大；反之，如果你善于化抱怨为自省，有则改之，无则加勉，那么你的人生就会像雷傲一样，即使困难重重，也依旧辉煌绚丽。

[用双手跑出的人生]

约翰·库缇斯，澳大利亚人，游泳健将、田径运动员，“走”遍了世界上近两百个国家和地区……或许你并没觉得这些成绩有什么了不起，因为世界上这样的人多得是。但我要说的重点是约翰·库缇斯生下来的时候只有矿泉水瓶那么大，他是一个双腿天生残疾的“半身人”。

2004 年 5 月的一天，在上万余人的注视下，约翰开始了他的演说：“我的出生是一个悲剧，先天性的残疾曾让医生断言，我活不过生命的第一天。”可从他的出现和演说来看，约翰健康得很，除了没有双腿，他比其他正常人更有作为。演讲的整个过程，观众的掌声一刻也没有停止。最后，约翰拿出了一样东西，说道：“在场的朋友非常热情，招待我的宾馆条件也非常好，但服务生每天都会把这个东西放在我的床头，这让我感到非常不知所措！”说完，他举起了那样东西——是一次性拖鞋！观众席一片寂静。“如果你可以穿拖鞋，那么对我来说，你是十分幸运的。如果是这样，你是没有资格抱怨你的人生的。因为不是所有的人都是可以穿拖鞋的！”

数秒钟的寂静之后，伴随而来的是观众雷鸣般的掌声。

在我们周围，总是有很多人说，你们不让我抱怨是因为你们不知道我的痛苦，不了解我经受了多大的苦难。的确，人的一生中总会经历无数的艰难困苦，很多时候，深重的苦难总是让人难以承受。但是抱怨又有什么用呢？约翰的事例告诉我们，比起那些在困境中站起来的残疾人，我们一般人都没有抱怨的资格。

生活中，总有一些人身在福中不知福，但更有一些人身在苦海却能苦中作乐。这是两种截然不同的人生态度。如果你能够穿拖鞋，就不要抱怨人生，因为比起约翰，你生活在天堂。珍惜你所拥有的一切，抛弃没用的烦恼和抱怨，用心去感受和发现生活中的美。那么，你一定会发现幸福的真谛。

比尔·盖茨说："一个善于为失败准备借口的人，无论怎么掩饰，都是一个不折不扣的懦夫！"寻找一条逃离抱怨的缝隙，开始你的心灵精修之旅，上一堂现实与宁静的课，在奔波忙碌的生活中找一处僻静的安身之所，为你的人生注入全新的超能力。远离抱怨，拥抱快乐。

心理小贴士：

狼一出生就生存在困境之中，在它们的观念里，从来不存在安逸和养尊处优的生活。但狼从来都不抱怨大自然的残酷，总是不断提升自身的生存技能，通过改变自己来适应多变的环境。

居里夫人有这样一句名言："失败者总是找借口，成功者总是找方法。"而抱怨就是找借口的另一种表达方式。面对人生中的低谷和困境，抱怨者在不断的自我掩饰中迷失方向，成功者通过自身的努力，总会柳暗花明。在历史的长卷中，所有有文字记载的历史名人，哪一个没有经历过苦难和失败？他们之所以能够名垂千古，是因为他们能够在困境中勇敢站起来，重新开始。

双赢是人生大智慧

在狼的世界里，到处都充满了竞争和生命的威胁，在适者生存的自然法则中，有竞争就会有发展，狼深深地懂得这一点，因此，狼在残酷的竞争中寻求“双赢”。也正因为狼的这一智慧，才得以在物种进化的过程中顽强地生存下来。

人们在工作和学习的过程中，同样会有对立和矛盾，在竞争中，不一定非要你死我活，寻求一种对双方都有利的解决方法，实现“双赢”，才是最完美的选择。

[实现共赢]

驯鹿是一种十分温驯的动物，常年摄取鲜美的牧草和清澈的溪水，让它们的肉质十分可口。由于它们缺乏强大的抵抗力，狼捕获它们十分容易。狼群很喜欢这种既容易捕获，又特别美味的食物。

可是过度的捕杀，会让驯鹿的数量迅速减少。当人们担心驯鹿这一物种会在狼群的追赶下灭绝时，狼群却停止了对驯鹿的捕杀。即使在最饥饿的时候，它们也会尽量捕猎其他动物，放弃唾手可得的驯鹿。因为狼群深深地明白，如果继续捕杀驯鹿，它们就会在不久的将来完全消失，到那时，想要再吃到肉质鲜美的鹿肉，就成了痴心妄想了。

不仅如此，狼群在捕猎的过程中，十分注重捕猎对象，它们很少对动物幼崽和怀孕的动物下手，而那些老弱体残者往往更容易成为狼群捕猎的对象。这并不是狼具有同情心，而是它们懂得在自然界寻求“双赢”，既捕杀动物以满足自己的生存所需，又懂得给对手留下足够的生存空间。没有一个物种是在狼群的捕杀下灭绝的，因为它们明白，不赶尽杀绝，就是给自己留后路。这便是狼的智慧。

狼是聪明的动物，也是执行力最强的动物。只要它们认定的，就一定会不折不扣地执行。这一点，恐怕连人类也望尘莫及。具有小智慧的人，往往把自己作为竞争中的一方，追求一时一事的得与失；而具有大智慧的人，能够跳出思维的局限，客观地看待局势的双方，总体把握事情的发展趋势，寻求整体的长远发展。狼就是这种具有大智慧的动物。

所谓双赢，就是共同受益。在竞争中，双方都能得到自己所要的，这时的竞争往往已经变成了合作。在市场经济的冲击下，求同存异、共同发展已经成了所有商家的最大心愿。这就需要一定的商业智慧，因为追求双赢是需要一定条件的，它要营造一种合法的公平公正的环境，双方以诚信为本，相互信任，寻求最佳的解决方案，才能达到理想的效果。

在当今这个“竞争中求发展”“合作中求共赢”的时代，绝对的公平受益是不可能存在的。狼要想和驯鹿共同发展，实现共赢，就必须放弃对驯鹿的捕杀，遏制自己猎食美味的欲望。同样，在人类的游戏规则中，无论是工作还是生活，要想实现共赢，必定有一方会吃亏或自动放弃一些本应属于自己的利益，只有这样，才能保证双方的合作发展。

双赢是要从整体利益和长远发展来看的，真正懂得双赢的人，是会主动让步的，损人利己是永远也达不到双赢效果的。当你做不到利己又利人的时候，就要坚持利己不损人。生活中，往往会出现一种损人利己的单赢现象，甚至还会出现损人不利己的事情，这样的行为到最后往往得到的结果是“双输”。

双赢，是一种人生大智慧，需要社会上的每一个人，尤其是男人们细细品味，认真学习。

[凡事都要留有余地]

“松下”和“索尼”是日本电器业的双雄，同时也是竞争多年的商业对手。对于这两家势均力敌的公司的商业战争，人们总是十分关注。

一次，松下公司不小心将一批次品随身听投入市场，当发现的时候，为时已晚，为了维护企业的声誉，松下公司决定立即收回这批不合格的产品。虽然松下公司对这一失误尽最大努力来弥补，但还是在市场上引起了轩然大波。因为松下的撤货，市场上出现了严重的商品空缺。

正当松下面临危机的时候，与其竞争激烈的索尼展开了行动，人们都以为索尼会趁机投下自己的相关产品，一举击垮松下这个强大的对手，成为电器业独一无二的龙头老大，松下对这一被动局面也做出了最坏的打算。任何商家都善于抓住机遇，发展自己，这是无可厚非的，更何况松下的这一危机完全是自己造成的。

然而，出乎所有人意料的是，索尼并没有乘人之危，抢占松下的市场份额，直到松下渡过危机。不久之后，松下的新产品投入市场，危机过去了。两家电器业的巨头又开始了新一轮的竞争。

很多人认为，索尼太傻，不但不趁机反攻，反而将到手的机会拱手让人。但事实证明，索尼的这一做法不但给了对手一个发展机会，更为自己赢得了更多的消费人群。良好的企业声誉使索尼成为国际市场上最值得信赖的品牌，索尼在挽救对手的同时，更为自己做了免费的广告宣传，舍弃一时的盈利换来的却是消费者对索尼品格的认同。

我们不能否认索尼公司决策者的智慧和远见，凡事留有余地，不致对方于死地，让对方生存，让自己发展。这是一种令人佩服的气度和智慧。

一个企业要想永远立于不败之地，就要不断发展，而只有竞争才能促进发展，在竞争中争取双赢则是企业成功的保证。谋求双赢是一种经营策略，更是一种高超的人生智慧。

有这样一则故事，有一个皇帝要修缮一座宫殿，请来了石匠和木匠。木匠因为尺子短了一寸，做出来的物品都比皇帝要求的短了一寸。皇帝因此大发雷霆，决定将他处死。石匠得知后，就把地基做高了一些，于是，木匠做的东西就恰到好处地放进了石匠做的地基里，木匠也被赦免了死罪。石匠的做法就是一种典型的双赢政策。面对危险，他完全可以按照原来的要求做地基，但那样不但要重新选人来做木匠的工作，还会搭上木匠的性命。这显然不是最佳的结果。选择双赢正是石匠的高明之处。

心理小贴士：

在狼的世界里，双赢是一种生存智慧。人们在现实生活中也应该崇尚这种精神和策略，并不是实现自己的最高利益和最高价值就是完全的胜利者。真正的赢家，懂得为自己和别人留下余地，用别人的发展来促进自身价值的提升。职场中的男人更应该懂得用双赢来为自己提供发展的空间，单纯的竞争和对立不是长久之计；给别人机会的同时，自己也会从中受益。有时候，让步是最大的盈利。

敢于把思想变成行动

在动物世界里，狼并不是上天的宠儿，它们没有丝毫优于其他动物之处，但在无数的斗争中，它们却可以顽强地生存下来。这是为什么呢？因为狼永远知道自己要做什么，要依靠什么，它们永远目标清晰，敢于把思想变成行动。在狼的生命中，没有什么是战胜不了的。只要它们想做，就永远没有做不到的。

生活中的强者往往都不是上天最宠爱的人，可他们都以自己坚强的意志铸就了自己的辉煌。无畏生命，无畏艰辛，让困难在自己的注视下低头，让绝境在自己的坚持下柳暗花明……强者需要这样的精神和勇气，更需要用行动去实践。

[做生活的强者]

桑野是一只被上天遗弃的流浪狼，狼如果失去了团队，就等于失去了生存的保障。桑野就是一只没有家的孤狼，不是它不想加入团队，而是所有的狼群都拒绝它的加入。

为了生存，桑野从来不轻易行动，因为一只狼的力量实在是太有限了，草原上，丛林中，比狼强大的动物随处可见。在桑野没有对自己的捕猎技术达到最满意之前，它一直过着十分卑微的生活，为了填饱肚子，它甚至会吃一些动物的残骸。对于一只狼来说，这是一种耻辱，但桑野现在必须忍耐。

经过无数的磨炼，桑野的奔跑速度超过了草原上所有的狼，它知道，自己的速度每快一点点，获胜的概率就会更大一点，逃生的机会也会更多一些。无数次的单独作战，让桑野积累了丰富的战斗经验和作战技巧。狐狸的狡猾，狮子的凶猛，猎豹的机敏……桑野都曾见识过，累累伤痕是它战斗的证明，更是它不断成长和强大的见证。

不记得经历了多少失败，也不记得经受了多少伤痛，桑野终于在自我的不断努力和提高中成长为一只可以抵御外来侵犯的狼。至少，它不再惧怕其他动物的袭击，更不会因为找不到食物而忍受饥饿。现在的桑野，敢于挑战所有遇到的动物，当然，这都是在单独作战的前提下，它不会傻到独自与一个群体作战。狼贵在有自知之明，它们无论有多强大，都不会把自己置身于危险之中。

很快，桑野就成了一只战无不胜的孤狼。当初不肯接纳桑野的狼群也开始主动示好，邀请它加入——没有哪一个狼群会拒绝强者的加盟。桑野接受了它们的邀请，但它不是寻求群体保护，而是要让自己成为头狼，证明自己的实力。几个回合下来，桑野就毫无悬念地占了上风，原来的头狼甘拜下风，让位给了桑野。其他的狼也都对桑野表现出了崇敬和尊重，它们不再拒绝和驱赶它，因为它们没有理由，没有哪只狼能够成为桑野的对手。

桑野之所以能够发愤图强，在众狼都抛弃它的时候，依然选择顽强地活下去，只是为了生存，如果自己不够强大，就会被其他动物打败。没有甘愿向命运低头的狼，只有在困境中不断强大的狼。

在自然界中，人类曾驯服了无数的动物，狮子、老虎、大象……但唯独狼是不易被驯服的。这并不是因为人无能，而是因为狼具有所有动物都缺乏的桀骜不驯和特立独行的狼性。这也正是狼受到人们喜爱的原因。即使是在狼群受到人类猎枪的屠杀之后，它们依然能顽强地生存下来。

狼拥有自己的生存方式，它们有自己的秩序和法则，所有的狼都绝对服从着只属于狼的纪律。为了生存，它们宁可去适应更加严酷和恶劣的环境，也绝不向命运低头。这是狼的尊严和精神。

狼之所以能够成为动物界的强者，是因为它们懂得在逆境中刻苦锻炼，在生存中接受考验，不断与比自己强大的对手进行生死决斗。困境，让它们更加自信，更加勇敢。它们明白，自己不是上天的宠儿，只有依靠自身的强大，才能获得长久的生存。

[让暴风雨来得更猛烈些吧]

柏杉的名字是他的父母一起为他起的，意思是希望他长大之后像松柏和冷杉一样，能够在严寒酷暑中顽强生存，经受人生的挫折和考验，成为社会的栋梁之材。但是美好的寓意和希望并没有给柏杉一个美好的童年。

在柏杉不到十岁的时候，这个世界上最爱他的母亲在病痛中永远地闭上了眼睛，小小的柏杉过早地经历了失去亲人的痛苦。这个打击给柏杉幼小的心灵留下了难以磨灭的创伤。在失去母亲的伤痛还没有被抚平的时候，柏杉就必须学着自己洗衣做饭，自己照顾自己，因为柏杉的爸爸必须工作，在家照顾他的时间非常有限。

即将参加高考的那一年，不幸再一次降临在柏杉身上。相依为命的父亲在出差途中遭遇车祸，还没有来得及看儿子最后一眼，就离开了人世。从此，柏杉在这个世界上再也没有亲人了，他是那么的孤单无助。柏杉悲痛万分，他的人生就像是一场噩梦，可是他依然坚强生活着，至少他要参加高考，实现父母的愿望。

带着对父母深深的思念，柏杉在老师的鼓励下走上了高考的战场，并以优异的成绩考入了一所知名院校。柏杉的大学生活并不像其他同学那样潇洒，无忧无虑。虽然学校考虑到他的特殊情况，免去了柏杉第一年的学费，但他必须在课余时间辛苦兼职，赚取微薄的生活费以及以后三年的学费。自强不息的大学生活，磨炼了柏杉脆弱而又容易受伤的心灵，他在知识的海洋里忘记忧伤，在实践的磨炼下驱走寂寞。

艰苦而又充实的大学生活很快就要过去了，厚积薄发的柏杉满怀信心地投入到社会中，他要干出自己的一番事业，实现父母的愿望，同时给自己创造更好的生活。现实仿佛是在考验柏杉的忍耐力，老天再次跟这个年轻人开了一个极大的玩笑。

在著名的建筑公司实习的时候，柏杉突然晕倒在工地上，躺在医院的病床上，柏杉被告知自己遗传了母亲的白血病，他的生命已经所剩不多了。柏杉经过一天一夜的苦苦挣扎和思索，最终决定离开医院，用自己有限的生命去创造无限的价值。不仅仅是为了实现父母的心愿，更是为了给自己多年的努力一个交代。

柏杉带着病痛回到了工地上，出色地完成了实习任务，成了公司最年轻的建筑工程师。接下来，他要实现自己的价值了。柏杉把父母的愿望、艰辛的磨炼、人生的感悟，融会到他的建筑设计中，在公司董事会的支持下，建成了所在城市中地标性的“风雨彩虹”。巧妙的设计，深刻的内涵，让这一处于非最佳地段的楼盘成了人们耳熟能详的建筑奇迹。这正是柏杉生命历程的完美写照。

在生命的最后一刻，柏杉将自己对生命的抗争刻成了丰碑，“风雨彩虹”永远向人们讲述着一个年轻人短暂而又精彩的人生故事。

生活中，并不是人人都可以成为上天的宠儿，面对命运的不公，怨天尤人无济于事。对勇于和命运抗争的人来说，挫折和困境只是漫漫人生路上的一个台阶，只要一步一步地跨越，平坦大道就在不远处。

困境是分娩时的疼痛，只要努力，就会迎接新生的奇迹。任何磨难都是人生的调味剂，因为勇敢，所以更加精彩。不经历风雨，就不会有彩虹出现。人生就像一片天空，只有经过了雷电的打击和风雨的摧残，在阳光破雾而出的那一刻，才会有奇迹发生。

心理小贴士：

狼从出生开始就没得到过上天的眷顾，但狼的精神却足以让人们品味和学习。它们以不懈的坚持和努力造就着一个又一个传奇。人就应该像狼一样，勇敢接受命运的挑战，挫折或许会让我们痛苦流泪，但正是这样的亲身体验，才让我们变得坚强和勇敢。只有经历了磨难的生命，才会像春天的小草一样旺盛并充满希望。也只有经过风雨的人生，才懂得生命的珍贵。

克制冲动，拒绝鲁莽

狼是一种非常有耐性的动物，它们在捕食猎物时绝不会贸然行事，而且不到最佳时机是不会行动的。它们有很大的耐性去等待，直到猎物出现；行动之前，它们总是会制订周密的计划，因为它们明白冲动鲁莽是要付出代价的。

[冲动是魔鬼]

天气格外晴朗，许多动物都在草原上奔跑嬉戏，找寻食物。一棵树下躲着曾经骄傲、鲁莽的格奥。它是头狼烈风带领的狼群里一只年轻气盛的狼，它总是爱出乱子、不懂得遵守规矩。这时，格奥正躲在树下用舌头舔着前几天狩猎中因为自己的冲动而留下的伤痕，在疼痛中，它回想起了往事。

头狼烈风决定带领大家出去捕猎了，这让格奥很高兴，因为它已经不止一次地祈求烈风带它外出狩猎了，显然这一次它成功了。老狼们不断地提醒格奥一定要听从狼王的命令并遵守团队的纪律，格奥只是简单地应付着，根本就没有把大家的话放在心上。随着时间的流逝，黑夜降临了。狼群还是没能找到合适的机会和能顺利捕获的猎物。狼群一直都很谨慎地在做着捕捉猎物之前的准备，它们往往是不打无准备之仗的。可是这时的格奥已经没有耐心再继续等下去了，它趁着大家不注意，悄悄地从狼群里溜走了。它太饥饿了，盲目地行走在漆黑的草原上。忽然，它看到了一只肥壮的野兔。格奥“嗖”的一声朝正在草原上觅食的野兔扑了上去，野兔很机灵，在格奥按住它的尾巴之前撒开自己的四条腿就飞奔而起了，为了填饱肚子，格奥不得不奋起直追，野兔最终还是没能逃脱格奥的魔爪。一时间，格奥觉得成功简直太容易了，这大大增加了它的自信心。它在心里想，一定要多捕捉一些猎物回去给大家看看，并不是非要跟着头狼、遵守纪律才可以获得食物。

夜已经很深了，这样的夜色让格奥感觉到很孤独，它依旧单独行走在夜色朦胧的草原上，泛着绿光的眼里满是凶恶。它的傲慢和冲动让它没有回到头狼身边的念头，它还在寻找猎物。就在这时，一头迷失方向的鹿定格在格奥的眼睛里。鹿有着尖利的头角和飞快的速度，但是处在喜悦中的格奥根本没有心思想这些，只是冲动地朝鹿扑了过去，鹿被这只突如其来的恶狼吓得惊慌失措，慌忙逃窜。格奥紧随其后，穷追不舍。鹿看到这阵势，知道再跑就要成为狼的食物了，因为狼的耐力在草原上是最好的，一直追下去的话只会让自己受伤害。于是，它停了下来，准备迎接格奥的攻击。格奥一直都觉得应该把猎物追到不能再跑为止，面对忽然停下来的鹿，它不知所措了。它在想要怎样对付它，它决定先去咬鹿的肚子，但是还没靠近就被鹿用头角顶了回来，并且被刺破了肚子。狼的全身就肚子是最脆弱的地方，看来，鹿是很了解狼的弱点的。格奥疼得在地上翻滚起来，血顺着皮毛流了一地。鹿看见狼已受伤就赶紧逃跑，格奥想起身去追，可是肚子疼得让它连起身的力气也没有了。最后它连自己是怎么回到烈风身边的都不知道，只知道烈风下令让大家为自己舔舐伤口，好让自己能早日康复……

格奥一边舔舐伤口，一边叹着气说：如果不是因为自己做事太冲动、鲁莽，那只鹿是怎么也逃不掉的，自己也不会受伤。

格奥因为冲动付出了惨痛的代价，所以说冲动是魔鬼。冲动靠激情推动，带有强烈的情绪色彩，冲动时行为缺乏意识能动调节作用，所以经常表现为做事不考虑后果、容易感情用事，既不对行为的目的做清醒的思考，也不对实施行为的可能性做实事求是的分析，更不会对行为的不良后果做理性的评估，到最后，只会让自己追悔莫及，甚至酿成不可挽回的后果。

[一时冲动，一世恶果]

世界杯决赛已经落下了帷幕，但是比赛中发生的一些事情让人觉得既惋惜又失望。这是“球王”齐达内告别职业生涯的最后一战，因为他用头部撞向了意大利后卫马特拉齐，这使得他以不甚光彩的形式结束了自己的职业生涯。

在比赛进行到第110分钟时，马特拉齐在防守齐达内时发生了身体的轻微接触，随即两人不知说了些什么。在齐达内已经跑向中场的过程中，他似乎听到了马特拉齐在背后说了句什么，忽然他转过身恼怒地用头部撞向了马特拉齐的胸部，马特拉齐随即倒地，助理裁判在第四官员的提醒下，提示主裁判向齐达内亮出红牌。事发之前两人之间到底说了什么？或者干脆说，马特拉齐对齐达内说了什么？这也许才是人们最想了解的。赛后，亨利、贝肯鲍尔、多梅内克均表示：“齐达内是被对手的挑衅激怒的。”但马特拉齐和齐达内都拒绝对此事做出回应。巴西的环球电视台通过对当时比赛画面反复播放以及通过以“唇语”进行解读的方式，得出了一个答案：当时马特拉齐对齐达内说的应该是“你姐姐是个妓女”。

姐姐是齐达内一向爱戴和敬重的人，在马特拉齐第一次说这样的话时，齐达内强压着心中的怒火，并没有理睬他；可是没想到马特拉齐竟然又一次向齐达内说了同样的话，最终导致齐达内在自己原本可以画上完美句号的职业生涯最后一战失控。

这就是冲动的代价，一时的情绪失控让一代“球王”以不光彩的方式告别了足坛。

“不能忍一时之气”是导致社会乱象的原因。生活中许多人因为难忍一时之气，结果将本来的口舌之争演变成刀枪相向；有些青少年血气方刚，往往睚眦必报，结果不但招来杀身之祸，更使整个家庭因此弥漫着暴戾之气……造成悲剧的原因大都是因为不能忍一时之气。其实，忍一口气并不代表吃亏，有可能是占了大便宜。

要想成功，必须先学会忍耐。常人总是快乐一时，痛苦一世。智者往往是痛苦一时，换来的却是快乐一世。强者，视一世为一时。虽然都同在一个世界里，但是人生境界却是千差万别的。所以，我们一定要学会忍耐。虽然过程是痛苦的，但是痛苦过后必然迎来成功的甜蜜。

心理小贴士：

大家都知道冲动是魔鬼，可是又有多少人能真正克制自己不冲动呢？生活中，人们时常冲动，冲动后又觉得不应该，可是一时的冲动已经伤到了别人，自己又碍于面子，不愿去面对。我们每个人都可能会遇到这样的问题，这也许就是冲动要付出的代价吧！我们要尽快成长，就必须拥有克制冲动的能力，哪怕是一次小小的冲动，只要你克制住了，就等于向前迈进了一大步。

全力以赴
才有可能取得胜利

每次捕捉猎物以后，都是头狼先食，然后是强壮的狼，最后是弱小者。一次分食不够，它们会再次组织进攻，那些没有吃饱的饿狼才会拼命向前。因此，为了生存，每一只狼都想当头狼，于是，头狼的竞争很激烈，有时甚至到了你死我活的地步。每年到了头狼位子的争夺季节，不管是想保住自己位子的老头狼，还是想挑战头狼的新手，都必须全力以赴，只有这样才能取得胜利，因此在这场竞争中是没有谦让一说的。

[要生存就不能谦让]

在白雪覆盖着的冰冷草原上，屈指可数的几棵植物后面，一双双泛着绿光的眼睛此时正凝视着身边的同类，眼神中充满了贪婪。

随着头狼的日渐衰老，狼群里不断有狼来争夺头狼的位子。今年已是奥伽任头狼的第四年了。四年对于一只狼来说代表的不仅仅是精明的头脑、战斗中优越的战术，还有作为头狼的残忍。即使对于自己的同伴，奥伽同样不能谦让。

群狼为当上头狼，一个个都做了充足的准备，彼此从不示弱，大家为了自己的利益，激烈竞争。雷沃也是其中一只想拥有狼王地位的狼，此时的它正狠狠地咬住一只狼的尾巴。被咬住尾巴的狼一直在努力地挣扎，它希望赶快摆脱雷沃的纠缠，但是雷沃根本没有停止的意思。受伤的狼疼得嚎了起来，它已经完全没有了抵抗的能力，血顺着雷沃的嘴流了下来。这一切都被站在一旁的奥伽看在眼里，它知道自己和雷沃免不了要有一场生死决战。雷沃很有野心，但是它非常冲动、鲁莽，可能是因为年轻的缘故，它并不懂得把自己的锋芒及缺点隐藏起来，这让奥伽以及所有的老狼都看清了雷沃的性格。

草原上依旧刮着寒风，除了刚刚受伤的狼还在痛苦地呻吟着，大家都异常安静。原来它们正盯着在草原上站立的奥伽和雷沃，这是残酷战争中的最后一场战斗了，头狼就要在这一场战斗中产生。奥伽还是相当谨慎地对待这场战斗的，毕竟雷沃年轻气盛。在利益面前不分长幼，如果不小心，很可能就会丢了性命。一旁的雷沃有点不屑地看着年岁已高的奥伽，它想着虽然自己消耗了不少体力，但是战胜奥伽还是绰绰有余的。奥伽并没有先向雷沃发起攻击，因为它要先观察雷沃的招式，作为身经百战的头狼，它懂得应该知己知彼。雷沃开始对奥伽撕咬起来，奥伽赶快反击。它们就这样纠缠到了一起，翻滚过程中，雷沃已经占优势了，它把奥伽压在了身下，并用爪子在奥伽的身上狠狠撕挠。奥伽明白，如果此时自己任由它这样咬下去的话，那自己就真的是必死无疑了。但是，骄傲的雷沃并没有趁机继续攻击奥伽，反而得意忘形起来。它想让奥伽就这样向它投降，但是它却忘记了身下的是一只身经百战的头狼。奥伽并没有急着反击，在雷沃真的骄傲起来时，奥伽趁机一口咬住了雷沃的肚子，雷沃显然已经忍受不住了，“嗷嗷”地叫了起来。但是奥伽还是没有松懈，雷沃在奥伽的撕咬下，渐渐失去了知觉。

夜已深了，头狼的争夺也告一段落，奥伽带领着自己的狼群消失在夜幕中。

奥伽最终战胜了雷沃，保住了自己头狼的位子。它之所以能够取得胜利，是因为它明白在战争面前竭尽全力才是取胜的唯一法宝。

这个社会本来就是适者生存的天下，每个人都不应该让自己的同情心掩盖了竞争的规则。没有竞争就不会有进步，如果在竞争中谦让，只会导致两败俱伤。狼群的战斗让我们明白了竞争是残酷的，竞争中是绝不能松懈的。如果不通过竞争选出更有能力的头狼，怎么能促使群狼强壮发展呢？狼尚且如此，何况人乎？

[优胜劣汰]

机会总是青睐实力强、准备充分、敢作敢当的有心人。在优胜劣汰的职场竞争中，如果一味地安于现状，肯定不会出人头地。

毕业之后，王威凭自身努力，顺利争取到了一家国有单位的职位。

他平日工作清闲，待遇丰厚，让以前的同学很是羡慕。然而，时间一长，他仿佛变了一个人，对待工作满不在乎，也不再像从前那样积极进取、充实自己了。他认为，自己的工作是“铁饭碗”，不需要再辛苦学习了。

有一年，单位体制转型，缩减人员，王威从工作多年的岗位上下来了。这一突如其来的打击，让王威异常失落，未来应该何去何从……他迷茫了。经过这次变故，王威明白了，自己以前总是安于现状，虚度光阴，所以才导致了今天的局面。

明白这些之后，他重新振作起来，找了一份新的工作—— 一家广告公司的业务员。从原来人人羡慕的国有单位职工到如今小小的业务员，这其中的心理落差无疑很大。但是，王威说：“不论是谁都必须将‘安于现状’这几个字从头脑中划掉，积极进取才是立足社会的根本！”

在新公司里，王威对待工作积极热情。虽然偶尔会有同事说他爱表现，但这并没有对他产生什么影响。王威甚至还报名参加了英语培训班，以及与工作相关的其他课程。

有一次，他们公司与一家外资企业洽谈一项业务。可是，赶到约定地点时才发现，对方公司派来的竟然都是外国人。由于之前没有想到这些，老板急得不知所措。这时候，王威主动提出自己可以跟对方谈判。由于没有其他更好的办法，老板只得同意了他的提议。

眼见他用流利的英文与对方交流，并且特别顺利地签下合同，老板心里悬了半天的石头这才落了下来。从这以后，王威成了老板眼中的猛将，职位越升越高，薪水也越来越丰厚。

王威的经历让我们明白：在优胜劣汰的职场竞争中，想要出人头地，有才华、有能力是不够的，还要努力创造展示自己的机会。只有这样，才能得到老板的肯定。试想，如果王威当时一味担心“树大招风”，或者害怕同事批评自己爱表现，怎么会有今天平步青云的机会呢？

人类总是抱着一种比较的心态生活，这样就必然导致竞争。自地球上诞生生命以来，我们这个世界就充满了竞争，生物经过几十亿年的进化和不断竞争才有了今天绚丽多彩的世界。有竞争才会有进步，我们人类也正是通过竞争才发展到今天的。

心理小贴士：

这个世界到处都充满了竞争。虽然竞争是激烈的、残酷的，但只有竞争，生命才能延续下去；只有竞争，人类文明才会进步。达尔文曾说：“适者生存，不适者淘汰。”我们正是在竞争中进化，才生存下来的。只要世界没有灭亡，竞争就不会停止。

懂得机智变通
为成功做准备

懂得适时放弃是明智的表现。一时的放弃并不代表向困难屈服，在放弃后思考怎样才会取得更大的成绩，这些都是明智的表现。虽然一时失败了，但是却减小了损失，赢得了更大的收获。

[一时的放弃不等于失败]

大草原上一刻不停地下着大雪，卡里带领着自己的狼群不断地寻觅着食物。草原上的好多动物都已经进入了冬眠，所以它们几乎没有任何收获。它们已经饿了好几天了，但是卡里始终坚持着，就这样，它们在大草原上度过了一个又一个黑夜。

卡里是一只有着丰富战斗经验的狼。它刚成年时，经常随着头狼出去捕猎。有一天，卡里瞒着头狼私自用头狼的命令带领狼群对猎物进行围攻。虽然卡里胜利了，但是它却违反了狼族的规定，并且抢尽了头狼的风头。头狼下令要与它开战。卡里心里明白，凭自己现在的实力和技能是比不上头狼的，所以卡里放弃了与头狼的较量，只得离开狼群，但在离开的时候它对自己说："现在我是比不上你，但是不代表以后我永远失败，两年之后我会回来再和你一决高下。"从此以后，卡尔独自在外面流浪，它不断地磨炼自己，锻炼自己。转眼两年的时间到了，卡里已经变成了一只拼杀经验丰富的猛狼了。它重新回到了自己的狼族，公然向头狼发起挑战。两年的努力没有白费，卡里终于打败了头狼，统领了现在的狼群。

卡里带领着狼群在大雪中艰难地前进着，忽然，它眼睛一亮，下令狼群停止前进，并对它们说："我们终于遇到了猎物，在不远处有一群鹿，大家要小心前进，不可惊动鹿群。"群狼听到命令后立即匍匐前进，慢慢地向鹿群移动着。成群的鹿寻找着埋在雪里的草，但天性机警的它们在觅食时依然不忘时时向周围望望，生怕遇到危险。狼群伏在地上小心翼翼地向猎物靠去，它们仔细观察着鹿群，准备挑选出它们进攻的目标。卡里似乎又在向狼群下达命令，只见一时之间，所有的狼都疯狂地向鹿群驰去，鹿群被突如其来的敌人吓得扬蹄狂奔，狼群跟在后面追着。这时有一只狼向鹿群中最后面的一只鹿发起了进攻，它迅速地向这只鹿的前腿抓了一把，然后又快速地离开，放弃对这只鹿的进攻。可是过了一会儿，又有一只狼向这头鹿受伤的腿上抓去，鹿的速度因为受伤降低了不少，但狼又放弃了对这只鹿的进攻，这只鹿跑到了鹿群中。就这样，每隔一会儿就有一只狼向这只鹿进攻，之后，就让鹿重新回到鹿群中，放弃对它进一步的攻击，好像很害怕鹿一样。但狼群一直跟在这只鹿的后面，不知道何时才能捕捉到它。慢慢地，受伤的鹿终于忍受不了伤痛远远地落在了队伍的后面，它已经跟不上队伍了，此时的鹿看起来很疲惫。就在这时，所有的狼都向这只鹿扑去，受伤的鹿根本没有反抗的能力，狼群终于可以饱餐一顿了。

鹿的蹄子对于狼来说是致命的武器，如果鹿蹄踢中了狼的腹部，狼就会受到重伤，甚至会死亡。而狼依次攻击一下鹿之后就马上退下来，往往让鹿没有机会还击，这样狼就安全了。鹿则不时地受到狼的进攻，身上不断添加新伤，鹿带着伤奔跑，很快就会将自己的体力耗尽，到最后只能沦为狼的美餐。

卡里懂得在何时该放弃，充分表明了它是一只识时务的狼。它强忍着饥饿，直到鹿没有反抗之力时才下手。这个办法看上去是狼处于不断的失败之中，其实是狼用前面的失败才换来了成功，并且将危险性降到了最低。如果采取硬攻，狼不一定是鹿的对手，正是适时的放弃让卡里取得了胜利。所以我们也应该学会适时放弃眼前的小利，为长远的胜利做好打算。

心理小贴士：

现在的社会如此复杂，要想出人头地，没有洞察事情变化的能力和懂得变通的头脑是不可能办好事的。如果有该种能力，就能处变不惊。将目标定好，将自己的位置定好，发挥自己的优势，灵活应变，机智变通，方可打动对方。

心存希望，战胜困难

狼之所以能在非常恶劣的环境中繁衍生息，是因为狼在面对逆境时从不抱怨。它们为了生存只会积极进取，勇于拼搏，并且主动应对一切而不唉声叹气怨天尤人，所以狼是强者！狼在吃猎物的同时，仍然搜寻着新的猎物，它们明白，只有靠自己不断努力才能赶走饥饿，抱怨是无用的。

因为狼的生存环境极其艰苦，并且它们本身也没有很大的身体优势，所以它们几乎是在困境中度过一生的。但是它们在困境中并没有选择抱怨，而是用积极的心态面对困境，走出困境，始终以强者的身份自居。

[面对困境，不抱怨]

大草原在秋天的映衬下显得更加空旷了，远远就能看到山顶上的那只狼，它深沉不变的目光熠熠生辉。随着它的一声长嚎，好像整个草原都在颤抖，它就是头狼巴特。十二年前的一个夜晚，巴特出生在这个草原上。这十二年来，巴特经历了多少辛酸才走到了今天，个中滋味只有它自己才最清楚，但是无论所面临的环境多么艰险，它从来都没有过一丝怨言，只是积极地改变困境。

在巴特生活的大草原上只有很少的狼存在，一群狼最多也不会超过七只。在巴特小的时候，经常与狼群中的黑狼和独眼狼一起出去捕猎。它们三个都非常勇猛，为捍卫狼族尊严立下了汗马功劳。随着它们慢慢长大，它们中的一只狼必须站出来成为头狼；而狼族注定只能有一只头狼。所以，一种微妙的变化在三个同生共死的伙伴之间慢慢蔓延。独眼狼最先开始了争夺头狼的行动，它们之间的感情也出现了变化，彼此之间渐渐心生嫌隙。但是巴特并没有责怪、抱怨独眼狼，而是坦然地面对这些细微的变化。

该来的总会来，是躲不掉的。往日温暖的狼窝变成了如今硝烟弥漫的战场，这注定是场残酷的厮杀。比赛结束，巴特打败了独眼狼和黑狼，但是毕竟它们是曾经出生入死的好兄弟，巴特并没有杀死它们，但失败了的独眼狼和黑狼必须离开这里。看着它们离开的背影，巴特心里真不是滋味。它开始想自己为什么要当头狼，为什么连自己最好的伙伴也要伤害，它更抱怨上天为什么要让狼族的生存环境如此艰辛。它开始慢慢变得低迷、消沉。母亲见巴特整日消沉，知道它很不舍得独眼狼和黑狼，就告诉巴特说："孩子，我知道你舍不得它们离开，但是这是没办法的事情，由不得我们抱怨。既然你当上了头狼，就要努力带领好狼群，为大家谋取更多的幸福，而不是整日消沉，无所事事，这不是我们狼族的特点。身为一只狼，就要勇往直前，不害怕任何困难，更何况你是头狼……"巴特听完母亲的话以后，觉得自己清醒了许多，是的，自己不能再这样下去了，怨天尤人是没有用的，既然做了头狼，就要更努力地维护狼族的利益。

于是巴特重新振作精神，无所畏惧地带领着自己的狼群前进。它又恢复了往日唯我独尊的风采。后来，一只小狼崽来到了巴特的身边。和其他同龄的狼崽相比，它更加英勇善战，骨子里充满了野性，它的出现让巴特很欣慰，巴特打算将它培养成自己的得力助手，与自己并肩征战沙场。可是不久之后，狼群中突发传染病，小狼崽死在了这次疫病之中，巴特感觉自己几乎要崩溃了。尽管巴特痛不欲生，但它并没有像上次那样活在抱怨之中，而是忍着悲痛带领着仅剩的狼奔跑在大草原上，仍然英姿飒爽、威猛无敌。没过多久，猎人开始对巴特的狼群进行捕杀。本来它带领的部落就没有多少狼，经过猎人凶猛的捕杀后，狼群开始了又一次的大变革。一些狼死去，一些狼被迫离开了这里……

现在，巴特依旧带领着这些活下来的狼，仍然如自己年轻的时候一样奔跑在大草原上，它依旧是那么的骄傲。在种种的困难面前，巴特明白，想要让自己的狼群慢慢地发展起来，就要努力积极面对挫折，靠自己的意志变逆境为顺境，一味地抱怨只会让自己越来越软弱。

巴特为自己的狼族奉献了它的一生，在它的一生中遇到了无数挫折，但是它并没有因此而抱怨上天给它和它的狼族带来灾难，而是依靠自己的意志战胜了困难，它并没有因为挫折而放弃自己的梦想。

没有一个人不希望自己的人生是一帆风顺的，但是美好的愿望并不能代替现实。身处困境之中，不要因为一时的得失而怨天尤人，因为生命中不可避免会遭逢低谷；但生命又是顽强的，所以我们要学会在逆境中改变；不要总是抱怨生活对自己不公平，要懂得战胜自己、战胜困难。

[弱点不是抱怨的借口]

小李在很小的时候就患上了小儿麻痹症，最终造成了右腿残疾，要靠拐杖的支撑才能走路。走在街上，经常有异样的眼光跟随着他，他明白大家都在同情他。但是他暗暗下定决心：一定要靠自己的双手和智慧换取自己的美好人生。

小李在 1995 年考取了 ×× 林业大学电子技术专业，很多学校因为小李的腿有残疾都不愿意接收他，所以他非常珍惜在林业大学里的学习机会。那个时候，一套电脑得 10000 多元，而且只有上课的时候才可以接触到。小李在课余的时间会帮助同学修理小电器，而在节假日，他通常都会去学院附近的电脑一条街，挨家门市进去看看电脑，这是他最高兴的事情。看到电脑公司的老板他就主动向老板介绍自己，和他们交流。目的只有一个，就是希望老板不要将他赶走，他可以多在那里待一会儿，多看一会儿。久而久之，有个老板觉得他是个很不错的小伙子，对他也就信任了，有的时候会让他帮助维修一下显示器、电源、板卡的故障等。

一眨眼，大学生活就结束了，小李也要开始找工作了。可是因为他的残疾而四处碰壁，国有企业都不接收他。没办法，现实就是这样残酷，他必须面对。小李告诉自己，进不去国有企业，就去私营企业打工，这样同样能够养活自己，决不能再给家里增加负担了。就这样，小李来到了他以前经常去的那家电脑公司做了一名技术员。

经过三年的努力，小李的专业技术越来越好了，于是他决定辞职回家自己创业。回到家后，他开了一个电子设备维修中心，主要维修家用电器、电脑等设备。

到了2005年，小李安装了宽带，于是他又在网上学习了更多的专业知识，碰到了难题，也会上网找答案。2007年初，小李又开始做网站，刚开始，他自己不会设计程序，于是就在网上找了一个模板，就这样，他的网站做起来了。刚开始的时候，他并不知道做网站可以赚钱，后来通过QQ了解到了可以申请广告联盟，挂上广告联盟的代码，于是他做了第一个广告联盟。

小李开始在各电子论坛上或相关的QQ群上推广他的网站，虽然一天的流量少得很，但是他从没有放弃过，依然很努力地做着。终于，他在广告联盟得到了第一次的广告费用，虽然很少，但是对于小李来说，他依然觉得很骄傲和自豪，因为这是靠他自己的努力得来的。小李说："一个搞硬件维修的残疾人，利用业余时间做网站，给其他人提供帮助，这就是我的价值。"

小李说，自己的网站现在还有很多的不足，所以他要更加努力，将自己的网站做大做强。

小李虽是个残疾人，可面对生活中的种种磨难，他从没有抱怨过命运对自己的不公，依然选择坚强面对。其实，无休止地埋怨对自己是一种伤害。当抱怨成为一种习惯，人会很容易把生活中负面的东西放大，甚至身边人的一个眼神、一句话都可以让他浮想联翩，进而感慨自己生存艰难。如果总是这样，非但解决不了任何实际问题，反而会让自己的情绪越来越低迷，倒不如积极地去面对。

心理小贴士：

一位专家曾说过："要想活得好，最重要的是有好心情。"他强调，不要总是责怪自己，抱怨他人，要心存希望，整天心灰意冷、烦恼不已的人肯定不会成功。如果你逃不开情绪灾难，就只能在黑暗的日子里苦熬。要知道，大多数人的生活还是相差不远的，并不是只有你一个人倒霉，关键看你怎样对待这个问题。

能屈能伸，刚柔兼济

在动物界里，狼并不是上天的宠儿。狼不是猎豹，不是狮子，不是老虎，更不是骏马，它没有优于其他动物的身体条件。但是它们依然在如此恶劣的环境中繁衍生息了几千年。这是因为它们非常清楚自己能做什么，不能做什么。狼很少做以卵击石的傻事，它们不会为了所谓的尊严在实力弱小的时候攻击比自己实力强的对手，它们会正视自己的缺点，能进能退。

能进能退，刚柔兼济，从来不失为男子汉大丈夫的气度和风范。一时的低头是为了长久的抬头，就好比暂时的退步是为了以后更好的前进。有进有退，能屈能伸，方为成功人士必备的素质。

[一时的退让不等于懦弱]

木野一边坐在树根旁休息，一边仔细地欣赏着硕大的树根。树根犹如龙爪一般紧紧抓住大地，如此的苍劲有力。木野是狼群中的头狼，此时它正在静静地观望着远处的几头驯鹿。驯鹿对狼群来说，一直是强有力的对手，因此木野只能观望，不敢轻举妄动，不过它坚信，总有一天，它要捕捉到驯鹿，品尝到驯鹿鲜美的肉。但是现在即使是木野加上整个狼群也未必是驯鹿的对手。上天赐予了木野卓越的智慧，所以它是不会与驯鹿短兵相接的——那是愚蠢者的选择。

驯鹿的鹿角就像是一棵参天大树，这也是狼最惧怕驯鹿的地方。如果被鹿角刺伤或者被它踢到，这只狼的战斗力就会大大削减，自然而然就成为驯鹿的“角下败将”。木野望着远处的驯鹿，不禁在心里暗自盘算着。时间慢慢过去，这些驯鹿并没有把窥探它们的木野放在心上，因为一旦木野对它们进行攻击，它们会立刻将木野打败。而木野是不会轻易地向它们挑战的，这正是它的智慧所在。

在一个阳光灿烂的午后，草丛里蹿出的兔子看到守候在大树旁的狼群，惊恐万分，“嗖”的一声逃走了，木野身后的一只狼立刻追了上去。没过多久，那只狼就叼着血淋淋的兔子回来了。它用恐慌的眼神望着木野，就像是父母面前犯了错误的小朋友，但是木野并没有责怪它的意思。因为捕猎是狼的本能，遇见可以手到擒来的猎物而不去捕捉，这种精神不是木野需要的。一会儿，驯鹿又如往常一样出来觅食了，木野觉得该是行动的时候了。它们慢慢走近了鹿群。正在觅食的鹿群看到木野的狼群并不惊慌，因为它们觉得只要狼群不发动进攻，它们和狼群是可以互不干扰的。经过木野这么多天的观察，它已经锁定了自己的目标，就是鹿群中最小的那头驯鹿，因为它的速度要比其他的驯鹿稍慢一些。

随着木野的一声令下，狼群开始行动，冲进鹿群。驯鹿根本就没有料到木野的狼群会向它们发起进攻，所以纷纷逃窜。而木野趁此机会凭着自己灵敏的动作拼命追赶着那头最小的驯鹿。在追上它时，木野并没有去咬它的喉咙，而是用自己锋利的爪子在驯鹿的后腿上留下了深深的爪痕。然后它退出了鹿群。看着木野渐渐走远，那只受伤的驯鹿用舌头舔了舔满是鲜血的后腿，它在暗自庆幸自己并没有被木野捕获，这点伤对它来说并不算什么，休养几天就可以痊愈。

又是阳光明媚的一天，木野带领着自己的狼群再次对驯鹿进行了攻击。木野让其他的狼扰乱鹿群，而它继续攻击那头受伤的驯鹿。这头驯鹿上次被木野伤了后腿，至今还没有痊愈，因此它奔跑起来显得很吃力，木野见状立刻向它扑过去，驯鹿猛的一个跳跃挣脱，木野趁机又在它那条受伤的腿上狠狠地抓了一下，刚刚好转的腿又添了一道伤痕。此时，木野下令狼群撤离。就这样，木野通过这样的方法一次又一次地攻击着这头驯鹿。最后一次，这头驯鹿看见木野带领着狼群过来，就意识到木野的目标还是它，立刻转身想跑，但是它的后腿已经严重受伤，它根本就无力逃跑了。木野又一次地抓伤了它的后腿，它以为木野会像前几次那样撤退，可是木野的牙齿已经深深地咬进了它的肉里，驯鹿不禁哀鸣起来……

木野做到了，它战胜了驯鹿，实现了它的愿望。

木野在面对比自己强大的驯鹿时，没有采取正面硬攻的策略，因为它明白，仅靠“硬碰硬”是不可能取得胜利的。因此它对自身的条件进行衡量之后才采取行动，这就是狼性“可进可退、能屈能伸”的精神。如果木野在第一次咬伤驯鹿之后就发起进攻，是不可能胜利的。正所谓水滴石穿，木野利用驯鹿的不在意，终于将驯鹿拖垮，最后毫不费力地将它制服了。

人类更应该明白做事要可进可退、能屈能伸。面对人情世故，人们要学会能屈能伸地应对，对于比自己强大的对手，要学会找准合适的时机再出击，这样胜算才更大一些。

[能屈能伸是宝贵的品质]

李同和刘岩是同时被一个酒厂聘请来的两个调酒师。李同踏实肯干，是凭着自己的真本事进厂的，刘岩却是靠着在厂里任财务主管的叔叔进厂的。他们进厂不久，厂里决定在他们两人之中选出一个做酒厂的技术主管，选拔的方法是谁在年底的调酒技术比赛上获胜谁就出任。

刘岩接到厂里的通知以后，并没有刻苦研究调酒技术，而是到处送礼、疏通门路。他是靠着关系进厂的，调酒技术根本就比不过李同。所以他找叔叔帮他想办法，他叔叔利用自己的职务之便，让厂里的工人在李同的调酒器上抹上了苦瓜汁。在比赛那天，李同因为机器上被抹了苦瓜汁，所以调出的酒非常苦，被淘汰了。而刘岩的酒却是入口绵甜，清冽香浓，因为他的酒事先就已经让别人调好了，在比赛的时候拿出来就可以了。因此，刘岩当上了酒厂的技术主管。但是，他们搞鬼的事情还是被李同知道了，李同心中十分气愤，但是他选择了忍气吞声，隐忍不发，依旧每天刻苦钻研调酒技术。

有一天，省里举行调酒大赛，厂里派刘岩去参加比赛，可是他的调酒技术实在一般，根本不能过关，于是厂长只好把李同派去。李同本来就有着精湛的技术，再加上他平日的刻苦钻研，所以他调制出来的酒得到了在场专家的高度好评，并取得了第一名的好成绩。事后，厂里彻底调查了上次调酒比赛的真相。最后刘岩被撤职了，厂长让李同负责全厂的制酒技术。一年之后，李同升任了副总，并且拥有全厂 5% 的股份。

李同能够拥有现在的成绩，除了他拥有很好的专业技术以外，与他的隐忍不发也有很大的关系。如果当时他知道刘岩和他叔叔的行为后立即找他们理论，并把他们的丑行告知大家的话，对李同是没有任何好处的。他正是认识到了这一点，所以他心知肚明却忍辱负重，等待着真相揭开的那一天，拿回属于自己的一切。

人生在世，若想要做成一番大事业，就得忍受常人所不能忍受的耻辱。诺贝尔曾说过："逆境不就是命运的试金石吗？"当你身处逆境时，要能屈能伸，不要让自己受到伤害；当你顺利地迈过成功的门槛时，谁敢否认你是胜利者呢？能屈能伸是识时务的表现，更是古今中外成大事者共同的宝贵品质。

心理小贴士：

在现实生活中，常常有一些人因为自己四处碰壁而不停抱怨上天对他不公平。其实，过一段时间之后你再回头想想，才发现原来很多时候都是自己不懂得进退之度，过于固执了。不管遇到任何事，都认为堂堂七尺男儿，怎么可能向他人低下高贵的头，结果却是因此而撞得头破血流。强者不管是做什么事情，都要学会能屈能伸，进退有度。那种只知道闷头前进的人看似英勇，实际是没有头脑、冲动的表现。

第三章

勇敢挑战 走出困境

可以说，狼的一生时时刻刻都处于困境之中，理论上狼可以存活上 13 年左右，但多数的狼只能在这个世界停留 9 年。狼在野外的生活处处充满了凶险。也正是因为这种险恶的环境，狼才得以战胜对手，居于陆地上食物链中的高端。对于男人来说，困境同样是产生强者的土壤，许多成功者并非天生就是强者，他们自身的竞争意识与创新能力与狼相同，都是在困境中学习得来的。

用战胜自己的心态冲出困境

在面对困境时，应时刻鞭策自己要有积极的心态。强者所需要的也是这样，用战胜自己的心态冲出困境。有句话说：“不是没有阳光，是因为你总低着头；不是没有绿洲，是因为你心中总是一片沙漠。”男人在遇到困境时，不是消极地让困境打败，而应该挺起胸膛，以自信积极的态度来战胜困境。困境不是永远的，如果每日沉浸在困境带来的痛苦里，那么永远也不会有战胜困境的一天。

男人的成功，就是像狼一样在面对困境时不屈服、不妥协，用积极的态度来想出各种战胜困境的办法。

[困难面前不气馁]

这是一只孤独的狼，本来它是狼群里的一员，却在跟头狼挑战时失败了。因此，它被驱逐出了狼群。在离开后，这只狼只得四处流浪。

这天，它闯入了另一群狼的领地，它这个外来者被这个领地的头狼发现了。狼的天性决定了它们是不可能接受外来者的。这只狼受到了其他狼的攻击，但它不甘心受制，于是开始奋起反击，但终究势单力薄，身上开始伤痕累累。头狼似乎不想要这个外来者的性命，狼群停止了攻击，它又被驱逐了。

这只狼漫无目的地前行，一直到了海边。海的宽阔，空气里的咸味，这种全新的感觉让这只狼感到新奇，它沿着海岸线一直奔跑，直到筋疲力尽。幸运的是，老天照顾了这头不幸的狼，几天没进食的它，在海边找到一头被冲上海岸的海豚尸体。在它正想饱餐一顿时，狼的警惕性提醒它，这里还有其他动物。果然，从远处走来了一头豹子，虎视眈眈地看着它面前的食物。狼不愿将到口的食物拱手相让。于是，它以战斗的姿态来准备迎接可能发生的争斗。那只豹子首先发起了进攻，它们撕咬着对方的薄弱地方，这只狼由于几天没进食，开始时落了下风，但是狼的天性让它不服输，开始找机会。终于，它找到了对手最薄弱的地方，一击即中，它的对手受了重伤后逃之夭夭。它终于取得了胜利，开始享受胜利的果实。

独狼在大自然里生存是很困难的，如果离开了群体，狼就只能依靠自己的能力来捕食，这就加大了生存的难度。在困境中单独作战，就避免不了失败。狼的天性决定了在身处困境时，它只会奋力拼搏，因为只有胜利了，才能在变幻莫测的大自然里生存。在面对困境时，动物的选择方式各不相同，但狼永远在积极地寻找生存的方式，不管面对的是如何复杂艰苦的环境。

在面对困境时，有的人选择了逃避，有的人选择了放弃，任困境打倒自己。这些人只是认为老天不公，却没有想过摆正自己的心态，用积极的态度去面对困境，打倒困难。如果一直抱有逃避和放弃的心态，那得到的必然是失败。但狼不同，虽然单独的一只狼在困难的条件下容易失败，失败也会让它茫然失措；不过，它相信，虽然时时刻刻面对着困境，面对着失败，但是只要积极行动，总会走出困境的。

现今的男人总是抱有远大的理想，但是在面对困境时，远大的理想早已灰飞烟灭。有些时候，我们只愿意将遭遇归咎于老天，而不是用积极的态度来面对。我们从狼的身上可以学到，困境是在磨炼人的意志，而不是打击我们的自信心。积极的态度更能激起人对困境发起挑战，才能更好地战胜困境。

[有志者事竟成]

在世界上所有的发明家中，爱迪生无疑是有史以来最伟大的，他在一生中发明了很多东西，他的发明为人类做出了巨大的贡献。不幸的是，由于7岁时他患上了猩红热，导致他失聪。但是这以后爱迪生没有因此而悲伤，而是积极乐观更加专心致志地去工作。

在没有发明电灯前，爱迪生对很多人讲他能发明出电灯，可以让世界不再有黑夜，但是别人却当他是疯子。虽然很多人都这样说他，可是爱迪生从没有放弃自己的梦想，依然以积极向上的心态来进行他的事业。终于在1879年10月21日，他用碳化的卷绕棉线作为灯丝，成功制作出世界上第一个电灯泡。他花了近3天时间把灯丝装进真空玻璃泡，通上电源，发出相当于10盏煤气灯亮度的温柔光芒，这盏灯的光芒持续了约40个小时。

爱迪生耗费了大半的财力建立了一个庞大的实验室，但是在1914年，由于发生了一场火灾，使他一生的心血几乎毁于一旦。当他的儿子在火场附近焦急地找他时，看到已经67岁的爱迪生居然平静地坐在一个小斜坡上，看着熊熊大火烧尽一切。爱迪生看到儿子来找他，扯开喉咙叫他儿子："快让你妈妈来看看这难得一见的大火。"很多人都以为这会给爱迪生带来巨大的挫折时，爱迪生却说："这场火灾绝对有价值。我们所有的过错，都随着火灾而毁灭。感谢上天，我们可以从头做起了。"这次的打击并没有让爱迪生消沉下去，3周后，也就是那场大火之后的第21天，他制造出了世界上第一部留声机。

爱迪生的成功就是源于他身处困境时没有放弃，而是以积极的态度面对自己所处的困境，因此他才取得成功。如果他退缩了，消极面对，那么，他在做任何事时都会受到这种影响，而永远也不会成功。

在每个人的生活道路上，不全是鲜花和美酒，风雨坎坷是在所难免的事情。面对人生困境是前进还是后退，是战斗还是退缩，往往都取决于我们自己。当你怀疑自己的能力，被自卑感所控制时，你就会觉得自己不如他人，从而一事无成；当你拥有了积极的心态，采取了理智的行动，许多问题就将迎刃而解。面对困境时，积极的心态像太阳，照到哪里哪里亮；消极的心态像月亮，初一十五不一样。以积极、自信的心态面对困境，在人生低潮时看清自己以后前进的方向，把困境看成是上天来磨炼自己的机会，把一切事情看得都很美好，会更加有信心和勇气不断前进，就能创造一个又一个的奇迹。遇到困境时如果持有消极的心态，认为过不去这个坎儿，就可能会迷失人生的方向，甚至还会给自己带来巨大的不良影响。

心理小贴士：

困境的出现是不可避免的事实，但面对困境的成败却是由自己掌握的，困境并不是绝境。也就是说，困境中同样也会暗藏机会，也会有希望。人生中会面对各种各样的困境，面对困境时的心态是决定成功与否的关键。在困境没有将你打倒之时，身为男人的你更应该摆正心态。有句话说得好，你的生活是由你的心态造成的，你有什么样的心态就有什么样的生活，你有什么样的选择就有什么样的结果。身处困境之时选择了以积极的心态来面对，那等待着的也将是奇迹的发生。

危机让人变得更强

对手对于每个人来说都是有用的，就像是一种动物如果没有竞争对手，就会变得死气沉沉一样。一个人如果没有对手，那他就会甘于平庸，最终碌碌无为。虽然很多人总是用敌意的目光来看待对手。但是，强者所要做的就是感激对手，“没有岩石的拦阻，哪能激起美丽的浪花”。正是因为有了对手，生活才不会像白开水一样平淡无味。

强者，就像狼一样，感激敌人带来的危机。只有这样，才能使自己在复杂多变的环境里变得更强，才不会被淘汰。

[对手不一定就是敌人]

巴勒和奥卡米在狼群里一直是很优秀的，它们被认为是下任头狼的最佳人选。巴勒由于经常和头狼外出捕食，它的战斗技巧已经很娴熟了。因此，它最大的目标就是当上头狼，带领狼群四处征战。奥卡米由于比巴勒年轻，所以在某些方面比巴勒要弱一点，但是在速度、攻击力和智慧上，它们两个是不相上下的。头狼的争斗就是它们两个之间的争斗，谁获得了胜利谁就是头狼。虽然巴勒比奥卡米要强，但是奥卡米还是非常相信自己的实力。不过，在见识了巴勒在捕食过程中的厉害后，它意识到巴勒的确是一个值得佩服的对手，同时也是一个强劲的对手。巴勒觉得自己在各个方面都比奥卡米强，因此，它根本就不把奥卡米放在眼里，认为奥卡米根本不是自己的对手，头狼的位置非他莫属。奥卡米觉得跟巴勒还有差距，这个强劲的对手给了它很大的危机感。所以，在不用捕食的时候，它每天都跑到野外进行各个方面的训练，尤其是遇到小型动物时，它更不会放过，借它们来提升自己的准确度和经验。终于到了争夺头狼位子的时候。巴勒在打败了老头狼之后，傲视狼群，以为自己已经成为头狼之时，奥卡米站了出来。周围的狼一看最精彩的时刻就要开始，都兴奋得四处走动。两只最有实力的狼相遇了，它们两个都以凶狠的目光瞪着对方，做出扑杀的姿势，大战一触即发。巴勒首先发起了攻击，它一跃而起，咬住了奥卡米并把它压制住，但奥卡米并不示弱，挣脱了控制，两只狼又扭到了一起。奥卡米抓住了机会，它一下子咬住了巴勒的脖子。争斗就这样结束了，奥卡米当上了头狼，它在事后说："其实我之所以能取得胜利，完全是因为巴勒，我真的很感谢它，因为它是一个好的对手。正是因为它的存在，才使我有了危机感；也是因为它的存在，才让我有了动力，也才让我取得了胜利。"

经过千百万年的变化，很多物种都灭绝了，包括陆地霸主恐龙。但是，狼却顽强地存活了下来。就是由于狼的天性决定了狼在强大的对手面前不退缩，敢于接受挑战，才使自己不断提高，增加了存活概率。在狼的世界里，"适者生存"就是它们最重要的生存法则，狼的生存主要是依托在战胜对手、吃掉对手的方式上，否则就会饿死。也就是因为这些对手的存在，狼群才能不断地挑战对手，战胜对手。对于狼来说，它们是感激对手的，如果没有各种各样的对手，狼群也不会存活下来。

人类在面对对手时，有的人往往埋怨对手，把对手当成眼中钉、肉中刺，恨不得除之而后快。这类人的心胸会慢慢变得狭窄，不能容下任何事物，久而久之，这类人的生命就会慢慢枯萎。还有人面对比自己强大的对手时，惧怕了，退缩了，不敢接受对手的挑战，因此失去了一次次成长的机会，也就永远都不会有壮丽的人生。但狼不同，狼时时刻刻在面对不同的对手，有的对手比自己强大，但是狼从来不会退缩，而是勇于挑战，使自己变得更强大。

面对比自己强大的对手时，强者应该要做的就是感激对手。因为拥有一个强劲的对手，是一种福分、一种造化。一个强劲的对手，会令人时刻有危机四伏的感觉，它会让人激发起更加旺盛的精神和斗志。但是有的男人在遇到强大的对手时，往往会抱怨，认为老天不公，给自己一个这么强的对手，却没有想过这是多好的一次机会，通过挑战比自己强的对手，才能更好地提高自己，使自己不断进步。从狼的身上可以学到，对手虽然强大，但给予我们的不仅仅是危机和斗争，它还是激发求生和求胜之心的动力。

[从对手身上学习]

小李和小张是同一家公司的职员，但是不在一个部门，不过他们的业务水平都很强，都是公司的得力干将。这天，上司宣布将在小李和小张所在的两个部门里挑选一个人成为主管，理所当然，他们两个人成了最热门的人选。小张比小李年长，而且小张在这个公司里干的时间比小李长，经验也比小李丰富。但是在智慧和业务水平上，他们两个人则是不相上下的。小张认为自己比小李来的时间长，经验也比小李丰富，自己升职为主管肯定是十拿九稳的事情。于是小张开始骄傲自满起来，有什么不想做的工作就交给别人，并且常常偷懒，认为自己马上就是主管了，这些事用不着自己亲自去干。而且他认为小李根本就不是自己的对手，自己根本就不用担心。但是小李却不同，有了小张这个强劲的对手，他觉得自己比起小张来有很多的不足，自己还应该努力。于是，每天他都埋在工作里，而且有什么难缠的客户没有人想接时，他都接下来，从中学到了丰富的经验，从而进一步提高了自己的业务水平。很快，宣布升职人选的日子到了，领导宣布小李成为了主管。小李在事后说："其实我很感谢小张，我有很多的不足，而正是由于他这个强劲的对手，才让我有了进取的动力，让我不断改正自己的不足，才有了我今天的成功。”

小李的成功在于他把对手当成是不断进取的动力，使他不断进取，奋发图强，所以才能成功。在现今的社会里，一个人具有欣赏对手的眼光和接纳对手的胸襟是非常重要的。因为有了这样的眼光，才能取长补短，团结协作，共同进步。不要把对手当成是心腹大患，欣赏、包容自己的对手，使自己能够心平气和地面对，在迎接对手的挑战时，以微笑来面对，就算失败了，也是美丽的。在漫长的人生中，对手不仅仅是挑战者，也是同行者。对手就像是你的一面镜子，它照出了我们的不足，激励着我们不断学习，不断进取。人生之路不是平坦的，充满了许多已知和未知的对手。面对对手时，要做的不是埋怨，而是感激。感谢对手吧！正是由于他们，人们才会认识到自己的缺点，才会激发潜能，才能不断进步，才会迫使人们奋勇前进，勇攀高峰！

心理小贴士：

人生漫漫长路中，对手是挑战者，也是同行者。他们或许是有形的，或许是无形的；有实际存在的，也有精神层面上的。是他们丰富了我们的人生，也是他们让我们的生活变得多姿多彩，是他们让人变得更坚强。强者要做的就是善待你的对手，不要把他当成你的敌人，而应当把他当成你的一条警示鞭，时时刻刻警示自己，使自己变得更强大。

不服输，才有斗志去成功

“坚持到底，永不服输”，这是想要成功的不二法则。强者更应该如此，对待任何事情都要有永不服输的心态和坚持到底的信念。成功者之所以成功，就是因为他们对任何事有永不服输的心态。在现今社会里，竞争越来越激烈，也是无法避免的。既然竞争是不可避免的，那就要积极面对，以不服输的心态去竞争。只有这样，才能最终战胜对手，稳坐成功的钓鱼台。

男人应该像狼一样，遇到任何事都不轻易认输。永不服输，是狼主宰草原的法宝。同样，人如果有不服输的心性，就会焕发出想要成功的斗志。只要有实力，机遇总有一天会向自己走来。

[坚持才能成功]

哈拉在狼群里属于不被重视的那一类，平时就经常受到其他狼的欺负，被其他的狼称为废物。外出猎食，头狼也只挑那些强壮的狼，从来没有注意到哈拉的存在，因为它没用。哈拉在小时候，它的父母因为救它而被猎人杀死。自此以后，它就孤单地生活着，没人保护它，所以它的生活过得很艰苦。但是哈拉骨子里那股不服输的精神一直存在着，为了能跟头狼外出捕猎，也为了证明自己不是废物，它开始了刻苦的训练，并且经常向别的狼挑战，虽然输的经常是它，但是它从来也没有放弃过。这天，哈拉又向狼群里的一只狼发出了挑战，很多狼都在围观，它们普遍认为哈拉一定是失败者，眼里都充满了对哈拉的嘲笑和蔑视。这种眼神让哈拉很难受,但是这也激起了哈拉不服输的心性。争斗开始了,哈拉发起了攻击,它一口咬住了对方，但对方一扭身就挣脱了。这时，对方也不示弱，向哈拉扑了过来，两只狼开始互相撕咬，渐渐地，哈拉没有力气了，开始处于下风，它一下子被对方咬住了，并且被对方压制在地上起不来。这时，周围出现了蔑视的眼神，包括头狼。这种眼神彻底刺痛了哈拉，也激起它一定要取胜的决心。于是，它奋起反击，经过一番挣扎，哈拉终于摆脱了对手的压制。这时，两只狼身上已经伤痕累累，对方也摆出一副不屑的神情，哈拉彻底被激怒了，它向对方发起了疯狂的攻击，它的对手显然没有料到哈拉还有能力反击，一下子被哈拉咬住了喉咙。哈拉胜了，周围的狼对哈拉有了重新的认识，它不服输的心性感动了在场的每一只狼。自这以后,没有狼再叫哈拉废物,而哈拉经过这次争斗也得到了头狼的欣赏。哈拉以永不服输的态度赢得了其他狼的尊重，自己也获得了更多的信心。

狼活到现在，就是由于它们的精神，狼族与生俱来的精神！它们以永不服输的心态，演绎了一幕幕生死大战。狼不是上天的宠儿，狼的生存条件是艰苦的，它们一生都在战斗，不仅要和比自己强壮的动物战斗，还要面对各种各样的困境。然而，狼是一种坚韧不拔的动物，无论环境多么恶劣，生存多么艰难，它们的天性决定了它们永远不会认输，只会以大无畏的精神来迎接困难，并成为最终的赢家。

在人类的世界里，也充满了竞争，有的人失败，有的人在竞争中脱颖而出。人类社会不同于自然界，市场竞争与自然竞争也不尽相同，但是如何在竞争的环境下生存，并最终成为赢家，却是许多人一生所追求的。在人生的道路上，每个人都在艰难前行，有失败也有成功，但是有的人在面对失败时，往往输不起，而且没有试着拼一下，只是放任自己失败。但是狼不同，虽然狼经历了各种磨难，包括恶劣的气候和残酷的生存竞争环境，但也恰恰是这种种磨难，狼才有了永不服输的精神，才敢于向强大的敌人挑战。

强者想要成功，就要具备强者的心态，强者心态是一种面对困难时的坚强，是永不服输的心态。现在的很多男人做什么事都想要成功，可是成功的又有几个？在面对失败时，自己首先失去了希望，没有了斗志，使自己消沉在失败带来的失意里，而没有想过再搏一次。我们从狼的身上可以学到，失败只是暂时的，做任何事都不要泄气，敢于直面困难和挫折，敢于挑战，成功是指日可待的。

[成功源于追求]

王成是一家企业的一名工人，由于金融危机，他所在的企业破产了。因此，他加入到了下岗职工的行列。但是，倔强的他没有被眼前的困难所吓倒，不服输的他开始参加各种对下岗职工的再就业培训。他对电气焊之类的工作很感兴趣，于是他努力地学习这方面的知识，提高自己的技术水平。学成后，王成到其他的厂里工作了一年，技术也更为娴熟，于是他和妻子商量后，有了个大胆的决定——办厂。这对当时的王成来说，是个很冒险的举动，但他还是大胆地开始了。这时，投资人、资金、设备、技术和厂房像一道道难关摆在了他的面前。为了筹集资金，他四处奔波贷款借钱，他的脚底为此磨出了血泡。但是，这更激起了他不服输的心性，他每天找人借钱，最终筹够了资金。为了节省资金，他找了个不大的地方，注册了一个机械厂。厂子成立初期，困难重重，有很多事情都要他亲自上阵，找顾客，修机器，为此他忙到很晚。虽然辛苦，但他觉得还是值得的。可是，由于王成的厂是初建成的，没有人知道，尽管他做了很大的努力，他做成的设备还是没有销路。敢于挑战且不服输的他暗下决心，一定要打开销路，在竞争激烈的市场上赢得一席之地。于是，王成经常借出差去外地之机宣传自己的产品，并且许下自己的服务承诺，如果有任何问题，可以无条件退货，并且对方的损失由自己赔付。终于，他接到了第一个订单。他感到既兴奋又有压力，但他秉着不做则已，做就做好的原则，吃住在厂里，对设备精益求精，他和工人们苦干加巧干，终于完成了任务，并且亲自把设备送到了客户那里。交设备时，那个客户挑剔地检查了一遍，但没有挑出任何毛病。这个挑剔的客户对王成竖起了大拇指。从这以后，王成注重在企业管理上下功夫，他又高薪聘请了几个专业的技术人员，大胆进行技术革新和技术设备改造，使产品质量不断提高；重点强化售后服务，做到保质、保量，不把一点不足和遗憾留给客户。优质的服务和良好的信誉，使企业的客户越来越多，市场越来越大，企业也越来越大，终于实现了企业与市场的对接，开辟出了一片属于他的新天地。

正是永不服输的心性，才让王成开创了属于自己的一片天地。在现今社会里，很多人因为一时的失败而放弃了。而狼不同，它们明白最大的敌人是自己，只有敢于搏杀，才能主宰自己的命运。在现实世界里，竞争是人们无法抹杀的客观存在，世界也是在竞争中不断发展进化的。因此，拥有永不服输、锲而不舍的拼搏精神和合作共赢的新式竞争思维，才是胜者为王的真实含义，也是强者获得成功的赢家之道。

心理小贴士：

人生道路上充满了坎坷和挑战，但其中也隐藏着机遇。每个人在人生的道路上都不可能一帆风顺，有失败，但也有成功。失败只是一时的，在没有走到生命的尽头时，谁也不能说谁到底是失败者还是成功者。因此，无论在什么时候，都应该充满希望，不能泄气。只有输得起的人才赢得起。失败了还可以重来，为什么不拼一下？

认识环境，适应环境

一个人的成功既取决于个体的素质，也取决于所面临的环境。每个特定的环境，都有其自身的特色、风格，都有不同的特点。只有认识环境，适应环境，才能改造环境。“物竞天择，适者生存。”在现今这个环境复杂的社会里，人要面临多样的新环境，而且在很多时候，人不可能要求环境来适应你，而只能是我们自己去认识环境、适应环境。这是自然规律，也是社会规律。

强者应该像狼一样，要认清自己所处的环境，并能及时地适应环境，才能根据环境对自身做出调整。

[不断提高自身的生存能力]

姆瑟是一个狼群的头狼，它的任务就是带领狼群找到适合它们生存的环境。它们本来生存在森林里，但是由于近年来人类对森林的砍伐，使森林里的动物急剧减少。狼群因此长时间捕不到猎物，经常挨饿。为了改变这种状况，姆瑟决定带着狼群迁到另一个适合它们生存的地方。经过长途跋涉，它们终于来到了一望无际的大草原上，这个地方到处充满了生机，各种小花开遍了大草原，时不时还能见到一些小动物经过。姆瑟决定了，以后它们就在这片大草原上生存。这是个新的环境，一切看似那么美好。但是在姆瑟看来，这里也充满了危险。因为在这个草原上还有别的狼群，它们要想生存，就要警惕这些狼群，而且它们还要找到一片属于它们的领地。长时间的奔波后，姆瑟让大家停下来休息，准备捕些猎物以填饱肚子。就在它们准备猎食时，一群狼出现在离它们不远的地方。这群狼虎视眈眈地看着姆瑟这群外来者，摆出了战斗的姿势，姆瑟看争斗无法避免，就挺身而出迎接战斗，怒吼一声迎向了对方的头狼。双方开始了一场恶战，姆瑟由于长途奔跑，体力已经不支，但它没有放弃，开始奋力反击，终于抓住了一个机会，把对方头狼的喉咙咬断了，这场争斗就这样结束了。姆瑟成了这块领地的新头狼，通过这场争斗它明白了，这个新环境里处处充满了危险，要想在这个新环境里更好地生存下去，自己的力量还不够强大，自己随时还会面对更强大的对手，因此，自己得加紧提高技能，提高捕猎手段，才能在这个新环境里更好地生存。

狼的适应能力极强，它能够很快地认清自己的生存环境，并根据环境适时地对自己的行为做出调整，因为它们知道自己的力量还不够强大，也知道自己的对手异常凶狠，更知道狂风暴雨以及冰雪严寒这些自然之物也会时常侵袭自己的栖身之所。狼群很清楚，自己无论在什么地方生存，都摆脱不了环境的影响，也无法摆脱这种影响，超脱在其外是绝对不可能的。狼早就已经认识到，自然规律不是它们所能改变的。因此，要想使自己能够适应周围的环境，就必须以顽强和坚韧来武装自身，随时做好万全的准备，勇于向恶劣的环境发出挑战，并最终凭借自身的能力战胜它。对于狼来说这是最基本的生存需要。

人的生存离不开环境，无论我们在这个社会中扮演着什么样的角色，都离不开环境。如果我们想要在我们的环境中更好地生存，就必须去适应它，随着它的改变而改变，否则你迟早会在这个社会中失去立足之地，并且被这个社会所淘汰。人的一生不可能是一帆风顺的，一些定性的东西是不会轻易改变的，只有先学会认识环境，才能慢慢适应它，因为环境永远不会来适应你，即使这是一个非常痛苦的过程。不过狼似乎比人类更懂得“物竞天择，适者生存”的道理，因为它们面对困境时一定会积极主动地想办法改变自己，以此来让自己更容易适应自身所处的环境，能够更快、更多、更有效率地捕杀猎物。

环境塑造人的性格，当然更会影响人的事业。现今有的人在面对困境时，并没有很好地认识到自己所处的环境，只是一味地逃避，却没有想过怎样去适应这种困难的环境。因此，作为男人的你，虽然很难改变自己所处的环境，但你要做的是学会认识它，并且适应它，因为不是你选择环境，而是环境选择你。从狼身上可以学到，无论所处的是什么样的环境，首先就要清醒地认识自己所处的环境，利用有利的条件在苛刻的环境中奋起，这样才能更好地改变自己的处境。

[不能改变，就要适应]

拿破仑的父亲是一个贵族，也是一个极其高傲又好面子的人，虽然是贵族，但是拿破仑的家境却很穷困。由于身处贵族行列，所以拿破仑的父亲把他送到了一个在布列讷的贵族学校，在这个学校里，都是贵族子弟。平常与拿破仑往来的同学都讽刺他穷苦，这种行为让拿破仑很气愤，但是他却没有办法，只能屈服在威势之下。

长期受到这种讽刺，拿破仑受不了，只好给父亲写信告诉他这边的情况。但是父亲的回答是，让他受 5 年的痛苦，他父亲说："我们没有钱，但是你必须在那里读书。"不过，正是由于这种环境，由于这些人的嘲笑欺侮和轻视的态度，使拿破仑下定决心，发誓要做一番成绩给他们看看，他确实是高于他们的。他在心里暗暗计划，决心利用这些傲慢没有头脑的人成为自己得到技能、富有、名誉、地位的桥梁。

拿破仑到了部队后，他的同伴把时间都用在玩乐赌博上，而拿破仑却埋头于书本中，他经常到图书馆里借书读，因为这里不用花钱。拿破仑下定决心让全天下的人都知道他的才华，因此，他读的书大都是伟人的传记等。拿破仑住的地方是一个既小又闷的地方，但是他还是努力地读下去。他想象自己是一个总司令，将科西嘉岛的地图画出来，地图上清楚地标出哪些地方应当布置防范，这是用数学的方法精确地计算出来的。因此，他数学的才能获得了提高。拿破仑的长官看见他的学问很好，便派他在操练场上执行一些工作，这是需要极复杂的计算能力的。拿破仑的工作做得极好，他又获得了新的机会。于是，在这以后拿破仑开始走上了通往权势的道路。在这时，一切的情形都改变了，以前嘲笑他的人，现在都涌到他面前来，想分享一点他得的奖励金；以前轻视他的人，现在都希望成为他的朋友。这些人后来都变成了他的衷心拥戴者。

人和环境的关系是相对的，也是相生的。在相对阶段，人改变环境，环境顺应人，或是人被环境改变，人顺应环境。一旦渡过相对阶段，便会进入相生阶段，这种相生是好是坏，则是因环境、因人而异。苛刻的环境比较能使人保持清醒，正所谓“生于忧患，死于安乐”。在艰苦环境中的人，绝大多数都会被激起斗志，从而千方百计地改变现状，这时人的性格也会变得坚强而有韧性；相反，在安逸的环境下的人，所表现出来的性格，则是消沉、软弱和自怜，久而久之这种性格就会定型，从而影响人一生的命运。所以，我们每个人都应该清醒地认识自己的处境。认识并适应环境是人应具备的一种基本的生存能力，一个人应该具备各方面的能力以便去适应环境的选择。

心理小贴士：

决定人的成败与否不在于环境，而在于自己如何认识、适应环境和善于利用环境，让自身的素质得到最大限度的提高。不管身处何种环境，只有学会认识并且适应环境，才能取得成功。只要适应了环境，就能战胜各种困难，就能让自己的人生更美好。

不做害怕困难的懦夫

在遇到困难时，应该勇于对困难说“不”，强者更应该如此。遇到困难时，更应以坚韧不拔的心态来战胜困难。不管是动物还是人类，永远都是跟困难在打交道。不是强者打败了困难，就是懦弱者被困难打倒。“困难像弹簧，你强它就弱，你弱它就强”，在面对困难时，只要不放弃，总有成功的一天。

强者应该像狼一样，时时刻刻提醒自己困难无处不在，只有让自己时刻保持这样的警惕心理，才能使自己的能力得到更大的提高，也能更顺利地达到自己的目的。

[勇于克服困难才是强者]

在狼群里有一只瘸腿的狼，但是这只狼却受到了很多狼的尊敬，它叫格桑。格桑在没有当上头狼以前，独自外出寻找食物时，被猎人发现，并被打断了一条腿，但它侥幸地逃回来了。回来以后，这个变故给了格桑很大的打击，因为失去了一条腿，不能奔跑，这样就会使自己很难生存下去。格桑消沉了，它天天看着伙伴们随意奔跑，随意捕猎，这让格桑的心更加难受。这时，它的朋友鼓励它，不要放弃，没有过不去的难关。在朋友的鼓励下，格桑开始振作起来，也激起了它的好胜之心，它要向困难挑战，更要战胜这些困难。于是，格桑为了能让自己奔跑起来，它每天不断练习，跌倒了，就再爬起来，重新练习。它不止一次地对自己说：

这些困难算什么，虽然腿断了，但是我还能站起来，我不怕困难，我还要做个强者。它相信自己总有一天能比正常的狼跑得还要快。通过不断的努力，格桑可以快速奔跑了，它也加入到了狩猎的行列。这是它伤后第一次捕猎，由于长时间没有捕猎，它的技术有些生疏，但是，它没有放弃。这时，它发现了一头鹿，这头鹿显然吃饱了，肚子圆滚滚的。格桑想以这头鹿为目标，但是，它犹豫了，因为鹿奔跑的速度很快，而且鹿的角可以杀死一只狼。但是，格桑还是决定试一试，它没有正面攻击鹿，而是从侧面开始进行攻击，这头鹿受到攻击，吓得立即向前奔跑。格桑在后面紧追不舍，虽然它断了一条腿，但是经过努力，现在的它可以比正常的狼跑得还要快。这头鹿跑了一会儿，可能是吃得太饱了，它有点体力不支，速度慢了下来。格桑一看机会来了，快速奔跑，一跃而起，咬断了这头鹿的喉咙。格桑成功了，它证明自己也可以像正常的狼一样捕食了，而且也证明了自己不是一无是处。

狼是一种坚韧不拔的动物，它们生活的环境很恶劣，狼的狩猎效率很高，但是它们的成功概率却很低，耗费了大量的时间和体力之后却空手而归。不仅如此，它们还要面对很多困难，有强大的对手，有恶劣的天气，等等。就算是这样，狼也是宁死不退，永远向前，除了战略、战术上的需要，没有哪一只狼会畏惧眼前的形势而后退半步。虽然在自然界里，狼不是最强大的，而且会遇到很多困难，但狼不是屈服在困难面前，而是勇于面对困难，并且战胜困难。

人类也应该像狼一样具有不畏困难的精神，不过很多人往往做不到。在面对困难时，很多人难以面对。认为困难就像一座山，自己被死死地压住了，根本就想不出办法来克服困难。还有的人在困难来临时，就陷入了恐慌之中，根本就没有足够的能力来战胜困难，因此使自己陷入到巨大的痛苦之中。但狼不同，在遇到困难时，没有哪一只狼会被困难吓倒而后退，而是不管面前有多大的困难，都会勇往直前，决不退缩。

面对困难时，强者应该做的不是逃避或绕开，而是面对困难，跟它们打交道，以一种明智的方式同困难做斗争。当你面对困难时，敢于直面困难，对困难说不，用自己的双手和肩膀来承担一切，并改变困难，让事情往好的方向发展。相信困难只是暂时的，也不是不可战胜的，只要有坚定的信念，不退缩，总有胜利的一天。从狼的身上可以学到，虽然困难无处不在，但是面对困难时，是选择退缩还是选择战胜它，不同的选择成就不同的人生，战胜了就是英雄，就是生活中的强者。

[跨越困难，迈向成功]

马丁是一位著名的画家，在他成名前遇到了许多困难。这些困难或许能击败意志不坚强的一些人，但是马丁从没有害怕，一直进行着自己的艺术创作。在他创作自己的第一幅大作品时，就因为穷困潦倒让自己经常处于饥饿之中。一天，他很饿，摸了摸口袋，发现只剩下了银币。这是一枚很亮的1先令，就是因为这枚先令亮闪闪的，因此他才没有用掉它。但是他实在是饿得不行了，为了生存，他必须把它换成面包来充饥，不然就会饿死。于是他走到一家面包店前，用身上这仅有的1先令买了一块面包，正当他想带走面包时，面包却被面包店老板拿走了，并且把那枚先令扔给了他。因为这是枚坏掉的先令，这枚先令在该派上用场时却没能派上用场。马丁没有办法，他只有那枚先令了，没钱的他只好拖着疲惫的身体回到自己又旧又破的住处。他饿得实在不行了，为了生存下去，他开始翻箱倒柜，终于找到了一些剩下的面包皮聊以充饥。虽然条件很艰苦，但是马丁没有放弃创作，他能活到现在，完全是缘于他对艺术强烈的热爱。也正是由于这个原因，才使他以加倍的热情投入到自己所热爱的艺术创作中。虽然遭遇了种种困难，马丁还是一直保持着勇气继续着自己的创作，并且耐心地等待机会。终于，上天眷顾了这个经历了太多困难的人。几天之后，他终于找到了一个机会适时地展出了他的画作。这次展览获得了空前的成功，他的画作被很多人赏识。这次画展过后，马丁慢慢地开始了成名之路。

就像很多伟大的艺术家一样，马丁的成功，证明了不管环境多么恶劣，条件多么困难，只要不放弃，勇于面对困难，再加上勤奋努力，那么终有一天会苦尽甘来。在人的一生中，困难总是伴随左右，这时就要勇于面对并克服困难。只有这样，才能使自己变得更加坚强。如果一个人总是以逃避的态度来看待这个世界，那他永远只能懦弱地活着。困难磨炼人，更让人坚强和无畏。生活在艰苦环境里的人们，不应该让这些因素影响，而应该不妥协不放弃，勇敢地战胜困难。人生道路上只有经历了艰难困苦，才能得到宝贵的人生经验。因此，在遇到困难时，要做的不是一蹶不振，而是要尽快地摆脱困难带来的不良情绪，以更加昂扬的斗志和不屈不挠的精神面对困难。困难不仅能锻炼人，困难的环境更能让人的思维变得更为开阔，这是金钱所买不到的。

心理小贴士：

困难是对人意志的一种考验，一个人敢于面对困难并战胜它，他就是生活里的强者。“没有岩石的阻挡，哪能激起美丽的浪花。”在面对困难时，把困难想象成是上天对自己的考验，那么在战胜困难并取得一定的成绩后，自己肯定会无比的自豪。这时就会发现，成功原来离自己是如此的近，而一切都是那么的简单。困难让人在人生的道路上更加的坚强，也让人生更加多姿多彩。

不畏挑战
才能不断提高

敢于挑战是一种精神，强者把这种精神表现得淋漓尽致。挑战是一种荣誉，他们知道只有不停地挑战，人生才会变得更有意义。只有通过挑战，人生的价值才能实现，人生经历才会变得更加丰富。在人生的道路上，最怕的不是失败，怕的是没有挑战的勇气。只有不畏挑战，才能使自己不断提高。就算遇到挑战时，要做的也不是逃避，而是拿出勇气来接受，就算失败了，也只是暂时的，只要不放弃，就会有成功的一天。

男人就该像狼一样，敢于接受任何的挑战，就算失败也没什么大不了的，只要能够站起来，就会取得最后的成功。

[没有什么是不可能的]

哈利是一只脱离狼群的独狼，因为哈利觉得自己已经长大了，它想磨炼自己并成立自己的狼群。本来它的父母是不愿意的，说它想要锻炼可以在族群里磨炼，但是哈利执意要出来，于是在一个晚上不辞而别。独自出来是要很大的勇气的，因为狼脱离了群体很难生存，要面临很多的挑战，但是哈利却对自己说：我不怕困难，我要自我挑战，一定要实现我的目标。哈利在这片草原上流浪好几天了，这几天它一直没能找到食物，它饿得都没有力气了。但是哈利没有放弃，这天，它终于捉住了一只小山羊，正想美餐一顿时，狼的警惕心告诉它，有别的狼在附近。果然，没过多久，就有一个狼群来到了它面前。这片草原是这个狼群的领地，哈利不想放弃到嘴的美味，可是如果不放弃，这群狼肯定不会放过自己。但是，哈利不想做逃兵，它要挑战这个狼群的头狼。头狼走到哈利面前，眼神透着这只羊该它吃的信息，但哈利却把羊放在了自己的身后。头狼非常愤怒，准备教训哈利，哈利适时提出了要向它挑战。头狼对哈利不屑一顾，但还是答应了。其他的狼一看有争斗，纷纷让出了地方。大战一触即发，哈利凶狠地瞪着头狼，然后发起了攻击。头狼显然没有防备，仓促迎了上去，身上顿时被哈利的爪子抓出了道道血痕。头狼发怒了，它发动了反击，两只狼相互撕咬。毕竟哈利还是经验少，身上顿时伤痕累累。但是，哈利没有放弃，它抓住了一个机会，一口咬下了头狼身上的一块肉，头狼这时彻底疯狂了，向哈利发起了猛烈的进攻。由于头狼已经受伤，动作开始变得迟缓；虽然哈利也受了伤，但是它越战越勇。终于，它趁头狼倒地还未起来之际，一口咬向了它的脖子。头狼死了，哈利胜利了，它成了这个狼群的首领，它将带着属于它的部队继续前进。

在森林里有许多凶猛的动物，像是老虎和狮子，它们有着强壮的身体和很大的食量。这就造成了比它们弱小的动物根本就抢不过这些强壮的对手，甚至会成为它们的口中之食。狼虽然没有像它们一样强壮的身体，但是狼也是一种敢于挑战的动物，以自己顽强的拼搏精神，使自己也占有一席之地。不过，狼在获得猎物时也是要付出很大的代价，甚至付出生命。不过，就算如此，狼还是顽强地生存着，从未向任何强敌屈服过。经过几千年的地球变迁，狼一直在拼搏奋斗，虽然经历了许多严酷的环境和人类的捕杀，但狼以桀骜不驯的性格以及不屈不挠的精神一直生存着，这种自强不息的精神真正体现了狼的精神。

人的一生不可能是一帆风顺的，每时每刻都面临着挑战。挑战能提高一个人的能力，适当的挑战会激发一个人走向成功。挑战并不可怕，可怕的是丧失了接受的勇气。现今社会是个竞争激烈的社会，每个人都会遇到挑战。不过，有的人在遭遇挑战时，选择了逃避，以消极的态度来对待，而没有勇敢地接受。这样的人永远不会有所成就。但狼不一样，如果想要恣意地驰骋草原、纵横天下，必须时刻敢于面对即将到来的挑战，努力提高自己的生存技能。只有战胜对手，捕获猎物，才能使生命更顽强。

强者要想在竞争激烈的社会取得成功，就要不断挑战自我以提升自己。这时的男人就要具备挑战的精神，不仅要挑战对手，更要挑战自我。只有战胜了自我，才能在面对强大的对手时，更能有信心接受挑战，就算失败，也能从中知道自己的不足，才能更好地完善自己，成为最后的赢家。从狼的身上可以学到，要想有所成就，就要时时刻刻面对挑战，敢于挑战，成功才会到来。

[有挑战才有奇迹]

袁隆平被称为“杂交水稻之父”，他培育出的杂交水稻解决了我国粮食短缺的问题。而杂交水稻是袁隆平敢于挑战才出现的。在以前，米丘林、李森科的“无性杂交”学说——无性杂交可以改良品种，创造新品种的传统论断垄断着科学界。而且袁隆平也做了许多试验，可还是没有头绪。于是，他怀疑“无性杂交”的一贯正确性，于是他决定改变方向，开始探索在当时被批判的孟德尔、摩根遗传基因和染色体学说，研究水稻杂交。在当时，专家认为作为自花授粉的水稻根本没有杂交优势。人们觉得袁隆平肯定不行，但他还是决定挑战一下，袁隆平义无反顾地选择了杂交水稻这项科研课题。

在 1960 年 7 月盛夏的一天，袁隆平在安江农校实习农场早稻田中发现了一株植株高大、颗粒饱满的水稻“鹤立鸡群”。他高兴极了，马上用布条加以标记，反复观察，并采集花药进行镜检。到第二年时，他把收获的种子种下去，但是长出的水稻高的高、矮的矮。看到这个情景，让袁隆平很沮丧，但他想到水稻是自花授粉的，不会出现性状分离，所以这一定是个天然杂交种。他设想把雌雄同蕊的水稻雄花人工去粉，授以另一个品种的花粉，就能得到有杂交优势的种子了！但单凭人力不可能大量生产这样的种子，如果专门培育一种雄花退化的水稻，将其和其他的品种混种在一起，用竹竿一赶花粉就落在雌花上了，就能大量生产杂交稻种了。于是，他开始实践他的想法，在接下来几年的夏天，水稻扬花吐穗的时候，他都拿着放大镜，顶着烈日在田间苦苦寻觅。终于在 1964 年 7 月 5 日，他在农场找到了一株奇异的“天然雄性不育株”。经人工授粉，结出了数百粒第一代雄性不育材料的种子。又在 1965 年 7 月，在安江农校附近稻田的南特号、早粳 4 号、胜利籼等品种中，逐穗检查 14000 多个稻穗，连同上年发现的不育株，共计找到 6 株。经过连续两年春播与翻秋，共有 4 株繁殖了 1 ～ 2 代。

现实生活里，处处充满挑战，只有敢于挑战，才能步入成功的大门。每个人的人生都像是一出戏，有一帆风顺的时候也有不断受挫的时刻，但重点是如何去对待人生中的不如意，是消极地对待还是积极地挑战。不顺时，甚至连老天都跟自己作对，自己花费了很长的时间和精力，可是事情的发展还是不如意；不管自己怎样努力，摆在面前的总是失败。虽然失败，只要自强不息，敢于挑战最终就会取得成功。每一个优秀的人，都是能够从失败中爬起来的人。因为他们明白只有不断地挑战，自己才能不断地进步，才不会被这个残酷的世界淘汰出局，才能长久立于不败之地。

心理小贴士：

挑战无处不在，它充实着人们的生活，只有挑战了，才能有收获，不经历困难的挑战，绝不会到达成功的彼岸。挑战，是胜利的力量，是生存的动力。人的一生只有不断地挑战，才会精彩，才会有意义，才会不断地进步。当今的社会经济突飞猛进，知识不断更新，这就需要人们有坚韧不拔、自强不息、勇往直前的精神，一个人，只有自强不息、勇往直前才会取得成功。

把失败当成走向成功的必经之路

“失败乃成功之母”，多少成功者都是在经历无数次失败之后才走向成功的。在强者的思维里，失败算什么，成功才是自己不断追求的。有多少人，在失败过后，总是选择逃避，而逃避的结果往往是失去了机会，失去了成功。失败和挫折其实本来就是人生不可或缺的一部分，在竞争日益激烈的今天，要想立于不败之地，就要以自己坚强的意志不断超越失败，从不断战胜困难中创造奇迹。人需要在超越失败中，不断超越自我。

强者应该像狼一样，视失败为前进的阶梯，就算失败了，也要勇敢地站起来，不气馁，不畏惧失败，把失败当作自己走向成功的必经之路，走向成功的阶梯，将它们踩在脚下，一步一个脚印走向成功。

[成功需要经历失败]

卡尔特是一只孤独的小狼，在它还没出生之时，它的父亲就在一次外出捕食中被猎人杀死了。在它出生后，母亲为了让它长得更强壮一些，就经常外出找食物给它吃。有一天，母亲外出找食物后就再也没有回来。失去双亲的它只能自己存活在这个险恶的大自然里，别的狼也常常欺负它。但是，卡尔特是一只坚强的小狼，为了生存，它独自到野外寻找食物。它想捉一只野兔，由于它太小，根本就不懂捕食的技巧，因此失败了。但是，它没有放弃，还是自己天天出来捕食，虽然老是失败，但是它已经掌握了一些捕食技巧。这天，它又出来捕食，根据自己的经验，在费了一番工夫后，它终于抓到了猎物。这让卡尔特觉得失败也没什么大不了的。就是在这种环境里，卡尔特长大了。长大了就要跟随狼群外出捕食，这不比在野外捕食，这是一项危险活动，一不小心，可能连命都丢了。但是，卡尔特却很兴奋，因为终于有机会可以锻炼自己了。可是，外出捕食时，卡尔特还是失败了，但它想着第二次一定能成功。第二次外出捕猎时，它又失败了。第三次、第四次还是失败。这天，群狼外出捕猎时，头狼却不让它去了，因为它老是失败。这让卡尔特第一次觉得失败是这么的难受，可它不甘心失败，它明白只有让自己变得更强才能避免失败。因此在每次训练时，它总是最刻苦、最认真的。终于，在经过刻苦的训练之后，卡尔特变得更加强壮了。这天，它有了跟随狼群外出捕食的机会，在捕食过程中它表现得非常出色，它成功地咬死了两只驯鹿。这让所有的狼都对它刮目相看，这也让卡尔特感慨万千，如果当时自己没有经历失败，那自己永远也不会成功。

在物竞天择的自然界里，狼一直是强者。在狼的生命里没有“失败”二字。就算在狩猎时遇到无法攻击的强大对手时，它们也不会停下脚步。就算失败，狼也认为这是在磨炼它们的技能，它们也从来不把自己所犯的错误看作是一种失败，而把它当成是下一个成功的开始。因此，狼是成功的，它们会利用自己的智慧寻找引起失败的各种原因，并从中吸取教训，把失败当作前进的动力，一如既往地努力。

人的一生总是有许多或大或小的成功与失败。面对失败时狼的反应是永不倦怠、沮丧，再接再厉，永不言败；它们不会像人类那样，表现出忧虑、郁郁寡欢，狼会以崭新的精神面貌重新投入新的任务。但是人类里有的人会因为一时的成功而沾沾自喜，这些由于暂时的成功而骄傲的人，最终无法驾驭突然庞大起来的事业而归于失败。一个人在偶然的成功中失去自我，必然在失败中重新认识自我。也有的人心理素质较差，意志力不坚强，经不起一点点的失败。一遇到失败的挫折，就渐渐对自己失去信心，认为自己这也不行那也不行，即使有好机会使问题出现转机，也被这拉长的苦脸吓跑了。因此一个人成长的过程，就是在不断的失败中寻找与把握机会的过程，没有失败就没有成功。没有遭遇过挫折和失败的人生是不完美的人生，就像一杯白开水，纯净却没有味道。失败和错误就是我们人生中不可缺少的一部分，是有所进取、求变创新和参与竞争的过程中的一个正常的组成部分。

失败并不可怕，可怕的是心灵被彻底打败，还沉浸在失败带来的失意和沮丧里，而又未能体会真正的"教训"，再重蹈覆辙，以致最后一败涂地。而男人想要迈向成功的阶梯，就要在失败中以坚强的意志不断超越失败，从不断战胜困难中创造奇迹。在超越失败中，不断超越自我，才能走向更大的成功。从狼的身上可以学到，失败算什么，把失败当成锻炼自身能力的一种机会，才能在失败中寻得成功。

[一次挫折并不代表永远失败]

公元前496年，吴国攻打越国失败，吴王战死。新的吴王夫差为报父仇，日夜加紧练兵，准备日后攻打越国。终于在两年后，夫差率兵将越王勾践打败。越王勾践在走投无路时，谋臣文种出谋献策，先假意投降，然后贿赂吴大臣伯嚭，将美女西施献给吴王。吴王认为越国已经不足为患，又迷恋西施的美色，没有听从伍子胥的劝告，就答应了越国的投降，把军队撤回了吴国。在吴国撤兵后，勾践带着妻子和大夫范蠡到吴国伺候吴王，终于在三年后被释放回国。

回国以后，越王勾践时刻想着报亡国之仇，于是开始发愤图强。他怕自己因为贪图享受而失去了报仇的意志，于是每天晚上睡在稻草堆上，并且头枕兵器。他为了让灭国的苦涩时刻提醒自己，就在房子里挂了一个苦胆，每天都要尝这个苦胆，以提醒自己。而且他把国事交给了文种和范蠡管理，他亲自下田与农夫一起干活，而他的妻子也纺线织布。越王的这些举动让越国的全体百姓受到了感动，百姓和他一起努力，经过十年的艰苦奋斗，越国终于兵精粮足，国力也由弱转强。

而吴王自从战胜越王之后，每天沉迷于西施的美色里，过着声色犬马的生活。而且他不顾人民的疾苦，时常出兵打仗，并且因为听信谗言而杀了忠臣伍子胥。这时的吴国貌似强大，但是国力已经不如从前了。终于，在公元前473年，越王勾践灭掉吴国，而吴王也引剑自刎了。

人的一生总是伴随着大大小小的成功与失败，不能因为一时的成功沾沾自喜，也不要因为一时的失败就心灰意冷、一蹶不振。这就需要人将眼光放得长远些，以平常心来看待成败。但是从人生意义来看，勇于冒险的人，轰轰烈烈地奋斗一生，就算失败了，自己的一生仍是有价值的。而害怕失败、甘于现状的人，一生虽然平稳，但却因为不敢挑战，而使本来可以享受的成功却因为贪恋安逸而放弃了。真正的人生就应该勇于面对失败，因为失败是走上更高位置的开始，很多强者都是踩着失败的螺旋阶梯一步步地上来的，是在一次又一次的失败中崛起的。

心理小贴士：

任何事物的发展都不会是一帆风顺的，遭受挫折和失败几乎无法避免。每个人的一生都一直在追求成功，因为成功使人快乐，成功使人激动，成功使人振奋。但是，成功并不是凭空而来的，成功者多是在经历种种失败之后才有所成就的，才会成为社会的顶梁柱。有成功就必定会有失败，失败是人生中必不可少的一个重要点缀，失败并不像成功那样荣耀，它会使人消沉，使人痛苦，使人迷茫。有这样一句话：成功的大小不是由一个人达到的人生高度衡量的，而是由他在成功道路上克服障碍的数量来决定的。因此遭受失败未必就不是一件好事，在失败之后吸取教训、总结经验，就能把失败的损失转化为下一次成功的基石，就能走向成功。

想要成功，拿出你的行动力

俗话说："坐而言，不如起而行。"一个人如果只知道制订计划而不采取行动，那任何事也不会取得成效。而一个人要想取得胜利，就要有所行动，虽然可能会失败，但是失败会铸成你顽强的品格和坚韧的意志，从失败中找原因，然后再开始行动。行动是取得胜利，战胜失败的唯一途径。只有行动，理想才能够变成现实；只有行动，才会有结果，才能让胜利离自己更近。

强者应该像狼一样，无论做任何事，只要做出了决定，就应立即行动，而且要比对手快，那胜利最终就会属于你。

[行动力 = 成功]

有这样一群狼，狼群里的大部分狼都无比勇敢，而且取得过无数次的胜利，尤其是它们的头狼，不仅勇猛，而且简直是智慧的化身。因此，狼群里的每一只狼都以在这样的狼群里而感到自豪。当然，也不是每一只狼都是那么的强壮勇猛，多布拉就是这个狼群里的一个例外，多布拉长得又瘦又小。由于它很多的兄弟姐妹都比它强，因此它也得不到父母的关爱，每次都只能分到一点食物，所以长期下来，造成了多布拉营养不良。而且其他的狼也时常嘲笑它，笑它根本就没发育好。多布拉很伤心，但是它的脾气很温驯，从来都是逆来顺受。其实在它的心里，也有梦想，就是它也想变成强者，可以跟着头狼一起外出捕食。但是长时间生活在嘲笑与白眼中，在它的意识里它认为自己就是弱者，是一无是处的废物。一天，多布拉实在饿得不行，就约同伴外出寻找食物，由于体力不支，它连一只野兔也捉不到。结果，回来的时候，所有狼的眼里都充满了讥讽和嘲笑。这时，多布拉清醒地意识到，自己不能这样下去了，再这样下去自己只能被饿死，自己一定要成为强者。想到这里，多布拉不再迟疑，它开始行动起来。为了使自己变得更强壮，它每天都找别的狼进行挑战，虽然总是失败，可是，多布拉发现自己更有力量了；它还到野外去捕猎驯鹿，以训练自己的速度。虽然很苦，但是多布拉从没有放弃过。这样过了几个月，虽然多布拉还是很瘦，但是它力量增强了，速度也有了很大的提高；而且更重要的是，狼的野性和嗜血本性在体内逐渐膨胀起来。终于有一天，多布拉在跟其他的狼争抢食物时，发生了激烈的争斗。在那一刻，它的嗜血本性终于迸发了出来，它一下咬断了跟它抢食物的对手的腿。其他的狼呆住了，它们没想到平时逆来顺受的多布拉有这样的能力。在这以后，多布拉赢得了其他狼的尊重，它变得更加凶狠，也开始变得更加强大了。多布拉在心里说：多亏自己当时行动了，要不然自己可能还是那个懦弱的多布拉。

狼在捕捉猎物时，不一定每次都会成功，也有失败，但狼总是会战胜失败。在自然界里，从来都是弱肉强食，要想生存，就要行动。虽然狼是强者，但如果它们不去捕猎，那狼群永远也找不到食物。因此，行动是狼生存的根本，它们在捕捉猎物时，一旦做了决定，就马上行动，绝不拖延。因为狼很明白，想要生存，就要比对手快一步，就需要有快速的行动。虽然会遇到挫折和失败，但是狼的天性决定了狼决不会退缩。只有行动，才能获得食物；只有行动，才能不断取得胜利。

在人类世界里，很多人都有自己的梦想，这些人整天怀抱着自己的所谓梦想，等待着“天上掉馅饼”的好事，这样的想法谁都知道是多么不切实际。但生活中偏偏就有一些人终日沉浸在幻想里，不想做任何努力，整天做着春秋大梦，认为成功就像馅饼一样，有一天也会从天而降落在自己的头上。这些人只会想，而从来没有实际的行动来实现自己的梦想，这样的人永远也不会成功。因为这样的人根本不懂得成功的关键在于付出努力的行动。但狼跟人不一样，在狼的世界里，没有空想，只有行动，因为空想只能是饿肚子，而只有行动，才是取得成功的唯一渠道。

有些人空有理想，但是都只是纸上谈兵，没有一点实际的行动。机会，从来都是自己给自己的。伟人之所以是伟人，成功者之所以成功，是因为他们不断为自己创造机会，为达到理想的彼岸，他们不断地充实自己，并采取有效的行动来实现理想。在有了人生的梦想之后，就应该马上为之努力，当然有些时候需要做必要的等待，但如果一味地等待下去，就只能虚度一生了。

[只有去做，才能成功]

哥伦布是著名的航海家，他发现了新大陆，证明了地球是圆的，对人类产生了很大的影响。在哥伦布求学期间，他读了毕达哥拉斯的著作，知道地球是圆的。他开始思索和研究，过了很长的一段时间，他提出了一个大胆的想法：地球如果是圆的，那他就可以以极短的路程到达印度。他的这一想法提出后，受到了很多教授和哲学家的耻笑，他们认为哥伦布是在痴人说梦，因为他们认为不可能从西方行驶到东方的印度。并且他们说，地球是平的，如果哥伦布一直往西航行，那他的船将会在地球的边缘掉下去，这等于自杀。但是，哥伦布却对此充满了信心，他想实现这个冒险的理想，但是由于他家境贫困而无法实现。他也想让别人赞助他，可是没有人愿意冒险，这让他等了 17 年。于是，他决定不再等下去，决定找女王伊莎贝拉。通过一路的乞讨，他终于到达了皇城。女王对他的想法很是赞同，并答应赐给他船只，让他去从事这种冒险的工作。由于过于冒险，没有水手愿意跟他去，但是哥伦布没有放弃，而是以哀求、劝告和恫吓的手段找到了几个水手参加。而且还向女王请求释放狱中的死囚，如果这些人愿意冒险，就允许他们恢复自由身。在 1492 年 8 月，哥伦布率领三艘帆船，开始了一次划时代的航行。

但是，刚航行几天，就有两艘船破了，接着他们又在几百平方千米的海藻中陷入了进退两难的险境。他亲自拨开海藻，才得以继续航行。他们又在大西洋中航行了两个多月，也没有发现大陆的踪影。水手们都失望了，他们要求返航，要不然就把哥伦布杀死。但哥伦布没有放弃，用鼓励和高压相结合的手段，总算说服了船员。也是天无绝人之路，在继续前进中，哥伦布忽然看见有一群飞鸟向西南方向飞去，他立即命令船队改变航向，紧跟这群飞鸟，因为他知道海鸟总是飞向有食物和适于它们生活的地方，所以他预料到附近可能有陆地。终于，他成功了，他发现了美洲大陆，也终于证明了地球是圆的。

梦想是成功的起跑线，决心则是起跑时的枪声，行动犹如跑者全力的奔驰，唯有坚持到最后一秒，才能夺取成功的桂冠。人们在成功时，总会想到当初奋斗时所付出的汗水和心血。是的，成功的确来之不易，成功需要许多努力。然而，在通往成功的艰难之路上，你是否因其艰难而犹豫过？要知道无论做什么事，如果只是犹豫而不行动，那无论如何也不会取得成功；而行动了，就算成功了一半；如果能坚持不懈地行动，那就有望到达成功的彼岸。有梦想，更要勇于行动，只有行动了才可能成功。行动是成功的基石，战胜困难，付出行动就会成功。

心理小贴士：

一味空想，而不付出行动，再美好的梦想终是黄粱一梦。就像那守株待兔之人，终一事无成。行动就像是一场漫长的投资，而成功则是对长期投资的一次性回报。只有行动起来的人，才能在行动的过程中获得经验。即使行动的方向有误，你也会从中汲取教训，使自己在今后的人生道路上有更多的经验应付相似的困难。成功的唯一方法是行动，只有行动起来，你才有成功的机会，才会在实际行动中找到处理问题的最佳办法，才会在实际行动中找到适合你的生活方式。

保持忧患意识，才能不断前进

不管是在动物世界里，还是在人类世界中，危机都是无处不在的，如果不努力、不进取，那很快就将被环境淘汰。成功者之所以成功，就在于他们永远没有停下前进的脚步，因为他们知道，如果一旦停下，只享受眼前的安逸，那么等待自己的将是失败。因此，无论在什么时候，人们都应该保有忧患意识，使自己不断处于奋发前进的状态，这样才能使自己不断前进，才能不断取得成功。

强者应该像狼一样，不管在什么时候，都不要放松，努力提高自身学识，只有这样，才能在复杂的环境里不断前进，才能成为强者。

[居安思危]

在辽阔的大草原上，分布着多个狼群，多吉就是其中一个狼群的头狼。在草原上，多吉的领地也是比较大的。在多年的统治生涯里，它经历过多次和人类的斗争，也经历过多次和其他狼群和强劲对手的战斗，虽然也有失败和挫折，但是凭着自身强大的危机意识，它的族群得以生存至今。随着它的族群的日益强大，暂时没有别的狼群和强大的对手来犯，因此，多吉现在的生活是比较安逸的。但就算是在这样安全安逸的环境里，多吉也没有放松一直存在的危机意识，它知道越是安全的时候，却也越是危险的时候。它时时刻刻警惕着族群周围的环境，而且就算是在不必要的地方，它也设置了种种警戒。在每次的狩猎行动前，它都会做周密的计划安排，以确保没有失误，因为作为首领的它，必须保证子民的安全。

为了使自己更有能力领导狼群，在危险来临时能更好地保护狼群，多吉每天都会不断地练习，使自己的技能不断提高，虽然现在的生活很安逸，但它不想因为这样的生活而使自己有所退步。这样的日子持续了一段时间，多吉觉得不对劲了，因为其他的狼群每过一段时间都会来侵犯自己的领地，但是已经有一段时间没有狼群来挑战了。多吉明白平静之下隐藏着的危险，马上就会有一场很大的危机来临，于是，它开始对自己的族群做部署，把老弱病残不能战斗的狼全部转移到安全的地方，留下来的全是强壮的狼。没有了后顾之忧后，它每天带着这些狼进行高强度的训练，以提高它们的技能。果然，没过多长时间，其他的狼群就来侵犯了，这次同时来的是好几个狼群。但是多吉没有害怕，对方虽然比它们数量多，但它还是有条不紊地指挥着部下进行战斗，它们那段时间的训练起了作用，对方没能占到便宜。这场恶战持续了一天，还是多吉胜了，它赶走了其他的狼群，虽然取得了胜利，但结果却是惨胜。这场巨大的危机使多吉更加清醒地认识到了自己的处境，自己做得还远远不够，如果自己稍有放松，那么最终死的将会是自己。

狼的生存条件是恶劣的，狼不仅要不断寻找食物以填饱肚子，而且它们还要面临人类和比它们强大的对手的捕杀，为了生存，它们不得不与各样的强者进行战争，就是这样艰苦的环境，狼还是活了下来。因此，狼不管是面临危险还是处于安全的情况下，它们时时保持着一种警惕的心理，不会有丝毫的放松，因为危险时刻存在着，只要狼群稍有放松，那么等待着它们的就是危险，要么被猎人打死，要么被强大的对手吃掉。正是因为如此，狼需要不断地提高自己的技能，而且危机意识须长存于狼心。它们凭着敏锐的嗅觉、视觉、听觉和快捷的反应速度逃过了一次次的危机，成为草原上的强者。

在和平年代里，很多人过惯了这种安逸的生活，所以忘乎所以了。快节奏的社会又是充满竞争的社会，什么东西都在不断地变异更新，不进步就意味着被淘汰。越是事业有成的人，越是有很强的危机感，这让他时时刻刻保持着警惕心，对自己不放松，才能不被对手所超越。但是有的人，没有能力也不知进取，根本就没有危机感，更别提有进取的念头了。但狼跟人不一样，不管是在什么情况下，狼都是随时警惕着可能发生的危险。也就是因为如此，狼遇到危险时才能一次又一次地化险为夷。

要想成功，就应该时刻保持一种危机意识，让自己不断进取，并把压力变成动力，才能做出好的成绩。但是不要刚做出一点成绩就骄傲自满，如果安于现状的话，就会使人盲目乐观，不思进取，会在颓废中丧失斗志，并且葬送大好前程。一个人具备了忧患意识，就会在强烈的危机感里始终保持奋发进取的精神，才能创造更好的成绩。

[时刻保持危机感]

李林是一家企业的员工，他所在的部门是个很好的部门，由于他工作出色，很快就被提升为主管。在升为主管后，李林刚开始还能努力工作，但是随着时间一长，李林开始放松起来，也没有了进取心。他认为这个工作这么轻松，也没人跟他竞争，如果自己再往上升的话，那工作肯定是做不完的，还不如轻轻松松做主管。于是，他把工作交给下属，而自己在办公室里轻松地混日子。李林没有了上进心，使他所在部门的业绩开始下滑，从以前的第一到了现在最后一名。但李林还是这样，终于有一天，另一个人取代了李林的位子，李林成了普通的员工。李林这才明白，就是因为自己安于现状，没有了进取心，才使自己失败。李林随后辞了职，他想自己到社会上闯一闯，于是，他借钱开了一家小公司。公司刚开始时经历了重重困难，但是李林在经过上次的事后，始终保持着警惕心，使自己不断进取，经过不断努力，李林终于使公司步入了正轨，并且让公司不断发展壮大。李林回忆以前的事说，在那样竞争激烈的环境里，自己连一点危机意识都没有，太安于安逸的现状了，那样的生活使自己失去了斗志，没有了进取心。而之所以辞职，就是因为自己不想太过安逸了，自己想要时刻保持警惕心理，时刻充满危机意识，这样才能使自己不断进取，不断成功。

每个人的未来都是不能预测的，挫折和失败是每个人都会遇到的。只要人有了危机意识，就可以在行动上有所准备，从而从容地面对突如其来的变化。忧患意识可以让人具有很强的危机感，可以用积极的态度来应付突发状况。而缺乏危机意识的人，由于生活过于安逸，生存意识就会变得薄弱，因此也就不会有进取的精神状态，创新的动力也会变弱，那么在复杂的社会里更容易遭受挫折和失败。因此，一个人不能没有危机意识，一个人如果没有危机意识，那么在这个社会里是很难生存的。具有危机意识的人，会时时警惕着将要发生的危机，从而为自己做好充足的准备，有备无患。因此，遇到危机时，也不见得是坏事，因为它可以让你的意志变得坚强。

心理小贴士：

世界是这样现实，而现实又是如此残酷。付出了多少，就会有多少回报；选择了不同的道路，就会有不同的经历和结果。而且人生是漫长的，不要因为生活中的安逸和不尽如人意，就放弃对自身能力提高的努力。不要让安逸把你的危机感给磨掉，要把忧患意识作为精神支柱，不断进取，不满足已有的发展水平，不满足已取得的成绩，发愤图强，顽强拼搏，才能在竞争激烈的社会里取得成功。

成功者从不逃避责任

人人都是会犯错误的，事情也不是总是成功的，这是很普遍的现象。应该明白，既然错误已经发生了，与其逃避，倒不如勇于站出来承担起自己该负的责任，这样不仅能得到别人的理解，也能得到别人的尊重。成功者之所以成功，是因为成功者懂得为自己的行为负责。认认真真做事，同时为自己的所作所为承担责任，那么没有什么能阻挠你达成自己的目标。

就应该像狼一样，无论出现了什么样的失误，都不找任何的借口来推脱自己的责任，承担起属于自己的那份责任，那么你就是成功者。

[君子做事有担当]

在大草原上有一群很强大的狼，哈巴克就是其中一员。在这个狼群里，哈巴克是最勇猛的一只狼，狼群在狩猎时，它总是打头阵，因此，在狼群里它受到了其他狼的尊敬，而且也很受头狼的重用。时间一长，哈巴克多少有点自以为是了。这天，头狼带领着狼群外出狩猎。它们发现了一群驯鹿，但是它们却不敢轻举妄动，因为驯鹿不仅速度飞快，而且它们的角很锋利，可以刺穿一只狼的肚子。于是，它们在草丛里潜伏着，观察着驯鹿的一举一动。等了很久，一只贪玩的小鹿跑出了鹿群，它旁边也没有父母跟着。这个时候，哈巴克想出击了，但是头狼没有下达行动的指令。哈巴克觉得这是个机会，再等就失去机会了。于是，它一跃而起扑向小鹿。旁边的头狼一看，想制止已经来不及了。就在哈巴克快到达小鹿旁边时，一只大的驯鹿从旁边冲了过来，低着头将角对着冲过来的哈巴克，哈巴克一看，想停下来却来不及了，只有往旁边一跃，躲过了驯鹿的这一击，但是它的腿却受了伤。旁边的头狼一看，立刻下令全体出击，但是驯鹿群在哈巴克出击的那一刻都逃跑了。就连攻击哈巴克的驯鹿也逃得无影无踪了。哈巴克这时很愧疚，它一瘸一拐地走到头狼的身边，向头狼说："都是我的错，要不是我的原因，也不会捉不到猎物，我愿意承担责任。"头狼说："哈巴克，你勇于承担责任这很好，这次失败了，不代表下次还会失败，总结这次的经验，下次再继续努力吧。"

在自然界中，狼的行动准则就是积极主动，无论是遇到什么情况，做事的时候如果失败，狼群从来都不会为自己找任何借口；一就是一，二就是二，输就是输了。它会敢于面对现实，勇于承担自己的责任，总结失败的经验，并在下次继续努力，争取把事情做好，做成功。群狼不会让自己养成找借口的习惯，因为它们知道为自己找借口只是在推卸责任。

在现今的社会里，人们在做了错事时，往往对于承认错误和担起责任怀有恐惧感，因为承认错误和承担责任往往和接受惩罚相关联。因此，有些人在出现问题或做了错事时，首先做的就是把责任推给别人或者一些外在的因素，总是以各种各样的理由来掩盖自己的错误，极力为自己开脱。这在很多人看来，都是不负责任的表现，掩盖已经出现的问题，既不会减轻要承担的责任，责任也不会让你推掉，而且会更让人瞧不起。如果勇于为自己的行为承担责任，那么得到的不是责备和惩罚，而是别人的尊重。狼跟人不一样，就算犯了错误，狼也是勇于担当自己所犯的错误，错了就是错了，而不会寻找任何的借口来为自己推脱。

生活中责任处处存在，责任向来都是与机会并存的。如果没有责任就没有机会，责任越大机会就会越多。人们应该对承担责任的代价与回报进行正确评估，做出最合理的选择，面对不可推卸的责任，人们应该以积极的态度全身心地投入，主动承担责任。男人需要勇于承担责任，只要具备了勇于负责的精神，那么你的前程就是一片光明。因为责任是推脱不掉的，如果硬要推脱，等于关紧了自己进步的大门。

[没有责任感的人永远不会受欢迎]

李任和陈明是一对好朋友，他们找工作时到了同一家饭店。这家饭店由于还有外卖工作，他们就成了外卖的工作搭档，他们为此也很高兴，所以工作做得也更有干劲。这种情况让老板对他们很满意，不过，随后发生的一件事改变了他们两个人的命运。

这天，他们饭店的一个客户订了外卖，外卖很多，老板再三交代他们拿的时候要小心，说这是大客户订的，一定要准时送到。在快到这个客户的单位时，由于门口堵车，为了赶时间，他们两个只好把外卖拿下来再送上去。由于外卖太多了，需要送几次，他们两个觉得这样太费时间了，就准备每个人多拿一些，就在李任递给陈明外卖时，由于陈明拿的太多了，一下子没接好，外卖全部掉在了地上，他们没办法只好给老板打电话，老板又赶快送了过来，这才解除了危机。回来后，老板对他们进行了严厉的批评。趁李任没注意时，陈明偷偷到老板办公室说："老板，这不是我的错，这都是李任的错。"老板平静地说："谢谢你陈明，我知道了。"随后，老板把李任叫到了办公室，问李任到底是怎么回事，李任把事情的经过告诉了老板，李任说："这件事是我们的失职，我愿意承担责任。"李任和陈明一直等待着处理的结果，老板把他们两个人叫到办公室，对他们两个说："其实，这个客户当时就在下面，他把他看到的情况告诉了我。还有，我也看到了问题出现后你们两个人的反应。我决定李任留下来继续工作，用你赚的钱来偿还损失；而陈明，你明天不用来上班了。”

在面对负面反馈的时候，大多数人首先的反应就是将它归咎于外因，只有那些自信和自律的人，才会采取必要的行动从内因上解决问题。探究一个人对他人影响的好和坏是一个艰辛的过程。将内心的想法变成行动，需要勇气铸造信任。将内心脆弱的一面暴露出来，也会有助于关系的协调，并对双方都有好处。因此，千万不要利用各种方法来推卸自己的过错，从而忘却自己应承担的责任。人们习惯于为自己的过失寻找各种借口，以为这样就可以逃脱惩罚。有些人总是强调，如果别人没有问题，自己肯定不会有问题，借机把问题引到其他人身上，用以减轻自己的责任。正确的做法应该是，承认错误，分析错误，并为此承担起责任，把出现的损失降到最低点。面对错误，更重要的是利用它们，要让人们看到你如何承担责任，如何从错误中吸取教训。具有这种态度的员工会被每一个人尊重。

心理小贴士：

与其为自己的失误寻找借口，倒不如坦率地承认自己的失误。如果勇于承担起责任，那么得到的是因为你能勇于承担责任而不责难你。相反，敷衍塞责，推诿责任，找借口为自己开脱，不但不会得到理解，反而会产生更大的负面作用，让别人觉得你不但办事能力不行，而且还不愿意承担责任。如何对待已经出现的问题，可以看出一个人是否能够勇于承担责任。就如吉姆・科林斯所说，要想成为一个成功者，“必须去看镜子而不是窗外，为不良的后果承担责任，而不是归咎于他人、外界和坏运气”。

第四章

全力以赴 超越自我

狼经常以团队的组织形式生活，这样的组织形式可以大大增大它们的生存概率。当狼群中的头狼逐渐衰老时，便会有新的强者出来挑战。这不仅是狼自身对权力的渴望，更是因为当头狼变得衰弱时，整个团体就会因此而陷入危险之中。胜者为王，新的强者会带领狼群重新走向辉煌。男人不仅要在平日的工作与生活中全力以赴，更要懂得在危急时刻奋起直追，以此赢得新的发展机会，也使团队更加强大。

危难时敢于担当，展示魄力与魅力

狼是一种充满野性的生物，强者亦是如此。狼的勇敢顽强、吃苦耐劳的特点，让它们不管在怎样艰险、恶劣的环境中依然生存繁衍着。强者豪放、霸气、有力量，并且有着狼一样的无畏以及顽强拼搏的精神，在危难时敢于担当，充分展示了自身的魄力和魅力。

[最后的托付]

在北美大草原上，狼队正在匆忙而有秩序地撤退。它们刚刚经历了一场疯狂的厮杀，在这场战斗中，它们失去了最忠实和敬仰的首领。为了让狼队保存实力，首领把领导狼队的任务交给了沉稳又有智慧的“独耳狼”。之所以叫它“独耳狼”，是因为在一次战斗中，它为了保护自己的首领，左耳被一头猎豹生生地撕裂了……

在狼队生死存亡千钧一发的时刻，独耳狼接受了首领的托付，领导着自己的同伴拼命狂奔。这看似慌乱的撤退，其实是经过了独耳狼精心的设计和安排的。这里面有两只小狼崽，是首领的后代，它要保护好这两个小家伙。还好，虽然失去了父亲，还有母亲陪着它们。为了确保它们安全撤退，独耳狼指示两只最善战的狼左右护驾，以保护两个小家伙。

仔细观察，不难发现，除了最需要保护的小狼崽，已经受伤或丧失战斗力的狼也在保护范围内，它们跑在队伍的最前面，左右是年轻体壮的主力军，后面是掩护。

经过一路狂奔，它们终于摆脱了危机。在一个安全的山洞里，独耳狼带领狼队休息。它爱抚地蹭了蹭两个受惊的小家伙，然后又给首领的妻子投去了抚慰的眼神，示意她自己会代替首领保护好它们。最后，独耳狼环视了所有的同伴，还好，没有掉队的。

一场危机就在这一路狂奔中悄然消逝，惊心动魄的战斗还历历在目，独耳狼踱步到洞口，遥望远方，它那深邃的眼神中有一丝哀伤，但更多的是刚毅。它知道，令人尊敬的首领阵亡了，自己临危受命，一定要带领好自己的团队，绝不辜负首领的托付……

狼为战斗而生，从没有任何一只狼惧怕战斗，它们的生活就是战斗，即使是死也要死在战场上。这就是狼与生俱来的天性—— 无畏。狼的责任心体现了一种情怀、一种担当。独耳狼对狼群尽心、尽力、尽职、尽责地照顾着，在危难时刻，利用自己的智慧带领狼群脱离了危险。

无论在何时，在怎样危险的环境下，狼从来都是视死如归的。它们为了冲垮马群，不惜牺牲老弱的狼去撕扯外围壮马的肚皮，与马同归于尽。与群狗的争斗中狼也是前赴后继，即便整个狼群战斗到只剩最后一只，它们依然毫无惧色。狼族视死如归和不屈不挠的精神，震撼着我们每一个人。狼族狡黠、有智慧，这让它们天生具有非凡的军事才能和组织能力，并且使它们有着顽强的生命力和强大的战斗力。

[敢于担当，彰显才华]

峨边县的麻柳电站建立于 1987 年，可是由于管理不善，在短短的 6 年内，电站年年亏损，几乎濒临倒闭。就在这个时候，余林奉命接手了这个电站。他上任以后，狠抓电站生产、经营和财务管理工作，一年内电站就扭亏为盈，电站经营管理走上正常轨道。在电站扭亏为盈以后，余林并不满足现在的状况，一方面进一步加强电站的生产经营管理，提高生产效率和扩大经营利润；另一方面争取开发项目，通过多渠道融资引资，扩大企业生产经营规模。时间转眼到了2000年，在余林的领导下，麻柳电站的企业规模已经扩大到原来的2倍。同时企业荣获了“全面质量达标企业”“基础管理达标一级”、银行信用3A级等许多荣誉称号，而余林也荣获了“先进个人”“模范个人”等称号。

面对众多的荣耀和成绩，余林从没有为此骄傲和满足过。他又开始了他新的计划：怎样将企业的发展速度提高得更快。经过大量调查、研究和分析，以余林为首的管理班子形成了“电耗结合，调整结构”的发展战略。2001年，在余林的策划和指导下，公司投资300多万元收购了某磷化厂，通过对厂房设备的更新以及对生产技术的改造，投产后，仅用5个月就生产黄磷1300吨，实现销售收入1000万元。“电耗结合，调整结构”战略的成功实施，为企业带来了巨大的发展空间。产业结构调整的初步成功，使余林更加坚定了“电耗结合，调整结构”的发展战略。为了进一步提高企业的发展速度，在2002年，余林又成立了四川林河实业集团有限公司。此时，公司的总资产已达千万元。但是余林仍不满足，他又相继建立了多个子公司。

公司的发展壮大得益于余林的发展思路和现代化管理。大力实施人才管理战略。高薪聘请高级管理、技术和营销人才，为公司管理上层次上台阶提供了坚实的人才基础；高度重视产品质量和服务，打造名牌营销战略，向市场要效益。余林始终坚持高质量、高诚信的办事宗旨，不仅在国内创下了自己的品牌，而且产品远销海外，仅每年的出口创汇就高达200万美元。余林依然没有止步不前，他正带领全体员工在发展上下功夫。现在正在投资建设的项目有：鹅颈项电站、官家岩电站；准备投资8000万元用来扩建工业硅技……在2010年底，整个集团的总资产值突破10亿元，每年向国家纳税2亿元。公司不断发展，余林的社会公益事业也在随之发展。企业仅为建设乡村公路就捐资数十万元，为孤儿院、养老院等福利事业捐资 30 多万元，2008 年为汶川大地震捐款 20 余万元……

余林是好样的，他不仅将企业从负债的状态中扭转过来，而且通过他的努力，企业在很短的时间内一步一步地壮大。无畏、勇敢、智慧、敢于担当的精神在余林的身上体现得淋漓尽致，这就是狼性的标志。

心理小贴士：

我们人类也要学习狼的精神，学习它们的无畏、敢于担当。干什么事情必须要有一定的胆识，有敢于担风险、勇于闯难关的无畏精神。缩手缩脚，畏首畏尾，不敢越雷池一步，是永远也看不到最美丽风景的。不敢打开那扇紧闭的门，只能在门外徘徊、顿足，别人也不会看到你的才华、智慧，所以你永远无法迈开走向成功的第一步。

学会专注，才能心无旁骛走向成功

狼在面对猎物的时候，总是目不转睛、一心一意地关注着自己的猎物，仔细洞悉猎物周围的一切。因为只有专注才能在面对诱惑时，做到心无旁骛，才能捕捉到猎物，其实这也是人类成功之本。成吉思汗就那点骑兵，怎么就能打败金国百万大军，打败几十个国家？只有学会专注，慢慢地，我们才会有一种虔诚之心；学会专注，才能让我们有更多的灵感；学会专注，成功的大门才会向我们打开。

[集中精力，专注目标]

草原上一群羊正在悠闲地吃草，它们此刻绝没有想到危险正在一点点向它们靠近。在羊群的不远处，等待捕捉猎物的狼正蓄势待发，准备享受一顿丰盛的美餐。每一只狼都埋伏在草丛中一动不动，就像死了一样没有丝毫动静，这种耐心与迅猛的出击相比更难让人想象，一个动起来如此凶猛、快捷的动物，在伏击的时候竟然没有任何声息。羊群在一点一点慢慢移动着，埋伏的狼也跟随猎物的移动而移动，这个过程中，保持的良好距离并且借助环境的掩护，狼很难被猎物发现。两个小时过去了，狼群依然悄无声息地跟踪着猎物。时机终于来了。忽然，在头狼的指挥下，狼群开始向猎物发起了凶猛的攻击……正是因为狼的专注，所以它们最终捕杀到了猎物，获得了成功；也正是因为狼有着“咬定青山不放松”的精神，所以狼的猎杀成功率才能越来越高。

又一次捕杀行动开始了，狼群中的一员盯上了一头黄羊。狼静静地埋伏在黄羊的不远处，等待合适的时机。因为黄羊奔跑的速度要比狼快，所以狼捕猎黄羊时必须有足够的耐心。慢慢地，天色暗了下来。整整一天，狼依然埋伏着，依然没有进攻的意思，它还在等待。这个时候，黄羊已经吃得饱饱的，准备休息了。黄羊在四周寻觅着，它要寻找一个背风的地方好好休息一下。而狼似乎并没有放弃的意思，跟踪着黄羊来到了它休息的地方。夜已深了，狼还是没有在这个时候去捕捉，而是选择继续等待。整个晚上狼一动不动，趴在不远的地方死等，等到天发白了，黄羊憋了一夜的尿，尿脬涨了，狼瞅准机会猛追，黄羊跑起来撒不出尿，跑不多远尿脬就颠簸破了，后腿抽筋跑不动了。而此时在一旁潜伏的狼忽然冲出，轻而易举地就将黄羊捕到了。

从上面的事例可以看出，狼的成功猎杀是由专注带来的。狼是勇敢与专注的化身。虽然我们没有先天的勇敢与专注，但我们可以培养，不是吗？如今，在竞争如此激烈的社会中，我们必须学会专注，学习狼的耐性，为我们的生活注入新的血液，走更远的路。

说起狼，我们就会想到残酷、勇敢、专注等词语，就算我们聪明而伟大的人类也惧它三分。可是，狼本身并不可怕，令人惧怕的是它那种专注的精神、强大的耐力。有人说，成功源自专注，这句话是有一定道理的。纵使专注不是决定成功的关键，但是你不可否认，若想要获得成功，专注是必不可少的一种精神。

[专注——成功的要素]

小徐高考成绩名列前茅。他对自己的要求从来都很严格。和自己的许多同学相比，他有着很强的自控能力，平时在学习上很有规划。且遇到挫折时，会主动找老师聊，能很快地调整自己的心态……有人向小徐的班主任打听小徐是如何成功的，他的班主任这样说：“他能取得这样的成绩得益于他对目标的坚定追求。”而小徐自己却说他获得成功的原因是因为自己的专注，对理想的坚持不懈。

小徐说，在平常学习的时候，他从来都是全身心投入，不考虑任何与学习无关的事情，但是休息时则完全放松。高中三年，他一直全神贯注，注重学习效率，抓住听讲和自修的分分秒秒，而晚上就按时休息。凡是他自己认为有效的，他就坚持一直做，慢慢地，就形成了一个习惯。和一部分同学高一、高二轻轻松松，高三叫苦叫累不同，小徐从高一开始就坚持一种学习节奏，不虚度每一天（假期也不例外），所以在高三他并不觉得有多累。又如考前一两个星期，早上起早到教室自修的人已经很少，但是小徐仍然坚持和以前一样，起床号响前到教室，读读语文、英语。小徐说，虽然这样也许不会收获什么知识，但是他却保持了一颗平常心，并没有把高考当作升学考试，而只是一次小小的月考。另外，他觉得自己很会安排自己的生活和调节自己的情绪。小徐每天都规定自己要完成一些事情，并尽力去达到。比如查缺补漏、每天做题以保持手感等，这些都要完成。因为在高考冲刺阶段，老师很少向学生布置任务，而是把时间交给学生自己管理。在准备高考的这段时间，调节情绪的确很重要。有的同学一直很优秀，但到高三，每个人难免会受挫，这时就要学会调节情绪。

小徐在刚升入高三时，在十校联考中状态很差，面对这样的状况，小徐感到措手不及，因为以前从没有遇到过这样的状况，因而心情变得很糟。后来，他找老师谈心，找到自己在临场调节方面的不足。本以为在第二次十校联考中一定会有个好成绩，没想到这次他的成绩竟然是他高中阶段个人最差成绩，那时候真是沮丧到了极点。但是面对这两次失败，小徐依然没有气馁，他的信心没垮，反而变得更加成熟。在模拟考前，尽管那时他觉得不在状态，简单题也做错，但是却一点儿也不感到紧张，每天早上去教室时都鼓励自己：“考试时我一定状态很好，一定会发挥出全部实力。”结果模拟考果然发挥得很好。小徐就一直用这种办法激励着自己，尽管高考的试题很难，但他却轻松地完成了考试。

经常听到有人这样说："真羡慕某某，人家是多么风光，事业那么成功，哪像我们……"说这些话的时候，你可曾想过究竟怎样才能实现自己的理想？那些你羡慕的人为什么就那么成功呢？原因就是这些成功人士没有一个不是专注、坚持的典范，所以唯有专注和坚持才能实现自己的理想。因为许多事情并非一朝一夕就能完成，而且在完成的过程中会遇到各种各样的困难，阻碍我们前进的脚步，而在这个时候只有通过专注、坚持的力量才能帮助我们克服这些困难，让我们早日到达终点。

如果一个人总是不停地穿梭于各个行业，而并没有真正地专注于某项工作，那他是很难获得成功的。试想一下，有哪个老板愿意雇用或赏识三天打鱼两天晒网的员工呢？所以说，专注的人更加容易成功，专注更能激发人的潜能，创造奇迹。找一件适合自己同时又是自己最想做的事情当作近阶段奋斗的目标，然后专注于它，努力地实现它。

心理小贴士：

作为一个人来说，你可以没有豪华的轿车，没有漂亮的洋房，但是你绝不能缺少专注的精神。从我们周围不难发现，有些人，平时并不缺乏凌云壮志以及奋斗的毅力，但他们往往最终收获甚少，为什么呢？因为他们没有始终专注于一个目标，当然很难取得成功。专注不仅是一个人做人做事态度的体现，更是一个人走向成功必不可少的素养。

主动出击，向前超越

狼在捕猎时不仅要面对猎物强烈的抵抗，有时还可能落入人类设计的陷阱之中，因此，狼的生活环境是非常复杂的。生活在这样的一种环境中，狼不能守株待兔式地等待猎物的出现，它要不断地主动出击，不断向前超越，才能在面临饥饿、死亡等威胁的时候生存下来。人类也应该学习狼这种不断超越和进取的精神，这样才能获得进步，获得成功。

[不断超越才是生存之道]

茫茫的大草原上，一群狼正在奔跑，它们似乎很饥饿，不停地奔跑着寻找猎物……狼一旦发现猎物，目光就会死死锁定猎物，拼命地追赶它。当一只狼扑向猎物这一瞬间，后面的狼也会赶到，猎物被咬死在地，然后狼群就开始分享美食了。先吃的一定是捕捉到猎物的狼，然后轮到狼群中强壮的吃，剩下的才留给身体瘦弱的狼的。有的时候，捕杀到的猎物根本就不够整个狼群吃，所以，最后才能吃食物的狼就没有东西可吃了。猎物一吃完，狼群又开始奔跑起来，向下一个猎物追去。狼群就这样不停地奔跑，跑过漫长的冬季。就算有的时候它们都吃饱了，依然不会停下来，这是因为它们在过去经历了太多挨饿的日子，它们只有不停奔跑，才能生存下来，所以在不断追赶和捕杀猎物的时候，队伍中不断有狼倒下。

这个狼群中有只叫木泽的狼，它是掉队狼中的一只。它因为刚刚离开母亲，所以很多捕杀猎物的本领还没那么成熟，它是那样的弱小，是整个狼群中的尾狼。

狼族有这样一个习惯：从小狼有独立能力的时候开始，母狼就会离开它，让它靠自己的力量活下去。因此小木泽在心里暗暗想，一定不要一直依靠别人，要不断地去锻炼自己、超越自己，只有这样才能免受饥饿、死亡的痛苦。木泽开始努力改变自己，尽管它是整个狼群中最小的一只狼，奔跑的速度也很慢，但是它希望努力改变现在这种状况。它又跟随狼群出去打猎了，狼群在埋伏和观察任务结束后开始了对黄羊群的围捕行动，木泽努力地跟随着狼群奔跑着，努力地冲刺。看到凶猛地追赶、厮杀着猎物的雄狼，木泽心里好不羡慕，因为自己总是落在别人后头，但是它并不放弃，仍旧继续追赶着，它努力不让自己倒下，不要成为狼群的累赘，它想要成功。

就这样，木泽变得强大了许多，再也不是那个被狼群甩在后头的小狼了。它自己甚至可以单独捕捉猎物了，它再也不担心自己会像以前那样挨饿了。狼群中其他的狼觉得木泽忽然强壮了，它们很惊讶木泽是怎样变成现在这样强壮并且有着勇猛战斗意志的。随着狼族首领渐渐老去，头狼的竞争将要开始了。这是一场很残酷的斗争，所有的狼都没有想到木泽这只在以往是狼群累赘的狼会勇敢地挑战头狼的位子。后来，每当想起木泽在竞争头狼的战争中凶猛、勇敢的表现时，众狼都由衷地感到钦佩。

当木泽站在山岭上俯瞰自己经常奔跑的大草原时，就会想起自己以前挨饿的日子，再看看现在自己的成就，它深深感觉到：如果想要很好地生存下去，就必须不断进取，不断超越。

木泽在面临饥饿、死亡的挑战时仍能逐渐强大起来，成为狼群中最强壮的狼，这是因为它有着不断向前超越的观念。现在的社会竞争激烈，人们在面对各种困难、挑战时也应该像狼一样有不断超越的精神，只有这样，才会一步步走向成功。只要你行动，只要你坚持，只要你有不断超越的信念，就没有跨不过的障碍。超越别人是一种能力，超越自己更是一种精神，所以我们不仅要学会超越别人，更要学会超越自己。

[超越自我，赢在天下]

小乔是一名音乐系的学生，这天他来到琴房练习，当他走到钢琴旁时，忽然看到钢琴上有一份新的乐谱，于是他就翻看了起来。“怎么这么高的难度啊！”他自言自语道。他忽然感到自己满腹的信心被眼前的乐谱彻底击垮了。他不明白，为什么这几个月以来，自己的教授总要用这种方式整人。他只好勉强打起精神。十指使劲按在琴键上，用力地弹着……教授缓缓地走进了琴房，但是琴声太大以至于淹没了他的脚步声，小乔并没有听见。

教授是一位很出名的音乐大师。在小乔来学习的第一天，教授就发给他一份很新的乐谱，并让他试着弹一下。小乔一下就被这高难度的乐谱难住了，在试弹的时候生涩僵滞、错误百出。“你弹得还很不成熟，回家要加紧练习！”临下课的时候教授这样告诉他。小乔回家练习了一个星期，第二周上课时正准备让教授验收。可是，令他意想不到的是，教授拿出一份难度更高的乐谱让他练习，根本没提上个星期的课。每当小乔刚刚练会新乐谱的时候，总会有更难的任务等着他。这样的情形持续着，小乔每次在课堂上都被一份新的乐谱所困扰，然后让他带回去练习，接着再回到课堂上。慢慢地，他感到自己越来越没信心，有了想要放弃的念头。最后，他终于忍不住了，他向教授提出了质疑，质问教授为什么要这样折磨他。

教授并没有回答他，而是默不作声地将最早交给他弹奏的乐谱拿出来，“弹弹这个试试！”教授轻轻地说了一句。然后目光坚定地看着小乔。令人惊讶的事情发生了，恐怕小乔自己也没有想到，自己竟然将这首曲子弹得如此流畅、优美。教授又让小乔试了第二堂课的乐谱，小乔依然有超高水准的表现……等小乔一一将教授布置给自己的任务弹奏完以后，他怔住了，什么话也说不出来。这时教授才意味深长地对他说:“并非是我要故意为难你，我如果只让你表现最擅长的部分，那么也许你到现在还只是会弹奏最简单的曲子，不会有现在这样好的水平了。”

这个故事让我们知道，光靠聪明的脑子是远远不够的，只有不断超越自我，才能拥有大智慧。人的一生面临的最大敌人不是别人而是自己！我们只有发挥潜能、超越自己，才有胆识面对艰险横逆的环境和未来的挑战，才能取得常人所不能取得的成绩，攀上成功的顶峰。只有不断地自我否定、自我超越，才能不断进步并走向成功。而阻碍我们思想创新的往往就是我们自以为是的经验与技能。有的人虽然经验丰富，但是思考问题时却总爱将自己固定在某种思维模式中；而有的人虽然缺乏经验，但是敢想敢干，正是有了这种思想，才让他们勇于超越自我，获得辉煌的成就。

心理小贴士：

其实超越自我并不难，我们每个人都有超越自我的经验。在刚开始学走路的时候，并没有人逼你学，但是我们却试着自己站立，不断跌倒，不断站起，不断试步，终于能从爬的阶段进入走的时期。然后，我们对走也不满足，又要学习跑。但是在学会了这些之后，这种超越自我的能力怎么就渐渐消失了呢？这是因为很多人太满足于现状，有了谋生能力之后，就不再对自己做更高的要求了。只有少数的人会说：“我不要做一个普通人，我要超越！”因此，在这种信念的支撑下，这些人不断地提升自己、超越自己，干成了一番大事业。

不安于现状，不断进取

狼是一种无论在什么时候都不会满足的动物，就算是在捕杀成功后，它们依然不会感到知足，仍旧不断地搜寻着，一旦有新的猎物出现，它们会毫不犹豫地扑向新猎物。它们总是不停地锻炼自己捕获猎物的本领。作为头狼，更应该做到永不知足，只有这样才能成为草原上长盛不衰的强者。对于人类来说，知足常乐固然有理，但是它容易让人产生一种安于现状的心理，以致到最后完全缺失了进取心。

[永不停步，不断进取]

雨后草原的天空格外美丽，草原上的一切在经过雨水的洗礼后都显得那样干净。不远处的山顶上，有一只狼正在凝神看着脚下的一切。看着起伏不断的草原，它不禁想起了自己的一生，就如这草原一样坎坷不平、起伏不断，但是它并不因此而感伤，因为它在岁月的磨炼下完成了自己成为头狼的心愿，并把自己的狼群管理得井井有条。虽然现在自己在慢慢变老，但是斗志不减当年。

时间一点一滴地流走，这只头狼把自己一生的战斗经验和技巧传授给了儿子，希望儿子也能够成为一只出色的头狼。但是它并没有停下自己前进的脚步，它仍然和以前一样努力，它知道，唯有不断进取，不满足现状，才能做永远的强者。尽管它现在年事已高，可是它依然紧紧跟在儿子的身后，在危急时刻为儿子出谋划策，帮助狼群捕捉到更多的猎物。虽然它的行动没有年轻时那么灵活，但它的经验却是这个草原上最好的武器。通常情况下，它捕捉的猎物是绰绰有余的，自己根本吃不完。斗转星移，它仍然是那么的骄傲，那么的伟大，它已经完全成为了一只真正的狼王，它用自己的实际行动告诉整个大草原，它并没有被打倒，仍然是往日那个强大无比的头狼。很多时候，草原上的其他动物都会看见它在不断地捕杀着猎物，而牧民们也经常发现老狼捕杀小羊的痕迹。

有一天，众狼吃饱喝足后都在休息，只有它坐在一旁认真地磨着牙齿，儿子看到以后就叫它停下来歇一会儿。它并没有理会儿子，仍旧自顾自地磨着牙齿。儿子感到很奇怪，觉得四周很安全，没有猎人、狗或者威胁它们安全的其他动物，为什么父亲要如此费力地磨牙？它告诉儿子，虽然现在很安全，不代表永远都不会碰上危险，如果哪一天忽然遭到攻击，没有锋利的牙齿怎么行？所以平时就将牙齿磨好，这样才能更好地保护自己。

它明白，作为一只狼，不管在任何时候都不能停下自己的脚步，唯有这样，才能永远做草原上的强者。

人生在世就应当像狼那样不断进取，永不知足。面对困难时，要敢于迎难而上，勇敢地迎接挑战。挫折、困难是每个人一生中无法避免的一部分，没有挫折就不会有坚强的意志、顽强的毅力；没有困难就会令你失去动力，更失去积极向上的进取精神。

人类的生活水平在不断提高，这是因为社会的不断进步，而社会进步又是因为人的不知足。试想，如果原始人对自己的生活感觉很满足，那么，人们就只能停留在茹毛饮血、刀耕火种、土处穴居的生活水平，这样的生活能快乐吗？如果人们都只看眼前，安于现状，那么油灯就不会被电灯代替，折扇也不会被电扇代替，更不会出现代替畜力的汽车。这样的话社会将怎样向前发展呢？所以说知足者并不一定常乐。反过来说，正是人类有了不知足的精神，才促进了生产力的发展，促进了科技的进步，促进了社会财富的日益积累……因此，人们的生活才会越来越方便，越来越快乐。

[不知足——成功的动力]

知足是一个人品质高尚的体现，但是现在流行的知足，却是开拓进取的绊脚石；不知足，是勇于开拓进取的原动力。所谓不知足，就是不满足于现状，就是不安于现况，就是不满意现实，就是不安于现时。只有不满足于现在的状况，才会想要去改变它，才会有信心改变它，才会做出改变现状的行动。

知足的人容易变得目光短浅、一事无成。如果一个勤奋的人不懂得不知足，那么他就会越来越懒惰，越来越愚昧。知足还能消磨人的意志，给人带来无穷无尽的忧愁。而只有不知足，才能让你拥有远大的眼光，让智者变得更渊博，愚笨的人变得聪明。《管子·形势解》云："海不辞水，故能成其大；山不辞土石，故能成其高……士不厌学，故能成其圣。"因为你的不知足，所以你会孜孜不倦地努力，到最后终于"成大，成高，成圣"，何乐而不为呢？

不知足的精神是前进的动力，它推动了社会的进步、文明的前进，并且让每个不知足者常乐。当然，不知足者常乐，并不是对成功不予肯定，也不是说让人对私利贪得无厌，而是说不要满足于眼前的成绩、安于现状。社会是一直前进、发展着的，如果你总是太容易满足，不思进取的话，那么必定会被社会淘汰。

心理小贴士：

生活中，我们对眼前拥有的一切感到满足的时候，就会觉得缺少了一些东西。这些东西我们是否能得到并不重要，但起码来说，我们在积极"进取"的过程中，求取的是更多的幸福。换句话说，要在不知足中进取，不要在知足中闲懒怠惰。当然，知足中的进取首先要务实，要懂得如何积极创造。

找准时机，及时出手

天上从来不会掉馅饼，要想获得成功，必须通过自己的努力去创造。狼从来不会呆坐在窝里等待着食物的出现，因为它们知道天上是不会有馅饼掉下来的。在狼的世界里，竞争和变化是在所难免的，谁也无法回避竞争，只有置身其中。狼为了取得胜利，会寻找最佳的出动时机，然后突然出击打败对方。

[机会是成功的跳板]

狼群中有一对双胞胎兄弟，它们是尼克与黑利。从小的时候起，母亲就一心想要培养黑利成为一只勇猛的头狼。不管家里有什么好吃的东西都给黑利吃，可怜的尼克就像是多余的，根本不像是这个家中的一员。有的时候，母亲为了让黑利练习捕捉的本领，就让尼克做黑利的靶子。尼克生来就弱小，再加上有时候还吃不饱，看起来更加骨瘦如柴。就是这样，还得被黑利打。于是其他的狼开始嘲笑尼克，大家都笑它那么软弱，根本不像狼族的一员，从此，大家就都不愿意和尼克玩了。

尼克怎么想也想不明白，为什么母亲要这样对自己。它讨厌别人用鄙视的眼光看待自己，所以它在心里暗暗发誓一定不要再受别人的欺负。但是这个愿望对于瘦弱的尼克来说太过奢侈了，它被欺负的情况不但没有好转，反而更糟糕了。确实，黑利和瘦弱的尼克相比，要强壮几十倍，而且黑利是那样的勇猛。黑利每天都在进步，攻击也一天比一天有力，毛发长得又黑又亮。不管黑利走到哪里，其他的狼都会投以羡慕的眼光，兄弟两个有着十分鲜明的对比。因此，母亲就更喜欢黑利了，她认为黑利一定能在年底当上头狼。看着这一切，尼克决定离开这里。因为它不愿再看到那些嘲笑的目光，不愿再做自己孪生兄弟的靶子。它决定依靠自己闯出属于自己的精彩人生。

就这样，尼克在孤独中慢慢变得坚强。它回想起童年时的一切，心里不由得一阵酸楚。尼克在流浪时被猎豹追杀过，如果不是它恰好掉进了石窟窿里，怕早就被吃得连骨头都不剩了；它还与野猪搏斗过，但是到最后不仅什么也没有得到，反落了一身伤；它还曾伏击过羊群，结果也是一无所获。尽管这样，它依然不后悔自己离开狼群独自生活。一次次的失败之后，尼克并没有灰心。可能是与小时候的生活有关吧，它也曾经想过，在每一次的失败后，它都认真地分析过自己的能力。做黑利的靶子尽管使它遍体鳞伤，但是也在无形中锻炼了它的体质，原本瘦小的身子，在不断的成长中变得异常结实，甚至几只猎狗一起纠缠它，它还能勇猛地回击，犀利的眼神仿佛在说：我是绝对不会退缩的。它决定一定要洗刷小时候的屈辱，拿回属于它的一切。尼克迈着坚定的步伐走向挑战头狼的战场。

尼克毅然来到了战场中间，这时的黑利刚打败了以前的狼王，正处于兴奋的状态，忽然它看到尼克正向自己走来。周围的狼都怔住了。接下来，大家又开始拿出以前的事情嘲笑起了尼克。但是此时的尼克已经不再是当年的尼克了，这些言论根本影响不了它，现在它只有一个目的，那就是打倒黑利。

黑利不以为然地看看尼克，意思是说你不行，还是放弃吧。但是尼克依旧镇定自若。黑利见状，就快速地冲向尼克，然后一把抓掉了它肚皮上的毛，此情此景，尼克仿佛置身于小时候，那种自卑感油然而生。而黑利也仿佛找回了童年拿尼克锻炼的感觉，因此肆意地向眼前的尼克发动攻击。但是，这并不是小时候，尼克告诉自己，一定要打败黑利，让它们看到自己真正的实力！就在这时，黑利又扑过来了，尼克一闪身子，巧妙地躲过了黑利的进攻，一次又一次，尼克都躲过了攻击，正在黑利觉得不可思议的时候，尼克凶猛地扑上去狠命地、疯狂地咬它。这让周围的狼都张大了嘴巴。它疯狂地撕抓，狠命地咬着黑利，直到最后它胜利了。

它终于在众狼面前证明了自己，顺利地当上了头狼。

尼克正是找准了时机，及时出手，在对方麻痹以后及时地发动攻击，出其不意地战胜对手，最终当上头狼。

上天是公平的，它给了每个人均等的机遇。但是机遇不会主动地降临到任何一个人的头上，要靠你的勤奋、努力才能获取它。在我们羡慕智者获得成功的时候，你有没有看到他们走向成功的过程。机遇从来都是给有准备的人的，那些只想坐等成功的愚者是永远不会受上天眷顾的。

[善于抓住时机]

叔孙通是秦末汉初人，他是一个很聪明的人，并且非常善于抓住时机。他曾做过秦王朝的待诏博士，后来带了一百个门生投靠到刘邦的门下。

但是刘邦推崇的是“斩将搴旗之士”，所以他非常不喜欢儒生。因此，叔孙通的弟子感到非常不满。可是叔孙通对弟子们说：“现在是打天下的时候，你们能参加战斗吗？你们耐心等着，我不会忘记你们。”过了不久，刘邦即帝位，继而废除了秦朝时的仪法，结果“群臣饮酒争功，醉或妄呼，拔剑击柱”。刘邦非常恼火。

叔孙通觉得这是一个很好的机会，于是就在此时向刘邦建议说：“夫儒者难与进取，可与守成。臣愿征鲁诸生，与臣弟子共起朝仪。”后来，他邀请了鲁国的儒生连同他的弟子共百余人操演皇帝上朝的礼仪。刘邦看后采纳了他的建议，随后就按这套礼仪举行朝典，再也没有人敢喧哗失礼。

刘邦感到非常高兴，下令重赏叔孙通，并且封他为太常。叔孙通又趁机对刘邦说：“我的弟子跟随我很久了，这次和我一起制定、操演上朝的礼仪，希望陛下能重用他们。”刘邦正值高兴之际，因此爽快地答应了叔孙通的请求，结果，他的弟子都得到了“郎”的职位。叔孙通把刘邦赏的金子也分给那些弟子，弟子们非常高兴，连连称赞他说：“叔孙生诚圣人也，知当世之要务。”

虽然叔孙通的行为让人觉得他有奉迎讨好刘邦的感觉，但是他为了讨好刘邦，脱下儒服，换上短装，这一点表明他是一个善于抓住时机的人，是值得我们学习的。就连司马迁也称赞他：“稀世度务，制礼进退，与时变化，卒为汉家儒宗。”

除了要自己创造机遇以外，也要学会看准时机把握机遇。有的时候会出现有利的时势、环境和条件，只要善于利用，就能取得成功。有时候只是时势变化的趋势，没有现成的有利条件和机会，这就要求人们应根据时势的变化趋势，创造成功的条件和机会，绝不能一味等待时机的出现。

心理小贴士：

机遇是一个时间概念，时断时续，时有时无，所以造就了它的偶然性、隐秘性。因此一定要主动认识和把握机遇，这样才能获得成功。这就要求我们积极对待机遇，包括善于发现机遇、抓住机遇、创造机遇。当机遇来到你身边时，如果你不懂得如何抓住，或者根本没有能力抓住，它就会从你身边溜走，与你擦肩而过，造成遗憾。

敢于夺冠，超越自我

狼的字典里没有“软弱”一词，不管哪一只狼都是雄心勃勃的，它们都是敢于向第一挑战的，也正是因为这个原因，而使自己成为了一种非常强势的动物。狼在奔跑时，总会不断狂傲长嚎，响彻整个旷野。这就是狼的野性与傲慢的体现，同时仿佛在诉说着它们夺冠的心声。

但是第一只有一个。第一个吃螃蟹的人是勇士，第二个就成了俗人；第一个登上太空的人永远被历史铭记，而第二个则成了历史的尘埃。人生也是如此，如果你没有挑战第一、争当第一的决心，那么你是不会有所作为的。

[勇敢夺冠，在所不惜]

草原上有一只英勇善战的狼，它就是奥卡米。它是一只身经百战有着丰富经验的老狼，曾带领狼族在战场上征杀无数。可如今它已老了，所以它期待着有一只年轻力胜、有勇有谋的狼向它挑战。可是所有的狼都很畏惧它，没有狼敢向它发起挑战。

狼群中有一只叫梅特的小狼，它总是盼望着自己快快长大，好能去看看外面令它好奇的世界。终于，它等到了这一天，母亲要带它和兄弟姐妹们去外面练习捕猎的本领。小梅特很聪明，不管母亲教它什么，它总是一学就会，就连母亲也对它超强的能力感到很惊讶。因此母亲就更喜欢它了，于是又教给它很多的本领。小梅特不怕吃苦，坚持不懈地练习，没过多久，梅特就明显比其他的兄弟们强壮，本领也更高一筹。这时梅特又很期待和其他的成年狼一起出外捕捉猎物，它总是不停地向母亲发问："我什么时候能够去捕捉大的猎物呢？"当它看到头狼时，它又希望自己变得和头狼一样强壮，并且希望和头狼一起作战。母亲总是这样回答它："你现在要做的就是耐心学习本领，只有这样才会像头狼那样强大，才可以和它一起征战沙场。"

时间一天又一天的过去了，梅特已经长成成年狼了，它终于可以和其他的狼一起外出捕猎了。第一次参加捕猎时，梅特并没有感到紧张和害怕，而是表现得非常勇猛。这一切都让奥卡米看在眼里，它决定要培育梅特，并将自己一生的经验传授给它，而梅特也非常崇拜奥卡米，所以它非常虚心地向奥卡米学习。有一天，奥卡米问梅特："你想要成为头狼吗？"梅特坚定地答道："当然想，这是我最大的愿望。"听到这样的回答，奥卡米很高兴也很欣慰，它向梅特说："好样的！我也非常希望你成功，你一定要努力，早点让那一天到来。"之后，梅特更加刻苦地练习。它总是不断地虚心向老者请教，向强者学习。就这样，梅特变得越来越强悍，而且还拥有了一份沉稳。

终于，奥卡米等到了那一天，梅特向它发起了挑战。群狼都围过来，它们都想知道梅特究竟有什么本事，居然敢向它们一直畏惧的头狼发起挑战。在梅特的眼中并没有看到一丝的畏惧，而是充满了信心。梅特坚定地向奥卡米走去，忽然，它一下子扑向了奥卡米，速度就像闪电一般，而奥卡米也早就做好了准备等待它发起进攻。就在此时，它们已经在彼此身上留下了几道深深的爪痕。接着，它们站稳了脚步，准备第二次的进攻，奥卡米又一次向梅特扑去。这一次梅特虽然躲过了它的攻击，但还是被奥卡米的爪子在脖子上抓了几道伤痕，梅特疼得不由得嗥了一声。奥卡米说："这一点伤算得了什么，拿出你的勇气！"梅特听后不再在意身上的伤，而是立刻向奥卡米发起了进攻。奥卡米虽然已不再年轻，但是它的速度和技巧依然不减当年，此时它的体力在一点点消耗，可是梅特却越战越勇，没有丝毫的退意。它们在空中撞到了一起，又同时落在了地上。可是奥卡米并没有站稳，就在这时，梅特忽然扑向它，用前爪将奥卡米按在地上，比赛的结果是梅特赢了。

周围的群狼立刻向梅特表示祝贺，它们在欢迎新领袖的诞生。这时奥卡米向梅特说道："我就知道你一定行，果然，你没有让我失望。在你向我发起挑战的时候，我就知道你一定会成功的，这就是成为头狼的勇气。你知道的，失败的头狼该受到什么样的处罚。”梅特看着奥卡米，眼里满是伤心、不舍，可是它没有办法，弱肉强食，这是狼族的规定，它不得不执行，它张开了嘴……

草原上的狼都有敢于向头狼挑战的勇气。在变成头狼之前，首先要用高于普通狼的标准来要求自己，否则永远都不可能成为头狼。只有敢于挑战第一的勇气和心态，才能争夺头狼的地位，也从中表现自己的野性和勇气。在狼的世界里，敢于挑战第一是走向成功的必经之路。只有敢于挑战，不怕困难，才能在芸芸众生里脱颖而出，登上头狼的宝座。

敢于挑战第一，是一种积极的人生态度，激发你一往无前的勇气和争创一流的精神。现实生活中，想当第一的人不在少数，可是真正做到的又有几个人呢？许多人之所以不能拿第一，就是因为他们仅把这当作自己的愿望，并没有为之付出努力。而真正获得成功的人，是因为他们不但把第一当作他们的理想，更为了理想而努力奋斗。

人活在这个世界上就要有敢于挑战的精神，只有敢于挑战，才能超越自我。弱者在挑战中一蹶不振，而强者在挑战中更显英雄本色。强者犹如冰雪中绽放的梅花，越是寒冷的天气越是开得娇艳；又如突兀巍峨的山峰，越是飞沙走石，才越能磨砺出其尖利的棱角。

人的一生遇到的最大的困难莫过于超越自我，所以我们要在人生的旅途中不断挑战自我，超越自我，要用更高的目标来激励自己，坚定自己的决心，这样才能让自己发光、发亮。

心理小贴士：

如果把成功比作是一把锁，那么，敢于挑战第一的信念便是打开这把锁的钥匙；如果成功是孤岛上的一箱宝藏，那么敢于挑战第一便是扬帆起航的船舶；如果成功是黑暗中的一支蜡烛，那么敢于挑战第一便是点燃蜡烛的火柴。只要拥有敢于挑战第一的勇气，并且努力付诸行动，就能创造出属于我们自己的辉煌人生。

竭尽全力
方能战无不胜

狼生活在大草原上已经有几千年的历史了，繁衍不息。虽然狼并不是最厉害的，但是它们勇敢、凶猛，并且有着很强的团队精神，这使它们不论在怎样恶劣的环境中都能生存下来。一只狼的力量是有限的，但是草原上出现一群狼的话，那么它们就是草原上的传奇，是草原上战无不胜的“强者”。

狼的精神非常值得我们人类学习，要知道，集体的利益需要依靠每个人来维护；如果大家都不努力，不全力以赴的话，那么成功将会离我们越来越远。

[竭尽全力才能成为头狼]

威尔是狼群中的头狼，和许多狼不同的是它只有三条腿。它有今天这样的成就并非偶然，而是经过了自己辛勤的付出、全力以赴的拼搏才获得了头狼的位子。它总是教育它的孩子说：“孩子，要想好好地生存下去，就要时刻全力以赴。只有做到这些，你才有可能成为狼族的首领。”说着，它向孩子们讲起了它小时候的故事。

威尔一出生就比别的狼少一条腿，并且身体很瘦弱，这是很少见的，可这就是他的命运。后来威尔慢慢长大了，每次在分食物的时候，威尔总是很难抢到食物，甚至经常吃别的狼剩下的。威尔明白这是自己的缺陷，它知道这已经是不争的事实。因此它开始变得有些消沉，它不知道自己的未来到底会怎样，它不敢想象……这一切母亲都看在眼里，母亲问它说：“为什么你总是抢不到食物？你打算以后就这样过吗？你甘心吗？”威尔低着头说：“我当然不愿意，可是我每次都尽力了，但我不像其他的狼那样强壮，我根本就挤不到前面。”

母亲听后很不高兴，它给威尔讲了一个故事：有一天，一个猎人带着猎狗外出去森林打猎。忽然，猎人发现了一只兔子，于是他连忙开枪，一枪击中了兔子的后腿，但是那只受伤的兔子依然拼命地奔跑。猎人看到之后，就向猎狗挥手，待命的猎狗如离弦之箭，凶狠地朝兔子扑去。野兔绝望地看着越逼越近的灭顶之灾，奋力奔跑。但是，猎狗追着追着，兔子不见了，猎狗怎么找也找不到，没办法，它只好回到猎人身边。猎人一看它并没有抓到兔子，就指责猎狗太没用，连只受伤的兔子也逮不住。猎狗非常委屈地向主人解释，它觉得自己已经尽力而为了，只是那兔子跑得太快了。那只受伤的兔子回到家后，众兔子见它浑身是伤，都争先恐后地来问它原因，受伤的兔子告诉大家自己被猎狗追赶的事情，一只兔子问道：“那只猎狗很凶呀，你又受了伤，怎么跑得过它的？”“是的，那只猎狗是很凶猛，但是它充其量也只能算尽力而为。可我和它不一样，在这样的紧要关头，我哪还会在乎自己身上的伤，这样才拼出了一条生路。”

母亲讲完故事之后，意味深长地对威尔说道：“孩子，你要向那只兔子学习，不要尽力而为，而要做到全力以赴。尽力而为只是一种无所谓的态度，如果你一直这样，那么你是永远也抢不到食物的。虽然你不是一只健全的狼，可是这对狼来说，少一条腿，瞎一只眼睛，根本不算什么，因为狼最重要的资本是锋利的爪牙，只要拥有这两种武器就不要甘于自己的命运。”威尔听到母亲的话以后，感觉很惭愧。之后每天夜幕降临时，群狼总能看到一只狼向漆黑的夜色里蹒跚地走去，它的步伐有些缓慢，有些迟钝；它有时奔跑，有时匍匐在地。就这样，威尔一天一天全力以赴地坚持着，它取得了很大的进步。它变得很强壮，再也没有狼敢随意欺负它。

威尔已经是一个名副其实的强者了，成为头狼吃完食物以后第一个分享美食的狼。但是，它并不满足于自己目前的成绩，它认为凭着自己的全力以赴一定能战胜头狼，变成第一个吃到美味的狼。有一次，狼群捕捉食物回来以后，威尔径自吃起猎物的内脏，头狼看到它竟然敢比自己先吃食物，因此它不断地与威尔发生身体上的摩擦，一场战争不可避免。可是威尔并不害怕，它相信自己只要竭尽全力就一定能成功。

最后威尔取得了胜利，狼群中响起了欢呼声，新的头狼产生了，威尔迈着蹒跚的步子带领狼群离开了这里。

一个人如果想成功，只靠尽力是远远不够的，一定要全力以赴。成功更爱眷顾那些全力以赴的人。有人曾经说过："如果付出的比回报的多，最终得到的会比付出的多。"你必须明白一个道理：如果没有激情，不懂得全力以赴，那么胜利之神是永远不会垂青你的。

英国政治家狄斯•累利也曾说："当一个人全心全意追求一个目标，甚至愿意以生命为赌注时，他是所向无敌的。"当我们做事情仅抱着试试看的态度，而不是全力以赴，那么，成功的大门是不会轻易向你打开的，成功的大门是被全力以赴的人的坚强意志击碎的。也就是说，做什么事只有全力以赴，才能成功。

我们在鼓足勇气面对竞争或挑战时，需要明白，既然参加了竞争，就要全力以赴，这是一个没有硝烟的战场，参加的是一场永远不会结束的战争。有的时候，也许我们全力以赴地去做一件事情，最后仍然没能获得成功。但是我们努力了，这就够了，这已经说明了你就是一个成功者。现实中，让我们奋斗的是理想，而实现理想就必须行动；既然行动，就要全力以赴。

[全力以赴，毫不保留]

在许多年前，曾经有这样一位探险家，他决定到南美寻找古印加帝国的遗迹，于是他雇用了几个土著人作为向导和挑夫与他同行。尽管背着笨重的行李，那群土著人依旧健步如飞，长年四处征战的探险家也比不上他们的速度，连忙招呼他们停下来等一下。

探险家总是跟在土著人的后面，虽然一直落后，但迫于时间的压力，他总是尽力和土著人的步伐保持一致。到了第四天清晨，探险家一早醒来，便立即催促着土著人赶快打点行李上路，不料土著人好像根本就听不见他说的话，并不为之所动，这样的举动惹怒了探险家。

过了一段时间，经过探险家和向导沟通之后才明白了这其中的缘由。原来，这群土著人自古以来便流传着一个神秘的习俗，就是在旅途中他们总是拼命地往前冲，但每走上三天，便需要休息一天。向导告诉探险家，他们这样做是为了让灵魂能够追上自己已经奔跑了三天的身体。经过一番解释后，探险家展开笑颜，觉得这个发现是此次探险中最好的一项收获。

从这个故事里我们不难发现，不管做任何事情只要全力以赴就能达到最完美的境界。每个人都是有梦想的，但要实现你的梦想，就需脚踏实地地去做事。不管是在怎样艰苦、恶劣的环境下，也不管这件事情有多么困难，就看你是否有心去改变它，是否用行动去改变它！所以无论将来你从事何种工作，一定要做到全力以赴、一丝不苟。只有这样，你才能在竞争激烈的环境中获得成功。

不管你从事的是何种职业，肯定都想自己的工作舒适而轻松。如果每个人都想马马虎虎地完成自己工作中的事情，总是认为自己不努力做，一定有给自己“擦屁股”的人。有这样想法的人是成就不了大事业的。所以，我们要学会凡事都全力以赴，这样成功的概率才会大大增加。俗话说：“付出就会有回报。”只要你对一件事情付出了百分之百的努力，那么你的收获也就会相应增加。只要我们全力以赴，毫不保留地去为自己和别人做一件事情，就算最后失败了也没什么，你至少为之努力过，这样也就不会觉得遗憾了。

心理小贴士：

我们要时刻提醒自己做事一定要全力以赴，只有全力以赴地行动，才会有意想不到的成功。全力以赴，是指引命运之舟的灯塔，是积极的心态，是打开成功之门的钥匙，是巨大的潜能，是自动自发的动力源泉，是开拓的精神，是积极进取的人生理念，是综合的素质，是成功人士必备的要件。只有付出自己全部的力量去实现自己的目标，并且不找任何借口，才算是全力以赴的表现。天上不会掉馅饼。如果你不付出艰辛的努力，还想获得成功，那是痴心妄想。如果你想收获，一定要有付出。在这个世界上，付出的至少要和你想得到的同样多，这样才有可能得到你想要的。

乐观应对困境
方能成为强者

一般情况下，在野外生存的狼最多可以存活 13 年，但大部分狼只有 9 年左右的寿命。但是，动物园里的狼的寿命通常都会超过 15 年。由此可见，在野外生存的狼的生活是多么的艰辛，并且处处充满凶险。狼的捕获成功率只有不到 10%，但是每次在狼群遇到强敌的时候，它们从来没有畏惧过。在它们捕获到猎物的时候，还要十分小心地看着自己的猎物，不想遭致别的动物的袭击。在这个弱肉强食的环境里，狼要不断和草原上恶劣的环境做斗争，更要不断地寻找自己的猎物。只有在困境中选择奋起，才能打败对手，捕获到猎物，继续生存在这个残酷的大草原上。

[困境造就强者]

谁也不清楚在茫茫的大草原上到底生活着多少狼，但是可以肯定的是，在每一群狼中，都有一只凶悍勇猛而又充满智慧的头狼，在每一只头狼的背后都有数不尽的艰辛和困境。西奥就是在无数困境中走过来的一只头狼。

这天，西奥来到了一条小溪边，河水倒映出它的样子，看着自己那条短了一截的前腿，它想起了两年前的事情。西奥并不是天生就残疾，在它年幼的时候，它就非常争强好胜，在那个时候许多小伙伴就已经很害怕它了，也从没有任何一只狼敢和它争夺食物。可是在一次捕获野牛的过程中，由于强烈的好胜心，西奥不顾妈妈的警告，最终被野牛踢断了前腿，所以它就变成了现在这个样子了。从这以后，伙伴们就不再像以前那样害怕它了，甚至有的狼开始嘲笑它，它们还商议要想办法欺负西奥。西奥也觉得自己这样再也不能肆意驰骋在大草原上了，它觉得自己肯定当不上头狼了，甚至在自卑中度过了很长一段时间。但最终，生存的本能让西奥重新整理了情绪，恢复了斗志。

春天是万物复苏的季节，一切都恢复了绿油油的颜色。这是一个充满着生机和希望的季节，对西奥也不例外。它在草原上一次次地奔跑，一次次地摔倒，可是它又一次一次地重新爬起来。经过了无数次的摔倒和无数次的疼痛折磨后，西奥的速度仍然没有恢复到以前的状态，甚至连刚出生的小狼崽都比不上。即使这样，西奥也从来都没有对自己失去信心，在无数次的失败面前，它依然坚强地挺了过来。功夫不负有心人，在西奥的顽强锻炼下，它不仅拥有了更强壮的体魄，而且速度也变得很快。但是，西奥在第一次单独出去寻找猎物时却失败了，因为它身躯太过高大，被猎物发现了，西奥甚至觉得连黄羊都在嘲笑自己，它忽然感觉有一点害怕了，它最终放弃了对猎物的追捕。

可是，草原上的生存环境是如此恶劣，没有狼会怜悯西奥，要想生存，必须依靠自己。看着自己干瘪的肚子，西奥不得不再次出发，去寻找自己的猎物。“我要么在饥饿中痛苦地死去，要么想办法去填饱自己的肚子，我不想做草原上的弱者，我要再次……”西奥鼓足勇气对自己说。第二次，当它再次冲向猎物的时候，它被甩出了很远，又一次失败了。但是西奥告诉自己不能放弃，这一次不成功，还有下一次，下一次不成功，还有下下次……

最后，西奥终于成功捕获了猎物。这时，西奥才感觉到自己那条断了的前肢在隐隐作痛，低头发现那条腿已经被猎物踢得流了很多血，但西奥只是用舌头舔舐流出来的血，接着向更远的地方走去。

经过这次的成功，西奥以后不管在任何困难面前都不曾再低过头，而是选择在困境中奋起，不断地与困境做斗争。终于在短短的两年之后，它当上了头狼，拥有了属于自己的狼群。

狼之所以能成为草原上的霸主，是因为它们从不找任何借口，只是不停地在饥饿和困境中奋起，这样才能赶走饥饿，最终获得胜利。在狼的生命中，它们有时候可能会由于自己在某些方面的缺陷，而使自己的生存更加艰难；但是它们并没有让自己就此饿死在自己的缺陷中，而是为了摆脱饥饿更加努力，不断地与困境做斗争，甚至获得更大的成功，就像西奥一样。我们人类更应当这样，即使竞争再激烈，环境再恶劣，也不要逃避，要像狼一样选择在困境中奋起。

用乐观的态度走出困境

“二战”期间，一个女人陪着丈夫驻扎在一个沙漠的陆军基地里。女人的丈夫要到沙漠中去演习，把她留在一间很小的铁房子里。沙漠中的天气是那样的热，就算在仙人掌的阴影下也有50多摄氏度。那里只有墨西哥人和印第安人，他们不会说英文，所以她没有人可以说话。孤独的她感到非常伤心，于是她就给父母写信，告诉他们不想再待在这里了，无论如何也要回去。可令她没有想到的是她父亲的回信只有两行字，而这两行字却永远留在了她心中，完全改变了她的生活，父亲在信中这样写道：两个人从牢中的铁窗望出去，一个看到泥土，一个却看到了星星。

她反复地看着父亲写给她的信，觉得非常惭愧，于是她做出了一个决定，她要在沙漠中找到星星。她开始和当地人交朋友，他们的反应让她感到很惊讶。她表示了自己对他们的纺织品、陶器的兴趣，于是他们就把这些最喜欢但舍不得卖给观光客人的纺织品和陶器送给了她。接着，她对这些纺织品和陶器做了研究，又学习了有关土拨鼠的知识。她观察沙漠中的日落日出，并且还发现了海螺壳，这些海螺壳至少已有几万年的历史。慢慢地，她觉得沙漠中的环境并不枯燥，相反，还让她流连忘返。后来，她将自己在沙漠中的发现汇编成了一本书，书名就叫《快乐的城堡》。

人的一生总会面对各种各样的挫折，我们应该明白：身处困境时，要用乐观的心态面对，把不如意的事看成是对自己的磨炼，让自己在困境中变得更坚强，更强大。相信“梅花香自苦寒来”，皇天不负苦心人。只要我们在困境中拥有乐观、积极的心态，那么风雨过后，总会看见更灿烂的阳光。

一些人往往在面对困境时选择逃避，丧失意志和勇气；而有的人则能从失败中吸取教训，获得经验，并使之化为一种前进的动力。困难可以将人击败，也能让人崛起，关键看你在困境中保持什么样的心态。抱怨是无济于事的，不妨及时调整自己的心态，重新审视自己，转变观念，改变思考方式和行为方式。所以，要用乐观的心态走出困境，为自己的美好明天努力。

心理小贴士：

人生不能没有希望，每个人都活在希望之中。如果一个人对生活不再抱有希望，把困境当作世界末日来看待的话，那么他的一生都会黯然无光。但是如果你满怀希望，尤其是在困境中选择乐观的态度奋起，那么成功的大门就会向你打开。

第五章

循循善诱 融洽相处

狼是自然界最擅长交流的动物之一，对于狼来说，交流的艺术在于密切地注视各种各样由同类发出的信号，狼之间复杂而又精密的交流系统使得它们得以不断地调整战略与战术，从而获得成功。一个渴望成功的男人也应该懂得，在沟通不畅的情况下，抱怨是不会有什么用的，及时地调整自身的心态，与同伴进行不拘形式的平等沟通才是成功的重点所在。

善于沟通，创造和谐

沟通指的是人与人之间、人与群体之间思想交流的过程，感情传递的过程。沟通的形式有很多种，涉及口头沟通或书面沟通、详细沟通或简略沟通、正式沟通或非正式沟通。有效的沟通很重要，它可以使人们的思想达成一致，感情保持通畅。作为一个渴望成功的人，在沟通不畅的情况下，可以试着换一种沟通方式。有时候，不拘形式的平等沟通可以使你减少一些不必要的麻烦。

要重视沟通，要善于沟通，也许每个人都会讲，但真正做起来却又没那么容易。我们希望每一个渴望成功的人都能学会沟通，善于沟通，用沟通去创造和谐，做一只出色的“头狼”！

[对等——沟通的首要条件]

网络上曾流传这样一个问题：如何使一只羊和一只狼顺利地沟通？

在任何一个单位里，无论是技术还是业务，新手可以说就是一只手无缚鸡之力的“羊”。而老员工技术和业务都比较娴熟，对新人来说就像是一只“狼”。这时，羊怎么才能顺利且有效地与狼进行沟通呢？有三种方法：

1. 小羊们努力一点，把自己也变成“狼”；

2. 羊贿赂狼；

3. 狼变成羊。

如果是你，会选择哪种方式呢?

有网友对这三种情况进行了分析，结果是：如果羊变成狼，那么后来变成狼的这只羊一定会被危险重重包围；如果羊贿赂狼，那么这只羊以后将不再是一只温驯的小绵羊了，也可能会成为一只受同事排挤的羊；如果狼变成羊，那么羊会“爱”上狼。所以最终选择方法三的人最多。

这个结果说明了一个问题——沟通最重要的是“对等”，只有大家彼此平等，这样沟通才会有效。在单位里面我们是一个团队，所以考虑事情一定要顾及全局。

沟通就是传达、倾听、协调，是团队的领导者必须具备的基本素质。通用汽车公司前总经理英飞曾经说过：“我始终认为人的因素是一个企业成功的关键所在。根据我四十年来的管理工作经验，我发觉所有的问题归结到最后都是沟通的问题。”

而在经济飞速发展的现代，沟通的重要性也正日益显现。比如，政府和群众之间的“管道”不通畅了，有了民怨，要沟通；公司与职员之间有了“鸿沟”，有了“劳资纠纷”，要沟通；父母与子女之间有了“代沟”，影响家人感情，要沟通……著名的组织管理学家巴纳德认为，沟通是把一个组织中的成员联系在一起，以实现共同目标的手段。没有沟通就没有管理，沟通是一种感知，是一种期望，沟通有助于建立良好的人际关系和组织氛围，提高工作士气。“大家心往一处想，劲往一处使”，就是有效沟通的结果，而有效沟通的第一步就是对等沟通。

要实现对等沟通，就要学会海纳百川，心容万事。作为智者，要敞开心扉去试着了解、接纳别人，尊重别人，从而建立平等的沟通平台，实现有效、和谐的沟通。

[沟通要注意技巧]

在日常工作中，我们常常会遇到沟通不畅的情形，如果是小事情还好，万一遇上影响层面较大的事情时，我们搞错了意思，那后果可能就不堪设想了。

科学研究表明，人除了睡觉的时间以外，必须花费 70% 的时间在人际沟通事务上。职位越高，所花费的沟通时间就越多。在几乎所有管理层中，约有 75% 的工作日花在各类沟通中；而在商务沟通中，大约 70% 的沟通没能达到目的。这些都说明，沟通技能对于组织管理具有特殊的重要性。

不知道大家有没有发觉，在很多事业单位里，员工辞职，多数原因都在于他们讨厌上司的处事作风。由此可见，如果下属认为与上司不属同一类人，多数会自动请辞，所谓“物以类聚，人以群分”便是这个意思了。因此，“头狼”们可从下属的表现中适当改变自己的管理方式。

究竟怎么沟通才能促进管理工作顺利进行呢？

1. 及时、明确地表明自己的看法

当有难题要应对时，员工们都指望着上司拿主意，如不及时阐明态度和做法的话，他们就会认为上司很无能。

2. 交流时间要短，次数要多

多交流显得亲热，但切记不要太长，所谓“言多必失”，频繁短时间与部下接触，更容易拉近距离，让他们知道你是注意他、关心他的。

3. 日常说话要注意语气

尤其是下达指令的语气应谦逊有礼、温和而不失严肃，这比颐指气使或屈尊俯就的态度更容易让人接受，也更能让人将工作做得更好。例如，不要对员工说：“现在你能抽点时间解决这件事吗？你知道，这件事很急。”但也不要哀求员工：“这件事只有你能完成，你就帮帮我吧。”

4. 给员工话语权

纵使他们的理由都是借口，也别忘了让员工先说完自己的看法，不要连听都不听，那是在剥夺别人的发言权，是非常恶劣的表现。

5. 揭人不揭短

即便员工有做得不对的地方，如果当着大家的面训斥员工，也会深深挫伤其自尊心，认为你不再信任他，从而产生极大的抵触情绪。所以，管理者要谨记：夸奖要在人多的场合，批评要单独谈话，尤其是点名道姓的训斥，更要杜绝。

6. 让员工帮忙解决问题

每个人都有自己的优点，而且一般都会很热心地把一己之长贡献给群体。事实上，员工对本身工作的认识，比任何人都清楚。因此，要求员工帮助解决问题，不但可以有效地运用宝贵的资源，而且可以营造一种合作、共赢的气氛。

当然，还有一点很重要，不论职位高低，只要工作做得好，就要加以赞赏，这样方能赢得民心。

心理小贴士：

高质量的沟通应建立在平等的根基之上，如果沟通者之间无法做到对等，尤其是主管层对下属员工不保持一视同仁的态度，其间所进行的沟通一定会产生相当多的副作用。获得上司欣赏的员工自是心花怒放，怨言渐少；但与此同时，其余的员工便会产生对抗、猜疑和放弃沟通的消极情绪，沟通工作就会遭遇很大的抵抗。

错过时机的沟通毫无意义

语言是表达思想和意愿的工具。孔子说："言未及之而言谓之躁；言及之而不言谓之隐；未见颜色而言谓之瞽。"用现代语言表达就是，不应该说的话，却急于讲出来，这叫毛毛躁躁；在正确的时机，且应该说出来的话，却吞吞吐吐、遮遮掩掩，这叫隐；不看别人的脸色，上来就说，这叫睁眼瞎。这样与人沟通又怎么会达成所愿呢？

日本有名的职场顾问——桑原晃弥先生认为，沟通的方式有很多种，称赞、斥责、道歉等都是。同时，他又强调，沟通只要错过"时机"，就毫无意义，有时候还会造成反效果。所以，与人交流一定要找好时机。

[如何找对时机沟通]

朝夕相处，谁能保证从不和上司或者同事发生口角呢？不过，如果你已经遇到这种情况，就要遵守以下几点：

1. 在对方心情好的时候去沟通

和上司沟通之前，最好先了解其心情。如果在他愁眉苦脸、心情欠佳的时候去沟通，显然是不明智的。例如，一位公司职员向老板要求加薪，但当时老板刚丢了一笔生意，心情不好，于是婉言拒绝了他的要求。由于该职员再三坚持自己的主张，老板寸步不让，结果导致一场激烈的争论，最后该职员不得不辞职离开。因此，在上司情绪低落时，千万不要去打搅他，当然就餐时间也不适合。

2. 抚平你的情绪再去谈

情绪对沟通的影响至关重要，因此，和上司进行沟通之前，首先要稳定自己的情绪。

研究人员表明：人类的情绪会直接左右其接收和传送信息的方式，同时也会影响信息的接受和理解的方式。例如，如果你觉得情绪激动或紧张，沟通就有可能受阻，因为你本应更为理智的思想可能被这些情绪所蒙蔽。因此，沟通前要调整好自己的情绪，不要让个人的喜怒哀乐影响沟通的过程，避免造成无法挽回的结局。

3. 选择合适的沟通时间和地点

不同的地点其环境特点和整体氛围是不同的，利用不同地点的环境特色，销售人员可以与客户实现互动沟通。例如：

某高尔夫球场的销售代表王先生近日报名参加了一个网球培训班，在一次网球训练结束之后，王先生和身边的一位队友聊天。聊天过程中王先生得知这位队友是一位体育运动爱好者，不仅经常参加足球、篮球等球类比赛，还多次获奖。更让王先生佩服的是，这位队友还参加过“骑单车入西藏”等活动。队友表示，自己酷爱各项体育运动，希望能够学习更多的体育技能。

当队友得知王先生的工作之后，他说自己很可能会参加高尔夫球训练。王先生迅速抓住这一机会，并约好下个周末就带队友到公司的高尔夫球场去参观。同样喜欢体育运动的王先生和队友不仅成了好朋友，而且还在队友的介绍下发展了一大批客户。

选择适当的时间，把握谈话的气氛很重要。如果谈话时机把握得不对，超前或滞后，都会使谈话效果打折扣。例如，事情不是很紧急的话，就要等待时机成熟再谈；此外，最好不要坐等时机到来，应善于捕捉、精心选择乃至主动创造时机。

心理小贴士：

狼是自然界最善于交流的动物之一，它们的交流方式十分多元化。对狼来说，交流的艺术在于密切注视各种各样的交流方式，狼之间复杂精密的交流系统使它们得以不断地调整战略战术以获得成功。

对于狼群来说，交流沟通就是它们生存的保障。狼群有着严格的社会组织和等级制度，它们是世界上最团结的动物之一，所有这些都要求它们有完善的沟通系统。这也正是狼群生存的优势。

多听少说，关注对方内心

西方学者曾经说过：“用十秒钟时间讲，用十分钟时间听。”我国古人也常说：“三分讲，七分听。”可见在语言沟通中，“听”比“说”重要。在对财富排行榜500强企业的一项调查中，59%的被调查者回答他们对员工提供过倾听方面的培训。研究者还发现，在良好的倾听技巧和工作效率之间存在着直接的联系，接受了倾听能力训练的人，和没有经过这项训练的人相比，工作效率要高出很多。

[聆听是对别人的尊重]

“天啊，你们这是在做……做……做什么啊？”看着乱糟糟的教室，教授几乎气得心脏病发作。

事情是这样的，教授正在详细地讲解问题，可是台下学生的表现却糟糕透了，打哈欠、互相嘀咕讨论、脚在桌子底下动来动去、看窗外、打瞌睡……所以，才有了上面那一幕。

其实，这个场景是美国一位教育专家故意制造出来的。休息时间，教育专家请这位教授稍事休息，然后接着上下一堂课。

可是，台下同学的状态还是非常恶劣。这位可怜的教授的反应是，张口结舌、困惑、难过。这可以说是教育专家所观察过的，最令人印象深刻的反应。

在人类所有的行为中，认真的聆听态度，最能够使别人觉得受到重视及肯定。然而，这也是最容易被忽视的一点。

巴顿将军曾经做过一件很愚蠢的事情。他为了显示出自己对部下的关心，搞了一次参观士兵食堂的突然袭击。在食堂里，他看见两个士兵站在一个大汤锅前。“让我尝尝这汤！”巴顿将军向士兵命令道。“可是，将军……”士兵正准备解释。“没什么‘可是’，给我勺子！”巴顿将军拿过勺子喝了一大口，怒斥道：“太不像话了，怎么能给战士喝这个？这简直就是刷锅水！”“我正想告诉您这是刷锅水，没想到您已经尝出来了。”这个士兵非常无奈地说道。

倾听是重要的。只有善于倾听，才不会做出像巴顿将军这样愚蠢的事！美国商界传奇人物约翰•洛克菲勒就非常赞同这个观点。他曾经说过：“我们的政策一直都是耐心地倾听和开诚布公地讨论，直到最后一点证据都摊在桌上才尝试达成结论。”洛克菲勒以谨慎的处事风格著称，他讨厌仓促地解决一件事情。

“锣鼓听声，说话听音。”倾听不仅是闻其言，还要观其行、察其色。许多人并不善于言辞表达，也有些人不愿把话说得太直白，宁愿有所保留。因此光从语言上，你是无法窥其真意的。这时候，就必须注意对方的神情、语气，配合其说话内容，才能真正领会到他的意思。因为语言容易掩饰，但举止神情却难以隐藏……懂得倾听艺术的人，总是能够从别人的谈话中获得新鲜的知识；而听力水平的高低，在一定程度上也决定了沟通能力的好坏。

[消除倾听的障碍]

纳吉用了一下午向一位客户销售汽车，交易过程十分顺利。当客户正要掏钱付款时，另一位销售人员跟他谈起昨天的篮球赛，纳吉一边跟同事津津有味地说笑，一边伸手去接车款，不料客户却突然掉头走了，车也不买了。纳吉苦思冥想了一天，不明白客户为什么对已经挑选好的汽车突然放弃了。

几天过去了，他还是忍不住给客户打了一个电话，询问客户突然改变主意的理由。客户不高兴地告诉他：“那天我正要向你付款的时候，我同您谈到了我家的小儿子，他刚考上密歇根大学，是我们家的骄傲，可是您一点也没有听见，只顾跟您的同事谈篮球赛。当时，我真的是非常气愤。”纳吉听了懊恼不已。

我们从上面的事例可以看出来，生意失败的根本原因是因为纳吉没有认真倾听客户谈论自己最得意的儿子。由此可得出一个结论：懂得倾听的人，才最有可能取悦上司、赢得友谊、取得信任。下面是一些在倾听中要特别注意的细节。

1．创造有利的倾听环境。最好选择在安静、平和的环境中进行谈话，使双方处于身心放松的状态。

2．摆出有兴趣的神态。对讲话方说的问题，最好是保持真诚的兴趣。这样，对方才能相信你在用心聆听他的讲话，同时也会认为这是你对他的尊重。

3．切忌打断对方讲话。尤其是对方在其滔滔不绝的时候，最好不要打断，就算你有其他意见也要耐心听完。要知道你们只是在交流信息，而非进行辩论赛，争论对沟通没有好处，只会引起不必要的冲突。所以，在交谈过程中一定要控制好自己的情绪。

4．适时回应对方。准确的反馈会激励谈话人继续进行，对他是极大的鼓舞。包括希望其重复刚才的意见，因为没有听懂或重点表达，如“你刚才的意思或理解是……”不准确的反馈则不利于谈话，因此要把握好尺度。

5．以对方为主。在沟通中，最忌以自我为中心，只有把注意力集中在对方身上，才能够进行倾听。但很多人习惯把注意力集中在自己身上，不太注意别人，这常常是倾听过程中发生矛盾的主因。

心理小贴士：

其实“倾听”也是需要技巧的。在古代，听写作“聽”，从字面上分析，首先是偏旁中的“耳”，这就是说语言中的信息，大多是要借耳朵得到的；其次是在偏旁“耳”下面的“王”，意思是指倾听的过程中，要以讲话者为主；而字体右边，有个“罒”，这是“目”的异体写法，指的是在倾听的过程中，一定要通过眼睛和对方保持目光上的交流，传达一些微妙的思想和情感；同时，字右下方的“心”，指出听不仅仅是外在器官的参与，更是内心的关注，要用心体会对方话中所指。

赞赏他人的优点

一位学者曾经说过这样一句话：“给人一个好名声，让他们去达到它。”意思就是多赞美别人，以激励他做事更努力。

无论多么优秀的人，都需要别人的肯定与社会的承认，否则，他就会感觉努力没有意义，做事情不再积极向上。如果你能以诚挚的敬意和真心实意的赞扬满足一个人，那么任何一个人都可能会变得更令人愉快、更通情达理、更乐于协作。因此，在沟通的同时，更应该努力去发现对方的优点，加以赞赏。

[赞美让沟通更加顺畅]

心理医生排队买热狗的时候，发现前面有一位老先生满面愁苦，这位心理医生暗想，我要让他开心起来。于是他一边排队一边寻找老先生的优点，他看到老先生虽驼背哈腰，却长着一头漂亮的头发，于是当这位老先生办完事情走到心理医生面前时，心理医生衷心地赞道：“先生，您的头发真漂亮！”老先生一向以一头漂亮的头发而自豪，听到心理医生的赞美非常高兴，顿时面容开朗起来，挺了挺腰，道谢后哼着歌走开了。可见，爱听“好话”是人类的天性，如果在人际交往中人人都乐于赞赏他人，善于夸奖他人的长处，那么，沟通将会无比顺畅。

赞美是最好的品德之一。每个人都需要那种被欣赏、被认同的感觉。甚至有人说，一个丈夫在外面拼命奋斗努力赚钱为的就是得到老婆的欣赏和认同；而经常赞赏学生，也会使一个老师塑造起特殊的人格魅力……与人沟通，最好抱着欣赏的态度。当你欣赏一个人的时候，你会自然而然地尊重他，尊重他说话的方式、处事的方式，欣赏他的一切，沟通起来自然就会顺畅很多。

赞美他人会使别人愉快，被赞美者的良性回报也会使我们自己感到愉快，在这样的氛围里，两个人互相欣赏，觉得对方所拥有的优秀品质是其他人无法取代的，从而形成人际关系的良性循环。

[赞美也要技巧]

1. 赞扬的态度要真诚

赞美对方时，一定要发自内心。每个人都珍视真心诚意，它是人际沟通中最重要的尺度。英国专门研究社会关系的卡斯利博士曾说过："大多数人选择朋友都是以对方是否真诚而决定的。"如果你在与对方交往时不是真心诚意，那么要与他建立良好的人际关系是不可能的。因此，与人沟通时首先要真诚。

2. 赞扬的内容要具体

赞扬别人的时候，应该依据具体的事实评价。除了用广泛的用语，如"你很棒！""你表现得很好！""你不错！"之外，最好加入具体的评论。例如，"你的调查报告中关于技术服务人员提高服务品质的建议，是一个能针对目前问题的好方法，谢谢你提出对公司这么有用的方法。""你处理这次客户投诉的态度非常好，自始至终婉转、诚恳，并针对问题进行解决，你的做法正是我们的标准典范。"这种赞美方式，显得不那么做作，更容易让人接受。

3. 注意赞美的场合

赞美别人（尤其是员工）的时候，要注意所处的场合。看到底在什么样的场合下才能更好地显示出赞美的效果。如，在众人面前赞美其中一个员工，对被赞美的员工而言，当然受到的鼓励是最大的，这是一个赞美部下的好方式。但是你采用这种方式时要特别慎重，因为被赞美的行为若不能得到其他员工的认同，他们难免会有不满的情绪。所以，公开赞扬的最好是能被大家认同及公正评价的事项。例如，对公司有特别突出的贡献、业务靠前、工作努力……

4. 第三方赞美

间接赞美是一种非常有技巧的赞美方式。意思就是借用第三者的话来赞美对方，这样比直接赞美对方的效果往往要好。例如，你见到你下属的员工，就对他说："前些天我和总经理谈起你，他很欣赏你工作的方法，你对工作的热爱与细致值得大家学习。好好努力，别辜负他对你的期望。"不管事实是否存在，反正你的员工也是不会去调查的，可是他的工作态度却会更加认真。

另外，还有一种方式，即当事人不在场时的赞美，这种方式有时比当面赞美所起的作用更大。通常来讲，背后的赞美都能传达到本人，这除了能起到赞美的激励作用，更能让被赞美者感到你对他的赞美是诚挚的，因而更能起到好的作用。

5. 赞赏既不能吝啬，也不能滥施

不要吝啬你的赞美。要时不时大方地给别人以真诚的赞美，千万不要等到别人干了大事或不平常的事情，才赞扬他。如果你的秘书速记你口述的信件比你预期的还要快好多，你一定要告诉她这件事，这样她会更加卖力地为你工作，以博得你的赞美；如果早晨的餐点感觉十分可口，一定不要忘记对你的妻子说一些赞美的话语，以此减轻她的辛苦感……

同样，赞赏也不能滥用，鸡毛蒜皮的小事都赞赏，表示你的品位太低，甚至还会起到相反的作用。

心理小贴士：

每个人都渴望别人的尊重，因此，我们一定要学会赞美。一句轻轻的赞美，能使别人如沐春风；一声诚意的致谢，能使别人飞腾上天。正确使用赞美的技巧，既取悦别人，又使自己如愿以偿，如此美事，何乐而不为呢？

知己知彼，百战不殆

狼是一种非常尊重对手的动物，它在每次进行攻击前都会充分了解对手，而且不会轻视对手。狼在准备攻击对手时绝不会掉以轻心，即使对手只是几只瘦弱的羊。狼群的小心谨慎，是其他动物永远都学不会的。为了确保自己的安全和行动的胜利，狼群在每次捕食时都要经过漫长的等待。在这漫长的等待中，它们要忍受饥饿的折磨。但它们却依然坚持着，从不莽撞出击，它们一定要等到完全掌握了对手的实力以后才会选择在最佳时机出手。

[尊重对手，知己知彼]

茫茫的大草原上生活着多个狼群，面对这种“物竞天择，适者生存”的环境，它们之间有着随时会爆发的战争，不管是个体之间的，还是族群之间的，尽管它们不愿意，可是不得不这样。在这些战争中，会不断出现淘汰者，但也会不断产生狼族中的英雄。德拉就是生活在这样环境中的一只狼，它在战争中越来越英勇善战。德拉非常聪明，狼群中的其他成员都认为它是一只有智慧的头狼，是上天赐给它们的头领，也是草原上一个不朽的传说。每一次当它们的族群面临危险的时候，德拉都能带领它们安全脱离，所以群狼实际上是把德拉当作神一样崇拜着。

秋天已经慢慢走远了，草原的天气也越来越凉，早上起来可以看到枯草上洁白的霜，这好像是冬天悄悄来到时所留下的脚印。冬天是狼族最惧怕的一个季节，因为天气寒冷，许多动物都进入了冬眠，所以它们经常会因为捕捉不到猎物而被活活饿死。每当冬天快要来临的时候，它们都会选择群居，这也是祖先们世代流传下来的习俗。它们必须这样做，因为只有这样，它们才能更好地生存。德拉的狼群一共有七只狼，去年它们在德拉的带领下非常顺利地度过了冬天，这个冬天它们再一次聚在一起了。天已经变得很寒冷了，在一条不大的小溪边，有一头野猪正在草地上低着头慢慢地走着，它在观察哪块草地上的草更合自己的胃口。这时，德拉也带领着自己的狼群出来觅食了。这是它们今年群居生活中的第一次捕食，德拉心里想一定要捕到一个大一点的动物，让这一年的初冬有一个好的开始。

刚开始德拉抓到了几只兔子，可是这并不能让它满意。正在吃草的野猪激起了德拉的兴趣。因为这头野猪看上去够健壮，也够高大，足够所有的狼痛快地大吃一顿了。兴奋归兴奋，面对这头很有攻击力的野猪，德拉还是很谨慎的。它并没有立即让狼群对野猪发起进攻，而是在野猪的旁边蹲下，一动不动地观察着野猪的一举一动。因为它明白只有做到知己知彼，才能获得胜利。它仔细地观察着野猪，它要找出野猪的弱点。德拉看着野猪，它的嘴里有尖锐的獠牙，本来就厚的皮囊上还有一层干了的泥巴，这更增加了攻击的难度。德拉想了好久，决定在野猪再一次去泥水中打滚的时候选择进攻，因为这是最好的机会。就这样，德拉的狼群一直跟着这头野猪。一转眼，天已经黑了，德拉它们已经跟着这头笨重的野猪一天了，这时的狼多多少少都有一点疲惫了，不过机会也在这个时候出现了。野猪要睡了，为了睡得更加舒服它先去泥水里翻个滚儿，过了不一会儿，它就爬出来了，然后找一个干净的地方睡下了。就在这时德拉发出了进攻的信号，瞬间狼群向野猪扑去，在野猪还没来得及反攻的时候，它身上已经千疮百孔了。野猪发出了凄厉的惨叫，忽然又停止了，这是因为德拉咬断了它的脖子。

德拉在攻击野猪之前，先对野猪进行了充分了解，这让它们的成功成为必然。如果做不到知己知彼，那么就很难在这样优胜劣汰的环境中永久生存。

通常情况下狼都不会选择攻击比自己强大的动物，因为在和这样的对手战斗时，它们即使能够取胜，也要付出一些代价。狼群绝对不希望这样的场景出现，它们总是以用最小的损失换取最大的利益为行动准则。但有时狼也会攻击马群、牛群等这些在形体上比自己强大的动物。尽管对手非常强壮，但是狼受伤的概率非常小，这正是因为它们知己知彼的作战风格。

[善待对手，超越对手]

周易是一名编辑，他非常热爱自己的工作，因为写作是他的最爱。几个月后，他成了单位的“名人”。从此以后，周易经常受到领导的表扬，并且还赢得了同事们的尊重。可好景不长。前不久，周易的单位新来了一名编辑杨光，他的水平不亚于周易，并且他还曾经在各类报刊上发表了很多文章，同事们有了问题经常会去请教他。

看到这里，周易的心里真不是滋味，眼看着这些昔日属于自己的礼遇被别人抢走了，因此他开始嫉妒和怨恨杨光，并且经常念叨“既生瑜，何生亮”这句话，品尝着其中饱含的不甘与无奈。失意的周易便开始有意无意地贬低杨光的能力，说一些他的坏话。刚开始同事们还有点相信周易，对杨光不再那么热情了，可没多久，杨光的作品频频见报，大伙儿投向周易的眼神似乎变了，甚至都不愿理他了。周易越发苦闷了，面对失败，他不能接受。可是因为他的基础并不是太好，再怎么努力还是比不上杨光，最后，他想了一个办法……

有一天周易趁着休息的时候，把杨光找来了。他开始向杨光请教写作的心得，杨光并没有以胜者自居，而且毫无保留地将他的写作经验和心得讲给周易听，并且还替周易修改了文章。就这样，以后每当遇到难题周易都会向杨光请教，杨光也总是不厌其烦地与他讨论，共同学习，并及时帮助周易改正他的不足。

在杨光的帮助下，周易的写作水平不断提高，而杨光也在这个过程中受益匪浅。在一次经验报告会上，他们这两个昔日的“对手”联袂撰写的材料得到了上级的充分肯定，为单位争得了荣誉。这时周易早已改变了过去的心态，并且将自己最初接近杨光的目的告诉了他，可是杨光说：“如果不是你把我作为对手，我们两个就不会有如此快的进步。但是，即便是对待对手也要诚恳、尊重。其实，尊重对手就是尊重自己。”

面对对手，许多人都抱着置对手于死地的心态，其实这是一种病态心理，是一种变本加厉的愚蠢行为。我们可以看到麦当劳与肯德基、可口可乐与百事可乐的生存与发展。在有麦当劳的地方，不远处肯定有肯德基，可他们几乎没有去中伤对方，而是自身不断提高技术、提高质量、提高效率、提高经济效益，相互之间相得益彰，其乐融融。所以对手之间一定要相互尊重，这样才有可能互惠互利，为你的生存增加砝码。

心理小贴士：

无论是在工作、学习还是生活中，我们会遇到各种各样的挫折和竞争对手，挫折是一种财富，经历了挫折我们才会更加成熟。对手其实也是朋友。有对手，生活才更加多彩，人生才会更有意义。尊重对手是一种胸怀，更是一种格局。

沟通有技巧，解决难题更容易

在生活里我们要接触许多的人，有熟悉的，也有陌生的；有喜欢你的，也有讨厌你的。总之，形形色色的人都会接触到。人际关系在日常的生活中显得尤为重要。与人沟通可以增进彼此间的感情，良好的沟通方式能够促进人与人之间和谐的人际关系，彼此之间的关系也会更加融洽。反之，不善于沟通的人就会在生活中显得十分被动，与别人之间的关系也会日益紧张，从而与人相处的时候会显得拘谨。沟通是成功者必备的素质，它是传达、倾听、协调关系的基本保障。我们每个人都应该努力学习与人沟通的技巧，因为不管在生活或者事业上，良好的沟通都会起到很好的作用。

[放下暴力，用沟通解决问题]

太阳渐渐落下最后一点帷幕，将要彻底消失在地平线上。黄昏的来临预示着黑暗将代替光明。此刻的呼伦贝尔草原在落日余晖的映射下，显得异常的美丽妖娆。

撒臧曼的身影被拉得很长，他像一个胜利的将军漫步在草原上，身后紧随着洁白皮毛、个头较小却仪态万方的母狼塔卡拉。撒臧曼走几步就会回头望一眼身后的塔卡拉，眼中的柔情彰显无遗，而塔卡拉也像娇羞的少女般含情脉脉地看着撒臧曼。

在这幅平静柔和的画面之前没多久，撒臧曼却因为塔卡拉与自己的伙伴杰利进行了一场争夺心上人的较量。当然撒臧曼并不愿意用暴力解决问题，而是通过沟通劝退了同样爱慕着自己心上人的伙伴杰利。

原来撒臧曼已经暗恋塔卡拉很久了，但是却因为孤傲不曾表白过自己的心。就在今天出外游玩的时候，伙伴杰利竟然也看上了美丽的塔卡拉，并展开猛烈的攻势。但是它的突然求爱不仅没有吸引塔卡拉反而吓坏了它。塔卡拉四处躲避杰利的纠缠，把这一切看在眼里的撒臧曼心中的狼性顿时被激发了，它告诉自己一定要保护好塔卡拉。它冲到塔卡拉的面前阻挡杰利的纠缠，并告诉杰利自己和塔卡拉是相互喜欢的，如果再纠缠下去就连朋友也做不成了。

而冲动的杰利却一定要用狼之间的规则去解决，它要和撒臧曼决斗。撒臧曼思量片刻，郑重地望着杰利，说："我们是朋友，但是塔卡拉对我来说也同样重要。如果你还想维持我们的友情，那么就尊重塔卡拉的选择。如果它选择你，我就放手。反之，你就不得再纠缠塔卡拉。不管最终结果如何我们依然是朋友。"撒臧曼的话让杰利衡量着它们之间很多年的友情。杰利认真地点点头。

而最终的结果，自然是撒臧曼抱得美人归，而且友情也没有丢失。撒臧曼巧妙的沟通让它在赢得爱情的同时，与朋友间的关系也会更加长久。

撒臧曼在面对爱情和友情的抉择之时没有冲动地用暴力去解决问题，而是通过真诚的话语去和朋友沟通，在得到爱情的同时也没有丢失友情。对于狼来说，为了让自己和同伴的关系更加融洽，交流和沟通必不可缺。它们和其他同伴有了良好的关系才能在以后更好地生存下去。

用交流和沟通去营造和谐的关系网，是狼生存的保障。狼的世界里同样有它们的组织和制度，它们之所以是动物中最团结的，也是因为它们之间有完善的沟通系统。

交流和沟通在我们人类的生活和工作中也是十分重要的。一切的社会生活和工作都是建立在人与人之间的，自己想要生活和工作有更多的便利，就要先学会有效地进行人与人之间的交流和沟通。

[一切的成功都源于沟通]

美国的沃尔玛公司是一家有着50多年历史的公司，之所以它们能够如此长时间地立于不败之地，不仅因为它们的管理方法适当，也有很大一部分原因是因为它们公司善于与员工进行沟通。“如果你必须将沃尔玛管理体制浓缩成一种思想，那可能就是沟通。因为它是我们成功的关键。”总裁山姆•沃尔顿这样评价说。

沃尔玛公司的行政管理人员是非常注重和员工之间的交流的。他们每周都会用大部分的时间奔走在各地之间视察商店，并且及时把业务情况汇报给公司，让所有的员工第一时间能够知晓公司的业务指标。

很多公司掌握主要信息的只是少数的高级管理人员。但是在沃尔玛旗下的所有商店，为了鼓励员工取得更好的成绩，会定时把该店的利润、进出账、销售等情况公布给每个员工。

沃尔玛公司十分重视与每个员工的交流，他们的股东可能是美国最壮观的。每次开股东大会，沃尔顿都会让尽量多的商店经理和员工看到公司的全新面貌，以便激励他们高昂的斗志。并且在结束大会之后，总裁山姆•沃尔顿还会邀请几千名员工到他家里聚餐，让大家在一起畅所欲言，尽情地谈论自己好的建议，组织信息也更加畅通无阻。

沃尔玛公司在培训员工方面也有着独特的方法。它们认为培训员工不仅是提高员工的途径，也能够在培训的同时让员工更加了解公司；让员工了解公司的各种制度和经营理念，从而更加信赖公司，更好地工作。

沃尔玛通过经常和员工进行沟通，让员工更加努力干好自己的本职工作。员工在与公司的沟通中更深刻地意识到自己对公司的重要性，会更加积极主动地争取更好的成绩。沟通让员工和公司之间达成共识，也让公司能够经久不衰。

每一个公司都有众多的员工，而员工之间的情况各不相同。突破沟通障碍，能减少许多不必要的管理麻烦。不能进行良好的沟通，领导者就难以发挥所长，沟通对于管理的意义是非常重要且不容忽视的。

心理小贴士：

人际沟通是日常生活中不可或缺的活动，自身的发展、各种需求、心情的调适、信息的传递等都离不开良好的沟通。没有人不希望自己和周围的家人、朋友、同事等都保持一种其乐融融的关系。那么我们就必须勤加练习，用心去与人沟通，从而养成一种良好的与人沟通的习惯。随着沟通能力的提高，自己的人际关系也能得到良好的改善。随时保持和谐、互助的良好状态，让自己在愉快的心情中去生活、工作、学习，甚至能够很轻松地解决掉许多看似复杂的难题。

第六章

心怀大志 奋发图强

狼从来不会把时间浪费在抱怨上，它们非常清楚，如果总是停留在消极的情绪里，自己的奔跑速度就会下降；在以速度决定生存概率的种族中，这样的下降无疑是被判了死刑。心态对男人来说同样如此，在出生之后，每一个男人都注定了要成为社会的主体。心态积极，胸怀大志，才是男人应具备的素养。

敢于归零，突破自我

一个成功的演员，在塑造了路人皆知、鲜活明朗的人物形象获得很多的殊荣后，并不会因此而停滞不前，而是打破一个又一个固定的模式，不断地突破自己，这就是善于将自己归零的一种表现。在成功地塑造一个人物形象后，又成功地塑造了第二个、第三个，乃至无数个。这要求自己敢于认识自己，敢于否定自己，不断提升自我，让自己永远从原点重新突破。

而狼就是这样的一种动物，不管它取得怎样的成就，它总是会从头开始，不断地让自己在竞争中磨炼自己，求得生存。

[学会一切从零开始]

在草原上有这样一只狼，它在这片草原上生活了很长时间，它一直在和自己赛跑，每天都是如此，而且每次都是从同一个地点出发，每次都要求比上一次跑得更快，这样反复锻炼自己。

它和同伴一起出去猎食时，总会取得不错的战果。但是它并不满足于这一次的成功，也并不会因此而骄傲，放松自己。它明白自己一旦放松了自我，总有一天会失去所拥有的一切，被大自然淘汰。所以它总是在不断地提升自己，一次又一次锻炼自己，反复让自己回到自己最初的状态，从中学习更多的技巧，这样就使得它在以后的每次行动中不断地成长，不断地进步，让自己立于不败之地。

狼是一种从来不会停下前进脚步的动物，因为它时刻都面临被淘汰的命运，只要它稍稍放松自己，它就有可能成为猎人的枪下亡魂，也有可能面临饥饿而死的威胁。它们从来都是时时警惕，竖起它们那双有着敏锐听觉的耳朵，翕动它们有着灵敏嗅觉的鼻子，一旦有危险靠近它们就采取行动，以保全自己的生命，而疏于防范的狼就会被淘汰。

狼就这样不断地改变，不断地适应，不断地突破，不断地进步，正因为如此它们才能够一直生存下去。它们在一次一次的突破中，取得了一次一次的进步。然而这一次成功了，并不代表以后每次都会这样顺利，稍有不慎就会失败。它们需要让自己更加努力，这样才能一直成功。

其实在我们的社会中，存在很多这样的现象。不少的人都会满足于一次的成功而停滞不前，在一次成功之后就停下脚步，认为这就是最后的成功，并不知道自己离成功其实还很远。一个杯子就那么大，想要往里面装更多的水，就要学会倒出水。当我们从学校毕业的那天，就应该学会把以后的每一天都当成是一个新的起点，每一次工作都从零开始。

刚走进社会的我们更要把自己当成初学者，放松心态，勇于将原来所处环境中熟悉的习惯和喜欢的东西放下，一切从零开始。我们如果想要在职场上获得成功，首先要培养自己的适应力。一个人起点低并不可怕，怕的是境界低。计较自我就不会有发展前景；但是如果你肯主动付出，那么你就会快速发展。

放下一切重新开始吧！让自己不断地知变、适变、应变，这会让你从中感到喜悦与激动。

中国人一般都会讲“昨天、今天、明天”，而西方人都讲“过去式、现在式、将来式”，这只是说法不同，其实意思是一样的。经历磨难和委屈，遭受疲惫和打击，是在锻炼坚忍的意志。在世界上有许多事情是周而复始的，去了又来，来了又去。要善于归零，重新开始，终点又回到起点，人生总是在起起伏伏，繁华过后是平静，惊涛骇浪过后是波澜不惊。

我们都知道使用计算机前要开机，使用后要关机，再使用，再开机，再关机，这就是一种不断归零复位、和谐长存的过程。归零，是一种全面的充实，是一次立体的整合，是一次勃发的新生。你是男人你就应该像狼一样总是把自己放在最初的位置，不过高估计自己的能力，而应该在逆境中更好地磨炼、更好地学习！

心理小贴士：

人们都想要拥有无忧无虑的生活，可是并不是所有的人都能够实现这个愿望。要想实现就一定要切实地把握今天，放下昨天的错误和挫折，拨开遮挡明天的阴云暗影，永远不要把时光浪费在杞人忧天或者遐思幻想中。要知道每刻光阴都是生命的片断，要用欢乐与信心去迎接自己的人生。你是一个男人，你是一个强者，你应该具有“是非成败转头空”的豪迈，应该有“望天上云卷云舒，看庭前花开花落”的淡泊，更要有“青山依旧在，几度夕阳红”的潇洒，你要一直勇敢地朝前走。当你已经学会归零，善于归零，你的生活必定会更阳光、更幸福！

拿出必胜的信念

在我们生活的地球上有一个种族，它们拥有足以与人类媲美的灵性和智慧，它们拥有足以超越人类的忠诚和团结、坚忍与博爱，它们就是狼族。它们曾经面临过恶劣的生存环境和愈演愈烈的竞争。如何在这样的环境中生存？如何在激烈的竞争环境中胜出？它们所选择的是与之顽强地抗争，不屈不挠地向大自然挑战……它们身上所拥有的这种精神值得人类讴歌！

对于强者，不论遇到怎样的困难，都不应该做出放弃的选择，而是要不屈不挠地与之抗争，这才是真正的傲骨铮铮的血性男人！

[不被苦难吓倒]

狼在大自然中生活了很多年，它们面临的不只是大自然的灾难，还会面临人类的捕杀。它们在大自然中艰难地生存至今，靠的就是它那不屈不挠的气魄。

狼群在草原上来回走动，看得出它们很没精神，它们已经好几天没有食物吃了，个个耷拉着头，在艰难地走着，希望可以找到一点吃的东西。它们生存的这片草原，刚经历了一场灾难，一连下了近一星期的暴雨，致使很多动物都逃离了这个地方。加上前几天又刮了一场大风，它们根本没有出来觅食的机会，一连饿了几天。尽管它们都很累很累，但还是得出来觅食，否则它们就可能被饿死。

然而狼族面临的不只是这些，人类也在不停地破坏它们赖以生存的草原与山林，致使它们无处藏身。有一次，狼群在外觅食，有一群猎人发现了它们，猎人马上包围了狼群，狼群一下四散开来，猎人的枪声此起彼伏。不过群狼并没有因此而屈服，与猎人不停周旋，因为狼始终不屈服，猎人放弃了，一部分狼生存了下来。

狼在面临危险时从来不会退缩，它们永远都是凭借自己不屈的意志来与危险对抗，永远不低头，它们都是傲骨铮铮的真正具有狼性的种族，正是因为这样，它们才能在不断恶化的环境中生存。

在大自然中生存的动物，时刻都面临着各种各样的危险，而狼正是其中的一员。它们不仅面临着自然灾害，还要面临人类的捕杀。这些都是狼所面临的挑战，狼所面临的困难。不过狼身上具有一往无前的勇气，它们从来都是不屈不挠的，尽显它们傲骨铮铮的个性和本色。

我们的社会同样面临危机，全球金融危机对每一个人来说都是前所未有的考验，而应对危机和挑战就必须凝聚力量、迎难而上。要做到这一点，不屈不挠、百折不回的精神是前提。回首中国一路走来的历程，其中总有一种精神让我们感动至深，总有一种力量令我们精神抖擞，总有一种信念催我们不断奋进，那就是：越是在困难的时候，越要坚定信心、振奋精神；越是在困难的时候，越要看到机遇、看到希望。不屈不挠、百折不回的精神是战胜一切困难和挑战的法宝。

一个人在事业上遇到困难，不外乎两种做法：一种是就此放弃，另一种就是拿出不屈不挠的信心和勇气，迎难而上。经验告诉我们，再小的困难，如果我们丧失信心，就只能被困难吓倒；再大的困难，只要坚定不屈服，就能战胜困难。

所以男人们，在困难面前，请拿出一种“不屈不挠的精神”和必胜的信念吧！这样你的生活必定是美好的。

我们这个社会有各种各样的人，也有很多贫苦的人，可是取得大成就的贫苦人却很少，这是为什么呢？人生有种种浮沉，有光明，有黑暗；有如意，有不幸。

有的人在顺风之时很有活力，可是一旦转为逆风，就一蹶不振、停滞不前，或者翻船沉没。还有一种人则恰恰相反，他们在面对逆境时有一种“不屈不挠”的精神，而且有着坚强、纯粹、持续的意念。这才是他们可以成功的关键。

现在的生活好了，很多人都在改变，他们大多丧失了那种不屈不挠的精神，很容易在利益面前屈服，从而不努力、不奋斗，或许已经忘记了那种从拼搏中所体会到的快乐。

心理小贴士：

爱因斯坦说过：“有百折不挠的信念所支持的人的意志，比那些似乎是无敌的物质力量有更强大的威力。”

其实在我们这个世界上就是这样，永远都是那些对命运、对生活不屈不挠的人会取得最终的胜利。我们的世界很大，各种各样的人也很多，世界在变，人也在变，可是唯一不会变的就是那种不服输、不屈服的精神。它可以成就一个人，它可以支撑起一个民族，它可以让人类自强不息。

这种精神只会存在于那些傲骨铮铮的人身上，他们会不屈不挠地面对生活。

小改变，大成果

环境不会改变，解决之道就是改变自己。

你是不是感觉总是做同一件事很烦？是不是因为一成不变让自己厌烦呢？是不是觉得同一种方法解决不了很多问题？

那么就试着改变吧！改变是个人的事，别人不可能帮你改变。

强者，总是善于改变，改变自身的缺点，改变自己的不足，让自己更好地屹立于社会上。

一点点的改变就可能为你带来不一样的人生！

[改变一点就能生存]

狼群追捕猎物到了一个很偏僻的山林中，在这片山林中，树木枝繁叶茂，还有很多狭窄的山洞。

狼追捕的是一群野兔，它们追了好长时间才来到这个地方。最后它们被野兔带到了一个很窄的地方，一只狼忍不住上去捉一只兔子，谁料一不小心跟兔子一起掉进了一个又小又窄的洞中，刚掉下去时，狼很高兴——终于可以吃到美餐了，那几只兔子成了狼的午餐，狼终于饱餐了一顿，它已经好几天没吃东西了，所以三下五除二就把兔子解决了。

等狼吃饱了，也休息够了，想出去找同伴时，它发现了一个问题：这个洞太窄了，而它个头太大，刚掉下来的时候没觉得，可是现在被困在这里，无法出去。这可怎么办？它着急了，在洞里急得团团转。

后来，这只狼就想为什么这个洞要这么窄啊，让我无法出去。这样待了几天也没什么头绪。它一次一次地想要出去，都差那么一点，它就想：洞太窄，可是我也太胖了啊！这是我自己的问题，我要是将自己变瘦不就可以出去了吗？想罢，它就开始了行动，它不停地锻炼，不停地运动，再加上没有食物，它很快就瘦了下来，它一点一点蹭着出去，经过一番努力，它终于出来了。

其实从这个故事中可以看出来，有时候我们需要的只是一点小小的改变，很小的改变就能够取得意想不到的结果。我们要能够意识到，有时候看似到了绝境，其实并不是绝对的，你可能只看到对着你的困难，却不曾想到自己为了困境而去做一些改变，这样或许可以得到事半功倍的结果。

如果想要让事情改变，先改变自己；要让事情变得更好，先让自己变得更好。一个人如果不先改变自己的坏习惯，使自己成为一个有着良好习惯的人，就很难获得成功，更谈不上去影响改变别人。人活在世上的首要任务是改变自己，进而才能改变世界。

其实每个人对自己所不熟悉的都会心存恐惧，因为害怕改变会夺去我们所掌握的“确定感”，所以当人一旦有不确定感的时候，内心就会本能地加以抗拒。社会上大多数人都是这样，一辈子都在这种死胡同里绕来绕去，一方面想逃脱，另一方面又害怕承受痛苦，结果把自己弄得不知道到底要怎么做，在这种折磨中挣扎，折腾了一大圈又绕回到了起点。其实改变是痛苦的，因为习惯的力量是相当巨大的，如果你想要去改变它，需要付出巨大的决心。可是不改变，那就意味着你放弃了未来。害怕吃苦的人，会吃一辈子苦。其实当我们面临改变时，多少个日日夜夜，多少次的内心波动，多少次反反复复的思索，直到最终才明白，只有勇敢地去改变，才能真正体会到改变所带来的惊喜。如果只是一直停留在想的阶段，不付出实际的行动，那么就只是一直想想而已。

[改变是个人的事]

他叫李刚，他很优秀，毕业于名牌大学。毕业之后出来找工作，他很紧张，想着马上就要进入社会了。他在应聘工作之前，非常努力地做应聘前的准备，每次都穿最得体的衣服去应聘。最后他去了一家很大的企业应聘，他过五关、斩六将终于进入了这家企业，他很高兴，心想自己一定要努力工作。不过让人意外的是，他千辛万苦得到这份工作之后，做了还不到一年，他就决定辞职，原因是他发现自己并不喜欢这份工作，他认为这份工作不能让他发挥自己的专长。他说他不喜欢这家公司，说公司里的气氛太压抑，没有活力，提不起干劲。

李刚决定要辞职的时候，他找到一个朋友说："你要不要跟着我一起辞职，我看你干得也不是很开心。"那个人想了想，说："好！"于是两个人就约好一块儿辞职。最后李刚又提议说："要不我们这样吧，我们好聚好散，我们来的时候表现不错，现在要走了也应该给所有的同事和客户留下一个好的印象，我们在这最后的一天好好表现，做好最后一件事情。"他的那位朋友说："好吧，我们给自己，也给对方最后一个机会。"

到了第二天早上，他们不到8点时就来到公司，先是煮咖啡、泡茶，接着又把公司打扫得干干净净，他们对所有上门的客户态度都非常热情，以最有爱心的方式去接待他们。他们对所有进办公室的同事们都说："嗨！你好！早上好！"忽然间大家都感觉到他们两位的真诚，从心底里感受到了温暖，也真诚地对他们问好。这一天的工作似乎和平时不太一样，平时大家都是各干各的，而今天大家有问题了都会互相商量，而且彼此之间好像更加亲近了。

转眼间他们这一天的工作就要结束了，到了下午快下班时，李刚的那位朋友说："我们是不是应该递辞呈了？"李刚这时却说："开什么玩笑，这么好的工作，这么好的单位，我怎么舍得辞职？"最后，他和朋友一起留了下来。

你没有能力去改变环境，可是你却有能力改变自己。无数成功人士都会恪守这样的生存法则。人生在世，很多事情都是我们无法改变的，一个人的人生道路往往不是主观所能决定的。在许多情况下，我们不可能改变残酷的现实，唯一可行的选择是改变自己。

就像李刚一样，他开始认为自己的公司不好，认为公司没有活力，可是为什么他还是选择留下来呢？那就是因为他改变了自己平常做事和待人的态度，正是因为他的小小的改变，从而唤醒了很多人心中的那种真诚，让他觉得这个公司很优秀，人与人之间也是可以很和气的，没有平时的冷冰冰。改变自己是一种为人处世的方法。当生活的境遇不能改变时，我们要学习改变自己，能够积极改变自己是件非常快乐的事情。一个很自我的人很难得到周围所有人的认同，当一个人太在乎环境是否符合自己的要求，能否给自己带来满足时，生活本身就失去了很多的乐趣。环境本身是不完美的，如果你非要以理想中的完美去衡量环境，非要等到环境完全合乎自己的标准再去融入的话，那么你可能永远也走不出自己的小环境。

很多人觉得自己的人际关系不好、同事之间的关系紧张、家庭不和睦，总认为是别人不好，总想改变对方。其实这是错误的想法，因为对方也想让你改变，结果双方都没有改变。而最好的方法是在改变对方之前先改变自己，当我们遇到不顺的时候要学会敞开心灵之窗，换个角度看待生活、看待事物。要明白，环境并不是为你我而造的，我们要做的就是改变自己去适应它。

心理小贴士：

改变自己的思维方式，改变自己看问题的角度，从而改变自己的行为模式。

抱怨不如改变，生气不如争气。很多人都想改变这个世界，却没有想过改变自己。不要以为所有的适应都是随波逐流，不要以为所有的适应都是世故与圆滑。我们所有的改变都是为了有更好的发展。其实，当人们不能改变这个世界时，改变自己才是最明智的选择！人们不要总奢望环境适应自己，当环境发生变化时，只有积极地改变自己去适应环境，才能更好地生存。

不过，改变自己并不是放弃自己的原则，而是让自己有更多的平台、更多的机会来实现自己的理想。改变自己不是妥协，而是一种以退为进的明智选择。

不妨换一个角度去看

我们有两双眼睛，其中一双可以看到美丽的世界，而另一双则是隐藏着的。

当我们看待一件事，往往会只看到它的一方面，如果我们用心，隐藏着的那双眼睛会帮助我们看到它隐藏的那一面。如果所有的人都只看到一方面，而你看得更全面，那么你就已经成功了。

我们的世界只有一个，看世界的眼光却有无数种。

强者是不会以同一种眼光看待一件事，看待这个世界的，那样只会让自己变得肤浅，那样也看不到一个完整的世界。

[强者眼中的世界是多面的]

在草原上有一只狼，它的四个孩子刚刚成年。为了让自己的孩子能够更好地生存下去，能够学会不要太快对事情下结论，它就依次给这四个孩子出了一道题，要它们分别去远方看一棵梨树。

老大在冬天前往，老二在春天，老三在夏天，最小的则在秋天前往。

当它的孩子都回家之后，它把孩子们叫到跟前，让它们形容自己所看到的情景。

老大说：“那棵树很丑，枯槁，扭曲。”

老二说：“不是这样子，这棵树被青青的嫩芽所覆盖，充满了希望。”

老三不同意，它说：“树上花朵绽放，香气浓郁，看起来十分美丽，这美景是我从来不曾见到过的。”

最小的不同意它们三个的说法，它说：“树上结满了果子，累累下垂，充满了丰收的气息。”

狼爸爸对它的四个孩子说：“你们都是正确的，但是都不全面，因为每个人都只看到这棵树的一个季节的分景。”

它语重心长地告诉孩子们，不可以用一个季节的分景来评判一棵树或是一种动物，关于一种动物的内在实质是怎么样的，还有它生命的欢愉、喜乐、爱，只有在经历过所有季节之后，才能衡量。

如果你在冬天的时候就放弃，你就会错过你生命中春天的盼望、夏天的美丽、秋天的收成。

不要让一个季节的痛苦毁掉其他季节的喜乐。

人生也是这样，不要因为一个痛苦的阶段就对人生下结论，坚守忍耐渡过这段艰难，美好的日子将在不久之后来到。

因为我们每个人的眼光不同，所以看到的世界也是不同的，所以才会把世界描述得五花八门、异彩纷呈。我们在不同时期看到的东西是不一样的，每个人所见到的是不同的。故事中狼爸爸让自己的孩子在不同的季节去看同一个风景，就是想让小狼们明白，不要轻易就对所看到的事情下结论，因为所有的东西都是经过所有的季节之后才能来衡量的。如果只是因为一个时期的痛苦就放弃了坚持走下去的勇气，那么就失去了离你不远的美好生活。

我们这个世界是唯一的，但是人们却对这个世界有很多的解释，难道是世界原来就无法描述或无法下定义？当然不是，正是不同身份代表着不同的利益，这世界上才会有不同的眼光和不同的声音。我们不必去苛求大家都用同一个声音说话，也不必用同一种眼光看世界。只有不同的眼光才会把世界看得更新奇、更美丽。用不同的眼光看世界是我们的自由，或许你看到的别人看不到。

每个人眼中的世界是不同的，每个人看到的事情也是不同的。一个人认为这件事是错的，可是有的人会认为这是对的。我们要学会用不同的眼光看待事情，这样我们的视野才会更广阔，我们才会看到别人看不到的事情，我们就可以比别人更容易成功。

要记得，强者永远不会只看到一件事情的表面，他们眼中的世界往往是多面的，所以他们才会成为强者。

[换一种眼光看他]

人们往往在看一个人的时候，只会看到他的缺点，看到他的不足，从而会认定这个人一定不会有大的出息。生活中这样的事例很多，可是很多事情的结果却并不是人们想象中的那样。下面就有这样的一个事例。

王明算不上是一个很聪明的孩子，甚至可以说他很笨很迟钝。可能是先天的原因吧！反正在别人的眼中，这个孩子一定不会有很大的出息。

王明去了一家公司上班，去的第一天就遭到同事的嘲笑，他不会开电脑，不会打文件，也看不懂公司的文件，甚至连普通话也说得不是很流利，同事们都不愿意和他在一起工作。而王明本身就有一些自卑，这样一来他就更加自卑，甚至不想去上班了。不难想象，王明这样下去肯定会一事无成。

不过出人意料的是，他的上司李总亲自给他打了电话，让他去公司找他谈话。到了公司，王明心想肯定是要开除他，就做好了离开的准备。到了办公室，李总请他坐下，倒给他一杯水，开始对他说："我听下面的人说你好像不适合这份工作，在工作中很多事都做不来，是吗？"王明点点头。可是接下来李总的话让他吃惊，李总说："我看不是啊！我觉得你很阳光，很有活力，而且很勤奋啊！还有你的力气也很大啊！看你搬水很有力啊！"这一番话让王明激动得直抽泣，从来没有人这样说过他，他从来听到的都是别人瞧不起他的话，今天竟然有人说他很好，很优秀，简直让他受宠若惊。

让人意想不到的事情发生了，王明在这间公司留了下来，他在工作中更加努力，他对每个人都很和气，慢慢地他把这里的一切都熟悉了，甚至比其他的人做得更好，很快被老板升了职。有人问李总，为什么会这样。李总说："我只是换了一种眼光看他，我看到了你们没看到的他身上的优点。"

在一百个人眼中，就会有一百个哈姆雷特。当一个人或一件事物出现在不同人的面前，就会出现不同的看法。谁能够分清对与错呢？这个世界上本无对错，对错都是人讲出来的。不论是对人或对事物，我们可以简单地看，也可以深入思考地去看。不同角度，会带给人不同的感受。

同样的事情换个角度看也许就不一样了，同样的事情换种态度去做意义也不一样了。生活中是这样，工作中亦是如此。我们不能只看到别人的不好。学着去看别人的优点，同样你也会发现自身的优点。

不要总是用你那一成不变的眼光去看别人，学着用欣赏的眼光去看别人吧！那样你的眼中看到的不再是不和谐的事物，不美好的世界。展现在你眼中的将是一个充满爱，充满活力的世界。

心理小贴士：

我们对事物往往会有不同的看法，所以我们想的也不会相同。

就拿狼来说吧，我们听过很多关于狼的传说和故事，在世人的心中早就给狼定性了，那就是：野蛮，残忍，贪婪，暴戾，凶悍！简直是谈狼色变。

可是有人用另一双眼睛看到狼的另一面，狼不只有狡黠还有智慧，狼不仅有军事才能还拥有不屈性格，狼还有团队精神和家族责任感……而这一切是很多人没有看到的。

学着用你的另一双眼睛看世界吧！这样你才会成为真正的强者！

不付出，无收获

当上天为你关上一扇门的时候，会同时为你打开一扇窗。鱼与熊掌不能兼得，要知道世界上没有免费的午餐，只有懂得付出的人才会有收获。

对一件事无论你付出多少，都要学着无怨无悔。因为你在付出的同时也会收获快乐，会感到知足。上天是公平的，不可能让你永远付出，付出迟早会有回报的一天。曾经的那些付出都是值得的，不必为得不到回报而斤斤计较，也不必为回报迟迟不来而郁郁寡欢。

狼懂得，付出就会得到猎物，而不付出就会挨饿，所以它从来不为自己找任何借口不去主动付出。

强者，从来都会一如既往地付出，因为他们明白，只有付出，只有懂得付出才会有收获。

[我知道付出才有收获]

狼群生活在草原上，它们的生活总是很不稳定的，因为它们只要稍稍放松就有可能饿肚子，甚至被这个残酷的大自然淘汰。

小狼格木从小就被自己的父母教育：一定要不停地努力付出，只有这样你才会强大，你才会一直生存下去。格木从小就在心底记下了父母的话，很小的时候，它就不停地锻炼，不断地奔驰在草原上，早早地学习父母教给它的生存法则。它从小就养成一个习惯，那就是从来不吃父母带回的猎物，都是靠自己出去猎捕。如果连续几天没猎捕到，它也不会放弃，因为它想：我今天的付出以后一定会加倍的收获回来的！靠着这个信念，格木一天天长大，它的生存能力甚至高于它的父母。

过了几年，格木已经长成了一只高大威武的狼，并且在狼群中有了一定的威信，不过它还是没放弃自己的信念，一直在不断努力地付出着。

有一天，狼族又要开始选举头狼了，格木理所当然地当上了头狼，它的付出是真的没有白费，它收获到了如此大的回报。而它也一直这样教育它的子孙后代，一定要懂得付出，这样才会有收获。

狼的事例告诉我们：它之所以会有那么大的成功，就在于它一天天的积累付出，因为它每天都在付出，所以它每天都会进步一点点。也是这一点一滴的付出，使它得到了更大的成功。

很多人总是想不劳而获，每天做着美梦，或许哪一天会中一百万就不用工作了，也不用劳累了。可是结果呢？等了一天没中，两天还是没中，一年、两年……这样一直下去，从来没想过要去靠自己的努力挣钱，这样做只是在浪费自己的青春而已，结果还是什么都得不到，这样做有什么意义呢？如果肯一步一步地前进，恐怕挣得也不会很少吧！天下哪有免费的午餐啊！天上又怎么会掉馅饼，就算掉下来也不会砸到那些不肯付出、不肯努力的人的头上。

我们都知道付出的心态是一种因果关系，付出就是舍，要懂得舍与得的关系，舍的本身就是得，付出也是一种收获。只有付出了，你才能得到回报。付出越多回报越多。有量的积累，才有质的飞跃。而付出并不只是嘴上说说而已，当然还要付诸行动，一旦行动就需要有恒心。对于任何事情，只要肯持之以恒，就总会有收获的那一天，就像屋檐滴水，即使那檐下是坚硬的石头，也终究是要被柔若无骨的水滴出一个坑来。俗话说："一分耕耘，一分收获。"这是亘古不变的因果定律。你，只要勇于付出，就一定会有所收获。

当你开始懂得付出了，那么你就离成功不远了。一个人懂得付出，其实也是在为自己投资，在为自己积累经验，当你把一切都掌握了，那么，你收获的季节也就到了。你付出的越多，收获就会越多。这，就是人生。

[我懂得付出就会有收获]

王松是一个干什么事都很认真、很专注的人，说难听一点就是很犟，自己认定的事就一定要努力做好，不论付出多大的代价。

王松在做销售时，结识了一个客户。这个客户开始并没有想用他公司的手机。不过王松并没有放弃，每到节日的时候，他都打电话过去问候一下这个客户，但是绝对不谈论关于产品的事。公司的资料一更新，王松第一时间就给那个客户发过去，而且每次也不谈产品的事，大半年的时间就这样过去了。

有人对王松说："都跟这么久了，肯定没戏，还是放弃吧！"但王松却没有这样想，他想的是："我这样不断地付出，客户总有一天会被我的热情感动。你可能想我只是在每个节日到来的时候给他打个电话，大概都用不到5分钟。我这样做，虽然客户嘴上不说，可是在他的心里肯定加深了对我的印象。"

有一天，王松正在吃饭，忽然接到一个电话，一看原来是他一直跟的那位客户，他接了电话，那头的客户说："我要购买5000部手机。"王松当时就被吓了一跳，然后半信半疑地问："您跟我开玩笑吧？"可是电话那边说："王松，我再跟你说一遍，我需要5000部手机，现在我就让财务给你转款。"王松这才急忙答道："哦！哦！好的，好的！"接着这个客户说："把你公司的账户给我，收到款马上给我发货。"王松一下子还没反应过来，过了好一会儿才说："好的，我马上给您发过去。"

后来，这位客户不断给王松介绍客户，使王松在他现在的行业内有了很高的声誉。

我们不得不说，正是王松的不断付出，才有了他今天的成功。试着想一想，如果当初他放弃了，相信他也不会有后来的辉煌成就。

在平常的工作中，我们经常能够听到的是各种各样的借口：

"那个客户太挑剔了，我无法满足他。"

"如果不是下雨，我可以早到的。"

“我没有在规定的时间里把事做完，是因为……”

“我没学过。”

“我没有足够的时间。”

“现在是休息时间，半小时后你再来电话。”

“我没有那么多精力。”

“我没办法这么做。”

……

其实，在每一个借口的背后，都隐藏着丰富的潜台词，任何事我们都可以做到，只是看我们想不想去付出，懂不懂得付出，或者说有些人根本就不愿去付出。借口让我们暂时逃避了困难和责任，让我们获得暂时的轻松，可是最后换来的是什么？只会是一无所获。

物竞天择，适者生存。如果你不懂得如何才能够适应这个社会，那么在这个残酷的优胜劣汰的大自然中，就无法生存下去；只有你认真主动地付出，才可以自由地生存下去。

心理小贴士：

每天创新一点，是领先的开始；每天多做一点，是成功的开始；每天付出一点，是卓越的开始。

要知道上天是公平的，它不会给谁太多，也不会给谁太少。从我们呱呱坠地时起，上天便给了我们相同的用来经营自己人生的资本，后来的盈亏得失，都是我们自己的事。上天从来不会亏待你，如果你付出了许多东西，上天就准备一份厚重的礼物等着你。

作为一名强者，你要付出，但并不是盲目地付出，而是要懂得适时付出。

无路可走
不妨选择放弃

人生其实就是不断放弃，又不断得到。关键是要学会放弃，因为放弃也是人生的一种选择。如果放弃一棵树，你会得到整个森林！放弃一滴水，你就拥有整个大海！放弃一片洼地，你就会占领一座高山！有很多事并不是放弃就等于失去。当你放弃了对梦想的追求，回归现实，你会发现那美好的一天正等待着你，并为你敞开了一扇通往未来的大门。

强者，总是懂得放弃，但他们并没有失去，而是比原来得到更多。无路可走的时候，何不选择放弃，因为它也是一种选择。

[选择放弃不等于失去]

狼群生活在草原上，它们每天面临的就是饥饿，因为在大草原上找到猎物是很不容易的，尤其是马上就要入冬了，动物更是少得可怜，食物是狼群现在面临的最大问题。

狼群往往好几天才能吃到一顿差不多的美餐，不过它们从来不会放弃可以捕到猎物的机会，它们不管做什么事都会尽自己的全力，头狼会带领它们在这片草原上艰苦生存。

又是好几天没有找到食物了，狼群里的狼个个都无精打采的，而头狼则是更加着急，它不能让它的族民们灭亡，它要保护它们。忽然，它好像嗅到了猎物的味道，这时狼群骚动起来，它们一起朝着猎物的方向慢慢移动过去，它们动作很轻很慢，生怕吓跑了猎物。群狼发现，有两只鹿在小河边走来走去，好像是想要去喝水的样子，不过一直保持着警惕，不断地朝四周观看。这时狼群已经快要忍不住了，因为它们太饿了。

可是在这个时候，头狼却示意狼群撤退，有些狼并不情愿放弃，可是头狼的命令不得不听，他们只好遗憾地离开了。那两只鹿并没有喝很多水就离开了。其他的狼都不明白头狼为什么要放弃这么好的一次捕猎机会。

转眼又过了差不多一星期，头狼再次带领狼群来到那条小河边埋伏。就在这时，有一群鹿来到这条小河边喝水，它们对这里似乎很熟悉了，并没有感觉有危险的存在，不料正在它们悠闲喝水时，狼群出现了，鹿群成了狼的美餐。

头狼后来告诉狼群："有时候选择放弃并不意味着一定会失去，有时选择放弃可以得到更多。"

狼其实是一种很有智慧的动物，虽然只是一只狼，可是它清楚地知道，一件事情能不能够做到，关键在于自己。我们人类有一句话说得好：事在人为。换到狼族身上，那就是事在狼为。不管面对什么样的事，如果真的做不到那何不选择放弃，放弃并不是懦弱，也不是自暴自弃，它是一种选择，也可以说将人置之死地而后生。所以，不管做什么事，如果真的没办法做到，那就选择放弃吧，这样获得成功的概率也会很高。

长久以来，我们在世俗的目光中艰难地生活着。为了有份好工作有个好前途，为了有钱有权有势有地位，学会奉迎，察言观色，在世俗的眼光中失去了自我，心力交瘁。其实人的一生有很多追求，为什么要在乎世俗的眼光呢？

当你有一天放下这种生活，你就会发现这个世界是多么美好啊！以前只是想着急急地赶路却不想反而错过了看风景。其实当我们在为目标努力时，是否可以放慢脚步，偶尔停下来，因为你脚下说不定有更好的风景。当你肯放弃的时候，你就会发现你并没有失去，反而得到的更多了。我们在生活的路上也一样要学会放弃，学会放弃才能走得更远。

放弃对于每一个人来说都是非常痛苦的事情。然而，在某些时候放弃却是一种成功。因为，适时的放弃能让你腾出精力去做更有意义的事情。放弃最大的痛苦就是一定要把握好放弃的时间，而想要掌握这个度是非常难的。当你觉得自己的核心竞争力不能适应市场发展时，就应该马上选择放弃，别让自己死得太惨，否则，连东山再起的机会都会丧失。

现在有许多的创业者盲目相信“胜利往往来自再坚持一下的努力之中”，结果把企业成本一压再压，甚至连个人的生活也被逼到边缘，但是最终还是被迫放弃。这就违背了“生意不是赌博”的原则，明知无望还固执地期望出现奇迹。其实，创业都是为了“第一桶金子”，而这第一桶金子出自哪个项目并不重要，商场上的机会比比皆是，只要你有心，放弃一个项目，肯定还会找到另一个项目。放弃并不等于抛弃，只要不是一败涂地，你完全有可能东山再起，可以以另一种方式重新开始。很少有人是在最初的项目上一次成功的，基本上都经历了坎坎坷坷，进行了多次业务转型。这是因为创业实践总是与创业者的最初愿望有一定的距离，所以需要不断地调整和转变，而每一次调整和转变都意味着一次放弃，最终转变到市场机遇与企业资源相对吻合的状态。

[学会放弃]

电视台新出了一个节目，节目设有关卡，来闯关的人，每闯一关就会有相应的礼品，不过最终会有更大的礼品相赠。

在节目现场，有一位答题者已经闯到了第九关。他的三个求助方法已经全部用完，可是这个题他没有任何把握。而他的家人都在台下，其中还有他怀孕的妻子，他妻子关切地看着他。

这时主持人问：“还要继续吗？”“不。”思索片刻，他的眉头舒展开了，很肯定地对主持人说，“我放弃。”

这个时候主持人也是一愣。都要到最后一关了，在这时是很少有人会放弃的，况且这是在全国电视观众面前。或许运气好，一下子就蒙对了也不一定啊！他的弟弟也很不屑地说“真不像个男人。这么保守！大不了答错往回扣分嘛，怕什么？”

主持人还是继续问：“真的要放弃吗？”她一连问了三次。不过这个答题者一丝犹豫都没有，点头说：“我真的放弃。”“你不会后悔吗？”主持人问。他笑笑说：“不后悔，我心中设定的梦想都已实现。该得到的，我也已经得到了。”

就这样，他只答了九道题，没有冲向最后一关。这时另一个男主持人问他：“如果你的孩子长大后问你，爸爸，那天你在那个电视节目中为什么要放弃？”他回答说：“我会告诉孩子，人生并不一定非要走到最高点。”主持人问：“那你的孩子如果又问，那我以后考80分就满足了行不行？”他笑着回答说：“如果那是他已经付出最大的努力，如果他对80分也满足，那么我赞同。并不是每个人都要拿第一，人生懂得放弃，学会放弃，才会得到更多。”

这时台下响起了雷鸣般的掌声。

一个人放得下就是快乐，就是成功。放弃会让你快乐，会为你解忧，会让你轻松。看那弃官隐居的陶渊明，享受着“采菊东篱下，悠然见南山”的怡然自得，不去理会官场的钩心斗角，不去理会名誉地位的高低，甘愿放下名和利，只求安然，这难道不也是一种怡然的生活吗？那个答题者选择放弃，是因为他并没有把握可以闯到最后，其实放弃也让他摆脱了那种压抑的心情，他懂得满足，所以他选择放弃。

其实人们最不愿意提到的就是“放弃”，因为它往往同失败、无奈联系在一起，是一种逃避的象征。可是任何事情都不是绝对的，我们有时候放弃了，其实是一种成功，或者是另一个起点的开始，人生有很多的机会可以供我们选择。

有了放弃，才有了选择，有选择你就会有成功的机会，如果一个人连选择的余地都没有，那么就真的是失败了。而这才是生活中的懦夫，因为他把自己逼上了绝路，连给自己的选择都没有。

不过要知道，放弃并不是很轻易就可以说或做出来的，那是在经过自己的努力和奋斗，在真正的拼搏之后，如果依然没有得到上天的眷顾，这时最好的选择就是放弃。因为上天不可能把每一条路都给你指明白，既然你在这条路上没有成就，那么，就是你自己选择错了。承认错误也是一种勇敢，放弃有时也是智者的选择。我们不止一次处在人生的十字路口上，也不止一次经历风雨，走过泥泞；我们也不止一次付出了却没有回报。我相信，只要是在生活里打拼过的人，都哀怨过上天的不公。但是如果这些人真的成功了，就不会再提起上天那时的不公，他会感谢上天的考验，因为正是上天的考验，才使他明白了成功的真谛，才使他体会到了生活的各种味道，这其中的很多人，都有过放弃的经历。其实简单地说，没有经过放弃，也不会有创新；只有大胆地放弃，创新的念头才会在你的脑海里显现。

有些机会错过了就是错过了，再也不会回来。人生总是有很多的无可奈何，有时真的是不得不选择放弃，虽然心有不甘，可是除了放弃没有别的路可走。人生就是这样，放弃只会让自己多一个选择。这就是人生，你永远不知道你将会面临什么。

心理小贴士：

选择放弃，也是一种选择。

学会放弃，生活会更容易。

放弃，不是怯懦，不是自卑，也不是自暴自弃，更不是陷入绝境时渴望得到的一种解脱，而是在痛定思痛后做出的一种选择。

放弃，不是逃避，更不是偃旗息鼓、甘拜下风，而是在发现了对与错、真与伪、善与恶、美与丑之后做出的一种选择。

放弃意味着什么？放弃意味着有了更好的选择，有智慧的放弃是一种有益的选择。我们应该懂得选择，舍得放弃。

坚持带来成功

坚持，是一个人意志的表现，是一种品质、一种精神。

坚持，是一种积极向上的生活态度，是获得成功的一种方式。

坚持，是一种自豪，更是一种勇气。没有毅力的人不能坚持，没有自信的人不愿坚持，没有勇气的人不敢坚持。

每个人都想成功，成功其实并不难。成功与“劳其筋骨，饿其体肤”“三更灯火五更鸡”“头悬梁，锥刺股”没有必然的联系。只要你对自己的事业感兴趣，不论遇到怎样的困难都会告诉自己：我可以坚持。那么你就成功了。

狼面对任何困难，都不会放弃，因为它们坚信，只要坚持下去，就一定会成功。

强者，不论面对任何困难都会在心底告诉自己我可以，我一定可以坚持下去！所以他们成功了，真正成功了。

[我可以坚持下去]

小狼巴力是一个出生没有多长时间的小狼。它是在冬天出生的，出生的时候，因为在雪地里，所以小小的它并不能承受那么冷的天，导致它的后肢有些跛。

别的小狼都开始学习走路了，它却连站起来都困难，甚至有时候只能够趴在那里不能动。有一段时间，巴力相当沮丧，都想要放弃自己了。它觉得自己活在这个世界上，不能够走路，是一件多么耻辱的事啊！自己怎么在狼族中生活下去？它觉得自己活着没有一点意义。

巴力的父亲发现了它的异常，以前巴力会努力地想站起来，可是现在它每天待在家里不吃也不喝，还闷闷不乐的。狼爸爸知道，一定是巴力想要放弃自己了，就找巴力谈话，并带它到外边去散心。

巴力本不想去，可是在爸爸的请求下同意了。它们到了外边，狼爸爸对巴力说:“孩子,你是不是想要放弃了？是不是觉得自己活得没有意义？”巴力点点头，这时狼爸爸说：“孩子，你在一生当中总会遇到各种各样的困难，可是如果你能够一如既往地坚持，那么你就成功了，也有了活着的意义。孩子你明白吗？你只要坚持下去,就一定会成功的！”巴力听了爸爸的话,一下子有了生活下去的动力，它一定要站起来！

以后不论严冬酷暑，巴力总是在不断地坚持练习。有小狼对它说：“还是放弃吧！”巴力总是说:“我一定可以坚持下去的！因为我已经找到了生活的意义。”

狼无论怎样总是会坚持自己的信念，就算不成功也会一直坚持下去，这就是狼的性格。当你在面临困难的时候就告诉自己两个字：坚持！只有坚持下去才能让自己真正懂得，只有坚持，之前的努力才不会白费。坚持不懈，坚持到底！其实和笨鸟学艺差不多,笨的人可以慢慢学,但不能丧失自信与毅力,要学会向前看，在哪里跌倒就要在哪里站起来。生命从不言败，永不放弃！如果你自己都放弃了，还有谁能拯救你呢?

“水滴石穿，绳锯木断”，这是一个很简单的道理，为什么微不足道的水能把石头滴穿？柔软的绳子竟能把硬邦邦的木头锯断？其实靠的是坚持，一滴水的力量固然是微不足道的，然而当一滴一滴的水坚持不断地冲击石头，就能形成巨大的力量，最终把石头滴穿。同样的道理，只要绳子不断，就能把木头锯断。功到自然成，成功之前难免有失败，然而只要能克服困难，坚持不懈地努力，那么，成功就在眼前。

一个人的事业也是如此，如果在创业的过程中遇到小小的困难就不想坚持，那恐怕无论如何也成功不了，事实就是这样。你只有不断地去想办法才能从根本上解决问题，而不是有点困难就想放弃，这样恐怕无论如何也成不了大事。

[坚持下去就会成功]

一个推销员，在推销失败，遭人拒绝、嘲笑时会怎么办？是畏惧、退缩、放弃，还是坚持不懈、绝不放弃？

约翰·吉米是美国一家人寿保险公司的保险员，他花65美元买了一辆脚踏车到处拉保险。然而很不幸的是，成绩始终是一片空白。可是，吉米并不气馁。晚上，他即使再疲倦，也会一一写信给白天访问过的客户，感谢他们愿意接受自己的访问，并力请他们加入投保的行列，每一字每一句都写得诚恳感人。

可是，上天似乎故意和他作对，任凭他再努力、再劳累，仍然没什么效果。两个月过去了，他却连一个客户也没有拉到，上司催他也是越来越紧……

每天劳累不算，他回到家常常连饭也没心情吃，妻子虽然温顺体贴，可是一想到明天就全身直冒冷汗。他在日记中写道：从前，我以为一个人只要认真、努力地工作，就能做好任何事情。但是这一次，我错了。因为事实显然并不是如此！我辛辛苦苦地跑了68天，却连一个客户也没有拉成。唉！保险工作，我很不适合，还是换个地方工作吧！

他的妻子看了后劝告他说："坚持下去，就一定会有成功的那天。"吉米想了想，最后听从了妻子的劝告。

吉米曾经想说服一名小学校长，让他的学生全部投保。可是校长对此毫无兴趣，一次一次地拒吉米于门外。但是当吉米在第69天再一次跑到校长这里来的时候，校长终于被他的诚心所感动，同意全校学生投保。

他成功了！因为他没退缩，没放弃，并且一直坚持不懈，后来吉米成了著名的保险推销员。

其实不难想象，如果吉米没有坚持下去，而是很早就放弃了，还会成为著名的保险推销员吗？如果他没有一直坚持下去，他一定不会成功。事实上，当你遇到挫折和困难时，只要肯坚持下去，一直努力，就会有成功的希望，其实成功离我们很近。

可以想象一下，如果世界上的人做什么事都半途而废，那么我们的世界会是什么样子呢？科学家做实验半途而废，农民种庄稼半途而废，学生学习半途而废……那么还会有今天的世界吗？那结果简直无法让人想象。胜利贵在坚持，要取得胜利就要坚持不懈地努力，饱尝了许多次的失败之后才能成功，即所谓的失败乃成功之母，成功也就是胜利的标志。也可以这样说，坚持就是胜利。

谁，能忘却自己的荣辱，弹唱史家之千古绝唱？谁，能忧愁发愤，吟出无韵之《离骚》？他的坚毅感动了历史。他在最黑暗的时候，没有选择死亡，没有因为挫折而放弃心中的梦想。因为他心中有一个信念，我要成功，我要让后世记住我。于是他在别人的嘲笑和讥讽中坚强，在坚强中坚持自己的愿望，用那如椽的巨笔书写了两千年的沧桑。他坚持用那无韵之《离骚》向人们阐述人生的真谛。他用他的巨作《史记》向人们说明一个伟大的道理——成功在于坚持。

很多人也都明白，风雨过后会有美丽的彩虹，但是往往容易在大雨中迷失方向，在困难的重压下一蹶不振，在失败面前选择了止步不前，所以就永远丧失了欣赏彩虹的机会。也就等于选择了与成功一次次失之交臂。这样的结局无疑让人痛惜。究其原因，不在于他们缺乏战胜困难的能力，而是他们缺少一种持久的坚持。成功，往往在于你再多坚持一点点，也许是一年，也许只是一秒钟，你的生命便会得到升华，你的命运便会发生转变。

心理小贴士：

“骐骥一跃，不能十步；驽马十驾，功在不舍。”

如果说人生是一首优美的乐曲，那么痛苦则是一个不可缺少的音符。

如果说人生是一望无际的大海，那么挫折是其中一朵骤然翻涌的浪花。

如果说人生是湛蓝的天空，那么失意是天际一朵飘浮的白云。

人生的可贵之处就是成功，而成功则在于不断坚持。

自信是成功的条件之一

没有雄心得不到你想要的；

不敢冒险得不到你想要的；

意志不坚得不到你想要的；

不肯付出得不到你想要的；

偷奸耍滑得不到你想要的；

…………

每个生命都是自然界的奇迹，一个人来到这个世界上就一定会有自己想要得到的，那么要怎样才能得到自己想要的呢？

强者，总是会得到他们想要的，那是因为他们有胆识，有雄心，坚强，努力向上，从来都是脚踏实地，所以只要是他们想要的就必然会得到。

[我一定要得到]

晴朗的一天，狼群出来觅食，它们虽然饿了好几天，可是它们的脸上依然写着坚强，它们在努力地寻找猎物，丝毫没有放松，要是再找不到猎物，那就又得挨饿了。

就在这时，有几头牛出现在它们的视线中，它们一下子变得兴奋起来，不过很快就被头狼制止了。头狼这时眉头紧皱，并对众狼说："这次是一次血拼，能不能得到美餐全看我们自己！"它在心中想：我一定要得到这顿大餐！

狼群先是埋伏在附近，观看牛的一举一动，等待是最难挨的，但头狼命令它们不能动，先看一下牛的弱点再行动，要不然很有可能一无所获。其实头狼并没有很大的把握得到这次的美餐，不过它愿意冒险一试。

狼在这里埋伏了几天，一直没有动静，因为它们深知，它们不可能一下子把这些牛全部制服，它们观察了几天，终于发现这群牛有一段时间是分开的，所以头狼就想利用这个机会一起上。想到就行动，几头牛分开以后，这一群几天没吃东西的狼向一头牛袭去，厮打，搏斗。

在经历了血与肉的搏斗后，群狼得到了它们的晚餐。

在现在这个社会中，处处都充满竞争，你想要的并不一定能得到。现实是很残酷的，如果你真的想要，想得到，那么你就需要付出自己的努力；同时还要有一定的魄力，要积极向上，这样你就会得到你想要的。在大自然中生活的每一个成员都晓得一个大自然的法则——适者生存。在以后的生活中，必须去竞争，去奋斗，去努力，否则面临的就只能是被淘汰，而没有人会同情一个懦夫。

想要得到你想要的，自信心也是很重要的。如果对什么都只是说想得到，但是总觉得自己得不到，也不曾做任何努力，这样恐怕什么时候也不会得到你想要的，哪怕只是一个很小的要求。所以你必须自信，相信你一定能够做到，当你一旦战胜了自我，你就能够去实现你想要的所有东西和想做的所有事情。

一个成功的人生是积极的，也只有积极的人生，才会让你有不断追求事物的欲望，你才会得到你想得到的。当你持积极态度时，你会迫不及待地尝试新的经验，来得到你想要得到的。所以，从现在开始，就让我们做一个积极自信的人吧！

[我想要就一定会得到]

有一个叫铭的男人，他学的专业是计算机，所以毕业以后很想去一家很大的公司上班，刚开始本来没什么信心，可是后来他想，既然想要去就得努力。

于是铭来到这家公司应聘，可是这家公司并没有刊登过招聘广告。总经理见到他很是疑惑，铭也很紧张，用不太娴熟的英语解释说自己是碰巧路过这里，就贸然进来了。总经理感觉很新鲜，就破例让他一试。可面试的结果出人意料，铭表现得很糟糕。他对总经理的解释是事先没有准备，总经理以为他不过是找个托词下台阶，就随口应道：“等你准备好了再来试吧。”

一周后，铭再次走进这家公司的大门，不过这次他依然没有成功。但比起第一次，他的表现要好很多。他的解释和上次一样，而总经理给他的回答也同上次一样："等你准备好了再来试。"就这样，铭先后5次踏进公司的大门，最终被这家公司录用，成为公司的重点培养对象。

其实铭是真的没有把握，他只是想给自己一次机会，他是真的想要这份工作，而每次他在面试之后都会认真地总结自身的不足，所以他的表现一次比一次好，最终被认可，他得到了他想要的。

从上面这个例子可以看出，我们的人生旅途上不可能是一帆风顺的，它沼泽遍布、荆棘丛生；而我们追求的风景总是山重水复，不见柳暗花明。人们总在不断地追求，也许我们前行的步履总是沉重、蹒跚，也许我们需要在黑暗中摸索很长时间才能找寻到光明，也许我们虔诚的信念会被世俗的尘雾缠绕而不能自由翱翔，也许我们高贵的灵魂暂时在现实中找不到寄放的净土……这个时候就看你有没有一直走下去的勇气了，如果你放弃了坚定和自信，那么你就不会得到你想要的。

想要得到你想要的，就付出自己的努力吧！你要不怕失败，不断地尝试，你总会成功的。成功是在不断反复的一个过程中得到的，最终能够成功的自然是那些坚持到最后的人。如果你想要你就对自己说：我一定要得到，我必须得到。在不断的努力中，你一定会得到。

心理小贴士：

有些人想要成功，他成功了；有些人想要变得富有，他变得富有了；有些人想要一份好的工作，他拥有了。这是为什么呢？你也曾想过要成功，要富有，要有好工作，可是你为什么没有？

你想没想过为什么别人可以拥有自己想要的东西？其实答案很简单，那就是你有没有胆识，你有没有坚定的信心，你有没有付出。

如果你能做到这些，那么你想要的，必然会得到。

第七章

持之以恒 完善自我

过于残暴、过于冷傲是狼与生俱来的缺点，这些缺点不仅决定了狼自身的局限性，同时也决定了如果狼无法积极学习的话，狼的生存概率会大大降低。金无足赤，人无完人，每一个人都或多或少会有些缺点。强者总是知道，强中更有强中手，如果只是让自己满足于目前的状态，或许日后便不会有什么发展。

不让绝望的念头囚禁了自己

无论一个人陷入怎样的绝境都不可怕，真正可怕的是在陷入绝境的同时产生绝望的心理。一个坚强的男人会不断地学习这个世界的生存法则，即使是在最落魄的时候，依然能够坚信自己可以在不久的明天重新爬起来，而不是从此一蹶不振，永远落魄下去。要有着狼一样的毅力，从不会因为身处绝境而产生退却的思想。“世上没有绝望的处境，只有对处境绝望的人。”这句话真的很富哲理性，是一种思想的最高境界。而事实上，世界上也的确没有真正的绝境，所谓的无路可走都是因为思想意识的一时低落而从内心幻想出来的绝望。

作为一个男人，要勇于从绝境中学习坚强。要坚信每一次的绝境都是暂时的，只要信念在，不仅会从绝境中走出来，而且自身素质也会因为每一次的绝境而不断提高。

[在绝境中学会坚持]

在茫茫的雪地里，一群猎人带着猎狗在搜索着什么。在距离他们不远处的一个雪坑中，一只狼侧卧在雪地上。它抬起身体右侧的后腿，膝盖下面的小腿只连着一点点皮，像垂柳一样随风而动。但是片刻之后，它颤抖着的身子毅然站了起来，继续奔跑在雪地上。伴随着一声声的枪响和猎狗的叫声，这只受伤的狼在洁白无瑕的雪地上，留下了斑斑红点。

前方的落日将要收起最后一点余晖，奔跑着的狼眼睛中却显出一丝兴奋，它更加疯狂地向前奔跑。余晖将尽，猎人在后面停止了追捕，掉转了方向，向来时的方向走回去。

暮色苍茫，雪地被一片深深的寂静掩盖。这只受伤的狼突然“嗷”的一声大叫，不似受伤的痛苦，却像一个胜利者的高呼，倒在夜色笼罩的雪地上，静静地舔舐着伤口……

这只受伤的狼休息许久之后，拖着疲惫的身体，在剧烈的颤抖中再一次站起来。蹒跚的脚步在雪地上留下一串串鲜红的脚印，而前方的不远处，狼群正等待着它的归去……

狼，在很多人的眼里都是一种可怕的动物，它让人从心里觉得恐惧。也许是人们在描述狼的时候赋予了它狡猾、凶残的性格，从而让人产生一种误解，把狼想象成一种很坏的动物。但是这只是一种幼稚的误解。

狼，从来不知道什么叫绝望。即使面对死亡也依然从容不迫，从不放弃任何一丝生的希望。越是在危险的时候越是表现出惊人的毅力和勇敢，大有越挫越勇之势。

狼在受伤的时候，从不会考虑是不是无法走出困境，而是一心想着走出困境的最佳办法。不畏艰险，勇往直前。

人类在遇到挫折的时候，常常会表现出颓废和退却，经常会踌躇不前，不是及时地找寻走出困境的方法，而是想着放弃带来的损失，放弃会有怎样的后果。如果能够有像狼一样面对困境不畏惧，勇往直前地走出困境的精神，那么世界上将不会有那么多失败的例子，而会出现更多成功的例子。

男人在遭遇困境的时候，应该具备狼一样的特性。更要表现出一个男人该有的刚毅，不让绝望的念头囚禁了自己，因为那样只会让绝境逐渐加深。

[坚持不懈地走出绝望]

胡勇是含着金汤匙长大的，衣食无忧，环境优越，他对生活的经验像一张白纸。胡勇经常带着一群朋友去吃喝玩乐，挥霍无度。但是在他20岁的时候，一场无情的车祸带走了他的爸爸妈妈。父母走的时候没有交代任何的话，胡勇从此就要一个人去面对生活。

父亲走后，留下了一家规模不算小的公司，由胡勇接手管理。可由于胡勇一时无法从失去双亲的悲痛里走出来，再加上对公司的经营管理完全没有经验，公司的情况一天不如一天，逐渐走向低迷。意志消沉的他没有也不想去找可行的挽救办法，放任公司自生自灭。公司的客户不断地流失，财务状况也入不敷出。连半年都没有维持到，胡勇就亲手断送了爸爸留给自己的公司。没有了家人，连经济来源也被断掉的胡勇觉得自己的天在瞬间塌掉了。

胡勇在失去了一切后，心灰意冷地走到江边，想用自杀结束自己的生命。一想到父亲留给自己的公司就这样让自己给断送了，自己没有能力挽回一切，就算死了也没有脸面去面对自己的父亲。他坐在江边大哭了一场，想了一夜之后，胡勇决定再苦再累都一定要站起来，不能让爸爸妈妈走得不放心。

公司已经没有了，胡勇向朋友借了一些钱离开了这个伤心地，想要重新开始。在接下来的日子里，胡勇从一个富家公子到用自己的双手来养活自己的小职员，这其中的滋味可想而知。

在工作三年以后，胡勇省吃俭用有了一些积蓄，虽然不多，但都是自己一分一分挣来的血汗钱。胡勇寻找着合适的机会想要自己创业，经过对市场进行分析，他发现汽车在城市里的增长速度十分惊人。汽车的清洗、装饰、美容等各项服务，将来也是必然的发展趋势。于是他利用手头有限的资金开了一家小型的汽车装饰公司，虽然当了小老板，但是人手不够的时候，他也会义不容辞地去做最底层的工作，这让手下的员工对他佩服不已。

胡勇的努力没有白费，他的汽车装饰公司已经拥有了一定的顾客群，也打出了一定的知名度，并且还给他带来了可观的利润。他毅然开了第二家分店，生意如火中天。四年以后，胡勇的汽车装饰公司已经发展到了10家分店。

胡勇并没有满足，他只想用更大的成功去告慰天上的父母，他没有让他们失望。

我一直都认为，一帆风顺的人生并不是完整的人生，并且也没有多少人的人生是一帆风顺的。人总会有暂时失意的时候，但是在走出困境的时候起绝对作用的是一个人的心态。抱有积极心态的人，会在跌倒后重新爬起来，总结一下失败的教训，重新来过。而把心态也降为绝望的时候，就真的是把自己放在绝境之中了。

在这个世界上，要生存首先就要先把自己的心态调整好。没有什么事情是一定做不到的，只有想做和不想做。如果面对困境的时候一直想着总会好起来，那么你一定不会因为短暂的失败而失败。困境总有过去的一天，要相信，当你没什么可以再失去的时候，就是你要开始得到的时候了。

心理小贴士：

不管发生什么事情，只要我们用乐观积极的心态去面对它，坚持不懈地去努力解决它，就没有解决不了的事情。每个人的生命中，都有无数的考验在等待着。接受每一次的考验，寻找一切可以击败它的机会，勇敢去战胜它，让人生的路上一路高歌。在黑暗中寻找光芒，在绝境中寻找出路，我们都要拿出足够的勇气去面对命运的挑战，让走出绝境成为我们的信念。

设定一个明确的奋斗目标

目标，是通往成功道路上的一盏耀眼的明灯，像灯塔引航一样。想要在未来的某一天梦想成真，必须先给自己定下一个愿意去为之奋斗的目标，但这并不是说人的一生只能有一个目标。人生的目标应该是向着一个大的方向去发展，每一步就像一条条小的河流，最终汇聚大海。目标指引着自己永不停步地向前。“一心向着自己目标前进的人，整个世界都给他让路！”哲学家爱默生曾经这样说。从现在开始，就为自己定下一个确切的目标吧，让自己的梦想成真！

[锲而不舍朝着目标前进]

一望无垠的沙漠上，烈日似乎要把沙粒晒化，四个猎人追赶着七只狼奔跑着。“砰”的一声枪响，一只狼应声倒地，头狼“嗷”的一声嚎叫，其他的狼突然掉转方向朝着猎人的方向围过来，剩下的六只狼把四个手持猎枪的猎人包围在30米左右的包围圈中间。四个猎人背对背地用枪指着狼，一刻也不敢松懈，因为他们知道30米意味着什么。

沙漠狼虽然个头并不是很大，但是行动却十分灵活。相对于其他的狼种，它们也更为凶残。在围攻敌人的时候，30米以外，狼会回去叫同伴来帮忙，但是如果包围的范围缩小到30米以内，那么即使是死亡，狼群也会群起而攻之，直至胜利或者死亡。

狼群的行动都是有目标和方向的，它们明知道躲不过猎枪，但是它们却下定决心，想要把猎人全部干掉。头狼瞅准机会发动了第一次攻击，通常它们以这样的方法去激励群狼的士气。两颗子弹无情地穿透头狼的脖子，倒地的同时它发出了“呜——呜——”的攻击信号，狼群便如潮水般扑过去，猎人被狼撕咬、抓伤，但是为了生存，猎人不得不提起十二万分的精神去战斗。猎枪是冷酷而无情的，一只又一只的狼在枪声中不断倒地，但是攻击却从未停止过。直到最后一只狼在哀嚎声中倒下，这场血腥的厮杀才最终落幕……

每次行动的时候，狼都会给自己定下一个奋斗的目标。在没有目标的情况下，它们是不会行动的。它们知道一旦确定了目标就会更容易去实现。为了达到目标，狼群会采用千变万化的策略。狼会不顾一切地锁定自己追寻的目标，誓死不休。

“战神”之称对狼来说是当之无愧的。狼一旦确定了目标，便会集中力量对猎物进行猛烈的攻击，表现出惊人的速度、明确的目标、强大的攻击力、从不退缩的毅力，即使它们面对的敌人是凶猛无比的狮子，它们也会毫不畏惧地扑上去，绝不退后。

目标，是愿意努力去奋斗的动力，是对生命的一种鞭策，是看得见的射击靶。目标会随着时间的流逝和不懈的努力，一个一个被实现。目标越来越高，就会有越来越多的成就感。一步一个脚印、锲而不舍地朝着一个大的目标继续前进。

[目标明确更容易实现]

生活中的大部分人可能无法实现他们自己定下的目标。不是目标无法实现，而是他们从来没有用心去真正定下一个目标。有了明确的目标才会有奋斗的方向，从而才能到达成功的彼岸。有目标才会有梦想成真的那一天，潜意识中的奋斗力量才会找到明确的方向。

作曲家汉斯·季默是德国法兰克福人，他做过钳工，从小对音乐的迷恋，让他并没有遗忘自己的梦想，他在心中给自己定下了一个永不改变的目标——一定要做音乐大师。

现实总是很无奈。昂贵的钢琴并不是季默轻易就能够买得起的，但是对音乐极其向往的他并没有因此放弃。他用钢板模拟出了钢琴上面的黑白键，演奏着无声的音乐。贝多芬的《命运交响曲》他不知道练习了多少遍，手上磨出了厚厚的老茧。

他为别人作曲赚取少量的稿费，省吃俭用，用仅有的一点积蓄买了一架“老爷”钢琴。他终于开始了自己在成为音乐大师的征途上的奋斗。有了那架钢琴，季默更加努力了，不久之后，他一跃成为好莱坞电影公司的音乐主创人员之一。

季默疯狂地作曲，为着自己的梦想甘之如饴地奋斗。专注于作曲让他忘记了和恋人的约会，女孩子骂他“音乐白痴”“神经病”，他依然如痴如醉，对自己的事业充满向往。结婚后的他依然我行我素，把米饭蒸成“红烧大米”，把牛肉面条煮成了“牛肉粥”。

他一刻也没有停止过创作，不管是走在路上，还是乘坐地铁，只要自己脑子中有乐曲的旋律浮现，他都会及时地记录在随身携带着的小本子上面。即使在睡梦中醒来，他也要坚持用手电筒照着继续创作曲子。

上天是公平的，季默的一切努力并没有白费。在他 37 岁的时候，由他创作的动画片《狮子王》的主题曲在第 67 届奥斯卡颁奖大会上被评为最佳音乐奖，从此季默也迎来了在事业上的辉煌时期。

一个音乐的痴迷者——季默，凭着自己坚强的毅力，最终实现了他为自己定下的目标——音乐大师。

季默成功的背后，有他付出的不为人知的艰辛。支撑着他一直不停息奋斗的目标——当音乐大师，让他在前进的道路上永不停歇直到成功的巅峰。如果心中没有那个支撑着他意念的目标存在，也许他根本就不可能成功。

在每一个人的心中，都应该树立一个让自己不顾一切去奋斗的目标。只有在心中明确了自己的目标，才能清楚地知道自己想要什么，不想要什么。除去自己不需要的，朝着自己选择的方向前进，永不停歇。对未来的远景要充满期待和向往，不要焦虑，从容地面对一切困难，实现梦想。

如果说一个人的一生连一个奋斗的目标都没有，那他就会像一只四处乱撞的苍蝇，处处碰壁。没有了奋斗的目标，人生将一塌糊涂，以挫败结局；如果定下一个目标，那么人生之路就会清晰地摆在你面前，你应清楚地知道自己该做什么，不该做什么，最终走向通往梦想的门。

其实很多人不是不想给自己定一个奋斗的目标，只是因为害怕失败以后会更加失望，殊不知定下的目标是实现梦想的台阶。一个奋斗的目标，可以给大脑坚定的意志，向着希望的远方而去。

每个经历过成功的人都应该知道，只要在心里定下一个目标，做什么事都会觉得有无穷的力量。

心理小贴士：

不管想要做的事是什么，自己的心中有什么样的期望，定下什么样的目标，这些都是决定你成就的关键因素。人生需要根据自身的条件加以设计，去确立一个让自己去努力的目标。由于人和人的条件各有不同，目标当然也不会完全相同，但可以肯定的是，确定目标的方法都是大同小异的，下一个真心的决定，并且不畏艰难万险在通往成功的路上绝不回头，始终坚信它一定能够实现。一个人如果没有任何目标，那么他将徘徊在人生的旅途上，永远不知道尽头是什么样子。给自己定下一个切实可行的目标吧！让它做那盏指引你走向梦想大门的明灯，迈向更高的目标！

不怠慢时间，现在开始行动

每个人的心中，都有一些自己想做却没有做到的事情。有些是因为错过了就不愿意再尝试的。其实并不是错过了就无法再拾起，只是我们在做事情的时候，总是习惯性地给自己定下一个起点。错过了起点就觉得错失了时机，什么都晚了。但是变幻的人生如阴晴不定的天气一般，我们永远不知道未来的路途上会出现怎样的意外，是否会打乱我们前进的脚步。如果我们下定决心想要做某件事的话，是不会被时间所束缚的。曾经没有做到的，以后想要做的，只要你愿意，现在开始都还不迟。

[忘记过去，从现在开始]

湛蓝的天空干净得没有一丝云彩，一望无垠的草原上刚刚结束了一场残酷的争夺头狼位置的战役。获得头狼荣誉的克里拉疯狂地尽情地奔跑着，它为自己这一刻的荣耀感到无比的欣慰，虽然尝尽了酸甜苦辣，但这一切都是值得的。

回想起两年前的自己，克里拉眼中闪烁着痛楚的眼神。克里拉从小就长得十分瘦弱，温驯的性格让其他的同伴都难以容忍，总是嘲笑它是“窝囊废”。狼群中的它从不会被同伴注意到，它也从来不会与别的狼争什么，每次都是吃其他狼剩下的猎物。它身上没有一丝狼的特质，克里拉甚至自卑地觉得自己就是一个天生的弱者。

又一次捕获猎物之后，克里拉依然躲在角落里等着其他的狼美美地饱餐之后，然后才去吃它们剩下的一些皮毛和骨头。但是它饿得太久了，那些少得可怜的食物并不能让它填饱肚子。克里拉潜意识中的狼性在瞬间爆发了，它决定从现在开始，不再让自己懦弱下去，一定要强大起来，要靠自己的力量去寻找食物。它告诉自己忘记过去的懦弱，努力坚持下去，从现在开始还不晚。

克里拉独自在草原上寻找猎物，但由于体力不支，最终以失败而告终。克里拉却并没有打算放弃，它坚定地认为自己一定能够强大起来。

接下来的日子，克里拉不断地练习捕猎的技能。一次次的失败之后，克里拉已经能够捕猎到一些小的动物来填饱肚子了。随着时间的推移，它已经能够独自面对一些较大的猎物了，克里拉的野性和嗜血的本能在体内慢慢地苏醒，它一天天变得强大起来。

克里拉已经磨炼得十分凶猛了，它的身上散发出一种属于王者的威严。它给群狼带回了一只驯鹿，同伴们诧异地看着克里拉，仍然像以前一样嘲笑它，说它瞎猫碰上死耗子。愤怒的克里拉猛地冲向同伴，和它们厮杀在一起，最后同伴仓皇地逃跑了。

此时的克里拉体会到了胜利的甜头，它的心里对这种感觉深深地渴望着。它告诉自己，从现在开始，继续努力，一定要成为别人不再敢嘲笑的头狼……

遭遇挫折的时候，逃避和放弃是懦弱的表现，一味地退缩只能走向更加悲惨的深渊。克里拉能够凭借意志成为头狼，其中有多少辛酸是其他的狼无法体会到的。面对同伴的嘲笑，它放下并且成功地走出了曾经怯懦的阴影。它在一次一次的失败中坚强地走了下去，越挫越勇。在它的心里一直坚信，只要自己肯努力，就一定可以成功。

克里拉的精神也是值得我们学习的。不曾拥有的或者曾经失去的都可以从头再来。想要达到目的，就要告诉自己，现在开始还不晚。将决心化为行动，不抱怨、不气馁，努力战胜挫折，走出曾经的阴影，在以后的道路上顺利地行走。

[抓住机遇从现在开始]

“劳力士”手表被人们疯狂地追捧，如今已经成为成功人士炫耀财富和地位的象征了。但是，“劳力士”的诞生还有一个十分有趣的不为人知的小插曲。

在“劳力士”还没有诞生的时候，生产它的瑞士制表厂的老总只是一个名不见经传的小老板。他很想开发出一款新型的高档机械表，工作之余他组织了手表的开发人员到一些小的手表作坊去参观，想激发一下大家的灵感。一天，他在一个不起眼的兼做草帽的乡下作坊，看到了一块和自己脑海中构想出的一款手表十分接近的半成品，他觉得很不可思议，便想要买下它。可是小作坊的老板想要制作一块精良的手表并申请专利，所以说什么也不愿意卖掉手表。制表厂的老板想了一下，转而向作坊小老板定制了一大批草帽，并且预付了订金。

作坊老板非常开心地开始赶制草帽，而未完成的手表只好暂时搁置起来。此时的手表老板却利用这段时间，专心研发新手表。草帽交工的时候，世界上也同时多了一个手表品牌“劳力士”。

作坊老板暂时停下的脚步，成就了懂得抓住时间机遇、一切从有想法的那一刻就要开始的手表制造厂老板。

“劳力士”的产生，是源自于那个手表制造商老板正确的时间观念。他的成功就在于抓住了现在，抢夺到的机遇让他走向成功的道路。

每个人的人生都是由自己去决定的。如果你一味地把今天的事推到明天，明天又等到后天，那么成功只会一次次地和你擦肩而过，永远也不会落在你头上。

人生的机遇是随着时间的变化而变化的，而机遇只留给懂得抓住它的人。生活中的我们总有很多的计划和想法要去实现，我们会因为一个随意的原因或者借口就把它们推迟到明天或者更久。但是往往就在这不显眼的一小段时间内，可能会发生很多事，稍纵即逝的机会也许就抛下你自己走掉了。当你在抱怨事与愿违的时候，你是否想过，你离成功也许只差了“从现在开始”这么远呢?

在现实生活中，不管我们遇到怎样的事情，都要抓紧“现在”去付诸行动，不要等到错过了才去感叹自己的命运不济。如果梦想是成功的一半，那么成功的另一半就是我们抓住现在去实现它。从现在开始，马上行动起来，不要去怠慢时间，让自己的成功不要走太远的弯路。

心理小贴士：

忘记那些已经过去的岁月和那些错过的懊悔吧，蹉跎的岁月已经一去不复返了。抓住现在，一切从现在开始，才是更好的选择。人生应该是不断追求，而不是一味地等待。在你不断的犹豫中，光阴已经越走越远。我们无法停下前进的脚步，只有把握好每一天，坚强地为生活打拼，才能离成功近一点，更近一点。

学会自我激励

人生就像不断奋斗的历程，你永远不知道前方等待你的是好还是坏。但是我们应该明白，没有谁的人生是事事顺心的，如果妄想一生如行云流水、竹子拔节一样没有失望，那只是幻想。在人生的奋斗过程中，有得失，有成败，不管有多大的压力，你都要照单全收。成功往往是出现在无数次的失败之后的，也许你要遭受常人所无法想象的困境，但是不要放弃，失望的时候为自己打打气，给自己一点希望，然后继续向前走，要坚信成功就在不远处。

[风雪阻挡不了的坚强]

北极的冬天是漫长而且寒冷的，很多动物都进入了冬眠期，寻找猎物也成了一件十分困难的事。卡菲亚穿行在刺骨的寒风中，努力地寻找着偶尔才露一面的猎物。在遍寻无果的时候，只要想到刚刚出生的小狼崽和母狼在等着它带食物回去，它便立刻精神抖擞地继续奔跑着想去碰碰运气。

一只极小的野兔出现在它的视野中，卡菲亚立刻忘记了寒冷和疲惫，不顾一切地追上去。小野兔惊恐地四处逃窜，但是却没有快过如闪电般的卡菲亚。它将捕获的野兔迅速地送回母狼和小狼崽身边，但卡菲亚深知它们根本吃不饱，于是它看着它们享受完食物后，又开始寻找新的目标。

风雪越来越猛烈，卡菲亚仍然孜孜不倦地在冰天雪地里寻找着可以让小狼崽存活下来的食物……

卡菲亚在寻找和追捕猎物的时候，虽然失望过很多次，但是它依然不愿放弃。在它看来，只有坚持才能赢得更多的猎物，只要坚持，再坚持一下，就会获得想要的结果。而小狼崽就是它心中明亮的灯塔，给它以无穷无尽的希望，它的意志支撑着它锲而不舍地寻找食物。

狼在自然界中虽然并不是很高级的动物，但它们却是最优秀的物种之一。它们能够存活于大自然中，有着让人无法想象的坚忍和顽强，它们也有失败的时候，也会因为寻不到猎物而失望，但是它们有着忍中求胜的精神。在失望的时候给自己一点希望，就会拥有血战到底的精神。为了能够在自然界中生存下去，它们学会了忍，学会了给自己生的希望，学会了在希望的光环下让自己更加坚强。

狼在追捕猎物的时候，会经常遇到拼死抵抗的猎物。有时候一些大型的猎物还会威胁到狼的生命。但只要锁定目标，不管跑多远的路程，耗费多少时间，冒多大的风险，狼绝对不会轻言放弃。失败了再来过，不捕获到猎物不罢休，永不言败。

在狼的身上，我们看不到退缩，即便是再大的打击，它们也会很快适应下来。它们也许并不是最强大的，但是它们一定是最积极的、最无畏的。它们为了能捕获到食物和赢得生存的机会，比其他动物更具有忍耐性。坚韧不拔，不屈不挠，失败了重新站起来。它们良好的品质可以成为人类学习的榜样。

在当今这个竞争激烈的年代，坚忍、顽强已经成为了成大事立大业者必不可缺的特征。他们之所以能够获得巨大的成就，并不是因为他们有如何过人的卓越能力，而是在他们遇到困难的时候，有着比别人更坚强的心。而且能够及时地鼓励自己，尽快从失败的阴影中走出来，像狼一样永不服输，卷土重来。

[跌倒了爬起来]

尼古拉•奥斯特洛夫斯基曾经在《钢铁是怎样炼成的》一书中成功地塑造了保尔•柯察金这一人物形象。他的一生仿佛是大海中的小船一样，波澜起伏。大海不像湖水那么温和，保尔无时无刻不在遭受着无情的海浪的不停拍打。虽然只是刻画出来的人物，但是知道的人无不被他深深地感动着。

在战火纷飞的战场，保尔面对过生死考验，他没有后退；在环境恶劣的建设工地，保尔尝试过常人难以忍受的饥寒，他依然没有倒下；在双目失明、疾病缠身的时候，保尔面对着书稿丢失、身体越来越差的情况，依然不屈服；在极度绝望的瞬间，心灵的质问让他再一次坚强地站了起来。

绝望的时候，保尔懊恼失去战斗力，觉得自己已无能为力。面朝大海，他想过拿枪结束自己悲惨的生命。但在最后一刻，他的心反驳他："这是最懦弱也是最容易的出路！你有没有尝试过去战胜这种生活？你已经尽了一切力量来设法冲出这个铁环吗？……即使生活到了实在难以忍受的地步，也要活下去，使生命变得有益于人民！"保尔瞬间清醒，他想到世界上还有很多自己可以做的事，自杀才是最懦弱的事。他不甘屈服，不愿向挫折、困难低头。他伤痕累累的一生却因为他坚强的信念而闪闪发光。

人的一生如果没有经历过风雨的洗礼，太过于顺利，就像温室里的花朵，虽然也能绽放艳丽，但却缺乏一种源于大自然、经历风吹雨打后顽强不倒的旺盛生命力。人生也和万物一样，唯有经历过狂风暴雨的洗礼和锤炼，才会更加顽强。处于逆境的时候，能坚强地忍受一切不如意，甚至于磨难，让希望促使自己重新站起来的人才是真正的强者。

"成功的秘诀，就是不怕失败。他们在事业上竭尽全力，毫不顾及失败，即使失败也会卷土重来，并立下比以前更坚忍的决心，努力奋斗直到成功。”克雷吉夫人这样评价。其实对谁来说都应该如此，要想成功就不应该惧怕失败。成功的路上，荆棘四伏，暗礁不断，遇到挫折是难免的，不可能一直都是一帆风顺的。

一个战士要面对一场惨烈的战争，需要一种精神，更需要一种打不倒的品质。只想要胜利，却以一时失败为最后结局的人将永远在失败的阴影下生活。真正的胜者不会意志全无，他们会在每次跌倒后重新站起来，比以前更有决心地向前努力，不达目的决不罢休。任何困难和阻碍都不能让他们一蹶不振，任何灾难与不幸对他们来说都只是人生的考验。

心理小贴士：

在人生路上，难免会遇到困难和挫折，在困难和挫折把你折磨得筋疲力尽的时候，成功往往也就离你不远了。面对前面微小的障碍，不要再一味地退缩，拿出你的勇气，对着自己定下的目标，全身心地投入吧！坚持到底的精神会让一切的困难和障碍都黯然失色。唯有坚韧不拔的精神才能扫清前进道路上的绊脚石。拥有坚忍的品质，就等于拥有了世界上最富裕的宝藏。古今中外，那些依靠和傍托着坚忍获得成功的范例数不胜数。选择放弃就等于前功尽弃，只有坚持下来的人，才是最后的成功者。

坚强的意志为你保驾护航

坚强是在失败后支撑我们站起来的一种意志，是在困境中激发出的勇气，也是岁月给我们在生活中的磨砺。我们都向往成功，但我们更需要不管对错、跌倒了再爬起来继续前进的勇气，只有坚强的意志才能在成功的旅途上为我们保驾护航，直至到达成功的彼岸。通向成功的路上荆棘四伏、艰险重重，那么你准备好过人的意志去面对一切了吗?

[为了生存必须坚强]

天地一片苍茫，荒凉的雪地上一群饥饿难耐的狼奔跑着，它们前进的姿态显得十分的蹒跚，速度也在一点点减慢。虽然它们已经很久没有吃过食物了，但是它们似乎没有一丝要放弃的念头，迎着猛烈的风雪，它们逆风而行。前进一段路程后，它们会停下来聚在一起，好像在开一个重要的会议一般，然后便会继续前行，只留下一串串深深的脚印在雪地上……

不知道奔走了多久，也许是它们的顽强感动了上苍，在不远的前方终于出现了它们苦苦寻找的猎物。它们互看一眼后，不约而同地向着目标狂奔而去。忘记了风雪，忘记了饥饿，尽了全力地奔跑。终于，第一只狼扑倒了猎物，后面的狼也随之而上。瞬间它们已经分享完了胜利的果实，又再次向着前方奔去，开始寻找下一个目标。

狼群这种锲而不舍寻找猎物的精神，其实就是我们所说的坚强的意志。在它们的意识中，为了能够让自己生存下去，不管条件是多么的恶劣，不管面对的对手是多么的强大，仍然是不达目的誓不罢休，绝不会因为任何原因就轻易放弃自己追求的目标。

意志是为了实现目标，在向着目标前进的时候表现出来的自觉克服困难的一种心理过程。当目标一旦确立，就会不惜一切代价前进，在种种挫折中，让自己的意志越挫越勇。在任何困难面前，只要树立起坚强的意志，就不会畏首畏尾地停步不前，而是尽情地敞开胸怀接受人生的风吹雨打。

一个人如果失去了坚强的意志，那么生命将会了无生趣。相反，如果心中有着坚强的信念支撑自己不要倒下去，那么只要在拼搏的时候努力点，再努力点，付出的艰辛劳动总会有开花结果的一天。每个人都同样需要坚强的意志去带领自己一步一步地走完人生的道路。想要在某方面取得过人的成绩，就必须先具备过人的意志力。

[成功的路上意志要坚强]

在日本，有一个被人们称为“经营之神”的企业家，他就是享誉全球的日本松下电器的总裁松下幸之助。人们只是在他辉煌的时候才知道了他，其实在他还很年轻的时候，家里面的条件是很艰苦的，一家人的生计全部要由他一个人来负担。

瘦弱的松下为了能够养活一家人，于是到一家生产电器的工厂里面去找工作。他来到工厂的人事部找到了负责人，说明自己的来意，并且请求负责人给他安排一个工作，哪怕是再苦再累、最底层的工作也无所谓。负责人打量了松下一眼，看到他瘦小的模样和肮脏的衣服，觉得他在公司工作的话可能会影响公司的形象，但是又考虑到直接说出来会打击他，于是就找了个借口：“我们现在并不需要工作人员，你过一个月以后再来看看吧。”

负责人的一个借口，却被诚恳认真的松下牢牢记在心里。于是在整整一个月以后，他再次来到公司找到负责人询问现在是不是需要人。那位负责人推辞说过几天再看看。顽强的松下仍然没有意识到对方只是找个借口打发他走掉而已。松下来了走，走了来，反复几次之后，那位负责人有点受不了了，只好对松下说出了心里真正不想留下他的原因：“你这样的形象是无法进入我们公司工作的。”

松下回到家里，向朋友借了一些钱买了身新衣服，再次来到电器厂找工作。那位负责人再次告诉他：“你的电器知识太过贫乏，我们公司不能录取你。你还是死了这条心吧。”松下没有说什么悄悄地离开了。

又过了两个月，松下再次找到那位负责人，认真地告诉他：“我在这两个月里学习了不少关于电器方面的知识，您看我在什么地方还有不足，我再继续学习。”负责人看着执着的松下，半天之后激动地对他说：“我对你的耐心和意志是真心的佩服，我干了几十年从没遇到过像你这样来找工作的人，欢迎你加入公司。”

后来的后来，松下以他打不倒的意志力一步一步朝着自己的成功走去，直到现在家喻户晓。

松下幸之助的成功并不是偶然的，而是和他自己的执着、努力分不开的。所以说我们不管面对怎样的问题，都要有绝不动摇的信念。只有经过坚持不懈的努力，勇敢地接受任何挑战，努力去征服阻碍自己的困难，朝着自己心中的最终目标迈进，才能像松下那样取得最终的成功。

在漫长的人生道路上，我们要学着让自己的意志坚强起来。坚强的意志对人生有着极大的激励和帮助作用。坚强的意志会让前进的脚步变得逐渐轻松。意志是失败后重新拾起的自信，意志是克服自身弱点的利剑，意志是战胜困境的勇气。只有顽强地战胜一切，才能最终取得成功。

心理小贴士：

想要争取成功并不像想象中的那么难。只要选定目标，拿出不达目的誓不罢休的毅力，在困境中磨炼自己的意志，没有什么可以阻挡你前进的脚步。

作为一个男人，更需要有过人的意志力去面对生活中各种各样的压力。“疾风知劲草，烈火见真金”，只有坚强的意志才会让你成为一个真正无所畏惧的勇者。

做有备而来的成功者

我们大部分的人都会跟着自己的感觉去做事，盲目而没有明确的目标。只有一小部分的人会做好万全的准备，然后才整装待发。这就是为什么成功的总是小部分的人而不是大多数的人。机会总是留给做好充分准备的少数人，所以当你在羡慕别人拥有很多你没有的东西的时候，不如检查一下自己做事前的准备工作是否得当、充分。只要你愿意，在你准备好一切的时候，机会同样也会光顾你。

[有备而来是你的底气]

下雪天的日子对于草原狼来说，是孤独和寂寞的。在一望无垠的银色大草原上，几只眼泛寒光的狼在头狼特索尔的带领下像一群英勇的武士。它们的出现，让草原上的动物多了几分威胁。茫茫的大草原安静得只听得到雪落下的声音和狼群踩在雪地上的声音。

从特索尔犀利的眼神中，不难看出它在狼群中有着很高的威信。此刻的它，想要带领狼群攻击一头狮子。这头叫作科沃的狮子在草原上曾经是“兽中之王”，虽然现在已经远不如从前了，但其勇猛仍不可小觑。

聪明的特索尔当然明白这一点，毕竟它们是智勇双全的狼，不是有勇无谋的虎，它们已经做好了充足的准备。它带领狼群悄悄地靠近科沃所居住的洞穴，每只狼的眼睛里都流露着坚毅和执着的寒光。它们在等待着特索尔下达进攻的命令。

科沃已经闻到了敌人的气息，但是它平静的面容中看不出一丝的焦虑，似乎并不把敌人放在眼中。

特索尔沉着地走向洞口，面对眼前曾经威风凛凛的对手，神情万分的专注。科沃像一个王者一般从容地站起来，浑身散发出一种震慑的力量。所有的狼都全神贯注地盯着科沃，做好了进攻前的准备。

特索尔首先跃起，攻向科沃的头部，群狼随后群起而攻之，此时的科沃已是腹背受敌。经过一番厮杀，科沃已经受了重伤，狼群也显得有些疲惫，但是双方都不敢有半分的松懈。科沃的吼声让群狼的进攻更加猛烈起来。特索尔瞄准机会狠狠地咬住科沃的脖子，这个致命的攻击让科沃拼命地挣扎起来。其他的狼也发起了更加凶狠的攻击，直到科沃倒在血泊中再也爬不起来。

在自然界里，狼族当之无愧地占据着天生就是胜利者的这个位置。不仅因为它们有组织有纪律，更多的是因为它们从来不打无准备之仗，这是人类都自愧不如的。

狼是理性的动物，它们有自己的原则，从不打无准备之仗。除非有必胜的把握，否则绝不会因为一时冲动而贸然出击。

狼群在作战之前都会进行一系列的准备工作，提前对目标地点进行侦察、埋伏等都会让它们在战斗中的胜算有所增加，一直等到时机成熟，才一举将对方消灭掉。也正是因为这样，它们才能够在这个弱肉强食的残酷大自然中幸存下来，一代一代地繁衍不息。

其实我们在做事情的时候，往往最缺乏的就是狼这种缜密的准备工作。如果提前做好准备工作，成功的胜算就会在不知不觉间被无限放大。“不为明天做准备的人永远不会有未来”，所以说我们只有时刻准备着，才会有所作为。

上面这个故事就是一个很好的证明，即使是面对一个强大的对手，只要你做足了准备工作，底气十足的你心中就会产生一种让你足够打败他的勇气。

[做好准备打“好仗”]

小帅就要从学校毕业了，国际贸易专业的他面对着巨大的就业压力。他和所有的同学一样，不管哪里有人才招聘会都要参加。只要和他的专业有一丝挂钩的，他都要去争取一下。连他自己也说不清投出了多少份简历。没多久，各个公司的面试通知就向他飞来，小帅显得十分兴奋。

小帅的第一次面试是十分失败的。由于没有面试的经验，准备也不够充分，当考官让他随意在5分钟的时间里推销一种产品的时候，他显得不知所措，当时就蒙了，回答得吞吞吐吐、乱七八糟，结果可想而知，自然是以失败退场。

吃一堑长一智，在另外的一次面试中，主考官让大家抢答问题，小帅尽量把答案说得引人注意，连连出手抢答问题。可最后还是落选了。经过一番思考，他终于悟出了其中的深意：不一样的单位需要的人才也不一样，要根据单位的需要去表现自己。

于是小帅开始四处搜集接下来需要面试公司的资料，在面试之前总要详细地了解对方需要的是哪方面的人才，该如何去回答问题，甚至着装等的小细节都不敢掉以轻心。在去公司面试的前一天，他还会拿着产品说明书，特地跑去商场辨认那些产品，并请售货员讲解其特性，还不忘记从中了解一下市场信息。

再次面试的时候，有备而来的小帅已经是自信满满了。有着过硬专业知识的他在回答考官问题的时候对答如流，并对产品的构造和销售状况提出了自己独特的见解，引来考官的连连赞许，最终如愿以偿地进入了他现在所工作的公司。

其实面试并不像想象中的那么可怕，只要提前做好了调查工作，调整好自己的心态，并在一些小细节方面多加注意，成功的概率还是很大的。“不打无准备之仗”是面试能够成功的关键。参加面试之前对公司的文化一无所知的话，陷入被动局面几乎是肯定的。

“磨刀不误砍柴工”，许许多多的故事都在提醒我们，不管要做什么事情，都要先做好充足的准备，只有这样才能更好地去面对。

《孙子兵法》中也曾经提到过：“胜兵先胜而后求战，败兵先战而后求胜。”意在强调要打有把握之仗，不打无准备之仗。胜利的军队总是在取得必胜的形势之后，才会向敌人宣战，而打败仗的军队却是先打仗而后才谋求胜利。故而想要打胜仗，就必须在开战前就了解对方的各种信息，以便能够谋划出对症的策略。一切都准备充足之后，在战斗中才能一举夺胜。

“凡事预则立，不预则废。”预就是要做好充足的准备。做什么事情只顾谋划自己是不对的，要想赢得竞争，在谋划自己的同时，还应该了解竞争对手，对对手的实力和手段做到心中有数。就像狼一样，在出击之前，充分了解猎物，不打无准备之仗。

心理小贴士：

“凡事预则立，不预则废。”就是说我们在准备做一件事的时候，一定要做好充足的准备。就像狼一样，在出击之前，充分地了解猎物，不打无准备之仗。你是否已经做好了准备工作呢？试着练习一下自己将要面对的状况吧！即使已经成竹在胸，仍然会出现许多让人措手不及的意外。想一下，再思考一下，是不是真的把需要面对的状况都考虑清楚了？是不是已经有足够的准备去迎接挑战了？准备已经很充分后就不要再犹豫了，拿出你的勇气，出战吧！

借势巧办事

善借他力，通俗一点去理解就是“借势”。借势就是充分利用和借助别人的“势”，从而使自己的力量发挥到最大的限度，以便更好更快地达到自己所预期的效果或者战略目的。能成大事的人基本上都有一个共同点，他们都善于借力、借势去营造自己的成功，把一件件看似无法办成的事情简单化。在人类的发展史中，“借势”是一个在不断探索的话题，它可以为人类的发展起到一些奇妙的推进作用。

[聪明的塔库尔]

太阳尽情地散发着它的热情，似乎要把呼伦贝尔大草原燃烧掉。整个草原寂静得没有一点生气，小草也一副无精打采的模样。动物们也都纷纷地躲起来，躲避着炎热的天气。远处一个黑点儿慢慢地闯进视线范围内，黑点儿一点儿一点儿地靠近，竟是一只狼。这只叫塔库尔的饿狼漫无目的地向前走着，来到一条小溪边的它突然双眼亮了起来，原来饥饿的塔库尔看到另外一只狼正在享受美食。一个想要把食物抢过来据为己有的想法在塔库尔的脑子里迅速生成。但是对方看上去要比自己高大勇猛，可是饥饿的它仍然不愿意放弃念头。

塔库尔慢慢地向食物靠过去，想要出其不意地抢夺食物。但是很快就引起了对方的注意，它一只脚踩住食物并怒视着塔库尔，好像对侵略者十分不满。然而塔库尔并没有在意对方的态度，继续向前走了几步，昂首挺胸地向对方宣战。

它们互相注视着对方的眼神，愤怒且犀利。那只狼的眼神中比塔库尔更多了一种仇恨的情绪，它好像要把塔库尔生吞活剥了一般。气氛十分紧张，时间仿佛静止了一般。对方突然抑制不住地迅速扑向塔库尔，塔库尔快速地躲开，只是向着食物奔去，食物到手以后，塔库尔根本无心恋战，拔腿就跑。

两狼一前一后在寂静的草原上奔跑着，塔库尔的视线中突然出现了蒙古包的影子，它迅速改变方向，向蒙古包狂奔而去，而对方似乎也觉察出了不对劲。它们现在离蒙古包不远了，近得几乎能够看见牧羊犬了。对方突然放弃了对塔库尔的追赶，因为和危险的环境相比，它宁愿放弃食物。塔库尔成功地把抢来的食物据为己有了。

塔库尔虽然把自己放在了危险的境况之中，但最终还是赢得了食物。这也表现出了狼的狡猾和善于借势的本性。

塔库尔是勇敢的，也是机智的。它懂得在被动的时候借用人的“势”去吓跑对方。尽管这样也把自己放在了危险的位置，可是它仍然选择铤而走险，获得了最终的成功。

在我们平时的生活中，在许多事情的解决过程中，我们同样运用了像塔库尔那样去借力的原理，通过借助外界的力量让自己的能力能够发挥出更大的效果。善于借助别人的“势”去实现自己的成功是智者所为，会让自己的人生少一些磕绊，更容易达到自己想要的目的；而顽固地只想凭借一己之力去完成梦想的人是刚毅的，却又是固执的，在做事的时候会出现处处受制、举步维艰的局面，不懂得借“势”只会让自己做事更辛苦。

任何一个想要成功的人，不管是谁，不管他的能力如何、地位怎样，都不可能一步登天，但是可以在向上爬的时候选择更快更得当的方法。善于借“势”刚好就是一种高效快捷的方法。在生活之中，无论你需要做的是什么事，都要尽量学习借力之术。特别是在自己的外在条件不如对方却想要拥有比别人更高的资本时，你一定要善于“借”。根据自己的环境，做出明智的判断，然后在别人不知不觉的情况下，巧妙地借用别人的力量让自己获得最大的利益。

狼的智慧是值得我们去好好学习一下的，学会做一个借“势”之人，让自己取得成功的途径更容易一点。

[借总统之“势”巧卖书]

有这样一个故事，讲的是英国一个聪明的书商。有一次他出版的书由于不够畅销，积压了一大批在手中，眼看着要赔得血本无归了，书商心里万分着急。他左思右想，想要找一个绝处逢生的办法。

天无绝人之路，书商竟然真的想到了一个不可思议的方法，可以让积压书畅销起来。他把卖不出去的书给总统送去一本，并且多次询问总统对书的意见。忙得不可开交的总统不想在这些小事上面做无谓的纠缠，于是顺口说了句：“这书还不错。”书商听到以后立刻如获至宝，并且大做文章，他告诉人们：“现在有总统喜爱的书出售。”于是，好奇的人们都想看看总统究竟喜欢怎样的书，书商手中的积压书很快便销售一空了。

后来书商又出版了一批新书，便重新想到此法。他又给总统送上一本，总统有了上次的教训便在送来的书上面写道：“这本书实在很糟糕。”但是这样的评价依然让书商眉开眼笑。因为好奇心并不会因为不好的判断就让人们止步。当书商宣传“现有总统讨厌的书出售”时，人们更为好奇：什么书让总统讨厌，所以书商的新书在很短的时间里就被抢购完了。

第三次，书商又要出书了，他再次不死心地把书送给总统。总统有了两次被利用的经验，对此书不理不睬，免开尊口。但是聪明的书商依然有话可讲：“现在有总统都难以下结论的书，欲购从速。”结果可想而知，让总统都难以下结论的书自然更加牵动人们的好奇心。书商再次美美地赚了一大笔。

这则故事看上去似乎很搞笑，但是不难看出的是，书商极其聪明地三借总统之“势”巧卖书，让自己的书一次一次成功地卖了出去，获得了巨大的利益。

不管一个人有多么过人的本事，如果他没有足够的外力作为辅助也是很难成功的。“时势造英雄，沧海横流方显英雄本色。”学会借力用力，借助自身以外的声势让自己更容易成事。借助他人之“势”为聪明人所用，利用对方的声势或者名气来提升自己的知名度，从而让成功之路走得更加顺畅。但借他人之“势”也需要兼顾真诚，那样能让自己的借“势”更长久，定会大有作为。

从古至今，凡是能够成就一番丰功伟业之人，都是懂得善于借“势”之人。历史中也不乏许多善于借“势”来成就自己的大智者。借助外力成事是一种高深的成事之道。依靠自己一个人的力量并不是不能走向成功，但是远远不如借“势”来得快，只有学会借“势”之道，才能更简单地取得成功。

心理小贴士：

“好风凭借力，送我上青云。”能够借天下之势为己用，就能事半功倍。每个人自身的能力都是非常有限的，能够让有限的能力去影响到别人，让别人的“势”在你需要的时候帮你一把，那么你会发现成功其实也并不像想象中的那么难以实现。在人生旅途中，懂得善借“东风”之势，把握时机，利用一切可用的有利条件，让自己的人生尽可能地一帆风顺是每个人都应该去学习的方法。

第八章

求同存异 出奇制胜

在工作中做到推功揽过不是每个人都能达到的境界，但是面对任务的失败便不停抱怨同伴、推卸责任，同样不是强者的特点。狼群中那样职责分明的分工在人类社会中无法完全贯彻，这不仅仅是局势多变的原因，而且与个人的处世方式有关。但是懂得求同存异、以团队为重的处世风格和姿态，却可以让大家看出你的责任心和磊落的胸怀，让手下更加拥戴你，让上司更加赏识你。

面对失败，不退却

“急流勇退是一种境界，把路走绝是一种精神。”这样的精神在强者身上体现得淋漓尽致，他们明白，与其蛰伏于斗室之中感叹人生际遇、世态炎凉和神伤早已付诸流水的往事，还不如奋起直追，把失去的一切用奋斗的形式找回来。“船到桥头自然直，车到山前必有路”只是对自己无用的安慰，抱怨与委屈永远是生活中最不需要的东西。强者明白，每日只沉浸于追悔之中停滞不前的话，永远也不会到达山顶，更不存在可以继续走下去的路。

强者，永远如狼一般坚韧不拔，奋勇直前，面对失败，从来不懂得退却，而是重整旗鼓，等待下一次的出击。

[在 10% 的成功中生存下来]

狼群已经在这片草地上匍匐一天一夜了，它们发现，有一群麋鹿每天都经过这条路线到西边的小河去饮水。饥饿让狼的眼睛有些发红，它们兴奋地等待着猎物的出现。

终于，目标出现在了天的那一边，麋鹿们悠闲地散着步，丝毫没有感觉到自己正在一步步地迈向死亡。

狼群开始有些骚动，但头狼的眼神制止了一切。这细小的声响已经使原本悠闲的麋鹿们提高了警惕。当它们嗅到了空气中危险的信号之后，它们立即开始向相反的方向狂奔。

又一次失败。狼群中有想要追击者，但头狼制止了它们：现在的追击只是徒劳地浪费体力。下一次吧，下一次我们会胜利的……

狼群被称为自然界中效率最高的“狩猎机器”，但就算是它们，也有着高达90% 的捕猎失败率。动物学家研究发现，狼群中的 10 次狩猎大约只有 1 次是成功的，正是这一次的成功才使得狼群可以在残酷的“优胜劣汰”法则中生存下来。但也正是因为其他 9 次的失败，狼经常要忍饥挨饿。

但是狼群从来没有过无精打采，在它们的意识中从来不知道什么叫放弃与败北。它们在失败之后做的事情只是再次投身于眼前的工作，从失败中学到知识等待下一次狩猎机会的来临。狼群从未停止做一些微不足道的小事，每年它们都会奔波数千万里用以寻找猎物。在寻找的过程中，它们会留神所有的蛛丝马迹，因为这些细微之处很可能决定着它们能否继续活下去。

狼群总是会优先考虑那些生命中从未获得成功的事情，9 次没有结果的狩猎不会让它们气馁，因为它们知道，随着时间的推移，总是会有一次的成功机会出现在自己的面前，这些没有成功的狩猎并不是真正的失败，只有在大自然的生存法则下败北才是真正的失败。

人类对失败的理解与狼截然相反，狼群将一次未果的狩猎当作磨炼自身技艺，使它们再次充满希望地锻炼。这就如同电脑芯片中输入的数据一样——所有的知识都会被储存下来，以备日后成功之用。而人类却并不如此，我们总是将失败的东西当成是一段不堪回首的往事，深深地埋葬于记忆深处，不愿提起，不想触及，在这种情况下，经验无法转化为智慧，下一次的失败就在所难免。

许多男人都拥有过度的自尊心，他们总是习惯于将一次“不成功的狩猎”视为生活失败的象征之一。但是从狼身上我们可以学到，此时的失败恰恰正是再次“狩猎”的开始。在这种情形之下，失败变成了一种积极的心态，而非打击自信的现实。这时，失败会是一种期望未来的感觉，成功则是对未来充满期盼的实现。

[强者只懂奋进]

作为“巴尔的摩”足球队中的一员，里查生足以让许多年轻人羡慕。在旁人眼中，他的工作是如此具有魅力。但是在里查生看来，由于自己的球技不佳，球队每年只肯给自己 9750 美元的薪水，这些薪水用来抚养两个孩子与自己已经怀孕的妻子是如此的吃力。于是，他在合同期满的时候向球队领导要求，下一年给自己上涨 250 美元的薪水。但是很不幸，里查生不但没有获得自己期盼已久的涨薪，反而被辞退了，因为球队可以以更低廉的价格雇到技术更好的球员。

无奈之下，里查生只好携妻带子回到了老家南卡罗来纳州，当时的他只知道，也许现在经商是自己最好的选择。当一个老朋友邀请他一起买下一家汉堡包食品店时，他答应了。

于是，里查生从围着足球转变成了围着烤箱转，每天 12 小时他都需要不停地翻烤汉堡包，伺候那些不耐烦的顾客。此外，每天在正式营业之前，他还要做一些擦炉灶、拖地板之类的清洁工作，因为自己没有钱雇佣工人。这样的辛苦并未获得丰厚的报酬，一个月下来，里查生只交给了妻子 417 美元。

这时的他真是感觉到了生活的艰难，疲劳与沮丧的情绪占据了内心，但他从未想过要放弃。他开始转变自己的经营思路，并用球场上学到的各种策略来提高食品店的工作效率。他要求自己的店员表现得既热情又友好，而且尽力使自己的食品不仅价格合理，而且美味无比。

付出终于得到了回报，他的小店生意越来越好。里查生与合伙人买下了更多食品店的经营权，但是他却从来没有甩手当掌柜的想法，始终坚持在店里亲自督促员工、服务客户。

如今的里查生早已成了美国最大食品供应公司的老板，这家公司每年的销售额高达 37 亿美元，而当年为了 250 美元离开了国家足球联盟的里查生还当上了某家大型投资集团的大股东。

对于这一切，里查生说："如果我不是如此坦然地对待失败，如果我不是如此刻苦地工作并敢于冒险的话，我想我是不可能达到现在这一地步的。"

上天并不偏爱某个人，如果硬要说他偏爱谁的话，答案只有一个：他更偏爱生活中的强者。你是否在抱怨自己总是处于被上天遗忘的角落？如果是的话，那你也许并不能算是生活中的强者。生活不相信眼泪，命运不同情弱者。生活永远不可能是一帆风顺的，学着让自己在风雨中坚强起来才是真正的强者的选择。只要永不言败，就没有人可以阻挡你前进的步伐，也没有人可以打败你求胜的决心，除非你血液中的狼性早已湮灭，甘愿承认自己不是强者。

心理小贴士：

生命原本就是一场无形的赌博，赌的是种种沉浮，输赢是其中的重点，在没有绝望之前，身为男人的你必须要赌下去。我们应该相信，没有永远的赢家。或许我们应该记住燕妮·马克思的一句话，"永不绝望"，但是我们似乎更应该将它升华为永不言败的豪情与勇气。是啊，永不言败！虽然说等待我们的也许是坎坷与艰难，但是谁敢说在这坎坷与艰难之后，闪烁的不是成功的美丽呢？

善于与人合作

威廉·詹姆士曾经说过："如果你能够使别人乐意和你合作，不论做任何事情，你都可以无往不胜。"合作可以说是一种能力，但是表现出来的更是一种艺术。也只有善于与人合作，才可以获得更大的力量，从而取得更大的成功。

退却与懦弱是两码事。有目的的退却，是一种机智的艺术，是胸襟坦荡的表现，是走向成熟的标志。正所谓"吃一堑长一智"，许多人在经历了一些事情以后，都会接受教训，并且学会迂回前进。但是，也有一些人总也不懂退却，结果处处荆棘，四面楚歌，甚至身败名裂，抱恨终生，这样的人还不在少数。

其实，只要不丧失原则，适度的软弱要比那些一味地冲撞要好得多。在一个家庭里面，父子、兄弟、夫妻间，在相处的时候，难免会发生一些磕磕碰碰的事情，如果互不相让，计较高低，只会闹得兄弟为仇，夫妻反目，家无宁日，令四邻耻笑；在工作当中，同事与同事之间产生一些分歧这也是避免不了的事情，如果"甘拜下风"，做出让步，不仅能避免冲突，而且会赢得对方的敬佩。如果斤斤计较，争论不休，这样下去的话，对自己也没有什么好处。

[成功最重"和"为贵]

有一次，一位带着3幅名画的印度商人到美国去，他准备把这3幅名画都卖出去。有位美国画商看中了这3幅画，知道经过一段时间的收藏肯定会大大涨价，便打定主意，无论怎样也要把这3幅名画占为己有。一问价格，印度商人开价250美元，少一美元也不卖。这位美国商人当然也是商场上的精明之人，一美元他也不想多出，便和印度商人讨价还价起来，狠命地往下杀价钱，一时之间，双方僵持不下，陷入了僵局。

忽然间，印度商人怒气冲冲地把1幅画拿起来就往外面走，到了外面二话不说就点火把画烧掉。美国画商异常吃惊，看着1幅名画被烧又惋惜又心痛。他小心翼翼地问印度商人剩下的2幅画卖多少钱？没想到印度商人这次要价的口气更强了，声明少了250美元不卖。少了1幅画，还要250美元，美国商人觉得太委屈了，便要求降低价钱。没想到那印度商人竟然不吃这一套，大怒，拿起1幅画又把它烧掉。这一回，美国画商可真是大惊失色，只好乞求印度商人不要把最后1幅画烧掉,因为自己实在是太喜欢这幅画了。接着,他又问这最后1幅画多少钱？想不到印度商人张口竟要500美元。这一回美国画商真急了，强忍着怒气问："1幅画怎么能超过3幅画的价钱呢？你这不是有意耍人吗？"这位印度商人回答："这3幅画出自名画家之手，本来有3幅的时候，相对来说每一幅的价值小点儿。如今，只剩下1幅了，可以说是绝世之宝，它的价值已经大大超过了3幅画都在的时候。因此，现在我告诉你，如果你真想要买这幅画，最低得出500美元，否则免谈。"美国画商没办法，最后只好以500美元把这幅画买下来了。

任何事物在其发展的过程中都存在时机，把握好这点对人生选择、战略决策、计划实施等至关重要，能够较准确地识别时机的到来，并据此做出人生抉择，即为识时务的俊杰。人生路上，知何时进何时退，方可畅通无阻，无视以和为贵的原则，可能永远会与失败为伴；能成大气候的人，不会为那些鸡毛蒜皮的小事而斤斤计较、大动肝火，凡事都抱着乐观随和的态度，做到进退自如。

[合作是成功的开始]

秋日的一天，一片临河的枯草丛突然起火，呼呼直蹿的烈焰形成了一个火圈，向草丛中央一个小小的丘陵包围过来。丘陵上无数的蚂蚁被熊熊火势逼得节节后退，包围圈越缩越小，它们除了葬身火海，似乎已无路可逃。就在这时，出人意料的事出现了，蚂蚁们迅速聚拢，抱成一团，形成一个黑色的"蚁球"，冲进火海。烈火将外层的蚂蚁烧得噼啪作响，然而，"蚁球"却越滚越快，终于穿过火海，冲进一条小河，使大多数蚂蚁绝处逢生。面对生与死的考验，如果蚂蚁们在这种情况下都不愿舍身的话，或者说它们不愿意迅速聚拢，抱成一团，滚成一个“蚁球”的话，那么所有的蚂蚁都将葬身火海，化为灰烬。所以说，无论做什么样的事情，都需要有一种合作的精神，只有这样才能够与成功相拥。

俗话说：“合则共存，分则俱损。”如果一个心胸狭隘的人，单枪匹马去干事，对身边的人力资源置之不理，在最后的结局当中，肯定是事倍功半，或者会有更糟的结局。随着社会的发展，人与人之间的交往也日益频繁起来，不仅存在着激烈的竞争，而且有着广泛的联系与合作。一个缺乏合作精神的人，不仅事业上难有建树，同时也会很难适应时代发展的需要，很难在激烈的竞争中立于不败之地。

气度是衡量一个人的关键。在合作过程中，相互之间难免会有意见不同、磕磕碰碰的时候，也难免有差错、有失误，能不能相互宽容谅解，营造一个和谐宽松的合作氛围，往往直接影响事业的成败。尤其当合作伙伴的失误给共同的事业造成困难或损失的时候，应该给予对方充分的理解与热情鼓励，开诚布公地指出失误，实事求是地分析原因，心平气和地探讨对策，以帮助合作伙伴尽快走出失误的阴影，使之振奋精神。这样才能尽快克服困难，尽量减少损失。有的人在遇到困难的时候或是有一点不顺心就一味地埋怨指责合作伙伴，或者是在有了成绩以后，就开始揽功推过，这样只会打击另一方的积极性，会让别人有反感的情绪，这会直接影响后来的合作。

心理小贴士：

“乐于忘记，不念旧恶”就是狼族引以为傲的生存理念。俗话说：“亲人之间没有隔夜仇。”狼族也是这样的，对自己的同伴和家族所犯的错误都会很轻易地原谅和用“以大化小”的方式来调节，并且狼群靠团队精神才能在辽阔的草原上生存、繁衍后代，延续家族。如果对自己的同伴和家族同胞还抱有仇恨、怀有报复心理的话，那么它们是很难在这个“适者生存”的环境中平安生存和成长的。

带着野心去奋斗

当今的社会，已经不再适合一个人去奋力拼搏打天下了。团队的力量在每一个成功的案例中都有着绝对的主导作用。如果说我们每个人都像一滴水，那么团队就是将一滴滴的水凝聚起来的大海，凝聚在一起的力量比孤军奋战自然要大上很多。团队的进步可以带动团队中的每一个人不断成长。但是一个团队只有在它充分地发挥出团队精神，统一团队目标共同奋进时，才能有更好的发展机会。而作为团队中的一员，也要不计个人得失，牢记团队的目标，把团队的胜利当作自己的胜利，不惜一切代价去奋斗。

[和团队统一目标，勇往直前]

美丽的草原被大雪覆盖了，波比亚在雪地里漫无目的地寻找着食物。它已经离开父母独立生活了好几个月了，以前的它还能捕到猎物不至于挨饿。可是在现在这个季节，它已经很努力了，却依然一无所获。干瘪的肚子发出“咕咕”的叫声，波比亚突然想起了妈妈对自己的嘱咐：“孩子，到了冬季你自己找不到食物的时候，就去找一个狼群……”

波比亚虽然不知道加入狼群是不是就会有食物，可是它相信妈妈这么说一定是为自己好。经过寻找，波比亚很快加入了一个狼群。大家在头狼的带领下去捕捉猎物，波比亚体会到了狼多捕猎就更容易，就能够吃饱的道理。

随着时间的推移，波比亚已经在狼群里打拼一年了。它没有再因为捕不到猎物而饿肚子，而且在狼群的其他同伴身上学到了很多自己以前不会的东西。即使在下雪天的时候，因为团队的力量，也不会再可怜巴巴地饿着肚子，找不到食物。

每一次的出击，头狼都会先做好精密的部署，然后带领大家向着统一的目标奋进。而波比亚也渐渐深刻地体会到，只要自己和团队的目标保持一致，奋力出击，那么将没有什么能难倒它们，日子将会越来越滋润……

狼之所以在大自然中能够成为强者的象征，并不是单纯地因为它们有锋利的牙齿、凶猛的外表等自身原因。它们最聪明的地方，就在于它们善于利用团队的力量，所以就算它们遇到比自己更为强大的对手也不会产生畏惧感。它们总能够团结在一起，在头狼的带领下以团队的目标为中心，利用集体的力量去战胜对方。

狼的野性和团队精神让它们成为一方霸主。然而团队的力量不仅仅只是在它们身上体现出来，在竞争日益激烈的今天，团队精神、团队力量的重要性也被人们深深地推崇着。再成功的个人，相对于集体来说，力量也会显得微不足道。

“物竞天择，适者生存”是自然界亘古不变的法则，如果凭一己之愿违背法则，就会被无情地抛弃。团队中只顾个人利益而伤害团队利益的人也一定会被团队清理出局。

在社会这个复杂的大家庭中也是如此。我们如果想获得成功，那么就一定要更加重视团队合作。团结的力量会让我们的能力得到不断的提升，也会对自身的发展更有利。即使你自身能力不是很强，但只要牢记团队目标，也会在不断地学习中进步。学习狼在团队中绝对服从命令的精神，才能适应竞争激烈的社会。

离开团队的指引，个人就像汪洋中的一叶扁舟，不仅会迷失方向，而且可能会触礁。而团队的成功也离不开愿意配合它去完成任务、达到目的的队员。团队的力量有多大是我们所无法估算出的。但是我们应该相信：任何一个成功的人都是在团结的团队中被成就的。我们应该像狼群那样保持野性，服从团队的指挥，与自己的团队共荣辱、共进退。

[个人主义要不得，别忘记团队目标]

三国时期，诸葛亮平定南中之后，他又精心准备了两年，在公元227年的冬天，带领大军在接近魏、蜀边界的汉中驻守，寻找机会进攻魏国。

首先，诸葛亮放出消息，说要攻打郿城。并且派赵云带着人马进驻箕谷，作势要打郿城。魏军得到消息便动用主要兵力死守郿城。诸葛亮趁其不备，亲率大军从西路扑向祁山。守祁山的魏军连连败退，向诸葛亮求降。诸葛亮到了祁山以后，由于对马谡十分信任，便派他去占领街亭，并再三嘱咐马谡道："街亭虽小，却事关重大。它是通往汉中的咽喉，如果失掉街亭，我军必败。"还指示他要在靠山近水的地方安营扎寨，不得有误。

马谡到了街亭后，选择在一处地形险要的山上扎营埋伏。副将王平提醒道："丞相要我们选择近水的地方扎寨，在山上是不是太冒险了？"马谡自恃熟读兵书，不肯听劝，坚持扎营在山上。王平只好请命带了一千人马在山下驻扎。

魏军赶到街亭的时候，看到马谡把人马驻扎在山上，便将整座山围困起来，并切断了山上的水源。马谡几次派人冲锋都无法攻破，最终导致了街亭失守，惨败而归。而诸葛亮的统一大业，也因为此次战败而满盘皆输。

自大的马谡因为没有按照团队的指示而惨遭败绩，诸葛亮虽不忍心，但最终还是挥泪斩了马谡。

在这个故事中，马谡一时意气没有尊重诸葛亮的指示，而妄自选择扎营地点，以致本来胜券在握的战役因为街亭失守而满盘皆输。我们也通过这个故事很清楚地看出，严格执行团队的命令，对最终的结果起着多么重要的作用。

作为团队中的一员，不顾团队的目标，凭借自己的意愿意气用事是要不得的。团队的目标命令是一种权威，不容以任何借口去偏离团队的中心思想。绝对不容许以个人认为正确的意见随便改变整个团队的目标，否则不管是在社会还是在组织中都将无法立足。

一个好的团队不仅需要一位有谋略的领导人去带领大家，更需要一群能够服从命令听从指挥的队员去配合，只有这样才能更好地完成任务。如果团队中的人总是各执己见对待分配的任务，这样的团队无疑是一盘散沙，注定一事无成。

生活中有很多的事情都需要团队精神去完成，而如果人人都以自我为中心，把团队的目标置之脑后，那么再优秀的策略也发挥不出应有的效果。

心理小贴士：

团队精神对任何一个组织来说都是至关重要的。优秀的团队精神所表现出的创造力、凝聚力是每个队员都值得骄傲的。如果想自己的团队能够在残酷的竞争中脱颖而出，立于不败之地，那么就要忠于自己的团队。因为团队的利益要远远高于自身的利益。既然选择了一个团队，就要无条件地相信团队，牢记团队的目标。不折不扣的执行力才是团队战略目标得以实现的坚实基础。用自己的力量让团队更加完美起来吧！

服从与执行同样重要

在狼群中，头狼拥有绝对的权威。它在食物的分配、矛盾的平息、战术的决策乃至后代的繁衍上都有说一不二的权力。狼群中其他的狼只会完全服从头狼的指挥和领导，不会有任何异议。这就是狼的社会法则。

对于人来说，服从是职场上不可缺少的素质。它体现了一个人的个人修养和团队意识。在团队中，服从是行动的第一步，没有服从，各自逞强，再好的团队也只能是一盘散沙，没有丝毫的战斗力。一个不懂得服从的员工，最终会被无情地淘汰。

[服从是必须拥有的素养]

在动物界中，狼群中的狼王一旦做出决定，其余的狼就会无条件地执行它的命令，哪怕要付出自己的生命，也不会有丝毫的犹豫。这就是狼群铁的纪律。

服从是每一只狼的天职，共同的命运，共同的战斗，共同的自然法则，让狼形成了忍受一切的天性。这样的素质延续到今天，不但没有丝毫的改变，甚至更加严格。团队中的每一个成员，对狼王的命令都会无条件地执行，它们都深刻地知道自己所承担的责任，并勇敢地对自己的行为负全部责任。

越来越多的动物因种种原因而灭绝了，但就是在这样近乎严酷的条件下，狼群依然顽强地生存了下来。而绝对服从就是它们抵御自然、抵御人类的最好谋略。

在战斗中，群狼从来不会挑剔狼王交付的任务是否合理；在食物分配中，也不会有狼会埋怨狼王的分配不均；甚至在狼的感情上，狼王也会严格禁止，从来没有狼因此反抗狼王的决定……这就是狼，这就是狼的唯一选择——绝对服从。

服从在很多时候是我们必须拥有的素养。

对于一支军队来说，士兵服从上级，才能思想统一，在整个战斗过程中才能保持步调一致；对于一家企业来说，只有员工服从上司，才能在竞争中团结和谐，在商战中立于不败之地。服从是团结的基础，在任何一个组织中，员工都必须绝对服从上级的领导，只有这样，这个组织才会有更强的凝聚力和战斗力。

作为一名员工，要以“服从”为工作的前提条件。如果你不懂得服从，思想里没有服从的观念，那么你必然会被企业淘汰。没有员工的服从，任何一种先进的管理制度和理念都无法建立和推广下去；没有员工的服从，任何一个精明能干的领导都无法施展才能；没有员工的服从，企业任何绝佳的战略和设想都不可能实现。只有团队的所有成员对上司的指令绝对服从与执行，才能把一切资源、力量整合起来，才能把战略变成现实，才能把公司发展得更好。因此，作为团队的一员，你要明白服从与执行的重要性。

[服从是行动的第一步]

有一个办公室决定选拔一位办公室主任，经过初步考察后，公司领导选定了三位候选人。在决定由谁来担任以前，领导让这三人各写一份就职报告，但与平时不同的是，这报告是不公开的，就给领导一个人看。

三人的报告上交以后，领导仔细地看了一遍，第一位主要讲了自身的条件和优势，文凭高、业务精，还信誓旦旦地假设，若真能担任科室负责人，保证最大限度地发挥自己的才干，为公司的振兴发光发热。第二位谈了自己的政治抱负，他若能担任办公室主任，就将办公室作大幅度调整和改革，并对办公室工作的拓展提出了具体设想。领导看后也觉得很有建设意义，但是他对这两位的就职报告并不是很满意。接下来，他翻开了第三位的就职报告，顿时眼前一亮。其实第三位什么也没多说，除了自己的一些想法外，还有一条说他若当科室负责人后，一定更加听从领导的教诲，对领导的吩咐绝对服从。结果如何，大家不用猜也想到了，肯定是第三个人当上了办公室主任。

哪一个管理者都经历过被管理的阶段，没有服从品质的员工，是不会得到领导的欣赏和信任的，更不能向更高的管理职位前进。一个不会服从的人，肯定不能更好地领导其他人，也不可能正确处理个人利益与团队利益发生冲突时的矛盾。没有服从的激情，就没有命令的威严，这样的人怎能当好领导？因此，学会服从和培养服从的品质是每个人获得进步和成功的关键。

经常听见有人这样说："服从是军人的天职！"其实，服从是一种美德！如果没有服从，企业将会溃不成军，何谈竞争和生存。对于命令，首先要服从，执行后方知效果；还未执行，就发挥自己的"聪明才智"，大谈见解和不可执行的理由，带着成见去工作，自然不会做出好成绩。就算领导的决定或命令有瑕疵，首先还是服从，要在服从后与领导们交流交流个人的意见，共同改进和提高，"先集中后民主"。所以对于一个成功的企业来讲，企业文化中最重要的一点就是"服从"，只有"服从"才能造就一支高效率、富有战斗力和竞争力的队伍，这样的企业才能立于不败之地。

一个组织或个人的纪律意识和全局观念表现在这个组织或个人的服从意识，而纪律又是敬业的基础。很难想象，一个不遵守纪律的员工会成为一个受人尊重并能对企业保持忠诚度的员工。为人自傲、行为懒散、漠视群体是这类人的突出特征。从心里不能绝对服从企业文化的人，他是不会对企业想要达到的预期结果做出积极承诺的，这样的人一定会被企业淘汰。

心理小贴士：

我们怎样才能做到"服从"呢？其实这并不难。只要我们每个人发自内心地热爱自己的工作，就能做到服从。试想一下，如果你觉得自己的所学与职业不对口，本身就对这个职业有排斥，更不要说热爱自己的岗位了，只是为了三餐而应付自己的工作而已，这样怎么能在工作中有突破，怎么能做出成绩呢？试想一下，你是喜欢那些总在抱怨、总在找借口的工作伙伴还是喜欢那些乐于助人、有活力、值得信赖的工作伙伴呢？答案肯定是后者。同样的道理，每个人都会喜欢乐于助人、有活力、值得信赖的人，我们应该学着改变自己，做一个绝对服从的员工。

相互帮助 成效更大

一个木桶沿口不齐，它能盛多少水呢？其实这个木桶盛水的量不在于木桶上最长的那块木板，而在于最短的那块木板。要想让木桶盛更多的水，并不是去加长最长的那块木板，而是要下功夫补齐最短的木板；此外，一只木桶能够装多少水，不仅取决于每一块木板的高度，还取决于木板间的接合是否紧密。如果木板间存在缝隙，同样无法装满水，甚至一滴水都留不下。

要想让一个团队更强大，最好的办法就是消除团队的薄弱环节，所谓治病要除根，就是要抓到这个病的症结所在。

[只有让它变得强大才是根本]

其格是一只很瘦的狼，它不具有狼的那种狂野，不过这并不是它的天性，因为它刚出生没多久它的父母就去世了，它是被一只很老的狼带大的。其格从小就有点营养不良，老狼死了只剩下其格自己，它就跟着一个狼群生活，那样它至少不会被饿死。

因为其格没有力量，所以它每次捕猎总是斗不过猎物。它还不要同伴帮助，以至每次捕猎效果都不是很理想，其他的狼都很气愤，怪其格总是拖它们的后腿，也怪那些冲在最前面的狼没有尽力，所以一时间狼群之间的关系变得很复杂。

这个时候，头狼出来了，它对狼群说："你们这样做是不对的。我们这个团队并不弱，并不是冲在最前面的狼不尽全力，而是你们没有认清我们团队中真正的薄弱环节，而其格就是这个薄弱的环节。我们要做的是让它变强，而且想要提高捕猎的成功率，就要团结一致。”众狼听了都低下头思考，它们之间相互看了看似乎全明白了。

其格在头狼的教导下，在其他狼的帮助下，渐渐变得强壮起来，而且在捕猎方面终于可以独当一面。从此以后，这个狼群每次在捕猎的时候，每只狼之间相互帮助，最终赢得胜利。

而其格在不断的锻炼中，让自己变得更加坚强，最终它成了下一个头狼。

从这个故事中不难看出，一个团队只有从根本上消除薄弱的环节，才能真正强大。在一个团队中，决定这个团队战斗力强弱的不是那个能力最强、表现最好的人，而恰恰是那个能力最弱、表现最差的落后者。因为只要有这个弱者的存在，就会让敌人有机可乘，因此就算是最强的人再怎么强大也不可能决定整个团队的战斗力。因此，一个组织、一个团队不是单靠在某一方面的超群和突出就能立于不败之地的，而是要看整体的状况和实力；一个团体，是否具有强大的竞争力，往往取决于其是否存在突出的薄弱环节。劣势决定优势，劣势决定生死，这就是市场竞争的残酷法则。

相互帮助与相互沟通体现了一个团队的协作精神，而我们不仅仅要在工作上相互帮助，还要在生活上相互帮助。比如新进员工，就要落实专人进行带教，给他们灌输职业道德与企业文化，传授服务技能技巧、操作技术，帮助他们尽快适应环境，尽早地进入工作角色，只有让他们也变得强大，才能在以后的工作中更有效率。对偶尔有过失的员工要帮助他们分析原因，改正错误，此时也帮助、教育了其他员工，避免重蹈覆辙。各个部门之间也应相互帮助，只有每个部门都团结，每个人都强大，那么整个企业才会变得更强。只要企业存在不足，那么这个企业随时都是危险的。为了企业利益，一定要把好企业中的每一关，注意企业的每一个薄弱环节，并且要努力去改变它，只有这样企业才能更好地生存下去。

[真正除掉薄弱，置之死地而后生]

美国亨利食品加工公司总经理亨利·霍金士一次在看自己公司生产的产品化验单时，竟然发现了一个很严重的问题。

原来亨利先生在化验报告单上突然发现，他们生产的食品配方中起保鲜作用的添加剂的毒性虽然不大，但是如果长期服用则会对身体有害，如果悄悄从配方中删除添加剂，那么食品的保鲜度就会受到很大的影响。如果将此公布于众，有可能会引起同行们的强烈反对；如果不公布，这将成为他们公司食品的一个最薄弱的环节，随时都威胁着公司。最后，他毅然向社会宣布：添加剂有毒，对身体有害。

亨利先生的这话一说出口，所有从事食品加工的老板便立刻召集起来，动用一切手段向他反扑，纷纷指责他别有用心——打击别人，抬高自己！他们还迅速联合起来共同抵制亨利公司的产品，亨利公司此时也濒临倒闭的边缘。

这场争论整整持续了四年之久！然而出人意料的是，亨利公司在快要倾家荡产之时，它的名声却家喻户晓、名气大增。公司不但得到了政府支持，产品也成了人们放心的热门货！原因其实很简单——亨利公司是第一个为顾客着想的公司，是第一个像朋友一样把自己的“短”晾出来的公司。

此后，亨利公司在很短的时间内恢复了元气，规模也扩大了两倍，一举登上了美国食品加工工业的第一把交椅！

其实木桶定律和企业的发展有很多相似之处，而所谓木桶定律就是：一个木桶由许多块木板组成，如果组成木桶的这些木板长短不一，那么这个木桶的最大容量不取决于最长的木板，而取决于最短的那块木板。一个大的企业就像是一个大的木桶，企业中的弱点就是那块短的木板，如果只是一味地加长最长的，而忽略最短的，那么恐怕水桶永远装不了更多的水。企业也是一样，只顾着发扬其长处，却不及时消除企业的薄弱环节，那么总有一天这个企业会毁于一旦。

还有最重要的，就是一定要团结合作，一个人的力量毕竟是有限的。那个木桶的桶底就是员工本身，如果员工本身不团结，他们还会凝聚在一起吗？桶底也就会在这个时候开始有裂缝；如果情况更为严重，这个桶底就有可能会裂开甚至会脱落，最终这个木桶就会崩溃，就像一个企业一样。

一个企业要不断发展以适应激烈的竞争，就好比木桶需要不断扩容来盛更多的水。而企业的各个职能部门就好比木桶各个长短不齐的木板。对于一个企业来说，要想在激烈的竞争中立于不败之地，不能仅仅依靠一两个方面的突出能力，而是需要凭借整体的实力赢得优势。也就是说，如果企业从产品研发、生产管理、市场销售到客户管理的各个阶段中，有一个环节薄弱，都可能导致企业在竞争中处于不利的位置，最终制约企业的发展。因此，企业如果想做大、做强，只有企业的各个职能部门和各个方面均做到位，企业才能以雄厚的实力与竞争对手抗衡。

心理小贴士：

一个人也是一个整体，如果你的性格中，也存在一个不为人知的弱点，自己却不以为然，终有一天，它一定会给你致命的一击。

一个领导者在管理过程中要下功夫狠抓公司的薄弱环节，如果不是这样的话，公司的整体工作也就会因此受到影响。人们常说“取长补短”，即取长的目的是为了补短，如果只取长而不补短，那就很难提高工作的整体效率。

对于一个国家来说，优化投资结构，把改革重点放在落后薄弱的环节建设上，我们才能在转变经济发展方式方面取得新进展。

单打独斗 难以成功

人是不可能脱离群体而单独存在的。虽然一个人的力量有限，但是当一群人达成共识而在一起所形成的凝聚力就很可观了。

有一块石头挡在路中间影响交通，你想一个人把它移开，可是石头太大太重，根本挪不动，这个时候也有人想要移开这块石头，那么你们就能达成共识一起想办法挪开石头。

强者，总是想方设法与他人达成共识，因为他们深知凝聚的力量是不可抵挡的。

[只要思想一致就会成功]

小狼巴图和同伴们在草原上寻觅食物已很长时间了，不过迟迟没有收获。

这一天巴图自己出来觅食，它忽然眼前一亮，看见成群结队的羊，而这些猎物并没有牧民和牧羊犬看管。巴图认为这对几天都没有进食的狼群来讲，无疑是绝佳的捕猎时机。

巴图马上回到栖息的洞中向狼群讲述了今天的发现，有的同伴半信半疑，有的同伴不置可否，有的同伴对这次的行动抱有很大希望。

巴图认为，必须要与其他的同伴达成共识，否则这次的捕猎行动就会失败。巴图看到有的同伴还是不愿相信，因为它们怕这个消息不可靠，怕万一中了人类的计谋，到时候会损失更多同伴。

这时，巴图发着绿光的眼睛顿时变得锐利起来，它对狼群说："我们出来不就是为了捕猎吗？现在有这么好的机会如果不把握就会失去，那么面临的还是死亡。为什么不肯团结一致拼一次呢？”

这时候狼群又在一起商量要不要去，巴图说：“只要我们达成一个共识，团结在一起，那么我们一定会成功的！”最后所有的狼都想，反正都是捕猎，都是为了生存，拼一下也许会成功。所以狼群很快达成了共识，它们一起去捕猎。一只狼的力量是有限的，可是一个狼群就不同了，狼群围住整群的羊，尽自己最大的力量搏斗。

最终它们成功了，它们大获全胜，每只狼都很高兴。巴图说：“这就是我们达成共识所形成的凝聚力，只要我们团结没有做不到的事。”

这个例子告诉我们：一只狼的力量是渺小的，可是一群狼的力量是无穷大的。在狼能成功捕猎的众多因素当中，严密而有序的集体组织与高效的团队协作是这其中最明显与最重要的因素。正是这种特征使得它们在捕杀猎物时总能够无往不胜。独狼并不强大，但狼以群体力量出现在攻击目标面前时，却能表现出极其强大的攻击力。

狼有种不服输的精神，它们团结合作、默契配合，它们之间达成共识很简单，不需要任何言语，一个眼神，狼群便心领神会，默契的配合让狼群成为整个草原上的王者。有了这种合作精神，难怪草原上会流传着这样一句话：一只狼不算什么，而一个狼群却不可以忽视，它们聚在一起形成的凝聚力是不可小觑的。

在日趋激烈的企业竞争当中，狼的这种精神正在被越来越多的人士所关注。在企业界，很多管理层采用“狼性文化”来对企业进行管理和运作。他们知道只要员工和上司达成共识，那么企业必定是无往而不胜的，因为众多的力量在一起所形成的凝聚力是任谁也无法抵挡的。

如果一个企业的经营规模上升到了一定的阶段，那就一定离不开制度的保证与团队的协作。很多企业在用人方面，除了学历、经验、年龄等一些条件的限制之外，还有一个重要的条件，那就是看你的为人。看你是否有团队精神，如果你没有团队精神，不能和其他的员工达成共识，那么在工作中一定会出现一些问题和冲突，这样久而久之每个人都不再相互协作，而是单打独斗，最终这个企业成为一盘散沙就不可能再运作下去。

[只要达成共识就会有意外收获]

有这样一个故事，讲述了团队达成共识共同合作而得到意想不到的收获。

有一个装扮成魔术师的人来到了一个村庄，他很饿，可是没有人理会他，也没有人肯施舍给他吃的，他很失望，可是他突然笑了，眼中闪着光芒。

这个时候有个妇人迎面而来，他没有再向她要吃的，而是对迎面而来的妇人说："我有一颗汤石，如果将它放入烧开的水中，会立刻变出美味的汤来，这种汤可以说'只应天上有，人间哪得几回闻'，如果想要喝，我现在就煮给大家喝。"妇人动心了，就叫了很多人来帮忙。

有人找来了一个大锅子，有人提了一桶水，并且架上炉子、放上木柴，这个男人要在广场上煮这种汤，他很小心地把汤石放入滚烫的锅中，然后用汤匙尝了一口，很兴奋地说："太美味了，如果再加入一点洋葱就更好了。"这时有人回家拿了一些洋葱。这个人又尝一口："太棒了，如果再放些肉片就更香了。"有一个妇人快速回家端了一盘肉来。"再有一些蔬菜就完美无缺了。"这个人又建议道。

在这个人的指挥下，有人拿了盐，有人拿了酱油，也有人捧了其他材料，当大家一人一碗蹲在那里享用时，他们发现这真是天底下最美味最好喝的汤。

当然这只是一个故事，不过从这个故事中，我们可以看到团结的力量。试想一下，那汤石不过是陌生人在路边随手捡到的一颗石子，其实只要我们愿意，每个人都可以煮出一锅美味的汤。当人们达成共识的时候都会贡献自己的一份力量，众志成城，凝聚在一起的力量是很大的。

现如今，合作精神已经成为了现代企业的核心竞争力之一。在每个企业内部，随着知识经济时代的到来，知识、技术不断更新，企业管理层所面临的情况也越来越复杂，单靠个人能力已很难完全处理各种错综复杂的信息并采取切实高效的行动，所有这些都要求组织成员之间进一步相互依赖、相互联系、共同合作。合作，可以达到 1 + 1>2 的效果，使个体思想观念一致、感情融洽、行动协调，使得群体的功能大于个体功能之和，使企业整体方向一致，内部优势组合，产生良好的工作效果。

如果你有和别人达成共识的能力，毫无疑问你一定是一个强者，因为这是强者所具备的能力和素质。要想和别人达成共识，很多时候要换位思考，从对方的角度考虑问题，多体谅对方。能否达成共识取决于双方的态度。应该从自身做起，保证自身个性的平衡，避免走极端；在集体工作中争取主动，多帮助别人；在同事中保持足够的谦逊，多向别人学习，经常反思自己的不足，在别人的行为理应得到尊重时，要向别人致以诚挚的敬意。只有这样才会更容易和别人达成共识，才能更好地谋求成功。

心理小贴士：

在漫无边际的草原上，狼群是不可战胜的，而并不是单只的狼不可战胜。只有狼群之间紧密地团结在一起，发挥它们强大的凝聚力才被冠以“不可战胜”的名号。

在人生的战场上，一个人单打独斗是不能成功的，他需要别人的帮助才能发挥自身的能力。事业上两个人能达成共识，工作起来就会简单得多；聪明的人总是会寻找能和自己达成共识的人一起来工作，只有这样工作才会更出色。

为团体谋利，不怕直言

“良药苦于口而利于病，忠言逆于耳而利于行。”

在这个物欲横流的世界，很多人为了自己的利益有时不得不说一些奉承话，面对一些错误也不敢直言相谏，这样只是为了维护自己的利益，结果却让整个团体的利益毁于一旦。

强者，不管面对怎样的舆论，只要是对团体有益的他们都会直言不讳，因为他们懂得团体才是最重要的。

[只有这样才对我们有益]

乌利是狼群中很有威信的一只狼，它总是会帮助头狼出谋划策，让它们这个狼群更好地生存下去。

一年四季中，冬天是最不利于狼生存的季节，一些能力较差的狼会熬不过寒冷的冬天而失去生命。又是一个冬天，狼群又聚在了一起为冬季狩猎献计献策。

大雪一直在下，已经四五天没停了，乌利和同伴们有三四天没有进食了，饥饿让它们不得不冒着鹅毛般的大雪出来寻找食物。狼群中的每只狼都在风中瑟瑟地颤抖着。乌利打了一个寒战，它在心里想着，得赶快找到食物，不然的话，同伴们将会消耗更多的体力，那时它们将无法战胜这残酷的考验。

“哦，乌利！你看，那边有一头野猪！”头狼对乌利喊道。乌利向那边看去，一头野猪正在用嘴扒开雪，寻觅积雪下的枯草。看到它，狼群像看到了希望一样欣喜，发出一阵阵的嚎叫。“不要太高兴了，再仔细看一下，野猪的后面还有一群‘守护者’呢！”乌利对同伴们说道。果然，在野猪的后面还有另一个狼群在“守候”着。“唉！看来我们不能享用这美餐了。”头狼丧气地说。说完就想要离去，这个时候乌利站出来说：“我看未必，有它们的存在更好，想一下，我们的成员太少，如果想战胜野猪，好像没那么容易。如果和它们合作，那么成功势在必行。”这时头狼说：“那怎么行，怎么能和别人一起享用猎物，这样有失面子！”这时乌利又说了：“看一下它们，数量也不多，之所以在那儿守望而不行动，恐怕也是因为和我们一样的原因吧。如果我们在这个时候向它们提出合作，各取利益，我保证这也正是它们渴望的。为了我们的狼群这无疑是最好的办法。”头狼想了一下同意了。

头狼派出了谈判者，结果果然不出乌利所料，另一个狼群很高兴地同意了。在经过它们的精密计划之后，它们展开了对野猪的攻击。在两个狼群的合作下，野猪成为它们的食物。乌利也得到了奖赏，正是因为它的敢于直言，才维护了它们这个狼群的利益。

在这个例子中可以试想一下，如果乌利不敢向头狼提出自己的意见，那么狼群恐怕就要面临饿死的危险，正是乌利直言相谏才使它们整个团体有了晚餐，这同时说明团结合作也是很重要的。

敢于直谏是需要一定勇气的，只有强者，才会不畏强权势力，不畏压力，敢于直言，就算自己有可能受到处罚，他们依然会坚持自己的意见，因为他们知道只有这样才对自己所处的团体好。其实每个人都生活在一个团体之中，家庭是一个团体，公司是一个团体，社会也是一个团体。我们应该明白，如果团体的利益受损，那么个人的利益也一定会受到影响；所以为了团体利益，面对一些事情一定要敢于直言。只要是正确的，对团体有益的，你敢提出来就一定会有人支持你；所以一定要懂得为团体谋利，不要害怕直言。

[为了国家要敢于直言相谏]

在中国历史上，唐朝宰相魏徵以敢于向皇帝直言进谏著称。不管什么时候，只要唐太宗有不对的地方，魏徵就会据理力争，进行劝说，即使唐太宗因此而大发脾气，他也毫不畏惧，照旧慷慨陈词。因为他觉得只要对国家有利他就要说。

魏徵出身卑微，少年时孤苦贫困，还曾经出家做过道士。不过他喜欢读书，用心钻研古籍，学识非常丰富。后来，他投靠唐高祖李渊创建的唐王朝，为太子李建成做事。由于魏徵才华出众，因此很受太子的器重。

后来，唐高祖的二儿子李世民发动“玄武门兵变”，杀死哥哥李建成。李世民知道魏徵是个人才，便亲自召见他。李世民一见魏徵，就非常生气地责问他：“你为什么要挑拨离间我们兄弟的感情？”在场的大臣们都感到魏徵将有杀身之祸。

可是，魏徵却从容自若，以非常自信的口气回答说：“如果皇太子早听我的话，肯定不会落到今天这样的下场。”李世民听后，被魏徵这种不畏强权及正直的品格所感动，从心里钦佩他的人品。因此，不但没有处罚他，反而重用了他。

李世民委任魏徵为谏议大夫（专门向皇帝提意见的官职），以后又提拔他当宰相。建国之初，唐太宗励精图治，经常召见魏徵，与他讨论治国施政的得失。魏徵胸怀大志，胆识超群，以实事求是的精神大胆进谏。在他任职的几十年间，为了使大唐民富国强，先后向唐太宗进谏了200多次。每一回，唐太宗都慎重地思考他所提的意见，尽量采纳。

有一次，唐太宗违反他制定的18岁成年男子才服兵役的规定，决定征召16岁以上、18岁以下、身材高大的男子从军。命令发出以后，魏徵马上极力反对，令唐太宗十分生气，派人把他叫来，大加训斥。

而魏徵毫不畏惧，他十分严肃地直言说：“您现在把强壮的男性都抽去服兵役，那么，田由谁来种？工由谁来做？您常常讲，我当国君，首先要讲信用，可是国家的法律明明规定，男丁中的强壮者才需要服兵役，您为什么不遵守呢？您这样做，在老百姓面前不是失去信用了吗？而且这样做对我们国家是不利的。”

魏徵的这一番话，把唐太宗一肚子的火气浇灭了。他心悦诚服地对魏徵说：“先生真是我和国家的一面镜子啊！我原先以为你太固执，不通情理，现在听了你的话，觉得很有道理。政令前后不一，百姓不知所措，国家是无法治理得好的。”于是，唐太宗立刻下令停止征召中男服役，还奖赏了魏徵。

敢于直言劝谏的魏徵不仅为国家立下了不朽的功绩，也成了以后历朝官员效法的楷模。

魏徵病逝后，唐太宗悲伤地说：“一个人用铜做镜子，可以照见衣帽是不是穿戴得端正；用历史做镜子，可以知道国家兴亡的原因；用人做镜子，可以发现自己做得对与不对。现在魏徵死了，我失去了最珍贵的一面镜子。”

可以看得出直言相谏是多么勇敢的一件事，面对天子敢于说出自己真实的想法着实不易，因为只要天子动怒，就有可能面临被处死的局面。魏徵却为了国家这个团体有更好的利益而不畏强权，结果是他受到了重用，因为唐太宗觉得他是一个人才，时时为国家谋利，是一个不可多得的人才。

其实在我们平时的工作中也是一样，每个老板需要的都是对公司有用的人才，而不是每天听下属们对他说一些并不真实的奉承话，这样的公司是迟早要倒闭的，因为它失去了前进的动力，在这个团体的你也一定会受到牵连！我们不论干什么都要从团体利益出发，为了团体，有些话虽不好听但是只要对团体有益，相信你的老板一定会听你的意见；只有整个团体的利益被维护了，你才能更好地在这个团体中生存下去。

心理小贴士：

狼是团结意识很强的动物，它会把一切都奉献给自己的家族，为了自己的团体能更好地生存，它会不惜一切为团体谋利。这一点值得我们学习。

都知道忠言逆耳，实话可能没有想象中的那么顺耳，可是它一定是对团体有益的。所以只要是对团体有益的话，就要勇敢地说出来，为了团体的利益建言献策。真正做到敢为团队献真言，善为团体谋良策，勇为团体出高招，多为团体鼓实劲，乐为团体做贡献。

团体的利益是自己真正利益的源泉。

小职位也能有大成就

为什么我干的是服务员，而别人干的是经理？为什么他的工作那么好，而我的工作都没人想做？其实不论职位高低，不论男女，谁都没有理由轻视自己的工作。认为自己的工作是卑贱的，其实只是自己在看不起自己。

现在，依然有许多人总是抱怨自己的工作低人一等。其实那只是他们没有认识到工作的价值，是迫于生存的压力而劳动。

强者，从来不会抱怨自己的职业，他们会以他们从事的职业而骄傲，所以他们总是能在并不起眼的工作中成功。

[我对我的工作无怨无悔]

在大草原上，狼都有自己的工作，只不过每只狼的工作是不同的。

它们的工作是头狼分配的，狼群中的每一只狼都要为了群体的生存承担一份责任。每只狼的工作是不同的，它们有的负责探路，有的负责进攻，有的负责照顾其他的狼，不管什么工作每只狼都会尽力去完成。

一次，在母狼产下一窝幼崽后，头狼让另一只狼去担当“保姆”的工作，就是去照顾刚出生的狼崽，这时母狼就暂时摆脱了当妈妈的责任，和头狼去进行“蜜月狩猎”。这只狼就得好好地照顾小狼崽，就像“亲生母亲”一样，别的狼都可以出去狩猎，它却要照顾狼崽，它是多么想和其他的狼一起去狩猎啊！不过它并没有抱怨，而是很尽心地做自己的工作，它想：任何工作都是工作，只要我好好干都是一样的，而且这是我的本职工作，我没什么可抱怨的。所以它一直尽心地照顾小狼。

在狼的家族中，每个成员都不希望成为光说不干的“老板”，它们对自己的岗位都很尽心，而且不管什么岗位它们都不会去抱怨。还有一些狼喜欢做固定的猎手、保姆或哨兵。每一只狼都在担任着至关重要的角色，狼族的每个成员不仅要承担自己的工作，还要准备随时承担起更大的责任。

现在很多的人都在抱怨这，抱怨那。工作地点和家离得较远，这个问题并不是只有你一个人会面对的。在大城市上班的人很多，跟你一样的人不知有多少，甚至还有比你上班更早、下班更晚的人；而且还有很多人没有工作，而你现在有工作就已经不错了。抱怨自己的工资低，那你有没有想过别人的工资也不高啊！工资低不是你一个人的事情，现在整个世界的经济都不景气，有这份工作就不错了。想要高工资，你为这个公司创造更高的效益了吗？其实现在的社会干什么不一样？一样都是为了生活，工作是不分高低贵贱的，如果人人都只想干好的工作，那其他的工作谁来做？这个社会会变成什么样子？我们的生活就会被一下子打乱。

有人说农民这个职业很低微，那你想过没有，如果没有人肯做农民那你吃什么？没有人肯做农民你穿什么？有人觉得建筑工人没有文化，那如果没人去干，你会住在哪里？没有他们，一座座大楼怎能拔地而起？……每一种工作都是让人敬佩的，因为不同的工作才组成了我们这个多姿多彩的社会，如果每个人都觉得自己的工作很低贱，都不愿意去做，那么这个世界将是怎样，恐怕很难让人想象。

[工作不分高低贵贱]

现在很多从学校毕业的大学生都找不到工作，原因很简单，那就是他们总想找一份体面的工作，觉得很多的工作都配不上自己，正是这种心理导致很多大学生待业。有一个人通过自己的行动证明了工作是没有贵贱之分的。这个人就是李林。

事情是这样的。有一天上午，一辆黄色跑车在众人瞩目中缓缓驶到了北京大学校区的第三食堂门口，就在人们都在感叹跑车的华丽之时，让人感觉不可思议的一幕发生了：打开车门走出的，竟是个手提破旧修鞋木箱的中年男士，只见他在食堂门口摆开摊子，扯起了嗓门喊着："免费给同学们擦鞋，欢迎交流择业经验！"他的这一举动让过往的大学生个个瞠目结舌。

在众人的疑惑中，有一些同学提来了自己的旧皮鞋。在擦鞋的过程中，同学们了解到：来到这里摆摊擦鞋的人竟是位身价千万的公司老总！而他此行的目的，就是想用行动启发和改变大学生的择业观念。

这位中年男士就是李林，他是一个在全国有3000多家修鞋连锁店，身价上千万的老板。李林说："当初因为我没有文化，所以走了擦鞋修鞋这条路，经过多年的努力才有了今天这样的成就。"他一直很崇拜大学生。可是他发现现在许多大学生走出校园后很难找工作，于是就想通过这样的方式启发他们，其实工作是没有高低贵贱之分的，就算是小事业也可以做成大事业。只要自己肯努力，就没有做不成的事。

现在出了校门找不到工作的大学生到处都是，难道是没有工作机会吗？其实是他们总觉得自己出身好，一定要找一个适合自己身份的工作。什么才是适合自己的呢？让你一下子就当老板吗？这恐怕说什么也不会有人相信吧！所以我们现在很多人总是在抱怨没有好的机遇，没有好的工作，没有高薪的工作，没有轻松的工作。而结果呢？不还是什么也没干成吗？反而自己的斗志都慢慢被磨灭了。

任何一份正当和合法的工作都是高贵的。每一个诚实的劳动者和创造者，都是值得人们称赞的。那种只求高薪，不知道为自己工作负责任的人，对老板来讲是没有任何价值的，对他自己来说也是一样。确实，有这样一些工作，它们看上去不是很高雅，工作环境也很差，社会似乎也不太关注它们。但是，你千万不要因此而轻视这样一份工作，觉得它不起眼一定不会有大的出息，你应该这样想：

只要它是有用的，就值得你去做。

在现在的年轻人眼中，当上公务员、银行职员或大公司白领才算得上是有一份好的工作，所以很多年轻人花上漫长的时间去等待，为的就是找到这样一个职位。实际上，在同样的时间里，他完全可以找到一份对他来说很现实的工作，并在工作中提高自己的能力，发现自己的价值。工作没有贵贱之分，真正区分它们的是你的工作态度。看一个人的工作态度就能立刻知道他能否做好事情。轻视自己工作的人，其实就是在看轻自己，因为他轻视自己的工作，觉得工作十分苦而累，所以他根本不会把工作做到最好。而今天，依旧有许多人在轻视自己的工作，他们从不认为工作是自己成就事业和人生的工具，只不过把工作当成谋求生计的途径罢了。在他们眼中工作是生活的代价，这样生活着不是很可悲吗？

心理小贴士：

任何一份正当和合法的工作都是宝贵的，工作的可贵之处并不是别人说的、别人看的，而是看你面对这份并不很好的工作的态度，你是不是付出了自己的努力。一个人工作的态度会显示出他的价值观。

不是所有的人都能得到那种所谓的好工作，工作也没有贵贱之分，有高低区别的是工作的态度。轻视自己工作的人，是生活中的被动者，是人生的懦夫。

“假若人们只追求政府职位与高薪水，那就是这个民族的独立精神已经枯竭的危险信号。如果一个国家的国民只是竭尽全力追求这些职位，这个民族将会迈向奴隶一般的生活。”这是莱伯特先生提出过的严厉警告。

第九章

韬晦待时 把握机遇

没有人能时时都被重用，在狼群中是否为强者也并非完全由实力决定，有时候机遇也非常重要。如果你是一个有才华的男人，但却总是不被人重用的话，万万不可将抱怨的话语挂在嘴边。要知道，是金子总会发光的，你只需找好自己的位置，做好分内的事情，等待时机，在机遇来临时把握好，便可以得到自己梦寐以求的东西了。

给自己创造机会

在现今的社会里，机遇无处不在，但是机遇是需要人们自己去创造的，只能是人们积极主动地创造和寻找机遇，而不是机遇在那里等着我们。没有天上掉馅饼的事，一个人如果只想着等待机遇的降临，那么只能永远在原地踏步。而如果他积极主动并做好准备且付出行动，那么机遇就会降临。成功者之所以成功，就是因为他们知道机遇是经过自己的努力创造的，而不是天下掉下来的。

男人要想成功，就应该像狼一样，只有做好准备主动进攻，自己创造机会，才能抓住机会迈向成功。

[主动出击，创造机遇]

在大草原上，今年冬天的雪下得特别的早，很多没有变黄的草早早地就被大雪所覆盖。草原宁静美丽，但是在这表面之下，却到处充满了危机。由于今年的雪下得过早，很多动物都藏了起来，这也使很多的狼因找不到猎物而挨饿，巴顿所带领的狼群也是其中之一。由于前几天雪下得太大，它们根本就捕不到猎物，而且狼群里的小狼开始莫名其妙地失踪。巴顿明白不能再等了，因为部下都太饿了，这样下去也不是办法，而且也没有猎物会主动送上门来。于是，巴顿决定今天出来捕食。老天似乎很眷顾这群饥饿的狼，下了几天的大雪终于停了。巴顿带领部下在草原上走了很久，前面探路的狼带回来了好消息，在前面有群黄羊在觅食。这个消息令巴顿兴奋不已，部下也开始蠢蠢欲动起来，因为已经几天没有进食的它们，现在需要的就是食物。但是巴顿制止了它们，因为盲目的行动只会惊扰羊群，它要寻找机会一举将它们擒获。巴顿带领着部下悄悄地接近这群黄羊。这群黄羊在一个小土坡下面悠闲地翻找着雪地下面的枯草，似乎不知道即将到来的危机。狼群也不敢过于接近羊群，因为它们在白雪上实在是太显眼了。它们在远处等着，小心翼翼地不让羊群发现，并且分散开来将羊群包围起来。对于巴顿来说，时机到了，它带领着狼群一跃而起，扑向黄羊群。羊群看到这群突然出现的狼，惊慌失措，纷纷四处逃走，但是由于贪吃，很多黄羊的速度都受到了很大的影响，没跑多远，就被巴顿的部下追上，成为狼口中的美食。

在恶劣的生存环境里，狼还能以强者的身份生存，就是因为它们会利用一切条件来创造机遇，为了生存，它们想尽了一切办法。在狼的世界里，从来都是主动发起进攻，因为它们明白，只有主动进攻，才能更好地在这个弱肉强食的环境里生存下去。也只有主动进攻才有食物吃，因为猎物不会主动送上门，甘心成为狼的盘中餐。主动进攻就是狼的行动法则，行动了就会有收获，如果不主动去捕捉，它们永远也不会找到食物，等待它们的只有饥饿和死亡。

在人类社会里，有些人没有能力，却还是整天做梦，想着有一天会有机会降临在自己的头上。当看到别人成功时，就会整天怨天尤人，抱怨父母没有给自己创造好条件，抱怨生不逢时，这样的人永远也不会得到成功者所获得的成就，他们只能眼巴巴地看着成功者抱着满怀的奖杯和鲜花走过人群，心里满是羡慕和妒忌。这样的人天天等待，天天后悔，天天叹息，而没有想过自己应该积极主动地创造机会，只会一味地等待，最终一事无成。

机遇是成功的跳板，聪明的人不会等待机遇来叩响自己的门，因为他们相信机遇是人为的，只有自己主动出击，才能创造机遇，才能走向成功的道路。现今很多的男人都有很大的理想，但他们却没有实际行动，只知道抱怨，抱怨自己的条件不好，抱怨自己没有那些成功者所拥有的一切条件。他们只想着让自己在哪天碰到一个机遇从而实现自己的理想，消极地等待着机遇降临，从没想过自己这样做只会让成功离自己越来越远。从狼的身上可以学到，无论在什么时候，遇到什么样的情况，只要自己主动地出击，就能创造机遇；如果只是在窝里等待，那么永远也不会成功。

[机遇是自己创造的]

摩托罗拉公司的创始人保罗·高尔文，出生在一户平民家庭。他 10 岁时到哈佛镇去读书，这个哈佛镇在当时是个铁路交叉点，火车一般都会在这个地点停留，以便加点煤和水。因此，很多孩子为了赚一点零花钱，便利用这个机会在站台上卖爆米花。高尔文也发现了这个商机，于是他在课余的时间也来这里卖爆米花。由于卖爆米花的小孩子太多了，为了争抢顾客，难免会发生摩擦。但是，高尔文却能让这些孩子很快地和解，因为他告诉这些孩子：如果再这样下去，谁也别想做成生意。高尔文为了增加销量，除了在火车上叫卖之外，他还搞了个爆米花推车，用车推到火车站或马路上叫卖，他还在爆米花里加上了奶油让其味道更好。虽然只靠卖爆米花也能赚钱，但是高尔文还是想了很多其他的方法。在一年的冬天里，由于下了一场大雪，几列满载乘客的火车被大雪封住了。高尔文瞅准时机，赶制了许多三明治拿到车上去卖。三明治做得并不太好，但饥饿的乘客们仍抢着购买，高尔文因此发了一笔小财。到了夏天时，高尔文又有了新创意，他设计了一个半月形的箱子，用吊带挎在肩上，在箱子中部的小空间里放上半加仑冰淇淋，箱边上挖出一些小洞，正好堆放蛋卷，然后拿到火车上去卖。这种新鲜的蛋卷冰淇淋很受欢迎，生意非常火爆。由于在火车站卖东西生意非常火爆，很多小孩子都加入到这里面来。高尔文觉得这样下去肯定是不行的，于是他果断地退了出来。果然，不久之后，车站就贴出通告，禁止一切人在车站和火车上做买卖。

在人的一生里，机遇是无处不在的，只看你有没有能力去创造机遇。人们常说机遇可遇而不可求，只有能力强且有智慧的人才会主动地创造机遇，并且抓住机遇创造自己的事业。愚蠢的人浪费机遇，平常的人等待机遇，聪明的人创造机遇。现今的男人应该清醒了，要明白，机遇不是从天上掉下来的，要想得到机遇，就需要采取行动，把机遇创造出来。如果只是等着别人用金盘子把机遇送到你面前，那你只有失望的份儿。真正的强者，时刻都会有创造机遇、抓住机遇的准备。作为强者，他们不会等待机遇的到来，而是经过自己的努力去创造机遇。因为他们知道机遇不仅上天可以给，而且是可以自己创造的。

心理小贴士：

机会隐藏在生活的各个角落，只要你留心它，并主动出击，就会发现机遇并且抓住机遇。机遇是一个人成功的关键。如果一个人想要成功，就得既会利用外界的机遇，又能自己创造机遇。但是，机遇不是信手拈来的，是在一步一步地追求中全力以赴捕捉到的。要想获得机遇，最好的办法就是你主动伸出手去创造它。

积极进取，捕捉机遇

机遇对每个人来说，都是公平的。机遇在生活里是无处不在的，只要抓住稍纵即逝的机遇，就能把命运紧握在自己的手中。如果任由机遇从眼前溜走而无动于衷，将会成为一生的遗憾。只有不断进取和努力，才能抓住机遇走向成功。每个人都希望成功，但不是每个人都能成功；如果一个人不知进取，就算机遇在他眼前，他也看不到。

强者想要成功，就要像狼一样，认清自己的不足，努力地提高自己，只有自己不断地进取，机遇才会随之而来。

[在不断进取里取得成功]

今年的冬天来得特别早，大草原被白茫茫的大雪所覆盖，就像盖了一条白色的毯子。草原上的动物有的忍受不了寒冷而早早地迁到了温暖的地方，要冬眠的动物也已经开始了冬眠。对于巴洛克来说，今年的冬天似乎特别难熬，因为能捕获的猎物越来越少，这意味着它所带领的狼群要开始面临饥饿。在当上头狼之前，巴洛克就练就了一项本领，就是只要不超过500米的范围，它都能闻到猎物的味道。于是，在这个缺少食物的时期，巴洛克开始训练部下通过闻气味准确知道猎物的位置，而且它还加强训练部下的速度和捕猎能力。它对自己也没有放松，每天一次又一次地练习着自己的捕食技巧。终于有一天，在训练部下时，它闻到了一种味道，一种动物特有的膻味，而且还有好几只，于是它带领着部下冲了过去。在到达那里时，发现竟然是几只驯鹿，看来是饥饿让这几只鹿不顾危险出来觅食。虽然发现鹿群让狼很兴奋，但是驯鹿对于狼来说是比较难缠的对手，它们的速度让狼望尘莫及，尖角让狼不敢轻易硬对。但是对于巴洛克带领的狼群来说，这却是个极好的机会，因为一方面可以饱餐一顿，另一方面可以把自己平时训练的成果用到其中。于是，巴洛克带着部下在草丛里隐藏着，等待着最佳的时机。而驯鹿也时时保持着警惕，一只鹿不停地抬头看前面，仿佛一有风吹草动就会立马逃走。终于，巴洛克下达了攻击的命令，狼群开始出击了，虽然驯鹿的速度飞快，但是经过巴洛克的训练，群狼的速度比起这些鹿来竟也丝毫不逊色。其中有一两只强壮的鹿开始用鹿角攻击狼群，但是狼群轻松地躲过了，这也是平时训练的结果。经过一场奋战，巴洛克带领着部下获得了最终的胜利。由于它们平时不断努力，不断进取，这几只驯鹿一只都没有逃掉。它们终于可以饱餐一顿了。

狼之所以能够成为强者，是因为就算在恶劣的条件下，它们也会积极进取，勇于拼搏，它们从来不会抱怨，为了生存，它们只会不断地进取，以适应环境的变化。狼永远不满足于自己的成绩，它们永远都在前进。在自然界里，狼往往要面对比自己强大很多的对手，虽然它们本身没有太大的优势，但是面对对手时，狼从来不会后退，只是在斗争中捕捉机会，从而一举获胜。狼群在捕猎时，从不放过任何一次捕捉的机会。它们总是耐心地等待，等待着猎物吃饱时抓住机会将其擒获。因此，狼是善于发现捕捉机遇的动物。

每个人随时都会遇到机遇，但是要想在竞争激烈的社会中立于不败之地，只有不断努力、不断进取才能成功。人的一生里，机遇是无处不在的，机遇对于每个人来说都是公平的，但是当机遇真的来到人们的面前时，每个人对机遇却又是不同的态度。有的人抓住了机遇，努力发展；有的人却安于现状，没有一丁点儿积极向上的精神，只是等待着机会的降临，这样的人永远也抓不到机遇，只能一事无成。但狼不同，狼是捕猎的高手，在捕猎时，它们不会放过任何一次捕捉的机会，如果闻到血腥味时，狼的斗志就会更加高昂。如果遇到恶劣的环境，狼也不会放弃，只会不断进取，从而找到机会。

男人要想成功，就要不断进取，努力向上，不断捕捉机遇。因为机遇不会降临在只知道安于现状，不思进取的人身上。机遇总是垂青于不懈努力的人，因此，在你拥有安定的生活时，就要考虑到潜在的危机。别人的发展和形势的变化，可能随时会打破你的安逸境况。只有制订新的目标，不断进取，才能取得成功；只要积极进取并且努力付出，就能立于不败之地。

[不断进取才能创造机遇]

赵刚出生在一个家境贫寒的家庭，他的父母都是老实巴交的工人，为了生活整天到处奔波，也顾不上赵刚。由于家里太穷，他只好白天打工，晚上去上夜校，坚持了好几年，赵刚毕业了。毕业后，赵刚想找一份工作，在学校里，他学的是播音主持专业，他的理想是当主持人。因此，他投了很多的简历到各个电视台，但是一直没有消息。赵刚急了，他觉得这样等下去不是办法，他要主动出击。于是，赵刚跑遍了省里大大小小的电视台，但是，人家的回答一律是：我们只要有工作经验的人。这样的要求让赵刚觉得极不合理，他极力地为自己争取机会，但是人家还是不收。这让赵刚觉得很沮丧，但是赵刚并没有因此而放弃，他决定自己给自己创造机会。于是，他在家里天天看电视上的有关电视台的招聘信息，还买了很多关于广播电视方面的杂志，而且他还托认识的朋友和同学帮自己留意有关这方面的消息。皇天不负有心人，赵刚终于在一个杂志不起眼的位置发现了一则令他高兴的广告，在外地一个不知名的小地方需要一个气象预报员。这个地方离家有点远，而且条件也很艰苦，但是赵刚却不管这么多了。他跟父母讲了之后就到这个地方开始了他的新工作。在这个地方，虽然条件不好，但是赵刚努力地工作着，并且在工作中积累了丰富的经验。终于，在这个地方干了一年多以后，赵刚重新回到了他的家乡，很容易就找到了一份电视台的工作，而且经过不断努力，他很快成了一位知名的主持人。

对于每个人来说，都想遇到一个机会来改变人生，但机遇却是可遇而不可求的。一个人在人生路上不可能一帆风顺，在短暂的人生里，人不应该安于现状，而应该以积极进取的态度捕捉机会，把握机遇。每个人应把“生命不息，奋斗不止”作为生存的原则，要想成功，就要不断进取，时刻准备着，才能捕捉机遇，使人生出现转折。在不断努力的人面前，每次机遇的来临，都是一次艰苦的挑战，这个挑战不仅需要有坚实的功底和知识储备，更需要在看到机遇的时候拿出拼搏和应战的勇气来。许多人之所以让机遇白白溜走，就是因为在这紧要关头没有接受挑战的勇气。机遇对每个人是公平的，成功者的成功不是偶然的，他们是经过了奋力拼搏和艰苦磨炼才得到机遇的眷顾。一个人只要在平时努力拼搏，不断进取，就能捕捉机遇，也就能明白原来成功离自己是如此的近。

心理小贴士：

在现今这个竞争激烈的社会里，如果只想安于现状，不思进取，那么成功就会离你远去。当别人在休息的时候，你却在努力，在积蓄知识，在为后面的工作做铺垫，那你收获的一定比别人多。很多时候，机遇就在你眼前，只要平时努力，积极进取，再捕捉到一个适当的机遇，那你就成功了一半。要明白，一个没有进取心的人永远不会得到成功的机会。

找准自己的位置

每个人在世上都有自己的位置，一些人在自己的位置上如鱼得水，成绩斐然；也有的人站在了不属于自己的位置上，力不从心，一事无成。成功者之所以成功，就在于他们找到了自己的位置，知道自己的能力，知道自己该干什么，不该干什么。这世间的人，没有一个人不愿意了解自己，因为只有了解自己才能看清自己所处的位置，才有可能使自己的事业成功。而没有找准自己位置的人，只能一事无成。

男人就该像狼一样，了解自己，把握自己，找到自己的位置，做自己能力范围之内的事情，而不要在不属于自己的位置上表现自己，这样只会让自己失败。

[为自己争取适合的位置]

在草原上，有一只孤独的狼在四处流浪，它就是迪克。迪克在这个草原上流浪了很久，它是在族群里挑战头狼失败后被赶出来的。迪克在流浪过程中一直在想，自己为什么会失败？明明自己的能力不弱，为什么还会失败？它觉得自己没有了目标，它不知道自己应该干什么。因此，迪克流浪了很长时间，它没有加入别的狼群，也没组织属于自己的狼群，它没有了目标，整天只是虚度时光。但是，终于有一天，一件事改变了它。

迪克今天的运气特别好，它捕获了许多的猎物，正准备饱餐一顿时，危机感提醒它，一群狼在接近它。果然，没过多久，一群狼来到了它的面前。这群狼也是出来捕猎的，但是它们却一只猎物也没捕到。看到迪克的收获，头狼对迪克说："你这个废物，赶快把食物给我！""废物"这个词让迪克感到一阵刺痛，它说："我为什么要把食物让给你？"那只头狼蔑视地对迪克说："废物，在自己的族群里失败被赶出来了，真是丢人。而且这是我的地盘，如果不想死就快把食物给我。"头狼的话激起了迪克的怒火，也让迪克重新找到了目标，迪克决心打败它来证明自己的能力。于是，迪克提出了对头狼的挑战，头狼答应了，因为对于它来说，迪克是不堪一击的。两只狼的争斗是很正常的，迪克和头狼摆出了战斗的姿势，大战就要开始了，迪克发起了攻击，它的利爪抓向了头狼，那只头狼轻松地闪过了。迪克又发起了新一轮的攻击，让头狼没有还手的余地。但是对方毕竟是头狼，马上反应过来进行反击。两只狼撕咬在了一起，迪克渐渐处于下风，这时，迪克想起了自己在草原上虚度的时光，它觉得自己已经找到了目标，就这样失败的话，它不甘心。于是，它奋起反击，终于，迪克抓住了一个机会，咬住了头狼的喉咙。迪克胜了，它成了这个狼群的首领，迪克终于找到了自己的位置。

在自然界里，狼是一种野性动物，它能在同类斗争之间胜出，正是因为它了解自己，把握好了自己，明确了自己的位置所在。虽然狼没有老虎强壮的身体，也没有豹子的速度，但是却也生存了上千年。原因是狼有自己的生存方式，那就是狼是有自知之明的，它们明确自己所处的位置，能够做到适时进退。在捕猎时，如果遇到比自己强大的对手，狼群不会硬碰硬，它们知道自己的分量，决不轻易做没有把握的事情，因为一件没有把握的事情，可能就会使整个狼群面临危险。

找准自己的位置，不仅仅是心态的问题，还要有正确的眼光，选准看问题的角度。目光决定不了位置，但角度却可以改变你对位置的判断。生活中最难得的就是找准自己的位置，调整自己的心态，走好自己的路。位置本身没有绝对的好与坏，有好坏之分的只是自己的心境与感觉，处在什么样的位置，就得在什么位置上寻找人生的价值。但是有很多人，为了在众人面前把自己表现得尽善尽美，表明自己在各方面都优于他人，往往自己有五分的能力，却说成或想表现出有十分的能力。这样的人还是没有找到自己应该所处的位置，总是眼高手低，还总自以为很有能力，结果他们的“能力”让人一眼就看穿了，而且这样的人在工作中也老是出错，到头来，本想有面子，却闹得脸上无光，只会引起众人的反感。但狼不一样，狼有自知之明，它们总能找到自己的位置，明确自己的位置，从而做到适时进退。

男人要想成功，就必须找准自己的位置，并且了解自己的长处和短处，学会扬长避短。在茫茫人海里，每个人都在实践中思索着哪个位置更适合自己，在思考中对号入座。但是也并非每个人都可以找到如意的位置，顺境与逆境总是交替着磨炼人们的意志，于是便有了丰富的人生百态：有的人既来之则安之，有的人逆流而上，有的人得过且过，有的人随大流，有的人萎靡不振……因此，位置的真正含义要靠有头脑的人去挖掘、去创造、去深化、去升华。

[找准位置还要坚持]

曹正在学校时，学的是建筑工程专业。他的专业是很有前途的，在外面找工作也比较好找，所以很多人都羡慕他。曹正毕业后，先在工地上做了技术员，可是没干两个月，他却辞职了，很多人问他原因，他说：“这份工作太无聊了，整天就是跟水泥砖块打交道，一点儿也不能显出我的才能来。”后来，他换了一份工作，这次是在一家公司做经理助理，这份工作也挺好的，如果好好做，也会大有前途，但是曹正却对老板挑三拣四，说是看不惯老板的为人。没过多久，他和老板大吵了一架，在这之后他就再也没回去了。不久，他的同学帮他介绍了一份推销的工作，但因为工资不高，他没干多长时间又不干了。曹正现在只是窝在家里，他不知道自己的人生位置在哪里，而且没有一点儿想工作的欲望，工资低的他看不上，一般的工作他又觉得显示不出自己的才能。因此，他只能虚度着光阴。

曹正之所以频繁地辞职，就是因为他的心理出现了问题。很多人在工作中总是好高骛远，眼高手低，受挫后就失去了人生目标，找不到自己应该所处的位置，曹正就是因为这样才造成了现在的结果。其实，人生并不是一帆风顺的，每个人都有可能失败，失败时就要找好自己的位置，然后努力走好每一步。每个人都有自己的位置，要学会找准自己的位置，明白自己的责任，不要迷失在人生的失败里。因为失败不是永远的，只有找到了自己的位置，才能一步一步走向成功；只有找到了自己的位置，才会发现，目标虽然遥远，但只要自己努力，就会向目标不断靠近；也只有找到了自己的位置，才会在遇到困难时不退缩，全身心地打败困难，使自己的目标更快实现。

心理小贴士：

人活在世上，最重要的是知道自己所处的环境，并且从中找到属于自己的位置。只有了解自己，知道自己的处境后，才会在做事时竭尽所能，全力以赴。只要自己全力以赴，那么自己的世界也会随之改变。虽然人生路上充满了曲折，在前进时会有失败，会迷失自己的人生方向；虽然生活有时候会让人误入歧途，让人无法前进甚至背道而驰，但是只要找准了自己的位置，就能一步步接近目标，走向成功。

做好自己的本职工作，等待机遇

现今社会是个竞争激烈的社会，在步入职场后，有的人得到了老板的重用，工作上如鱼得水；而有的人却因为一些原因而导致老板对自己不闻不问。之所以出现两种不同的境况，就是一些人没有做好自己的本职工作，只知道一味地抱怨，让老板对他的印象大打折扣。每个人都想当老板，但也不是人人都能当的。如果在工作里只是一味地埋怨老板对自己不重视，那么永远也得不到成功的机会。

男人应该像狼一样，不管自己做的是什么样的工作，就算不受老板的重视，也要做好自己的本职工作，等待机会的到来。

[用努力来证明自己]

在美丽的大草原上，有一群狼占据了最大的领地，这个狼群的数目比其他的狼群都要大。在这个狼群里，每只狼都有自己的明确分工，而且从事的工作也是不一样的。赤那是其中的一员，虽然它很强壮，但是却从来不受头狼的重视。每次头狼外出捕猎时，都不会带上它，这让赤那心里特别难受。但是赤那从没有抱怨，它决定用自己的努力证明自己的能力，也改变头狼对自己的态度。于是，赤那每次训练都很刻苦，而且有什么危险的任务，它都抢着去做，但是还是没有受到头狼的重视。大草原的冬天特别冷，冷得连食物都捕不到了，头狼决定到人类居住的地方捕捉一些羊。这个决定是很大胆的，因为这个行动是很危险的，人类居住的地方不仅有猎狗，而且人类还会在路上设置陷阱，一不小心就会掉入陷阱。最可怕的是人类手上有猎枪，一不小心，连命都会送掉。面对这个行动，很多狼都害怕了，但是赤那想，这是个机会，于是它主动站出来，表示愿意前往。头狼诧异地看着平时不受自己重视的赤那，赤那坚定的眼神表示了自己不害怕。头狼感动了，它又挑了几只强壮的狼一同前往人类居住的地方觅食。它们小心翼翼地行动着，害怕自己有过响的动作使人类发现。它们在远处潜伏了许久，观察了羊圈附近的地形，没有发现猎狗，而且这户人家也早已入睡。头狼指挥一只狼先去羊圈观察，赤那自告奋勇地去了。赤那小心地接近羊圈，发现没有危险，它给同伴们发出了表示安全的信号，头狼带领其他的狼一拥而上，羊群里出现不速之客后，羊群开始叫起来。屋里的灯亮了，头狼带领群狼快速咬死其中几只羊后，带着猎物迅速地离开了。人发现了它们，开始在后面追赶，可是没多久头狼就带领着赤那它们跑到草原深处了。在这次事件后，头狼对赤那开始重视起来，每次有重要的活动都会带上它，赤那终于通过自己的努力来证明了自己。

在自然界中，狼之所以成功，是因为它们有着严明的纪律，每只狼都有着各自的位置。每只狼都想受到头狼的重视，但不是每只狼都能担任重要的使命。虽然有的狼不受头狼的重视，但是它也不会抱怨，因为它知道抱怨是没有用的，只能用自己的实力来证明自己的价值。

在工作中，有很多人认为只要自己努力工作，就一定能够得到重用，但是结果往往令人大失所望。或者自认为劳苦功高，老板却看不到其能力和贡献，甚至毫无道理地进行打压，自己做不做工作也没关系，而且也开始埋怨老板，认为老板偏心，嫉妒别人的成功。这样的人往往只知道一味地抱怨，却不找自身的原因，他们埋怨老板，自我放弃，不努力工作，因此永远也不会得到老板的重视，最终只能一事无成。但狼不一样，狼为了生存，从来不会抱怨，只会努力地干好自己的工作，就算没有受到头狼的重视，也只会更加努力地提高自己来证明自己的价值。

现今很多的人在工作上不受老板的重视，就会产生跳槽的念头，这样的人只知道自己不受重视，却没有想过怎么样去改变老板对自己的态度。倘若因为老板看不到你的苦劳，而一味地怨天尤人，甚至动不动就盘算着另谋高就，那就很容易错失好老板，这就很可惜了。要想得到重视，就要从改变老板对自己的态度开始，这就要学会揣摩老板的心意，注意他们的喜好。在工作中，你的态度，会让你的老板不自觉地把你和其他人进行比较。只有做好了自己的本职工作，又懂得和老板分享你的成果，才会让他更满意，也会让他因拥有你这样的员工感到很欣慰。

[努力的人一定会被看到]

任远是一家公司的员工，他在这个公司干了好几年，一直是一个踏实肯干的人。但是不知道为什么，他一直得不到老板的重视，也一直没有升迁的机会。但是任远并没有抱怨，只是认为自己的能力不够，因此，他一直努力地工作着，想以此来证明自己。也许是老天眷顾他，机会终于来了。一天，公司要准备一个新产品的推介会，任远所在的部门负责了这个任务。由于这个推介会对于公司来说很重要，公司要求大家当天加班来完成。但是很多人一到下班时间就不愿再多干一分钟的工作，对于他们来说，上班时间就是这八个小时，为什么还要留下来加班，因此，他们都走了。只有部门经理和一个人留了下来，这个人就是任远。当任远自愿留下来时，还有很多同事笑他傻，并说这些工作明天做也不迟。任远却不在意，他认为这就是自己今天的工作，今天事今天了，这是任远的原则。于是，任远和部门经理两个人留下来继续干剩下的工作。在干到一半时，老板来了，问道："怎么只有你们两个人，其他人呢？"部门经理把原因讲了一下，老板又问："这个人是在你要求下留下来的吗？"部门经理惭愧地说："他是自愿留下来的，老板你处罚我吧，我没能让所有人留下来加班。"但是老板没有怪他，只是和随行的几个人帮他们把剩下的工作做完。到第二天上班，老板给他们这个部门开了会，他把昨天走的人根据平时的工作表现情况进行了人事变动，表现好的留下来但进行了罚款，而平时表现不好还耍小聪明的人都给辞退了。而且他还表扬了任远，并且奖励了他。在这以后，老板开始留意任远的工作，发现他是一个认真工作、默默付出的人。不久之后，任远得到了晋升的机会。

在工作上不受老板重视，那就要想办法改变老板对你的态度。在适当的时候要学会适当地改变自己对老板的态度，创造一个能与老板良好沟通的机会，抓住这个机会，让老板了解你，并且通过自己的幽默机智和自己平时出色的工作表现让老板认可你。而且遇到问题不要过分抱怨，要努力地通过工作来表现自己的能力，这样不仅老板会对你的转变感到惊喜，而且也对你更加认可；为自己以后升职打下良好的基础。但是，对老板过分殷勤，会让老板对你以前有的好印象大打折扣，而且还会影响老板对你的态度。这样做是很不明智的做法。因此，要从侧面对老板多加赞美，并且在合适的时机告诉老板，在他的带领下，自己做出了哪些成绩，这就会让老板在以后多加注意你，而且老板会因你做出的成绩而主动地找你沟通，这样就会使自己越来越受到老板的重视，升迁也会指日可待。

心理小贴士：

在工作中，每个人要做的不是抱怨，而是学会用实力证明自己。工作中没有所谓的苦劳，只有功劳，只有让老板看到你的才华，你才有被重用的可能。老板作为公司的直接负责人，绝对不会有心埋没人才。所以，你要做的不是抱怨，而是给自己机会，也给老板机会，让他知道你的存在，让他看到你的能力、你的潜质，那么成功就离你不远了。

吃苦实干，不轻视自己的工作

在现今这个世界，态度决定了一切。一个人的态度决定了他的工作成就。工作没有高低之分，只在于人们对工作的态度。就算从事的工作是多么的不起眼，也不要看不起这份工作；只要努力工作了，就没有人能够看低你，关键在于自己怎么看待自己的工作。俗话说："态度决定一切。"你有什么样的工作态度，就有什么样的工作结果。成功者之所以成功，就是因为不管他们从事的是什么样的工作，永远都是把工作当作最伟大的事业来经营。

男人想成功，就要从自己的工作开始，不要轻视自己的工作，只要工作态度不卑微，肯沉下心来吃苦实干，你必定会有自己的一片天地。

[做好本职工作]

在草原上分布着多个狼群，维克多就在一支最强大的狼群里，这里的每只狼都是那么强壮，但是维克多却是个例外。维克多在狼群里属于比较瘦弱的狼，因为每次那些强壮的狼外出捕猎回来时，它争到的食物只是一点点，这造成维克多长期营养不良，所以它才长得那么瘦弱。就是因为这样，连头狼也不重视它，分给它的职位也是最低下的。但是维克多从来都没有抱怨，只是做好属于自己的本职工作。尼克斯是一只强壮的狼，它担任着放哨的任务，它一直认为自己的能力很强，所以才受到头狼的重视，把这么重要的警戒任务交给它。尼克斯经常欺负维克多，它认为维克多是废物，是最没用的，所以才担任最低下的职务。但是维克多忍受了，它没跟尼克斯计较那么多，虽然自己担任的工作是最低下的，但是它从没认为自己的工作卑微，而是尽心尽力地做好自己的工作。平时维克多为了使自己更强壮，常常外出捕些小动物来补充营养，而且也可以练习自己的捕猎技巧。渐渐地，维克多也能争到足够多的食物了。尼克斯跟维克多不同，在担任这个职务后很自以为是，也不认真尽自己的职责，而是经常偷懒，有时还让维克多帮它放哨。

这天，尼克斯又偷懒了，它让维克多帮它放哨，维克多只好放下自己的工作去帮它。虽然这不是自己的工作，但是维克多还是想努力地做好它，它四处地跑，四处地看，以防敌人来袭。就在维克多走到一处草丛比较茂盛的地方时，它突然发现在远处有几个黑点，它意识到可能是敌人，于是马上回去报告了头狼。原来是另外的一群狼想要霸占它们的地盘，想从偏僻的地方偷袭，但是却被维克多发现了。经过一场争斗，它们胜利了，而且维克多也上场杀敌了。事后，头狼大怒，把尼克斯赶出了狼群。因维克多这次有功，头狼让它顶替了尼克斯的职务。

在自然界里，狼的生活环境是艰苦的，但是它们却是真正的强者。捕食时在头狼的带领下，每只狼分工明确，就算是被分配从事最底层的工作，也没有一只狼会认为工作卑微而不去做它。相反地，大部分的狼都会认真地完成自己的工作，因为自己的工作虽然不起眼，但是说不定就会决定整个狼群的命运。

一个人的价值就是在工作中实现的，工作本身没有高低贵贱之分，而是取决于你在工作中所持的态度。态度决定一切，它使人的思想变得更加开阔，或者变得更加狭隘；它让工作变得更加高尚，或者变得更加低俗。现今有很多的人在初到岗位做最基本的工作时，就认为这样的工作对于自己来说就是大材小用，常常抱怨说：“做这种工作有什么出息呢？我宁可在家里闲着，也不去受那份罪！”这样的人往往怨天尤人，在工作中不努力，小事不屑于做，大事做不了，那么这样的人无论走到哪里都会四处碰壁。但狼不一样，狼是一个团体，就算任何一只狼处在最低微的位置，它也永远不会抱怨，只会尽心尽力地做好属于自己的工作，在平凡的工作里寻找机会。

一个人工作的态度是人生态度的表现，也是他志向的表现和理想的所在。所以，了解了一个人的工作态度，在某种程度上也是了解了那个人。现今有很多男人都拥有伟大的理想，觉得自己有很强的能力，可是成功的有几个？自己在工作上不努力奋进，眼高手低，不成功时还老是抱怨老天没给自己好的条件，这样的人只能一事无成。成就大业的人，无一不是从低微的工作开始的，甚至是从看起来很不起眼的工作开始的。因此，工作无大小，只有对待工作的态度有差别，要想成功，就要从做好身边的每一件小事开始。

[态度决定了是否能够成功]

查理·贝尔是世界著名的快餐企业麦当劳的原总裁，但是在他年轻时，他也做过最基层的工作，就是在麦当劳做清洁工。当时年仅15岁的贝尔由于家里穷困，想到麦当劳找份工作。但是当店长看到瘦弱的贝尔时，婉言拒绝了他。生活实在是过不下去了，贝尔只好又到麦当劳请求那个店长给自己一份工作，声称没有报酬也可以。店长没有吭声，这给了贝尔一点希望，他对店长指出店里厕所的卫生不是太好，声称他可以打扫厕所，只要管他吃住就行。店长答应了他的请求。贝尔很珍惜这份来之不易的工作，因此，他每天天不亮就起床，然后把厕所打扫得干干净净，而且每隔一段时间就去维修一次。贝尔对厕所的卫生很认真，以至于有人在半夜上厕所时还看到贝尔在查看厕所是否干净。而且贝尔为了让顾客在上厕所时也能欣赏到美，他特意在厕所里放上了几盆花草，而且他还在墙上贴一些谚语和警句，让这个地方更有文化气息。由于贝尔尽心尽力地工作，厕所的卫生有了很大的改善，顾客对此大加赞扬。贝尔的精神终于感动了店长，在3个月后，贝尔正式成了这家店的员工，而且也接受了正规的职业培训。接着，贝尔又被放到了店里的各个岗位进行锻炼。后来，年仅19岁的他成为麦当劳在澳大利亚最年轻的店面经理。贝尔在1980年又被派往欧洲。在他到那里之后，那里的业务开始扶摇直上。在这以后，他先后担任过麦当劳澳大利亚公司总经理，亚太、中东和非洲地区总裁，欧洲地区总裁以及麦当劳芝加哥总部的负责人，直至后来担任麦当劳的执行总经理。

人们行为的本身并不能说明自身的特质，而是取决于行动时的精神状态。工作是不是单调乏味往往取决于人们工作时的心境。没有卑微的工作，只有卑微的工作态度。有些工作很不起眼，工作环境很差，而且也不被人们所关注，但是，就是这样一份不起眼的工作也不能因此而轻视它，人们不能用自己的眼光尺度来衡量它，因为就算这份工作低下，但只要它是有用的，就值得人们去做它。工作没有贵贱，但工作态度却有高低区别。很多人都羡慕著名人物的成功，但他们有很多都是从做底层工作开始，努力奋斗才成功的。有很多的名人在年轻时都做过不起眼的工作，也经受过工作中的挫折和失败，也有过对未来的迷茫，但是，最后他们都成功了。因此，一个人的价值不在于职位的高低，而在于在工作中的态度。每个工作都不简单！如果每个人能拥有踏实肯干、认真负责的工作态度，努力做好每一件小事，那么无论从事什么样的工作，总有成功的一天。

心理小贴士：

工作就是付出努力以达到某种目的，最令人满意的工作就是那些能充分表现我们的才能和兴趣的工作。虽然老天没有给你显赫的地位和富有的条件，但是态度就是你成功的法宝。你没有那些物质条件，但你有在任何时候任何环境下选择自己态度和方法的权利。你用不同的态度工作，等待你的就会是不同的结局。热爱你的工作吧，世界上没有卑微的工作，只有卑微的工作态度。

善解人忧，机会更多

在职场上，也会有很多意外的事情发生，给老板和公司带来一些刻不容缓的问题，甚至是危机。这时，老板是非常希望有员工站出来帮自己脱离困境的。如果你能够挺身而出，为老板撑起一片天，就会轻易赢得老板的信任和器重，更能获得其他同事的尊敬。

[学会主动站出来]

狼群是在狼王的带领下进行一系列的生存活动的，狼王在狼群中占据着绝对权威和高贵的地位，但是很多人不知道，狼王也是有“军师”的。狼之所以能够百战百胜，是因为狼王拥有海纳百川的胸怀，只要是为狼队的安危和利益着想，狼王都会欣然接受。

一只狼王带着自己的狼群来到一处山坳处隐藏起来，不远处，一群羊正在悠闲地吃草。在发动攻击之前，狼王总会与狼群里德高望重、智慧超群的狼进行交流和沟通，确定它们的最终战术和进攻的最佳时机。这时，狼群的“军师”总会客观地给出自己的建议和观点，然后由狼王做出最终的决定。

“军师”是狼群中十分重要的决策者，即使这个“军师”因为年迈丧失了战斗力，也会得到群狼的集体尊重，甚至狼王也会对它礼让三分。

关键时刻，“军师”能够根据自己丰富的战斗经验和生存智慧帮助狼王做出明智的选择，保证狼群的整体安危。这也是年老的狼在狼群中生存下去的法宝，用智慧和谋略稳固地位。

人都有趋利避害的心理，在老板或者公司为难的时候，如果你能够不畏艰险，挺身而出，为老板分忧解难，老板一定会感激你、欣赏你，并从心里把你当作可以信任的人，一旦有合适的机会，就一定会提拔和重用你。没有人会拒绝在危难中伸出援助之手的人，老板也是这样。

如果你是一个聪明的员工，在老板被公务缠身的时候，作为下属，主动想一想，自己能够帮老板做些什么，哪怕是极其微小的一件事，也会让老板感到欣慰。优秀的员工懂得在老板遇到困扰的时候，主动站出来，奉献自己的力量；袖手旁观永远也不会得到赏识。

当公司新出的产品打不开销路的时候，即使不在你的工作范围，也可以利用自己的人际关系，或者发挥自己的聪明才智，帮公司尽早地打开销售渠道；当公司急需一些特殊人才的时候，如果你能够积极主动地帮老板物色，推荐合适的人选；当老板忙得团团转的时候，主动帮老板做一些力所能及的事情，让老板能够腾出时间处理更加紧急的事务……你的这些表现一定不会被老板视而不见，而会深刻地印在老板的头脑中。

即使这些事耽误了你的正常工作，即使老板对你的帮助没有丝毫的赞赏和感谢，即使短时间里，老板依然对你没有特殊的关照……不要担心，因为，老板不会每天都对员工的表现做出评价，但你做的每一件事都逃不过他的法眼，适当的时候，他会用你意想不到的方式对你表示赞赏。比如，突然加了你一倍的奖金，毫无征兆地提拔你……这都是你平时表现的结果。

[不是自己分内的事也可以做]

福特汽车公司是美国创立最早、最大的汽车公司之一。1956年，该公司推出了一款新车。尽管这款汽车式样和功能都是一流的，价格也不是很高，但奇怪的是，投入市场后却久久无人问津，销路受阻。这和公司的预期效果相距甚远。

为此，福特公司的高层领导急得像热锅上的蚂蚁，销售部门对此也手足无措。尽管绞尽脑汁，他们也没有找到可以让这款汽车畅销的方法。如果再这样下去，福特公司即将面临一场产品滞销的危机。尽快想出一种有效的销售方式，显得刻不容缓。

这时，公司里一位刚刚毕业的大学生对这个问题产生了浓厚的兴趣，他就是艾柯卡。看到老板和公司上下因产品滞销而焦急不安的神情，他决定试着帮公司想想办法。尽管这和他的本职工作毫无关系。

苦苦的思索终于换来了灵感一现，艾柯卡径直来到老板的办公室，说出了自己的销售方案："我们或许可以打出一则广告，内容就是花56美元买一辆福特汽车。具体实施方案：想要买福特这款新型汽车的客户，只需先付一小部分首付，余下的钱只需每个月支付56美元就可以了，直到货款全部付清为止。"

这一创意打消了很多消费者对车价的顾虑，并且认为每月56美元的费用简直像白送一样划算。艾柯卡的建议立即得到了老板的采纳。三个月之后，奇迹产生了，原本滞销的新产品在艾柯卡的广告效应下，得到了广大消费者的疯狂抢购，并一跃成为销量冠军。

因为艾柯卡的及时支援，不仅化解了公司的危机，还为公司带来了巨大的销售利润。这位年纪轻轻的大学生很快受到了老板的赏识和重用，并委任他到华盛顿做了地区经理。

在接下来的时间里，艾柯卡不断地根据公司的发展趋势，运用自己的聪明才智和创新精神，为公司提出了一系列富有新意的方案和计划，在人才济济的福特公司脱颖而出。

从艾柯卡的身上，我们可以清晰地看到，在工作中，要在做好本职工作的同时，多关注老板，在他需要的时候，挺身而出，帮助他分担困难，排除忧虑，这样就很容易得到老板的认可和重用。

很多人在工作中只求做好本职工作，对自己职责范围之外的事一概不过问，一副“事不关己，高高挂起”的漠然态度，这些人在工作中很难会有突破，也不会引起老板的注意，更不用说升职加薪了。

每一个成功人士都懂得比自己分内的工作多做一些，比老板期待的水平更高一些；他们总是留意身边的人或事，从不吝啬自己的举手之劳。只要是有利于同事，有利于公司，有利于社会的事情，他们都会热心地去做，这样的人往往也更容易得到大家的认可和尊重，领导也会把他们的表现尽收眼底，只要有机会，就会毫不犹豫地提升他们。

心理小贴士：

身在职场的男人，应该坚持在公司做一些力所能及的分外之事，这种工作的自觉性和主动性不但能够帮助你获得很好的人际关系，还能提高自己的素质，使自己的工作变得更加富有激情。在老板陷入危机或遇到困难的时候，不要躲在一旁，更不要幸灾乐祸，主动站出来提供一些帮助，往往能够获得意想不到的回报。就像狼王的“军师”一样，即使没有战斗力，也会成为狼群中不可或缺的一员。职场男人如果懂得为老板分忧解难，并积极地付诸行动，就会成为老板不可或缺的左膀右臂，美好的前程就在你的点滴行动之中。

设身处地
方能一荣俱荣

在所有的动物中，狼是最具有智慧的动物之一。这不仅因为它们拥有高超的捕猎技巧和滴水不漏的团队合作精神，更因为狼懂得站在猎物的角度进行思考，这种聪明的做法总是能够帮助它们战无不胜，获得想要的食物。

在日常生活中，换位思考能够让人们理智、客观地看待和解决问题。换位思考可以帮助我们了解别人的心理感受，灵活变通，给工作和生活带来便利和收获。在职场中，想要得到老板的重用并不是一件容易的事情，这就需要员工懂得站在老板的角度看问题，想老板之所想，急老板之所急，充分理解老板。

[反其道而行]

冬天的草原是万籁俱寂的，这个季节，很多动物都忍受着寒冷和饥饿，狼也不例外。显然，这样的时节并不适合捕猎，但饥饿时时威胁着它们的生存，狼之所以能够在万物的竞争中顽强地生存下来，就是因为它们能够绝处逢生。

安德烈在饥饿的促使下来到了一片山地，这是它最为熟悉的环境，此刻，这里已经被厚厚的冰雪覆盖，它要在这里布下陷阱，把猎物引到这里。寒冬里，是不可能有动物出来溜达的，但食物是任何动物都不会拒绝的。对于黄羊来说，最好的诱饵莫过于冰雪下面新鲜的草根了。安德烈用它锋利的爪子在离黄羊藏身之地不远的地方挖出了一些鲜嫩的草芽，然后布好陷阱，埋伏起来静静地等待黄羊上钩。

在冬日烈风的吹送下，香草的气息唤醒了黄羊熟睡的神经，这是它渴望已久的味道，这诱惑简直难以抗拒。虽然意识到出去会有危险，但抱着一丝侥幸心理，黄羊还是选择了冒险。雪花在寒风的带动下疯狂地舞动，单纯的黄羊一步一步地冒着风雪向安德烈布好的陷阱走去，寂静是危险的前奏，正当黄羊为这么轻易找到鲜草而惊喜的时候，安德烈果断地冲出来，一口咬断了黄羊的咽喉。炽热的鲜血给它注入了新的力量，对安德烈来说，这一刻，它不再寒冷。

安德烈之所以能够成功捕到猎物，是因为它了解猎物的习性，懂得站在猎物的角度想问题，采取战术。反其道而行，给对方出其不意的打击，这体现了狼的聪明和胆识。

我们不能不对狼的智慧产生由衷的敬佩。在社会生活中，每个人都需要适时地站在别人的立场上去考虑问题，试着从别人的角度出发，站在别人的角度上看待一些问题和事物。也只有通过换位思考，将心比心，才能真正体会到别人的真实情感和所思所想。

有这样一则关于换位思考的小故事。有位秀才进京赶考，住在一个旅店里。考试前他做了三个梦：第一个梦是梦到自己在墙上种白菜。第二个梦是下雨天，他戴了斗笠还打伞。第三个梦是梦到跟心爱的表妹脱光了衣服躺在一起，但是背靠着背。秀才不理解，就到街上找了个算命先生。算命先生听了秀才的讲述后，惋惜地摇着头说：“你还是回家吧。你想，高墙上种菜不是白费劲吗？戴斗笠打雨伞不是多此一举吗？跟表妹都脱光了躺在一张床上了，却背靠背，这不是没戏吗？”秀才一听，心灰意冷，回店收拾包袱准备回家。店老板非常奇怪，问：“不是明天考试吗，你怎么现在回乡呀？”秀才把算命先生的话给店老板说了，店老板哈哈大笑：“我倒觉得，你这次一定要留下来。你想想，墙上种菜不是高种吗？戴斗笠打伞不是说明你有备无患吗？跟你表妹脱光了背靠背躺在床上，不是说明你翻身的时候就要到了吗？”秀才一听，更有道理，于是精神振奋地参加考试，居然中了个探花。

同一件事或者同一个物，在不同人的眼里就会有不同的看法，正所谓，“一千个人的眼里就有一千个哈姆雷特”。很多人在处理问题和与人交往的时候，总是立足于自己的立场，考虑的更多的是自己的利益和需要，很少顾及他人的需求和感受。如果在遇到矛盾的时候，我们能够冷静地搞清楚事情的真相，设身处地地站在对方的角度看问题，就不会有那么多的烦恼和沟通不畅了。

[最棒的玉米是留作种子用的]

文谦就职于一家大型的国有企业，年纪轻轻的他在两年前就被列为重点培养对象。担任部门总经理助理的他，在领导推荐、公费报销的优惠条件下顺利完成了进修课程。为了表示对企业的感激，文谦拒绝了好几家大公司的邀请，执意留在现在的公司效力。经过进修后，文谦的学识更加丰富，处事更加成熟稳重。满以为学成归来，就能得到公司的重用和提拔，但半年过去了，文谦依旧只是一个小小的助理。虽然文谦对此心里十分不快，但他还是非常出色地做着自己的工作，甚至在和外商谈判的时候，文谦都能够应对自如。领导对他的表现也相当满意，但就是绝口不提升职加薪一事。

两年之后，文谦凭着学识上的优势和辛勤本分的工作，成了部门里面业绩最好的员工。正期望自己该升职的时候，公司准备成立一个新的部门，文谦被调去参与筹备工作，项目做成之后，文谦原以为自己亲自负责的项目要扩大规模，自己也跟着提升了。但不想这时候，公司其他部门的一个项目也需要他的帮助……就这样，文谦不断地辗转于公司的各个部门，但每个部门做的时间都不长。虽然他的工作做得都堪称完美，但一直没有得到提升的机会。文谦得到了整个公司的认可，每个部门的领导也都对文谦称赞有加，无论有什么任务都能放心地交给他去处理。时间一长，文谦在公司中的地位变得有些尴尬。他既不属于哪一个部门，也没有固定的工作内容，但他在整个公司中又具有不可或缺的重要作用。就像是篮球场上的替补队员，需要的时候，他可以及时补上；不需要的时候，他只是一个替补。文谦一直都没有放弃寻找机会，管理工作是文谦最喜欢的发展方向。3年的替补工作让文谦对公司的每一个部门都了如指掌，不断地参与部门的工作，让文谦积累了丰富的经验，在竞聘一个比较高的管理职位时，文谦终于以丰富的经验和过人的学识脱颖而出。这正是老板的用意所在。

虽然文谦也曾对老板的态度不理解，但最终他还是坚持做好每一份工作，给自己的升职创造了最佳的条件。就像最好的玉米绝对不能急于收获，而是需要等到完全成熟的时候才能采收一样，因为那是留作明年播种用的种子。

在现代职场中，男人们都急着尽快得到提升，但很多时候，他们并不真正了解老板的苦衷，时常地抱怨“老板怎么还不加薪呀”，“怎么老是让我加班呀”，“升职永远都是别人的事”……其实，不加薪是想等你完全成熟的时候提升你，那时加薪理由更充分；时常让你加班，是希望你比别人进步更快一点，早点达到老板认可的能力。身为老板，肩负着比员工要大很多倍的责任，他们要审时度势，决定企业的发展方向，为所有的员工谋求更好的出路。

身为员工，不能只把眼光放在老板手中的权力上，更应该体谅老板的艰辛，学会换位思考，与老板同心协力，这样才能让企业有更好的发展。当老板没有重用你的时候，很有可能是老板正在考察你，等待你进一步地努力。相信自己，努力做好自己，只要有耐心，成功就在不远处。老板和员工是一荣俱荣、一损俱损的，理解老板，就是理解自己。

心理小贴士：

换位思考是一个非常简单、通俗易懂的道理，但做起来并不是那么容易。在人际交往中，那些善解人意的人总是能够受到人们的喜爱和欢迎，原因就在于他们能够做到换位思考，用别人的眼光和思维来想问题、看事物，设身处地地去体会对方的心境。这样的沟通总是能够很快打破人们的心理防线，在短时间内拉近人与人之间的距离。